토익 기초 입문서
기본
완성

KB005985

초판 1쇄 인쇄 2023년 2월 17일
초판 1쇄 발행 2023년 2월 27일

지 은 이 | 파고다교육그룹 언어교육연구소
펴 낸 이 | 박경실
펴 낸 곳 | **PAGODA Books** 파고다북스
출판등록 | 2005년 5월 27일 제 300-2005-90호
주 소 | 06614 서울특별시 서초구 강남대로 419, 19층(서초동, 파고다타워)
전 화 | (02) 6940-4070
팩 스 | (02) 536-0660
홈페이지 | www.pagodabook.com

ISBN 978-89-6281-900-7 (13740)

파고다북스 www.pagodabook.com
파고다 어학원 www.pagoda21.com
파고다 인강 www.pagodastar.com
테스트 클리닉 www.testclinic.com

| 낙장 및 파본은 구매처에서 교환해 드립니다.

토익 기초 입문서

기본 완성

PAGODA Books

목차

PART 5·6·7

READING COMPREHENSION

이 책의 구성과 특징

LISTENING COMPREHENSION

>> PART 1 사진의 유형을 이해하고 유형별 사진 공략법과 시제와 태 표현을 정확하게 구분한다.

>> PART 2 의문사 의문문, 비의문사 의문문에 따른 다양한 응답 표현 및 빈출 오답 유형을 익힌다.

>> PART 3 빠르게 전개되는 지문을 정확하게 파악하는 직청·직해 능력과 더불어 문맥 파악 및 논리력 판단을 길러야 한다.

>> PART 4 출제되는 지문 유형을 익히고 해당 지문에 자주 나오는 빈출 어휘 및 표현을 학습한다.

OVERVIEW

본격적인 학습의 준비 단계로,각 Part별 출제 경향 및 문제 유형, 신토익 소개 및 그에 따른 접근 전략을 정리하였다.

문제 풀이 전략

각 Part별 문제 풀이에 앞서, 해당 Part의 기본 개념을 예문과 함께 익히고, 정답에 쉽게 접근할 수 있는 풀이 전략을 제시하였다.

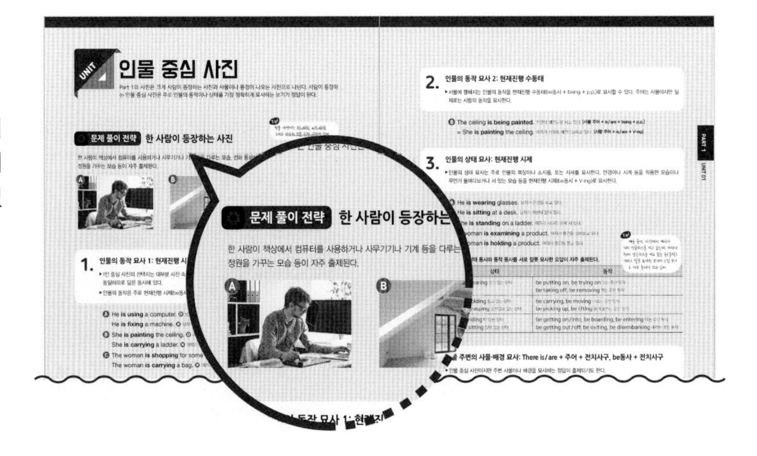

핵심 문제 유형

문제 풀이 전략에서 학습한 내용을 바로 적용해 볼 수 있도록 해당 유형의 대표 문제들을 제시하였다.

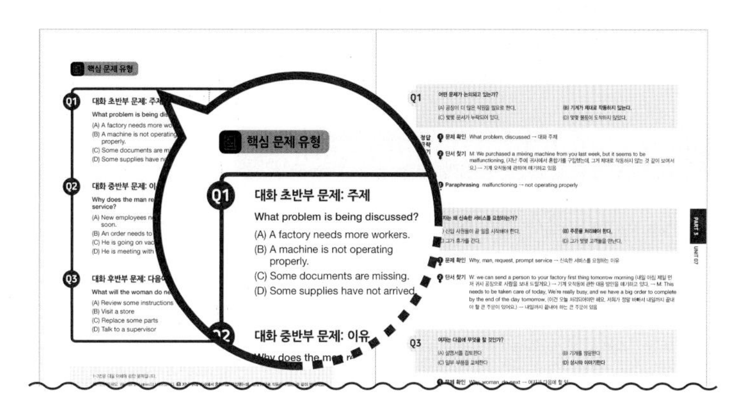

Warm-up

실전 문제 풀이에 들어가기 앞서 학습한 이론과 토익 핵심 유형 문제를 제대로 이해했는지를 확인하기 위한 문제들로 구성하였으며 딕테이션(Dictation) 연습을 위한 공간도 마련하여 듣기 실력이 향상되도록 하였다.

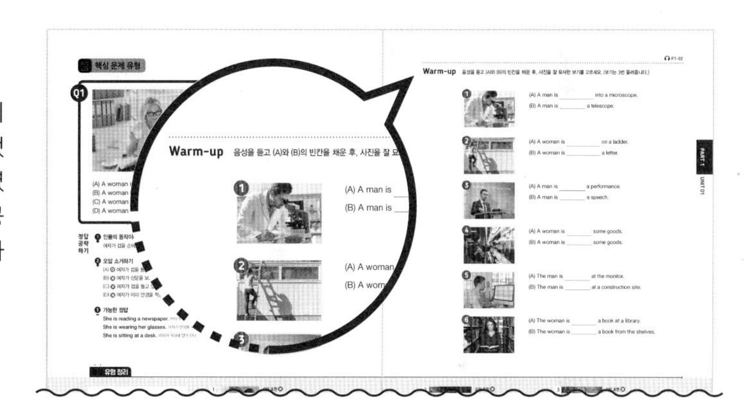

Practice

해당 UNIT에 해당하는 다양한 유형의 실전 문제를 접할 수 있도록 핵심 빈출 유형과 신유형 문제 및 고난도 문제를 각 Part별로 골고루 구성하였다.

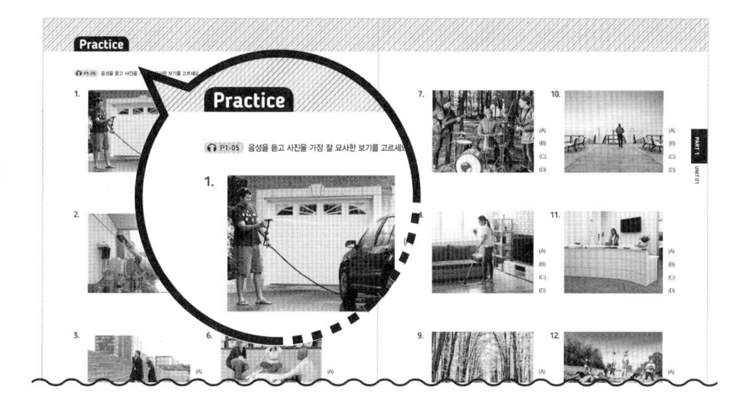

이 책의 구성과 특징

READING COMPREHENSION

>> **PART 5** 토익 입문자들에게 꼭 필요한 기초 토익 문법과 핵심 기본 문제 유형을 학습한다.
문장의 구조와 틀을 이해하고 해석하는 능력을 길러 각 문제를 푸는 방법을 익힌다.

>> **PART 6** Part 5에서 학습한 어법 적용 문제, 어휘 문제, 글의 흐름상 빈칸에 알맞은 문장을 삽입하는 문제에도 충분히 대비한다.

>> **PART 7** 문제 유형별 해결 전략과 지문의 종류 및 주제별 해결 전략을 학습한다.

OVERVIEW

본격적인 학습의 준비 단계로, 각 Part별 출제 경향 및 문제 유형, 바뀐 신토익 소개 및 그에 따른 접근 전략을 정리하였다.

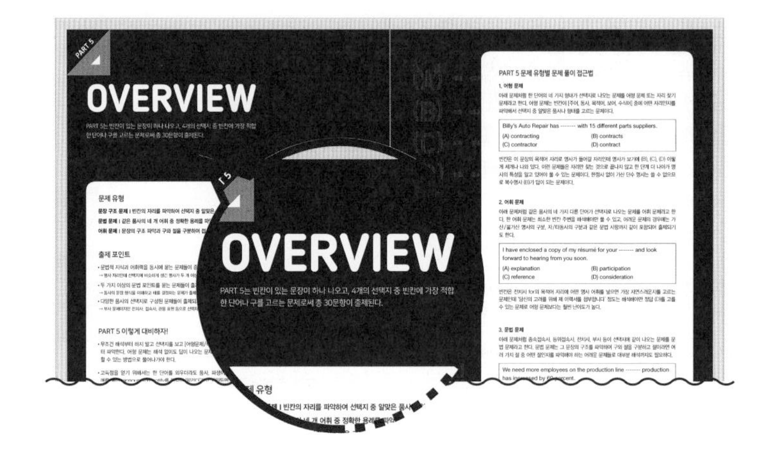

기본 개념 이해하기

문제 풀이에 앞서, 기본 개념을 예문과 함께 익히고, 정답에 쉽게 접근할 수 있는 문제 풀이 전략을 제시하였다.

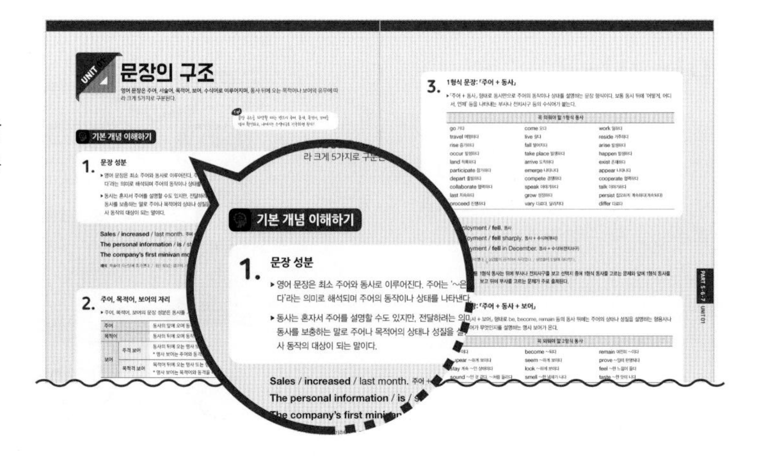

질문·지문 유형 확인하기

본격적인 학습에 앞서, UNIT별 기본 개념과 최신 토익 경향 Tip을 제시하여 보다 효율적으로 학습 전략을 세울 수 있도록 구성하였다.

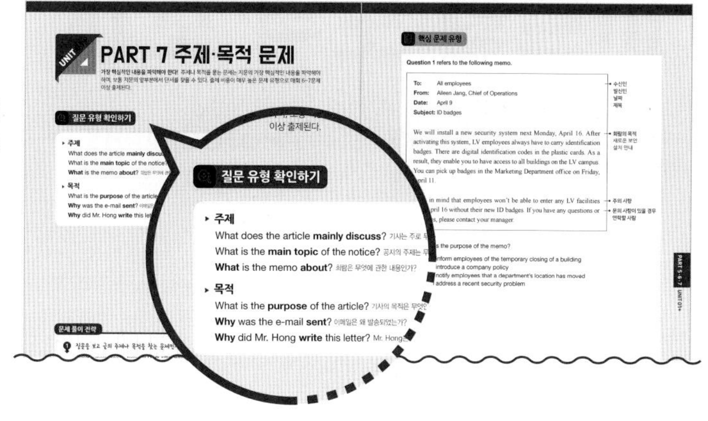

핵심 문제 유형

앞서 학습한 내용을 실제 문제에 적용해 볼 수 있도록 해당 유형의 대표 문제들을 제시하였다.

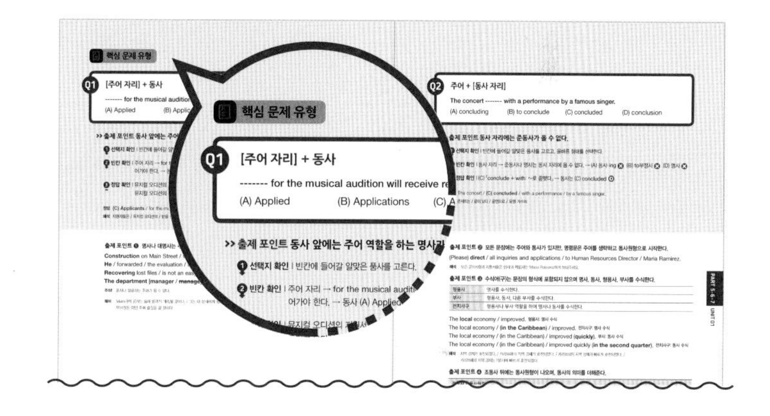

Practice

다양한 토익 실전 문제를 접할 수 있도록 핵심 빈출 유형과 신유형 및 고난도 문제를 골고루 구성하였다.

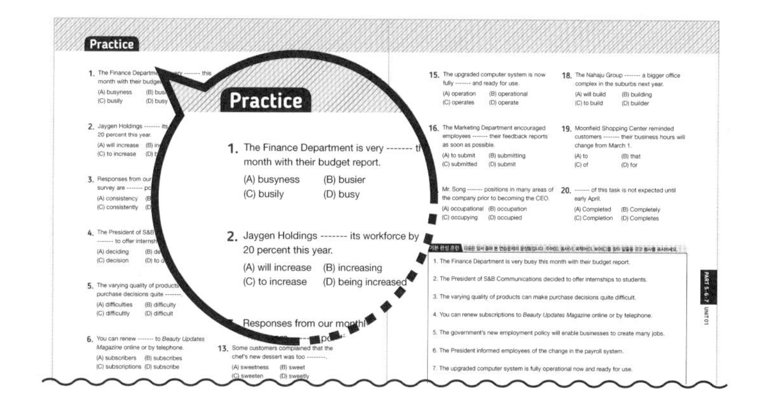

파트별 토익 소개

PART 1

PHOTOGRAPHS
사진 묘사 문제

PART 1은 제시한 사진을 올바르게 묘사한 문장을 찾는 문제로, 방송으로 사진에 대한 4개의 짧은 설명문을 한번 들려준다. 4개의 설명문은 문제지에 인쇄되어 있지 않으며 4개의 설명문을 잘 듣고 그중에서 사진을 가장 정확하게 묘사하고 있는 문장을 답으로 선택한다.

문항 수	**6문항(1번 ~ 6번에 해당합니다.)**
Direction 소요 시간	약 1분 30초(LC 전체 Direction 약 25초 포함)
문제를 들려주는 시간	약 20초
다음 문제까지의 여유 시간	약 5초
문제 유형	1. 1인 중심 사진 2. 2인 이상 사진 3. 사물/풍경 사진

▶ 시험지에 인쇄되어 있는 모양

1.

▶ 스피커에서 들리는 음성

Number 1. Look at the picture marked number 1 in your test book.

(A) They're writing on a board.
(B) They're taking a file from a shelf.
(C) They're working at a desk.
(D) They're listening to a presentation.

정답 **1.**(C)

PART 2 QUESTION-RESPONSE 질의응답 문제

PART 2는 질문에 대한 올바른 답을 찾는 문제로, 방송을 통해 질문과 질문에 대한 3개의 응답문을 각 한 번씩 들려준다. 질문과 응답문은 문제지에 인쇄가 되어 있지 않으며 질문에 대한 가장 어울리는 응답문을 답으로 선택한다.

문항 수	25문항(7번 ~ 31번에 해당합니다.)
Direction 소요 시간	약 25초
문제를 들려주는 시간	약 15초
다음 문제까지의 여유 시간	약 5초
문제 유형	1. 의문사 의문문 - Who/When/Where - What/Which - How/Why 2. 비의문사 의문문 - Be/Do/Will/Have/Should/May - 부정/부가/간접/선택 - 제안문·요청문/평서문

▶ 시험지에 인쇄되어 있는 모양

7. Mark your answer on your answer sheet.

▶ 스피커에서 들리는 음성

Number 7. How was the English test you took today?

(A) I took the bus home.
(B) I thought it was too difficult.
(C) I have two classes today.

정답 **7.** (B)

PART 3

SHORT CONVERSATIONS
짧은 대화 문제

PART 3는 짧은 대화문을 듣고 이에 대한 문제를 푸는 형식으로, 먼저 방송을 통해 짧은 대화를 들려준 뒤 이에 해당하는 질문을 들려준다. 문제지에는 질문과 4개의 보기가 인쇄되어 있으며 문제를 들은 뒤 제시된 보기 중 가장 적절한 것을 답으로 선택한다.

문항 수	13개 대화문, 39문항(32번 ~ 70에 해당합니다.)
Direction 소요 시간	약 30초
문제를 들려주는 시간	약 30~40초
다음 문제까지의 여유 시간	약 8초
지문 유형	- 회사 생활, 일상생활, 회사와 일상의 혼합 - 총 13개 대화문 중 '2인 대화문 11개, 3인 대화문 2개'로 고정 출제 - 주고받는 대화 수: 3~10번
질문 유형	- **일반 정보 문제:** 주제·목적, 화자의 신분, 대화 장소 - **세부 정보 문제:** 키워드, 제안·요청, 다음에 할 일/일어날 일 - 화자가 그렇게 말한 의도를 묻는 문제(2문제 고정 출제) - 시각 자료 연계 문제(62~70번 사이에서 3문제 고정 출제)

▶ 시험지에 인쇄되어 있는 모양

32. What is the conversation mainly about?
(A) Changes in business policies
(B) Sales of a company's products
(C) Expanding into a new market
(D) Recruiting temporary employees

33. Why does the woman say, "There you go"?
(A) She is happy to attend a meeting.
(B) She is frustrated with a coworker.
(C) She is offering encouragement.
(D) She is handing over something.

34. What do the men imply about the company?
(A) It has launched new merchandise.
(B) It is planning to relocate soon.
(C) It has clients in several countries.
(D) It is having financial difficulties.

▶ 스피커에서 들리는 음성

Questions 32 through 34 refer to the following conversation with three speakers.

M1: How have you two been doing with your sales lately?
W: Um, not too bad. My clients have been ordering about the same amount of promotional merchandise as before.
M2: I haven't been doing so well. But I do have a meeting with a potential new client tomorrow.
W: There you go. I'm sure things will turn around for you.
M1: Yeah, I hope it works out.
W: It's probably just temporary due to the recession.
M2: Maybe, but I heard that the company may downsize to try to save money.
M1: Actually, I heard that, too.

정답 **32.** (B) **33.** (C) **34.** (D)

PART 4

SHORT TALKS
짧은 담화 문제

PART 4는 짧은 담화문을 듣고 이에 대한 문제를 푸는 형식으로, 먼저 방송을 통해 짧은 담화를 들려준 뒤 이에 해당하는 질문을 들려준다. 문제지에는 질문과 4개의 보기가 인쇄되어 있으며 문제를 들은 뒤 제시된 보기 중 가장 적절한 것을 답으로 선택한다.

문항 수	**10개 담화문, 30문항(71번 ~ 100번에 해당합니다.)**
Direction 소요 시간	약 30초
문제를 들려주는 시간	약 30~40초
다음 문제까지의 여유 시간	약 8초
지문 유형	- 전화 메시지, 회의 발췌록, 안내 방송, 광고 방송, 뉴스 보도, 연설 등
질문 유형	- **일반 정보 문제:** 주제·목적, 화자/청자의 신분, 담화 장소 - **세부 정보 문제:** 키워드, 제안·요청, 다음에 할 일/일어날 일 - 화자가 그렇게 말한 의도를 묻는 문제(3문제 고정 출제) - 시각 자료 연계 문제(95~100번 사이에서 2문제 고정 출제)

▶ 시험지에 인쇄되어 있는 모양

71. Where most likely is the speaker?
(A) At a trade fair
(B) At a corporate banquet
(C) At a business seminar
(D) At an anniversary celebration

72. What are the listeners asked to do?
(A) Pick up programs for employees
(B) Arrive early for a presentation
(C) Turn off their mobile phones
(D) Carry their personal belongings

73. Why does the schedule have to be changed?
(A) A speaker has to leave early.
(B) A piece of equipment is not working.
(C) Lunch is not ready.
(D) Some speakers have not yet arrived.

▶ 스피커에서 들리는 음성

Questions 71 through 73 refer to the following talk.

I'd like to welcome all of you to today's employee training and development seminar for business owners. I'll briefly go over a few details before we get started. There will be a 15-minute break for coffee and snacks halfway through the program. This will be a good opportunity for you to mingle. If you need to leave the room during a talk, make sure to keep your wallet, phone, and ... ah... any other valuable personal items with you. Also, please note that there will be a change in the order of the program. Um... Mr. Roland has to leave earlier than originally scheduled, so the last two speakers will be switched.

정답 **71.** (C) **72.** (D) **73.** (A)

PART 5

INCOMPLETE SENTENCES
단문 공란 메우기

PART 5는 빈칸이 포함된 짧은 문장과 4개의 보기를 주고 빈칸에 들어갈 가장 알맞은 보기를 고르는 문제로, 총 30문제가 출제된다. 크게 문장 구조/문법 문제와 어휘 문제로 문제 유형이 나뉜다.

문항 수	**30개 문장, 30문항(101~130번에 해당합니다.)**
문제 유형	- **문장 구조 / 문법 문제:** 빈칸의 자리를 파악하여 보기 중 알맞은 품사나 형태를 고르는 문제와 문장의 구조를 파악하고 구와 절을 구분하여 빈칸에 알맞은 접속사나 전치사, 또는 부사 등을 고르는 문제 - **어휘 문제:** 같은 품사의 4개 어휘 중에서 정확한 용례를 파악하여 빈칸에 알맞은 단어를 고르는 문제
보기 구성	4개의 보기

▶ 시험지에 인쇄되어 있는 모양

어형 문제 >>

101. If our request for new computer equipment receives -------, we are going to purchase 10 extra monitors.

(A) approval (B) approved
(C) approve (D) approves

어휘 문제 >>

102. After being employed at a Tokyo-based technology firm for two decades, Ms. Mayne ------- to Vancouver to start her own IT company.

(A) visited (B) returned
(C) happened (D) compared

문법 문제 >>

103. ------- the demand for the PFS-2x smartphone, production will be tripled next quarter.

(A) Even if (B) Just as
(C) As a result of (D) Moreover

정답 **101.**(A) **102.**(B) **103.**(C)

PART 6

TEXT COMPLETION
장문 공란 메우기

PART 6는 4개의 지문에 각각 4개의 문항이 나와 총 16문제가 출제되며, PART 5와 같은 문제이나, 문맥을 파악해 정답을 골라야 한다. 편지, 이메일 등의 다양한 지문이 출제되며, 크게 문장 구조/문법을 묻는 문제, 어휘 문제, 문장 선택 문제로 문제 유형이 나뉜다.

문항 수	**4개 지문, 16문항(131~146번에 해당합니다.)**
지문 유형	설명서, 편지, 이메일, 기사, 공지, 지시문, 광고, 회람, 발표문, 정보문 등
문제 유형	- **문장 구조 / 문법 문제:** 문장 구조, 문맥상 어울리는 시제 등을 고르는 문제 - **어휘 문제:** 같은 품사의 4개 어휘 중에서 문맥상 알맞은 단어를 고르는 문제 - **문장 선택 문제:** 앞뒤 문맥을 파악하여 4개의 문장 중에서 알맞은 문장을 고르는 문제
보기 구성	4개의 보기

▶ 시험지에 인쇄되어 있는 모양

Questions 131-134 refer to the following e-mail.

To: sford@etnnet.com
From: customersupport@interhosptimes.ca
Date: July 1
Subject: Re: Your Subscription

Congratulations on becoming a reader of *International Hospitality Times*. -------(131.) the plan you have subscribed to, you will not only have unlimited access to our online content, but you will also receive our hard copy edition each month. If you wish to -------(132.) your subscription preferences, contact our Customer Support Center at +28 07896 325422. Most -------(133.) may also make updates to their accounts on our website at www.interhosptimes.ca. Please note that due to compatibility issues, it may not be possible for customers in certain countries to access their accounts online. -------(134.). Your business is greatly appreciated.

International Hospitality Times

문법 문제 >>

131. (A) Besides
(B) As if
(C) Under
(D) Prior to

어휘 문제 >>

132. (A) purchase
(B) modify
(C) collect
(D) inform

어형 문제 >>

133. (A) subscribe
(B) subscriptions
(C) subscribers
(D) subscribing

문장 삽입 문제 >>

134. (A) We have branches in over 30 countries around the globe.
(B) We provide online content that includes Web extras and archives.
(C) We are working to make this service available to all readers soon.
(D) We would like to remind you that your contract expires this month.

정답 **131.**(C) **132.**(B) **133.**(C) **134.**(C)

PART 7 READING COMPREHENSION 독해

PART 7은 단일·이중·삼중 지문을 읽고 그에 딸린 2~5문제를 푸는 형태로, 총 15개 지문, 54문제가 출제되어 RC 전체 문항의 절반 이상을 차지한다. 같은 의미의 패러프레이징된 표현에 주의하고, 문맥을 파악하는 연습을 한다. 키워드 파악은 문제 해결의 기본이다.

문항 수	**15개 지문, 54문항(147~200번에 해당합니다.)**
지문 유형	- **단일 지문:** 이메일, 편지, 문자 메시지, 온라인 채팅, 광고, 기사, 양식, 회람, 공지, 웹 페이지 등 - **이중 지문:** 이메일/이메일, 기사/이메일, 웹 페이지/이메일 등 - **삼중 지문:** 다양한 세 지문들의 조합
문제 유형	- **핵심 정보:** 주제 또는 제목과 같이 가장 핵심적인 내용을 파악하는 문제 - **특정 정보:** 세부 사항을 묻는 문제로, 모든 질문이 의문사로 시작하며 지문에서 질문의 키워드와 관련된 부분을 읽고 정답을 찾는 문제 - **NOT:** 지문을 읽는 동안 보기 중에서 지문의 내용과 일치하는 보기를 대조해서 소거하는 문제 - **추론:** 지문의 내용을 바탕으로 전체 흐름을 이해하며 지문에 직접 언급되지 않은 사항을 추론하는 문제 - **화자 의도 파악:** 화자의 의도를 묻는 문제로, 문자 메시지나 2인 형태의 대화로 출제되며 온라인 채팅은 3인 이상의 대화 형태로 출제 - **동의어:** 주어진 단어의 사전적 의미가 아니라 문맥상의 의미와 가장 가까운 단어를 고르는 문제 - **문장 삽입:** 지문의 흐름상 주어진 문장이 들어갈 적절한 위치를 고르는 문제로, 세부적인 정보보다 전체적인 문맥 파악이 중요한 문제
보기 구성	4개의 보기

▶ 시험지에 인쇄되어 있는 모양

Questions 151-152 refer to the following text message chain.

Naijia Kuti 12:02 P.M.
My bus to Ibadan was canceled due to engine problems, and all other buses to that city are full. I don't know if I can give my presentation at the history conference. What should I do?

Adebiyi Achebe 12:04 P.M.
Not to worry. I'll come pick you up in my car.

Naijia Kuti 12:05 P.M.
I appreciate it! My seminar starts at 5 P.M. As long as we depart from Lagos by 1:30, I'll be able to make it on time.

Adebiyi Achebe 12:07 P.M.
Where should I go?

Naijia Kuti 12:08 P.M.
In front of La Pointe Restaurant, near Terminal Rodoviario. Call me when you're getting close.

화자 의도 파악 문제
>>

151. At 12:04 P.M., what does Mr. Achebe most likely mean when he writes, "Not to worry"?
(A) He has a solution to Ms. Kuti's problem.
(B) He can reschedule a presentation.
(C) He knows another bus will arrive soon.
(D) He is happy to cover Ms. Kuti's shift.

세부 사항 문제
>>

152. What is implied about Ms. Kuti?
(A) She has a meeting at a restaurant.
(B) She is going to be late for a seminar.
(C) She plans to pick up a client at 1:30 P.M.
(D) She is within driving distance of a conference.

정답 **151.**(A) **152.**(D)

Questions 158-160 refer to the following Web page.

http://www.sdayrealestate.com/listing18293

Looking for a new home for your family? This house, located on 18293 Winding Grove, was remodeled last month. It features 2,500 square feet of floor space, with 5,000 square feet devoted to a gorgeous backyard. Also included is a 625 square feet garage that can comfortably fit two mid-sized vehicles. —[1]—. Located just a five-minute drive from the Fairweather Metro Station, this property allows for easy access to the downtown area, while providing plenty of room for you and your family. —[2]—. A serene lake is just a 100-foot walk away from the house. —[3]—. A 15 percent down payment is required to secure the property. —[4]—. For more detailed information or to arrange a showing, please email Jerry@sdayrealestate.com.

세부 사항 문제
>>

158. How large is the parking space?
(A) 100 square feet
(B) 625 square feet
(C) 2,500 square feet
(D) 5,000 square feet

사실 확인 문제
>>

159. What is NOT stated as an advantage of the property?
(A) It has a spacious design.
(B) It has been recently renovated.
(C) It is in a quiet neighborhood.
(D) It is near public transportation.

문장 삽입 문제
>>

160. In which of the positions marked [1], [2], [3], and [4] does the following sentence best belong?

"A smaller amount may be accepted, depending on the buyer's financial circumstances."

(A) [1]
(B) [2]
(C) [3]
(D) [4]

정답 **158.**(B) **159.**(C) **160.**(D)

LC

PART 1

PART 1

OVERVIEW

주어진 사진을 보고, 들려주는 4개의 보기 중에서 사진 속에 등장하는 인물의 동작이나 상태, 사물의 상태나 위치 등을 가장 정확하게 묘사한 것을 고르는 문제로 총 6문항이 출제된다.

문제 유형

1인 사진 | 한 사람이 등장, 인물의 동작과 옷차림 등의 상태 묘사

2인 이상 사진 | 두 사람 이상 등장, 인물의 공통 동작, 상호 동작, 개별 동작 및 상태 묘사

사물·풍경 사진 | 사람이 등장하지 않고 사물과 풍경 중심, 사물의 위치나 전체적 풍경 묘사

출제 포인트

- 인물 중심 사진에서 인물의 동작이 아니라 상태를 묘사하는 정답이 더 자주 출제되고 있다.
- 인물 중심 사진이더라도 사람 주변의 사물이나 배경을 묘사하는 정답도 출제된다.
- 사물·풍경 사진을 현재형 일반동사로 묘사하는 정답이 출제된다.

PART 1 이렇게 대비하자!

- Part 1에 자주 출제되는 사진의 상황별 빈출 표현들을 정리하여 암기한다.
- Part 1에서는 정답을 찾기보다 오답을 소거해야 한다. 평소 문제 풀이를 하면서 오답 보기들이 왜 정답이 될 수 없는지를 완벽하게 이해한다.
- 문제 풀이에서 틀린 문제들을 중점적으로 반복 청취하면서 문장 단위로 받아쓰기 연습을 하고, 듣고 따라 말하는(shadowing) 청취 훈련이 필요하다.

PART 1 오답 소거법

1. 혼동되는 상태 동사와 동작 동사를 이용한 오답

(A) He is wearing glasses. ⊙
남자는 안경을 착용한 상태이다.

(B) He is putting on glasses. ⊗
남자는 안경을 착용하고 있는 중이다.

wear와 put on은 한국어로는 둘 다 '입다, 착용하다'로 해석이 되지만 wear는 착용한 상태를 나타내고 put on은 착용하는 동작을 나타내므로 주의해야 한다.

2. 사진에 없는 사람, 사물, 동작을 연상시키는 오답

(A) He is holding a lid of a machine. ⊙
남자는 기계의 덮개를 손으로 잡고 있다.

(B) He is putting some papers on a machine. ⊗
남자는 기계 위에 서류를 놓고 있다.

복사하기 위해서는 복사기 위에 서류를 놓아야 한다는 것을 연상해 (B)를 답으로 고를 수 있지만, 사진에 papers(서류)가 없기 때문에 답이 될 수 없다.

3. 혼동되는 유사 발음의 단어를 이용한 오답

(A) She is riding bicycles. ⊙
여자는 자전거를 타고 있다.

(B) She is writing on a notepad. ⊗
여자는 메모장에 무언가를 쓰고 있다.

맞는 표현은 is riding bicycles(자전거를 타고 있다)이지만 riding과 유사한 발음의 writing을 이용하여 is writing on a notepad(메모장에 무언가를 쓰고 있다)라는 전혀 다른 내용의 함정이 나온다.

4. 여러 가지 의미가 있는 다의어를 이용한 오답

(A) The man is pushing a stroller. ⊙
남자가 유모차를 밀고 있다.

(B) They are walking toward the car park. ⊗
사람들이 주차장 쪽으로 걸어가고 있다.

park라는 단어만 듣고 사진에 나와 있는 공원을 연상해서 (B)를 답으로 고를 수 있는데, park의 다른 의미를 이용한 함정 문제이다. park는 '공원'이라는 뜻도 있지만 주차와 관련된 의미로도 많이 출제되므로 park(v. 주차하다), parking lot/car park(주차장) 등의 주차와 관련된 표현에 주의한다.

PART 1 주의해야 할 유사 발음 어휘

[p] / [f]	copy 복사하다 / coffee 커피	peel 껍질을 벗기다 / feel 느끼다
	pan 냄비 / fan 선풍기, 부채	pull 당기다 / full 가득 찬
	pass 지나가다 / fast 빠른	pile 더미; 쌓다 / file 파일(을 철하다)
[b] / [v]	base (사물의) 맨 아랫부분 / vase 꽃병	cupboard 찬장 / cover 덮개; 덮다
	bend 구부리다 / vend 팔다	curb 도로 경계석 / curve 커브
[s] / [θ]	boss 상사 / both 둘 다	pass 지나가다 / path 길
[s] / [z]	close 가까운 / clothes 옷	race 경주 / raise 들어 올리다
[l] / [r]	close 가까운, 닫다 / cross 건너다	lap 무릎 / lab 실험실 / wrap 싸다
	cloud 구름 / crowd 군중	lead 이끌다 / read 읽다
	glass 잔 / grass 잔디	load 짐을 싣다 / road 도로
	lace 끈 / race 경주	lock 잠그다 / rock 바위
	lamp 등 / ramp 경사로	lid 뚜껑 / rid 없애다
	lane 차선 / rain 비	tile 타일 / tire 타이어
[t] / [d]	letter 편지 / ladder 사다리	writing 쓰기 / riding 타기
기타	address 연설하다 / dress 드레스	hold 들다 / fold 접다
	alone 혼자 / along ~을 따라서 / long 긴	horse 말 / hose 호스
	books 책들 / box 상자	car 차 / cart 카트
	sail 항해하다 / sell 팔다	chair 의자 / share 공유하다
	seat 좌석 / sit 앉다	stack 더미; 쌓다 / stock 채우다
	draw 그리다 / throw 던지다	track (지나간) 자국 / rack 선반
	fish 낚시하다 / finish 끝내다	fountain 분수 / mountain 산

PART 1 주의해야 할 다의어

assemble	1 모이다 2 조립하다
board	1 게시판 2 이사회 3 타다
book	1 책 2 예약하다
carry	1 운반하다 2 취급하다
check	1 수표 2 확인하다
place	1 장소 2 놓다
water	1 물 2 물을 주다
wave	1 파도 2 흔들다
cover	1 덮다, 씌우다 2 포함하다
park	1 공원 2 주차하다

plant	1 식물 2 공장 3 심다
point	1 요점 2 가리키다
present	1 선물 2 참석한 3 보여주다, 제시하다
produce	1 농작물 2 생산하다
sign	1 간판, 표지판 2 서명하다
take off	1 이륙하다 2 벗다, 풀다
light	1 (전)등 2 가벼운 3 불을 붙이다
locate	1 두다 2 ~의 위치를 찾아내다
lot	1 부지 2 많은

인물 중심 사진

Part 1의 사진은 크게 사람이 등장하는 사진과 사물이나 풍경이 나오는 사진으로 나뉜다. 사람이 등장하는 인물 중심 사진은 주로 인물의 동작이나 상태를 가장 정확하게 묘사하는 보기가 정답이 된다.

인물 사진에는 1인 사진, 2인 사진, 그리고 다수의 인물 등장 사진이 있어.

문제 풀이 전략 한 사람이 등장하는 사진

한 사람이 책상에서 컴퓨터를 사용하거나 사무기기나 기계 등을 다루는 모습, 전화 통화하는 모습, 쇼핑하는 모습, 집안일을 하거나 정원을 가꾸는 모습 등이 자주 출제된다.

1. 인물의 동작 묘사 1: 현재진행 시제

▸ 1인 중심 사진의 선택지는 대부분 사진 속 인물이 주어이다. 주어(She, He, The woman, The man)가 동일하므로 답은 동사에 있다.

▸ 인물의 동작은 주로 현재진행 시제(be동사 + V-ing)로 묘사한다.

Ⓐ He **is using** a computer. ⓞ 남자가 컴퓨터를 사용하고 있다.
He **is fixing** a machine. ⊗ 남자가 기계를 수리하고 있다.

Ⓑ She **is painting** the ceiling. ⓞ 여자가 천장을 칠하고 있다.
She **is carrying** a ladder. ⊗ 여자가 사다리를 옮기고 있다.

Ⓒ The woman **is shopping** for some merchandise. ⓞ 여자가 상품을 쇼핑하고 있다.
The woman **is carrying** a bag. ⊗ 여자가 가방을 들고 있다.

2. 인물의 동작 묘사 2: 현재진행 수동태

▶ 사물에 행해지는 인물의 동작을 현재진행 수동태(be동사 + being + p.p.)로 묘사할 수 있다. 주어는 사물이지만 실제로는 사람의 동작을 묘사한다.

Ⓑ The ceiling **is being painted.** 천장이 페인트칠 되고 있다. **[사물 주어 + is/are + being + p.p.]**
= She **is painting** the ceiling. 여자가 천장에 페인트칠하고 있다. **[사람 주어 + is/are + V-ing]**

3. 인물의 상태 묘사: 현재진행 시제

▶ 인물의 상태 묘사는 주로 인물의 복장이나 소지품, 또는 자세를 묘사한다. 안경이나 시계 등을 착용한 모습이나 무언가 들여다보거나 서 있는 모습 등을 현재진행 시제(be동사 + V-ing)로 묘사한다.

Ⓐ He **is wearing** glasses. 남자가 안경을 쓰고 있다.
He **is sitting** at a desk. 남자가 책상에 앉아 있다.

Ⓑ She **is standing** on a ladder. 여자가 사다리 위에 서 있다.

Ⓒ A woman **is examining** a product. 여자가 물건을 살펴보고 있다.
A woman **is holding** a product. 여자가 물건을 들고 있다.

Tip! 예를 들어, 사진에서 여자가 이미 선글라스를 끼고 있는데, 여자가 현재 선글라스를 끼고 있는 중(동작)이라고 잘못 묘사한 보기가 오답 보기로 자주 출제가 되고 있어.

주의! 상태 동사와 동작 동사를 서로 잘못 묘사한 오답이 자주 출제된다.

상태	동작
be wearing 입고 있는 상태	be putting on, be trying on 입는 중인 동작 be taking off, be removing 벗는 중인 동작
be holding 들고 있는 상태 be grasping 움켜잡고 있는 상태	be carrying, be moving 나르는 중인 동작 be picking up, be lifting 들어 올리는 중인 동작
be riding 타 있는 상태 be sitting 앉아 있는 상태	be getting on/into, be boarding, be entering 타는 중인 동작 be getting out/off, be exiting, be disembarking 내리는 중인 동작

4. 인물 주변의 사물·배경 묘사: There is/are + 주어 + 전치사구, be동사 + 전치사구

▶ 인물 중심 사진이지만 주변 사물이나 배경을 묘사하는 정답이 출제되기도 한다.

Ⓐ **There is** a monitor **beside the man.** 남자 옆에 모니터가 있다.

Ⓑ **There are** objects scattered **on the floor.** 바닥에 물건들이 널려 있다.

Ⓒ A bucket is **on the floor.** 양동이가 바닥에 있다.

핵심 문제 유형

Q1

(A) A woman is holding a cup.
(B) A woman is folding a magazine.
(C) A woman is serving a drink.
(D) A woman is putting on her glasses.

P1-01 미국

정답 (A)

해석 (A) 여자가 컵을 들고 있다.
(B) 여자가 잡지를 접고 있다.
(C) 여자가 음료를 내고 있다.
(D) 여자가 안경을 쓰는 중이다.

어휘 **hold** 들다 | **put on** 쓰다, 착용하다 | **glasses** 안경

정답 공략하기

1 인물의 동작이나 상태 확인하기

여자가 컵을 손에 든 채 신문을 보고 있는 장면이다. 여자는 안경을 쓴 상태이며 자리에 앉아 있다.

2 오답 소거하기

(A) ⊙ 여자가 컵을 들고 있는 모습을 묘사했으므로 정답
(B) ⊗ 여자가 신문을 보고 있는 모습을 잡지를 접는 동작으로 묘사했으므로 오답
(C) ⊗ 여자가 컵을 들고 있는 모습에서 음료를 제공하는 동작을 연상하여 묘사했으므로 오답
(D) ⊗ 여자가 이미 안경을 착용하고 있는 상태(wearing)를 착용하는 동작(putting on)으로 잘못 묘사했으므로 오답

3 가능한 정답

She is reading a newspaper. 여자가 신문을 읽고 있다.
She is wearing her glasses. 여자가 안경을 착용하고 있다.
She is sitting at a desk. 여자가 책상에 앉아 있다.

오답 유형 정리

1. 사진에 없지만 연상하기 쉬운 사물을 사진 속 인물의 동작과 연결한 오답
2. 사진 속 장면에서 연상하기 쉬운 동작을 이용한 오답
3. 상태 동사와 동작 동사를 바꾸어 묘사한 오답

오답 표현 ⊗
She is serving a meal.
여자가 식사를 내오고 있다.

정답 표현 ⊙
She is holding a baking tray.
여자가 구이판을 잡고 있다.

Warm-up 음성을 듣고 (A)와 (B)의 빈칸을 채운 후, 사진을 잘 묘사한 보기를 고르세요. (보기는 3번 들려줍니다.)

1

(A) A man is __________ into a microscope.

(B) A man is __________ a telescope.

2

(A) A woman is __________ on a ladder.

(B) A woman is __________ a letter.

3

(A) A man is __________ a performance.

(B) A man is __________ a speech.

4

(A) A woman is __________ some goods.

(B) A woman is __________ some goods.

5

(A) The man is __________ at the monitor.

(B) The man is __________ at a construction site.

6

(A) The woman is __________ a book at a library.

(B) The woman is __________ a book from the shelves.

2

오답 표현 ⊗

She is riding a bicycle.
여자가 자전거를 타고 있다.

정답 표현 ⊙

She is pushing her bike.
여자가 자전거를 끌고 가고 있다.

3
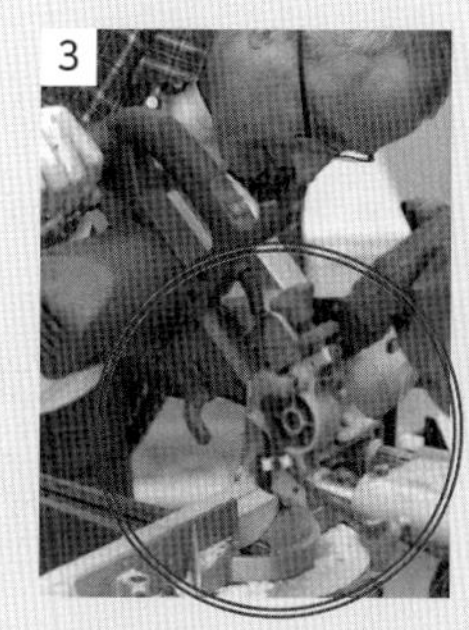

오답 표현 ⊗

The man is picking up a power tool. 남자가 전동 공구를 들어 올리고 있다.

정답 표현 ⊙

The man is using a power tool.
남자가 전동 공구를 사용하고 있다.

문제 풀이 전략 두 사람 이상이 등장하는 사진

사무실에서 두 사람이 대화를 나누거나 여러 사람이 회의하는 모습, 상점이나 식당에서 점원이 고객을 응대하는 모습, 거리를 지나가는 사람들의 모습이나 공원 등에서 야외 활동을 하는 사람들의 모습이 자주 출제된다.

Ⓐ 

Ⓑ 

Ⓒ 

1. 인물들 사이의 공통된 동작·상태 묘사

▸ 여러 사람이 함께 무엇을 보고 있거나 탁자에 둘러앉아 있는 모습, 또는 공통된 옷차림 등을 묘사한다.

▸ 두 사람이 악수하거나 손을 잡고 걷는 모습, 물건을 함께 나르는 모습 등을 묘사한다.

전체를 묘사하는 주어: The audience, The crowd, They, People, The women, The men

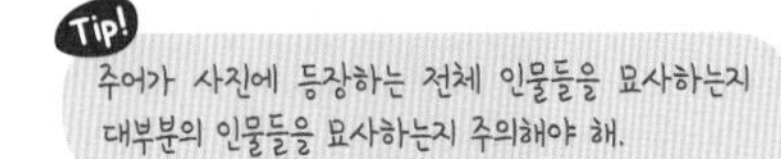

Tip!
주어가 사진에 등장하는 전체 인물들을 묘사하는지
대부분의 인물들을 묘사하는지 주의해야 해.

Ⓐ **The audience** is watching a presentation. 청중이 발표를 보고 있다.
People are gathered in a group. 사람들이 무리 지어 모여 있다.

Ⓑ **They** are looking at a map. 사람들이 지도를 보고 있다.
They are sitting next to each other. 사람들이 나란히 앉아 있다.

Ⓒ **People** are watching a performance outdoors. 사람들이 밖에서 공연을 보고 있다.

2. 한 사람 또는 일부의 동작·상태 묘사

▸ 등장하는 인물들 중에서 일부 사람들 또는 한 사람만 하는 행동을 묘사한다.

일부를 묘사하는 주어: Some people / men / workers / customers, Some of them

여러 명 중 한 명을 묘사하는 주어: A man / woman, The man / woman, One of the people, One of them

Ⓐ **A woman** is standing near the chart. 여자가 차트 근처에 서 있다.
The audience is watching a presentation. 청중이 프레젠테이션을 보고 있다.

Ⓑ **The man** is wearing a camera. 남자가 카메라를 메고 있다.
The woman is holding a map. 여자가 지도를 들고 있다.

Ⓒ **Two men** are playing the guitar. 두 남자가 기타를 치고 있다.
Some people are sitting in chairs. 몇몇 사람들이 의자에 앉아 있다.

3. 인물들의 동작과 상태를 서로 바꿔서 잘못 묘사하는 오답

▶ 두 명 이상이 서로 다른 동작을 하는 사진이 나오면 주어를 정확히 듣고 남자와 여자가 하는 행동을 구분해야 한다.

Ⓐ **A woman** is standing near the board. ⓞ 여자가 보드 근처에 서 있다.
A man is standing near the board. ⊗ 남자가 보드 근처에 서 있다.

Ⓑ **The man** is wearing a camera. ⓞ 남자가 카메라를 메고 있다.
The woman is wearing a camera. ⊗ 여자가 카메라를 메고 있다.
The woman is holding a map. ⓞ 여자가 지도를 들고 있다.
The man is holding a map. ⊗ 남자가 지도를 들고 있다.

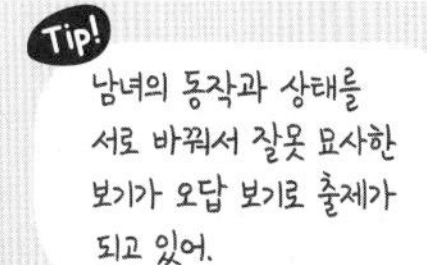

Tip! 남녀의 동작과 상태를 서로 바꿔서 잘못 묘사한 보기가 오답 보기로 출제가 되고 있어.

4. 한 사람 또는 일부의 동작·상태를 전체 인물의 공통 동작·상태로 잘못 묘사하는 오답

▶ 인물 전체를 묘사하는 all, every, both, each, entire, none이 들리면 공통적인 동작·상태인지 여부를 확인해야 한다.

Ⓐ **Some people** are sitting in chairs. ⓞ 몇몇 사람들이 의자에 앉아 있다.
They are **all** sitting in chairs. ⊗ 사람들은 모두 의자에 앉아 있다.

Ⓑ **A man** is wearing a hat. ⓞ 남자가 모자를 쓰고 있다.
They are **both** wearing hats. ⊗ 사람들은 둘 다 모자를 쓰고 있다.

핵심 문제 유형

Q2

(A) Shoppers are browsing in a store.
(B) One of the men is picking up a shopping bag.
(C) One of the men is standing behind a counter.
(D) Customers are trying on some clothes.

P1-03 호주

정답 (C)

해석 (A) 쇼핑객들이 가게를 둘러보고 있다.
(B) 남자들 중 한명이 쇼핑백을 건네고 있다.
(C) 남자들 중 한명이 계산대 뒤에 서 있다.
(D) 한 여자가 옷을 입어 보고 있다.

어휘 browse (가게 안의 물건들을) 둘러보다 | pick up 들어올리다 | try on some clothes 옷을 입어보다

정답 공략하기

1 인물들의 공통된 동작/상태 또는 개별적인 동작/상태 확인하기

옷 가게에서 쇼핑을 하고 있는 여자와 남자, 그리고 남자 점원이 등장하고 있다.
남자 고객이 계산하기 위해 점원에게 신용카드를 건네고 있다.

2 오답 소거하기

(A) ⊗ 가게를 둘러보는 것이 아니라 계산대에서 계산하고 있으므로 오답
(B) ⊗ 남자 고객이 카드를 건네고 있는 모습을 사진에 없는 쇼핑백을 이용해서 묘사했으므로 오답
(C) ⊙ 남자 점원이 계산대 뒤에 서 있는 모습을 묘사했으므로 정답
(D) ⊗ 여자 고객이 옷을 입어 보고 있지 않으며 흔히 옷 가게에서 일어날 수 있는 동작을 연상지어 묘사했으므로 오답

3 가능한 정답

They are in a clothing shop. 사람들은 옷 가게에 있다.
A man is handing a card to the clerk. 한 남자가 점원에게 카드를 건네고 있다.
A man is helping customers. 한 남자가 손님들을 응대하고 있다.
Some people are being helped at a counter. 몇몇 사람들이 계산대에서 도움을 받고 있다.

오답 유형 정리

1. 한 사람의 동작을 모든 사람들의 공통 동작으로 묘사한 오답
2. 사진에 없는 사물을 인물의 동작과 연결한 오답
3. 사진 속 장소에서 흔히 일어날 수 있는 동작을 연상하여 묘사한 오답

오답 표현 ⊗
Some people are playing instruments.
몇몇 사람들이 악기를 연주하고 있다.

정답 표현 ⊙
Some people are standing on the street.
몇몇 사람들이 길에 서 있다.

Warm-up 음성을 듣고 (A)와 (B)의 빈칸을 채운 후, 사진을 잘 묘사한 보기를 고르세요. (보기는 3번 들려줍니다.)

7

(A) People are _____ a bus.

(B) People are _____ a bus.

8

(A) They're _____ hands.

(B) They're _____ their hands.

9

(A) People are _____ the plane.

(B) People are _____ in line.

10

(A) They're _____ some documents together.

(B) They're _____ a document together.

11

(A) People are _____ outside.

(B) People are _____ the table.

12

(A) They're _____ a _____.

(B) They're _____ a _____.

2

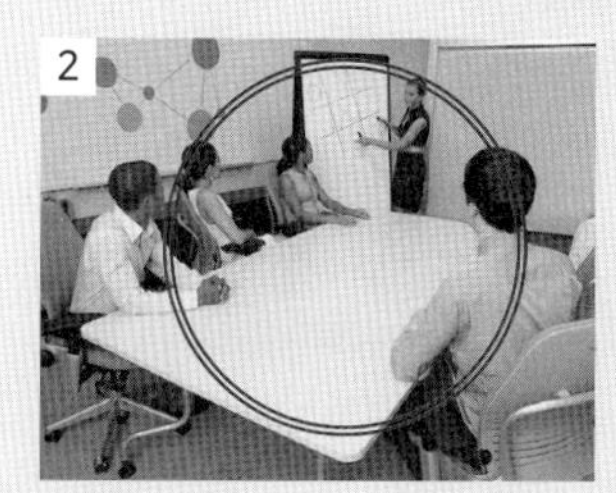

오답 표현 ⊗

People are reading some handouts.

사람들이 유인물을 보고 있다.

정답 표현 ⊙

People are listening to a speaker.

사람들이 발표자의 말을 듣고 있다.

3

오답 표현 ⊗

Some people are setting up the table.

몇몇 사람들이 상을 차리고 있다.

정답 표현 ⊙

Some people are seated at the table.

몇몇 사람들이 식탁에 앉아 있다.

Practice

P1-05 음성을 듣고 사진을 가장 잘 묘사한 보기를 고르세요.

1.

(A)

(B)

(C)

(D)

2.

(A)

(B)

(C)

(D)

3.

(A)

(B)

(C)

(D)

4.

(A)

(B)

(C)

(D)

5.

(A)

(B)

(C)

(D)

6.

(A)

(B)

(C)

(D)

7.

(A)

(B)

(C)

(D)

10.

(A)

(B)

(C)

(D)

8.

(A)

(B)

(C)

(D)

11.

(A)

(B)

(C)

(D)

9.

(A)

(B)

(C)

(D)

12.

(A)

(B)

(C)

(D)

인물 사진 문제 필수 표현 EXPRESSION

1. 『보다』류의 동작 표현

be looking at 보고 있다
be viewing 보고 있다
be reviewing (서류 등을) 보고 있다, 검토하고 있다
be examining 살펴보고 있다
be inspecting 점검하고 있다, 검사하고 있다
be watching 보고 있다
be browsing 둘러 보고 있다
be reading 읽고 있다
be studying (메뉴 등을) 살펴보고 있다
be checking 살펴보고 있다, 점검하고 있다

2. 『말하다』류와 회의 관련 동작 표현

be talking 이야기하고 있다
be having a conversation 대화하고 있다
be having a meeting 회의를 하고 있다
be taking notes 메모하고 있다
be addressing 연설하고 있다
be shaking hands 악수하고 있다
be applauding 박수 치고 있다
be chatting 대화하고 있다
be discussing 논의하고 있다
be attending a meeting 회의에 참석하고 있다
be giving a presentation 발표하고 있다
be giving a speech 연설하고 있다, 사람들 앞에서 말하고 있다
be greeting each other 서로 인사를 나누고 있다
be distributing (자료 등을) 나눠주고 있다

3. 『먹다』류와 식당 관련 동작 표현

be eating 먹고 있다
be dining 식사하고 있다
be drinking 마시고 있다
be setting the table 식탁을 차리고 있다
be placing an order 주문하고 있다
be having 먹고 있다
be having a meal 식사하고 있다
be sipping (조금씩) 마시고 있다
be pouring (물을) 따르고 있다
be taking an order 주문받고 있다

4. 『청소하다』류와 집안일 관련 동작 표현

be cleaning 청소하고 있다
be mopping (대걸레로) 닦고 있다
be sweeping (빗자루로) 쓸고 있다
be raking (낙엽 등을) 갈퀴로 긁어모으고 있다
be mowing 잔디를 깎고 있다
be operating 작동하고 있다
be washing (창문 등을) 닦고 있다, 씻고 있다
be wiping (행주 등으로) 닦고 있다
be vacuuming 진공청소기로 청소하고 있다
be polishing (윤이 나도록) 닦고 있다
be handling 다루고 있다
be maneuvering 조종하고 있다

5. 『걷다』 관련 동작 표현

be walking 걷다, 산책하고 있다
be strolling 걷고 있다, 거닐고 있다
be taking a walk 산책하고 있다

6. 인물의 자세 관련 주요 표현

be standing 서 있다
be seated 앉아 있다
be squatting 쪼그리고 있다
be bending over 허리를 구부리고 있다
be sitting 앉아 있다
be sharing a bench 벤치에 같이 앉아 있다
be crouching 쭈그리고 있다, 웅크리고 있다
be leaning 기대고 있다

7. 쇼핑 관련 동작 표현

be paying (계산대에서) 지불하고 있다
be browsing 둘러보고 있다, 구경하고 있다
be trying 입어 보다, 해 보다
be wheeling (바퀴 달린 것을) 밀고 있다, 끌고 있다
be loading (짐을) 싣고 있다
be purchasing 구매하고 있다
be examining 자세히 살펴보고 있다
be pushing (카트 등을) 밀고 있다
be lining up 줄 서 있다
be unloading (짐을) 내리고 있다

8. 사무실 관련 표현

be sitting at the desk 책상에 앉아 있다
be concentrating on 집중하고 있다
be using a computer 컴퓨터를 사용하고 있다
be typing on the keyboard 키보드를 치고 있다
be tiding up the desk 책상 정리를 하고 있다
be talking on the phone 통화하고 있다
be working at the desk 책상에 앉아 일하고 있다
be working on a document 문서 작업을 하고 있다
be looking at the computer monitor 컴퓨터 모니터를 보고 있다
be resting one's arms on the desk 팔을 책상에 올려놓고 있다
be organizing files 파일을 정리하고 있다
be making copies 복사하고 있다

9. 기타 동작 관련 표현

be pointing 가리키고 있다
be adjusting 조정하고 있다
be stirring 젓고 있다
be fastening 매고 있다, 고정하고 있다
be passing 건네고 있다
be reaching for (손이나 팔을) 뻗고 있다
be hanging 걸고 있다
be waving (손을) 흔들고 있다
be handing 건네고 있다
be holding (무언가를) 들고 있다

10. 사람을 나타내는 주요 명사들

clerk 직원, 점원
shopper 쇼핑하는 손님
artist 예술가
performer 연주자
audience 청중
pedestrian 보행자
tourist 관광객
conductor 지휘자, (버스나 기차의) 승무원
presenter 발표자
customer 손님
diner 식당의 손님
musician 음악가
crowd 군중
spectator 관중
cyclist 자전거 타는 사람
passenger 승객
speaker 연설자
participant 참가자

사물·풍경 중심 사진

사물·풍경 중심 사진은 인물이 전혀 등장하지 않는 유형으로, 주로 사물의 위치나 배열 상태를 묘사하는 선택지가 정답이다.

문제 풀이 전략

사물·풍경 사진에서 사람을 주어로 하는 보기가 등장하거나 사진에 등장하지 않은 사물이 들리면 바로 소거한다.

▶ **자주 나오는 사물 주어:** car 자동차 | merchandise 상품 | path 작은 길 | plant 식물 | table 탁자, 식탁

▶ **자주 나오는 동사:** be arranged 정리되어 있다 | be displayed 진열되어 있다 | be left ~인 채로 있다 | be lined up 줄지어 있다 | be located ~에 있다 | be placed 놓여 있다 | be put 놓여 있다 | be set up 차려져 있다 | be sorted 분류되어 있다 | be on a cart 카트에 있다 | be on display 진열/전시 중이다

A 

B 

C 

1. 사람을 언급하거나 사진에 없는 사물을 언급한 오답

▶ 사물·풍경 사진에서 주어가 사람인 선택지는 무조건 오답이다.

Ⓐ **A woman** is reading a book. ⊗ 여자가 책을 읽고 있다.

Ⓒ **Pedestrians** are crossing the road. ⊗ 보행자들이 길을 건너고 있다.

Cars are stopped at **a traffic signal.** ⊗ 차들이 신호등에 멈춰 서 있다.

2. 사물의 위치·상태 묘사 1: 현재 수동태와 현재완료 수동태

▶ 사물의 위치나 상태는 주로 be displayed, be placed 등과 같이 현재 수동태(be동사 + p.p.)로 묘사한다. Part 1처럼 어떤 한 순간을 포착한 사진을 묘사하는 경우에는 현재 수동태와 현재완료 수동태(have been + p.p.) 둘 다 '주어가 ~되어 있다'라는 의미로 쓰인다.

Ⓐ A light **is[has been] turned** on. 전등이 켜져 있다.

A book **is[has been] left** open. 책이 펼쳐져 있다.

A laptop **is[has been] placed** on the table. 식탁에 노트북이 놓여 있다.

Shelves **are[have been] filled with books.** 책장이 책들로 채워져 있다.

Ⓑ Guitars **are[have been] displayed** in rows. 기타들이 여러 줄로 진열되어 있다.

3. 사물의 위치·상태 묘사 2: 현재 시제와 현재진행 시제

▶「There is / are」나「be동사 + 전치사구 / 형용사」로 사물의 위치나 상태를 묘사하기도 한다.

▶ 현재진행 수동태(be동사 + V-ing)는 주로 사람의 동작이나 상태를 묘사할 때 쓰이지만, lean이나 lie등 동사에 따라 사물이나 풍경을 묘사할 때 사용되기도 한다.

▶ extend, lead to, overlook, separate 등의 현재시제도 정답으로 종종 출제된다.

I There is / are + 사물 주어 + 전치사구 I

Ⓑ **There are** guitars **on the wall.** 벽에 기타들이 있다.

Ⓒ **There are** buildings **in the distance.** 저 멀리 건물들이 있다.

I 사물 주어 + is / are + 전치사구 / 형용사 I

Ⓐ A laptop **is on the table.** 노트북이 탁자 위에 있다.

The shelves **are full of** books. 책꽂이가 책으로 가득 차 있다.

The table **is unoccupied.** 탁자가 비어 있다(자리가 비어 있다).

Ⓑ Some musical instruments **are on display.** 악기 몇 개가 진열돼 있다.

I 사물 주어 + 현재 시제 I

Ⓒ The road **extends** along the river. 도로가 강을 따라 나 있다.

Some buildings **overlook** the water. 몇몇 건물들이 물을 내려다 보고 있다.

I 사물 주어 + 현재진행 시제 I

Ⓐ A light **is hanging** above the table. 탁자 위로 등이 매달려 있다.

Ⓒ A boat **is floating** on the water. 보트가 물 위에 떠 있다.

Some buildings **are overlooking** the water. 몇몇 건물들이 물을 내려다보고 있다.

4. 현재진행 수동태를 이용한 오답

▶ 현재진행 수동태(be동사 + being + p.p.)는 사물에 대한 인물의 동작을 묘사하는 표현이므로 사람이 등장하지 않는 사물·풍경 사진에서는 오답이다.

Ⓐ Bookcases **are being assembled.** ⊗ 책꽂이들이 조립되는 중이다.

Bookcases **have been assembled.** ⓞ 책꽂이들이 조립되어 있다.

Ⓑ Guitars **are being hung on the wall.** ⊗ 기타가 벽에 걸리는 중이다.

핵심 문제 유형

Q

(A) Trees are being cut down.
(B) The path is being paved.
(C) Some people are resting on the benches.
(D) Some lampposts have been turned on.

P1-06 영국

정답 (D)

해석
(A) 나무들이 베어지고 있다.
(B) 길이 포장되고 있다.
(C) 몇몇 사람들이 벤치에서 쉬고 있다.
(D) 몇몇 가로등 불이 켜져 있다.

어휘 **cut down** 베다 | **pave** (도로를) 포장하다 | **rest** 쉬다 | **lamppost** 가로등 | **turn on** 켜다

정답 공략하기

1 사물의 위치와 상태 확인하기

trees(나무), benches(벤치), lampposts(가로등)

2 오답 소거하기

(A) ✖ 나무(trees)를 베고 있는 사람이 보이지 않으므로 오답
(B) ✖ 길을 포장하고 있는 사람이 보이지 않으므로 오답
(C) ✖ 벤치(benches)에 사람들이 앉아 있지 않으므로 오답
(D) ⊙ 가로등(lampposts)의 불이 켜져 있으므로 정답

3 가능한 정답

The path is curved. 길이 굽어 있다.
Some seats are unoccupied. 몇몇 벤치들이 비어 있다.
Some benches have been placed next to a lamppost. 몇몇 벤치들이 가로등 옆에 있다.
Leaves have fallen onto the ground. 땅에 나뭇잎들이 떨어져 있다.

오답 유형 정리

1. 사진 속 사물의 위치를 잘못 묘사한 오답
2. 사물의 상태를 현재진행 수동태로 묘사한 오답

1

오답 표현 ✖
A plant has been placed next to the door.
식물이 문 옆에 놓여 있다.

정답 표현 ⊙
A plant has been placed by the window.
식물이 창문 옆에 놓여 있다.

Warm-up 음성을 듣고 (A)와 (B)의 빈칸을 채운 후, 사진을 잘 묘사한 보기를 고르세요. (보기는 3번 들려줍니다.)

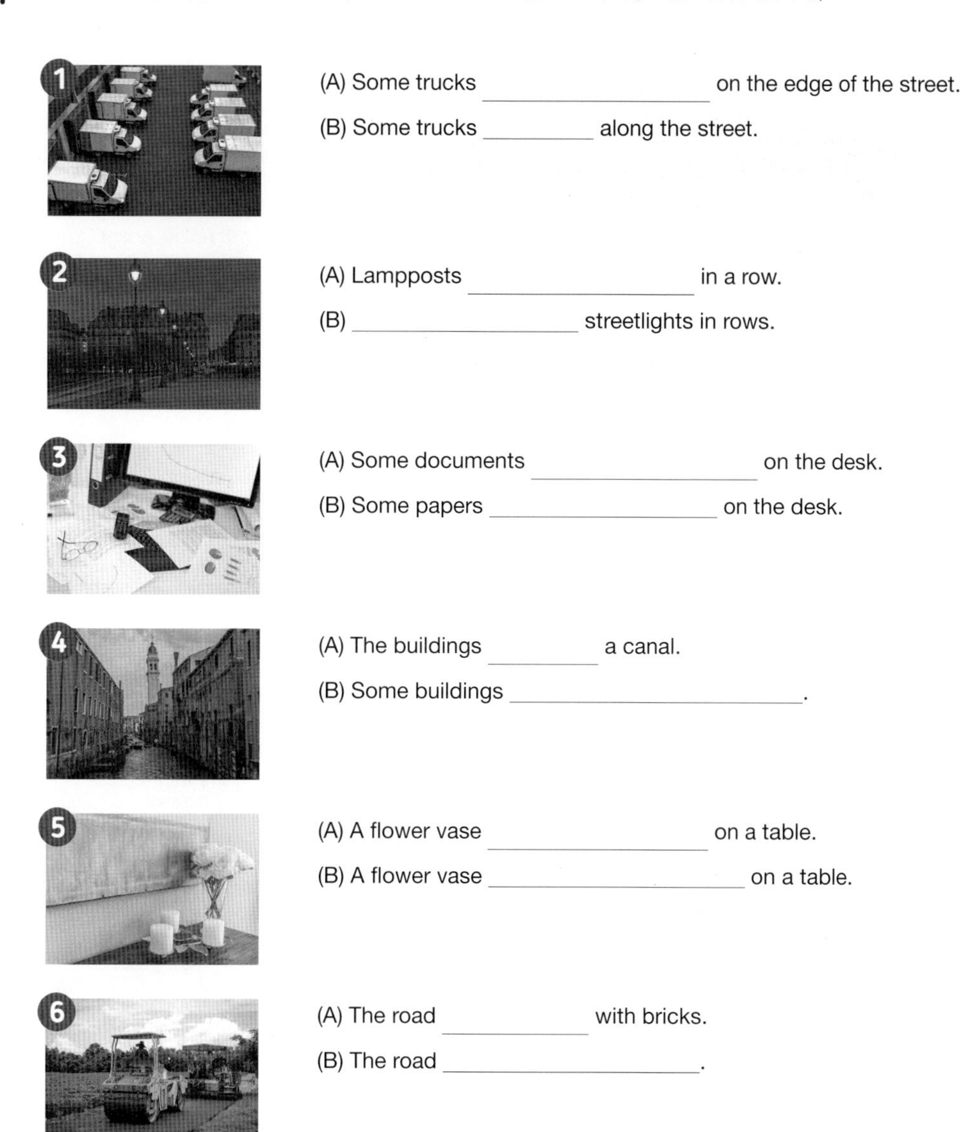

1
(A) Some trucks ____________ on the edge of the street.
(B) Some trucks ________ along the street.

2
(A) Lampposts ____________ in a row.
(B) ____________ streetlights in rows.

3
(A) Some documents ____________ on the desk.
(B) Some papers ____________ on the desk.

4
(A) The buildings ________ a canal.
(B) Some buildings ________________.

5
(A) A flower vase ____________ on a table.
(B) A flower vase ______________ on a table.

6
(A) The road ________ with bricks.
(B) The road ______________.

2

오답 표현 ✖
The mirror is being wiped with a towel.
수건으로 거울을 닦고 있다.

정답 표현 ⭕
A candle is reflected in a mirror.
양초가 거울에 비친다.

Practice

P1-08 음성을 듣고 사진을 가장 잘 묘사한 보기를 고르세요.

1.

(A)

(B)

(C)

(D)

2.

(A)

(B)

(C)

(D)

3.

(A)

(B)

(C)

(D)

4.

(A)

(B)

(C)

(D)

5.

(A)

(B)

(C)

(D)

6.

(A)

(B)

(C)

(D)

7.

(A)

(B)

(C)

(D)

10.

(A)

(B)

(C)

(D)

8.

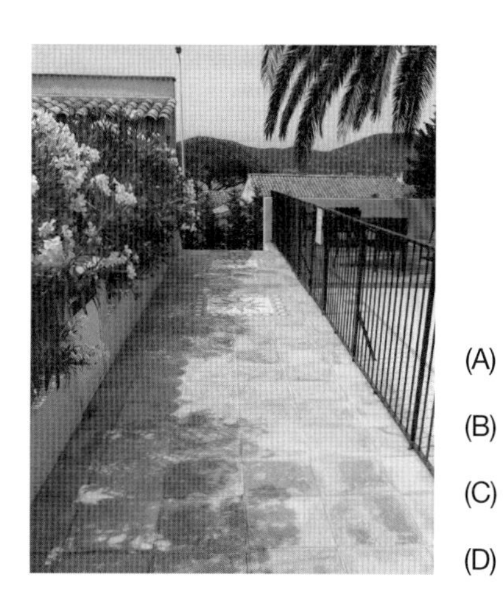

(A)

(B)

(C)

(D)

11.

(A)

(B)

(C)

(D)

9.

(A)

(B)

(C)

(D)

12.

(A)

(B)

(C)

(D)

사물·풍경 사진 문제 필수 표현 EXPRESSION

1. 사물의 위치를 나타내는 전치사 표현

위	on ~위에 above ~ 위쪽에	over ~위쪽에
아래	under ~아래에	below ~의 아래쪽에
사이	between ~사이에 on each side of ~의 양쪽에	on both side of ~의 양쪽에 on either side of ~의 양쪽에
앞뒤	in front of ~앞에 at the back of ~뒤쪽에	behind ~뒤에
중앙	in the middle of ~의 중앙에 at the edge of ~의 가장자리에	in the corner of ~의 구석에
근처	by ~옆에 beside ~옆에 close to ~에서 가까이	next to ~옆에 near ~근처에
안팎	in ~안에 into ~안으로	outside ~밖에 out of ~밖으로
방향	to ~로 in the same direction 같은 방향으로	toward ~쪽으로 in the opposite direction 반대 방향으로
나란히	along ~을 따라서 in a line 한 줄로 in rows 여러 열로 side by side 나란히	alongside ~와 나란히 in a row 일렬로 next to each other 나란히
기타	through ~을 통해서 across ~건너편에	against ~에 기대어

2. 사물의 위치나 상태를 나타내는 필수 표현들

be arranged ~에 놓여 있다(정리되어 있다)
be put ~에 놓여 있다
be positioned ~에 놓여 있다(배치되어 있다)
be full of ~로 가득 차 있다
be packed with ~로 채워져 있다
be piled 쌓여 있다
be leaning 기대어 있다
be hanging 매달려 있다
lead to ~로 이어지다
be gathered 모여 있다
be occupied 사용 중이다
be vacant 비어 있다

be lying (바닥에) 놓여 있다, ~에 위치하다
be placed ~에 놓여 있다
be set ~에 놓여 있다(차려져 있다)
be filled with ~로 가득 차 있다
be stocked with ~로 채워져 있다
be stacked 쌓여 있다
prop against ~에 받쳐 놓다
span (다리가 강을) 가로지르다
extend to ~을 향해 뻗어 있다
be grouped 모여 있다
be unoccupied 비어 있다
be empty 비어 있다

3. 기타 사물이나 풍경의 모습을 나타내는 표현들

be lined up 줄지어 있다
be shaded by ~으로 그늘져 있다
be attached to ~에 붙어 있다
be scattered 흩어져 있다
be unattended 주인 없이 방치되어 있다
be turned on 켜져 있다
be sorted 분류되어 있다
be fallen ~에 떨어져 있다
be paved (도로가) 포장되어 있다
be left open 열려 있다
be surrounded by ~로 둘러싸여 있다
be casting a shadow 그림자를 드리우고 있다
be covered with ~으로 덮여 있다
be parked ~에 주차되어 있다
be deserted 텅 비어 있다
be rolled up 둥글게 말려 있다
be separated ~으로 분리되어 있다
be set aside 한쪽으로 치워져 있다

4. 여러 가지 사물을 나타내는 표현들

의자	sofa 소파 bench 벤치 stool (등받이와 팔걸이가 없는) 의자	couch 소파 armchair 안락의자 folding chair 접이식 의자
길	path 작은 길 archway 아치 길, 아치형 입구 waterway (배가 다니는 강, 바다) 수로 stairway 계단	walkway 인도, 통로 doorway 출입구 driveway 진입로 hallway 복도
상품	item 물품, 품목 goods 상품, 물품	product 제품, 상품 merchandise 상품, 물품

LC

PART 2

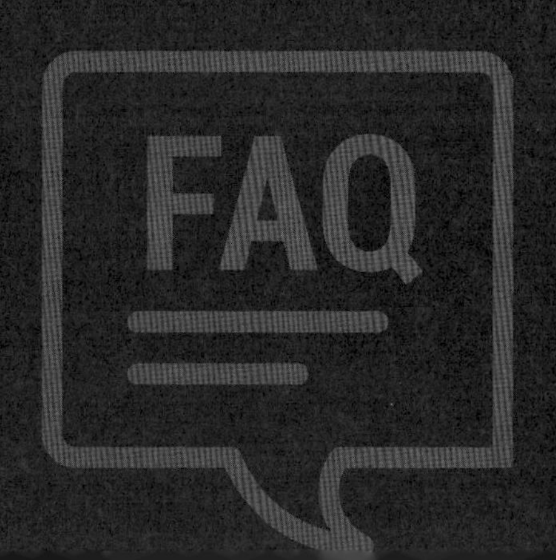

PART 2

OVERVIEW

질문을 듣고, 이어서 들려주는 3개의 보기 중에서 질문에 가장 적절한 응답을 선택하는 문제이다.

문제 유형

의문사 의문문 I Who, When, Where, What, Which, How, Why

일반(Yes/No) 의문문 I Be동사 의문문, 조동사 의문문(Have, Do, Can, Will 등)

특수 의문문 I 부정 의문문, 부가 의문문, 선택 의문문, 요청문(제안·제공·요청), 평서문

출제 포인트

- 단답형으로 응답하는 의문문의 비중은 줄고, 다양한 응답이 가능한 평서문과 부가 의문문의 비중이 커지고 있다.
- '모르겠다,' '아직 정해지지 않았다' 등의 우회적인 응답이나 되묻는 응답의 비중 역시 직접 응답의 비중과 비슷한 수준으로 출제된다.

PART 2 이렇게 대비하자!

- Part 2에 자주 출제되는 질문·응답 유형 및 필수 표현을 정리한다.
- 질문은 알아듣기 쉽지만, 응답은 알아듣기 어려운 토익 Part 2는 질문의 핵심 키워드에 어울리지 않는 오답을 소거해 나가는 연습이 필요하다.

PART 2 오답 소거법

1. 의문사 의문문에 Yes/No 등으로 답하는 오답

Q. When will Mr. Kim return from the conference? Mr. Kim은 언제 콘퍼런스에서 돌아오나요?

(A) He was in the meeting this morning. ⭘ 아침에 회의에 있었는데요.

(B) **Yes**, he will participate in the conference. ⊗ 네, 그는 콘퍼런스에 참가할 거예요.

conference라는 같은 단어가 반복되어 (B)가 정답처럼 들리지만, 의문사로 시작하는 의문문에는 Yes나 No로 답할 수 없다. Yes와 같은 유사한 의미인 Sure나 Of course로도 답할 수 없다.

2. 똑같은 발음 또는 유사한 발음을 이용한 오답

Q. Have you **reviewed** the report? 보고서를 다 검토했나요?

(A) I just got back from my vacation. ⭘ 휴가에서 막 돌아왔어요. (그래서 아직 검토하지 못했다)

(B) It has a nice **view**. ⊗ 전망이 참 좋네요.

(B)는 내용상 전혀 상관없는 오답이지만 질문의 review와 발음이 비슷한 view를 이용한 함정이다. 똑같은 발음 또는 유사한 발음이 들리면 왠지 정답처럼 들리지만, 오답 함정인 경우가 대부분이므로 주의해야 한다.

3. 연상되는 어휘를 이용한 오답

Q. Where is the **museum**? 박물관은 어디에 있나요?

(A) It is on 5th Avenue. ⭘ 5번가에 있어요.

(B) It was a great **exhibit**. ⊗ 아주 멋진 전시회였어요.

(B)는 질문과는 상관없는 오답이지만 질문의 museum(박물관)을 듣고 연상되는 exhibit(전시회)를 이용한 함정이다. 의미상 관련이 있는 어휘가 보기에서 들리면 왠지 정답처럼 들리지만, 오답 함정인 경우가 많으므로 주의해야 한다.

4. 질문과 응답의 주어 불일치 오답

Q. How did **you** enjoy your stay at our hotel? 저희 호텔에서의 숙박은 어떠셨나요?

(A) It was great. ⭘ 아주 좋았어요.

(B) **He** stayed late. ⊗ 그는 늦게까지 있었어요.

stay라는 같은 단어가 반복되어 (B)가 정답처럼 들리지만, 질문에서의 주어가 you였기 때문에 답은 I로 나와야 한다. (B)는 주어가 he라서 답이 될 수 없다. 질문은 you(2인칭)에 대해 묻고 있지만, he(3인칭)로 대답한 오답이다.

5. 질문과 응답의 시제 불일치 오답

Q. Did Ms. Chambers explain the benefits? Ms. Chambers가 혜택들을 설명해 주었나요?

(A) I will meet her tomorrow. ⭘ 내일 그녀를 만날 거예요.

(B) Yes, she **does**. ⊗ 네, 그녀가 합니다.

일반 의문문에 Yes나 No로 답하는 것이 가장 기본적이지만 (B)는 시제가 맞지 않아서 답이 될 수 없다. 질문은 과거의 일(did)을 묻고 있지만, 현재시제(does)로 대답한 오답이다.

PART 2 주의해야 할 유사 발음 어휘

질문에서 들렸던 단어와 똑같은 발음 또는 유사한 발음의 단어가 오답 함정으로 나오는 문제가 출제 비중이 아주 높다. 앞 문제에 신경 쓰거나 하느라고 질문을 못 들었을 때, 들렸던 똑같은 또는 유사한 발음의 단어가 들리면 그 대답이 왠지 정답처럼 느껴지지만 그런 것들은 대부분 오답 함정임을 반드시 알아 두어야 한다. 아래에 유사 발음 함정 문제로 자주 출제되는 단어의 짝을 숙지해 둔다.

account 계좌 / count 세다	drive 운전하다 / arrive 도착하다
allowed 허가받은 / loud 시끄러운	assign 할당하다 / sign 간판; 서명하다
invoice 청구서 / voice 목소리	introduce 소개하다 / reduce 줄이다
move 이사하다, 옮기다 / remove 치우다	light 가벼운 / right 오른쪽의
repair 고치다 / prepare 준비하다	review 검토 / view 전망
rain 비(가 오다) / train 기차; 교육하다	collect 모으다 / correct 정확한
apartment 아파트 / department 부서	revenue 수익 / renew 갱신하다
late 늦은 / rate 요금	lend 빌려주다 / rent 임대하다
firm 회사 / confirm 확인해주다	jacket 재킷 / packet 통

listen 듣다 / recent 최근의	called 전화를 걸었다 / cold 추운
computer 컴퓨터 / commuter 통근자	copy 복사하다 / coffee 커피
mind 상관하다 / mine 나의 것	lunch 점심 / launch 출시하다
refund 환불 / fun 재미있는	retire 은퇴하다 / tired 피곤한
supplies 물품 / surprise 놀라움; 놀라다	contract 계약서 / contact 연락하다
open 열다 / often 종종	boss 상사 / both 둘 다
fine 좋은 / find 찾다	fix 고치다 / fax 팩스(를 보내다)

applicant 지원자 / application 지원	appoint 임명하다 / appointment 약속
expense 비용 / expensive 비싼	assistant 조수 / assistance 도움
register 등록하다 / registration 등록	copy 복사하다 / copier 복사기

cancel 취소하다 / can't sell 팔 수 없다	maintenance 유지 / main entrance 정문
delivery 배달 / deliver it 그것을 배달하다	duty 의무 / due to ~ 때문에

『모르겠습니다』류의 우회적인 응답 유형

거의 모든 유형의 질문에 가능한 답변으로 매회 적어도 3문제 이상 정답으로 출제되므로 반드시 익혀 두어야 한다.

1. 모르겠습니다

I don't know. 잘 모르겠습니다.	I have no idea. 잘 모르겠습니다.
I'm not sure. 확실하지 않습니다.	No one is sure yet. 아무도 확실하지 않습니다.
Nobody told me. 아무도 나에게 말해 주지 않았어요.	I haven't been notified yet. 아직 못 들었어요.
I haven't been told yet. 아직 못 들었습니다.	I'm still waiting to hear. 아직 소식을 기다리고 있어요.
I haven't heard anything yet. 아직 아무것도 듣지 못했습니다.	He didn't give a reason. 이유를 말해 주지 않았어요.

2. 아직 결정되지 않았어요

It hasn't been decided. 아직 결정되지 않았어요.	We haven't decided yet. 아직 결정하지 않았어요.
I'm still deciding. 아직도 정하고 있어요.	I haven't made a decision. 아직 결정하지 못했어요.
I've not made up my mind. 아직 마음을 정하지 못했어요.	It hasn't been discussed yet. 아직 논의되지 않았어요.
It hasn't been confirmed. 아직 공식화되지 않았어요.	He'll let me know this afternoon. 오후에 알려줄 겁니다.
We'll find out in today's meeting. 오늘 회의 때 알게 될 거예요.	It's too soon to tell. 아직 말하긴 일러요.

3. 확인해 보겠습니다

Let me check. 확인해 보겠습니다.	I'll find out. 알아보겠습니다.
I'll go see. 가서 알아보겠습니다.	I'll look it up. (자료 등을) 찾아보겠습니다.
I'll let you know. 알려드리겠습니다.	I'll have to ask James. James에게 물어봐야 해요.

4. 다른 사람에게 물어보세요

Why don't you ask James? James에게 물어보지 그래요?	Ask James. James에게 물어보세요.
James might know. James가 알 거예요.	Talk to James. James에게 말하세요.

5. 다른 곳을 확인해 보세요

Check the bulletin board. 게시판을 확인해 보세요.	It's listed in the itinerary. 일정표에 나와 있습니다.
We emailed it to everyone. 모든 사람에게 이메일을 보냈어요.	You can find it on our website. 웹사이트에 있어요.

6. 상황에 따라 달라요

It depends. 상황에 따라 달라요.	It depends on the salary. 급여에 따라 다릅니다.

Who·When·Where 의문문

의문사 의문문은 매회 10~13문제가 출제될 만큼 비중이 높다. 그중에서도 Who, When, Where 의문문은 매회 평균 2문제씩 출제되며, 특히 When과 Where의 발음이 비슷하게 들리므로 두 의문사의 소리를 구별하는 훈련을 집중적으로 해야 한다.

문제 풀이 전략 Who 의문문

1. 사람 이름, 직책명, 부서명 등으로 응답한다.

▸ 업무 수행자 또는 담당자를 물을 때나 사람의 신분을 물을 때 사람 이름, 직책명으로 응답하는 경우가 가장 많다.

Q. Who made the presentation? 누가 발표했나요?
A. Mr. Livingston did. Mr. Livingston이요. **[사람 이름]**

Q. Who is in charge of the project? 누가 프로젝트를 담당하고 있나요?
A. The assistant manager. 부팀장이요. **[직책명]**
A. The Marketing Department. 마케팅 부서요. **[부서명]**

2. 우회적인 응답과 빈출 오답 유형을 파악한다.

▸ '잘 모르겠습니다', 확인해 보겠습니다', '아직 결정되지 않았습니다' 등의 우회적인 답변이 나올 수 있다.

▸ When 의문문이나 Where 의문문에 어울리는 시점·장소를 언급하는 응답이 오답으로 출제된다.

Q. Who will be the leader of the new project? 누가 새 프로젝트의 리더가 될 건가요?
A. I don't know. ⊙ 모르겠어요. **[우회적인 응답]**
A. I haven't heard anything yet. ⊙ 아직 아무것도 못 들었어요. **[우회적인 응답]**
A. We haven't decided yet. ⊙ 우리는 아직 결정하지 못했어요. **[우회적인 응답]**

Q. Who is going to help the customer? 누가 고객을 도와드릴 건가요?
A. In an hour. ⊗ 한 시간 후에요. **[시점: When 의문문의 응답]**
A. At the front desk. ⊗ 안내 데스크에서요. **[장소: Where 의문문의 응답]**

핵심 문제 유형

Q1 Who

Who's giving the presentation today?

(A) Ms. Clark will.
(B) Yes, about the new product.
(C) At 2 P.M.

P2-01 미국 ↔ 미국

정답 (A)

해석 오늘 누가 발표를 하나요?
(A) Ms. Clark가 할 거예요.
(B) 네, 신제품에 관해서요.
(C) 오후 2시에요.

어휘 give a presentation 발표를 하다 | product 제품

정답 공략 하기

1 질문의 의문사 파악하기

Who는 누가 했는지 또는 누가 담당인지, 누가 할 것인지를 묻는 질문이다.

2 질문의 핵심어와 정답 유형 파악하기

「**Who** + is giving + **presentation**?」 발표를 누가 할 것인지를 묻고 있으므로 사람 이름, 직책명, 부서명 등으로 대답한다.

3 오답 소거하기

(A) ⊙ 발표를 누가 할 것인지 사람 이름(Ms. Clark)으로 대답했으므로 정답
질문의 is giving(be동사 + V-ing)은 '앞으로 ~을 할 것이다'라는 의미의 미래 시제이므로 will로 대답했다.
(B) ⊗ 의문사 의문문에 Yes로 대답했으므로 오답
(C) ⊗ When 의문문에 어울리는 시점(At 2 P.M.)으로 대답했으므로 오답

P2-02

Warm-up 질문을 듣고 빈칸을 채운 후, 알맞은 답을 고르세요. (대화는 3번 들려줍니다.)

1. ________ tidying up the staff kitchen today?

(A) It's Brian's turn. (B) Great–that's really helpful.

2. ______________ these file folders?

(A) They are very useful. (B) I did.

3. ______________ the training session next week?

(A) Didn't you check your e-mail? (B) Yes, I've been reading it.

문제 풀이 전략 When 의문문

1. When 뒤에 오는 be동사·조동사의 시제에 따라 알맞은 시점으로 응답한다.

▶ 과거의 일을 물으면 과거 시점으로, 앞으로의 계획이나 일정을 물으면 미래 시점으로 응답한다.

▶ 시각, 요일, 날짜, 월, 연도, 계절, 아침·점심·저녁, 어제·오늘·내일 등 시간을 나타내는 부사구로 응답한다.

Q. When did you send the e-mail? 언제 그 이메일을 보냈나요? **[과거의 일]**

A. Last Wednesday. 지난 수요일에요.

Q. When is the meeting? 회의는 언제인가요? **[앞으로의 계획·일정]**

A. In three hours. 세 시간 후에요.

Q. When can I expect to hear back? 언제 답변을 들을 수 있나요? **[앞으로의 계획·일정]**

A. Tomorrow at 10:00 A.M. 내일 오전 10시요.

Q. When will you be available? 언제 시간이 있으세요? **[앞으로의 계획·일정]**

A. Not until next week. 다음 주에나요.

A. After a client meeting ends. 고객과의 회의가 끝난 후에요.

2. 우회적인 응답과 빈출 오답 유형을 파악한다.

▶ '잘 모르겠습니다', '확인해 보겠습니다', '아직 결정되지 않았습니다' 등의 우회적인 답변이 나올 수 있다.

▶ 「For/Since + 시간」과 같이 How long 의문문에 어울리는 응답(기간)이 오답으로 출제된다.

▶ When과 발음이 유사한 Where 의문문에 어울리는 응답(장소)이 오답으로 출제된다.

▶ How 의문문에 어울리는 응답(방법, 교통수단)이 오답으로 출제된다.

Q. When should I submit the report? 제가 보고서를 언제 제출해야 하나요?

A. Let me check the schedule. 일정을 확인해 볼게요. **[우회적인 응답]**

Q. When are you going to the conference? 언제 학회에 가세요?

A. For a week. ⊗ 일주일 동안이요. **[기간: How long 의문문 응답]**

A. In New York. ⊗ 뉴욕에서요. **[장소: Where 의문문 응답]**

A. By train. ⊗ 기차를 타고요. **[방법: How 의문문 응답]**

핵심 문제 유형

Q2 When

When is your flight?

(A) It takes eight hours by plane.
(B) To San Francisco.
(C) Tomorrow at 10 A.M.

P2-03 미국 ↔ 호주

정답 (C)

해석 항공편이 언제예요?
(A) 비행기로 8시간 걸려요.
(B) 샌프란시스코로요.
(C) 내일 오전 10시요.

어휘 **flight** 항공편 | **take** (시간이) 걸리다

정답 공략하기

1 질문의 의문사와 시제 파악하기
When은 과거 또는 앞으로 일어날 일의 시점을 묻는다 질문이다. When 뒤에 오는 be동사(is)가 현재 시제나 미래 시제면 앞으로 일어날 일의 시점에 대해 묻는다.

2 질문의 핵심어와 정답 유형 파악하기
「**When** + is + **flight**?」 항공편의 '시점'을 묻고 있으므로 미래 시점을 나타내는 부사구로 대답한다.

3 오답 소거하기
(A) ⊗ How long 의문문에 어울리는 소요 시간(takes eight hours)으로 대답했으므로 오답
(B) ⊗ Where 의문문에 어울리는 목적지(To San Francisco)로 대답했으므로 오답
(C) ⊙ 미래의 시점을 나타내는 부사구(Tomorrow at 10 A.M.)로 대답했으므로 정답

P2-04

Warm-up 질문을 듣고 빈칸을 채운 후, 알맞은 답을 고르세요. (대화는 3번 들려줍니다.)

4. ______________ you purchase your computer?
(A) The shop across the street. (B) Two years ago, when it was first released.

5. ______________ Yukiko relocating to the Kyoto office?
(A) Next week, I think. (B) A convenient location.

6. _______ the company anniversary party?
(A) He's planning to attend. (B) A week from Wednesday.

7. ______________ your plane leave?
(A) At 4 o'clock sharp. (B) To London.

8. ______________ the videoconference begin?
(A) Not until 11 in the morning. (B) Yes, you're right.

9. ______________ the delivery coming?
(A) A delivery company. (B) Any minute now.

문제 풀이 전략 Where 의문문

1. Where 뒤에 오는 동사나 명사에 따라 장소, 위치, 방향 등으로 응답한다.

▸ 장소나 위치를 묻는 질문에는 「전치사 + (구체적인) 장소」 형태의 응답이 정답으로 가장 많이 출제된다.

▸ 동사 Try(~해 보다, 가 보다)를 사용한 응답이 정답으로 자주 출제된다.

Q. **Where** can I **sign up** for the program? 프로그램은 어디에서 등록할 수 있나요? **[장소]**
A. On the third floor. 3층에서요.

Q. **Where** can I **buy** some office supplies? 어디에서 사무용품을 구입할 수 있나요? **[장소]**
A. Try the next building. 옆 건물에 가 보세요.

Q. **Where** is Ms. Brown's **new office**? Ms. Brown의 새 사무실은 어디에 있나요? **[위치·방향]**
A. Opposite the department store. 백화점 맞은편이요.
A. It's about 30 minutes away from here. 여기서 30분가량 떨어져 있어요.
A. Go straight and turn right. 직진해서 우회전하세요.

Q. **Where** is the **key** to the supply room? 비품실 열쇠는 어디에 있나요? **[위치·방향]**
A. In the top drawer. 맨 위 서랍에요.

2. online, internet, e-mail, website가 정답으로 출제된다.

▸ 정보의 소재 또는 출처를 묻는 질문의 응답으로 online, internet, e-mail, website 등이 자주 등장한다.

Q. **Where** can I **find** the application form? 지원서를 어디에서 찾을 수 있나요? **[정보 출처]**
A. You can download one online. 온라인으로 다운로드 받으실 수 있어요.

3. 우회적인 응답과 빈출 오답 유형을 파악한다.

▸ 물건이나 정보를 대신 소유하고 있는 사람으로 응답하거나 '모른다, 행사가 취소되었다' 등 우회적으로 응답한다.

▸ Where와 발음이 유사한 When 의문문의 응답(시점)이 오답으로 출제된다.

Q. **Where** is the **manual** for the new copier? 새 복사기 사용 설명서는 어디에 있나요?
A. Ms. Denara has it. ⊙ Ms. Denara가 가지고 있어요. **[사람으로 응답]**

Q. **Where** did you get the **jacket**? 그 재킷은 어디에서 구입했어요?
A. It was a gift. ⊙ 선물로 받았어요. **[우회적인 응답]**

Q. **Where** is the **seminar** being held? 세미나는 어디에서 열리고 있나요?
A. It's been canceled. ⊙ 취소되었어요. **[우회적인 응답]**

Q. **Where** can I find the **bank**? 은행은 어디에 있어요?
A. From 9 to 4. ⊗ 9시부터 4시까지요. **[시점: When 의문문 응답]**

핵심 문제 유형

Q3 Where

Where is the cafeteria?

(A) It's down the hallway.
(B) The food is delicious.
(C) At 11.

P2-05 영국 ↔ 미국

정답 (A)

해석 구내식당이 어디에 있나요?
(A) 복도 끝에요.
(B) 음식이 맛있어요.
(C) 11시에요.

어휘 cafeteria 구내식당 | hallway 복도 | delicious 맛있는

정답 공략 하기

1 질문의 의문사와 동사 파악하기

Where는 어디에 있는지를 묻거나 어디에서 ~하는지를 묻는 질문이다. Where 뒤에 「be동사 + 주어」가 오면 주어가 어디에 있는지를 묻는다.

2 질문의 핵심어와 정답 유형 파악하기

「**Where** + is + **cafeteria**?」 구내식당이 어디에 있는지를 묻고 있으므로 위치나 방향을 나타내는 전치사구 등으로 대답한다.

3 오답 소거하기

(A) ⊙ 구내식당의 위치를 나타내는 부사구(down the hallway)로 대답했으므로 정답
(B) ⊗ 질문의 cafeteria(구내식당)에서 연상 되는 food(음식)로 대답했으므로 오답
(C) ⊗ When 의문문에 어울리는 시점(At 11)으로 대답했으므로 오답

P2-06

Warm-up 질문을 듣고 빈칸을 채운 후, 알맞은 답을 고르세요. (대화는 3번 들려줍니다.)

10. ____________ the ______________ for the camera?
(A) Patrick has it. (B) That's a good picture.

11. __________________ mail these packages?
(A) To the address on the card. (B) You can pack them now.

12. ___________ the nearest bank?
(A) Nearly $12,000. (B) Peter probably knows.

13. __________________ want me to _________ these boxes?
(A) That's a great idea. (B) Leave them at the door.

14. ____________ your company _________?
(A) Yes, I recently relocated it. (B) It's in Paris.

15. _________________ apply for a reimbursement?
(A) He didn't reply to my question. (B) That information is posted on our website.

PART 2 UNIT 03

Practice

P2-07 질문을 듣고 가장 알맞은 답을 고르세요.

1. Mark your answer on your answer sheet. (A) (B) (C)

2. Mark your answer on your answer sheet. (A) (B) (C)

3. Mark your answer on your answer sheet. (A) (B) (C)

4. Mark your answer on your answer sheet. (A) (B) (C)

5. Mark your answer on your answer sheet. (A) (B) (C)

6. Mark your answer on your answer sheet. (A) (B) (C)

7. Mark your answer on your answer sheet. (A) (B) (C)

8. Mark your answer on your answer sheet. (A) (B) (C)

9. Mark your answer on your answer sheet. (A) (B) (C)

10. Mark your answer on your answer sheet. (A) (B) (C)

11. Mark your answer on your answer sheet. (A) (B) (C)

12. Mark your answer on your answer sheet. (A) (B) (C)

Who·When·Where 의문문 필수 표현 EXPRESSION

1. Who 의문문 필수 표현

대표 표현

>> 직업 · 직책 관련 어휘

supervisor 상급자	director (부서 등의) 책임자, 이사	manager 관리자
management 경영진	assistant 조수	secretary 비서
supplier 공급업자	contractor 계약자, 하청업자	executive (officer) 임원
mechanic 정비공	security guard 경비원	manufacturer 제조업자

>> 회사 · 부서 관련 어휘

firm 회사	Accounting Department 회계팀
head office 본사	Marketing Department 마케팅팀
headquarters 본사	Finance Department 재무팀
main office 본사	Human Resources Department 인사팀
Personnel 인사팀	Maintenance Department 시설관리팀
Technical Support Department 기술지원팀	Sales Department 영업팀
Customer Service Department 고객서비스팀	Shipping Department 배송관리팀

2. When 의문문 필수 표현

대표 표현

>> 특정 시점

in the evening 저녁에	by the end of the week 이번 주말까지
When the order arrives 주문품이 도착할 때	after this meeting 이 회의 후에

Once he confirms the date 그가 날짜를 확인해 주고 나면
As soon as we finish the report. 보고서를 끝내자마자
two hours before the presentation 발표 2시간 전에

>> 과거시점

I already submitted it 이미 제출했습니다.	since last month 지난 달 이후로
Three years ago 3년 전에	a while ago 조금 전에

>> 현재 · 미래 시점

now 지금	soon 곧
for now 지금은	anytime 언제든지
any minute 금방이라도	not for the next two months 2달 이후에
sometime next week 다음 주 언젠가	within 30 days 30일 이내에
in three years 3년 후에	not until November 11월이나 되어야
until next Monday 다음 주 월요일까지	no later than May 1 늦어도 5월 1일까지는
later this year 올해 말에	not before October 10월이 되어야

3. Where 의문문 필수 표현

대표 표현

at the airport 공항에서	in front of the gate 정문 앞에서
to Guam 괌으로	two stops from here 여기서 두 정거장 더
(over) here 여기, 이쪽에, 이편에	(over) there 저기, 저쪽에, 저편에
across the street 길 건너서	next to the entrance 입구 옆에
near the post office 우체국 근처에	by the library 도서관 옆에
beside the building 그 건물 옆에	down the street 길을 따라 아래쪽으로
around the corner 아주 가까운 곳에	opposite the building 건물 맞은편에

What·Which·How·Why 의문문

What, Which, How, Why 의문문은 매회 평균 2문제씩 출제가 되며, 각 의문사 뒤에 무엇이 나오는 지에 따라 다양한 답변이 가능하다. How 의문문의 경우 How 뒤에 나오는 형용사와 부사, be 동사나 조동사에 따라 묻는 내용이 달라지므로 용법을 구별해서 듣는 훈련이 필요하다. Why 의문문 역시 이유를 물을 때와 권유, 제안을 들을 수 있어야 한다.

문제 풀이 전략 What 의문문

1. What 바로 뒤에 오는 명사 또는 주어에 따라 질문 내용과 응답이 다양하다.

▸ What 의문문은 바로 뒤에 오는 명사 또는 주어에 따라 시점, 종류, 날씨, 문제점, 의견 등을 묻는 질문으로 출제된다.

▸ 「What time ~? 몇 시?」, 「What kind/type/sort of + 명사 ~? 어떤 종류의 ~?」, 「What + be동사 + weather/problem ~? 날씨는 어떠한가/문제점이 무엇인가?」, 「What do you think of/about + 명사 ~? ~에 대해 어떻게 생각하는가?」 등의 형태로 출제된다. 따라서, 반드시 「What + 명사」 또는 What 뒤의 주어를 들어야 한다.

Q. **What time** is the staff meeting? 직원회의가 몇 시에 있나요? **[시점]**
A. At 2 o'clock. 2시에요.

Q. **What kind of work** do you do at the company? 회사에서 어떤 일을 하나요? **[종류]**
A. I'm an accountant. 저는 회계사예요.

Q. **What's** the **weather** like today? 오늘 날씨 어떤가요? **[날씨]**
A. It's raining outside. 밖에 비가 와요.

Q. **What**'s the **problem** with this fax machine? 이 팩스에 무슨 문제가 있나요? **[문제점]**
A. It's missing a part. 부품 하나가 빠졌어요.

Q. **What do you think** of our service? 저희 서비스에 대해 어떻게 생각하시나요? **[의견]**
A. I'm very satisfied. 저는 매우 만족해요.

2. 우회적인 응답과 빈출 오답 유형을 파악한다.

Q. **What** was **discussed** at today's meeting? 오늘 회의에서 무엇이 논의되었나요?
A. I can show you my notes, if you want. ⭕ 원하시면 제가 필기한 걸 보여드릴게요. **[우회적인 응답]**

Q. **What do you think of** the new line of sportswear? 신상 스포츠 의류에 대해 어떻게 생각하나요?
A. I bought a dress. ❌ 저는 옷을 샀어요. **[연상 어휘 오답]**

Q. **What**'s the **name** of the new manager? 새로 온 팀장의 이름이 뭔가요?
A. Yes, I met him yesterday. ❌ 네, 저는 어제 그를 만났어요. **[의문사 의문문에 Yes/No 오답]**

핵심 문제 유형

Q1 What

What is the weather like?

(A) It's supposed to be sunny.
(B) I like rain.
(C) On the weather forecast.

P2-08 미국 ↔ 미국

정답 (A)

해석 날씨가 어때요?
(A) 화창할 거예요.
(B) 저는 비를 좋아해요.
(C) 일기예보에서요.

어휘 be supposed to ~하기로 되어 있다 | sunny 화창한 | weather forecast 일기예보

정답 공략 하기

❶ 질문의 의문사 파악하기
What은 뒤에 오는 명사에 따라 시점, 종류, 날씨, 문제점, 방법, 가격, 의견 등 다양한 정보를 묻는 질문이다.

❷ 질문의 핵심어와 정답 유형 파악하기
「**What** + is + **weather**?」 날씨 정보를 묻고 있다.

❸ 오답 소거하기
(A) ⊙ 날씨가 화창할(be sunny) 것이라고 대답했으므로 정답
(B) ⊗ 질문의 weather(날씨)와 관련 있는 rain(비)을 이용한 오답
(C) ⊗ 질문의 weather를 반복 사용한 오답

P2-09

Warm-up 질문을 듣고 빈칸을 채운 후, 알맞은 답을 고르세요. (대화는 3번 들려줍니다.)

1. ________ the round-trip ________ to Boston?
(A) 15 dollars per person. (B) An express bus.

2. ________ kind of ________ do you want to purchase?
(A) She's very kind. (B) Something warm and stylish.

3. ________ the ________________ to the theater?
(A) Take LaSalle Avenue. (B) It only takes 10 minutes.

4. ________________ does Ryan's ________________?
(A) Ms. Kane should know. (B) In the training session.

5. ________ is the factory supervisor's ________?
(A) It's John Orwell. (B) Mr. Kenji is the new CEO.

6. ________ the ________ with this machine?
(A) The one on the right. (B) It's missing some parts.

문제 풀이 전략 Which 의문문

1. the one이 대표적인 응답이다.

▶ 정해진 범위 내에서 '어느 것'인지를 묻는 질문으로, 「Which + 명사 ~? 어느~?」로 시작할 때는 주로 the one (~것)으로 응답한다.

Q. **Which bag** is yours? 어느 가방이 당신의 것인가요?
A. The blue one. 파란 거요.
A. The one on the desk. 책상 위에 있는 거요.

2. Which 뒤에 오는 명사를 활용해서 응답한다.

▶ the one으로 묘사하기 어려울 때는 Which 뒤에 들리는 명사를 활용해서 응답한다.

Q. **Which room** is the training session being held in? 어느 강의실에서 교육이 열리고 있나요?
A. In room 406. 406호에서요.

Q. **Which of you** edited the report? 여러분 중 누가 보고서를 편집했나요?
A. Patrick did. Patrick이 했어요.

3. 우회적인 응답과 기타 응답 유형을 파악한다.

▶ 다양한 우회적 응답이 가능하며, all(모두), both(둘 다), either(둘 중 하나), neither(둘 다 ~않다) 등으로도 응답할 수 있다.

Q. **Which bus** do you take? 어떤 버스를 타세요?
A. I usually drive. 저는 주로 차를 몰고 다녀요. **[우회적 응답]**

Q. **Which image** should I use for the article? 기사에 어떤 이미지를 사용해야 할까요?
A. They are all good. 모두 좋은데요. [all]
A. I like both. 둘 다 좋은데요. [both]

Q. **Which restaurant** would you like to go to? 어느 식당으로 가고 싶으세요?
A. Either is fine with me. 둘 중 어느 곳이든 괜찮아요. [either]
A. Neither of them. 둘 다 싫어요. [neither]

핵심 문제 유형

Q2 Which

Which of the elevators goes to the top floor?

(A) It's on the 20th floor.
(B) The second one from the right.
(C) You can use the stairs.

P2-10 미국 ↔ 영국

정답 (B)

해석 어느 엘리베이터가 꼭대기 층까지 가나요?
(A) 20층에 있어요.
(B) 오른쪽에서 두 번째 거요.
(C) 계단을 이용할 수 있어요.

어휘 floor 층 | stairs 계단

정답 공략하기

1 질문의 의문사 파악하기

Which는 뒤에 오는 명사 중에서 어느 것인지를 묻는 질문이다.

2 질문의 핵심어와 정답 유형 파악하기

「**Which** + **elevators** + goes to the top floor?」 엘리베이터 중에서 맨 위층까지 가는 것을 묻고 있다. 앞서 언급된 명사를 가리키는 the one을 활용해서 대답할 수 있다.

3 오답 소거하기

(A) ⊗ 질문의 floor를 반복 사용한 오답
(B) ⊙ 엘리베이터 중 특정한 것을 가리키며 the one을 사용해서 대답하고 있으므로 정답
(C) ⊗ 질문의 elevators(엘리베이터)와 관련 있는 stairs(계단)를 이용한 오답

P2-11

Warm-up 질문을 듣고 빈칸을 채운 후, 알맞은 답을 고르세요. (대화는 3번 들려줍니다.)

7. ______________ do I press to turn this machine off?
(A) The red one. (B) Yes, that's right.

8. ______________ is selected for the reception?
(A) This Friday. (B) The first week of May.

9. ______________ is yours?
(A) The green one by the door. (B) No, it's not raining.

10. _______ of the ___________ is qualified for the job?
(A) I think Ms. Ohara is. (B) I haven't applied.

11. ______________ do you _______?
(A) It's the wrong color. (B) They're both good.

12. _______ of the _______ is the team leader?
(A) The one wearing glasses. (B) He is the Personnel Director.

PART 2 UNIT 04

문제 풀이 전략 How 의문문

1. How 뒤에 오는 동사에 따라 방법, 의견, 상태 등으로 응답한다.

- ▶「How + 조동사 + 주어 + 동사 ~?」 형태로 방법이나 수단을 묻는 질문이 가장 많이 출제된다.
- ▶ 대표적인 응답 유형은 by(~로), through(~을 통해서), via(~를 통해)로 시작한다.
- ▶「How + be동사 ~?」 형태로 의견이나 상태 등을 묻는 질문에는 주로 형용사나 부사로 응답한다.
- ▶ How do you like ~? (~는 어때요?), How did ~ go? (~는 어땠어요?), How come ~ (왜 ~) 등의 관용적인 질문이 출제되기도 한다.

Q. **How** can I **contact** you? 당신에게 어떻게 연락하면 되나요? **[방법·수단]**
A. Through my secretary. 제 비서를 통해서요.
A. Via e-mail. 이메일을 통해서요.
A. By calling my cell phone. 제 휴대전화로 전화해서요.

Q. **How** can I **get to** the theater? 극장까지 어떻게 가나요? **[방법·수단]**
A. By bus. 버스로요.
A. The subway is your best option. 지하철이 최선의 선택이죠.

Q. **How was** the lecture? 강의는 어땠나요? **[의견]**
A. It was interesting. 재미있었어요.

Q. **How do you like** your new assistant? 당신의 새 조수는 어때요? **[의견]**
A. She's nice. 괜찮아요.

Q. **How did** your interview **go**? 면접은 어땠어요? **[상태: 진행 상황이나 결과]**
= **How was** your interview?
A. It went very well. 매우 잘 됐어요.

Q. **How come** you didn't come to the party last night? 왜 어젯밤 파티에 안 오셨어요? **[이유]**
A. I had to work overtime. 야근을 해야 했어요.

2. How 뒤의 형용사·부사에 따라 질문의 내용과 응답이 다양하다.

▸ How 의문문은 뒤에 바로 붙어 나오는 형용사나 부사에 따라 기간, 수량, 빈도, 시점, 거리 등 다양한 정보를 묻는 질문으로 출제된다.

▸ 질문은 주로 「How + (형용사/부사) + 조동사 + 주어 + 동사 ~?」 형태를 취하며 반드시 「How + 형용사/부사」를 주의 깊게 들어야 한다.

Q. **How long** is the flight to London? 런던까지 비행시간이 얼마나 되나요? **[기간]**
A. About three hours. 대략 3시간이요.

Q. **How many** people will be at the party? 얼마나 많은 사람들이 파티에 올까요? **[수량]**
A. At least twenty people. 적어도 20명이요.

Q. **How often** do you go on business trips? 얼마나 자주 출장을 가나요? **[빈도]**
A. Once a month. 한 달에 한 번요.

Q. **How soon** will you be there? 언제쯤 거기에 갈 건가요? **[시점]**
A. I'll be there in about 5 minutes. 5분 안에 갈 거예요.

Q. **How far** is the post office from your home? 집에서 우체국까지 거리가 얼마나 되나요? **[거리]**
A. Around 10 miles away. 약 10마일 정도요.

3. 우회적인 응답과 빈출 오답 유형을 파악한다.

▸ '잘 모르겠습니다', 확인해 보겠습니다', '아직 결정되지 않았습니다' 등의 우회적인 답변이 나올 수 있다.

▸ 다른 How 의문문에 어울리는 응답이 오답으로 출제된다.

Q. **How many** people will attend the celebration? 기념행사에 몇 명이 참석할까요? **[인원수를 묻는 질문]**
A. We'll find out tomorrow. 내일 알 수 있어요. **[우회적인 응답]**

Q. **How is** the new advertising campaign going? 새 광고가 어떻게 진행되고 있나요? **[진행 상황을 묻는 질문]**
A. John is in charge of it. John이 담당이에요. **[우회적인 응답]**

Q. **How much** was the ticket? 티켓은 얼마였나요? **[티켓 가격을 묻는 질문]**
A. Over 20 people. ⊗ 20명 이상이요. **[How many 의문문의 응답]**

Q. **How long** was your trip to Beijing? 얼마 동안 베이징 여행을 했나요? **[기간을 묻는 질문]**
A. At least once a year. ⊗ 적어도 일 년에 한 번이요. **[How often 의문문의 응답]**

핵심 문제 유형

Q3 How

How did you get this book?

(A) It arrived today.
(B) My friend gave it to me.
(C) On the bookshelf.

P2-12 영국 ↔ 호주

정답 (B)

해석 이 책을 어떻게 구했어요?
(A) 오늘 도착했어요.
(B) 제 친구가 줬어요.
(C) 책꽂이에요.

어휘 **arrive** 도착하다 | **bookshelf** 책꽂이

정답 공략 하기

1 질문의 의문사 파악하기
How 뒤에 「조동사 + 주어 + 동사」가 오면 방법이나 수단을 묻는 질문이다. 정답의 시제는 조동사의 시제와 같다.

2 질문의 핵심어와 정답 유형 파악하기
「**How** + did + **get** + book?」 책을 구한 방법을 묻고 있다.

3 오답 소거하기
(A) ✗ When 의문문에 어울리는 책이 도착한 시점(arrived today)으로 대답했으므로 오답
(B) ○ 어떻게 책을 구했는지 방법을 묻자 친구가 줬다고(My friend gave) 대답했으므로 정답
(C) ✗ Where 의문문에 어울리는 책이 있는 위치(On the bookshelf)로 대답했으로 오답

P2-14

Warm-up 질문을 듣고 빈칸을 채운 후, 알맞은 답을 고르세요. (대화는 3번 들려줍니다.)

13. ______________ your trip to Sydney?
(A) It was very relaxing. (B) I just came back.

14. ________ do I ________ the front desk?
(A) For room service. (B) Press zero.

15. ________________________ can you speak?
(A) Just two. (B) I teach English.

Q4 How + 형용사/부사

How many seats do you need to reserve?

(A) At 7:30.

(B) Sorry, this seat is taken.

(C) Ten, please.

P2-13 미국 ↔ 미국

정답 (C)

해석 몇 개의 좌석을 예약해야 하나요?

(A) 7시 30분에요.

(B) 죄송해요, 이 자리는 사람이 있어요.

(C) 10개요.

어휘 **seat** 좌석 | **reserve** 예약하다

정답 공략 하기

1 질문의 의문사 파악하기

How는 뒤에 오는 형용사나 부사에 따라 기간, 수량, 빈도, 시점, 거리 등 다양한 정보를 묻는 질문이다.

2 질문의 핵심어와 정답 유형 파악하기

「**How** + **many** + seats?」 좌석의 개수를 묻고 있다.

3 오답 소거하기

(A) ⊗ When 의문문에 어울리는 예약 시점(At 7:30)으로 대답했으므로 오답

(B) ⊗ 질문의 seat을 반복 사용한 오답

(C) ⊙ 좌석을 몇 개나 예약해야 하는지 묻자 10개(Ten, please)라고 대답했으므로 정답

16. ______________ you ________ your eggs?

(A) I'll have them scrambled. (B) Yes, I like eggs.

17. ______________ are the tickets to the basketball game?

(A) I'm so excited. (B) Over 200 dollars.

18. ______________ do I need to clean the storage room?

(A) For a month. (B) At least twice a week.

문제 풀이 전략 Why 의문문

1. 이유나 목적을 나타내는 접속사, 전치사, to부정사로 응답한다.

▶ 이유: Because, Since, Because of, Due to (~때문에)

▶ 목적: to 부정사 (~하기 위해서), so that (~하기 위해서), For (~을 위해서)

Q. **Why** is the library closed? 왜 도서관이 문을 닫았나요?

A. **Because** today is a holiday. 오늘은 공휴일이니까요. **[이유]**

A. **To remodel** their reading area. 열람 공간을 개조하기 위해서요. **[목적]**

Q. **Why** did Ms. Owen leave the firm? Ms. Owen은 왜 회사를 그만뒀나요?

A. **(Because)** She had a personal reason. 그녀는 개인적인 사정이 있었어요. **[이유]**

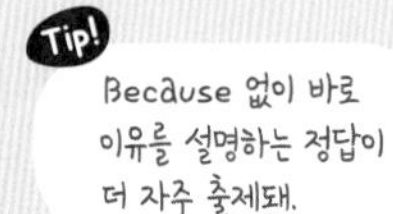

Because 없이 바로 이유를 설명하는 정답이 더 자주 출제돼.

2. 권유나 제안을 나타내는 「Why don't you / we / I] ~?」 의문문에 유의한다.

▶ 「Why don't you/we/I] ~?」는 이유를 묻는 질문이 아니라 '~하는 게 어때요?'라는 권유·제안 의문문이다. 따라서, 수락하는 의미의 긍정적 응답이 정답으로 자주 출제된다.

▶ That's a good idea. (좋은 생각입니다.) / You're right. (당신 말이 맞네요.) / Sure. (물론이죠.) / I'll do that. (그렇게 할게요.) 등의 응답이 주로 정답이 된다.

▶ 「Why didn't you ~?」는 '왜 ~하지 않았나요?'라는 의미로 이유를 묻는 질문이라는 점에 주의한다.

Q. **Why don't you** come over for dinner tomorrow? 내일 저녁 식사하러 오시겠어요?. **[제안]**

A. That sounds good. 좋아요. **[수락]**

Q. **Why didn't you** come over for dinner yesterday? 왜 어제 저녁 식사에 오지 않으셨어요?. **[이유]**

A. Because I had to meet a client. 고객을 만나야 했기 때문이에요. **[이유]**

3. 우회적인 응답과 빈출 오답 유형을 파악한다.

▶ '잘 모르겠습니다', '확인해 보겠습니다', '아직 결정되지 않았습니다' 등의 우회적인 답변이 나올 수 있다.

▶ Because로 시작하지만 문맥상 어울리지 않는 이유를 설명하는 응답이 오답으로 출제된다.

▶ 「Why don't you ~?」 권유·제안 의문문에 이유로 답하는 응답이 오답으로 자주 출제된다.

Q. **Why** wasn't the manager at the meeting? 그 관리자가 왜 회의에 참석하지 않았나요?. **[이유]**

A. I didn't know he didn't come. ⊙ 그가 안 온지 몰랐네요. **[우회적인 응답]**

A. Because he liked the proposal. ⊗ 그가 그 제안서를 마음에 들어 했기 때문이에요. **[문맥상 어울리지 않는 이유]**

Q. **Why don't you** join us for lunch? 우리와 함께 점심을 먹는 게 어때요? **[권유·제안]**

A. Thanks, I'd love to. ⊙ 고마워요, 그러고 싶어요. **[수락]**

A. Because I have to meet a client. ⊗ 고객을 만나야 해서요. **[이유]**

A. Because it's reserved. ⊗ 예약되어 있어서요. **[이유]**

핵심 문제 유형

Q5 Why

Why is the printer broken?

(A) I printed a document.
(B) The service team.
(C) It's getting old.

P2-15 미국 ↔ 영국

정답 (C)

해석 프린터가 왜 고장 났어요?
(A) 서류를 출력했어요.
(B) 서비스팀이요.
(C) 오래돼서요.

어휘 **broken** 고장 난 | **document** 서류

정답 공략하기

1 질문의 의문사 파악하기

Why는 뒤에 「조동사 + 주어 + 동사」나 「be동사 + 주어 ~」 형태를 취해 이유나 목적을 묻는 질문이다. 정답의 시제는 조동사나 be동사의 시제와 같다.

2 질문의 핵심어와 정답 유형 파악하기

「**Why** + is + the printer + **broken**?」 프린터가 고장 난 이유를 묻고 있다. Because (of)등의 접속사나 전치사를 이용해서 대답하기도 하지만, 접속사 없는 일반 문장으로 정답이 출제될 때가 많다.

3 오답 소거하기

(A) ⊗ 질문의 printer(프린터)와 관련 있는 print(인쇄하다)를 이용한 오답
(B) ⊗ Who 의문문에 어울리는 담당 부서(The service team)로 대답했으므로 오답
(C) ⊙ 고장 난 이유를 묻는 질문에 오래되었다(is getting old)고 이유로 대답했으므로 정답

P2-16

Warm-up 질문을 듣고 빈칸을 채운 후, 알맞은 답을 고르세요. (대화는 3번 들려줍니다.)

19. ____________ Robert so ________?
(A) Later today. (B) Because he missed the bus.

20. ____________ the file cabinet in the hallway?
(A) We're replacing it with a new one. (B) There is a hole in the wall.

21. ______________ you at the seminar?
(A) OK, I'll be there. (B) I had a client meeting.

22. ____________ this drawer ________?
(A) I have no idea. (B) It's in the top drawer.

23. ______________ Randolph Street ________ this morning?
(A) It's not open. (B) There was an accident.

24. ____________ the ________ on in the conference room?
(A) Sorry, I forgot to turn it off. (B) I think you're right.

Practice

P2-17 질문을 듣고 가장 알맞은 답은 고르세요.

1. Mark your answer on your answer sheet. (A) (B) (C)

2. Mark your answer on your answer sheet. (A) (B) (C)

3. Mark your answer on your answer sheet. (A) (B) (C)

4. Mark your answer on your answer sheet. (A) (B) (C)

5. Mark your answer on your answer sheet. (A) (B) (C)

6. Mark your answers on your answer sheet. (A) (B) (C)

7. Mark your answer on your answer sheet. (A) (B) (C)

8. Mark your answer on your answer sheet. (A) (B) (C)

9. Mark your answer on your answer sheet. (A) (B) (C)

10. Mark your answer on your answer sheet. (A) (B) (C)

11. Mark your answer on your answer sheet. (A) (B) (C)

12. Mark your answer on your answer sheet. (A) (B) (C)

What·Which·How·Why 의문문 EXPRESSION

1. What 의문문 필수 표현

대표 표현			
	out of order (= broken) 고장 난	out of stock (= sold out) 품절된	out of town 부재중인
	impressive 인상적인	great 멋진, 대단한	useful 유용한
	informative 유익한	worthwhile 가치 있는	satisfied 만족하는

2. Which 의문문 필수 표현

대표 표현		
	all 모두	either 둘 중 하나
	both 둘 다	neither 둘 다 않다

3. How 의문문 필수 표현

대표 표현		
	>> 빈도 관련 어휘	
	every day (= daily) 매일	every week (= weekly) 매주
	every month (= monthly) 매월	every three months (= quarterly) 매 분기
	every year (= yearly) 매년	every hour on the hour 매시 정각
	every Saturday 매주 토요일마다	biweekly 격주의, 일주일에 두 번
	every two weeks 매 2주마다	every other week 매 2주마다
	twice a week 일주일에 두 번	once a month 한 달에 한 번
	>> 기간 관련 어휘	
	half an hour 30분	about 3 hours 약 세 시간
	an hour 1시간	for 5 years 5년 동안
	an hour and a half 1시간 반	for several years 수 년간

4. Why 의문문 필수 표현

대표 표현		
	holiday 휴일	traffic jam 교통 정체
	traffic congestion 교통정체	sick 아픈
	renovation 개조, 보수	remodel 개조하다
	updated 최신의	outdated 구식의
	turn on 켜다	turn off 끄다
	assignment 과제, 업무	miss 놓치다
	meet a deadline 마감 일에 맞추다	work overtime 초과 근무하다
	postpone 연기하다, 미루다	efficient 효율적인
	approval 승인	verify 확인하다

일반·부정·부가 의문문

Be동사, Do, Have, Will, Can 등으로 시작하는 일반의문문은 사실 여부를 확인하는 질문이다. 의문사 의문문과 달리 Yes/No로 대답이 가능하며, 매회 3~4문제 출제된다. 부정 의문문과 부가 의문문은 매회 2~3문제가 출제된다.

최근에는 일반·부정·부가의문문에 Yes/No 없이 바로 부연 설명을 하는 정답이 자주 출제가 되고 있어.

문제 풀이 전략 일반 의문문

1. 일반 의문문에서는 Yes/No 응답이 가능하다.

▸ Yes/No 뒤에 부연 설명을 덧붙인 응답이 정답으로 출제되는 경우가 많으며, Yes/No는 흔히 생략된다.

▸ 의문문의 첫 단어인 조동사 Be·Do·Have 등의 시제를 정확하게 듣고, 내용상 알맞은 시제로 응답한다.

▸ 질문의 핵심어인 주어, 동사, 목적어를 듣고 질문의 전체 내용을 파악해야 한다.

Yes/No를 뜻하는 Sure/I think so/I hope so/I don't think so/I hope not/I doubt it 등의 응답이 자주 출제돼.

Q. Are you attending the seminar? 세미나에 참석하실 건가요?

A. (Yes,) I am planning to. (네.) 그럴 계획이에요. **[(Yes/No) + 부연 설명]**

Q. Did Mr. Spencer return from his business trip? Mr. Spencer가 출장에서 돌아왔나요?

A. (Yes,) He came back yesterday. (네.) 그는 어제 돌아왔어요. **[과거 시제 응답]**

A. (Yes,) He's in his office now. (네.) 그는 지금 사무실에 있어요. **[현재 시제 응답]**

A. (No,) He will be back next Monday. (아니요.) 그는 다음 주 월요일에 돌아올 거예요. **[미래 시제 응답]**

2. Be동사 의문문

▸ Be동사(Is, Are, Was, Were)와 주어를 듣고 알맞은 시제와 인칭으로 응답해야 한다.

▸ 현재진행형인 「be + V-ing」과 「be going to V」는 앞으로의 일정이나 계획을 나타내는 표현으로 쓰인다.

▸ 주로 「Be동사 + 주어 + 형용사·명사·V-ing/p.p. ~?」 형태를 취한다.

「Be동사 + 주어 + 형용사?」 ··· '주어'가 '형용사'한가요?

Q. Are you **free** after work? 퇴근 후에 시간 있으신가요?

A. (No,) I have to work overtime tonight. (아니요.) 오늘 밤 야근을 해야 돼요.

「Be동사 + 주어 + 명사?」 ··· '주어'가 '명사'인가요?

Q. Is he the new **sales manager**? 그가 새로 온 영업부장인가요?

A. Yes, we hired him last week. 네. 지난주에 그분을 채용했어요.

「Be동사 + 주어 + p.p.?」 ··· '주어'가 '과거분사(p.p.)'되나요?

Q. Is the fax machine still **broken**? 팩스 기계는 아직도 고장 난 상태인가요?

A. (No,) it's been fixed this morning. (아니요.) 오늘 아침에 수리됐어요.

「Be동사 + 주어 + V-ing?」 ··· '주어'가 '동사' 중인가요?

Q. Are you **working** on the project? 프로젝트는 진행 중인가요?

A. (No,) I need to handle another urgent assignment. (아니요.) 제가 다른 급한 일을 처리해야 해서요.

「Be동사(과거시제) + 주어 + V-ing?」 ··· '주어'가 '동사' 중이었나요?

Q. Was she **preparing** dinner? 그녀가 저녁을 준비하고 있었나요?

A. (Yes,) it should be ready soon. (네.) 곧 준비가 될 거예요.

「Be동사 + 주어 + V-ing?」 ··· '주어'가 '동사'할 건가요?

Q. Is Ms. Brown **coming** to the budget meeting? Ms. Brown은 예산 회의에 올 건가요?

A. (No,) Mr. Kim will be attending in her place. (아니요.) Mr. Kim이 그녀 대신 참석할 거예요.

「Be동사 + 주어 + going to + V?」 ··· '주어'가 '동사'할 계획인가요?

Q. Are we **going to buy** a new scanner? 우리는 새 스캐너를 구입할 건가요?

A. Yes, the company will pay for it. 네, 회사가 돈을 지불할 거예요.

「Be동사 + 주어 + supposed to + V?」 ··· '주어'가 '동사'해야 하나요?

Q. Is everyone **supposed to attend** the training session? 모두 교육에 참석해야 하나요?

A. (No,) only new employees are required to participate. (아니요.) 신입 직원들만 참석하면 돼요.

「Be동사 + there + 주어?」 ··· '주어'가 있나요?

Q. Are there any **messages** for me? 제게 온 메시지가 있나요?

A. (Yes,) I will forward them to you now. (네.) 제가 지금 그것들을 전달해드릴게요.

3. Do동사 의문문

▸ 주어의 인칭과 시제에 따라 Do(1인칭, 2인칭, 3인칭 복수), Does(3인칭 단수), Did(과거)로 시작한다.

▸ Do동사를 단서로 질문의 시제를 정확하게 파악한 후, 뒤따라오는 주어와 동사, 목적어를 들어야 한다.

Q. Do I need to make payment in advance? 미리 지불 해야 하나요? **[1인칭]**

A. No, you can pay on the spot. 아니요, 현장에서 지불하시면 돼요.

Q. Do you carry this sweater in a different color? 이 스웨터는 다른 색상이 있나요? **[2인칭]**

A. Which color are you looking for? 어떤 색을 찾으시나요?

Q. Does the **president** want to see the facility? 사장님이 시설을 보고 싶어 하시나요? **[3인칭]**

A. Ask Mr. Johnson. Mr. Johnson에게 물어보세요.

Q. Did you check your e-mail? 이메일을 확인하셨어요? **[과거]**

A. Of course, I did. 물론이죠, 확인했어요.

4. Have동사 의문문

▶ Have동사로 시작하는 의문문은 모두 '완료'나 '경험' 여부를 묻는 질문이므로, Has/Have 뒤에 나오는 주어와 동사에 집중해서 듣는다.

▶ Have동사로 시작하는 의문문에 대한 긍정적인 대답은 다양하지만, 부정적인 대답은 보통 '아직 ~아니다'라고 해석되는 Not yet이 자주 출제된다.

▶ 'Has/Have + not'의 축약형인 Hasn't/Haven't의 발음에 유의해서 듣는다.

「Has/Have + 주어 + p.p.?」 ⋯▸ '주어'가 '과거분사(p.p.)' 했나요? [완료]

Q. Have you **sent** the packages to Paul? Paul에게 소포 보내셨나요?

A. (Yes,) I sent them this morning. (네,) 오늘 아침에 보냈어요.

Q. Have you **reviewed** the annual report? 연례 보고서 검토하셨나요?

A. (No,) I've been too busy. (아니요,) 제가 너무 바빴어요.

「Has/Have + 주어 + p.p.?」 ⋯▸ '주어'가 '과거분사(p.p.)'해 봤나요? [경험]

Q. Has Karen **been** to our new branch? Karen이 우리 새 지점에 와 봤나요?

A. No, she hasn't. 아니요, 그녀는 안 와 봤어요.

5. 조동사 의문문: Will, Can, Would, Could, Should, May

▶ 「Will/Can/Would/Could/Should/May ~?」의문문은 '예상, 추측, 가능(~할 것인가요?, ~할 수 있나요?)'을 묻는 질문으로 제안·제공·요청을 묻는 요청 의문문에 더 자주 사용된다.

▶ 「Can I ~?」와 「May I ~?」는 '허락(~해도 되나요?)'을 묻고, 「Should I ~?」는 '의무(~해야 하나요?)'를 묻는다.

Q. Will you review the proposals again? 그 제안서들을 당신이 다시 검토할 건가요? [예상]

A. No, Jane will probably do it. 아니요, 아마도 Jane이 할 거예요.

Q. Can you translate the contract into French? 계약서를 불어로 번역할 수 있어요? [가능]

A. Let me take a look at it first. 먼저 좀 볼게요.

Q. Can I see Dr. Swain on Thursday? Swain 박사님을 목요일에 봬도 되나요? [허락]

A. What time would you like to come? 몇 시에 오고 싶으세요?

Q. May I ask you some questions? 몇 가지 여쭤봐도 될까요? [허락]

A. Sure, go ahead. 물론이죠, 말해 보세요.

Q. Should I send you the document today? 오늘 서류를 당신에게 보내드려야 하나요? [의무]

A. Tomorrow is fine. 내일 보내주셔도 괜찮아요.

6. 우회적인 응답과 빈출 오답 유형을 파악한다.

- '잘 모르겠습니다', 확인해 보겠습니다', '아직 결정되지 않았습니다' 등의 우회적인 답변이 나올 수 있다.
- Yes/No와 뒤에 오는 부연 설명이 논리적으로 연결되지 않는 오답이 출제된다.
- 질문의 시제와 일치하지 않는 응답이 오답으로 출제된다.
- 질문에 사용된 단어를 반복 사용하거나 유사한 발음 또는 연상하기 쉬운 단어를 이용한 오답이 자주 출제된다.

Q. **Are you** transferring to Beijing office? 베이징 지사로 전근 가시나요?
A. I'm still deciding. ⊙ 아직도 정하고 있어요. **[우회적인 응답]**

Q. **Are you going** to the office party tonight? 오늘 저녁 사무실 회식에 가세요? **[앞으로 할 일을 묻는 질문]**
A. No, I'm expecting it. ⊗ 아니요, 기대하고 있어요. **[비논리적인 부연 설명]**
A. Yes, I went to the party. ⊗ 네, 파티에 갔어요. **[시제 불일치]**

Q. Will you **interview** the candidates? 후보들을 면접할 건가요?
A. How did the interview go? ⊗ 면접은 어떻게 됐나요? **[질문에 사용된 단어 반복]**

핵심 문제 유형

Q1 Be동사 의문문

Is Mr. Jones going to give a speech?

(A) That's what I heard.
(B) He is leaving soon.
(C) The speaker was not working.

P2-18 호주 ↔ 미국

정답 (A)

해석 Mr. Jones는 연설을 할 건가요?
(A) 전 그렇게 들었어요.
(B) 그는 곧 떠날 거예요.
(C) 스피커가 작동하지 않았어요.

어휘 **give a speech** 연설을 하다

정답 공략 하기

1 질문을 시작하는 Be동사와 시제 파악하기
「Be동사 + 주어 + going to V ~?」는 미래의 일을 묻는 질문이다.

2 질문의 핵심어 파악하기
「**Mr. Jones + give a speech**」 Mr. Jones가 연설을 할 예정인지를 묻고 있다.

3 오답 소거하기
(A) ⭘ 그렇게 들었다고 말하며 Mr. Jones가 연설을 할 것임을 암시하고 있으므로 정답
(B) ✖ 그가 곧 떠날 것이라는 대답은 논리적으로 맞지 않으므로 오답
(C) ✖ give a speech에서 연상되는 단어 speaker(스피커)를 이용한 오답

P2-20

Warm-up 질문을 듣고 빈칸을 채운 후, 알맞은 답을 고르세요. (대화는 3번 들려줍니다.)

1. ________ the ______________________ properly?
(A) It's probably an e-mail. (B) No, the Internet is down.

2. ______________ have time to ________ my report?
(A) Yes, I can do it after this meeting. (B) He didn't approve the proposal.

3. ______________ a convenience store nearby?
(A) I don't think so. (B) A variety of drinks.

Q2 Do동사 의문문

Did you attend last year's conference?

(A) Yes, it'll last longer.
(B) No, but Janet did.
(C) There are very few attendants.

P2-19 미국 ↔ 미국

정답 (B)

해석 작년 회의에 참석했었나요?
(A) 네, 그게 더 오래 갈 거예요.
(B) 아니요, 하지만 Janet은 참석했어요.
(C) 참석자가 거의 없어요.

어휘 attend 참석하다 | conference 회의 | attendant 참가자, 출석자

정답 공략하기

1 질문을 시작하는 조동사와 시제 파악하기
「Did + 주어 + ~?」는 과거에 한 일을 묻는 질문이다.

2 질문의 핵심어 파악하기
「you + attend + conference」 작년 회의에 참석했는지 여부를 묻고 있다.

3 오답 소거하기
(A) ⊗ 질문에서 과거에 한 일을 묻고 있으므로 미래 시제 응답은 오답
(B) ⊙ 참석하지 않았다는 No 응답 후, Janet이 참석했다는 부연 설명이 이어지고 있으므로 정답
(C) ⊗ 질문에서 사용된 attend와 관련 있는 attendants를 사용한 오답

PART 2 UNIT 05

4. ________ you ________ the laboratory results?
(A) I've never been to the resort. (B) They're on my desk.

5. ________ you ______________ for our rewards ________?
(A) The sign on the window. (B) No, this is my first time here.

6. ________ you ______________________ the firm's customer ______________?
(A) Yes, at least twice a day. (B) We received many complaints.

핵심 문제 유형

Q3 Have동사 의문문

Have you booked your flight to Chicago yet?

(A) I've read that book already.
(B) Yes, I'm leaving in three days.
(C) No, the light hasn't been turned on.

P2-21 미국 ↔ 미국

정답 (B)

해석 시카고행 항공편을 예약하셨나요?
(A) 전 그 책을 이미 읽었어요.
(B) 네, 전 3일 후에 떠나요.
(C) 아니요, 불이 켜져 있지 않아요.

어휘 book 예약하다 | flight 항공편 | turn on 켜다

정답 공략 하기

1 질문을 시작하는 조동사와 시제 파악하기
「Have + 주어 + ~?」는 이미 완료한 일이나 경험한 일을 묻는 질문이다.

2 질문의 핵심어 파악하기
「**you** + **booked** + flight」 항공편을 예약했는지 묻고 있다.

3 오답 소거하기
(A) ⊗ 질문에서 사용된 book(예약하다)을 다른 의미(책)로 반복 사용한 오답
(B) ⊙ 예약을 했다는 Yes 응답 후, 3일 후에 떠난다는 부연 설명이 이어지고 있으므로 정답
(C) ⊗ 질문에 나온 flight와 발음이 유사한 light를 이용한 오답

P2-23

Warm-up 질문을 듣고 빈칸을 채운 후, 알맞은 답을 고르세요. (대화는 3번 들려줍니다.)

7. ________ we ________ the supplies ________?
(A) The store's website. (B) No, we can do it later.

8. ________ the ________ repaired the ________?
(A) Yes, he's all done now. (B) He's not selling it anymore.

9. ________ you ________ the new ____________ yet?
(A) Fifty copies in color, please. (B) I finished that yesterday.

조동사 의문문

Will the musicians be set up by 3 o'clock?

(A) He's a jazz singer.
(B) They'll be here at 4:30.
(C) Italian folk music.

P2-22 미국 ↔ 미국

정답 (B)

해석 음악가들이 3시에는 준비가 될까요?
(A) 그는 재즈 가수예요.
(B) 그들은 여기에 4시 반에 올 거예요.
(C) 이탈리아 민속 음악이요.

어휘 **musician** 음악가 | **set up** 준비하다, 마련하다 | **folk music** 음악, 민요

정답 공략 하기

1 질문을 시작하는 조동사와 시제 파악하기
「Will + 주어 + ~?」은 앞으로 할 일을 묻는 질문이다.

2 질문의 핵심어 파악하기
「**musicians** + **set up** + 3 o'clock」 음악가들이 3시에 준비가 될지 묻고 있다.

3 오답 소거하기
(A) ⊗ 질문의 주어 musicians와 일치하지 않는 He를 사용한 오답
(B) ⊙ 4시 반에 올 거라며 3시에는 준비되지 않을 것임을 우회적으로 말했으므로 정답
(C) ⊗ 질문에 나온 musicians와 발음이 유사한 music을 이용한 오답

10. ________ I ________ my jacket today?
(A) It's quite cold outside. (B) Brown with gold buttons.

11. ________ the restaurant ________ our grocery delivery?
(A) I'd like some fresh vegetables. (B) Yes, they just messaged me.

12. ________ the new employee orientation ________ by 7:30?
(A) The schedule was emailed to you. (B) No, the morning meeting.

문제 풀이 전략 부정·부가 의문문

1. 부정 의문문

▸ Be동사(Is, Are, Was, Were), Do동사(Do, Does), Have동사(Have, Has) 등에 부정어 not을 붙여 시작하는 의문문으로, 주로 특정 사실이나 계획 등을 확인할 때 사용된다.

▸ 부정의 의미를 생략하고 일반 의문문처럼 해석하며, 대답의 내용이 긍정이면 Yes, 부정이면 No로 대답한다.

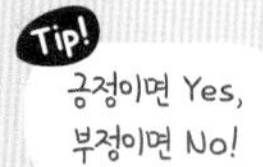

Q. **Isn't there** a workshop scheduled this afternoon? 오늘 오후에 예정된 워크숍이 있지 않나요? ⋯→ 워크숍이 있죠?
A. Yes, in the auditorium. 네, 강당에서 있습니다.

Q. **Aren't** you going to join us tonight? 오늘 밤에 우리와 함께 가지 않을 건가요? ⋯→ 함께할래요?
A. No, I have other plans. 아니요, 다른 계획이 있어요.

Q. **Wasn't** this jacket more expensive last month? 지난달에 이 재킷이 더 비싸지 않았어요? ⋯→ 더 비쌌죠?
A. Yes, the price went down recently. 네, 최근에 가격이 내렸어요.

Q. **Don't** you need to take a break? 쉬어야 하지 않아요? ⋯→ 쉬어야죠?
A. Yes, but I have a lot of work. 네, 그렇지만 일이 많아요.

Q. **Didn't** you cancel this afternoon's interview? 오늘 오후 면접을 취소하지 않았나요? ⋯→ 취소했죠?
A. It was rescheduled to tomorrow. 내일로 변경됐어요.

Q. **Doesn't** Ms. Yang work for a law firm? Ms. Yang이 법률 회사에 다니지 않나요? ⋯→ 다니죠?
A. No, she retired last year. 아니요, 그녀는 지난해에 은퇴했어요.

Q. **Hasn't** the technician fixed the copier yet? 기사가 복사기를 아직 안 고쳤어요? ⋯→ 고쳤죠?
A. I heard it's fixed already. 이미 고쳐 놓았다고 들었는데요.

Q. **Hasn't** Amy returned from vacation? Amy가 휴가에서 돌아오지 않았어요? ⋯→ 돌아왔죠?
A. I believe she has. 그녀가 돌아온 걸로 아는데요.
A. No, not yet. 아니요, 아직이요.

2. 부가 의문문

▸ 주로 말하는 사람이 이미 알고 있는 사실이나 정보에 대해 상대방의 동의나 확인을 구할 때 쓰이는 의문문으로, 평서문 뒤에 꼬리말처럼 붙는다.

▸ 긍정의 문장 뒤에는 부정의 부가 의문문이, 부정의 문장 뒤에는 긍정의 부가 의문문이 붙는다.

▸ 부정의 의미는 생략하고 일반 의문문처럼 해석하며, 대답이 긍정이면 Yes, 부정이면 No로 대답한다.

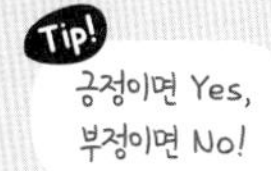

Q. You **are** going to be free this month, **aren't you**? 당신은 이번 달에 한가하죠, 그렇지 않나요? ⋯ 한가하죠?
A. Yes, I'll be free. 네, 시간이 될 거예요.
A. No, I'm in charge of a new project. 아니요, 신규 프로젝트를 담당하고 있어요.

Q. You **didn't** leave anything important on the table, **did you**?
탁자 위에 중요한 것을 아무것도 남겨 두지 않으셨죠, 그렇죠? ⋯ 남겨 두셨죠, 그렇죠?
A. No, I took it all. 아니요, 제가 다 챙겼어요.
A. Sorry, I forgot to bring my glasses. 죄송해요, 안경을 가져오는 것을 잊었네요.

Q. We **should** clean the office today, **shouldn't we**? 우리가 오늘 사무실을 청소해야 하죠, 그렇지 않나요? ⋯ 청소하죠?
A. You're right. Let's do it after lunch. 맞아요. 점심 먹고 하죠.
A. I don't think we have enough time. 시간이 충분하지 않을 것 같은데요.

Q. You **can** help me organize the seminar, **can't you**?
제가 세미나 준비하는 것을 도와주실 수 있으시죠, 그렇지 않나요? ⋯ 도와주시죠?
A. Sure, what can I do for you? 당연하죠, 뭘 도와 드릴까요?
A. Sorry, I'm taking some time off next week. 미안해요, 다음 주에 얼마간 휴가를 낼 거예요.

Q. You **haven't** been to this city before, **have you**? 전에 이 도시에 와 본 적이 없죠, 그렇죠? ⋯ 와 보셨죠, 그렇죠?
A. Yes, two years ago. 네, 2년 전에요.
A. No, it's my first time. 아니요, 처음이에요.

3. 우회적인 응답과 빈출 오답 유형을 파악한다.

▸ '잘 모르겠습니다', 확인해 보겠습니다', '아직 결정되지 않았습니다' 등의 우회적인 답변이 나올 수 있다.

▸ 질문에 사용된 단어를 동일하게 언급하는 오답이 출제된다.

▸ 질문에 사용된 단어를 듣고 연상하기 쉬운 단어를 사용한 오답이 출제된다.

Q. **Weren't you** aiming to finish the proposal today? 그 제안서를 오늘 끝내기로 하지 않으셨나요?
A. The deadline has been postponed. ⊙ 마감일이 연기됐어요. [우회적인 응답]

Q. Didn't you like the hotel you **stayed** in? 머물렀던 호텔이 마음에 들지 않았나요? ⋯ 마음에 들었죠?
A. I hope it stays like this. ⊗ 계속 이대로 가면 좋겠어요. [질문에 사용된 단어 반복]

Q. You will be away on **vacation** next week, won't you? 다음 주에 휴가 갈 거죠, 그렇지 않나요? ⋯ 휴가 가죠?
A. At the travel agency. ⊗ 여행사에서요. [질문으로부터 연상 가능한 단어]

핵심 문제 유형

Q5 부정 의문문

Didn't she take the position?

(A) A new finance director.
(B) They already finished their job.
(C) No, she is looking for another one.

P2-24 영국 ↔ 미국

정답 (C)

해석 그녀가 그 일자리를 맡지 않았나요?
(A) 새로운 재무 이사요.
(B) 그들은 벌써 업무를 끝냈어요.
(C) 아니요, 그녀는 다른 일을 찾아보고 있어요.

어휘 position 일자리, 직책 | look for ~을 찾다

정답 공략 하기

1 질문을 시작하는 조동사와 시제 파악하기
「Didn't + 주어 + ~?」는 과거에 일어난 일의 사실 여부를 묻는 질문이다.

2 질문의 핵심어 파악하기
「**she** + take + **position**」 그녀가 일자리를 맡았는지 여부를 묻고 있다.

3 오답 소거하기
(A) ⊗ position을 듣고 연상 가능한 finance director를 이용한 오답
(B) ⊗ 질문에 사용된 position과 관련 있는 단어 job을 이용한 오답
(C) ⊙ 그 일자리를 수락하지 않았다는 No 응답 후, 다른 일자리를 찾고 있다는 부연 설명이 이어지고 있으므로 정답

P2-26

Warm-up 질문을 듣고 빈칸을 채운 후, 알맞은 답을 고르세요. (대화는 3번 들려줍니다.)

13. ______________ send the ______________________ to Natalie?
(A) I attended last week. (B) No, but I will in five minutes.

14. It's ______________ to be ________ today, isn't it?
(A) Yes, you should take a scarf. (B) You're supposed to call her.

15. ___________ Marco at the ________________ this morning?
(A) I don't remember. (B) No, he's a marketing manager.

Q6 부가 의문문

She finished her project, didn't she?

(A) No, I think she needs more time.
(B) The projector is on the desk.
(C) Yes, she finished painting.

P2-25 미국 ↔ 호주

정답 (A)

해석 그녀가 프로젝트를 끝냈죠, 그렇지 않나요?
(A) 아니요, 제 생각에는 그녀가 시간이 더 필요한 것 같아요.
(B) 그 프로젝터는 책상 위에 있어요.
(C) 네, 그녀는 페인트칠을 끝냈어요.

어휘 finish 끝내다 | projector 프로젝터

정답 공략 하기

1 질문 끝부분의 조동사와 시제 파악하기

「~, didn't + 주어?」는 어떤 일을 했는지 여부를 확인하는 질문이다.

2 질문의 핵심어 파악하기

「She + **finished** + **project**」 그녀가 프로젝트를 끝냈는지 여부를 확인하고 있다.

3 오답 소거하기

(A) ⭘ 끝내지 못했다는 No 응답 후, 끝내려면 시간이 더 필요하다는 부연 설명이 이어지고 있으므로 정답
(B) ⊗ 질문에 나온 project와 발음이 유사한 projector를 이용한 오답
(C) ⊗ 프로젝트를 끝냈다는 Yes 응답 후, 페인트칠을 끝냈다는 부연 설명이 논리적으로 맞지 않으므로 오답

---

16. Rachel's office ________ this floor, isn't it?

(A) Yes, it needs another chair.　　(B) She moved to the 7th floor last month.

17. ________ this the ________ laptop model?

(A) It came out a month ago.　　(B) Yes, it's late.

18. Ms. Yuiko ________ the ________ for the meeting, didn't she?

(A) About 15 slides.　　(B) No, I did.

Practice

P2-27 질문을 듣고 가장 알맞은 답은 고르세요.

1. Mark your answer on your answer sheet. (A) (B) (C)

2. Mark your answer on your answer sheet. (A) (B) (C)

3. Mark your answer on your answer sheet. (A) (B) (C)

4. Mark your answer on your answer sheet. (A) (B) (C)

5. Mark your answer on your answer sheet. (A) (B) (C)

6. Mark your answer on your answer sheet. (A) (B) (C)

7. Mark your answer on your answer sheet. (A) (B) (C)

8. Mark your answer on your answer sheet. (A) (B) (C)

9. Mark your answer on your answer sheet. (A) (B) (C)

10. Mark your answer on your answer sheet. (A) (B) (C)

11. Mark your answer on your answer sheet. (A) (B) (C)

12. Mark your answer on your answer sheet. (A) (B) (C)

일반·부정·부가 의문문 필수 표현 EXPRESSION

1. 일반 의문문 필수 표현

대표 표현			
대표 표현	Of course. 물론이죠.	I think so. 그런 것 같네요.	attend 참석하다
	take a look 살펴보다	review 검토하다	plan to ~할 계획이다
	now 지금, 이제	fix 고치다, 수리하다	workshop 워크숍
	better 더 나은	change 변경하다	design 디자인하다
	try 시도해보다	set up 설치하다	find out ~를 알게되다
	hear 듣다	remember 기억하다	repairman 정비사, 수리공
	meeting 회의	show 보여주다, (하는 방법을) 가르쳐주다; (예정된 곳에) 나타나다	

2. 부정 의문문 필수 표현

대표 표현			
대표 표현	already 이미	still 아직	done 완료된
	fix 고치다	complete 완료하다	due ~하기로 예정된
	finish 끝내다	draft 시안, 초안	have a chance to ~할 기회를 가지다
	coworker 직장동료	send 보내다	retire 은퇴하다, 퇴직하다
	Not that I know of. 제가 알기론 그렇지 않아요.		return from vacation 휴가에서 돌아오다

3. 부가 의문문 필수 표현

대표 표현			
대표 표현	repair 수리하다	reschedule 일정을 변경하다	postpone 연기하다
	cancel 취소하다	manager 매니저, 담당자	seminar 세미나
	remember 기억하다	launch 출시하다	project 프로젝트
	in charge of ~를 담당하다	take care of ~를 처리하다	be supposed to ~하기로 되어있다
	be away on vacation 휴가 중인		

선택 의문문·요청문·평서문

선택 의문문은 두 개의 선택 사항을 or로 연결해서 묻는 의문문으로 매회 2~3문제 출제된다. 요청 의문문은 상대방에게 어떤 일을 제안하거나 권유할 때, 또는 상대방에게 호의를 베풀거나 부탁 또는 허가를 구할 때 사용하며, 매회 2~3문제가 출제된다. 평서문은 문장 전체 내용을 파악해야 하는 고난도 문제로, 매회 3~4문제 출제된다.

문제 풀이 전략 선택 의문문

1. 둘 중의 하나를 택하는 걸로 응답한다.

▸ 질문에 언급된 두 개의 선택 사항 중 하나를 선택하여 응답한다.

▸ 둘 중의 하나를 선택하는 응답은 질문에 나온 단어가 반복될 수 있다는 점에 유의한다.

Q. Would you like **my phone number** or **e-mail address**?
제 전화번호를 알려 드릴까요, 아니면 이메일 주소를 알려 드릴까요?

A. E-mail would be more convenient. 이메일이 더 편리할 것 같아요. **[E-mail을 선택한 응답]**

2. 둘 다 수락하는 걸로 응답한다.

▸ 둘 다 괜찮다는 의미로 질문에 언급된 두 개의 선택 사항을 모두 수락하며 응답한다.

Q. Do you prefer working **in a team** or **alone**? 팀으로 일하는 게 좋으세요, 아니면 혼자 일하는 게 좋으세요?

A. I enjoy both. 둘 다 좋아해요. **[둘 다 좋다:** both**]**

Q. Would you like **a window seat** or **an aisle seat**? 창가 좌석이 좋으세요, 아니면 복도 좌석이 좋으세요?

A. Either is fine with me. 어느 자리든 괜찮아요. **[아무거나 상관없다:** either**]**

Q. **Should we go out for lunch**, or **do you want to eat in the cafeteria**?
밖에 나가서 점심을 먹을까요, 아니면 구내식당에서 먹고 싶으세요?

A. It doesn't matter to me. 아무래도 좋아요. **[아무거나 상관없다:** It doesn't matter**]**

3. 둘 다 거절하거나 제3의 선택으로 응답한다.

▸ 질문에 언급된 선택 사항 모두 선택하지 않거나 이전에 언급되지 않은 새로운 선택 사항을 제시하며 응답한다. 또는 선택권을 상대방에게 위임하기도 한다.

Q. Do you want to play **tennis** or **baseball**? 테니스를 치고 싶으세요, 아니면 야구를 하고 싶으세요?

A. Neither. I'm too tired. 둘 다 아니에요, 저는 너무 피곤해요. **[둘 다 거절:** neither**]**

Q. Is the report due **this week** or **next week**? 보고서 마감일이 이번 주인가요, 아니면 다음 주인가요?

A. Actually, the deadline has been extended. 실은, 마감일이 연장되었어요. **[제3의 선택]**

핵심 문제 유형

P2-28 호주 ↔ 영국

Q1 선택 의문문

Would you like to send this package by regular mail or express mail?

(A) Yes, I received an e-mail.
(B) I would love to.
(C) I prefer the faster one.

정답 (C)

해석 이 소포를 일반 우편으로 보내시겠어요, 아니면 빠른 우편으로 보내시겠어요?
(A) 네, 제가 이메일을 받았어요.
(B) 그러고 싶어요.
(C) 더 빠른 걸 선호해요.

어휘 regular mail 일반 우편 | express mail 속달 우편

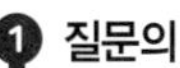

정답 공략 하기

1 질문의 핵심어 파악하기

「**Would** ~ by regular mail **or** express mail?」은 일반 우편과 속달 우편이라는 두 가지 선택권을 제시하고 선택을 요구하는 질문이다.

2 오답 소거하기

(A) ✗ 질문에 나온 mail과 발음이 유사한 e-mail을 이용한 오답
(B) ✗ 원하는 것이 무엇인지 명시되지 않았으므로 오답
(C) ○ 둘 중 선호하는 것을 묻는 질문에 더 빠른 걸 선호한다고 대답했으므로 정답

선택 의문문의 정답률 100% 응답 유형

Tip! 선택 의문문에서 Yes/No가 정답인 경우는 극히 드물어!

하나를 택하는 응답	fine 좋은 | better 더 좋은 | best 가장 좋은 | I'd rather ~하고 싶다 | I prefer ~가 더 좋다
둘 다 좋다/ 아무거나 상관없다	either 둘 중 아무거나 하나 | both 둘 다 | all 모두 | each 각각 | whatever 무엇이든지 | whichever 어느 것이든지 | whenever 언제든지 | I don't care. 상관없습니다 | It doesn't matter. 아무래도 좋아요 | I don't have a preference. 특별히 선호하는 것은 없습니다 | It's up to you. 당신이 원하는 대로요 | I'll leave it (up) to you. 당신이 정하세요 | What do you recommend? 무엇을 추천하시겠어요?
둘 다 아니다/ 제3의 선택	neither 둘 중 어느 것도 ~가 아니다 | none 어느 것도 ~가 아닙니다 | something else 그밖에 다른 것 | What about ~? ~는 어떤가요? | How about ~? ~는 어떤가요? | Actually 사실은

P2-29

Warm-up 질문을 듣고 빈칸을 채운 후, 알맞은 답을 고르세요. (대화는 3번 들려줍니다.)

1. ________ should I ________ you the documents, by ________ or by ________?

(A) E-mail is better. (B) He fixed all the errors.

2. Should we ____ for a ________ or a ________?

(A) It was enjoyable. (B) I'd rather watch a baseball game on TV.

3. Will you be ________ in the ________ or at ________?

(A) That might be too late. (B) I'll check my morning schedule.

문제 풀이 전략 요청문

1. 상대방에게 제안·권유·제공·요청하는 의문문

▸ 상대방에게 '~하는 게 어때요?'라고 제안하거나 권유할 때, 또는 '~해 드릴까요, ~해 주실래요?'라고 도움을 제공하거나 요청할 때 사용하며, 긍정 또는 부정의 표현으로 응답한다.

Q. **How about** meeting a bit earlier? 조금 일찍 만나는 게 어때요? **[제안·권유]**
A. That sounds great. 좋아요.

Q. **Why don't you** join us for lunch today? 오늘 저희와 점심 함께 하실래요? **[제안·권유]**
A. Sorry, I have other plans. 죄송하지만, 제가 다른 일이 있어서요.

Q. **Would you like** something to drink? 마실 거라도 드릴까요? **[제공]**
A. Yes, I'd like a glass of water, please. 네, 물 한 잔 주세요.

Q. **Do you want me to** print out the inventory list? 재고 목록을 인쇄해 드릴까요? **[제공]**
A. I already have it with me, but thanks. 저는 이미 가지고 있어요, 감사합니다.

Q. **Can you** please revise this document before the meeting? 회의 전에 이 서류를 수정해 주실래요? **[요청]**
A. Sure, no problem. 물론이죠, 문제없어요.

Q. **May I** see your passport? 여권을 볼 수 있을까요? **[요청]**
A. Of course, here it is. 물론이에요, 여기 있어요.

2. 「Would/Do you mind ~?」 의문문

▸ Would you mind ~?/Do you mind ~?는 실제 의미가 '~하면 싫으신가요?'라는 의미이므로 No/Not 등의 부정어구를 사용해야 '싫지 않다'라는 수락의 의미를 전달할 수 있다. Sure(물론이죠)도 수락의 표현으로 자주 정답으로 출제된다. 요청을 거절할 때는 긍정으로 대답한다.

Q. **Would you mind if** I opened the window? 창문을 열면 싫으신가요?
··· **창문을 열어도 괜찮을까요?**
A. No, not at all. 전혀요. **[수락]**
A. Of course not. 아니요. **[수락]**
A. Let me open it for you. 제가 열어 드릴게요. **[수락]**
A. Actually, I'm quite cold. 실은, 제가 많이 추워서요. **[거절]**

No./Not at all./Of course not./Sure. 등이 대표적인 정답이야.

핵심 문제 유형

Q2 요청문

Why don't we throw a farewell party for Lucy?

(A) We are a party of four.
(B) That fare doesn't seem right.
(C) That's a great idea.

P2-30 미국↔미국

정답 (C)

해석 Lucy를 위해 송별회를 여는 게 어때요?
(A) 저희 일행은 4명이에요.
(B) 그 요금은 잘못된 것 같아요.
(C) 좋은 생각이에요.

어휘 **throw a party** 파티를 열다 I **farewell** 작별

정답 공략 하기

1 질문 유형 파악하기

「Why don't we ~?」는 상대방에게 어떤 일을 함께하자고 제안하거나 권유하는 질문이다.

2 질문의 핵심어 파악하기

「Why + don't + **throw** + **party**」 송별회를 열자고 제안하는 질문이므로 수락 또는 거절하는 표현으로 대답한다.

3 오답 소거하기

(A) ⊗ 질문에 나온 party를 다른 의미(일행)로 반복 사용한 오답
(B) ⊗ 질문에 나온 farewell과 발음이 유사한 fare(요금)를 이용한 오답
(C) ⊙ 송별회를 열자는 제안에 좋은 생각이라고 긍정적으로 응답하고 있으므로 정답

요청문의 질문과 응답 유형

	질문	수락의 응답	거절의 응답
제안·권유	**~하는 게 어때요?** How about ~? I What about ~? Why don't you ~? I Why don't we ~? **~하시겠어요?** Would like to ~?	**좋은 생각입니다.** That's a good idea. I Sounds great. **당신 말이 맞아요.** You are right. **그거 좋죠!** Why not?	**미안하지만(고맙지만), 괜찮습니다.** Sorry, ~ I No, thanks. Thanks, but ~ I Unfortunately, **제가 할 수 있어요. 감사합니다.** I can handle it. Thanks. I can take care of it. Thanks. **유감이지만 ~입니다.** I'm afraid ~. **기타 거절의 표현** I'm busy right now. 지금은 바쁩니다. I'm not interested. 관심이 없어요. I have other plans. 다른 계획이 있어요.
제공	**~해 드릴까요?** Would you like me to ~? Do you want me to ~? Why don't I ~? I Should I ~?	**그래 주시면 고맙겠습니다 / 좋지요.** I'd appreciate it. I That would be nice. **괜찮으시다면** If you don't mind.	
요청	**~해 주시겠어요?** Can you ~? I Could you ~? I Please ~. **~해도 될까요?** Can I ~? I Could I ~? I May I ~?	**물론이죠** Sure. I Of course. I Certainly. I Absolutely. I Definitely. I No problem **기꺼이 그러죠.** I'd be glad(happy) to.	

P2-31

Warm-up 질문을 듣고 빈칸을 채운 후, 알맞은 답을 고르세요. (대화는 3번 들려줍니다.)

4. ____________ me ______ the wallpaper for my office?

(A) Hang it on the wall, please. (B) Sure, what are the choices?

5. ____________ me to give you a ride?

(A) In front of the building. (B) That'd be nice.

6. ____________ the ____________ for next quarter?

(A) Oh, I already submitted it this morning. (B) I spent time with him last weekend.

문제 풀이 전략 평서문

1. 긍정적으로 응답한다.

▶ 평서문은 주로 어떤 사실이나 문제점을 전달하고, 자신의 의견에 대한 상대방의 공감을 대답으로 요구한다.

▶ 문장 전체를 이해해야 응답할 수 있으므로 주어, 동사, 목적어를 모두 집중해서 들어야 한다.

▶ 질문에 따라 동의나 수락을 표하거나 정보를 제공하거나 제안이나 충고를 하는 등 다양하게 대답하기도 한다.

Q. I think Christine is a great coworker. 저는 Christine이 좋은 동료라고 생각해요.
A. **That's what I think.** 저도 그렇게 생각해요. [동의]

Q. Mr. Park seems so busy lately. Mr. Park은 최근에 매우 바빠 보여요.
A. **Yes**, he is responsible for several projects. 네, 그는 여러 개의 프로젝트를 담당하고 있어요. [동의]

Q. Let's book the hotel rooms early. 호텔 방을 미리 예약합시다.
A. **OK**, I'll call them right now. 네, 바로 전화해 볼게요. [수락]

Q. I've had a headache since yesterday. 어제부터 두통이 있어요.
A. You **should** see a doctor. 진찰을 받는 게 좋겠어요. [제안·충고]
A. **Why don't you** take a break? 좀 쉬지 그래요? [제안·충고]

2. 부정적으로 응답한다.

▶ No나 Not을 사용하여 질문 내용에 대해 부정적인 답변을 하기도 한다.

Q. I think we already passed the shopping mall. 벌써 그 쇼핑몰을 지나친 것 같아요.
A. **No**, it's two blocks away. 아니요, 그건 두 블록 떨어져 있어요.

Q. Let's order new printers for the office. 사무실에서 쓸 새 프린터를 주문합시다.
A. We **can't** afford it. 저희는 그럴 형편이 안돼요.

3. 되묻는 응답 유형에 유의한다.

▶ 세부 정보를 요청하거나 상대방의 말과 관련된 질문으로 반문하는 답변을 하기도 한다.

Q. All utilities are included in the rent. 모든 공과금은 임대료에 포함되어 있습니다.
A. **Does** that include Internet access? 인터넷 접속료도 포함된 건가요?

Q. Please fill out these forms and return them to me. 이 서류들을 작성해서 제게 주세요.
A. **Could** I borrow a pen? 펜 좀 빌릴 수 있을까요?

핵심 문제 유형

Q3 평서문

I thought Ms. Lee already left for Paris.

(A) Turn left at the end of the street.
(B) No, her trip was canceled.
(C) Just for two weeks.

P2-32 영국 ↔ 미국

정답 (B)

해석 저는 Ms. Lee가 이미 파리로 떠난 줄 알았어요.
(A) 그 길 끝에서 좌회전하세요.
(B) 아니요, 그녀의 여행이 취소되었습니다.
(C) 딱 2주 동안이요

어휘 leave for ~로 떠나다 | cancel 취소하다

정답 공략 하기

1 질문 유형 파악하기
「I thought S+V.」은 자신이 알고 있는 사실을 전달하고 상대방에게 확인하는 문장이다.

2 질문의 핵심어 파악하기
「**Ms. Lee** + **left** + for Paris.」 Ms. Lee가 파리로 떠났다고 알고 있는데 사실인지를 상대방에게 확인하고 있다.

3 오답 소거하기
(A) ✗ 질문에 나오는 left를 다른 의미(왼쪽)로 반복 사용한 오답
(B) ○ Ms. Lee는 파리로 떠나지 않았다고 응답한 후, Ms. Lee의 여행 계획이 취소되었다고 부연 설명하고 있으므로 정답
(C) ✗ 시간이 얼마나 오래 걸리는지를 묻는 How long 의문문에 어울리는 오답

P2-33

Warm-up 질문을 듣고 빈칸을 채운 후, 알맞은 답을 고르세요. (대화는 3번 들려줍니다.)

7. I'll get you a ____________ to fill out.
(A) I just started my own firm. (B) Thanks for your help.

8. I think you should ______ Mike a new ____________ for his birthday.
(A) I don't think he needs one. (B) Give me a call back.

9. I have a ____________ in an hour.
(A) Where are you going? (B) I catch a cold every winter.

10. Ms. Yoon will ____________ at the conference next week.
(A) From June 11th to 13th. (B) Great. I'm looking forward to it.

11. Patrick will ____________ the office equipment.
(A) Computers and printers. (B) It's OK, I'm almost done.

12. We have a ____________ with Ms. Jonelle today.
(A) The meeting was a bit long. (B) What time is the meeting again?

Practice

P2-34 질문을 듣고 가장 알맞은 답은 고르세요.

1. Mark your answer on your answer sheet. (A) (B) (C)

2. Mark your answer on your answer sheet. (A) (B) (C)

3. Mark your answer on your answer sheet. (A) (B) (C)

4. Mark your answer on your answer sheet. (A) (B) (C)

5. Mark your answer on your answer sheet. (A) (B) (C)

6. Mark your answer on your answer sheet. (A) (B) (C)

7. Mark your answer on your answer sheet. (A) (B) (C)

8. Mark your answer on your answer sheet. (A) (B) (C)

9. Mark your answer on your answer sheet. (A) (B) (C)

10. Mark your answer on your answer sheet. (A) (B) (C)

11. Mark your answer on your answer sheet. (A) (B) (C)

12. Mark your answer on your answer sheet. (A) (B) (C)

선택 의문문·요청문·평서문 필수 표현 EXPRESSION

1. 선택 의문문 필수 표현

대표 표현

>> 하나를 택하는 응답

Coffee is better. 커피가 낫겠네요.
I prefer to walk. 걸어가는 게 더 좋겠어요.
I'd rather drive. 운전해서 가는 게 낫겠어요.
I prefer the latter. 후자를 택할게요.

>> 둘 다 좋다 / 아무거나 상관없다

Either is fine with me. 아무거나 괜찮아요.
Whatever. 무엇이든 (상관없습니다).
It's up to you. 당신이 정하세요.
I don't have a preference. 특별히 선호하는 것이 없습니다.
I like both. 둘 다 좋습니다.
Whichever. 어느 것이든 (상관없습니다).
I'll leave it (up) to you. 당신이 정하세요.
What do you recommend? 무엇을 추천하시겠어요?

>> 둘 다 아니다

Neither, thanks. 둘 다 싫어요. 감사합니다.
I don't like either of them. 둘 다 좋지 않습니다.
I don't like either. 둘 다 싫어요.
I don't like any of them. 다 좋지 않습니다.

2. 요청문 필수 표현

대표 표현

>> 수락의 응답

That's a good idea. 좋은 생각이에요.
Why not? 그거 좋죠.
That would be nice. 좋을 것 같아요.
I'd like that. 저는 좋습니다.
Sure. (= course. Absolutely. Definite) 물론이죠.
I'd love to. 그러고 싶어요.
You're right. 당신 말이 맞아요.
I'd appreciate it. 감사합니다.
That would be helpful. 그러면 도움이 되겠어요.
If you don't mind. 괜찮으시다면요.
No problem. 문제없어요.
I'd be glad(happy) to 기꺼이 그러죠

>> 거절의 응답

I'm afraid ~. 유감이지만 ~ 이다
already 이미 ~했어요
I'm not interested. 관심 없어요.
Unfortunately 안타깝게도
I'm busy right now. 지금 바빠요.
I have other plans. 다른 계획이 있어요.
I can handle(take care of) it, thanks. 제가 혼자 (처리)할 수 있어요. 고맙습니다.

3. 평서문 필수 표현

대표 어휘

accept 받아들이다
assemble 조립하다
boarding pass 탑승권
damage 손상
disconnect 연결을 끊다
domestic 국내의
driver's license 운전면허증
electric screwdriver 전동 드라이버
enough 충분한
exercise 운동하다
expire 만료되다
extension cord 연장 코드(전기선)
fasten 고정하다
keep 가지고 있다, 유지하다
lease 임대 계약
passport 여권
proof 증거
reasonable 합리적인, 타당한
remind 상기시키다
spend (돈을) 쓰다, (시간을) 보내다
warranty 품질 보증서
afford 여유가 되다
allow 허락하다
not ~ anymore 더 이상 ~ 아닌
arrange 준비하다, 배치하다
budget 예산(안)
catalogue 카탈로그
promote 승진시키다
quarter 분기
revenue 순이익
sales 판매, 매출
saw 톱
toolbox 공구 상자

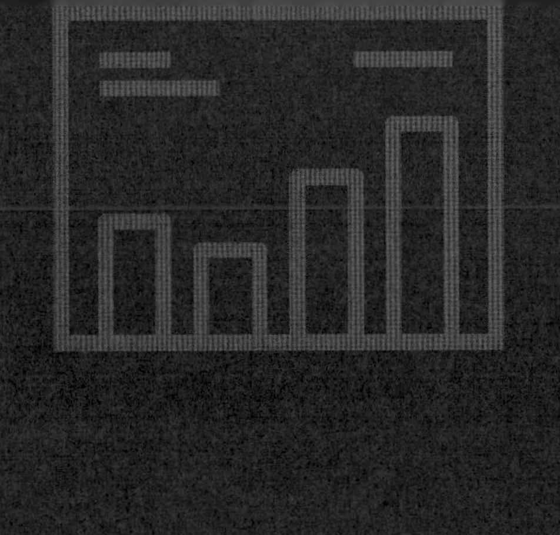

LC

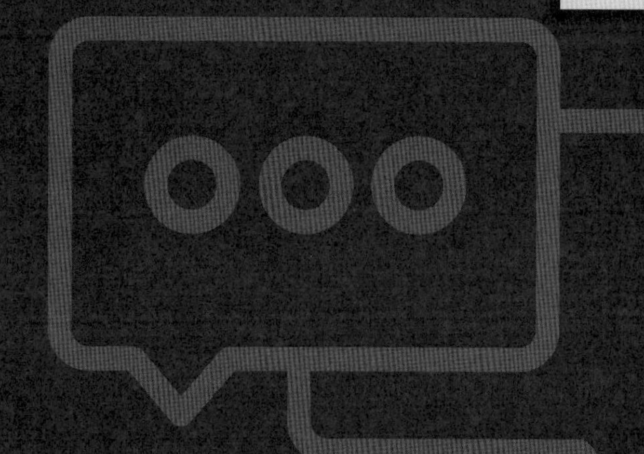

PART 3

PART 3

OVERVIEW

대화를 듣고, 문제지에 주어진 사지선다형 문항 3개에 답하는 문제이다. 시험지에서 문제와 보기를 볼 수 있으므로 듣기 전에 미리 대화의 전반적인 흐름을 추측할 수 있다. 총 13개 지문과 39문항이 출제된다.

대화 주제

회사 생활 | 사내외 업무, 일정, 인사 업무, 기기·사무용품

일상생활 | 상점, 식당, 여행·여가활동, 주거·편의시설

출제 포인트

- 대화의 주제·목적을 묻는 문제보다 세부 사항을 묻는 문제의 비중이 높다.
- 짧은 대화가 빠른 속도로 진행되는 3인 이상의 대화와 주고받는 대화 수가 5턴 이상으로 늘어난 대화가 출제된다.

PART 3 이렇게 대비하자!

- 3인 이상의 화자가 등장하는 대화는 전반적인 내용은 이해하기 쉬우나 대화 중간에 말의 속도가 매우 빠른 부분들이 섞여 나오기 때문에 체감 대화 속도가 매우 빠르다. 평소 빠르게 듣는 훈련이 필요하다.
- 화자 의도 파악 문제는 화자가 말한 문장의 문자적인 해석이 아니라 대화의 전반적인 흐름 이해가 필요하다. 평소 단순 듣기에서 벗어나 대화의 전반적 흐름을 이해하는 훈련이 필요하다.
- 시각 정보 연계 문제는 지문을 듣기 전에 주어진 시각 자료를 최대한 활용해서 지문의 주제를 예측하며 들을 수 있어야 한다. 듣고, 분석하고, 문제를 푸는 멀티태스킹 훈련이 필요하다.

PART 3 공략법

1. 대화를 듣기 전에 문제를 먼저 읽는다.

문제를 미리 읽으면서 키워드에 표시해둔다.

What are the speakers **mainly discussing**?
화자들은 주로 무엇을 논의하고 있는가? → 주제를 찾는 문제임을 미리 파악한다.

What is **special** about the **product**?
그 제품에 대해 특별한 점은 무엇인가? → 어떤 제품에 대해 특별한 점을 들을 준비를 한다.

What will the **woman do next**?
여자는 다음에 무엇을 할 것인가? → 대화가 끝난 후 여자가 어떤 행동을 할지 들을 준비를 한다.

2. 대화를 듣기 전에 핵심내용을 추측한다.

문제와 짧은 보기를 미리 읽음으로써 어떤 내용이 나올지 추측할 수 있다.

What do the men **imply about the company**?
남자는 그 회사에 관하여 무엇을 암시하고 있는가?

(A) It has launched **new merchandise**. 신제품을 출시했다.
(B) It is planning to **relocate** soon. 곧 이전할 계획이다.
(C) It has clients in **several countries**. 다른 나라에 고객이 있다.
(D) It is having financial difficulties. 재정적 어려움을 겪고 있다.

→ 문제와 보기를 미리 읽고 어떤 회사가 현재 어떤 상태인지에 관한 대화라는 걸 추측할 수 있다.

3. 문제의 순서와 문제에 대한 힌트가 나오는 순서는 대개 일치한다.

대화 전반부 ↓	→	**첫 번째 문제 힌트** (보기를 보고 있다가 힌트가 들리면 바로 정답 체크!) ↓
대화 중반부 ↓	→	**두 번째 문제 힌트** (보기를 보고 있다가 힌트가 들리면 바로 정답 체크!) ↓
대화 후반부	→	**마지막 문제 힌트** (보기를 보고 있다가 힌트가 들리면 바로 정답 체크!)
세 문제를 읽어주고 정답 고를 시간을 준다. (각 문제 간격 8초)		★ 대화가 끝남과 동시에 정답 체크를 끝내고, 남는 약 24초 동안 다음 문제를 미리 읽기 시작한다.

4. 질문에 언급된 남자 또는 여자의 말에 정답이 나올 확률이 높다.

질문의 동사가 수동태일 때는 질문에 제시된 화자가 아닌 그 상대방의 말에서 정답의 단서를 찾아야 한다.

What does **the man ask** the woman to do?
남자가 요청하는 것은? → 남자의 말 속에 정답이 있다.

What **is the man asked** to do?
남자가 요청받은 것은? → 남자의 상대방인 여자의 말 속에 정답이 나온다.

5. 질문의 순서는 바로 대화 내용 순서와 같다.

첫 번째 문제	주제·목적, 장소·인물(직업·신분), 문제점을 묻는 문제 등 대화의 전체 내용과 관련된 문제는 대개 첫 번째 문제로 출제되며 대화의 도입부에서 정답의 단서가 언급된다.
두 번째 문제	원인, 수단, 수량, 일정, 시간 등을 묻는 문제들이 두 번째 문제로 출제되며 대화의 중반부에 정답의 단서가 언급된다.
세 번째 문제	앞으로의 계획이나 할 일을 묻는 문제, 제안 · 요청 사항 등을 묻는 문제가 세 번째로 출제되며 대화의 마지막 부분에서 정답의 단서를 찾아야 한다.

6. 패러프레이징이 된 정답에 익숙해진다.

대화 내용에서 들렸던 표현이 보기에 그대로 정답이 되는 난이도가 낮은 문제도 많이 출제되지만, 대화 속 표현이나 어구를 그대로 사용하지 않고 결국 같은 의미이지만 다른 표현으로 바꿔서 답이 나오는 경우가 대부분이다. 이렇게 바꿔 말하는 것을 패러프레이징(paraphrasing)이라고 한다.

(1) 정답이 그대로 나오는 경우

W: How are we doing with **the expansion of our store's produce section**?
우리 매장의 농산물 구역 확장은 어떻게 되고 있나요?

Q: What is the conversation mainly about? 대화는 주로 무엇에 대한 것인가?

A: Expanding a section of a store 매장의 한 구역 확장

★ 정답 표현

the **expansion** of our **store**'s produce **section** 매장의 농산물 구역 확장
→ **Expanding** a **section** of a **store** 매장의 한 구역 확장

(2) 정답이 패러프레이징되어 나오는 경우

M: We're **holding a celebration banquet** for our Sales Department during the first week of February.
저희는 2월 첫째 주에 영업팀을 위한 축하연회를 열 예정이에요.

Q. What will happen during the first week of February?
2월 첫째 주에 어떤 일이 있을 것인가?

A: A **company gathering** will **take place.** 회사 모임이 개최될 것이다.

★ **패러프레이징된 표현**

hold 개최하다 → **take place** 개최되다

a celebration banquet 축하연회 → **company gathering** 회사 모임

(3) 패러프레이징 표현 연습

- This is our company cafeteria, which needs to **be** completely **remodeled.**
  이곳이 우리 회사 구내식당인데요, 완전히 개보수해야 해요.
  → **Renovating** a cafeteria 구내식당 개조 보수

- Can you **get in touch** with our food supplier?
  식품 공급업체에 연락 좀 해주시겠어요?
  → **Contact** a supplier 공급업체에 연락하다

- I should prepare some materials for my **presentation.**
  발표를 위해서 자료를 좀 준비해야 해요.
  → Prepare for a **talk** 발표를 준비하다

- Could you **fill out** this form? We keep a record of all our visitors.
  이 양식을 좀 작성해 주시겠어요? 우리는 모든 방문객의 기록을 보관해요.
  → **Complete** a visitor form 양식을 작성하다

- We should probably **take the subway.**
  아마 지하철을 타야 할 거예요.
  → **Using a public transit service** 대중교통을 이용하다

- It will accurately **measure** the pressure levels of your tanks.
  탱크들의 압력 레벨을 정확히 측정할 거예요.
  → It **monitors** pressure levels. 압력 레벨을 관찰한다.

- Water from the ceiling has been dripping onto my desk.
  천장에서 물이 제 책상 위로 떨어지고 있어요.
  → To report a leak 누수를 보고하기 위해

문제 유형

대화는 대개 일정한 방식으로 전개되기 때문에 대화의 초반부, 중반부, 후반부에 언급되는 내용이나 그와 관련된 문제 유형도 어느 정도 정해져 있다. 따라서 문제 유형에 따라 정답의 단서가 대화의 어느 부분에서 나올지를 예측하면서 듣는 훈련이 반드시 필요하다.

문제 유형 확인하기

1. 대화 초반부에 단서가 나오는 문제

▶ 대화의 주제나 목적, 화자의 신원, 대화 장소를 묻는 문제는 대개 첫 번째나 두 번째 문제로 출제되며, 정답의 단서는 대화의 초반부에 주로 언급된다.

▶ 직업이나 장소와 관련된 여러 표현들을 통해 화자의 직업이나 신분, 대화 장소를 유추할 수 있다.

Part 3 디렉션이 나올 때 미리 질문의 핵심 키워드(의문사, 주어, 동사+목적어, 시간 표현)를 읽고 밑줄이나 동그라미로 미리 표시해 두면 시간에 쫓기지 않고 문제를 풀 수 있어. 그리고 정답의 단서는 대개 순서대로 등장하니 질문도 순서대로 읽고 흐름을 미리 파악하는 게 중요해.

주제·목적

What are the speakers **discussing**? 화자들이 논의하고 있는 것은 무엇인가?
What is the conversation **mainly about**? 대화는 주로 무엇에 관한 것인가?
Why is the man **calling**? 남자는 왜 전화를 거는가?
What is the woman **calling about**? 여자는 무엇에 대하여 전화를 하고 있는가?

화자의 신원

Who most likely is the man? 남자는 누구이겠는가?
Who is the woman talking to? 여자는 누구에게 말하고 있는가?
Where do the speakers most likely **work**? 화자들은 어디에서 일하고 있겠는가?
What is the woman's **occupation**? 여자의 직업은 무엇인가?
What type of company is the man **working in**? 남자는 어떤 회사에서 일하고 있는가?
What kind of business does the woman **work for**? 여자는 어떤 업종에 종사하는가?

대화 장소

Where most likely are **the speakers**? 화자들은 어디에 있겠는가?
Where does this **conversation** probably take place? 대화는 어디에서 이루어지고 있겠는가?
Where is the **conversation** taking place? 대화는 어디에서 이루어지고 있는가?

2. 대화 중반부에 단서가 나오는 문제

- 이유, 시간, 장소, 방법 등 세부 사항을 묻는 문제는 대개 두 번째 문제로 출제되며, 정답의 단서는 대화의 중반부에 주로 언급된다. 단, 난이도가 높은 문제일 경우, 첫 번째 문제로 출제가 되기도 하니 이럴 땐 지문의 초반부나 중반부에서 단서를 포착한다.
- 남자와 여자 중 누구의 말에서 답이 나올지 반드시 표시한다.
- 세부 사항 문제를 풀 때는 질문에서 동사와 명사, 이름, 시간, 장소, 방법 등을 나타내는 키워드를 찾아 표시하고 문제의 요점을 기억해야 한다.

Tip! Part 3의 정답은 대화에 나오는 문장이나 단어가 다른 말로 표현(paraphrasing)되어 제시되는 경우가 많으므로, 보기에 사용된 동사와 명사의 뜻을 정확히 파악하고 동의어를 많이 알아두는 게 중요해.

세부 사항

Why was the **seminar canceled**? 세미나는 왜 취소되었는가?

When will the **speakers meet**? 화자들은 언제 만날 것인가?

How will the **woman send** her **résumé**? 여자는 이력서를 어떻게 보낼 것인가?

What does the **man say** about **Wednesday**? 남자는 수요일에 대해 뭐라고 말하는가?

문제점

What problem does the woman **mention**? 여자는 어떤 문제점을 언급하는가?

What is the man's **problem**? 남자의 문제는 무엇인가?

걱정거리

What is the man **concerned** about? 남자는 무엇에 관하여 걱정하는가?

What is the woman **worried** about? 여자는 무엇에 관하여 걱정하는가?

3. 대화 후반부에 단서가 나오는 문제

- 앞으로의 계획이나 다음에 할 일, 의견 제안(suggest), 요청(ask), 해결책 제의(offer) 등을 묻는 문제는 주로 세 번째 문제로 출제되며, 정답의 단서는 대화의 후반부에 언급되는 경우가 많다.
- 남자와 여자 중 누구의 말에서 답이 나올지 반드시 표시한다.
- 다음과 같이 권유·제안·요청·요구 등을 나타내는 표현 뒤에 정답의 단서가 나온다.
  EX Why don't I ~? 제가 ~할까요? / Why don't you ~? ~하는 게 어때요? / Can[Could] you ~? ~해 주시겠어요? / Please ~. ~해 주세요.

앞으로의 계획·다음에 할 일

What will the man probably **do next**? 남자가 다음으로 할 일은 무엇이겠는가?

What is the woman **going[planning] to do**? 여자가 계획하고 있는 일은 무엇인가?

What will **happen next**? 다음에 무슨 일이 일어나겠는가?

권유·제안·요청·요구

What does the man **offer** to do? 남자가 무엇을 해주겠다고 제안하는가?

What does the woman **suggest**? 여자가 무엇을 제안하는가?

What does the man **ask** the woman to do? 남자가 여자에게 무엇을 하라고 요구하는가?

핵심 문제 유형

P3-01 호주 ↔ 영국

Q1 대화 초반부 문제: 주제

What problem is being discussed?

(A) A factory needs more workers.
(B) A machine is not operating properly.
(C) Some documents are missing.
(D) Some supplies have not arrived.

Q2 대화 중반부 문제: 이유

Why does the man request prompt service?

(A) New employees need to start work soon.
(B) An order needs to be filled.
(C) He is going on vacation.
(D) He is meeting with some clients.

Q3 대화 후반부 문제: 다음에 할 일

What will the woman do next?

(A) Review some instructions
(B) Visit a store
(C) Replace some parts
(D) Talk to a supervisor

Questions 1-3 refer to the following conversation.

M Hello, this is Mark from Weimer Industries. ❶ We purchased a mixing machine from you last week, but it seems to be malfunctioning.

W I'm sorry to hear that. Unfortunately, all of our technicians are unavailable at the moment. If you'd like, ❷ we can send a person to your factory first thing tomorrow morning.

M Hmm… ❷ This needs to be taken care of today. We're really busy, and we have a big order to complete by the end of the day tomorrow.

W ❸ Let me speak with my manager and see what I can do for you.

1-3번은 다음 대화에 관한 문제입니다.

남 안녕하세요, Weimer Industries의 Mark입니다. **❶ 지난 주에 귀사에서 혼합기를 구입했는데, 그게 제대로 작동하지 않는 것 같이 보여서요.**

여 그런 얘기를 들으니 유감이네요. 안타깝게도 현재 저희 기술자들 모두 자리에 없습니다. 원하시면 **❷ 내일 아침 제일 먼저 귀사 공장으로 사람을 보내 드릴게요.**

남 흠… **❷ 이건 오늘 처리되어야만 해요. 저희가 정말 바빠서 내일까지 끝내야 할 큰 주문이 있어요.**

여 **❸ 저희 매니저와 이야기 해보고** 고객님을 위해 무엇을 해드릴 수 있는지 알아볼게요.

VOCA

mixing machine 혼합기 I **malfunction** 오작동하다 I **unfortunately** 안타깝게, 불운하게 I **unavailable** 만날 수 없는, 구할 수 없는 I **at the moment** 지금 I **take care of** ~를 돌보다, 처리하다 I **operate** 작동하다, 운행하다 I **miss** 놓치다 I **supplies** 물품 I **fill an order** 주문을 처리하다, 주문에 응하다 I **go on vacation** 휴가를 가다 I **instruction** 지침, 설명 I **replace** 대체하다, 대신하다

Q1

어떤 문제가 논의되고 있는가?

(A) 공장이 더 많은 직원을 필요로 한다.
(B) 기계가 제대로 작동하지 않는다.
(C) 몇몇 문서가 누락되어 있다.
(D) 몇몇 물품이 도착하지 않았다.

정답 공략 하기

❶ **문제 확인** What problem, discussed → 대화 주제

❷ **단서 찾기** M: We purchased a mixing machine from you last week, but it seems to be malfunctioning. (지난 주에 귀사에서 혼합기를 구입했는데, 그게 제대로 작동하지 않는 것 같이 보여서요.) → 기계 오작동에 관하여 얘기하고 있음

❸ **Paraphrasing** malfunctioning → not operating properly

Q2

남자는 왜 신속한 서비스를 요청하는가?

(A) 신입 사원들이 곧 일을 시작해야 한다.
(B) 주문을 처리해야 한다.
(C) 그가 휴가를 간다.
(D) 그가 몇몇 고객들을 만난다.

정답 공략 하기

❶ **문제 확인** Why, man, request, prompt service → 신속한 서비스를 요청하는 이유

❷ **단서 찾기** W: we can send a person to your factory first thing tomorrow morning (내일 아침 제일 먼저 귀사 공장으로 사람을 보내 드릴게요.) → 기계 오작동에 관한 대응 방안을 얘기하고 있다. → M: This needs to be taken care of today. We're really busy, and we have a big order to complete by the end of the day tomorrow. (이건 오늘 처리되어야만 해요. 저희가 정말 바빠서 내일까지 끝내야 할 큰 주문이 있어요.) → 내일까지 끝내야 하는 큰 주문이 있음

Q3

여자는 다음에 무엇을 할 것인가?

(A) 설명서를 검토한다
(B) 가게를 방문한다
(C) 일부 부품을 교체한다
(D) 상사와 이야기한다

❶ **문제 확인** Why, woman, do next → 여자가 다음에 할 일

❷ **단서 찾기** W: Let me speak with my manager (저희 매니저와 이야기 해볼게요) → 여자는 다음으로 매니저와 얘기할 것임

❸ **Paraphrasing** speak with → talk to / manager → supervisor

시각 정보 연계 문제

▶ 프로그램이나 일정표, 주문 양식, 지도, 리스트 등 다양한 유형의 시각 정보를 대화 내용과 연관 지어 정답을 찾는 문제이다.

▶ 주로 대화에 언급된 단서를 토대로 시각 정보에서 화자가 선택할 상품 및 서비스, 날짜 등을 고른다.

질문의 키워드를 먼저 파악한 후, 시각 정보를 보면서 문제를 풀어야 해.

시각 정보

Look at the graphic. Which section will the speakers go to?
시각 정보를 보시오. 화자들이 어느 섹션으로 가겠는가?

Look at the graphic. What information does the man ask about?
시각 정보를 보시오. 남자는 어떤 정보에 대해 묻는가?

✓ 시각 정보 자료 유형

1. 표

워크숍, 공연, 행사 등의 일정 및 상품이나 서비스 등에 대한 요금을 보여준다.

Workshop Date	Person in Charge
May 1st	Tilda
May 2nd	Jane
May 3rd	David
May 4th	Wang

2. 막대·선 그래프

기업 및 상품 등의 매출 변화, 회원 수 변화, 기온 및 강수량 변화 등을 보여준다.

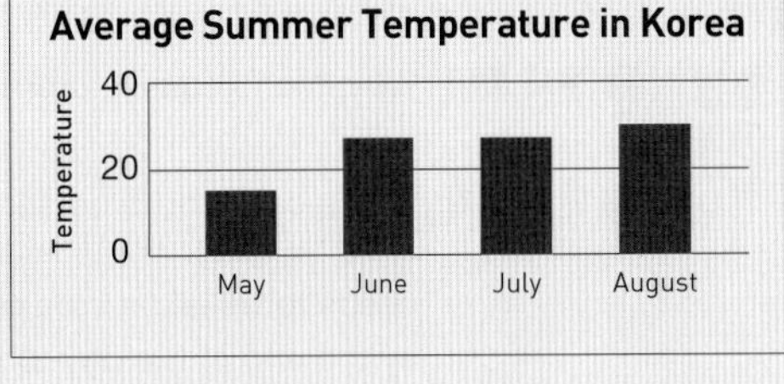

3. 약도

기업, 상점, 행사장 등의 위치를 보여준다.

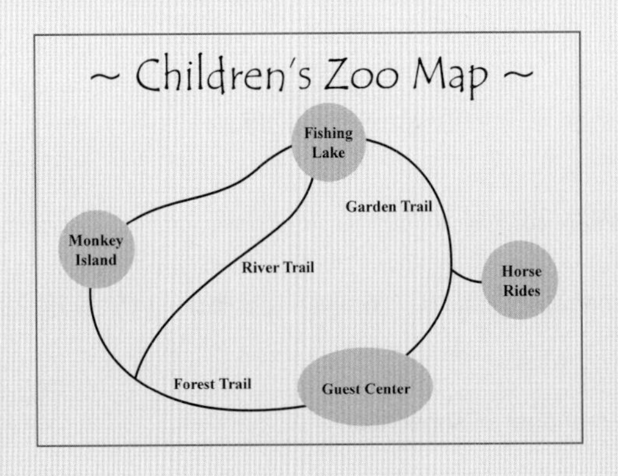

4. 기타 자료

할인 혜택 리스트, 구매 티켓 내역, 주문서, 송장, 구인 자격 요건 목록 등을 보여준다.

GONCHA
15% DISCOUNT COUPON

1 Bubble Tea or Black Tea

Valid Until: 2016/12/31

* NOTE: Bubble Tea is only available on a first-come-first-served basis

핵심 문제 유형

P3-02 미국↔미국

Q4 시각 정보 연계 문제

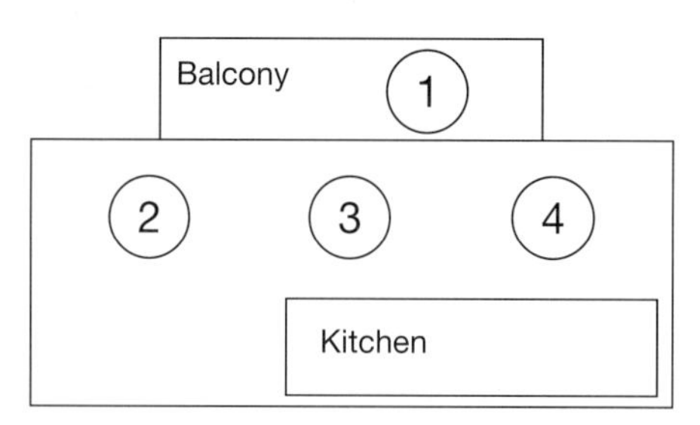

Look at the graphic. At which table will the speakers sit?

(A) Table 1
(B) Table 2
(C) Table 3
(D) Table 4

Question 4 refers to the following conversation and floor plan.

M Hi, Miriam.

W Hello, Jason. I'm about to get into my car. Are you on your way?

M Yes, and I've got some news. I got a call earlier from the editor of our newspaper's Food section. He found out that we were going to that new Thai restaurant, and he wanted us to write a review about the place. The owner will show us around the kitchen, and ❹ we'll be sitting at the VIP table right on the balcony.

W Really? That's exciting! I've never written a restaurant review.

Q4

시각 정보를 보시오. 화자들은 어느 테이블에 앉을 것인가?

(A) 테이블 1 (B) 테이블 2
(C) 테이블 3 (D) 테이블 4

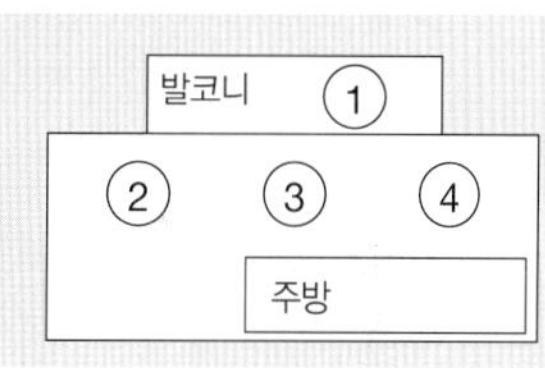

정답 공략 하기

❶ **시각 정보 확인** 발코니와 주방 및 테이블 1, 2, 3, 4번의 위치

❷ **문제 확인** At which table, speakers, sit → 화자들이 앉을 테이블 번호

❸ **단서 찾기** M: we'll be sitting at the VIP table right on the balcony (우리는 발코니에 있는 VIP 테이블에 앉게 될 거예요) → 시각 정보에서 발코니에 있는 테이블 번호 확인 → Table 1

4번은 다음 대화와 평면도에 관한 문제입니다.

남 안녕하세요, Miriam.

여 안녕하세요, Jason. 저는 지금 막 차를 타려고 해요. 당신도 가는 중인가요?

남 네, 그리고 몇 가지 소식이 있어요. 아까 우리 신문사 식품 섹션 편집자로부터 전화를 받았어요. 그는 우리가 그 새로 생긴 태국 식당에 가려고 한다는 걸 알고 그곳에 관한 후기를 써주었으면 하더라고요. 식당 사장이 우리에게 주방을 구경시켜줄 거고, ❹ **우리는 발코니에 있는 VIP 테이블에 앉게 될 거예요.**

여 정말이요? 재미있겠네요! 나는 식당 후기를 써본 적이 없어요.

VOCA

on one's way ~에 가는 길에 | **editor** 편집자 | **review** 후기, 논평 | **show around** ~을 보여주다

5. 화자 의도 파악 문제

▶ 대화의 흐름상 질문에 주어진 표현이 대화 속에서 구체적으로 어떤 의미로 쓰였는지를 파악하는 문제이다.

▶ 다양한 의미를 지닌 표현이 등장하므로, 문자 그대로의 사전적 의미가 아닌 해당 문맥상 알맞은 의미를 골라야 한다.

사전적인 의미가 아닌 대화의 문맥 속에서의 의미를 파악해야 해.
인용 문장의 앞뒤에서 단서를 찾고, 화자의 강세와 어조에도 관심을 가지고 대화의 흐름을 파악해야 해.

화자 의도

Why does the man say, "Not at all"? 남자는 왜 "전혀요"라고 말하는가?

Why does the man say, "Really"? 남자는 왜 "정말로요"라고 말하는가?

Why does the man say, "That's not surprising"? 남자는 왜 "놀랍지 않네요"라고 말하는가?

What does the woman mean when she says, "Just to be safe"?
여자가 "만약을 위해서요"라고 말할 때 무엇을 의도하는가?

What does the woman mean when she says, "That won't be an issue"?
여자가 "그건 별 문제가 되지 않아요"라고 말할 때 무엇을 의도하는가?

화자 의도 파악 문제 해결책

1. 인용문장을 먼저 읽고 의미를 파악한다.

Why does the woman say, "I don't mind"? 여자는 왜 "괜찮아요"라고 말하는가?
대화를 듣기 전 문제를 먼저 읽는 단계에서 "I don't mind"가 "괜찮아요"라는 사전적 의미를 미리 파악해 놓는다.

2. 처음부터 끝까지 대화의 흐름을 놓치지 않는다.

대화에서 인용문장이 언제 나올지 모르고 문맥상의 숨은 의도를 찾는 문제이기 때문에 그 인용문장의 앞이나 뒤에서 정답의 힌트가 나온다. 따라서 화자의 의도 파악 문제 문제는 특히 더 긴장하고 대화의 흐름을 놓치지 않도록 해야 한다.

3. 대화의 흐름을 놓쳤으면 빨리 찍고 넘어간다.

화자의 의도 파악 문제는 난이도가 높은 문제이므로 틀리더라도 감점이 크지 않다. 따라서 대화 흐름을 놓쳐서 정답을 모를 때에는 재빨리 아무거나 찍고 다음 문제에 집중하여 나머지 문제를 틀리지 않도록 해야 한다. 놓친 문제에 신경 쓰다가 두 세 문제를 다 틀릴 수도 있다.

핵심 문제 유형

P3-03 영국 ↔ 호주

Q5

화자 의도 파악 문제

What does the woman mean when she says, "I noticed it wasn't in the section where it usually is"?

(A) She lost her ID card.
(B) She forgot her order number.
(C) She did not make a payment.
(D) She cannot locate an item.

Question 5 refers to the following conversation.

W Hi, 5 I can't seem to find the latest issue of *Homecrafts Magazine*. Has the library canceled its subscription? I noticed it wasn't in the section where it usually is.

M Unfortunately, yes. The library decided not to renew the subscription this year, so it won't be on our shelves anymore.

W Well, do you know of another place that might have it? I need to use this month's issue to complete a craft project for a class.

M Well, you can check out Dorothy's Kraft Shop across the street. They sell a variety of craft goods, so there's a good chance they'll have the magazine as well.

Q5 **여자가 "원래 있던 그곳에 없네요"라고 말할 때, 무엇을 의도하는가?**

(A) ID 카드를 잃어버렸다.
(B) 주문 번호를 잊어버렸다.
(C) 비용을 납부하지 않았다.
(D) 물건의 위치를 찾을 수 없다.

정답 공략 하기

1 문제 확인 "I noticed it wasn't in the section where it usually is" → 여자가 원래 있던 곳에 없다고 말한 의도 파악

2 단서 찾기 W: I can't seem to find the latest issue of *Homecrafts Magazine*. Has the library canceled its subscription? I noticed it wasn't in the section where it usually is. (〈Homecrafts Magazine〉의 최신호를 찾을 수가 없네요. 도서관에서 구독을 취소했나요? 원래 있던 곳에 없네요.) → 〈Homecrafts Magazine〉의 최신호를 찾을 수 없음

5번은 다음 대화에 관한 문제입니다.

여 안녕하세요. 5 **〈Homecrafts Magazine〉의 최신호를 찾을 수가 없네요. 도서관에서 구독을 취소했나요? 원래 있던 곳에 없네요.**

남 유감스럽게도 그렇습니다. 도서관에서 올해 그 구독을 갱신하지 않기로 결정해서 앞으로는 저희 서가에 없을 거예요.

여 그럼, 그걸 가지고 있을 만한 다른 곳을 아시나요? 수업에서 공예 프로젝트를 완료하려면 이번 달 호를 사용해야 해서요.

남 음, 길 건너에 있는 Dorothy's Kraft Shop에 가보세요. 다양한 수공예 제품을 파니까 거기에 잡지도 있을 가능성이 커요.

VOCA

latest 최신의 | **issue** (잡지·신문 등 정기 간행물의) 호 | **subscription** 구독(권) | **notice** 알아차리다 | **unfortunately** 유감스럽게도 | **renew** 갱신하다 | **craft** (수)공예 | **a variety of** 다양한 | **goods** 물건, 제품 | **there is a good chance** ~할 가능성이 크다 | **as well** 또한, 역시

6. 3인 대화 지문

▶ 3인 대화 지문은 대화의 길이가 2인 대화보다는 짧지만 대화를 주고받는 대화 수가 늘어서 대화 속도가 더 빠르게 느껴질 수 있으므로 평상시 충분한 청취 연습이 필요하다. 3인 대화 유형은 매회 2개가 출제된다.

▶ 3인 대화 지문에서는 화자 의도나 추론 문제가 출제된다.

문제에 men (남자들), women (여자들)이 보이면 3인 대화임을 미리 파악할 수 있어.
또한 같은 성별의 화자가 두 명 등장하니 화자를 구별하려면 서로를 호명할 때 이름을 주의 깊게 들어야 해.

3인 대화 디렉션

Questions 32-34 refer to the following conversation **with three speakers.**
32-34번은 다음 세 화자의 대화에 관련된 문제입니다.

3인 대화 지문 해결책

1. 제3의 인물의 이름을 소개하거나, 이름을 부르며 등장하는 유형

문제를 먼저 읽을 때 문제에 나와 있는 이름을 미리 숙지 해 두었다가 대화에서 이름이 언급되면 답 고를 준비를 한다.

Q. What did **James** do in the morning? 제임스는 오늘 아침에 무엇을 했는가?

··· 문제를 읽고 James라는 사람이 나올 것을 예상하고 대화의 흐름을 놓치지 않고 듣고 있다가 이름이 나오면 답 고를 준비를 한다.

2. 제 3의 인물의 이름이 나오지 않는 유형

이름이 나오지 않는 경우는 남자 2명과 여자 1명 또는 남자 1명과 여자 2명이 등장하므로 남녀 각자 말하는 내용을 구분하면서 들어야 한다.

Q. Who most likely are the **women**? 여자들은 누구이겠는가?

··· women이라는 단어만 보고도 3인 대화 문제라는 것을 알 수 있고, 여자들의 신분을 묻는 문제이므로 주로 남자가 말하는 부분에서 단서를 찾을 준비를 하며 대화를 듣는다.

핵심 문제 유형

P3-04 영국 ↔ 호주 ↔ 미국

Q6 3인 대화 지문: 제안·요청

What do the men suggest?

(A) Extending a deadline
(B) Posting an advertisement
(C) Dividing some work
(D) Simplifying a procedure

Question 6 refers to the following conversation with three speakers.

W There are over 150 résumés for the marketing positions we had advertised. And I have to go through all of them by the end of the day.

M1 That is quite a lot. **6** Would you like me to help you out?

W That would be great. But I'm not sure the two of us can go through every one.

M2 Well, I have some free time today. **6** How about I take some to look at?

W Thank you so much. I really appreciate it.

M1 Do you mind printing the ones you'd like me to go over? It's easier for me to read them on paper.

W Of course. I'll do that for both of you.

Q6 남자들이 제안한 것은 무엇인가?

(A) 마감일을 연장하는 것 (B) 광고를 게재하는 것 **(C) 업무를 분담하는 것** (D) 절차를 간소화하는 것

정답 공략 하기

1 문제 확인 What, men, suggest → 남자들이 제안한 것

2 단서 찾기 M1: Would you like me to help you out? (제가 좀 도와드릴까요?) → M2: How about I take some to look at? (저도 좀 같이 보면 어떨까요?) → 여자에게 업무 분담 제안

6번은 다음 세 화자의 대화에 관한 문제입니다.

여 저희가 광고 냈던 마케팅 포지션에 이력서가 150개도 넘어요. 그리고 이 모든걸 오늘까지 다 검토해야 돼요.

남1 많긴 하네요. **6 제가 좀 도와드릴까요?**

여 그럼 정말 좋을 거예요. 근데 저희 둘이 다 검토할 수 있을지 잘 모르겠네요.

남2 음, 저도 오늘 여유 시간이 좀 있어요. **6 저도 같이 좀 보면 되지 않을까요?**

여 정말 고마워요. 감사합니다.

남1 제가 검토해야 될 것들만 인쇄해서 주시겠어요? 지면상으로 보는 게 더 편해서요.

여 물론이죠. 두 분 다 해드릴게요.

VOCA

go through 검토하다, 조사하다 | **quite** 꽤 | **help out** ~를 도와주다 | **take a look at** ~를 살펴보다 | **appreciate** 고마워하다 | **mind** 꺼리다 | **go over** ~를 검토하다 | **extend** 연장하다 | **simplify** 간소화하다, 간단하게 하다

Warm-up 대화를 듣고 정답을 고른 후, 빈칸을 채우세요. (대화는 3번 들려줍니다.)

1. What is the purpose of the call?

(A) To address a billing error (B) To complain about a service

W: Hi, I'm Janice Smith and I'm calling about a ________________ that I received. The ______ was... uhh... ________________ me, but I clearly remember that I ________________________ before moving. I was wondering if you could please help ________________________.

M: Sure. Can you tell me your ________________, please?

2. Who most likely is the woman?

(A) A graphic designer (B) An architect

M: Hi. I ________ a local café, and I was wondering if your company could ________________________ for my business.

W: Of course! I'd be ________________________ to help you.

3. What does the man want to do?

(A) Schedule an interview (B) Sign up for a class

M: Hello, I'm calling about the ________ I saw on the window of your ________. It was about ________________. Can I still ________________________?

W: I'm sorry, but because we have limited kitchen appliances, all ________ are ________________.

4. What are the speakers discussing?

(A) Local grocery stores (B) Nearby restaurants

W: Hey, Eric! Did you know that Shabu Zen–the ________________ near our office–closed last week?

M: Really? I didn't know that.

W: I'm upset because it was one of my ________________.

M: That's too bad. But ____________________? A fusion ________________ ________ opened across the street last Wednesday. Why don't we try that place ____________________?

5. What do the speakers imply about Megan?

(A) She is not qualified for the position. (B) She is the best candidate for the job.

M: Hi, Joanne. What do you think about the ________ for the marketing manager ________?

W: Well, all five ________________ are ____________________, but Megan seems to ________ our brand ________ than the others.

M: I think you're right.

Practice

P3-06

1. Where are the speakers going?
   (A) To a movie theater
   (B) To a museum
   (C) To a shopping mall
   (D) To a conference center

2. What is the problem?
   (A) A parking lot is full.
   (B) A meeting has been canceled.
   (C) A business is not open yet.
   (D) A location is hard to find.

3. What does the woman suggest doing?
   (A) Purchasing a map
   (B) Going to a café
   (C) Calling a supervisor
   (D) Trying another store

---

4. Where do the speakers work?
   (A) At a law firm
   (B) At a production studio
   (C) At a conference center
   (D) At a publishing company

5. According to the man, what happened yesterday?
   (A) A new business opened.
   (B) A deal was finalized.
   (C) A director retired.
   (D) A room was reserved.

6. What will Ms. Valentine do next?
   (A) Sign a form
   (B) Give a speech
   (C) Eat a meal
   (D) Watch a video

7. What is the main topic of the conversation?
   (A) An accounting class
   (B) A theater show
   (C) A car rental reservation
   (D) A new restaurant menu

8. Why does the man say, "Keisha owns a minivan"?
   (A) To request a parking permit
   (B) To check if a vehicle is available
   (C) To suggest sharing a ride
   (D) To arrange a delivery service

9. What does the man say he will do?
   (A) Modify a booking
   (B) Email a list of events
   (C) Bring a map
   (D) Purchase a ticket

E500	No Internet service
E510	Insufficient storage
E520	Replace battery
E530	Update required

10. Who most likely is the man?
   (A) A salesperson
   (B) A delivery driver
   (C) A hotel manager
   (D) A graphic designer

11. Look at the graphic. Which error code is the tablet displaying?
   (A) E500
   (B) E510
   (C) E520
   (D) E530

12. What will the man most likely do next?
   (A) Refund some money
   (B) Contact a colleague
   (C) Install some software
   (D) Upgrade a room

일상생활

일상생활은 쇼핑, 여가 생활, 편의시설 등에 관한 내용들이 출제된다. 매회 1~3개의 지문이 출제되며 쇼핑과 관련된 대화는 주로 상품 주문과 배송, 고장 등에 관한 내용들이 출제된다. 여가 생활에 해당하는 공연, 여행 등의 대화 내용도 출제 빈도가 높다. 편의 시설을 다루는 배경은 병원, 부동산, 우체국, 도서관 등이다.

대화 유형 확인하기 쇼핑·여가 생활

1. 쇼핑

- 상품 품절 안내
- 상품 주문 오류
- 상점 위치 문의
- 상품 배송·고장 문의
- 상품 교환·취소·환불
- 회원 가입 및 할인 행사 안내

쇼핑 관련 반드시 알아두어야 할 표현

merchandise 상품	carry 취급하다	refund 환불하다
return 반품하다	exchange 교환하다	damaged 손상된
original receipt 원본 영수증	order number 주문 번호	special offer 특가 할인

2. 외식

- 식당 운영 시간
- 식당 예약·변경
- 음식 주문 관련
- 파티 및 행사 관련

외식 관련 반드시 알아두어야 할 표현

store hours 영업시간	dish 음식	party 일행
reserve 예약하다	host 접대하다	book a table for four 4명 테이블을 예약하다
entrée 메인 요리	main dish 메인 요리	vegetarian menu 채식 메뉴

3. 공연·박물관

- 공연·영화 관람 약속
- 공연·영화 감상평
- 박물관 전시회 문의
- 박물관 내 장소 문의

공연·박물관 관련 반드시 알아두어야 할 표현

theater 극장	exhibition/exhibit 전시회	play 연극
live performance 라이브 공연	brochure/pamphlet 안내 책자	group rate 단체 요금
sold out (표가) 매진된	admission fee 입장료	ticket booth 매표소

4. 여행

▶ 여행 상품 및 일정
▶ 항공권 예약
▶ 관광 안내 센터
▶ 렌터카 문의
▶ 휴가 또는 연휴 계획
▶ 다녀온 휴가 및 휴가지

여행 관련 반드시 알아두어야 할 표현

go on a vacation 휴가 가다
take time off 휴가를 내다
travel agency 여행사
tour guide 관광 가이드
itinerary 여행 일정표
rent-a-car 렌터카
compact car 소형차
relax 휴식을 취하다
tourist attraction 관광 명소
tourist 관광객
sightseeing 관광
vacation/holiday 휴가

5. 호텔

▶ 숙박 예약 문의
▶ 숙박 기간변경
▶ 방의 종류 변경
▶ 입실 또는 퇴실 관련
▶ 불편 · 불만 사항

호텔 관련 반드시 알아두어야 할 표현

accommodation 숙소
hotel clerk 호텔 직원
front desk 안내 데스크
check in 체크인 하다
check out 체크아웃 하다
reserve a room 방을 예약하다
view 전망
confirm a reservation 예약을 확인하다

6. 공항

▶ 탑승구 위치 문의
▶ 탑승 수속
▶ 수하물 분실
▶ 항공편 지연과 원인
▶ 환승편 탑승
▶ 공항버스 지연

공항 관련 반드시 알아두어야 할 표현

destination 목적지
cancel 취소하다
lost 분실된
check in 탑승 수속하다
boarding pass 탑승권
boarding gate 탑승구
window seat 창가 쪽 좌석
suitcase 여행 가방
baggage (여행용) 짐
round-trip ticket 왕복 항공권
book a flight 항공편을 예약하다
shuttle bus 셔틀버스

대화 유형 확인하기 편의 시설

1. 병원

▶ 환자와 병원 접수처 직원 사이의 진료 예약, 변경, 취소 관련 대화

▶ 약국에서 처방전으로 약을 조제 받거나 추천 받는 대화

병원 관련 반드시 알아두어야 할 표현

schedule an appointment 진료 예약을 하다
make an appointment 진료 예약을 하다
prescription 처방전
doctor's office 병원
see a doctor 진찰받다
examine 진찰하다
receptionist 안내 직원, 접수원
physical/annual checkup 건강 검진
hospital 병원
patient 환자
medical record 진료 기록
symptom 증상

2. 부동산

▶ 부동산 중개인과 세입자 사이의 건물 임대 문의 대화

▶ 부동산 중개인과 세입자가 임대 가능한 건물을 보기 위해 약속을 정하는 대화

▶ 세입자가 부동산 중개인이나 집주인에게 임대한 건물에 생긴 문제를 알리는 대화

부동산 관련 반드시 알아두어야 할 표현

real estate 부동산
real estate agency 부동산 중개소
landlord 집주인
rent 집세; 임대하다
furnished 가구가 갖춰진
move in 이사 들어오다
commute 출퇴근하다
property 건물 부동산
tenant 세입자
lease 임대차계약
deposit 보증금
conveniently located 편리한 곳에 위치한
bus stop 버스 정류장
within short walking distance 걸을 수 있는 거리에

3. 우체국

▶ 소포 발송 관련 대화

EX 고객이 우체국 직원에게 우편 종류와 요금을 문의하는 대화

▶ 배송 확인 관련 대화

EX 수취인 부재로 배달되지 못한 배송물에 관하여 고객이 우체국을 방문하거나 우체국에서 고객에게 연락하는 대화

우체국 관련 반드시 알아두어야 할 표현

post office 우체국
regular mail 보통 우편
overnight shipping 익일 배송
fragile 파손되기 쉬운
package 소포
express mail 빠른 우편
shipping cost 배송 비용
extra charge 추가 요금

4. 도서관

▶ 도서 예약, 연장, 반납 지연을 안내하는 대화

▶ 도서 분실과 관련된 대화

도서관 관련 반드시 알아두어야 할 표현

membership 회원
check out (도서관에서 책을) 빌리다
overdue 기한이 지난
return a book 책을 반납하다
library 도서관
lose 분실하다
renew 연장하다
late fee 연체료

5. 수리점

▶ 고장 난 것을 수리하기 위해 수리점에 방문을 요청하는 대화

▶ 수리점에 직접 방문하여 고장 난 것을 맡기고 되찾는 대화

▶ 수리 기간이나 견적을 문의하는 대화

수리점 관련 반드시 알아두어야 할 표현

out of order 고장 난
replace 교체하다
part 부품
drop off 맡기다, 가져다 주다
repair 수리하다
mechanic 정비공
maintenance 유지보수
pick up (맡긴 것을) 찾다

Practice

P3-07

1. What does the woman want to do?

(A) Cancel a shipment
(B) Change a previous order
(C) Confirm a tracking number
(D) Exchange an item

2. What information does the man request?

(A) The woman's address
(B) The woman's password
(C) A confirmation number
(D) A reason for cancellation

3. What will the man send the woman?

(A) A receipt
(B) A brochure
(C) An e-mail
(D) A free sample

---

4. What most likely is the man's profession?

(A) Restaurant manager
(B) Factory director
(C) Computer technician
(D) Hotel supervisor

5. Why does Stephanie apologize to the customer?

(A) An order has been delayed.
(B) A package was damaged.
(C) A receipt was not given.
(D) A Web page is unavailable.

6. What does the man say he will do?

(A) Talk to a worker
(B) Process a credit card
(C) Provide a coupon
(D) Call a supplier

7. What has the man forgotten to bring?

(A) A discount voucher
(B) A store receipt
(C) A shopping bag
(D) A membership card

8. What problem does the woman mention?

(A) An item is sold out.
(B) A system cannot be accessed.
(C) A listed price is wrong.
(D) An employee did not come to work.

9. What does the woman imply when she says, "I know where those go"?

(A) Several items were placed on the incorrect shelf.
(B) She will help the man locate some merchandise.
(C) She will put some products back in their original location.
(D) Some merchandise has been moved to another aisle.

First Floor Directory	
Section A	Produce
Section B	Bakery
Section C	Drinks
Section D	Meats

10. What will happen in the afternoon?

(A) An overseas client will visit.
(B) A health seminar will be given.
(C) A sales event will begin.
(D) A social gathering will be held.

11. What does the man instruct the woman to do?

(A) Download a mobile application
(B) Contact a manager
(C) Pick up a coworker
(D) Use a specific form

12. Look at the graphic. Which section will the speakers most likely go to?

(A) Section A
(B) Section B
(C) Section C
(D) Section D

13. Where most likely are the speakers?
(A) At a car factory
(B) At a trade fair
(C) At a department store
(D) At a computer repair shop

14. What problem does the man mention?
(A) Technicians are unavailable.
(B) Some supplies are not in stock.
(C) A part needs to be replaced.
(D) A document has been misplaced.

15. What does the woman ask the man about?
(A) When a warranty ends
(B) Where a store is located
(C) How much a service costs
(D) How long some work will take

16. Who most likely is the man?
(A) A teller
(B) A pharmacist
(C) A nurse
(D) A receptionist

17. Why does the man apologize to the woman?
(A) An order is not ready yet.
(B) The business is about to close.
(C) She was overcharged.
(D) He provided incorrect information.

18. What will the woman probably do next?
(A) Get a refund
(B) Call a doctor
(C) Go next door
(D) Pay for a purchase

19. What is the conversation mainly about?
(A) Renting an apartment
(B) Applying for a job
(C) Asking for an estimate
(D) Writing an article

20. Why does the woman say, "I'm kind of in a rush right now"?
(A) She has to attend a meeting.
(B) She has to submit a payment.
(C) She will be registering for a class today.
(D) She will be starting a new job soon.

21. What is the woman asked to do?
(A) Make a deposit
(B) Review some contracts
(C) Provide some information
(D) Submit an application

Customer: Joseph Bennington
Teller: Clarice Park
Transaction Number: 403310
Wired Amount: $850.00
Remittance Fee: $18.00
Date: April 10

22. Look at the graphic. What information does the man ask about?
(A) The transaction number
(B) The wired amount
(C) The remittance fee
(D) The date

23. What is the man worried about?
(A) Who is able to sign for a package
(B) Where an item should be delivered
(C) What form of identification is necessary
(D) When a transfer will be completed

24. What does the man say about a bank?
(A) It is near his workplace.
(B) It has added a new service.
(C) It will undergo renovation soon.
(D) It should stay open longer.

쇼핑 · 여가 생활 · 편의 시설 필수 표현 EXPRESSION

쇼핑 · 외식	expensive 비싼 affordable 저렴한 purchase 구매하다 give a discount 할인해주다 defective 하자 있는 business hours 영업시간 warehouse 창고 track the status 배송 조회하다 delivery/shipping 배달, 배송 billing error 청구서 오류 deliver 배달하다	inventory 재고 special order 특별 주문 make a purchase 구매하다 offer a discount 할인해 주다 proof of purchase 구매 증빙 confirm 확인하다 overnight delivery 익일 배송 tracking number 배송번호 shipment 배송(품) get a refund 환불 받다 ship 배송하다
공연 · 박물관	live performance 라이브 공연 wing (건물의) 동 rate 요금 critic 평론가 museum 박물관 in the front row 앞줄에 art work 예술 작품 in line 줄 서 있는 in advance 미리	intermission 중간 휴식 시간 exhibition hall 전시실 admission 입장 theater 극장 cinema 영화관 performance/show 공연 preregistration 사전 등록 balcony seat 발코니 좌석 floor plan 평면도
여행	sightseeing 관광 shuttle bus 셔틀버스 suite (호텔) 스위트룸 relaxing 편한, 느긋한	city tour 시내 관광 travel brochure 여행안내 책자 crowded 붐비는 hiking 등산
호텔	accommodation 숙박시설 concierge 컨시어지 ocean view 바다가 보이는 전망 onsite restaurant 호텔 내 식당 valuables 귀중품	hotel clerk 호텔 직원 reserve a room 방을 예약하다 complimentary 무료의 free meal 무료 식사 check in (호텔에) 체크인하다, 투숙 수속을 밟다
공항	overcharge 초과 요금을 내다 later flight 더 늦은 비행편 discount voucher 할인권 stopover 경유하다 connecting flight 연결편 항공기 aisle seat 통로 쪽 좌석 overhead compartment 머리 위 짐칸	check in 탑승 수속을 밟다 passenger 승객 overbooked 초과 예약된 direct flight 직항편 boarding pass 탑승권 baggage claim 수하물 찾는 곳 window seat 창가 쪽 좌석

병원	medical center 병원	clinic 병원
	medicine 약	prescription 처방전
	pharmacy 약국	pharmacist 약사
	physician (내과) 의사	surgeon 외과 의사
	eye doctor 안과 의사	dentist 치과의사
	get some vaccinations 예방 접종하다	patient 환자
	get a prescription filled 약을 조제 받다	reschedule 일정을 변경하다
부동산	expire (계약이) 만료되다	real estate agent 부동산 중개인
	view an apartment 아파트를 둘러보다	quote/estimate 견적(가)
	deposit 계약금, 보증금	utilities 공과금
	facility (생활의 편의를 위한) 시설	furnished 가구가 갖춰진
	vacant (집 등이) 비어 있는	floor plan (건물의) 평면도
	shared office space 공용 사무실 공간	renew the lease 임대 계약을 갱신하다
우체국	post office 우체국	parcel 소포
	mail carrier 배달원	shipping cost 배송 비용
	tracking service 추적 서비스	zip code 우편 번호
	expedite delivery 신속하게 배송하다	courier service 택배 서비스
	additional fee 추가요금	weigh 무게를 달다
	fragile 손상되기 쉬운	stamp 우표
도서관	inquire 문의하다	misplace 분실하다
	overdue 기한이 지난	fine 벌금
	penalty 벌금	issue a library card 도서관 카드를 발급하다
	librarian 사서	circulation desk 도서 대출 데스크
	identification 신분증	sign up 등록하다, 가입하다
수리점	not working 고장 난	drain 배수관
	broken 고장 난	ceiling 천장
	stop working 고장 난	collect 맡긴 것을 찾아가다
	malfunctioning 고장 난	technician 기술자
	operate properly 제대로 작동하다	plumber 배관공
	repairman 수리공	vehicle 차량
	mechanic 정비공	leak (액체·기체가) 새다
	supplies 소모공구	roof 지붕

회사 생활

Part 3에서는 회사 업무와 관련된 주제가 가장 많이 등장한다. 업무 요청, 회의 일정 수립·연기·취소, 회사 예산·자금·매출 관련 대화가 자주 출제되며, 그 외 사무기기나 사무용품에 관한 대화도 빈번하게 등장한다. 매회 6~7개의 지문이 출제되고 있다. 또한, 사내 행사 준비나 공장을 배경으로 한 대화, 사내 장비 수리 및 유지보수에 관한 대화도 등장하며 매회 3~4개의 지문이 출제되고 있다.

대화 유형 확인하기 인사·일반업무·사무기기

1. 인사업무

- 직원 채용 계획이나 직책 관련
- 신입 직원 연수 일정이나 절차
- 면접 일정 및 장소
- 승진, 전근, 퇴직, 출장, 휴가 등 인사 관련

인사업무 관련 반드시 알아두어야 할 표현

채용 관련

understaffed 인원이 부족한
job candidate 지원자
apply (for) (~에) 지원하다
reference 추천서
qualification 자격
personnel (division) 인사과
opportunity 기회
benefit 복리후생
job opening 공석
position (일)자리
fill out a form 양식을 작성하다
requirement 자격요건
human resources department 인사과
degree 학위
accept a job offer 일자리 제안을 수락하다
compensation 급여

승진·전근 관련

transfer 전근 가다
Congratulations! 축하합니다!
contribution 공헌
get a promotion 승진하다
promotion 승진, 홍보
deserve the promotion 승진할 자격이 있다
be recognized for ~로 인정받다

인사평가 관련

performance 업무 실적
review 평가
evaluation 평가
evaluation form 평가 양식

퇴직 관련

resign 사직하다
retirement 은퇴
retirement party 퇴직 축하 파티
retire 은퇴하다
organize a celebration 축하 행사를 준비하다
hard work 노고

2. 일반업무

- 문서 작성 등 업무 절차에 대한 도움 요청
- 매출 분석, 분석 보고서 작성, 제품 홍보
- 외부 업체 방문 및 고객 접대나 행사
- 제품 개발, 제품의 생산 및 주문
- 회의나 프레젠테이션 장소 및 자료의 사전준비
- 세미나 및 회사 야유회, 동료 환송회 참석

일반업무 관련 반드시 알아두어야 할 표현

draft 초안
submit 제출하다
call a meeting 회의를 소집하다
annual report 연례 보고서
review 검토하다
sales figures 매출액
meet a deadline 마감일을 맞추다
on schedule 예정대로
on short notice 갑자기, 촉박하게
lead (행사 등을) 진행하다
revenue 수익
conference 회의
business trip 출장
organize 준비하다
launch 출시하다
postpone 미루다, 연기하다
catering service 출장연회 서비스
behind schedule 일정보다 뒤처진
give a presentation 발표를 하다
seminar 세미나

3. 사무기기

- 복사기나 컴퓨터 등의 고장
- 프린터 교체 등 새로운 사무기기
- 관리 부서에 시설 이용 도움 요청
- 기술 지원 부서에 수리 요청
- 사무용품 주문

사무기기 관련 반드시 알아두어야 할 표현

office supplies 사무용품
maintenance office 관리부
instructions 설명서
projector 영사기
inspection 점검
defective 결함이 있는
technical support team 기술지원팀
copier/photocopier 복사기
out of order/broken 고장 난
work properly 제대로 작동하다

대화 유형 확인하기 행사·시설 관리

1. 행사

- 신입 직원 오리엔테이션 준비
- 회의, 세미나, 출장 등의 준비
- 행사 관련 장소, 음식, 자료, 장비 준비
- 직무 향상 교육의 준비
- 일정이나 연설자, 진행자 조율

행사 관련 반드시 알아두어야 할 표현

venue 행사 장소
workshop 워크숍, 연수
orientation 오리엔테이션, 예비 교육
awards ceremony 시상식
company outing 회사 야유회
lead the workshop 워크숍을 진행하다
sign up 등록하다
make a reservation 예약하다
banquet 연회
take place 개최되다
training session 교육
seminar 세미나
conference 회의
company dinner 회사 회식
arrange the event 행사를 준비하다
keynote speaker 기조 연설자
catering service 출장 요리 업체
book a conference room 회의실을 예약하다
opening ceremony 개막식
be held 개최되다

2. 공장 관련

▶ 공장 기계 점검 · 고장 · 수리
▶ 공장 직원들의 업무 배정
▶ 공장 직원을 대상으로 한 안전 수칙의 공지
▶ 공장의 업무 스케줄 및 스케줄의 변경

공장 관련 반드시 알아두어야 할 표현

factory 공장
assembly line 조립 라인
meet the demand 수요를 맞추다
safety equipment 안전 장비
inspector 조사관
production line 생산 라인
pass the inspection 점검을 통과하다
shift 근무시간, 근무조

3. 공사 · 수리 · 유지보수

▶ 사무실 및 기타 시설물의 수리 · 유지 보수
▶ 소프트웨어 프로그램 설치나 업데이트

공사 · 수리 · 유지보수 관련 반드시 알아두어야 할 표현

construction 공사, 건설
renovation 수리
architect 건축가
software upgrade 소프트웨어 업그레이드
turn off (전원을) 끄다
under construction 공사 중인
repair 수리
blueprint 설계도
back up files 파일을 백업해 놓다
update 업데이트하다

Practice

P3-08

1. What problem is being discussed?
   (A) Some shipments were damaged.
   (B) An order has been delayed.
   (C) A repairperson is not available.
   (D) Some equipment is malfunctioning.

2. Where do the speakers most likely work?
   (A) At a laundry business
   (B) At an electronics store
   (C) At a factory
   (D) On a farm

3. What does the man instruct the woman to do?
   (A) Conduct a customer survey
   (B) Order additional supplies
   (C) Look over some contract terms
   (D) Check some inventory

---

4. What is the conversation mainly about?
   (A) Ordering more supplies
   (B) Purchasing a new printer
   (C) Signing up for a membership
   (D) Getting ready for an event

5. What did the woman receive complaints about?
   (A) Some guidelines were not clear.
   (B) Some equipment did not work properly.
   (C) A conference ran too long.
   (D) A room was too small.

6. What does the woman imply when she says, "I'm still finalizing the schedule"?
   (A) A change can be made.
   (B) She needs some assistance.
   (C) She requires more information.
   (D) A deadline has passed.

7. What is the woman having trouble with?
   (A) Locating some documents
   (B) Cleaning up a booth
   (C) Accessing the internet
   (D) Making a payment

8. What will the woman do at 10 A.M.?
   (A) Attend some training
   (B) Discard some materials
   (C) Conduct a survey
   (D) Hold a demonstration

9. What does the man say is available on the second floor?
   (A) A printing center
   (B) A fitness room
   (C) A dining area
   (D) A laundry service

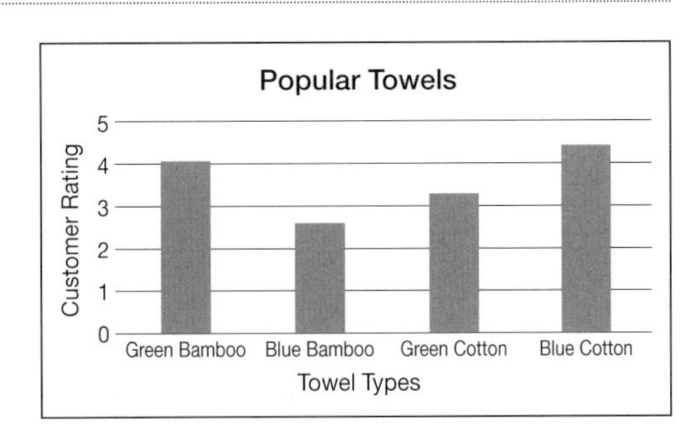

10. Who is the woman?
    (A) A travel agent
    (B) A health inspector
    (C) A hotel manager
    (D) A lab technician

11. What advantage do the products offer?
    (A) They last a long time.
    (B) They are lightweight.
    (C) They come in various sizes.
    (D) They are good for the body.

12. Look at the graphic. Which towel will the woman most likely select?
    (A) Green Bamboo
    (B) Blue Bamboo
    (C) Green Cotton
    (D) Blue Cotton

13. What is the conversation mainly about?

(A) Some building maintenance
(B) An international conference
(C) A farewell party
(D) A coworker's promotion

14. What does the man remind the woman to do?

(A) Check an e-mail
(B) Arrive early to an event
(C) Reserve a venue
(D) Contact staff members

15. What is the woman scheduled to do at 4 P.M. on Friday?

(A) Meet a client
(B) Give a lecture
(C) Catch a flight
(D) Conduct a job interview

---

16. According to the man, why is the consulting firm relocating to a new building?

(A) The location is not convenient.
(B) The rental cost is too expensive.
(C) The surrounding area is noisy.
(D) The current space is too small.

17. What addition has the man requested?

(A) A parking lot
(B) A dining lounge
(C) A waiting room
(D) A recreation center

18. According to the man, why must the project be completed in August?

(A) A client will visit.
(B) A contract will end.
(C) An architect will be busy.
(D) A convention will be held.

19. What are the speakers working on?

(A) A company website
(B) A marketing campaign
(C) A training manual
(D) A building project

20. Why does the woman say, "the layout is still due by this Friday"?

(A) She is concerned about a situation.
(B) She requires some assistance.
(C) The man's request is unreasonable.
(D) The man made a mistake.

21. What does the man say he will do next?

(A) Look over some paperwork
(B) Reschedule his meetings
(C) Contact a client
(D) Visit a business

Main Menu
Set A: Vegetable Omelet
Set B: Cajun Shrimp Pasta
Set C: Stuffed Potatoes
Set D: Mongolian Beef
*All sets come with either a soup or salad and drink.

22. What type of event is being held?

(A) A cooking demonstration
(B) A technology conference
(C) A board meeting
(D) An anniversary celebration

23. Look at the graphic. Which set will the woman most likely choose?

(A) Set A
(B) Set B
(C) Set C
(D) Set D

24. What does the man encourage the woman to do?

(A) Review a program
(B) Bring a friend
(C) Use public transportation
(D) Purchase a parking permit

인사 · 일반업무 · 사무기기 · 행사 · 시설관리 필수 표현 EXPRESSION

인사업무	short-handed 인원이 부족한	job vacancy 공석
	short-staffed 직원이 부족한	job seeker 구직자
	job posting 채용 공고	responsible ~을 책임지고 있는
	job applicant 지원자	permanent position 정규직
	in charge of ~의 담당인	application form 지원서
	career 직업, 경력	résumé 이력서
	cover letter 자기소개서	reference 추천서
	qualified 자격을 갖춘	prospective (~이 될) 가능성이 있는
	hire 고용하다	performance evaluation 인사 고과
	get a promotion 승진하다	resignation 사직
	retirement 은퇴	lay off 해고하다
일반업무	conference call 전화 회의	call off a meeting 회의를 취소하다
	cancel a meeting 회의를 취소하다	be out of town 출장 중이다
	attendee 참석자	participant 참가자
	attend 참석하다	participate in 참가하다
	make it 가다	quarterly report 분기 보고서
	expense report 비용 보고서	budget proposal 예산안
	reimburse 상환하다	arrange 준비하다
	prepare 준비하다	revise/update 수정하다
	go over 검토하다	confirm 확인하다
	inspect 점검하다	analyze 분석하다
	finalize/complete 마무리 짓다	release/unveil/introduce 출시하다
	sales 매출	sales goal 매출 목표
	estimate/price quote 견적(서)	contract/agreement 계약서
	postpone 미루다, 연기하다	work overtime 초과 근무하다
	contract 계약	market research 시장 조사
	market share 시장 점유율	product launch 제품 출시
	feature 특징	market trend 시장 동향
사무기기	supply cabinet 소모품 보관함	storage room 창고
	jammed 종이가 걸린	error 오류, 문제
	damaged 손상된	place an order 주문하다
	order status 주문 현황	supply 공급; 공급하다
	replace 교체하다	supplier 공급업자
	manufacture 제조하다, 생산하다	manufacturer 제조업자
	directions/manual/instructions 설명서	parts 부품

행사	company picnic 회사 야유회 opening ceremony 개막식 Employee of the Year 올해의 사원 event coordinator 행사 진행자 attendance 참석(률), 참석자 수 keynote speaker 기조 연설자 enroll in ~에 등록하다 scheduled for ~로 예정된 behind schedule 일정보다 뒤처진 on short notice 갑자기, 급히 give a presentation 발표를 하다 new hire 신입사원, 신규 채용자	organize the event 행사를 준비하다 award ceremony 시상식 winner 수상자 take part in 참가하다 transportation 교통편 register for ~에 등록하다 catering service 출장 요리 업체 on schedule 예정대로 ahead of schedule 일정보다 앞서 fair 박람회 anniversary 기념일 training session 교육 시간
공장 관련	manufacturing plant 제조 공장 production line 생산 라인 assembly line workers 조립라인 직원 shut down the machine 기계를 멈추다 safety equipment 안전 장비 inventory 재고 목록	production facility 생산시설 keep up with the demand 수요를 맞추다 conveyor belt 컨베이어 벨트 fill a large order 대량 주문을 납품하다 machinery 기계 bulk order 대량 주문
공사·수리 유지 보수	under construction 공사 중인 repair 수리하다 fix 수리하다 safety helmet 안전모 work properly 제대로 작동하다	construction 공사, 건설 renovation 수리 take a look 살펴보다 operate properly 제대로 작동하다 protective gear 보호 장구

LC

NEWS

PART 4

PART 4

OVERVIEW

담화를 듣고, 문제지에 주어진 4지선다형 문항 3개에 답하는 문제이다. 지문의 길이는 Part 3과 거의 비슷하지만 절, 구, 접속사를 더 많이 사용하고 구조가 복잡해 이해하기 다소 어려운 장문도 등장하며 관용 표현을 사용한 문장도 많다. 담화 지문과 문항 수는 각각 10개 지문, 30 문항이 출제된다.

담화 유형

공지·안내방송(Announcement)

전화·녹음 메시지(Telephone·Recorded message)

방송·뉴스·보도(Broadcast·News report)

광고(Advertisement)

인물 소개(Introduction)

출제 포인트

- 담화의 주제·목적을 묻는 문제보다 세부 사항을 묻는 문제의 비중이 높다.
- 직접적인 질문보다는 정답을 유추해야 하는 문제가 증가하고 있다.
- 지문에 등장하는 정답의 단서가 질문이나 정답에는 다른 표현으로 제시되는 Paraphrasing의 빈도와 수준이 높아지고 있다.

PART 4 이렇게 대비하자!

- Part 4 화자 의도 파악 문제는 담화문의 주요 흐름을 파악하면서 화자가 한 말의 앞뒤 문장을 집중해서 듣고, 문맥상 그 말의 실제 의미 또는 의도를 찾아야 한다. 평소 단순 듣기에서 벗어나 담화의 전반적인 흐름을 이해하는 훈련이 필요하다.
- 시각 정보 연계 문제는 지문을 듣기 전에 주어진 시각 자료를 최대한 활용해서 지문의 주제를 예측하며 들을 수 있어야 한다. 듣고, 분석하고, 문제를 푸는 멀티태스킹 훈련이 필요하다.

PART 4 공략법

1. 담화를 듣기 전에 문제를 먼저 읽는다.

문제를 미리 읽으면서 키워드에 표시를 해둔다.

> **Why** is the speaker **contacting** the listener?
> 화자는 청자에게 왜 연락하고 있는가? → 연락하는 목적을 고르는 문제임을 미리 파악한다.
>
> What is the speaker doing **tomorrow afternoon**?
> 화자는 내일 오후에 무엇을 할 것인가? → 내일 오후에 무엇을 할 것인지 들을 준비를 한다.
>
> What does the speaker **recommend** that the listener do?
> 화자는 청자에게 무엇을 하도록 추천하고 있는가? → 화자가 청자에게 추천하는 사항을 들을 준비를 한다.

2. 담화를 듣기 전에 핵심 내용을 추측한다.

문제와 짧은 보기를 미리 읽음으로써 어떤 내용이 나올지 추측할 수 있다.

> According to the speaker, what is an **advantage** of a **location**?
> 화자에 따르면, 그 위치의 이점은 무엇인가?
>
> (A) The area is **quiet**. 주변이 조용하다.
> (B) A **fitness facility** is nearby. 운동시설이 인근에 있다.
> (C) There are many **parking spaces**. 주차 공간이 많다.
> (D) The scenery is **beautiful**. 풍경이 아름답다.
>
> → 문제와 보기를 미리 읽고 어떤 장소의 입지조건에 관한 내용이 나올 거라는 것을 미리 예측할 수 있다.

3. 문제의 순서와 문제에 대한 힌트가 나오는 순서는 대개 일치한다.

담화 전반부 ↓	→	**첫 번째 문제 힌트** (보기를 보고 있다가 힌트가 들리면 바로 정답 체크!) ↓
담화 중반부 ↓	→	**두 번째 문제 힌트** (보기를 보고 있다가 힌트가 들리면 바로 정답 체크!) ↓
담화 후반부	→	**마지막 문제 힌트** (보기를 보고 있다가 힌트가 들리면 바로 정답 체크!)
세 문제를 읽어주고 정답 고를 시간을 준다. (각 문제 간격 8초)		★ 담화가 끝남과 동시에 정답체크는 끝나고, 남는 약 24초 동안 다음 문제를 미리 읽기 시작한다.

4. 문제에서 speaker인지 listener인지를 반드시 구분해야 한다.

Part 4는 Part 3와 다르게 한 명이 말하는 담화이므로 그 문제가 speaker(화자)와 관련된 문제인지, listener(청자)와 관련된 문제인지 명확히 구분해야 한다.

> Who most likely is the **speaker**?
> **화자**는 누구이겠는가? → 화자의 신분을 묻고 있다.
>
> Who most likely is the **listener**?
> **청자**는 누구이겠는가? → 청자의 신분을 묻고 있다.
>
> Why should the **listeners** visit a website?
> **청자들**은 왜 웹사이트를 방문해야 하는가? → 청자가 웹사이트를 방문하는 것임을 명심하고 듣는다.

5. 질문의 순서는 바로 대화 내용 순서와 같다.

첫 번째 문제	주제·목적, 장소·인물(직업, 신분), 문제점을 묻는 문제 등 담화의 전체 내용과 관련된 문제는 대개 첫 번째 문제로 출제되며 담화의 도입부에서 정답의 단서가 언급된다.
두 번째 문제	원인, 수단, 수량, 일정, 시간 등의 세부 사항을 묻는 문제들은 두 번째 문제로 출제되며 정답의 단서는 담화의 중반부에 언급된다. Part 3보다 세부 사항을 묻는 문제가 더 많이 출제된다.
세 번째 문제	앞으로의 계획이나 할 일, 제안·요청 사항 등을 묻는 문제가 세 번째로 출제된다. 정답의 단서는 담화의 후반부(마지막 문장)에 언급된다.

6. 패러프레이징이 된 정답에 익숙해진다.

담화 내용에서 들렸던 표현이 보기에 그대로 정답이 되는 난이도가 낮은 문제도 많이 출제되지만, 담화 속 표현이나 어구를 그대로 사용하지 않고 결국 같은 의미이지만 다른 표현으로 바꿔서 답이 나오는 경우가 대부분이다. 이렇게 바꿔 말하는 것을 패러프레이징(paraphrasing)이라고 한다.

(1) 정답이 그대로 나오는 경우

> M: I'm sure you all agree that **careful planning** is crucial to maintaining financial stability. To learn more, let's welcome Mr. Griffin.
> 세심한 계획이 재정 안정을 유지하는 데 결정적이라는 데에 동의하실 거라고 믿습니다. Mr. Griffin을 모셔서 더 알아봅시다.
>
> Q: What will Mr. Griffin discuss? Mr. Griffin는 무엇을 논의할 것인가?
>
> A: Careful planning 세심한 계획
>
> **★ 정답 표현**
>
> **careful planning** is crucial 세심한 계획이 중요합니다
>
> → **Careful planning** 세심한 계획

(2) 정답이 패러프레이징되어 나오는 경우

M: I'm sorry that we weren't able to begin on time. I **missed my train and had to wait for the next one.**
제시간에 시작 못해서 미안합니다. 기차를 놓쳐서 다음 걸 기다려야만 했어요.

Q. Why was the event delayed? 행사가 왜 지연되었는가?

A: The speaker **arrived late.** 화자가 늦게 도착했다.

★ **패러프레이징된 표현**

missed my train and had to wait for the next one 기차를 놓쳐서 기다려야만 했다
→ **arrived late** 늦게 도착했다

(3) 패러프레이징 표현 연습

- Thanks again for letting me visit your construction **company.**
  당신 **건축회사**를 방문하게 해 주셔서 다시 한번 감사 드립니다.
  → At a construction **firm** **건축회사**에서

- We're going to be providing complimentary **exercise classes.**
  우리는 무료 **운동 수업**을 제공할 예정입니다.
  → A **fitness program** **운동 프로그램**

- Participating employees will get **complimentary healthy snacks and drinks.**
  참가하는 직원들은 **무료로 건강에 좋은 간식과 음료**를 받게 됩니다.
  → **Free refreshments** **무료 다과**

- Hello, it's Nicolas Damira calling from Oakwood Avenue **Realtors.**
  안녕하세요. Oakwood Avenue **부동산**에서 전화 드리는 Nicolas Damira입니다.
  → **A real estate agent** **부동산 중개업체**

- I'll pass out **scanners** to everyone so that you can try **scanning some packages** yourself.
  직접 소포들을 스캔해 볼 수 있도록 모든 분들께 스캐너를 나눠드리겠습니다.
  Use some devices **장비를 사용한다**

- Here's a brochure that provides **some information** about each of the **cars.** 각 **자동차**들에 관한 **정보**가 있는 책자가 여기 있습니다.
  → Provide **details** about some **vehicle** **차량**에 관한 **자세한 사항**을 제공한다

문제 유형

담화는 대화와 마찬가지로 대개 일정한 방식으로 전개되기 때문에 담화의 초반부, 중반부, 후반부에 언급되는 내용이나 관련 문제 유형이 어느 정도 정해져 있다. 따라서 문제 유형에 따라 정답의 단서가 담화의 어느 부분에서 나올지 예측하면서 듣는 훈련이 필요하다.

문제 유형 확인하기

1. 담화 초반부에 단서가 나오는 문제

▶ 담화의 주제나 목적, 화자·청자의 신원, 담화의 장소를 묻는 문제는 대개 첫 번째나 두 번째 문제로 출제되며, 정답의 단서는 담화의 초반부에 주로 언급된다.

▶ 직업이나 장소와 관련된 여러 표현들을 통해 화자의 직업이나 신분, 대화 장소를 유추할 수 있다.

주제·목적

What is **mainly** being **discussed**? 주로 무엇이 논의되고 있는가?
What is the speaker **mainly discussing**? 화자는 주로 무엇을 논의하는가?
What is the **main topic** of the talk? 담화의 주요 화제는 무엇인가?
What is the news report **mainly about**? 뉴스 보도는 주로 무엇에 관한 것인가?
What is the **purpose** of the speech? 연설의 목적은 무엇인가?
What is the **main purpose** of the message? 메시지의 주요 목적은 무엇인가?

화자의 신원

Who are the **listeners**? 청자들은 누구인가?
Who is **Ashley Mays**? Ashley Mays는 누구인가?
Who is the intended **audience** for the message? 이 메시지는 어떤 청중을 대상으로 하는가?
Who is the **audience** for the announcement? 공지의 청자는 누구인가?
Who most likely is the **audience**? 청자는 누구겠는가?
Who most likely is the **speaker**? 화자는 누구겠는가?
Where does the **speaker** probably **work**? 화자는 어디에서 일하겠는가?
What department does the **speaker work in**? 화자는 어느 부서에서 일하는가?

담화 장소

Where does the talk probably **take place**? 담화는 어디서 이루어지겠는가?
Where most likely is the announcement **being made**? 공지가 이루어지는 장소는 어디이겠는가?
Where most likely are the **listeners**? 청자들은 어디에 있겠는가?
Where will the event **take place**? 행사는 어디에서 일어날 것인가?

2. 담화 중반부에 단서가 나오는 문제

▶ 이유, 시간, 장소, 방법 등 세부 사항을 묻는 문제들은 대개 두 번째 문제로 출제되며, 정답의 단서는 담화의 중반부에 주로 언급된다.

▶ 세부 사항 관련 문제를 풀 때는 질문에서 동사와 명사, 이름, 시간, 장소, 방법 등을 나타내는 키워드를 찾아 표시하고 문제의 요점을 기억해야 한다.

Tip! Part 4의 정답은 담화에 나오는 문장이나 단어가 보기에 사용된 동사와 명사 그대로 들리는 경우가 많으므로, 보기에 사용된 동사와 명사의 뜻을 정확히 파악해야해.

세부 사항

How many people will **attend** the **event**? 얼마나 많은 사람이 행사에 참석할 것인가?

What does **the speaker say employees** should **do first**? 화자는 직원들이 무엇을 먼저 해야 한다고 말하는가?

What is **said** about **Zyler's Café**? Zyler's Café에 대해 언급된 것은 무엇인가?

What service is being **offered** to **customers**? 고객들에게 어떤 서비스가 제공되고 있는가?

What type of **product** is being **tested**? 어떤 종류의 제품이 테스트되고 있는가?

What will **listeners** be **reviewing**? 청자들은 무엇을 검토할 것인가?

When will the **work** be **completed**? 업무는 언제 끝날 것인가?

Why does the **speaker ask** for **help**? 화자는 왜 도움을 청하는가?

Why would a **listener submit** a **report**? 청자는 왜 보고서를 제출하겠는가?

3. 담화 후반부에 단서가 나오는 문제

▶ 앞으로의 계획이나 다음에 할 일, 의견 제안(suggest), 요청(ask), 해결책 제의(offer)등을 묻는 문제는 주로 세 번째 문제로 출제되며, 정답의 단서는 담화의 후반부에 언급되는 경우가 많다.

▶ 권유·제안·요청·요구 등을 나타내는 표현 뒤에 정답의 단서가 나온다.

EX Why don't I ~? 제가 ~할까요? / Why don't you ~? ~하는 게 어때요? / Can[Could] you ~? ~해 주시겠어요? / Please ~. ~해 주세요.

앞으로의 계획·다음에 할 일

According to the announcement, **what** is scheduled to **happen next month**?
공지에 따르면 다음 달에 어떤 일이 일어날 예정인가?

What will **happen** in July? 7월에 무슨 일이 있을 것인가?

What will the speaker **do next**? 화자는 다음으로 무엇을 할 것인가?

What will listeners **hear next**? 청자들은 다음으로 무엇을 듣게 될 것인가?

권유·제안·요청·요구

What does the speaker **offer** to do? 화자는 무엇을 해주겠다고 제안하는가?

What does the speaker **suggest** listeners do? 화자는 청자들이 무엇을 하라고 제안하는가?

What does the speaker **recommend**? 화자는 무엇을 추천하는가?

What are the listeners **advised** to do? 청자들은 무엇을 하라고 권고받는가?

What are volunteers **invited** to do? 자원봉사자들은 무엇을 하라고 권유받는가?

What is the listener **asked** to do? 청자는 무엇을 하라고 요구받는가?

핵심 문제 유형

P4-01 미국

Q1 담화 초반부 문제: 청자의 정체

Who most likely are the listeners?

(A) Potential customers
(B) New workers
(C) Building engineers
(D) Government officials

Q2 담화 중반부 문제: 세부 사항

What is the speaker proud of about the company?

(A) Its products
(B) Its facility's size
(C) Its employees
(D) Its long history

Q3 담화 후반부 문제: 제안·요청

What does the speaker remind the listeners to do?

(A) Take some photos
(B) Turn off some devices
(C) Store some belongings
(D) Complete some documents

Questions 1-3 refer to the following talk.

W ❶ I'd like to thank the city council members for participating in the tour of Hanes Automotive plant. Now, you might be unaware of the fact that this is the exact location where our first car was ever built. Of course, that facility was much smaller than what you are seeing today. ❷ The thing I'm really proud of about our company is the significant advancements we've made on our vehicles throughout the years. Now, we'll begin by going to the production floor. ❸ Everyone must now power down their mobile phones and other electronic equipment.

1-3번은 다음 담화에 관한 문제입니다.

여 ❶ **Hanes 자동차 공장 견학에 참여해주신 시 의회 의원들에게 감사 말씀 드리고 싶습니다.** 자, 여러분은 이곳이 저희 차가 처음으로 만들어진 바로 그 곳이라는 사실을 모르실 수도 있습니다. 물론 그 시설은 오늘 보시는 시설보다 훨씬 작았죠. ❷ **제가 저희 회사에 대해 아주 자랑스럽게 여기는 것은 수년간에 걸쳐 자동차에 대해 상당한 발전을 이뤄냈다는 겁니다.** 이제 생산 층으로 가서 견학을 시작하겠습니다. ❶ **모두 핸드폰과 다른 전자 기기를 꺼주십시오.**

VOCA

city council 시 의회 | **participate** 참여하다 | **automotive plant** 자동차 공장 | **unaware** ~를 알지 못하는 | **exact** 정확한 | **facility** 시설 | **proud** 자랑스러운 | **significant** 중요한, 커다란 | **advancement** 발전, 진보 | **vehicle** 차량, 탈것 | **production** 생산 | **power down** ~의 전원을 끄다 | **electronic equipment** 전자 장비, 기기

Q1

청자들은 누구이겠는가?

(A) 잠재 고객 (B) 신입 직원 (C) 건물 엔지니어 **(D) 정부 공무원**

정답 공략하기

1 문제 확인 Who, listeners → 청자들의 정체

2 단서 찾기 I'd like to thank the city council members for participating in the tour of Hanes Automotive plant. (Hanes 자동차 공장의 견학에 참여해주신 시 의회 의원들에게 감사 말씀 드리고 싶습니다.) → 청자들은 시 의회 의원들임을 알 수 있음

3 Paraphrasing city council members → government officials

Q2

화자는 회사의 무엇을 자랑스럽게 여기는가?

(A) 제품 (B) 시설의 규모 (C) 직원 (D) 오래된 역사

정답 공략하기

1 문제 확인 What, speaker, proud, company → 회사에 대해 화자가 자랑스러워 하는 것

2 단서 찾기 The thing I'm really proud of about our company is the significant advancements we've made on our vehicles throughout the years. (제가 저희 회사에 대해 아주 자랑스럽게 여기는 것은 수년간에 걸쳐 자동차에 대해 상당한 발전을 이뤄냈다는 겁니다.) → 차량에 큰 발전이 있었다고 함

3 Paraphrasing vehicles → products

Q3

화자는 청자들에게 무엇을 상기시키는가?

(A) 사진을 찍는다 **(B) 기기 전원을 끈다** (C) 소지품을 보관한다 (D) 서류를 작성한다

정답 공략하기

1 문제 확인 What, speaker, remind, listeners → 화자가 청자들에게 상기시키는 것

2 단서 찾기 Everyone must now power down their mobile phones and other electronic equipment. (모두 핸드폰과 다른 전자 기기를 꺼주십시오.) → 전자 기기를 끌 것을 상기시켜 주고 있음

3 Paraphrasing power down → turn off
mobile phone, electronic equipment → devices

4. 시각 정보 연계 문제

▸ 프로그램이나 일정표, 주문 양식, 지도, 리스트 등 다양한 유형의 시각 정보를 담화 내용과 연관 지어 정답을 찾는 문제이다.

▸ 담화에 언급된 단서를 토대로 시각 정보에서 화자나 청자가 선택할 상품 및 서비스, 날짜 등을 고른다.

시각 정보

Look at the graphic. On which day is the announcement taking place?
시각 정보를 보시오. 공지는 어느 요일에 발표되는가?

Look at the graphic. What has recently been repaired?
시각 정보를 보시오. 최근에 수리된 것은 무엇인가?

시각 정보 자료 유형

1. 표

워크숍·공연·행사 등의 일정 및 상품이나 서비스 등에 대한 요금을 보여준다.

Workshop Date	Presenter
June 15th	Wanda Stills
June 16th	Janet Wright
June 17th	Donald Stevens
June 18th	Lyan Starks

2. 막대·선 그래프

기업 및 상품 등의 매출 변화, 회원 수 변화, 기온 및 강수량 변화 등을 보여준다.

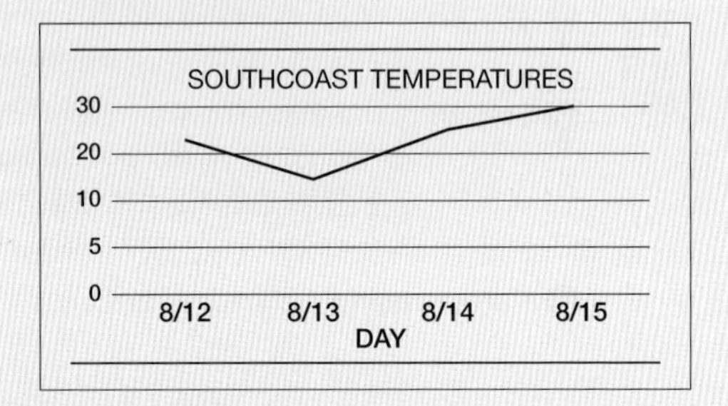

3. 약도

기업, 상점, 행사장 등의 위치를 보여준다.

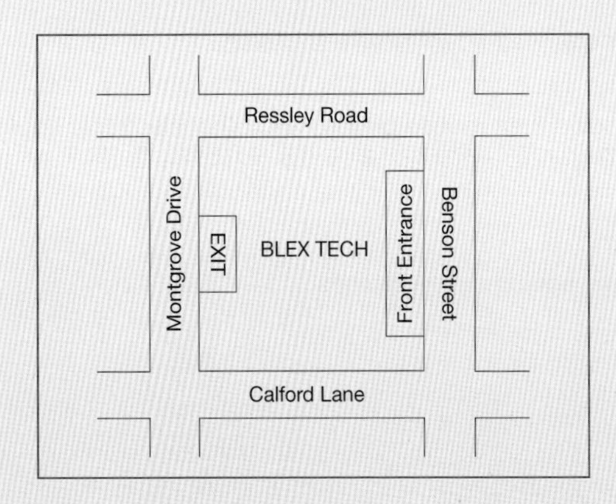

4. 기타 자료

할인 혜택 리스트, 티켓 구매 내역, 주문서, 송장, 구인 자격 요건 목록 등을 보여준다.

Electron-O-Mart Special Promotion
Save 30% All Week!

Branch	Items On Sale
Ganerton	Appliances
Vanandale	Televisions
Riverfeld	Cameras
Umptario	Computers

핵심 문제 유형

P4-02 영국

Q4 시각 정보 연계 문제

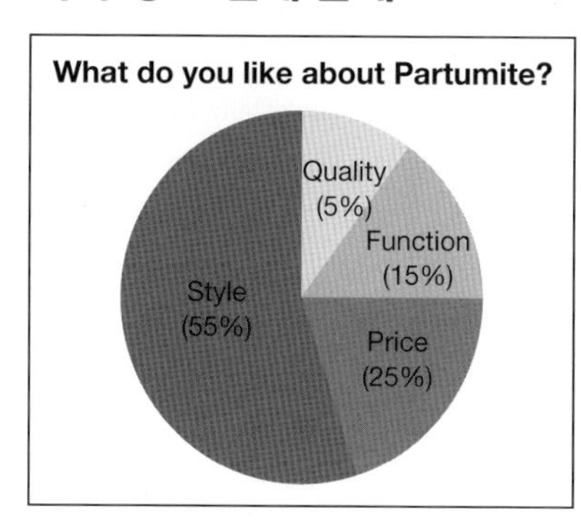

What do you like about Partumite?

Look at the graphic. What feature was changed last year?

(A) Quality
(B) Price
(C) Function
(D) Style

Question 4 refers to the following talk and graph.

W Good morning, everyone. I have gathered you all here to brainstorm ways to improve customer satisfaction. As the market leader in sports watches, we need to listen to customers to make sure we stay competitive. So let's turn to the latest figures from our market research team. ❹ The good news is that a little more than half of all customers are happy with the feature we changed last year. However, only five percent of them are satisfied with the quality. As a result, I think we need to consider purchasing our raw materials from vendors with higher quality goods.

Q4 **시각 정보를 보시오. 작년에 어떤 특징이 바뀌었는가?**

(A) 품질 (B) 가격 (C) 기능 **(D) 스타일**

정답 공략 하기

❶ **시각 정보 확인** 선호도 조사 결과

❷ **문제 확인** What feature, changed, last year → 작년에 바뀐 특징

❸ **단서 찾기** The good news is that a little more than half of all customers are happy with the feature we changed last year. (좋은 소식은 전체 고객의 약 절반 이상이 작년에 변경된 특징에 만족하고 있다는 것입니다.) → 그래프 상에서 절반 이상의 만족도를 차지한 특징 확인 → Style (55%)

4번은 다음 담화와 그래프에 관한 문제입니다.

여 여러분, 안녕하세요. 고객 만족을 개선시킬 방법을 찾기 위해 여러분들을 제가 이 자리에 모이게 했습니다. 스포츠 시계 시장의 선도자로서, 우리는 경쟁력을 유지하기 위해 고객들의 소리에 귀를 기울여야 합니다. 그럼, 시장 조사 팀에서 제공한 최근의 수치들을 봅시다. ❹ **좋은 소식은 전체 고객의 약 절반 이상이 작년에 변경된 특징에 만족하고 있다는 것입니다.** 하지만 그들 중 5%만이 품질에 대해 만족하고 있습니다. 그 결과, 저는 더 높은 품질의 상품을 제공하는 업체들로부터 원재료를 구입할 필요가 있다고 생각합니다.

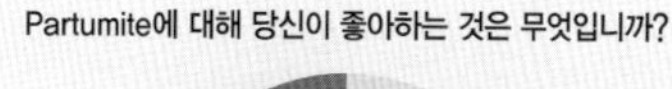

Partumite에 대해 당신이 좋아하는 것은 무엇입니까?

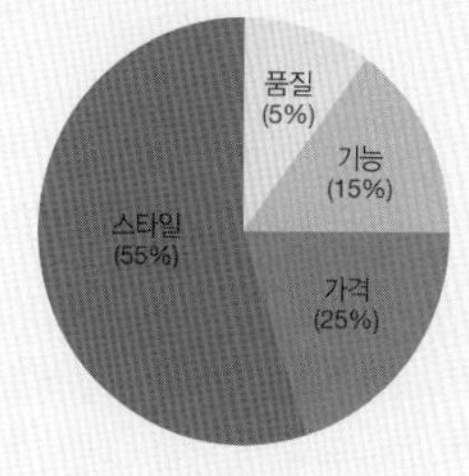

VOCA

stay competitive 경쟁력을 유지하다 | **figure** 수치 | **raw material** 원재료 | **vendor** 판매 회사

5. 화자 의도 파악 문제

▶ 담화의 흐름상 질문에 주어진 표현이 담화 속에서 구체적으로 어떤 의미로 쓰였는지를 파악하는 문제이다. 사전적인 의미가 아니라 반드시 문맥 속에서 해당 표현이 어떠한 의미를 나타내는지 파악해야 한다.

대체로 다음과 같은 지시문이 제시된다.

Why does the man **say**, "   "? 남자가 ~라고 **말하는 이유는 무엇인가?**

What does the man **mean when he says**, "   "? ~라고 말할 때 남자가 **의미하는 것은 무엇인가?**

What does the man **imply when he says**, "   "? ~라고 말할 때 남자가 **암시하는 것은 무엇인가?**

화자 의도

What does the speaker mean when he says, "You won't believe this"**?**
화자가 "이 말을 믿지 못할 거예요" 라고 말할 때 무엇을 의도하는가?

What does the man mean when he says, "That's about it"**?**
남자가 "그게 전부예요" 라고 말할 때 무엇을 의도하는가?

Why does the man say, "There's no need to worry"**?**
남자는 왜 "걱정하실 필요가 없습니다" 라고 말하는가?

Why does the man say, "One note though"**?**
남자는 왜 "사실은 말이죠" 라고 말하는가?

What does the woman imply when she says, "Let's get to it"**?**
여자가 "시작해 봅시다" 이라고 말할 때 무엇을 의도하는가?

What does the woman imply when she says, "I'll see to it"**?**
여자가 "제가 처리할게요" 이라고 말할 때 무엇을 의도하는가?

✓ 화자 의도 파악 문제 해결책

1. 인용문장을 먼저 읽고 의미를 파악한다.

Why does the woman say, "Something's come up"? 여자는 왜 "일이 생겨서요"라고 말하는가?
대화를 듣기 전 문제를 먼저 읽는 단계에서 "Something's come up"가 "일이 생겨서요"라는 사전적 의미를 미리 파악해 놓는다. 그렇다고 이 문장과 똑 같은 의미의 보기를 고르면 틀리는 경우가 대부분이므로 숨겨진 의미를 찾도록 담화를 잘 들을 준비를 한다.

2. 처음부터 끝까지 담화의 흐름을 놓치지 않는다.

담화에서 인용문장이 언제 나올지 모르고 숨은 의도를 찾는 문제이기 때문에 그 인용문장의 앞이나 뒤에서 정답의 힌트가 나온다. 따라서 화자의 의도 파악 문맥상의 문제는 특히 더 긴장하고 담화의 흐름을 놓치지 않도록 해야 한다.

3. 담화의 흐름을 놓쳤으면 빨리 찍고 넘어간다.

화자의 의도 파악 문제는 난이도가 높은 문제이므로 틀리더라도 감점이 크지 않다. 따라서 대화 흐름을 놓쳐서 정답을 모를 때에는 재빨리 아무거나 찍고 다음 문제에 집중하여 틀리지 않도록 해야 한다. 놓친 문제에 신경 쓰다가 두 세 문제를 다 틀릴 수도 있다.

핵심 문제 유형

P4-03 미국

Q5

화자 의도 파악 문제

Why does the speaker say, "the view from the building's top floor is fantastic"?

(A) To describe the history of a building
(B) To explain a schedule change
(C) To convince listeners to visit a place
(D) To invite listeners to take pictures

Question 5 refers to the following talk.

M OK, we have arrived at the Waylan Sports Complex. To your right of the tour bus you'll see the baseball stadium, where we'll watch the game at 11:00. But you've got a couple of hours to have breakfast and explore the area. Just make sure you're back here before 11:00. There's a famous pancake restaurant one block from here, and just up the street is Rodriguez Tower. ❺ You might not have heard of Rodriguez Tower, but the view from the building's top floor is fantastic. Alright, I'll distribute maps to everyone so that you can find your way around.

Q5 **화자는 왜 "건물 꼭대기 층의 전망이 환상적입니다."라고 말하는가?**

(A) 건물의 역사를 설명하기 위해
(B) 일정 변경을 설명하기 위해
(C) 청자들이 어떤 장소를 방문하도록 설득하기 위해
(D) 청자들이 사진을 찍도록 권하기 위해

정답 공략 하기

❶ **문제 확인** "the view from the building's top floor is fantastic" → 남자가 건물 꼭대기 층의 전망이 환상적이라고 말한 의도 파악

❷ **단서 찾기** M: You might not have heard of Rodriguez Tower (Rodriguez 타워는 들어보신 적이 없을 수도 있습니다) → but the view from the building's top floor is fantastic (하지만 건물 꼭대기 층의 전망이 환상적입니다.) → Rodriguez 타워 꼭대기 층의 전망이 아주 좋으니 한 번 가볼 것을 권하는 표현이다.

5번은 다음 담화에 관한 문제입니다.

남 자, 우리는 Waylan 종합운동장에 도착했습니다. 관광버스 오른쪽을 보시면 야구 경기장이 보이실 텐데요, 그곳에서 11시에 경기를 관람하겠습니다. 하지만 아침식사를 하시고 주변을 둘러보실 시간이 두세 시간 정도 있습니다. 11시 전에 꼭 이곳으로 돌아와 주시기 바랍니다. 여기서 한 블록 떨어진 곳에 유명한 팬케이크 음식점이 있으며, 그 길 바로 위쪽에 Rodriguez 타워가 있습니다. ❺ **Rodriguez 타워는 들어보신 적이 없을 수도 있지만 건물 꼭대기 층의 전망이 환상적입니다.** 자, 여러분이 주변 길을 찾아 다니실 수 있게끔 모든 분들께 지도를 나눠드리겠습니다.

VOCA

sports complex 종합운동장 | **explore** 탐험하다 | **make sure** 확실히 하다 | **view** 전망, 경치 | **distribute** 나눠주다, 배포하다

Warm-up 담화를 듣고 정답을 고른 후, 빈칸을 채우세요. (담화는 3번 들려줍니다.)

1. What kind of business did the caller reach?

(A) A restaurant (B) A convention center

W: Hi, my name is Shannon Simon, and I made a ________________ for three people next Friday. I was wondering if I could ________________.

2. What is the purpose of the talk?

(A) To discuss a design (B) To announce an award winner

M: Now, I'm happy to announce the __________ of the __________ Architect of the Year __________. The ________________ Sarah Flint.

3. What type of business is the message from?

(A) A medical office (B) A law firm

M: You've reached Berwyn ______________. Our ________________ are from 9 A.M. to 5 P.M., Monday through Friday, and from 10 A.M. to 1 P.M. on Saturday.

4. Who most likely is the speaker?

(A) A tour guide (B) A sports instructor

W: Good morning, everyone! My name is Melissa, and I'll be your ______________ for the next two days in Hawaii. During this time, you'll ________________ many different __________ including parasailing and snorkeling.

5. Where is the event being held?

(A) At a library (B) At a bookstore

M: Good evening, and thank you for joining my ______________ here at Graham's __________. My name is Peter Barrel, and I'm here tonight to share some ______________ my new __________, *A Man with a Mask*.

Practice

P4-05

1. What is the purpose of the announcement?
(A) To explain a change in an itinerary
(B) To announce a new corporate policy
(C) To remind workers of a company function
(D) To introduce flexible working hours

2. According to the speaker, what will be provided?
(A) Meals
(B) Accommodation
(C) Entertainment
(D) Transportation

3. What does the speaker ask the listeners to do?
(A) Analyze data
(B) Raise money for charity
(C) Email a request
(D) Visit the Human Resources Department

---

4. Where does the speaker work?
(A) At a bakery
(B) At a candy store
(C) At a fruit stand
(D) On a farm

5. What is the problem?
(A) Some equipment is broken.
(B) An item has been damaged.
(C) A specific item is sold out.
(D) An order was not filled correctly.

6. What is the listener asked to do?
(A) Drop off an item
(B) Submit a complaint
(C) Return a call
(D) Contact another store

7. Who most likely is the speaker?
(A) A tour guide
(B) A software instructor
(C) A job consultant
(D) A sales representative

8. What does the speaker mean when he says, "So please take your time"?
(A) The Systems Department should update all the computers.
(B) Employees should make sure they correctly log in their hours.
(C) The accounting manager should check all the expense reports.
(D) Staff should carefully complete a questionnaire.

9. What will listeners do after the break?
(A) Work in groups
(B) Watch a presentation
(C) Meet with their managers
(D) Order some equipment

Weather Forecast and Wind Speed				
Monday	Tuesday	Wednesday	Thursday	Friday
0 km/h	5 km/h	15 km/h	12 km/h	10 km/h

10. What most likely is the speaker's occupation?
(A) Tour guide
(B) Catering manager
(C) Resort employee
(D) Airline worker

11. Look at the graphic. On which day is the announcement taking place?
(A) Tuesday
(B) Wednesday
(C) Thursday
(D) Friday

12. What activity does the speaker suggest?
(A) Watching a film
(B) Checking out a fashion show
(C) Eating at a restaurant
(D) Visiting a museum

공지·안내방송·전화·녹음 메세지

공지는 회의 중에 전달되는 상황이 주를 이루며, 그 외 상점, 도서관, 기차역, 공항, 관광지 등의 다양한 공공장소에서 이용자들에게 필요한 정보를 알리는 안내 방송이 출제된다. 매회 3~4개가 출제된다. 전화와 안내 메시지는 매회 2~3개가 출제되며, 병원 예약, 면접 일정, 물품 배송 지연 등을 알리는 전화 메시지와 자동 응답 서비스와 같은 녹음 메시지가 주를 이룬다.

담화 유형 확인하기 공지·안내방송

1. 공지·안내방송 지문의 전개 구조

장소에 따라 세부적인 내용에는 차이가 있지만, 전반적인 흐름은 화자의 자기소개, 청자나 장소에 대한 정보, 공지의 주제 언급 후, 관련 세부 사항 전달 당부나 요청 사항 전달 순으로 전개된다.

인사말·주위 환기 멘트	▶	주제·목적	▶	세부 사항	▶	당부·권고·요청사항·미래계획
· 화자 신원 문제 · 청자 신원 문제 · 담화 장소 문제		· 담화의 주제 · 담화의 목적		· 구체적인 내용		· 청자가 할 일 · 담화 후 있을 일 · 미래 계획 문제

2. 자주 나오는 지문

▸ **사내공지:** 사내 행사, 새로운 제도 도입에 따른 권고나 지시 사항 등을 전달한다.

▸ **공공장소 내 안내방송:** 쇼핑몰에서 폐점 시간 또는 할인 행사를 안내하거나, 도서관, 서점, 박물관 등의 공공장소에서 시설물 이용 안내 및 준수 사항을 공지한다.

▸ **교통시설 내 안내방송:** 교통편이나 항공편의 출발, 도착 지연, 결항 등 운행 변경 사항을 안내한다.

▸ **기타 안내방송:** 담화(talk), 연설(speech), 설명(instructions), 회의 발췌록(excerpt from a meeting), 관광·견학 안내(tour information)도 공지와 내용 전개 구조가 비슷하다. 관광·견학 안내는 주제나 목적이 언급되지 않을 때가 많고, 곧바로 관광지 소개나 일정, 주의 사항 전달로 이어진다.

✓ 공지·안내방송에서 반드시 알아두어야 할 표현

사내공지

staff meeting 직원 회의
awards ceremony 시상식
reminder 공지
agenda 안건, 의제
quarter 분기
refreshments 다과

training session 교육, 연수
inspection 점검
update 최근 소식을 알리다
security 보안
budget 예산
beverage 음료

orientation 오리엔테이션
renovate 보수하다
give an overview 개요를 설명하다
customer survey 고객 설문조사
increase sales 매출을 증가시키다
install 설치하다

공공장소 내 안내방송

regular price 정가	at no charge 무료로	coupon 쿠폰
special offer 특별 할인	return policy 반품 규정	clearance sale 재고 정리 세일
reduced price 할인된 가격	ticket counter 매표소	sales representative 판매사원
check out (책을) 대출하다	announcement 발표, 공지	Attention, please. 안내 말씀 드리겠습니다.
deliver ~을 배송하다	prohibited 금지된	retrieve 되찾다, 회수하다

교통수단 내 안내방송

departure 출발	arrival 도착	take off 이륙하다
destination 목적지	journey 여행	board 탑승하다
on schedule 일정대로	cooperation 협조	belongings 소지품
delay 지연	inconvenience 불편	cancel 취소하다
flight attendant 승무원	inclement 악천후	resume 다시 시작하다

아래 표현들과 함께 박스 안에 있는 내용이 들리면 집중해서 들어야 해!

3. 공지·안내방송 정답 시그널 표현

▸ 장소를 확인할 수 있는 표현

Welcome to 장소. 장소에 오신 것을 환영합니다

Thank you for coming to [joining/attending] 장소. 장소에 와 주셔서[함께해 주셔서/참석해 주셔서] 감사합니다

▸ 청자를 확인할 수 있는 표현

Attention, 청자. 청자 여러분께 알려드립니다

Good morning/afternoon/evening, 청자. 청자 여러분, 안녕하세요

▸ 화자를 확인할 수 있는 표현

I'm/My name is 이름. 저는/제 이름은 이름입니다

I'm a 직업/직책. 저는 직업/직책입니다

As 직업/직책, I ~. 직업/직책으로서, 저는 ~

▸ 목적을 확인할 수 있는 표현

I'm very pleased to ~. ~하게 되어 매우 기쁩니다

I just wanted to let you know ~. ~임을 알려드리고 싶었습니다

I'd like to remind everyone that ~. ~임을 잊지 않도록 다시 말씀 드리고 싶습니다

담화 유형 확인하기 전화·녹음 메시지

1. 전화 메시지 지문의 전개 구조

전화를 건 화자가 청자의 응답기에 남기는 메시지로 보통 자기소개 이후 전화를 건 목적을 언급하고 부탁 및 요청 사항을 언급하는 순으로 지문이 전개된다. 주로 회신 전화를 요청하는 내용으로 마무리한다.

인사말 · 자기소개	▶	전화를 건 목적	▶	세부 사항	▶	당부 · 요청사항
· 화자 신원 문제 · 청자 신원 문제		· 화자의 용건		· 구체적인 내용 · 문제점과 그 원인		· 청자가 할 일 · 요청 및 제안 사항

2. 녹음 메시지 지문의 전개 구조

▸ **개인 자동 응답기 메시지:** 부재중임을 알리기 위해 화자가 미리 녹음해 둔 메시지로 화자의 신원과 부재 이유 및 복귀 시점, 그리고 비상시 연락할 수 있는 방법 등이 주로 나온다.

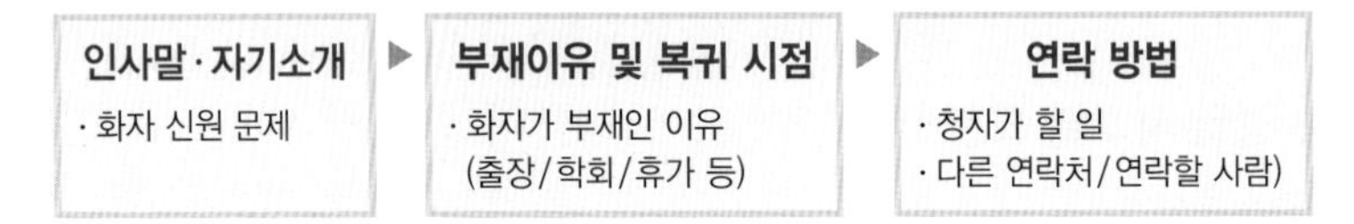

▸ **회사 ARS 메시지:** 전화를 건 고객을 대상으로 한 회사의 안내 메시지로 회사 소개와 부재 이유를 알리고 영업 재개 시간을 언급하거나 회사의 위치, 내선 번호, 추가적인 정보를 얻는 방법 등을 소개도 한다.

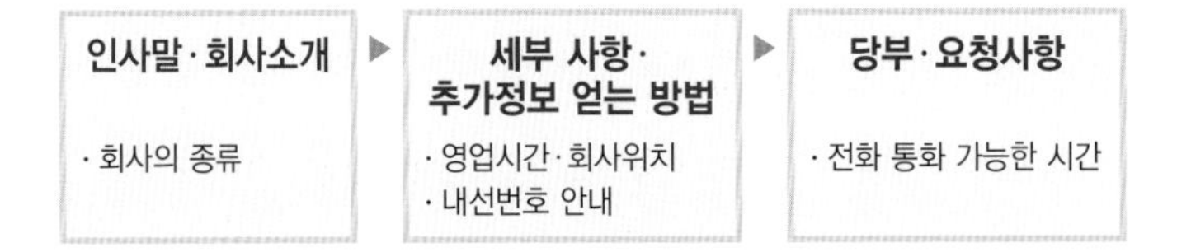

3. 전화·녹음 메시지 정답 시그널 표현

▶ 청자를 나타내는 표현

This message is for **청자**. 이 메시지는 청자를 위한 메시지입니다.

= This is a message for **청자**.

▶ 화자를 나타내는 표현

This is **화자** from **화자의 회사**. 저는 화자의 회사에서 전화 드리는 화자입니다.

I'm calling from **화자의 부서[회사]**. 화자의 부서[회사]에서 전화 드립니다.

▶ 용건 확인 표현

I'm calling for[to/about/regarding/because] **용건**. 용건[을 위해서/에 관하여/때문에] 전화 드립니다.

I was wondering **용건**. 용건이 궁금해서 전화 드립니다.

This is returning your call. 답신 전화 드립니다.

Thank you for your inquiry about **~**. ~에 관하여 문의해 주셔서 감사합니다.

▶ 회신 전화 요망 표현

You can reach me at 555-5014. 555-5014번으로 전화 주세요.

Please return my call at 555-5014. 555-5014번으로 답신전화 주시기 바랍니다.

Please call me back at 555-5014. 555-5014번으로 답신전화 주시기 바랍니다.

▶ 회사 소개 표현

You've reached **회사/업체**. 귀하께서는 회사/업체에 전화 주셨습니다.

Thank you for calling **회사/업체**. 회사/업체에 전화 주셔서 감사합니다.

▶ 영업·운영 시간표현

store hours = office hours = business hours = hours of operation

▶ 내선번호 관련 표현

press the star (key) after the beep 삐 소리가 난 후 (전화번호판의) 별표(*)를 눌러 주세요

stay on the line 전화를 끊지 않고 기다리다

Practice

P4-06

1. What is being advertised?
   (A) Clothing
   (B) Sports equipment
   (C) Bathroom suites
   (D) Groceries

2. According to the speaker, how can listeners find sale items?
   (A) By speaking with staff
   (B) By looking for special stickers
   (C) By following a map
   (D) By filling out a form

3. Why are listeners encouraged to visit the customer service desk?
   (A) To pick up a store guide
   (B) To ask for gift-wrapping
   (C) To register for a credit card
   (D) To return an item

4. Where most likely is this announcement being made?
   (A) On a tour bus
   (B) At an airport
   (C) At a train station
   (D) At a boat terminal

5. What is the speaker mainly talking about?
   (A) A new ticketing system
   (B) A revised train schedule
   (C) A power failure
   (D) An expanded waiting area

6. What does the speaker say about the machines?
   (A) They have touch-screen monitors.
   (B) They are located near the main entrance.
   (C) They are only available in English.
   (D) They are currently out of order.

7. Who is the speaker?
   (A) A stage actor
   (B) A theater director
   (C) An audience member
   (D) A front-desk clerk

8. According to the speaker, what is special about the play?
   (A) It has received multiple awards.
   (B) A local actor has the lead role.
   (C) All shows have sold out.
   (D) It is based on a book.

9. What does the speaker mean when she says, "your contribution is greatly appreciated"?
   (A) Ticket purchases will benefit school programs.
   (B) A historic building will be renovated soon.
   (C) Positive reviews will help increase sales.
   (D) A charity event will be organized by famous artists.

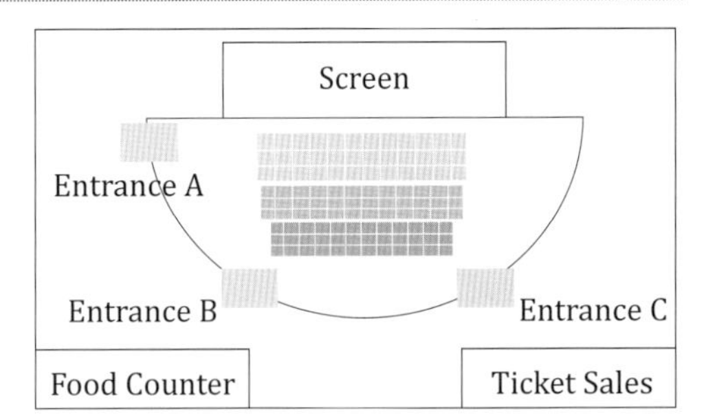

10. What does the speaker say about a new film?
    (A) There are several complaints about it.
    (B) There are no more tickets for it.
    (C) Its cast members will visit the theater.
    (D) Its starting date will be revised.

11. Look at the graphic. What has recently been repaired?
    (A) The screen
    (B) Entrance A
    (C) Entrance B
    (D) Entrance C

12. What are listeners instructed to do?
    (A) Distribute a survey
    (B) Check visitors' tickets
    (C) Enter their work hours
    (D) Put on a headset

13. What kind of business does the listener most likely work for?

(A) An electronics store
(B) A newspaper office
(C) A moving company
(D) A supermarket

14. What does the speaker want to do?

(A) Apply for a position
(B) Renew a contract
(C) Revise some information
(D) Deliver a package

15. According to the speaker, what is the problem?

(A) A website is not working.
(B) She has not received her order.
(C) She forgot her password.
(D) A billing charge is incorrect.

---

16. Where is the speaker calling from?

(A) An airline
(B) A museum
(C) A theater
(D) A music store

17. According to the speaker, what is the problem?

(A) An event was canceled.
(B) A payment was not processed.
(C) Some documents were misplaced.
(D) Some tickets were sent to the wrong address.

18. What does the speaker ask the listener to do?

(A) Visit a box office
(B) Provide new credit card information
(C) Check a website
(D) Apply for a refund

19. Why does the speaker say, "That's the third time this morning"?

(A) Some supplies are out of stock again.
(B) She has been constantly trying to contact a business.
(C) She has been unable to obtain the president's approval.
(D) A technical error has occurred repeatedly.

20. What does the speaker suggest?

(A) Providing a refund
(B) Replacing a machine
(C) Contacting a technician
(D) Revising a manual

21. What will Olivia probably do next?

(A) She will test out some equipment.
(B) She will attend a meeting.
(C) She will follow up on a request.
(D) She will submit a document.

Order Form	
Product	**Quantity**
Containers	200
Drinking straws	400
Sugar packets	800
Napkins	1000

22. Look at the graphic. Which quantity on the order form might be changed?

(A) 200
(B) 400
(C) 800
(D) 1000

23. What is the speaker going to do tomorrow?

(A) Oversee a sale
(B) Visit Mr. Bain's office
(C) Participate in a convention
(D) Train an employee

24. What is mentioned about Clara?

(A) She is being promoted.
(B) She will manage a store.
(C) She is being transferred.
(D) She will contact a supplier.

공지·안내방송·전화·녹음 메시지 필수 표현 *EXPRESSION*

사내공지	banquet 연회	outing 야유회
	retreat 수련회	hold (행사를) 열다, 개최하다
	take place 열리다, 개최되다	remodel 개조하다
	set up 설치하다	expand 확장하다
	for your convenience 편의를 위해서	last-minute 임박한, 마지막 순간의
	company policy 회사 방침	instruction 지시, 설명
	introduce 도입하다	equipment 기기, 장비
	outdated 구식인	finance 자금
	upgrade 개선하다	improvement 개선공사
공공장소 내 안내방송	complimentary 무료의	~% off ~% 할인
	reasonable (가격이) 적정한	affordable 저렴한
	voucher 쿠폰	gift certificate 쿠폰, 상품권
	special deals 특별 할인	stop by 들르다
	sold out 매진된	out of stock 재고가 없는
	in stock 재고가 있는	not available/unavailable 구할 수 없는
	user-friendly 사용하기 쉬운	warranty 품질 보증(서)
	service desk 서비스 창구	ticket counter 매표소
	not allowed/not permitted 금지된	bargain 싸게 사는 물건
교통수단 내 안내방송	cabin crew 승무원	passenger 승객
	captain (비행기의) 기장	luggage/baggage 수하물
	reclaim/retrieve 되찾다, 회수하다	serve (음식을) 제공하다
	counter 접수대, 판매대	land 착륙하다
	bound for ~행의(목적지)	journey 여행
	ahead of schedule 일정보다 앞서	cooperation 협조
	suitcase 가방	apologize for ~을 사과하다
기타 안내방송	guest speaker 초청 연사	public speaker 연설자
	keynote speaker 기조연설자	charity event 자선 행사
	raise funds 기금을 모으다	donation 기부
	share/stock 주식	shareholder/stockholder 주주
	tourist attraction 관광 명소	commercial district 상업 지구
	shopping district 쇼핑 지구	observation tower 전망탑
	historic building 역사적 건물	renowned 유명한
	panoramic view 전경	scenic view 멋진 전망
	landmark 주요 지형지물	souvenir 기념품
	facility 시설	assembly line 조립 라인
	meet at ~에서 만나다	get started (여행·관람을) 시작하다

전화 메시지	remind 상기시키다	reschedule 일정을 변경하다
	cancel an appointment 예약을 취소하다	confirm an appointment 예약을 확인하다
	contact 연락하다	reach 연락하다
	let ~ know ~에게 알려주다	immediately/promptly 즉시
	response 응답	appointment 약속, 예약
	cancel 취소하다	inconvenience 불편
	postpone 연기하다	inquire 문의하다
	problem 문제	mistake 실수
	expect 기대하다, 예상하다	request 요청하다
	respond a message 메시지에 응답하다	reply 응답하다
	apologize for ~에 대해 사과하다	scheduling conflict 일정 충돌
	return a call 답신전화를 주다	leave a message 메세지를 남기다
녹음 메시지	business hours 영업시간	hours of operation 영업시간
	press 3 3번을 누르다	transfer you to 전화를 ~에게 돌려 주다
	pound (key) (전화번호판의) 우물 정자(#)	representative 담당 직원
	automated 자동의	recorded 녹음된
	voice mail 음성 메일	reach (전화로) 연락하다
	connect 연결하다	extension (number) 내선번호
	The line is busy. 통화 중입니다.	operator 전화 교환원
	customer service agent 고객서비스 상담원	contact us. 연락주세요.
	hold the line (전화를) 끊지 않고 대기하다	extension 내선번호

방송·보도·광고·인물 소개

방송 · 보도 지문은 교통 방송, 일기예보, 뉴스 등 세 가지 유형으로 출제된다. 교통 방송은 정체된 도로, 진입 통제 구간 및 우회로 소식 등을 전하고, 일기예보는 오늘의 날씨뿐만 아니라 내일이나 주말의 기상 상태에 대한 정보를 제공한다. 경제와 관련된 다양한 주제를 다루는 뉴스 보도가 방송 지문 중 가장 출제 빈도가 높으며 매회 1~2개가 출제된다. 광고는 주로 할인 판매되는 제품과 할인 행사에 관한 내용이 출제된다. 인물 소개는 주로 시상식, 퇴임식 등의 행사에서 들을 수 있는 내용으로, 매회 1개 이하의 지문이 출제된다.

담화 유형 확인하기 방송·보도

1. 방송 · 보도 지문의 전개 구조

▶ **교통방송:** 주로 도로 상황 및 정체 소식을 원인과 함께 전달하고 우회로를 제안한다.

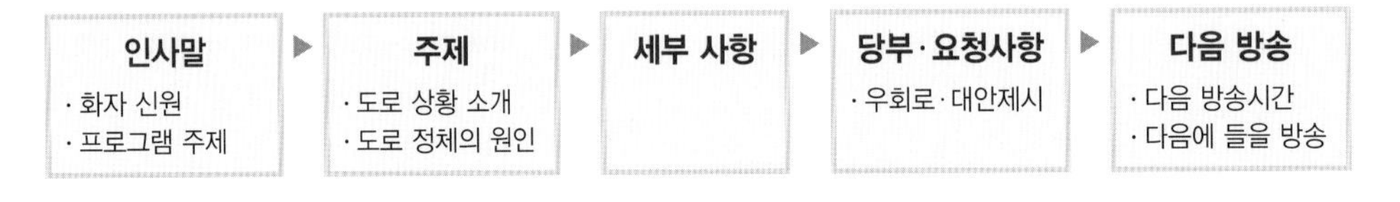

▶ **일기예보:** 날씨의 변화를 소개하고 그에 따른 대비 및 활동 등을 제안한다.

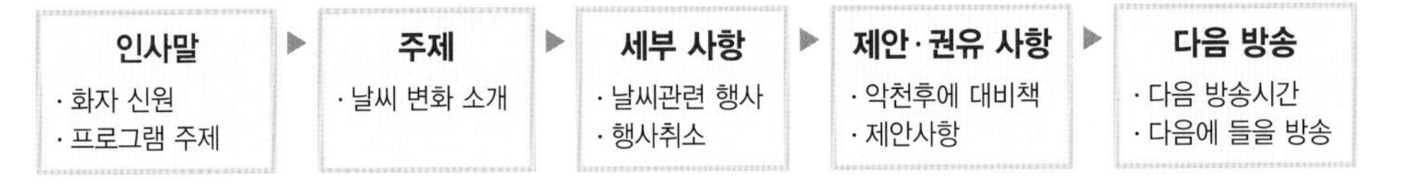

▶ **뉴스보도:** 지역사회 및 각종 비즈니스 소식(경제, 기업의 합병, 이전, 확장), 건설 프로젝트, 고용문제 등을 전한다.

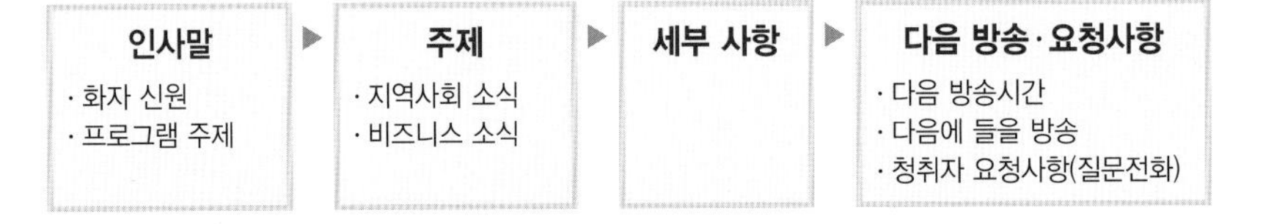

2. 방송·보도 정답 시그널 표현

▶ 프로그램 소개 표현

Welcome to **프로그램**. 프로그램에 오신 걸 환영합니다.

You're listening to **프로그램**. 여러분께서는 프로그램을 듣고 계십니다.

You're tuned in to **프로그램**. 여러분께서는 프로그램을 보고[듣고] 계십니다.

▶ 화자 소개 표현

I'm your host **진행자**. 여러분의 진행자입니다.

This is **진행자**, your host. 여러분의 진행자입니다.

This is **진행자** with **프로그램**. 프로그램의 진행자입니다.

▶ 다음 방송 시간 안내 표현

I'll be back in **숫자** minutes. 몇 분 후에 다시 돌아오겠습니다.

▶ 다음 방송 순서 안내 표현

Next up, **프로그램**. 다음 방송은 프로그램입니다.

Stay tuned for **프로그램** coming up next. 다음 방송, 프로그램에 채널 고정하세요.

Stay tuned for **프로그램 1** coming up right after **프로그램 2**. 프로그램 2 종료 직후 방송될 프로그램 1에 채널 고정하세요.

✓ 방송·보도에서 반드시 알아두어야 할 표현

교통방송

traffic 교통(량)
motorist 운전자
backed up 도로가 정체된
take a detour 우회하다
heavy traffic 교통 체증
delay 지연
construction project 공사
be closed 통행이 금지되다
rush hour 혼잡 시간대
northbound 북쪽 방면
car accident 자동차 사고
highway 고속도로

일기예보

heavy rain 폭우
drop (기온이) 떨어지다
strong chance 높은 가능성
snowstorm 눈보라
weather forecast 일기 예보
bad weather 악천후
humidity 습도
predict 예측하다
Celsius 섭씨의

뉴스보도

industry 산업
spokesperson 대변인
merge 합병(하다)
expert 전문가
announce 발표하다
acquisition (기업) 인수
city government 시 정부
press conference 기자 회견
company expansion 사업 확장

PART 4 UNIT 12

담화 유형 확인하기 광고·인물 소개

1. 광고·인물 소개 지문의 전개 구조

▶ **광고:** 광고하려는 제품이나 회사 또는 행사가 언급되는 처음 두 문장을 잘 들어야 한다. 제품이나 회사의 특장점 및 행사 정보를 언급한 후, 주로 추가적인 정보나 할인을 받는 방법 등을 소개하며 마무리한다.

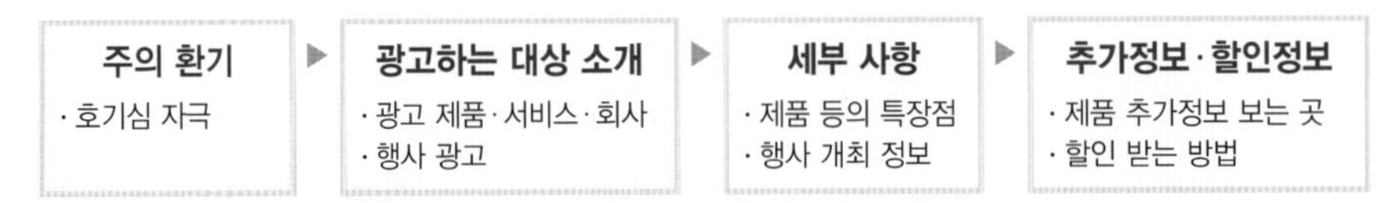

▶ **일반적인 인물 소개:** 주로 회사나 단체에 막 합류한 사람이나 수상자, 또는 회사나 단체를 떠나는 사람을 소개하거나 연설자, 전문가, 예술가를 포함해 기관, 단체, 작품, 정책 등이 소개되기도 한다. 소개받는 인물의 신원과 소개하는 이유를 중점적으로 듣도록 한다.

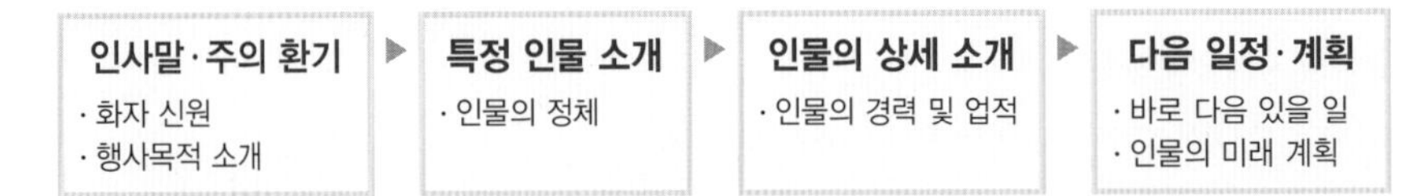

▶ **방송에서 인물 소개:** 주로 라디오 프로그램에 유명인을 초청해 소개하는 내용이다. 프로그램의 종류와 소개되는 유명인의 신원, 그리고 그 인물의 업적 및 최근 행보가 언급된다.

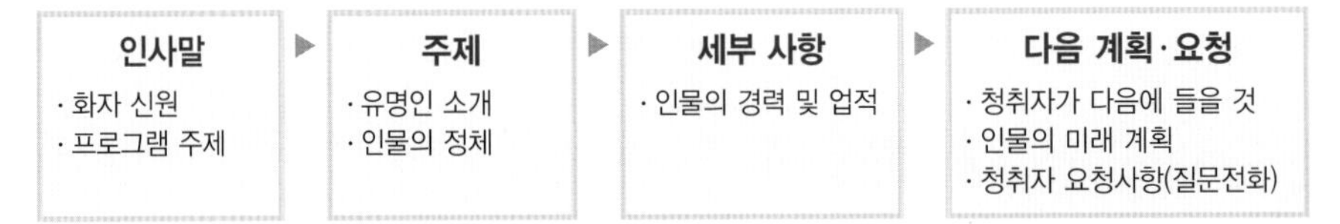

2. 광고·인물 소개 정답 시그널 표현

▶ 광고 표현

Are you looking for ~? ~을 찾으세요?

Do you want to ~? ~을 하고 싶으세요?

We're offering ~. 저희는 ~을 제공합니다.

Are you tired of ~? ~가 지겨우신가요?

If you're looking for ~, ~을 찾고 계신다면,

Don't miss (out on) ~. ~을 놓치지 마세요.

Hurry up ~. ~을 서두르세요.

Your satisfaction is guaranteed. 여러분의 만족을 보장해 드립니다.

For more information, please ~. 더 많은 정보를 원하시면, ~해 주세요.

▶ 인물 소개 표현

I'd like to introduce you to ~. 여러분께 ~를 소개해드리고 싶습니다.

I present to you ~. ~를 여러분께 소개해드리고 싶습니다.

Please welcome ~. ~를 환영해주시기 바랍니다.

광고·인물 소개에서 반드시 알아두어야 할 표현

광고

look for ~을 찾고 있다
office supplies 사무용품
durable 내구성이 있는
feature 특징
price reduction 가격 인하
tired of ~가 지겨운
state-of-the-art 최신 기술의
easy-to-use 사용하기 쉬운
complimentary 무료의
regular price 정가
appliance 가전제품
voucher 상품권
eco-friendly 환경친화적인
special promotion 특별 판촉행사
move/relocation 이전

인물 소개

esteemed 존경하는
winner 수상자
honor 영광; 명예를 주다
highly acclaimed 호평 받는
field 분야
recipient 수상자
present 수여하다
renowned 유명한
dedicated 헌신하는
outstanding 뛰어난
recognize (공로를) 인정하다
accomplishment 업적

Practice

P4-07

1. What is the topic of the radio program?
(A) Holiday destinations
(B) Fashion trends
(C) Saving money
(D) Marketing products

2. What did Joyce Stanton do recently?
(A) Submitted an article
(B) Held a seminar
(C) Published a book
(D) Traveled abroad

3. What will Joyce Stanton probably do next?
(A) Talk about the environment
(B) Discuss an upcoming film
(C) Give some advice
(D) Answer questions from listeners

---

4. According to the speaker, what is the problem?
(A) There are not enough city workers.
(B) Some roads are closed.
(C) Some light poles have fallen.
(D) There was a power failure.

5. What does the speaker advise listeners to do?
(A) Stay indoors
(B) Walk to work
(C) Drive slowly
(D) Take a different route

6. What will the listeners hear next?
(A) A music program
(B) Weather updates
(C) Sports news
(D) Some advertisements

7. Who is Victor Gallagher?
(A) A nature photographer
(B) A movie director
(C) A radio host
(D) A history professor

8. What does the speaker mean when he says, "That's a feat not many have attempted"?
(A) Mr. Gallagher learned a new language.
(B) Mr. Gallagher launched a new product.
(C) Mr. Gallagher completed a difficult task.
(D) Mr. Gallagher made an amazing discovery.

9. What are the listeners invited to do?
(A) Make a reservation
(B) Visit a website
(C) Submit pictures
(D) Ask questions

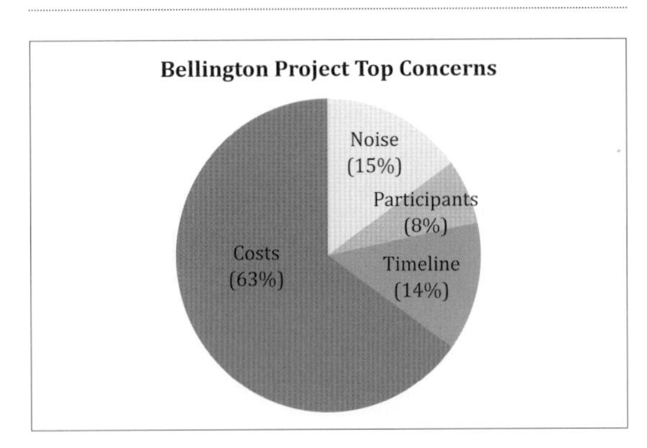

10. What project is the report describing?
(A) The renovation of a building
(B) The extension of a bridge
(C) The construction of a roadway
(D) The redevelopment of a business district

11. How long is the project expected to take?
(A) Six months
(B) One year
(C) Two years
(D) Three years

12. Look at the graphic. Which topic will the mayor talk about?
(A) Noise
(B) Participants
(C) Timeline
(D) Costs

13. What is the purpose of the event?

(A) To honor a retiring worker
(B) To raise money for charity
(C) To celebrate the publication of a book
(D) To recognize a company's achievements

14. What is Ms. Takahiro well known for?

(A) Her management skills
(B) Her leadership skills
(C) Her creativity
(D) Her research

15. What will Ms. Takahiro mainly talk about?

(A) New types of computer technology
(B) The future of Web design
(C) How to attract clients
(D) How to motivate staff

---

16. What is being advertised?

(A) A job position
(B) A food festival
(C) A restaurant
(D) A newly opened store

17. What does the business offer the listeners?

(A) A complimentary meal
(B) A coupon
(C) A free bag
(D) A T-shirt

18. What will probably happen this weekend?

(A) A sale will be held.
(B) A parade will take place in Dolton.
(C) A business will extend its operating hours.
(D) A cooking demonstration will be given.

19. What is correct about the IX mobile phone according to the advertisement?

(A) It is waterproof.
(B) It has a long battery life.
(C) The camera takes high-quality photos.
(D) The screen is larger than other models.

20. How can customers order an IX mobile phone?

(A) By mailing an order form
(B) By calling a customer representative
(C) By visiting a website
(D) By going to a local store

21. Why does the speaker say, "What are you waiting for"?

(A) He encourages listeners to take advantage of a promotion.
(B) He urges listeners to participate in an upcoming sale.
(C) He advises listeners to attend a product demonstration.
(D) He suggests that listeners fill out a customer survey.

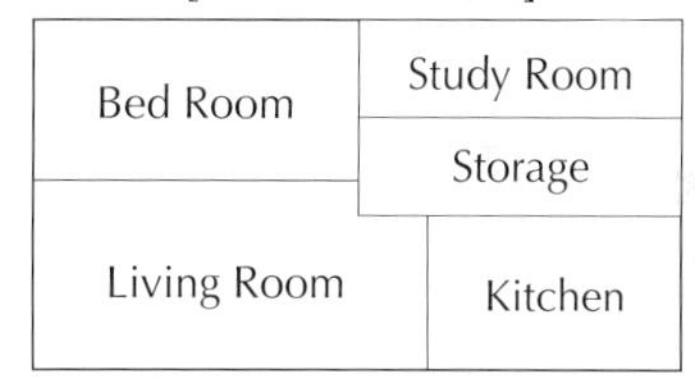

22. Who was Lauren Cladaire?

(A) A photographer
(B) An artist
(C) A chef
(D) An author

23. What is mentioned about the Cladaire House?

(A) It is the birthplace of Ms. Cladaire.
(B) It holds performances regularly.
(C) It has been turned into a restaurant.
(D) It sells large stamp collections.

24. Look at the graphic. Which section of the house will the listeners first see?

(A) Kitchen
(B) Living Room
(C) Bedroom
(D) Study Room

방송·보도·광고·인물 소개 필수 표현 *EXPRESSION*

교통방송	commuter 출퇴근자	expressway 고속도로
	motorway 자동차 전용 도로	lane 차선
	route 길	direction 방향
	southbound 남쪽 방면	traffic congestion 교통 혼잡
	traffic backup 교통 정체	traffic jam 교통 정체
	stuck in traffic 도로가 정체된	public transportation 대중교통
	maintenance work 보수 공사	repave (도로를) 재포장하다
	avoid 피하다	take an alternative route 대체 도로를 이용하다
	detour 우회하다	bypass 우회도로; 우회하다
일기예보	clear (날씨가) 맑은	sunny 화창한
	cloudy 흐린)	windy 바람이 많이 부는
	rainy 비가 많이 오는	drizzle (비가) 보슬보슬 내리다
	shower 소나기	heavy fog 짙은 안개
	heavy snow 폭설	blizzard 눈보라
	thunderstorm 뇌우	lightning 번개
	flood 홍수	mild 온화한
	warm 따뜻한	soar (기온이) 급상승하다
	heat wave 폭염	extremely hot 극도로 더운
	humid/damp 습기가 많은	humidity 습도
	cool down 시원해지다	chilly 쌀쌀한
	freezing 너무나 추운 (= cold)	predict 예측하다
	poor weather 악천후	inclement weather 악천후
	inclement 날씨가 궂은	temperature 온도
	degree (온도 단위인) 도	Fahrenheit 화씨의
	stay inside 안에 머물다	go outside 밖으로 나가다
뉴스보도	city council 시 의회	acquire 인수하다
	take over 인수하다	buy/purchase 인수하다; 구매하다
	audit 회계 감사	release 출시하다, 발표하다
	launch 출시하다	unveil 발표하다
	introduce 소개하다, 출시하다	go on the market 시장에 출시하다
	energy consumption 에너지 소비	power outage/power failure 정전
	conserve 절약하다	merger 합병; 합병하다

광고	leading 선두적인	extensive 광범위한, 대규모의
	guarantee 보장하다	the best place 최고의 장소
	be located 위치하다	specialize 전문화하다
	facility 시설	accommodate 수용하다
	coupon 쿠폰	gift certificate 상품권
	at no charge 무료로	long 간절히 바라다
	long-awaited 오래 기다려온	~% off ~%할인하여
	discounted price 할인된 가격	fantastic deals 특가 상품
	special offer 특가 할인	markdown 가격 인하
	promotional 홍보의	for a limited time only 한시적으로만
	buy one, get one free 하나사면 하나 무료	clearance sale 재고 정리 세일
	take advantage of ~을 이용하다, 활용하다	on a first-come, first-served basis 선착순으로
인물 소개	welcome 환영하다	welcome party 환영회
	reception 환영행사	goodbye 작별 인사
	farewell party 송별회	transfer 전근 가다
	relocate/move 이전하다	resign 사직하다
	retire 은퇴하다	winner 수상자
	award 상	best 최고의
	recipient 수상자	contribute 기여하다
	outstanding 뛰어난	forefront 선두주자
	recognize (공로를) 인정하다	amazing 놀라운
	remarkable 놀라운	world-famous 세계적으로 유명한
	well-known 유명한	be pleased to ~하게 되어 기쁘다
	around the world 전 세계에	dedicated to ~에 헌신하는
	keynote speaker 기조 연설자	charity event 자선 행사
	fundraiser 모금 행사, 모금 주최자	on behalf of ~을 대신(대표)하여
	brief 짧은, 간단한	complete/fill out 작성하다
	demonstrate/show 시연하다	begin one's career as ~로서 경력을 쌓기 시작하다
	has been working as ~로서 일해 왔다	has been with us for ~동안 우리와 함께 해왔다

PART 4 UNIT 12

RC

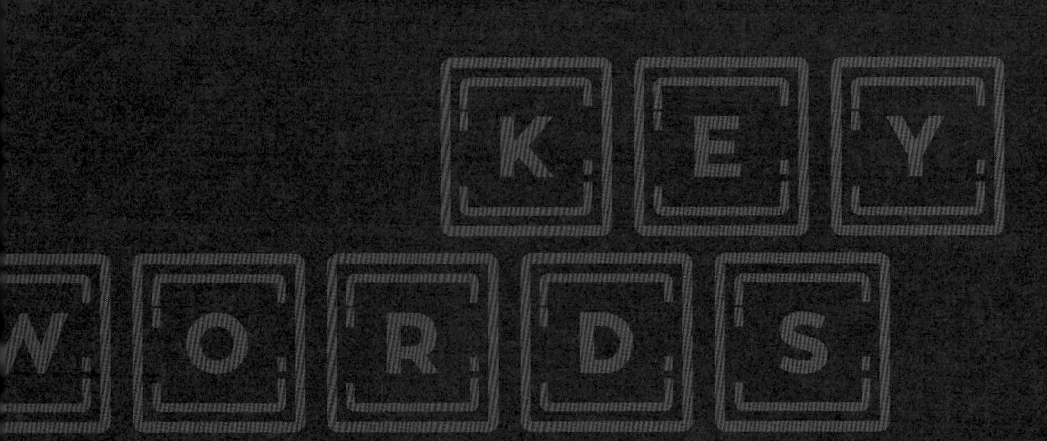

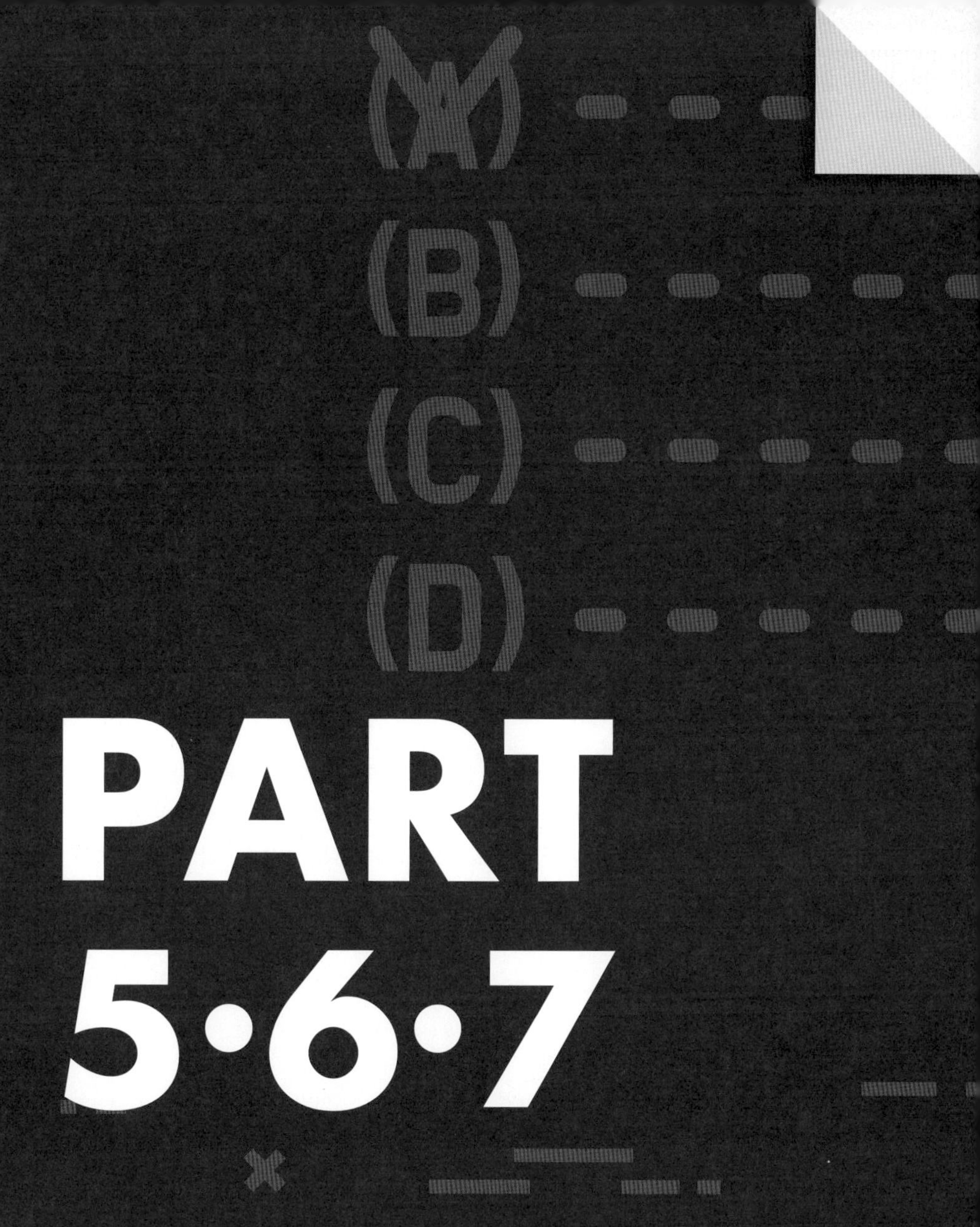

PART 5·6·7

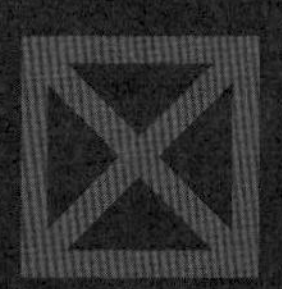

PART 5

OVERVIEW

PART 5는 빈칸이 있는 문장이 하나 나오고, 4개의 선택지 중 빈칸에 가장 적합한 단어나 구를 고르는 문제로써 총 30문항이 출제된다.

문제 유형

문장 구조 문제 | 빈칸의 자리를 파악하여 선택지 중 알맞은 품사나 형태를 고르는 문제

문법 문제 | 같은 품사의 네 개 어휘 중 정확한 용례를 파악하여 알맞은 단어를 고르는 문제

어휘 문제 | 문장의 구조 파악과 구와 절을 구분하여 접속사나 전치사, 부사를 고르는 문제

출제 포인트

- 문법적 지식과 어휘력을 동시에 묻는 문제들이 증가하고 있다.
  ⋯› 명사 자리인데 선택지에 비슷하게 생긴 명사가 두 개 이상 나오는 문제가 출제된다.
- 두 가지 이상의 문법 포인트를 묻는 문제들이 출제되고 있다.
  ⋯› 동사의 문장 형식을 이해하고 태를 결정하는 문제가 출제된다.
- 다양한 품사의 선택지로 구성된 문제들이 출제되고 있다.
  ⋯› 부사 문제이지만 전치사, 접속사, 관용 표현 등으로 선택지가 구성된다.

PART 5 이렇게 대비하자!

- 무조건 해석부터 하지 말고 선택지를 보고 [어형문제/어휘문제/문법문제] 중 어떤 문제인지부터 파악한다. 어형 문제는 해석 없이도 답이 나오는 문제가 대부분이므로 최대한 시간을 절약할 수 있는 방법으로 풀어나가야 한다.

- 고득점을 얻기 위해서는 한 단어를 외우더라도 품사, 파생어, 용법을 함께 암기해야 한다. 예를 들어, announce와 notify를 똑같이 '알리다'라고 외워두면 두 단어가 같이 선택지로 나오는 어휘 문제는 풀 수 없다. notify 뒤에는 사람만이 목적어로 나온다는 사실을 꼭 알아 두어야 한다.

단계별 문법 학습 전략

(1) 문장의 구조를 결정하는 5형식 동사와 품사별 문장 성분 역할과 문법을 학습한다.
(2) 구와 절을 연결하여 문장을 확장시켜주는 전치사와 접속사의 역할을 학습한다.
(3) 동사의 시제와 태, 가정법, 분사 구문 등의 다소 까다로운 문법 지식을 습득한다.

PART 5 문제 유형별 문제 풀이 접근법

1. 어형 문제

아래 문제처럼 한 단어의 네 가지 형태가 선택지로 나오는 문제를 어형 문제 또는 자리 찾기 문제라고 한다. 어형 문제는 빈칸이 [주어, 동사, 목적어, 보어, 수식어] 중에 어떤 자리인지를 파악해서 선택지 중 알맞은 품사나 형태를 고르는 문제이다.

> Billy's Auto Repair has ------- with 15 different parts suppliers.
>
> (A) contracting (B) contracts
> (C) contractor (D) contract

빈칸은 이 문장의 목적어 자리로 명사가 들어갈 자리인데 명사가 보기에 (B), (C), (D) 이렇게 세개나 나와 있다. 이런 문제들은 자리만 찾는 것으로 끝나지 않고 한 단계 더 나아가 명사의 특성을 알고 있어야 풀 수 있는 문제이다. 한정사 없이 가산 단수 명사는 쓸 수 없으므로 복수명사 (B)가 답이 되는 문제이다.

2. 어휘 문제

아래 문제처럼 같은 품사의 네 가지 다른 단어가 선택지로 나오는 문제를 어휘 문제라고 한다. 한 어휘 문제는 최소한 빈칸 주변을 해석해야만 풀 수 있고, 어려운 문제의 경우에는 가산/불가산 명사의 구분, 자/타동사의 구분과 같은 문법 사항까지 같이 포함되어 출제되기도 한다.

> I have enclosed a copy of my résumé for your ------- and look forward to hearing from you soon.
>
> (A) explanation (B) participation
> (C) reference (D) consideration

빈칸은 전치사 for의 목적어 자리에 어떤 명사 어휘를 넣으면 가장 자연스러운지를 고르는 문제인데 '당신의 고려를 위해 제 이력서를 첨부합니다' 정도는 해석해야만 정답 (D)를 고를 수 있는 문제로 어형 문제보다는 훨씬 난이도가 높다.

3. 문법 문제

아래 문제처럼 종속접속사, 등위접속사, 전치사, 부사 등이 선택지에 같이 나오는 문제를 문법 문제라고 한다. 문법 문제는 그 문장의 구조를 파악하여 구와 절을 구분하고 절이라면 여러 가지 절 중 어떤 절인지를 파악해야 하는 어려운 문제들로 대부분 해석까지도 필요하다.

> We need more employees on the production line ------- production has increased by 60 percent.
>
> (A) although (B) since
> (C) because of (D) so

빈칸은 전치사 두 개의 절을 연결하는 종속 접속사자리이다. 전치사인 (C)와 등위접속사인 (D)는 답이 될 수 없고, 접속사 (A)와 (B) 중에서 '생산이 증가했기 때문에 추가직원을 고용해야 한다' 는 의미에 맞는 (B)를 답으로 고르는 문제이다.

PART 6

OVERVIEW

PART 6은 4문항의 문제가 있는 4개의 지문이 나와 총 16문항이 출제된다.
각각의 빈칸에 가장 적합한 단어나 구, 그리고 문장을 고르는 문제로
PART 5와 PART 7을 접목한 형태로 볼 수 있다.

문제 유형

어형 문제 | 빈칸의 자리를 파악하여 선택지 중 알맞은 품사나 형태를 고르는 문제

어휘 문제 | 같은 품사의 네 개 어휘 중 정확한 용례를 파악하여 알맞은 단어를 고르는 문제

문법 문제 | 문장의 구조를 파악하여 구와 절을 구분하여 접속사나 전치사, 부사를 고르는 문제

문장 고르기 | 앞뒤 문맥을 파악하여 네 개의 문장 중에 알맞은 문장을 고르는 문제

지문 유형

편지·이메일/기사/공지/지시문/광고/회람/설명서/발표문/정보문 등

출제 포인트

- 앞뒤 문맥을 통해 시제를 결정하는 문제의 출제 비중이 높다. 시제를 묻는 문제는 Part 5에서는 시간 부사구로 결정하지만, Part 6에서는 맥락으로 파악해야 한다.
- 두 문장을 자연스럽게 이어주는 접속부사를 선택하는 문제가 많이 출제된다.
- 맥락상으로 파악해야 하는 대명사의 인칭 일치 문제, 수 일치 문제가 출제된다.
- 어휘는 그 문장만 보고는 문제를 풀 수 없고 앞뒤 문맥을 파악하여 고르는 문제가 출제된다.

PART 6 이렇게 대비하자!

- Part 5처럼 단순히 문장 구조나 문법을 묻는 문제도 출제되지만, 전체적인 내용이나 앞뒤 문장 내용과 연결되는 어휘나 시제, 접속부사를 묻는 문제들이 주로 출제된다는 것에 유의한다.
- 문맥상 적절한 문장 고르기는 문제는 빈칸 앞뒤 문장의 대명사나 연결어 등을 확인하고 상관 관계를 파악한다.
- 지문의 길이가 짧기 때문에 전체 내용을 파악하는 데 많은 시간이 걸리지 않으므로 정독해서 읽으면 오히려 더 쉽게 해결할 수 있다.

PART 6 문제 유형별 문제 풀이 접근법

Questions 143-146 refer to the following article.

> Jakarta, INDONESIA (5 June) - An Indonesian steelmaker, Irwan Steel Company, announced that it had named Maghfirah Baldraf its new Chief Operating Officer of the Java Division effective 1 September. His 30 years of experience in the ------- (143.) made him the obvious choice for the position. Baldraf majored in metal engineering at the National University of Indonesia. After graduation, he then ------- (144.) his career in the quality control department at Putirai Metal. 15 years ago, he joined Irwan Steel Company. ------- (145.). Baldraf will go to Java to oversee the daily operations of Irwan Steel Company ------- (146.) its inauguration on September 1.

1. 어휘 문제

Part 5 어휘 문제와는 달리 그 한 문장만 봐서는 여러 개가 답이 될 수 있을 것 같은 선택지들이 나온다. 따라서 Part 6의 어휘 문제는 앞뒤 문맥을 정확히 파악하여 답을 골라야 한다.

143.	(A) license	(B) industry	(C) outset	(D) program

이 문제에서는 '그 산업 분야에서의 30년 경력 때문에 그가 그 자리에 확실한 선택이었다'라는 의미를 파악해서 (B)를 골라야 한다

2. 어형 문제

한 단어의 네 가지 형태가 나오는 문제를 어형 문제 또는 자리 찾기 문제라고 한다. Part 5와 마찬가지 방법으로 풀면 되지만, 동사 시제 문제는 문맥을 파악하는 까다로운 문제로 출제된다.

144.	(A) started	(B) had started	(C) was starting	(D) will start

이 문제는 동사의 시제를 고르는 문제로 문맥상 이 사람이 처음으로 직장 생활을 시작한 것을 이야기하고 있으므로 과거 시제인 (A)가 답이 되며, then도 힌트가 될 수 있다.

3. 문장 고르기 문제

Part 6에서 가장 어려운 문제로 전체적인 문맥을 파악하고, 접속부사나, 시제 등을 종합적으로 봐야 답을 고를 수 있다.

145.
(A) The company also has a division in Singapore.
(B) He has been interested in engineering since he was young.
(C) Most recently, he has served as Vice President of Development of Irwan Steel Company.
(D) As soon as Baldraf is appointed, the company will go through a major restructuring.

이 문제에서는 대학교 졸업 후부터 이 사람의 경력을 나열하고 있으므로 (C)가 답이 된다.

4. 문법 문제

문법 문제는 보통 문장의 구조를 파악하여 구와 절을 구분하는 문제이다.

143.	(A) by the time	(B) as soon as	(C) when	(D) after

이 문제에서는 빈칸 뒤에 명사구가 있으므로 명사를 목적어로 취하는 전치사가 답이 되어야 하는데 보기 중에 전치사로 쓰일 수 있는 것이 (D)뿐이다.

PART 7

OVERVIEW

지문을 읽고 그에 해당하는 질문에 알맞은 답을 고르는 문제이다. 지문은 문자 메시지와 온라인 채팅과 같은 문자 대화문부터 신문 기사나 웹사이트 페이지까지 그 종류가 다양하며, 그 형태도 1개의 지문으로 된 단일 지문, 2개의 지문으로 된 이중 지문, 3개의 지문으로 이루어진 삼중 지문 문제로 구분할 수 있다. 단일 지문 29문항, 이중 지문 10문항, 삼중 지문 15문항씩 총 54문항이 출제된다.

문제 유형

단일 지문(10개) | 이메일, 편지, 문자 메시지, 온라인 채팅, 광고, 기사, 양식, 회람, 공지, 웹페이지 등

이중 지문(2개) | 이메일–이메일, 기사–이메일, 웹페이지–이메일, 웹페이지(광고)–웹페이지(사용 후기)

삼중 지문(3개) | 다양한 세 지문들의 조합

출제 포인트

- 지문과 문제의 길이가 점점 길어지고 있다. 지문과 선택지를 일일이 대조할 필요가 있는 사실 확인 문제 유형의 비중을 늘려서 난이도를 조절하기도 한다.
- 유추 문제의 비중이 증가하고 있다. 지문에 나와 있는 정보를 토대로 알 수 있는 사실 확인 및 유추 문제가 많이 등장하고 있다.
- 동의어 문제가 매회 1~4문제의 출제 비율을 유지하고 있다.

PART 7 이렇게 대비하자!

- Part 7은 지문과 문항 수가 증가했고, 글의 흐름 파악이 더 중요해졌기 때문에 빠르고 정확한 독해력이 필요하다. 어휘력을 쌓고 문장의 구조를 파악하는 훈련을 통해 독해력을 뒷받침하는 기본기를 다져야 한다.
- 문자 메시지나 온라인 채팅은 난이도가 비교적 높지 않다. 그러나 구어체적 표현이 많이 나오고 문자 그대로의 사전적인 의미가 아닌 문맥상 그 안에 담겨 있는 숨은 뜻을 찾는 화자 의도 파악 문제가 꼭 출제되기 때문에 평소 구어체 표현을 숙지하고 대화의 흐름을 파악하는 연습을 한다.
- 질문의 키워드를 찾고 질문이 요구하는 핵심 정보를 본문에서 신속하게 찾아내는 연습이 필요하다.
- 본문에서 찾아낸 정답 정보는 선택지에서 다른 표현으로 제시되므로 같은 의미를 여러 가지 다른 표현들(paraphrased expressions)로 전달하는 연습이 필요하다.

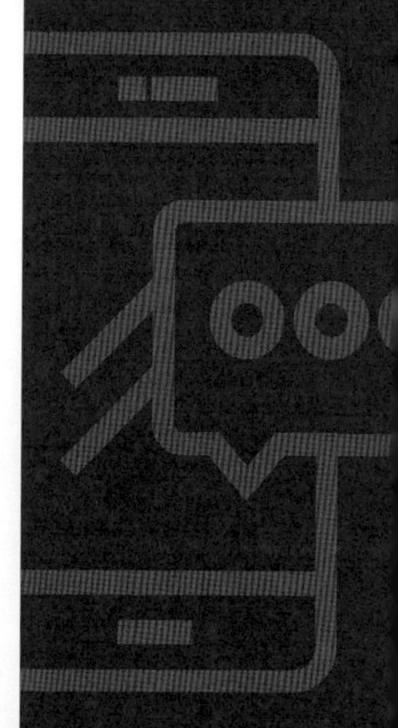

PART 7 문제 풀이 접근법

1. 지문 순서대로 풀지 말자.

Part 7은 처음부터 또는 마지막부터 순서대로 풀지 않아도 된다. 15개의 지문 중에서 당연히 쉬운 것부터 먼저 풀고 어려운 문제는 시간이 남으면 푼다는 마음으로 풀어야 한다. 다음과 같은 순서로 문제를 풀어 보도록 한다.

첫 3개 지문 (147번~152번)

▼

광고, 온라인 채팅, 양식(청구서, 주문서, 초대장 등), 웹페이지

▼

이메일, 편지, 회람, 공지

▼

첫 번째 이중 지문, 첫 번째 삼중 지문,

▼

기사, 두 번째 이중 지문, 나머지 삼중 지문

2. 패러프레이징(Paraphrasing)된 정답을 찾는 것이 핵심이다.

같은 어휘는 절대 반복되지 않는다. 정답은 지문에 나온 표현을 다른 말로 바꿔 나온다.

- **지문에서 나오는 표현** National Museum is located just minutes from Oxford Street Station in Richmont's shopping district. 국립 박물관은 Richmont의 쇼핑가에 있는 Oxford Street 역에서 단 몇 분 거리에 있다.
- **문제** What is suggested about the Morlen Museum? 국립 박물관에 관하여 암시되는 것은?
- **정답** It is conveniently located. 편리한 곳에 위치해 있다.

3. 지문 내용에 기반하여 정답을 찾는다.

정답은 반드시 지문 내용에 기반하여 사실인 것만 고른다. 절대 '그럴 것 같다. 그렇겠지'라고 상상하여 답을 고르면 안 된다. Part 7 문제 유형 중에는 추론해야 하는 문제들이 많이 나오기는 하지만 아무리 추론 문제이더라도 지문에 있는 근거 문장을 패러프레이징한 보기를 찾는 문제일 뿐이다. 추론 이상의 상상은 금물이다.

4. 문제를 먼저 읽고 키워드를 파악하자!

지문 유형 확인 ▶ **문제의 핵심어 확인** ▶ **지문 읽기** ▶ **문제 풀이**

- 주제나 목적, 대상을 묻는 문제는 대개 지문의 첫머리에 단서가 제시되므로 도입부 내용을 잘 확인하여 이 내용을 포괄할 수 있는 선택지를 고른다.
- 세부 사항, 사실 확인 문제의 경우 핵심 단어 및 표현에 집중하여 질문에서 키워드를 파악하고 관련 내용이 언급된 부분을 지문에서 찾아 문제를 해결한다.
- 동의어 문제에서는 해당 단어의 대표적인 의미를 무작정 선택하는 것이 아니라 반드시 문맥상 어떤 의미로 쓰였는지 확인하여 정답을 찾는다.

문장의 구조

영어 문장은 주어, 서술어, 목적어, 보어, 수식어로 이루어지며, 동사 뒤에 오는 목적어나 보어의 유무에 따라 크게 5가지로 구분된다.

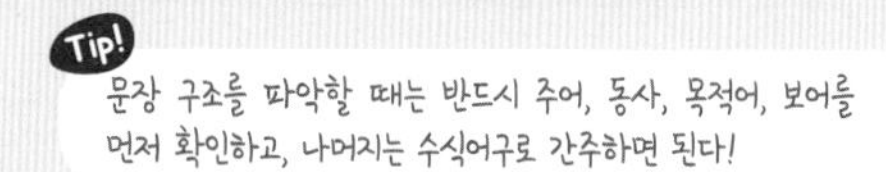

Tip!
문장 구조를 파악할 때는 반드시 주어, 동사, 목적어, 보어를 먼저 확인하고, 나머지는 수식어구로 간주하면 된다!

기본 개념 이해하기

1. 문장 성분

▸ 영어 문장은 최소 주어와 동사로 이루어진다. 주어는 '~은/는/이/가'에 해당하는 말이고, 동사는 '~하다/~이다'라는 의미로 해석되며 주어의 동작이나 상태를 나타낸다.

▸ 동사는 혼자서 주어를 설명할 수도 있지만, 전달하려는 의미에 따라 보어나 목적어가 필요하다. 보어는 불완전한 동사를 보충하는 말로 주어나 목적어의 상태나 성질을 설명하는 말이고, 목적어는 '~을/를'에 해당하는 말로 동사 동작의 대상이 되는 말이다.

Sales / **increased** / last month. 주어 + 동사 + (수식어)

The personal information / **is** / strictly **confidential**. 주어 + 동사 + 보어

The company's first minivan model / **received** / positive **reviews**. 주어 + 동사 + 목적어

해석 매출이 지난달에 증가했다. / 개인 정보는 엄격히 기밀이다. / 그 회사의 첫 번째 미니밴 모델은 긍정적인 평가를 받았다.

2. 주어, 목적어, 보어의 자리

▸ 주어, 목적어, 보어의 문장 성분은 동사를 기준으로 한 어순과 품사로 파악한다.

주어		동사의 앞에 오며 동작의 주체를 나타내는 (대)명사
목적어		동사의 뒤에 오며 동작의 대상을 나타내는 (대)명사
보어	주격 보어	동사의 뒤에 오는 명사 또는 형용사 * 명사 보어는 주어와 동격을 나타내고, 형용사 보어는 주어의 상태를 나타낸다.
	목적격 보어	목적어 뒤에 오는 명사 또는 형용사 * 명사 보어는 목적어와 동격을 나타내고, 형용사 보어는 목적어의 상태를 나타낸다.

The **manager** / is going to make / a **presentation**. 주어(명사) + 동사 + 목적어(명사)

The **historic district** / is / easily **accessible**. 주어(명사) + 동사 + 보어(형용사)

A new **website** / will make / your **business** / more **attractive**.
주어(명사) + 동사 + 목적어(명사) + 보어(형용사)

해석 부서장이 발표를 할 것이다. / 유적지는 쉽게 갈 수 있다. / 새 웹사이트는 당신 회사를 더 매력적이게 해줄 것이다.

3. 1형식 문장: 「주어 + 동사」

▸「주어 + 동사」 형태로 동사만으로 주어의 동작이나 상태를 설명하는 문장 형식이다. 보통 동사 뒤에 '어떻게, 어디서, 언제' 등을 나타내는 부사나 전치사구 등의 수식어가 붙는다.

꼭 외워야 할 1형식 동사		
go 가다	come 오다	work 일하다
travel 여행하다	live 살다	reside 거주하다
rise 증가하다	fall 떨어지다	arise 발생하다
occur 발생하다	take place 발생하다	happen 발생하다
land 착륙하다	arrive 도착하다	exist 존재하다
participate 참가하다	emerge 나타나다	appear 나타나다
depart 출발하다	compete 경쟁하다	cooperate 협력하다
collaborate 협력하다	speak 이야기하다	talk 이야기하다
last 지속하다	grow 성장하다	persist 집요하게 계속하다(계속되다)
proceed 진행하다	vary 다르다, 달라지다	differ 다르다

Unemployment / **fell**. 동사

Unemployment / **fell** sharply. 동사 + 수식어(부사)

Unemployment / **fell** in December. 동사 + 수식어(전치사구)

해석 실업률이 하락했다. / 실업률이 급격하게 하락했다. / 실업률이 12월에 하락했다.

✓ 문법 포인트 1형식 동사는 뒤에 부사나 전치사구를 보고 선택지 중에 1형식 동사를 고르는 문제와 앞에 1형식 동사를 보고 뒤에 부사를 고르는 문제가 주로 출제된다.

4. 2형식 문장: 「주어 + 동사 + 보어」

▸「주어 + 동사 + 보어」 형태로 be, become, remain 등의 동사 뒤에는 주어의 상태나 성질을 설명하는 형용사나 보어나 주어가 무엇인지를 설명하는 명사 보어가 온다.

꼭 외워야 할 2형식 동사		
be ~이다	become ~되다	remain 여전히 ~이다
appear ~하게 보이다	seem ~하게 보이다	prove ~임이 판명되다
stay 계속 ~인 상태이다	look ~하게 보이다	feel ~한 느낌이 들다
sound ~인 것 같다, ~처럼 들리다	smell ~한 냄새가 나다	taste ~한 맛이 나다

The prices / **are** / **reasonable**. 동사 + 보어(형용사)

My supervisor / **became** / **a general manager**. 동사 + 보어(명사)

해석 가격들이 합리적이다. / 나의 상사는 총지배인이 되었다.

✓ 문법 포인트 2형식 동사 뒤에 오는 보어는 주어를 설명해 주는 보어라는 의미로 주격 보어라고 부른다.
주격 보어 자리에는 명사와 형용사가 올 수 있는데, 명사 보어는 주어와 동격(동일한 대상)일 때에만 쓴다. 토익 시험에서는 명사 보어는 거의 출제되지 않고 형용사 보어를 고르는 문제가 주로 출제된다.

5. 3형식 문장: 「주어 + 동사 + 목적어」

▶ 「주어 + 동사 + 목적어」 형태로 동사 뒤에 '무엇을, 누구를'에 해당하는 목적어가 따라오는 문장 형식이다.

They will / **inspect** / the **factory** / in June. 동사 + 명사(목적어) + 전치사구(수식어)

The company / **expanded** / its **services**. 동사 + 명사(목적어)

해석 그들은 6월에 공장을 점검할 것이다. / 그 회사는 서비스를 확장했다.

6. 4형식 문장: 「주어 + 동사 + 목적어 + 목적어」

▶ 「주어 + 동사 + 간접 목적어(~에게) + 직접 목적어(~를)」 형태로 목적어가 두 개이다. 간접 목적어는 '~에게'에 해당되는 목적어로 주로 사람이 오고, 직접 목적어는 '~을/를'에 해당하는 목적어로 주로 사물이 온다.

▶ '(~에게) …을 주다'라는 기본 의미를 가진 동사인 give, offer 등이 4형식으로 쓰인다. 모든 4형식 동사들은 사람에 해당하는 간접 목적어 없이 직접 목적어만 나와서 3형식으로도 쓰인다.

꼭 외워야 할 4형식 동사 (수여동사)		
give 주다	offer 제공하다	send 보내다
grant 수여하다, 승인해 주다	award 수여하다	assign 할당해 주다
show 보여주다	bring 가져다 주다	teach 가르치다
lend 빌려주다		

The store / will **offer** / **customers** / a **discount**. 동사 + 명사(간접 목적어) + 명사(직접 목적어)

The company / **grants** / **employees** / **bonuses**. 동사 + 명사(간접 목적어) + 명사(직접 목적어)

해석 그 가게는 고객들에게 할인을 제공할 것이다. / 그 회사는 직원들에게 보너스를 수여한다.

7. 4형식 문장: 「주어 + 동사 + 사람 목적어 + that절」

▶ 다음의 동사들은 4형식으로 쓰일 때, 사람 또는 통지 대상이 간접 목적어 자리에 오고 that절이 직접 목적어로 온다. 이 동사들은 3형식으로 바뀌어도 뒤에 사람 또는 통지 대상이 오는 것은 바뀌지 않는다.

꼭 외워야 할 4형식 동사 (notify류 동사)		
notify ~에게 알리다	inform ~에게 알리다	+ 사람(통지 대상) + that절 → 4형식
remind ~에게 상기시키다	assure ~에게 확언해 주다	
advise ~에게 알리다	convince ~에게 납득시키다	+ 사람(통지 대상) + of 명사 → 3형식
warn ~에게 경고하다		

* 이 중 remind, convince, warn 동사는 「remind, convince, warn + 사람(통지대상) + to 부정사」 형태로 사람 목적어 뒤에 to 부정사가 오는 형태로 출제되기도 한다.

Ms. Han / **reminded** / **employees** of the policy changes. 3형식

Ms. Han / **reminded** / **employees** / **that** the policy changes are necessary. 4형식

Ms. Han / **reminded** / **employees** / **to implement** the policy changes. 5형식

해석 Ms. Han은 직원들에게 정책 변경에 대해 상기시켰다. / Ms. Han은 직원들에게 정책 변경이 필요하다는 것을 상기시켰다. / Ms. Han은 직원들에게 정책 변경을 시행할 것을 상기시켰다.

✅ **문법 포인트** '알리다'라는 의미의 inform이나 notify는 뒤에 사람(통지 대상) 목적어가 오지만 같은 의미의 announce는 뒤에 사람이 올 수 없고 알리는 내용이 온다는 점을 꼭 기억해야 한다.

Mr. Keith has [~~announced~~ / **informed**] us that the samples should arrive by this Wednesday.

Mr. Keith has [**announced** / ~~informed~~] (to us) that the samples should arrive by this Wednesday.

해석 Mr. Keith가 우리에게 샘플이 수요일까지 도착할 것이라는 것을 알려 주었다.

8. 5형식 문장: 「주어 + 동사 + 목적어 + 형용사/명사」

▸ 「주어 + 동사 + 목적어 + 목적격 보어」로 이루어진 문장을 5형식 문장이라고 한다.

▸ 목적격 보어로 목적어의 상태를 설명해 주는 형용사가 오는데, 형용사 보어는 '~하게'로 해석되므로 부사를 쓰지 않도록 주의한다.

▸ 목적격 보어로 목적어가 무엇인지를 설명해 주는 명사가 온다. 이때 목적어와 명사는 서로 동일한 대상이다.

꼭 외워야 할 5형식 동사 (형용사/명사 목적격 보어)		
make ~을 ~하게 하다 consider ~라고 여기다 leave 계속 ~하게 하다	find ~라고 여기다, ~라고 생각하다 keep 계속 ~하게 하다	+ 목적어 + 형용사
name 지명하다, 임명하다 call ~라고 부르다	appoint 임명하다 elect 선출하다	+ 목적어 + 명사

The training program / **keeps** / employees / **safe**. 동사 + 명사(목적어) + 형용사(목적격 보어)

They / **elected** / her / **mayor**. 동사 + 명사(목적어) + 명사(목적격 보어)

해석 그 훈련 프로그램은 직원들을 안전하게 해준다. / 그들은 그녀를 시장으로 선출했다.

9. 5형식 문장: 「주어 + 동사 + 목적어 + to부정사」

▸ want, ask, tell 등은 '(누가) ~하기를 …하다'라는 의미를 가지고 있으므로, '**누가** 하는지'를 나타내는 목적어와 '**무엇**을 하는지'를 나타내는 to 부정사 목적격 보어가 필요하다.

▸ help는 목적격 보어로 원형부정사와 to부정사가 올 수 있다.

꼭 외워야 할 5형식 동사 (to부정사 목적격 보어)			
advise 조언(충고)하다 ask 요청하다 enable 가능하게 하다 help 돕다 invite 초대하다	allow 허락하다 cause 야기시키다, 일으키다 expect 예상하다 require 요구하다 force 강요하다	permit 허가하다 persuade 설득하다 want 원하다 encourage 장려하다 urge 권고하다, 재촉하다	+ 목적어 + to부정사

The manager / **asked** / **the applicants** / **to submit their** résumés by mail.
동사 + 명사(목적어) + to부정사(목적격 보어)

Regular exercise / will **help** / **you** / (**to**) **relieve** stress. 동사 + 명사(목적어) + to부정사(목적격 보어)

해석 그 관리자는 지원자들에게 그들의 이력서를 우편으로 제출하라고 요구했다. / 규칙적인 운동은 스트레스를 해소하는 데 도움이 될 것이다.

핵심 문제 유형

Q1 [주어 자리] + 동사

------- for the musical audition will receive responses by April 7.

(A) Applied (B) Applications (C) Applicants (D) Applies

>> 출제 포인트 동사 앞에는 주어 역할을 하는 명사가 나온다.

❶ **선택지 확인** | 빈칸에 들어갈 알맞은 품사를 고른다.

❷ **빈칸 확인** | 주어 자리 → for the musical audition은 주어를 뒤에서 꾸며주는 전치사구이며, 주어 자리에는 명사가 들어가야 한다. → 동사 (A) Applied ⊗ (D) Applies ⊗

❸ **정답 확인** | 뮤지컬 오디션의 지원서가 4월 7일까지 응답을 받을 것이다. (B) Applications ⊗
뮤지컬 오디션의 지원자가 4월 7일까지 응답을 받을 것이다. → (C) Applicants ⓞ

정답 **(C) Applicants** / for the musical audition / will receive / responses / by April 7.

해석 지원자들은 / 뮤지컬 오디션의 / 받을 것이다 / 응답을 / 4월 7일까지

출제 포인트 ❶ 명사나 대명사는 주어 역할을 한다.

Construction on Main Street / will continue / until the end of the year. 명사 주어

He / forwarded / the evaluation / to my supervisor. 대명사 주어

Recovering lost files / is not an easy job. 동명사 주어

The department [manager / ~~manage~~] will be away on business this week. 명사 주어

주의! 동사나 형용사는 주어가 될 수 없다.

해석 Main가의 공사는 올해 말까지 계속될 것이다. / 그는 내 상사에게 평가서를 전달했다. / 잃어버린 파일들을 복구하는 것은 쉬운 일이 아니다. / 부서장은 이번 주에 출장을 갈 것이다.

+ check

1. All of the laboratory ------- must attend the safety training session this afternoon.

(A) assistance (B) assistants (C) assisting (D) assists

주어 + [동사 자리]

The concert ------- with a performance by a famous singer.

(A) concluding (B) to conclude (C) concluded (D) conclusion

>> 출제 포인트 동사 자리에는 준동사가 올 수 없다.

1 **선택지 확인** | 빈칸에 들어갈 알맞은 품사를 고르고, 올바른 형태를 선택한다.

2 **빈칸 확인** | 동사 자리 → 준동사나 명사는 동사 자리에 올 수 없다. → (A) 동사-ing ⊗ (B) to부정사 ⊗ (D) 명사 ⊗

3 **정답 확인** | (C) 「conclude + with: ~로 끝맺다」 → 동사는 (C) concluded ⓞ

정답 The concert / **(C) concluded** / with a performance / by a famous singer.

해석 콘서트는 / 끝이 났다 / 공연으로 / 유명 가수의

출제 포인트 ❷ 모든 문장에는 주어와 동사가 있지만, 명령문은 주어를 생략하고 동사원형으로 시작한다.

(Please) **direct** / all inquiries and applications / to Human Resources Director / Maria Ramirez.

해석 모든 문의사항과 지원서들은 인사과 책임자인 Maria Ramirez에게 보내주세요.

출제 포인트 ❸ 수식어(구)는 문장의 형식에 포함되지 않으며 명사, 동사, 형용사, 부사를 수식한다.

형용사	명사를 수식한다.
부사	형용사, 동사, 다른 부사를 수식한다.
전치사구	형용사나 부사 역할을 하여 명사나 동사를 수식한다.

The **local** economy / improved. 형용사: 명사 수식

The local economy / (**in the Caribbean**) / improved. 전치사구: 명사 수식

The local economy / (in the Caribbean) / improved (**quickly**). 부사: 동사 수식

The local economy / (in the Caribbean) / improved quickly (**in the second quarter**). 전치사구: 동사 수식

해석 지역 경제가 호전되었다. / 카리브해의 지역 경제가 호전되었다. / 카리브해의 지역 경제가 빠르게 호전되었다. / 카리브해의 지역 경제는 2분기에 빠르게 호전되었다.

출제 포인트 ❹ 조동사 뒤에는 동사원형이 나오며, 동사의 의미를 더해준다.

조동사 + 동사원형
can(~할 수 있다), may(~해도 좋다), must(~해야한다), will(~할 것이다), should(~해야한다), do not / does not / did not(부정문)

Normal service **will resume** on July 21.

해석 정상적인 서비스는 7월 21일에 재개될 것이다.

+ check

2. All on-site factory supervisors must ------- their timesheets by Monday.

(A) submitted (B) submit (C) submission (D) to submit

PART 5·6·7 UNIT 01

핵심 문제 유형

Q3 주어 + 동사 + [목적어 자리]

We offer free ------- if your order is more than $50.

(A) deliver (B) delivery (C) deliverable (D) delivers

>> 출제 포인트 3형식 동사 뒤에는 목적어 역할을 하는 명사가 온다.

1 **선택지 확인** | 빈칸에 들어갈 알맞은 품사를 고른다.

2 **빈칸 확인** | 동사 뒤의 목적어 자리 → 목적어 자리에는 명사가 온다. → (A) 동사 ⊗ (C) 형용사 ⊗ (D) 동사원형-(e)s ⊗

3 **정답 확인** | 「offer + 목적어: ~을 제공하다」 → 동사의 목적어는 명사 (B) delivery ⓞ

정답 We / offer / free **(B) delivery** / if your order is more than $50.

해석 우리는 / 제공합니다 / 무료 배송을 / 귀하의 주문이 50달러 이상이면

출제 포인트 ❹ 명사나 대명사는 목적어 역할을 한다.

Samfen Architecture, Inc. **completed** / **construction** of the bridge as scheduled. 명사 목적어

We can **send** / **you** / the product within a week. 대명사 목적어

They **planned** / **to open** a new branch in June. to부정사 목적어

They **postponed** / **opening** a new branch in June. 동명사 목적어

A recent survey **indicates** / **that** 60 percent of the population owns an automobile. 명사절 목적어

해석 Samfen 건축회사는 다리 공사를 예정대로 끝냈다. / 일주일 내에 당신에게 물건을 보내줄 수 있다. / 그들은 6월에 새로운 지점을 열기로 계획했다. 그들은 6월에 새로운 지점을 여는 것을 연기했다. / 최근의 조사는 인구의 60퍼센트가 자가용을 소유하고 있다는 것을 보여 준다.

+ check

3. Bitec Gaming Ltd. has made ------- to renovate the company's Hillstown manufacturing facility.

(A) plans (B) will plan (C) to plan (D) planner

주어 + 동사 + 목적어 + [보어 자리]

The seminar attendees found the president's speech -------.

(A) impressive (B) impressively (C) impress (D) impression

>> 출제 포인트 5형식 동사의 목적어 뒤에는 보어 역할을 하는 명사나 형용사가 온다.

1 선택지 확인 | 빈칸에 들어갈 알맞은 품사를 고른다.

2 빈칸 확인 | 목적어 뒤의 보어 자리 → 목적격 보어 자리에는 명사/형용사가 온다.
→ 부사 (B) impressively ✖ 동사 (C) impress ✖

3 정답 확인 | 「find + 목적어 + 목적격 보어: ~를 …하다고 생각하다」 → 목적격 보어자리에 목적어의 상태를 설명하면 형용사, 동격(동일한 대상)이면 명사 자리이다. → (A) impressive ⊙

정답 The seminar attendees / found / the president's speech / **(A) impressive.**
해석 세미나 참석자들은 / 생각했다 / 그 회장의 연설이 / 인상적이라고

출제 포인트 ❺ 형용사는 목적어 뒤에서 목적어를 설명해 주는 보어 역할을 한다.

동사 find, consider, make는 목적어 자리에 가목적어 it이 오는 구조로도 쓰인다.

Mr. Lee **found** / the company's benefits package / **attractive.** find + 목적어 + 목적격 보어(형용사)

The interviewers **considered** / Ms. Hue / **qualified** for the position. consider + 목적어 + 목적격 보어(형용사)

Businesses can **make** / customers / **satisfied** / by solving problems quickly.
make + 목적어 + 목적격 보어(형용사)

해석 Mr. Lee는 그 회사의 복리 후생 제도가 매력적이라고 생각했다. / 면접관들은 Ms. Hue가 그 자리에 적격이라고 생각했다.
회사는 문제점을 빠르게 해결해 줌으로써 고객들을 만족시킬 수 있다.

+ check

4. Skymet Electronics will keep its customers ------- by offering products at the most affordable prices.
(A) to satisfy (B) satisfies (C) satisfaction (D) satisfied

Practice

1. The Finance Department is very ------- this month with their budget report.
   (A) busyness (B) busier
   (C) busily (D) busy

2. Jaygen Holdings ------- its workforce by 20 percent this year.
   (A) will increase (B) increasing
   (C) to increase (D) being increased

3. Responses from our monthly customer survey are ------- positive.
   (A) consistency (B) consistencies
   (C) consistently (D) consistent

4. The President of S&B Communications ------- to offer internships to students.
   (A) deciding (B) decided
   (C) decision (D) to decide

5. The varying quality of products can make purchase decisions quite -------.
   (A) difficulties (B) difficulty
   (C) difficultly (D) difficult

6. You can renew ------- to *Beauty Updates Magazine* online or by telephone.
   (A) subscribers (B) subscribes
   (C) subscriptions (D) subscribe

7. This Saturday, the department store will be offering all ------- a 15 percent discount.
   (A) shoppers (B) shopping
   (C) shop (D) shops

8. The ------- of the company's headquarters to Miami will occur in April.
   (A) relocate (B) relocated
   (C) relocation (D) relocates

9. The government's new employment policy will enable businesses ------- many jobs.
   (A) to create (B) creating
   (C) created (D) create

10. Plaxco Accounting grew ------- from a small company to a large firm with over 500 staff members.
    (A) quicker (B) quickly
    (C) quickest (D) quick

11. ------- at the Johnsonville Factory receive their salary at the end of each month.
    (A) Work (B) Workers
    (C) Working (D) Works

12. The President informed employees of the ------- in the payroll system.
    (A) to change (B) changing
    (C) changed (D) change

13. Some customers complained that the chef's new dessert was too --------.
    (A) sweetness (B) sweet
    (C) sweeten (D) sweetly

14. The first train to Frankston will depart ------- at 10 A.M. today.
    (A) precisely (B) precise
    (C) precision (D) preciseness

15. The upgraded computer system is now fully ------- and ready for use.

(A) operation (B) operational
(C) operates (D) operate

16. The Marketing Department encouraged employees ------- their feedback reports as soon as possible.

(A) to submit (B) submitting
(C) submitted (D) submit

17. Mr. Song ------- positions in many areas of the company prior to becoming the CEO.

(A) occupational (B) occupation
(C) occupying (D) occupied

18. The Nahaju Group ------- a bigger office complex in the suburbs next year.

(A) will build (B) building
(C) to build (D) builder

19. Moonfield Shopping Center reminded customers ------- their business hours will change from March 1.

(A) to (B) that
(C) of (D) for

20. ------- of this task is not expected until early April.

(A) Completed (B) Completely
(C) Completion (D) Completes

기본 완성 훈련 다음은 앞서 풀어 본 연습문제의 문장들입니다. 주어(S), 동사(V), 목적어(O), 보어(C)를 찾아 밑줄을 긋고 품사를 표시하세요.

1. The Finance Department is very busy this month with their budget report.
2. The President of S&B Communications decided to offer internships to students.
3. The varying quality of products can make purchase decisions quite difficult.
4. You can renew subscriptions to *Beauty Updates Magazine* online or by telephone.
5. The government's new employment policy will enable businesses to create many jobs.
6. The President informed employees of the change in the payroll system.
7. The upgraded computer system is fully operational now and ready for use.
8. The Marketing Department encouraged employees to submit their feedback reports as soon as possible.
9. Moonfield Shopping Center reminded customers that their business hours will change from March 1.
10. Completion of this task is not expected until early April.

PART 7 주제·목적 문제

가장 핵심적인 내용을 파악해야 한다! 주제나 목적을 묻는 문제는 지문의 가장 핵심적인 내용을 파악해야 하며, 보통 지문의 앞부분에서 단서를 찾을 수 있다. 출제 비중이 매우 높은 문제 유형으로 매회 6~7문제 이상 출제된다.

질문 유형 확인하기

▸ 주제

What does the article **mainly discuss**? 기사는 주로 무엇에 대해 이야기하고 있는가?

What is the **main topic** of the notice? 공지의 주제는 무엇인가?

What is the memo **about**? 회람은 무엇에 관한 내용인가?

▸ 목적

What is the **purpose** of the article? 기사의 목적은 무엇인가?

Why was the e-mail **sent**? 이메일은 왜 발송되었는가?

Why did Mr. Hong **write** this letter? Mr. Hong은 편지를 왜 썼는가?

문제 풀이 전략

1 질문을 보고 글의 주제나 목적을 찾는 문제인지 확인한 후, 선택지보다 지문을 먼저 읽는다.

질문에 purpose, discuss, topic 등이 나오면 지문의 목적이나 주제를 묻는 문제이다.

2 주제나 목적은 글의 앞부분 또는 마지막 부분에서 단서를 찾는다.

영어 지문은 주로 글의 첫머리에 중심 내용이 나오는 두괄식 전개 구조이지만, 간혹, 글의 후반부에서 글쓴이의 의도를 정리하는 미괄식 전개 구조도 있으므로 유의한다.

3 지문의 내용을 다른 단어로 바꾸어 표현(paraphrasing)한 선택지에 유의하여 정답을 고른다.

지문에서 찾은 정답의 단서를 그대로 언급했거나 다른 표현으로 바꾸어 표현한 정답을 고른다.

핵심 문제 유형

Question 1 refers to the following memo.

To: All employees
From: Aileen Jang, Chief of Operations
Date: April 9
Subject: ID badges

We will install a new security system next Monday, April 16. After activating this system, LV employees always have to carry identification badges. There are digital identification codes in the plastic cards. As a result, they enable you to have access to all buildings on the LV campus. You can pick up badges in the Marketing Department office on Friday, April 11.

Keep in mind that employees won't be able to enter any LV facilities after April 16 without their new ID badges. If you have any questions or concerns, please contact your manager.

- 수신인
  발신인
  날짜
  제목
- 회람의 목적
  새로운 보안 설치 안내
- 주의 사항
- 문의 사항이 있을 경우 연락할 사람

1. What is the purpose of the memo?

(A) To inform employees of the temporary closing of a building
(B) To introduce a company policy
(C) To notify employees that a department's location has moved
(D) To address a recent security problem

예제 풀이

1번은 다음 회람에 관한 문제입니다.

To: All employees
From: Aileen Jang, Chief of Operations
Date: April 9
Subject: ID badges

수신인: 모든 직원들
발신인: Aileen Jang, 운영 실장
날짜: 4월 9일
제목: ID 명찰

수신인
발신인
날짜
제목

❶ We will install a new security system next Monday, April 16. After activating this system, LV employees always have to carry identification badges. There are digital identification codes in the plastic cards. As a result, they enable you to have access to all buildings on the LV campus. You can pick up badges in the Marketing Department office on Friday, April 11.

우리는 다음 주 월요일 4월 16일에 새로운 보안 시스템을 설치할 것입니다. 이 시스템을 작동시킨 후에, LV 직원들은 신분 확인 명찰을 항상 소지해야 합니다. 이 플라스틱 카드 안에는 디지털 식별 코드가 있습니다. 그 결과, 그것은 여러분이 LV 캠퍼스 내에 있는 모든 건물에 접근할 수 있도록 해줍니다. 여러분은 4월 11일 금요일에 마케팅 부서에서 명찰을 가져갈 수 있습니다.

회람의 목적
새로운 보안 시스템 설치 안내

Keep in mind that employees won't be able to enter any LV facilities after April 16 without their new ID badges. If you have any questions or concerns, please contact your manager.

4월 16일 이후에는 직원들이 그들이 새 명찰 없이는 그 어떠한 LV 시설물에도 들어갈 수 없을 것이라는 사실을 명심하세요. 만약 어떤 질문이나 염려되는 것이 있다면, 여러분의 매니저에게 연락하시기 바랍니다.

주의 사항

문의 사항이 있을 경우 연락할 사람

>> 주제나 목적을 묻는 문제

1. What is the **purpose** of the memo?

(A) To inform employees of the temporary closing of a building
(B) To introduce a company policy
(C) To notify employees that a department's location has moved
(D) To address a recent security problem

이 회람의 목적은 무엇인가?

(A) 직원들에게 건물의 임시 폐쇄를 알리기 위해
(B) 회사 정책을 소개하기 위해
(C) 직원들에게 부서의 위치가 이동되었다라는 것을 통보하기 위해
(D) 최근의 보안 문제를 해결하기 위해

문제 풀이 전략 적용

1 질문을 보고 글의 주제나 목적을 찾는 문제인지 확인한 후, 선택지보다 지문을 먼저 읽는다.
purpose → 글의 목적을 묻는 문제이다.

2 주제나 목적은 글의 앞부분 또는 마지막 부분에서 단서를 찾는다.
지문의 전반부, We will install a new security system next Monday. → 새로운 보안 시스템 설치를 알리기 위한 글임을 알 수 있다.

3 지문의 내용을 다른 단어로 바꾸어 표현(paraphrasing)한 선택지에 유의하여 정답을 고른다.
지문의 첫 문장에 메모의 목적이 제시되어 있다. 새 보안 시스템 설치로 인해 앞으로 직원들이 명찰을 지니고 다녀야 시설물 입장이 가능하다는 것을 알리는 것으로 회사 보안 시스템, 즉 회사 보안 정책이 변경된 것을 알리기 위한 글이다. 따라서 정답은 (B) To introduce a company policy이다.

VOCA

install *v.* 설치하다 | **security** *n.* 보안 | **activate** *v.* 작동시키다 | **carry** *v.* 지니고 다니다, 운반하다 | **identification** *n.* 신분 확인 | **identification code** 식별 코드 | **enable** *v.* 가능하게 하다 | **access** *v.* ~에 접근하다 | **facility** *n.* 시설 | **without** *prep.* ~없이 | **temporary** *adj.* 일시적인, 임시의

Practice

Questions 1-2 refer to the following text message.

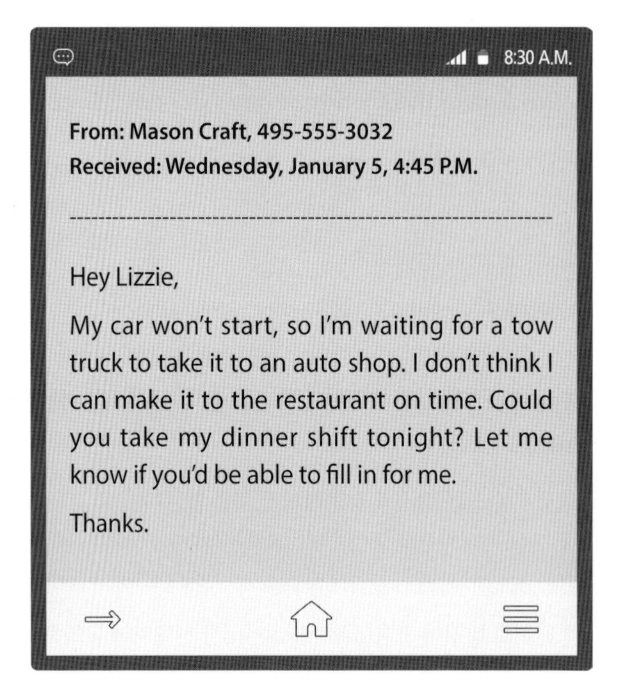

From: Mason Craft, 495-555-3032
Received: Wednesday, January 5, 4:45 P.M.

Hey Lizzie,

My car won't start, so I'm waiting for a tow truck to take it to an auto shop. I don't think I can make it to the restaurant on time. Could you take my dinner shift tonight? Let me know if you'd be able to fill in for me.

Thanks.

1. Why did Mason send the message?

(A) To inquire about car rental rates
(B) To arrange a substitute at his workplace
(C) To ask for a ride to an auto shop
(D) To postpone a meeting

2. What does Mason ask Lizzie to do?

(A) Bring tools from a garage
(B) Order a meal
(C) Call a restaurant
(D) Send a reply

VOCA

tow truck 견인차 | **auto (repair) shop** 자동차 정비소 | **make it to** ~에 이르다, 도착하다 | **on time** 제시간에 | **fill in** 대신 일을 봐주다; 채우다, 기입하다 | **rate** *n.* 요금; 비율 | **postpone** *v.* 연기하다

Questions 3-4 refer to the following information.

Product of the Month: Jenny's Coconut Soap

Jenny's Coconut Soap is handmade by LA resident Jenny Kang. Ms. Kang sells the soap locally after contracting with BY Grocery. As long as you store the soap in a cool and dry location, you can use the organic coconut oil hand soap for over three months. Other organic soaps can be used for just one month. The soap is a popular item with many BY customers and is currently on sale for $10 for a pack of three bars. It has the following benefits.

- Make hands soft
- Features a delicate scent
- Made of purely organic materials
- Have no artificial chemicals
- Clean hands thoroughly

Also, you can receive 10 percent off your purchase of Jenny's Coconut Soap. Simply mention discount code GD88 to a cashier at BY Grocery in LA.

3. What is the purpose of the information?
(A) To announce the opening of a new store
(B) To describe a cleaning procedure
(C) To show how soap is made
(D) To market a local resident's merchandise

4. What is mentioned about the soap?
(A) It consists of natural ingredients.
(B) It is sold at several locations.
(C) It can be purchased in only single-bar packs.
(D) It will be sold only online.

VOCA

product *n.* 제품 | **soap** *n.* 비누 | **locally** *adv.* 지역에서, 현지에서 | **contract** *v.* 계약하다 *n.* 계약 | **grocery** *n.* 식료품점 | **store** *v.* 보관하다, 저장하다 | **organic** *adj.* 유기농의 | **benefit** *n.* 혜택, 장점, 이득 | **feature** *v.* 특징으로 삼다 *n.* 특징 | **delicate** *adj.* (색깔·향·냄새 등이) 은은한 | **scent** *n.* 향기 | **purely** *adv.* 순전히, 오직 | **artificial** *adj.* 인공적인 | **thoroughly** *adv.* 철저히 | **mention** *v.* 언급하다 | **opening** *n.* 개원식 | **consist of** ~로 구성되다

동사

동사는 크게 주어-동사의 수 일치, 특정 시간 표현에 어울리는 시제, 목적어 유무로 구별하는 능동태 vs. 수동태 문제가 주를 이룬다.

기본 개념 이해하기

1. 주어와 동사의 수 일치

▶ 명사는 하나를 의미하는 단수형과 둘 이상을 의미하는 복수형이 있으며, 복수형은 대부분 -(e)s가 붙는다. 주어가 단수 명사이면 단수 동사를, 복수 명사이면 복수 동사를 쓴다. 명사는 복수형일때 -(e)s가 붙지만, 동사는 단수형 동사에 -(e)s가 붙는다.

단수 명사	하나	A / An + 명사 + 단수 동사	**An** employee / **works** in the office.
복수 명사	둘 이상	명사 + -(e)s + 복수 동사	Employee**s** / **work** in the office.

해석 한 직원이 사무실에서 근무한다. / 직원들이 사무실에서 근무한다.
풀이 단수 주어(An employee) 뒤에는 단수 동사 works를 쓰고, 복수 주어 Employees 뒤에는 복수 동사 work를 쓴다.

2. 동사의 단수형과 복수형

▶ 일반 동사의 단수형은 「동사원형 + -(e)s」를 쓰고, 복수형은 동사원형을 그대로 쓴다. 단, 과거 시제일 때는 주어의 수와 상관없이 동일한 형태로 쓴다.

		현재	과거
단수 주어	단수 동사	works, does, has, is	worked, did, had, was, were
복수 주어	복수 동사	work, do, have, are	

The company / **provides[provided]** / free e-mail service. 단수 동사[과거형]
Many companies / **provide[provided]** / free e-mail service. 복수 동사[과거형]

The price / **does not[did not]** include / any delivery charges. 단수 동사[과거형]
The prices / **do not[did not]** include / any delivery charges. 복수 동사[과거형]

The product / **is[was]** popular / in overseas markets. 단수 동사[과거형]
The products / **are[were]** popular / in overseas markets. 복수 동사[과거형]

해석 그 기업은 무료 이메일 서비스를 제공한다[제공했다]. / 많은 기업들이 무료 이메일 서비스를 제공한다[제공했다].
그 가격은 배달 요금을 포함하지 않는다[않았다]. / 그 가격들은 배달 요금을 포함하지 않는다[않았다].
그 제품은 해외 시장에서 인기가 있다[있었다]. / 그 제품들은 해외 시작에서 인기가 있다[있었다].

3. 단순 시제

현재 시제	동사원형 / 동사원형-(e)s	늘상 일어나는 반복적인 일(repeated events)이나 현재의 일반적인 사실(general facts)을 말할 때
과거 시제	동사원형-(e)d / 불규칙 변화	이미 끝난 일(finished events) 또는 과거의 사실이나 습관을 말할 때
미래 시제	will + 동사원형	앞으로의 일(predicted events)을 예상하거나 앞으로 할 일을 말할 때

Canota, Inc. / **conducts** / a customer satisfaction survey / every year. 현재 시제

Ms. Leroy / **works** / here / as a nurse. 현재 시제

Canota, Inc. / **conducted** / a customer satisfaction survey / last month. 과거 시제

Ms. Leroy / **worked** / here / as a nurse. 과거 시제

Canota, Inc. / **will conduct** / a customer satisfaction survey / next week. 미래 시제

Ms. Leroy / **will work** / here / as a nurse. 미래 시제

해석 Canota 사는 고객 만족도 조사를 매년 수행한다. / Ms. Leroy는 여기서 간호사로 일한다.
Canota 사는 지난달에 고객 만족도 조사를 수행했다. / Ms. Leroy는 여기서 간호사로 일했다.
Canota 사는 다음 주에 고객 만족도 조사를 수행할 것이다. / Ms. Leroy는 여기서 간호사로 일할 것이다.

4. 완료 시제

▶ 현재, 과거, 미래의 기준 시점까지 그 이전에 일어난 어떤 사건이나 상태가 영향을 미치고 있음을 나타낸다.

현재완료 시제	have / has + p.p.	'과거부터 지금까지 계속되고 있는 일' 또는 '과거에 일어난 일'을 현재와 연결시켜 '현재까지 남아 있는 결과, 경험한 일, 완료한 일'로 묘사한다.
과거완료 시제	had + p.p.	'과거의 기준 시점보다 먼저 일어난 일'을 의미한다. 주로 과거에 일어난 일들의 순서를 명확하게 나타낼 필요가 있을 때 쓴다.
미래완료 시제	will have + p.p.	'미래의 기준 시점보다 먼저 일어난 일' 또는 '과거에 시작된 일이 미래시점에 완료될 일'을 의미한다.

Ms. Hagen / **has worked** / here / for four years. 현재완료 시제: 과거부터 지금까지 계속되고 있는 일

Mr. Tran / **has injured** / his leg, / and (he) / cannot move.
현재완료 시제: 현재까지 남아 있는 결과(~한 상태로 남아 있다)

Before Mr. Lee arrived at the office, / the meeting / **had started**. 과거완료 시제

= After the meeting **had started**, / Mr. Lee / arrived / at the office. 과거완료 시제

Ms. Perez / **will have worked** / here for four years by next October. 미래완료 시제

해석 Ms. Hagen는 여기서 4년간 일하고 있다. / Mr. Tran는 다리를 다쳐서 움직이지 못한다. / Mr. Lee가 사무실에 도착하기 전에 회의가 시작됐다. / 회의가 시작한 후에 Mr. Lee는 사무실에 도착했다. / Ms. Perez는 돌아오는 10월이면 여기서 일한 지 4년이 된다.

5. 진행 시제

▶ 현재, 과거, 미래의 한 시점에서 진행 중인 동작이나 그 시점에서의 상태를 나타낸다.

현재진행 시제	is / are + V-ing	현재 시점에서의 진행 중인 동작이나 상태, 가까운 또는 확정된 미래를 나타내기도 한다.
과거진행 시제	was / were + V-ing	과거 시점에서의 진행 중인 동작이나 상태
미래진행 시제	will be + V-ing	미래 시점에서 진행 중인 동작이나 상태의 예상

Ms. Lund / **is attending** / the staff meeting / now. 현재진행 시제

Ms. Lund / **is attending** / the staff meeting / tomorrow. 현재진행 시제(가까운 미래)

Ms. Lund / **was attending** / the staff meeting / when we arrived here. 과거진행 시제

Ms. Lund / **will be attending** / the staff meeting / after lunch. 미래진행 시제

해석 Ms. Lund는 지금 직원 회의에 참석 중이다. / Ms. Lund는 내일 직원 회의에 참석할 것이다.
우리가 여기 도착했을 때 Ms. Lund는 직원 회의에 참석 중이었다. / 점심 이후에 Ms. Lund는 직원 회의에 참석 중일 것이다.

6. 능동태: 주어(행위의 주체) + 동사

▶ 행위의 주체인 '누구'를 주어로 말하는 방식을 능동태라고 한다.

The company / **holds** / the anniversary ceremony / every December. 주어 = 행위자

The company / **recommended** / Jason / for the assistant manager position. 주어 = 행위자

해석 회사는 매년 12월에 기념 행사를 연다. / 회사는 Jason을 부지배인 자리에 추천했다.

7. 수동태: 주어(행위의 대상) + be동사 + 과거분사(p.p.)

▸ 행위의 대상인 '무엇을'에 해당하는 목적어를 주어로 말하는 방식이다. 행위의 대상이나 행위 자체를 설명하는 데 초점이 있으며, 행위자 「by + 누구」는 흔히 생략된다.

능동태	주어(행위의 주체) + 동사 + 목적어(행위의 대상) → 주어가 ~를 ~하다
수동태	주어(행위의 대상) + be + p.p. + (by + 행위의 주체) → 주어가 (~에 의해) ~되다

The anniversary ceremony / **is held** / every December. 주어 = 행위의 대상

Jason / **was recommended** / for the assistant manager position. 주어 = 행위의 대상

해석 기념 행사는 매년 12월에 열린다. / Jason은 부지배인 자리에 추천 되었다.

문법 포인트 목적어가 없는 1형식과 2형식 문장은 능동태로만 쓰이며 수동태가 없다.

Oil prices **rose** last year. ⊙

Oil prices **were risen** last year. ⊗

해석 작년에 기름 가격이 올랐다.

8. 수동태의 형태

▸ 수동태는 주어의 인칭과 수, 시제를 be동사의 변화로 표현한다.

▸ 「조동사 + be + p.p.」: 조동사가 수동태 문장에 쓰이면 be동사를 원형으로 써야 한다.

	단순 시제	완료 시제	진행 시제
현재	am/are/is + p.p.	has/have + been + p.p.	am/are/is + being + p.p.
과거	was/were + p.p.	had + been + p.p.	was/were + being + p.p.
미래	will + be + p.p.	will + have + been + p.p.	will + be + being + p.p.

The perfume / **is sold** / only at Dart Worthy's Department Store. 현재 시제 수동태

The train / **was delayed** / for two hours. 과거 시제 수동태

A new return policy / **will be implemented**. 미래 시제 수동태

A birthday party / **has been booked** / for tomorrow. 현재완료 시제 수동태

A technical institute / **is being constructed**. 현재진행 시제 수동태

해석 그 향수는 Dart Worthy's 백화점에서만 판매된다. / 기차가 두 시간 동안 연착되었다. / 새로운 반품 정책이 시행될 것이다. 생일 파티가 내일로 예약되었다. / 기술 연구소가 지어지고 있다.

Food and beverages / **should be ordered** / by Monday. ⊙ 조동사 + be + p.p.

Food and beverages / **should ~~are~~ ordered** / by Monday. ⊗

해석 음식과 음료는 월요일까지 주문되어야 한다.

Q1 주어 + 수식어 + [단수 동사 vs. 복수 동사]

A master's degree, one of our requirements, ------- essential.

(A) being (B) are (C) is (D) be

>> 출제 포인트 주어와 동사 사이의 수식어는 수 일치에 영향을 주지 않는다.

❶ **선택지 확인** | 빈칸에 들어갈 동사의 알맞은 형태를 묻는 문제이다.

❷ **빈칸 확인** | 동사의 자리 → 동사 자리에 올 수 없는 (A) 동사-ing ⊗

❸ **정답 확인** | 단수 주어(A master's degree) + 동격어구(one of our requirements) → 동격어구는 주어, 동사 사이에 들어간 수식어구일 뿐이므로 수 일치에 영향을 주지 않는다 → 주어 degree에 수를 일치시켜 be동사의 3인칭 단수형이 와야 하므로 (B) are ⊗ 동사원형 (D) be ⊗ 정답은 (C) is ⓞ

정답 A master's degree, / one of our requirements, / **(C) is** / essential.

해석 석사 학위는 / 요구 조건 중의 하나인 / 필수적이다.

출제 포인트 ❶ 주어와 동사 사이에 앞에 있는 주어를 수식하는 전치사구, 형용사구, 분사구, to부정사, 형용사절, 동격어구 등의 수식어가 올 수 있지만, 수 일치에는 영향을 주지 않는다. 동사 바로 앞의 명사를 주어로 착각하면 안된다.

The **products** (of the company) / **are** popular. 복수 주어 (전치사구) + 복수 동사

Mr. Hong, (one of the instructors), / **works** / hard. 단수 주어 (동격어구) + 단수 동사

The **company**, (founded by several architects), / **has** / a good reputation. 단수 주어 (분사구) + 단수 동사

The **customers** (who used our rental service) / **were** satisfied. 복수 주어 (형용사절) + 복수 동사

The **departments** (responsible for marketing data) / **are** listed below. 복수 주어 (형용사구) + 복수 동사

Ms. Chen's **ability** (to attract customers) / **was** impressive. 단수 주어 (to부정사) + 단수 동사

해석 그 회사의 제품들은 인기가 좋다. / 강사들 중 한 명인, Mr. Hong은 열심히 일한다. / 몇몇 건축가들에 의해 설립된 그 회사는 좋은 평판을 가지고 있다. 우리의 대여 서비스를 이용했던 고객들은 만족스러워 했다. / 마케팅 데이터를 관리하는 부서가 아래에 열거되어 있다. 고객들을 끌어들이는 Ms. Chen의 능력은 인상적이었다.

+ check

1. Over the last several years, the costs related to owning a car ------- many commuters from driving to work.

(A) have prevented (B) preventive (C) has prevented (D) prevention

단수 주어 + [과거 동사 vs. 복수 동사]

The developer ------- the new software program to us.

(A) introduced (B) introduce (C) introducing (D) to introduce

>> 출제 포인트 일반동사의 과거형은 단수와 복수를 구분하지 않는다.

❶ **선택지 확인** | 빈칸에 들어갈 동사의 알맞은 형태를 묻는 문제이다.

❷ **빈칸 확인** | 동사의 자리 → 동사 자리에 올 수 없는 (C) 동사-ing ⊗ (D) to부정사 ⊗

❸ **정답 확인** | 단수 주어(The developer) → 일반동사의 현재 시제는 단수형을 써야 하므로 (B) introduce ⊗
과거 시제는 단수와 복수 구분이 없으므로 정답은 (A) introduced ⊙

정답 The developer / **(A) introduced** / the new software program / to us.
해석 개발자가 / 소개했다 / 새로운 소프트웨어 프로그램을 / 우리에게

출제 포인트 ❷ 「There + 동사(be) + 주어」 구문에서 동사는 뒤따라 오는 주어와 수를 일치시킨다.

There / **is a change** / to the terms and conditions of the contract. There + 단수 동사 + 단수 명사

There / **are** some **changes** / to the terms and conditions of the contract. There + 복수 동사 + 복수 명사

해석 계약 조항 및 조건에 한 가지 변경 사항이 있다. / 계약 조항 및 조건에 몇 가지 변경 사항들이 있다.

출제 포인트 ❸ 조동사 뒤에는 주어의 수와 상관없이 동사원형이 온다.

Each application / **must be received** / before March 1. 단수 주어 + 조동사 (must) + 동사원형

Visitors / **can** easily **find** / tour brochures / at the front desk. 복수 주어 + 조동사 (can) + 동사원형

해석 각 지원서는 3월 1일 전에 수령되어야 한다. / 방문객들은 안내 데스크에서 여행 책자를 쉽게 찾을 수 있다.

+ check

2. Kelly Brady in Marketing ------- her ideas on promoting new products at last week's meeting.

(A) present (B) presenting (C) to present (D) presented

핵심 문제 유형

Q3 단순 시제

Some of the managers ------- a guided tour of the factory next Monday.

(A) will take (B) take (C) took (D) were taking

>> 출제 포인트 현재 / 과거 / 미래를 나타내는 단서 표현을 찾아 동사의 시제를 정한다.

1. **선택지 확인** | 빈칸에 들어갈 알맞은 동사의 형태를 고른다.
2. **빈칸 확인** | 동사의 자리 → (A) 미래 시제, (B) 현재 시제, (C) 과거 시제, (D) 과거진행형 모두 동사 자리에 올 수 있다.
3. **정답 확인** | next Monday(다음 주 월요일)는 미래의 시점을 나타낸다. → 미래 시제 (A) will take ⓞ

정답 Some of the managers / **(A) will take** / a guided tour of the factory / next Monday.

해석 일부 매니저들이 / 할 것이다 / 공장 견학을 / 다음 주 월요일에

출제 포인트 ❹ 단순 시제와 함께 쓰이는 시간 부사(구)가 시제 문제의 결정적 단서가 된다.

현재 시간 부사(구)	currently 현재 regularly 정기적으로 each year 매년 frequently 빈번하게 occasionally 가끔	typically 보통 periodically 주기적으로 always 항상 usually 보통	normally 보통 every week 매주 often 자주 sometimes 가끔
과거 시간 부사(구)	last month 지난달에 yesterday 어제	recently 최근에 in 2000 2000년도에	two years ago 2년 전에
미래 시간 부사(구)	next year 내년에 tomorrow 내일	soon 곧, 머지않아 as of tomorrow 내일부터	shortly 곧, 머지않아

Jacky's Café / offers / free beverages / to its customers **every month.** 현재 시간 부사(구)
Jacky's Café / offered / free beverages / to its customers **last month**. 과거 시간 부사(구)
Jacky's Café / will offer / free beverages / to its customers **soon**. 미래 시간 부사(구)

해석 Jackey's Café는 매달 고객들에게 무료 음료를 제공한다. / Jacky's 카페는 지난달에 고객들에게 무료 음료를 제공했다.
Jacky's Café는 고객들에게 곧 무료 음료를 제공할 것이다.

+ check

3. Lake Yohanas last ------- completely a decade ago.

(A) froze (B) freeze (C) frozen (D) freezing

완료 시제

Saritex Group ------- its business in developing countries in the last three years.

(A) expansion (B) expands (C) expanding (D) has expanded

>> 출제 포인트 완료 시제와 함께 쓰이는 단서 표현을 찾아 동사의 시제를 정한다.

❶ **선택지 확인** | 빈칸에 들어갈 알맞은 동사의 형태를 고른다.

❷ **빈칸 확인** | 동사 자리 → 명사와 준동사는 동사 자리에 올 수 없다. → (A) 명사 ⊗ (C) 동사원형-ing ⊗
(B) 현재 시제와 (D) 현재완료시제는 동사 자리에 올 수 있다.

❸ **정답 확인** | in the last three years(지난 3년 동안)은 '과거부터 지금까지의 기간'을 의미한다.
→ 현재완료 (D) has expanded ⓞ

정답 Saritex Group / **(D) has expanded** / its business / in developing countries / in the last three years.

해석 Saritex 그룹은 / 확장해 왔다 / 사업을 / 개발도상국가들에서 / 지난 3년 동안

출제 포인트 ❺ 완료 시제와 함께 쓰이는 시간 부사(구)가 시제 문제의 결정적 단서가 된다.

현재완료 시간 부사(구)	over[during/for/in] the last[past] three years 지난 3년 동안 「since + 과거 시점」 (과거 시점) 이후로 (지금까지) 「since + S + 과거 시제」 (과거 시점에 ~한) 이후로 (지금까지) recently/lately 최근에 so far/until now 지금까지 for two months 두 달 동안 during the summer 여름 동안
과거완료 시간 부사(구)	「Before S + 과거 시제, S + 과거완료 시제」 ~하기 전에 이미 ~했었다 「After S + 과거완료 시제, S + 과거 시제」 이미 ~한 후에 ~했다 「By the time S + 과거 시제, S + 과거완료 시제」 ~했을 때(쯤) 이미 ~했었다
미래완료 시간 부사(구)	「By the time S + 현재 시제, S + 미래완료 시제」 ~할 때까지면 ~했을 것이다

Vitpro Co. / has enforced / the new policies / **for three months**.
Vitpro Co. / has been enforcing / the new policies / **over the last three months**.
Vitpro Co. / has enforced / the new policies / **since last April**.
Vitpro Co. / has enforced / the new policies / **since the new manager took office**.
By the time Ms. Feng **became** the manager, she / **had worked** / here / for five years.
By the time our R&D team **finishes** developing the new product, our marketing team / **will have set** / the marketing strategies.

해석 Vitpro 사는 3달 동안 새로운 정책들을 시행해왔다. / Vitpro 사는 지난 3달 동안 새로운 정책들을 시행해오고 있다.
Vitpro 사는 지난 4월 이후로 새로운 정책들을 시행해왔다. / Vitpro 사는 새로운 매니저가 일을 시작한 이후로 새로운 정책들을 시행해왔다.
Ms. Feng이 매니저가 되었을 때 쯤 그녀는 여기서 5년간 일했었다. / R&D 팀에서 신제품 개발을 끝낼 때까지 마케팅 팀은 마케팅 전략을 수립해 놓을 것이다.

+ check

4. The exports of our mobile phones ------- over the past three years.
(A) have increased (B) increasing (C) will increase (D) increase

Q5 자동사와 수동태

The company's total revenue ------- unchanged.

(A) remaining (B) remains (C) is remained (D) to remain

>> 출제 포인트 목적어가 없는 자동사는 수동태가 불가능하다.

1. **선택지 확인** | 빈칸에 들어갈 알맞은 동사의 형태를 고른다.
2. **빈칸 확인** | 동사 자리 → 동사 자리에 올 수 없는 준동사 (A) 동사원형-ing ⊗ (D) to부정사 ⊗
3. **정답 확인** | 「remain + 형용사: 계속 ~인 채로 남아 있다」 → 목적어가 오지 않는 2형식 동사로, 수동태가 불가능하다.
   → (C) is remained ⊗ (B) remains ⊙

정답 The company's total revenue / **(B) remains** / unchanged.

해석 회사의 총수입은 / 남아 있다 / 변하지 않은 채로

출제 포인트 ⑥ 2형식 동사 뒤에 오는 명사는 목적어가 아니라 보어이기 때문에 수동태가 불가능하다.

Mr. Stallard / **became** / a successful businessperson. ⊙

A successful businessperson / ~~**was become**~~. ⊗

해석 Mr. Stallard는 성공적인 사업가가 되었다.

출제 포인트 ⑦ look, seem 등은 '~하게 보이다'로 해석되어 수동태로 착각하기 쉽지만, 행위의 대상이 없는 자동사이므로 수동태 표현도 없다.

수동태로 착각하기 쉬운 자동사			
look / appear / seem / sound ~인 것 같다	happen 발생하다	occur 일어나다	consist of ~로 구성되다

The intern's suggestion / **sounds** / useful. ⊙

The intern's suggestion / ~~**is sounded**~~ / useful. ⊗

해석 인턴의 제안은 유용한 것 같다.

출제 포인트 ⑧ 동사구의 수동태: 「자동사 + 전치사」는 하나의 동사처럼 취급하여 수동태를 만든다.

This issue / should be **taken care of** / as soon as possible.

The concert / **was called off** / by the band.

해석 이 문제는 가급적 빨리 처리되어야 한다. / 콘서트가 그 밴드에 의해 취소되었다.

+ check

5. A recent report shows that tourism has remained ------- strong even in the current economic recession.

(A) surprising (B) surprisingly (C) surprised (D) surprise

Q6 3형식 동사의 수동태

The office complex ------- on the outskirts of Seoul next year.

(A) will be built (B) built (C) was built (D) building

>> 출제 포인트 3형식 동사 뒤에 목적어가 없으면 수동태이다.

1. **선택지 확인** | 동사와 명사 중 빈칸에 들어갈 알맞은 품사를 고르고 올바른 형태를 선택한다.
2. **빈칸 확인** | 동사 자리 → 동사 자리에 올 수 없는 준동사 (D) 동사-ing/명사 ⊗
3. **정답 확인** | 「build + 목적어: ~을 짓다」 → 동사 뒤에 목적어가 있어야 하는 3형식 동사인데, 빈칸 뒤에 목적어 없이 전치사구가 연결되어 있다. → 능동태의 과거형 (B) built ⊗ → 수동태 (A), (C) 중 문장 맨끝에 미래 시간 부사구 next year가 있다. → (D) was built ⊗ (A) will be built ⓞ

정답 The office complex / **(A) will be built** / on the outskirts of Seoul next year.

해석 복합 사무동이 / 지어질 것이다 / 서울 근교에 / 내년에

출제 포인트 ⓔ 3형식 동사의 수동태 뒤에는 아무것도 오지 않거나 부사나 전치사구가 온다.

The manufacturer / **provides** / warranty information / online. 동사 + 목적어 → 능동태

Warranty information / **is provided** / online. 동사 → 수동태

해석 그 제조업체는 품질 보증 정보를 온라인으로 제공한다. / 품질 보증 정보가 온라인으로 제공된다.

풀이 3형식 동사 provide 뒤에 목적어가 없으면 수동태 문장이다.

✓ 문법 포인트 3형식 동사 provide 뒤에 목적어가 없으면 수동태 문장이다.

이 때 빈칸 뒤에 있는 부사 online(온라인으로)을 목적어로 착각해서 능동태를 고르면 안 된다. 다음과 같은 부사나 부사구는 목적어로 착각하기 쉬우므로 주의한다.

목적어로 착각하면 안 되는 부사/부사구		
company wide 전사적으로	worldwide 전세계적으로	online 온라인으로
the following morning 다음날 아침	this morning 오늘 아침	another day 또 다른 하루

Students / **will wear** / complete uniforms. 동사 + 목적어 → 능동태

Complete uniforms / will **be worn**. 동사 → 수동태

해석 학생들이 모든 것을 갖춘 유니폼을 착용할 것이다. / 모든 것을 갖춘 유니폼이 착용될 것이다.

✓ 문법 포인트 3형식 동사 wear 뒤에 목적어가 없으면 수동태 문장이다.

+ check

6. Productions at Birnham Theater are ------- mainly by local sponsors.

(A) funds (B) funded (C) funding (D) fund

Practice

1. The new LX555 camera, designed for beginner photographers, ------- popular among young people.
   (A) is (B) are
   (C) be (D) being

2. The construction crews ------- the project on schedule.
   (A) finished (B) are finished
   (C) finishing (D) to be finished

3. It is expected that ------- at the Thorndon Factory is going to increase this quarter.
   (A) productivity (B) productive
   (C) products (D) produce

4. Mr. Nakamoto, an expert in the field of science, ------- recently elected city mayor.
   (A) were (B) was
   (C) will be (D) have been

5. A large apartment complex ------- next to the Barhill train station.
   (A) will be built (B) builder
   (C) built (D) build

6. The customer service ------- is trained to deal with various complaints from customers.
   (A) departed (B) department
   (C) to depart (D) departments

7. Furiko Corporation ------- financial problems for several years.
   (A) has faced (B) has been faced
   (C) have faced (D) face

8. Customers usually ------- to Sador's Diner due to its excellent service and delicious food.
   (A) return (B) has returned
   (C) returns (D) have been returned

9. All team members can apply for a bonus once they ------- here for one year.
   (A) have worked (B) have been worked
   (C) are working (D) work

10. There ------- many suitcases at the hotel lobby this morning.
    (A) were (B) be
    (C) was (D) is

11. Kirks Department Store ------- open for over 20 years.
    (A) have been (B) has been
    (C) is (D) to be

12. ------- the past two months, attendance at Professor Hu's lectures has increased dramatically.
    (A) Behind (B) Above
    (C) Into (D) During

13. Tom's Bistro ------- customers friendly service as well as a variety of healthy foods.
    (A) have offered (B) are offered
    (C) offer (D) offers

14. Commuters can easily ------- the central business district by taking the Yellow Rail Line.
    (A) reaches (B) reach
    (C) to reach (D) reaching

15. Mr. Hassan will ------- all hotel reservations while Ms. Yang is away.

(A) handling (B) handle
(C) be handled (D) is handling

16. The IT Department ------- suggestions for the new security program until the end of this week.

(A) have accepted (B) will be accepting
(C) to accept (D) accepting

17. Starting next Wednesday, the Vianox Shopping Center ------- its business hours until 10 P.M.

(A) was extending (B) had extended
(C) are extending (D) will be extending

18. Applicants interested in the position ------- to submit their resumes by November 30.

(A) require (B) requires
(C) are required (D) has required

19. Any requests for a vacation must be ------- to the supervisor at least one week in advance.

(A) submitted (B) submission
(C) submit (D) submitting

20. Baprix Industries will ------- expand its manufacturing facilities in Detroit.

(A) usually (B) recently
(C) soon (D) formerly

기본 완성 훈련 다음은 앞서 풀어 본 연습문제의 문장들입니다. 주어(S), 동사(V), 목적어(O), 보어(C)를 찾아 표시하고, 시간 부사(구) 또는 시간 부사절에 ○를 치세요.

1. The new LX555 camera, designed for beginner photographers, is popular among young people.
2. It is expected that productivity at the Thorndon Factory is going to increase this quarter.
3. Mr. Nakamoto, an expert in the field of science, was recently elected city mayor.
4. A large apartment complex will be built next to the Barhill train station.
5. The customer service department is trained to deal with various complaints from customers.
6. Kirks Department Store has been open for over 20 years.
7. Tom's Bistro offers customers friendly service as well as a variety of healthy foods.
8. Commuters can easily reach the central business district by taking the Yellow Rail Line.
9. The IT Department will be accepting suggestions for the new security program until the end of this week.
10. Starting next Wednesday, the Vianox Shopping Center will be extending its business hours until 10 P.M.

PART 7 세부 사항 문제

의문사와 질문의 키워드를 파악해야 한다! 세부 사항을 묻는 문제는 모든 질문이 의문사로 시작하며, 지문에서 질문의 키워드와 관련된 부분만 읽고 정답을 고를 수 있다. Part 7에서 가장 많이 출제되는 문제 유형으로 매회 20문제 이상 출제된다.

질문 유형 확인하기

▸ **인물·시간·장소**

Who most likely is Mr. Hong? Mr. Hong은 누구이겠는가?

When does the event start? 행사는 언제 시작하는가?

Where can more information be obtained? 더 자세한 정보는 어디에서 얻을 수 있는가?

▸ **요청·부탁**

What are the employees **asked** to do? 직원들은 무엇을 하도록 요청 받는가?

What does Mr. Leno **ask** Mr. Hong to do? Mr. Leno은 Mr. Hong에게 무엇을 하라고 요청하는가?

▸ **방법·이유**

How will the products be sent? 상품들은 어떻게 보내질 것인가?

Why did he miss the meeting? 그는 왜 회의에 빠졌는가?

문제 풀이 전략

1 질문의 의문사를 확인한다.

세부 사항을 묻는 질문은 Who, When, Where, What, How, Why(누가, 언제, 어디서, 무엇을, 어떻게, 왜) 등의 육하원칙으로 시작한다.

2 질문의 키워드를 파악한 후, 지문에서 언급된 부분을 찾는다.

질문의 키워드는 지문에서 언급된 내용을 다른 어휘로 바꾸어 표현(paraphrasing)하는 경우가 많으므로, 질문의 키워드가 그대로 언급되거나 비슷한 어휘나 표현이 나오면 선택지와 대조하면서 오답을 소거한다.

3 지문의 내용을 다른 어휘로 바꾸어 표현(paraphrasing)한 선택지에 유의하여 정답을 고른다.

지문에서 찾은 정답의 단서를 그대로 언급했거나 다른 어휘로 바꾸어 표현(paraphrasing)한 정답을 고른다.

Question 1 refers to the following invitation.

The BB Center Art Association
is going to host an exhibition.

Our Artists: Paintings and Drawings
by Chicago's Best Emerging Artists

Thursday, April 7, from 4:30 P.M. to 7:30 P.M.

Owen Performance Center
171 Grandriver Main Street
Chicago, IL 60007

Tickets to the event are $20 per person.

To make a reservation for your tickets,
please call or email by Friday, April 1.
TEL: 889-4000
E-mail: events@bbcenterarts.org

● 예술 협회 전시회

● 행사 세부 일정 안내
(참가자, 전시 작품, 시간, 장소, 비용)

● 티켓 예약 방법

1. What type of event is being held?

(A) A concert
(B) An art show
(C) A business convention
(D) An auction

예제 풀이

1번은 다음 초대에 관한 문제입니다.

1 The BB Center Art Association is going to host an exhibition.
BB 센터 예술 협회는 전시회를 개최할 예정입니다.

→ 예술 협회 전시회

Our Artists: Paintings and Drawings by Chicago's Best Emerging Artists
우리의 **예술가들**: 시카고 최고 신인 **예술가들의 회화와 소묘**

→ 행사 세부 일정 안내 (참가자, 전시작품, 시간, 장소, 비용)

Thursday, April 7, from 4:30 P.M. to 7:30 P.M.
4월 7일 목요일, 오후 4시 30분에서 오후 7시 30분까지

Owen Performance Center
171 Grandriver Main Street
Chicago, IL 60007
시카고, IL 60007의 Grandriver Main가 171번지에 있는 Owen 공연 센터에서 진행됩니다.

Tickets to the event are $20 per person.
행사 티켓은 인당 20달러입니다.

To make a reservation for your tickets, please call or email by Friday, April 1.
TEL: 889-4000
E-mail: events@bbcenterarts.org
티켓을 예매하려면, 4월 1일 금요일까지 전화하거나 이메일을 보내세요.
전화: 889-4000
이메일: events@bbcenterarts.org

→ 티켓 예약 방법

>> 세부 사항을 묻는 문제

1. What type of event is being held?

어떤 종류의 행사가 개최되는가?

(A) A concert
(B) An art show
(C) A business convention
(D) An auction

(A) 콘서트
(B) 미술 전시회
(C) 비즈니스 컨벤션
(D) 경매

문제 풀이 전략 적용

1 질문의 의문사를 확인한다.

어떤(What) 종류의 행사가 열리고 있는지를 묻는 세부 사항 문제이다. '어떤 종류의 행사(What type of event)'를 키워드로 잡아 지문에서 행사 관련 내용이 언급된 부분을 집중해서 읽는다.

2 질문의 키워드를 파악한 후, 지문에서 언급된 부분을 찾는다.

지문의 첫 번째 줄 The BB Center Art Association is hosting an exhibition. → 예술 협회가 주최하는 전시회이므로 다른 종류를 언급한 (A), (C), (D)는 소거한다.

3 지문의 내용을 다른 어휘로 바꾸어 표현(paraphrasing)한 선택지에 유의하여 정답을 고른다.

지문의 첫 번째 줄 Art Association(예술 협회)란 단어가 보이고, 다음 줄에는 예술가들(Artists)에 의한 '회화와 소묘(paintings and drawings)'라고 나와 있다. 따라서 정답은 (B) An art show이다.

Paraphrasing! exhbition(전시회) → art show(미술 전시회)

VOCA

association *n.* 협회 | **host** *v.* 개최하다 | **exhibition** *n.* 전시회 | **emerging** *adj.* 떠오르는, 부상하는 | **per** *prep.* ~당 | **person** *n.* 사람

Questions 1-2 refer to the following advertisement.

Superior Destination SM

Very good prices for each destination

Destination	Price
Seoul	$199
Daejeon	$299
Daegu	$299
Busan	$310
Jeju Island	$399

Make a reservation for your discounted trip. Our website is www.superiorsm.com. Also, browse our list of hotels so that you can find the best place to stay in the location you choose.

Terms & Conditions: Airfares are per person for economy flights. Transport to the airport via shuttle bus is included in deals, and you can have a buffet breakfast free of charge as long as you make a reservation for a hotel through our website.

1. What most likely is Superior Destination SM?

(A) An airline company
(B) A shuttle bus service
(C) A travel agency
(D) A hotel chain

2. What is included in deals?

(A) Travel guidebooks
(B) Hotel accommodations
(C) A tour guide
(D) A ride to the airport

VOCA

superior *adj.* 우수한 | **destination** *n.* 목적지, 도착지 | **browse** *v.* (정보를 찾아) 인터넷을 돌아다니다 | **airfare** *n.* 항공 요금 | **per** *prep.* ~당 | **transport** *n.* 운송, 수송, 이동 | **via** *prep.* ~을 통하여, ~을 경유하여 | **deal** *n.* 거래 | **free of charge** 무료로

Questions 3-5 refer to the following e-mail.

To	nwayans@cpomail.net
From	tbernell@swiftair.com
Date	June 29
Subject	Swift Frequent Flyers Club

Dear Ms. Wayans,

Thank you for joining the Swift Frequent Flyers Club. As a token of our appreciation, we have mailed you a special gift, compliments of Swift Air. You will be receiving a Gearup Travel Bag, a stylish and durable suitcase. The suitcase meets the carry-on luggage regulations set by all airlines. If you do not receive your Gearup Travel Bag within the next three weeks, please call Customer Service at 1-800-555-9844.

Also, make sure to log in to your Swift Frequent Flyer account and check out our weekly member specials. We are continually adding new packages for flights, hotels, and rental cars that our members can purchase at reduced rates. We hope you will enjoy all the benefits of your membership.

Sincerely,

Terrence Bernell
Swift Frequent Flyers Club

3. Why will Ms. Wayans receive a suitcase?

(A) She won a special contest.
(B) She lost one at an airport.
(C) She ordered one from a website.
(D) She joined an airline's club.

4. What is stated about the suitcase?

(A) It is available in different sizes.
(B) It may be exchanged for another color.
(C) It can be taken on board an airplane.
(D) It will be delivered to Ms. Wayans' office.

5. What is Ms. Wayans encouraged to do online?

(A) View discount offers
(B) Download an electronic ticket
(C) Confirm travel arrangements
(D) Create a customer account

VOCA

join *v.* 가입하다 | **as a token of appreciation** 감사의 표시로 | **compliment** *n.* 칭찬, 찬사 | **durable** *adj.* 내구성이 있는, 오래 가는 | **suitcase** *n.* 여행 가방 | **meet** *v.* 충족하다 | **carry-on luggage** (기내) 휴대용 가방 | **make sure to** 반드시 ~하다, ~을 확실히 하다 | **log in to** ~에 로그인하다 | **account** *n.* 계정 | **continually** *adv.* 계속해서, 끊임없이 | **at a reduced rate** 할인가로, 할인하여 | **benefit** *n.* 혜택, 이득 *v.* 득을 보다, 유용하다

명사

명사(noun)는 문장에서 주어, 목적어, 보어 등의 역할을 한다. 명사에는 가산 명사와 불가산 명사가 있으며, 보통 관사나 형용사 등의 수식어와 결합된 구(phrase)로 쓰인다.

명사는 주어, 목적어, 보어 자리 및 관사나 형용사, 소유격 뒤에 올 수 있다. 명사 자리에 형용사나 동사가 올 수 없으며, 가산 명사가 단수일 때는 명사 앞에 관사(a / an)를 쓰고, 복수일 때는 명사 뒤에 -(e)s를 붙인다. 단, 불가산 명사는 앞에 관사 a / an이나, 뒤에 -(e)s를 붙이지 않도록 반드시 주의하자!

기본 개념 이해하기

1. 명사의 종류

▸ 명사(Nouns)는 같은 부류의 사람이나 장소, 사물, 개념 등을 통칭하여 '무엇'이라고 부르는 이름이다. 특정한 사람이나 장소, 사물 등에 붙여진 개별적인 이름은 고유명사(proper nouns)라고 한다.

보통명사	사람, 동식물, 사물, 장소 등의 이름	employee, office, product, computer, desk
집합명사	구성원들이 모인 집합체의 이름	family, class, audience, staff, committee, crowd
물질명사	일정한 형태가 없는 물질의 이름	furniture, money, paper, sugar, water
추상명사	추상적인 개념의 이름	friendship, hope, luck, value, happiness, honesty
고유명사	특정한 사람 등의 개별적인 이름	Ms. Clark, Central Park, Seoul

2. 가산 명사와 불가산 명사

▸ 명사는 셀 수 있는 가산 명사와 셀 수 없는 불가산 명사로 구분된다.

▸ 가산 명사는 '하나'를 의미하는 단수형과 둘 이상을 의미하는 복수형이 있다. 가산 명사 단수형 앞에는 관사 a/an과 같은 한정사가 반드시 있어야 하고, 복수형은 명사 뒤에 -(e)s를 붙이고 관사와 같은 한정사 없이 쓸 수 있다.

▸ 불가산 명사는 셀 수 없기 때문에 복수형이 없고 항상 단수형으로만 쓰고 한정사 없이 쓸 수 있다.

<table>
<tr><td rowspan="3">명사</td><td rowspan="2">가산 명사</td><td>단수형(하나)</td><td>an employee 직원(한 명)</td></tr>
<tr><td>복수형(둘 이상)</td><td>employees 직원(여러 명)</td></tr>
<tr><td colspan="2">불가산 명사</td><td>information 정보(셀 수 없음)</td></tr>
</table>

✓ 문법 포인트 셀 수 있는 가산 명사 employee는 홀로 쓰이지 않고, '하나'를 의미하는 부정관사 an을 쓰거나 복수형 -(e)s으로 쓴다. 반면, 셀 수 없는 불가산 명사인 information은 '하나'를 의미하는 부정관사 an을 쓸 수 없고, 복수형 -(e)s가 붙지 않는다.

EX employee ⊗ **an** employee ⊙ employee**s** ⊙
information ⊙ ~~an information~~ ⊗ ~~informations~~ ⊗

3. 명사의 한정사

▸ 명사의 대상이나 수량을 표시하는 관사나 소유격, 지시 형용사, 수량 형용사, 부정 형용사들을 명사의 한정사라고 한다.

▸ 가산 단수 명사, 가산 복수 명사, 불가산 명사 앞에 붙을 수 있는 한정사가 정해져 있기 때문에 한정사의 종류는 반드시 외워 두어야 한다.

한정사	명사
a(n) 하나의 ı every 모든 ı each 각각의 ı another 또 다른 하나의	+ 가산 단수명사
many / a number of / numerous 많은 ı a few / several 몇몇의 ı few 거의 없는	+ 가산 복수명사
much 많은 ı a little 적은 ı little 거의 없는	+ 불가산 명사
all 모든 ı some 약간의 ı most 대부분의 ı other 다른	+ 가산 복수 / 불가산 명사
소유격(his, Mr. Gupta's) ~의 ı no 어느 ~도 ~아니다 ı any 어느 ~든지, 모든 ı the 그	+ 가산단수 / 가산복수 / 불가산 명사

문법 포인트 정관사 the와 소유격 등은 가산 명사 단수형과 복수형, 불가산 명사 앞에 모두 쓰인다. 이 때, 지시형용사(this, these)나 소유격(your, his, her)도 명사의 대상을 구체화시킨다.

EX **the** employee ⊙ **the** employees ⊙
the information ⊙ **this** information ⊙ **your** information ⊙

4. 명사의 형태

▸ -tion / -sion / -ment / -ness / -ity / -ence 등으로 끝나는 단어는 대부분 명사이다.

▸ -al, -ive와 같이 형용사처럼 생긴 명사나 -ing로 끝나는 명사에 주의해야 한다.

기본적인 명사형 어미	location 장소 ı permission 허가 ı development 발달 ı happiness 행복 ı ability 능력 ı emergency 비상 ı difference 차이 ı failure 실패 ı attendee 참석자 ı worker 직원 ı creator 창조자
형용사처럼 보이는 사람 명사	critic 비평가 ı representative 대표자 ı respondent 응답자 ı individual 개인 ı professional 전문가 ı client 고객 ı attendant 종업원 ı assistant 보조원 ı participant 참가자 ı accountant 회계사 ı consultant 상담자 ı applicant 지원자 ı correspondent 기자, 특파원
형용사처럼 보이는 사물 명사	alternative 대안 ı objective 목적 ı characteristic 특징 ı potential 잠재력 ı approval 승인 ı proposal 제안(서) ı renewal 갱신 ı removal 제거 ı arrival 도착 ı terminal 터미널 ı rental 임대, 대여
-ing로 끝나는 명사	planning 계획 수립 ı accounting 회계 ı funding 자금(재정) 지원 ı dining 식사 ı opening 공석, 개막식 ı training 훈련 ı marketing 마케팅 ı spending 지출 ı understanding 이해 ı boarding 탑승 ı housing 주택 ı widening 확장 ı meeting 회의

Q1 한정사 + [명사 자리]

The ------- can be purchased online or in stores.

(A) production (B) products (C) productive (D) produces

>> 출제 포인트 관사, 소유격, 형용사의 꾸밈을 받는 말은 명사이다.

1 **선택지 확인** | 빈칸에 들어갈 알맞은 품사를 고른다.

2 **빈칸 확인** | 정관사 the 뒤의 명사 자리인 동사에 주어 자리 → 명사 자리에 올 수 없는 (C) 형용사 ✗ (D) 동사 ✗

3 **정답 확인** | '주어가 온라인 또는 매장에서 구매될 수 있다'라는 의미이므로 정답은 문맥상 (A) production 생산 ✗ (B) products 제품들 O

정답 The **(B) products** / can be purchased / online or in stores.

해석 그 제품들은 / 구매될 수 있다 / 온라인 또는 매장에서

출제 포인트 ❶ 한정사(관사, 소유격, 형용사)의 꾸밈을 받는 자리는 명사 자리이다.

The **products** / in question / are scheduled / to be tested. 관사 뒤

He / will talk / briefly about the corporation's **history**. 소유격 뒤

Some **items** / will not be included / in the sale. 수량형용사 뒤

해석 의심을 받고 있는 제품들은 실험될 일정이 잡혀 있다. / 그는 회사의 약력에 대해 간략하게 말할 것이다.
몇몇 제품은 할인 판매에 포함되지 않을 것이다.

출제 포인트 ❷ 명사는 동사의 주어, 목적어, 보어 및 전치사, 준동사의 목적어 역할을 한다.

All **employees** / must wear / uniforms. 동사 앞: 주어 자리

The manager / introduced / a new **employee**. 타동사 뒤: 목적어 자리

He / is / the hotel's head **chef**. 자동사 뒤: 보어 자리

I / got / the manual / from their **website**. 전치사 뒤: 목적어 자리

해석 전 직원이 유니폼을 입어야 한다. / 매니저가 한 신입직원을 소개했다.
그는 그 호텔의 수석 요리사이다. / 나는 그 매뉴얼을 웹사이트에서 구했다.

+ check

1. In order to access the database, a completed request form and a written ------- from Ms. Wood are required.

(A) to authorize (B) authorized (C) authorize (D) authorization

가산 명사 vs. 불가산 명사

A ------- in English proficiency is necessary for the position.

(A) certificate (B) certification (C) certifying (D) certifies

>> 출제 포인트 부정관사 a(an) 뒤에는 가산 단수 명사가 온다.

1 선택지 확인 | 빈칸에 들어갈 알맞은 품사를 고른다.

2 빈칸 확인 | 부정관사 a 뒤의 명사 자리인 동시에 주어 자리 → 부정관사와 함께 쓰지 않는 (C) 동사-ing ⊗ (D) 동사 ⊗

3 정답 확인 | 부정관사 a 뒤에 올 수 있는 가산 명사이고, '그 직책에는 영어 시험 인증서가 필요하다'는 의미가 적절하므로 (B) certification 증명 ⊗ (A) certificate 증명서 ⓞ

정답 A **(A) certificate** / in English proficiency / is necessary / for the position.

해석 인증서는 / 영어 숙련도에서의 / 필수이다 / 그 직책에는

출제 포인트 ❸ 가산 명사 단수형은 반드시 부정관사 a(an)이나 소유격, 수량 형용사 등의 한정사와 함께 쓰이지만, 가산 명사 복수형과 불가산 명사는 한정사 없이도 단독으로 쓸 수 있다.

가산 명사		불가산 명사	
a discount 할인	an effort 노력	approval 승인	advice 충고
a decision 결정	an increase, rise 증가	access 이용(기회), 접근(권한)	production 생산
a request 요청	a delay 지연	productivity 생산성	arrival 도착
a requirement 자격요건	an opening 공석	delivery 배달	consent 동의
a visit 방문	a purchase 구매	growth 성장	equipment 장비
a change 변경사항	a task 과제, 업무	change 잔돈	work 일, 작업
a permit 허가증	a prospect 전망	interest 관심	support 지원, 지지
a work 작품	a refund 환불	information 정보	mail 우편물
a rate 가격, 요금	a load 짐	research 연구	operation 운영, 영업
an expense 비용	a contribution 기여, 기부금	planning 기획	certification 증명
a certificate 증명서(자격증)	an approach 접근법	staff 직원	money 돈
a detail 세부 사항	a price 가격	cash 현금	furniture 가구
a compliment 칭찬	a complaint 불평, 불만	clothing 의류	luggage, baggage 짐
a result 결과	a mistake 실수	permission 허가	part 일부, 일원
an offer 제안	a part 부분; 부품		

+ check

2. Modern Office Furniture is offering ------- of up to 30 percent on select items.

(A) discount (B) discounts (C) discounter (D) discounted

사람 명사 VS. 사물/추상명사

Mr. Hong will share important ------- about starting a business during the conference.

(A) advice (B) adviser (C) advises (D) advised

>> 출제 포인트 사람 명사와 사물/추상 명사를 상황에 맞게 써야 한다.

1. **선택지 확인** | 빈칸에 들어갈 알맞은 품사를 고른다.
2. **빈칸 확인** | 빈칸은 목적어 자리 → 명사 자리이므로 동사 (C) advises (D) advised ⊗
3. **정답 확인** | 사람 명사는 셀 수 있는 가산 명사이므로, an adviser나 advisers로 써야지, adviser 단독으로 쓸 수 없으므로 추상명사로 불가산 명사인 (A) advice 조언 ⊙

정답 Mr. Hong / will share / important **(A) advice** / about starting a business / during the conference.

해석 Mr. Hong은 / 공유할 것이다 / 중요한 충고를 / 사업을 시작하는 것에 관한 / 컨퍼런스 기간 동안

출제 포인트 ❹ 사람 명사는 가산 명사이므로 한정사 없이는 단수 형태로 쓸 수 없다는 점에 유의한다.

사람 명사		사물/추상 명사	
advisor 고문	analyst 분석가	advice 충고	analysis 분석
assistant 보조자	applicant 지원자	assistance 지원	application 지원(서)
professional 전문가	competitor 경쟁자	profession 직업	competition 경쟁
founder 설립자	enthusiast 애호가	foundation 설립	enthusiasm 열정
marketer 마케터	inspector 검사관	marketing 홍보	inspection 검사
instructor 강사	permitter 허가자	instruction 지시사항	permission 허락, 허가
contributor 기여자	performer 공연자	contribution 기여	performance 공연
participant 참가자	supervisor 상사	participation 참가	supervision 감독
subscriber 구독자	distributor 배급업자	subscription 구독	distribution 배급, 배포
correspondent 통신원, 기자	visitor 방문자	correspondence 서신	visit 방문

+ check

3. Please read the enclosed ------- on how to sign up for a membership at the Goldland Gym.

(A) instructive (B) instructor (C) instructs (D) instructions

명사 + 명사 = 복합 명사

Doha Consulting offers tips on improving employee -------.

(A) productively (B) produced (C) productivity (D) produce

>> 출제 포인트 복합 명사는 앞의 명사가 뒤의 명사를 꾸며주는 형태이다.

1 선택지 확인 | 빈칸에 알맞은 품사를 고른다.

2 빈칸 확인 | 이미 동사 offer가 있다. → 동사 형태인 (B) produced ✕ (D) produce ✕ → 빈칸은 동명사 improving의 목적어 자리인데, 빈칸 앞에 목적어처럼 보이는 employee가 있어서 빈칸에 「동명사 + 목적어」를 수식하는 부사 (A) productively를 선택할 수 있으나 가산 단수 명사인 employee 앞에 어떠한 한정사도 없기 때문에 목적어가 될 수 없다. 따라서 employee와 함께 복합명사를 이루는 명사 (C) productivity가 정답이다.

3 정답 확인 | 「명사 + 명사」 복합 명사 형태로 improving의 목적어가 되어야 문맥상 자연스러우므로 (C) productivity ○

정답 Doha Consulting / offers / tips / on improving employee **(C) productivity**.

해석 Doha 컨설팅은 / 제공한다 / 조언들을 / 직원 생산성 개선에 대한

출제 포인트 ⑤ 「명사 + 명사」의 형태를 복합 명사라 하며, 앞의 명사가 뒤의 명사를 수식하는 형태이다.

「명사 + 명사」의 형태인 복합 명사		
retail sales 소매 판매	refund policy 환불 정책	safety regulation 안전 규칙
sales representative 영업 사원	water shortage 물 부족	interest rate 이자율, 금리
safety precaution 안전 예방책	registration form 신청서	tourist attraction 관광 명소
office supplies 사무용품	baggage allowance 수하물 제한량	contingency plan 비상 계획
sales figures 매출액	media coverage 언론 보도	bank statement 입출금 내역서
production line 생산 공정	bank account 은행 계좌	
job opening 공석, (직장의) 빈자리	employee productivity 직원 생산성	

+ check

4. Despite efforts to boost the construction business, requests for building ------- have decreased.

(A) permit (B) permitted (C) permitting (D) permits

Practice

1. Gihans Architects received ------- for the building project from the town council.
   (A) approve (B) approval
   (C) approves (D) approved

2. Mr. Morgan's ------- to communicate with his clients is impressive.
   (A) ably (B) ability
   (C) able (D) ablest

3. MT Mart will provide ------- for all Reef Beauty Products purchased before August 12.
   (A) refund (B) refunded
   (C) refunding (D) refunds

4. The latest vehicle model is expected to be a ------- in the European market.
   (A) successfully (B) success
   (C) succeed (D) successful

5. Office supply ------- should be approved by Ms. Kang.
   (A) purchase (B) purchases
   (C) purchaser (D) purchased

6. Due to the current drought conditions, agricultural water ------- will increase.
   (A) usefully (B) usage
   (C) useless (D) useful

7. ------- by popular musicians attracted large crowds at the festival.
   (A) Performances (B) Performance
   (C) Performed (D) Perform

8. To complete the project on time, we need to hire an -------.
   (A) assistance (B) assistant
   (C) assist (D) assisted

9. The ------- about the security program was rescheduled.
   (A) presenter (B) presented
   (C) presents (D) presentation

10. The seminar will focus on how businesses can increase ------- sales through online services.
    (A) they (B) their
    (C) them (D) theirs

11. McJessop Consulting recently employed additional ------- to join their finance team.
    (A) accountable (B) accounting
    (C) accountants (D) accounts

12. Mr. Park, an ------- for the customer service position, will be meeting with the interviewers tomorrow.
    (A) apply (B) application
    (C) applied (D) applicant

13. It is recommended that ------- renew their memberships by the end of the month.
    (A) subscribers (B) subscribes
    (C) subscriptions (D) subscribing

14. Vabimo Group's recent ------- of Pexor Company helped expand its production capacities.
    (A) acquired (B) acquire
    (C) acquisition (D) acquiring

15. Please call our customer service line to arrange your furniture ------- this week.

(A) delivers (B) deliver
(C) delivered (D) delivery

16. ------- of the Klarksson project is expected to increase the company's sales.

(A) Completely (B) Completed
(C) Completion (D) Complete

17. ------- at the annual travel conference must show their tickets at the main door.

(A) Attends (B) Attendance
(C) Attendees (D) Attend

18. According to ------- collected by Terisan Communications, the BX555 laptop is popular among graphic designers.

(A) information (B) informing
(C) inform (D) informative

19. The Allwalk Shoe Store offers 10 percent discount coupons to first-time -------.

(A) buyer (B) buy
(C) bought (D) buyers

20. A digital ------- of 1,000 books and business journals will be displayed in the Hargort Library.

(A) collect (B) collections
(C) collection (D) collected

기본 완성 훈련 다음은 앞서 풀어 본 연습문제의 문장들입니다. 명사를 찾아 밑줄을 긋고, 복합 명사에는 ○를 치세요.

1. Gihans Architects received approval for the building project from the town council.
2. Mr. Morgan's ability to communicate with his clients is impressive.
3. MT Mart will provide refunds for all Reef Beauty Products purchased before August 12.
4. Due to the current drought conditions, agricultural water usage will increase.
5. Performances by popular musicians attracted large crowds at the festival.
6. The seminar will focus on how businesses can increase their sales through online services.
7. Mr. Park, an applicant for the customer service position, will be meeting with the interviewers tomorrow.
8. Vabimo Group's recent acquisition of Pexor Company helped expand its production capacities.
9. Please call our customer service line to arrange your furniture delivery this week.
10. Attendees at the annual travel conference must show their valid tickets at the main door.

PART 7 사실확인 문제

선택지와 지문을 세부적으로 대조해야 한다! 주어진 4개의 선택지 중에서 지문의 내용과 일치하지 않거나 일치하는 것을 고르는 문제이다. 선택지와 질문의 키워드가 언급된 부분을 대조하면서 오답을 소거해야 한다. 매회 7~10문제가 출제된다.

질문 유형 확인하기

▸ 일치하는 정보 (TRUE)

What is **indicated** about the policy? 정책에 관하여 언급된 것은 무엇인가?

What is **stated** about the products? 제품들에 관하여 언급된 것은 무엇인가?

What is **mentioned** about the seminar? 세미나에 관하여 언급된 것은 무엇인가?

What is **true** about the system? 시스템에 관하여 사실인 것은 무엇인가?

▸ 일치하지 않는 정보 (NOT TRUE)

What is **NOT indicated** about the policy? 정책에 관하여 언급되지 않은 것은 무엇인가?

What is **NOT stated** about the products? 제품에 관하여 언급되지 않은 것은 무엇인가?

What is **NOT mentioned** about the seminar? 세미나에 관하여 언급되지 않은 것은 무엇인가?

What is **NOT true** about the system? 시스템에 관하여 사실이 아닌 것은 무엇인가?

문제 풀이 전략

1 질문과 선택지의 키워드를 파악한다.

질문에 나오는 이름, 숫자(날짜 또는 시간), 고유명사는 반드시 기억한다.

2 질문의 키워드가 언급된 부분을 지문에서 찾아 선택지와 대조하면서 오답을 소거한다.

선택지의 내용이 지문에 언급되지 않거나 잘못 언급되었는지, 지문의 내용과 일치하는지를 하나씩 대조하면서 오답을 소거한다.

3 지문의 내용과 일치하거나 일치하지 않는 정답을 고른다.

정답은 지문에서 찾은 정답의 단서를 그대로 언급하기보다 다른 어휘로 표현(paraphrasing)된 경우가 많으므로 유의한다.

핵심 문제 유형

Questions 1-2 refer to the following advertisement.

Career Hope

···• 회사명

Do you want an inexpensive way to attract new talented people for your company? Post your openings in *Career Hope*, an employment-related newspaper. It includes many things job seekers need in addition to job postings. It contains information about career fairs, professional advice about writing a résumé, and tips on how to do well in interviews.

···• 회사가 하는 일

Career Hope is distributed to many locations around East Saint Louis, and it is completely free of charge to job seekers. Using *Career Hope* is a great idea for hiring companies. Each posting costs $30 and lasts for one month.

···• 회사 위치와 요금 안내

Visit www.careerhopeprint.com/ad to make job postings. You can also view examples of effective job postings. Please upload the text you want to include in the posting, and then, pay the final fee.

···• 웹사이트에서 할 수 있는 것

Please note that your text will not be edited by *Career Hope*. If you want to hire an editor to write your advertisement, please contact us at 785-884-2370. There will be an additional fee for this service.

···• 유의 사항

1. What is indicated about *Career Hope*?

(A) It has several offices in East Saint Louis.
(B) It hosts a job fair every year.
(C) It charges $30 for each job posting.
(D) It is published once a month.

2. What is NOT mentioned as something that can be done on the *Career Hope* website?

(A) Making a payment
(B) Seeing sample postings
(C) Applying for a position
(D) Submitting a document

예제 풀이

[1-2] 다음 광고에 관한 문제입니다.

Career Hope

Career Hope

회사명

Do you want an inexpensive way to attract new talented people for your company? Post your openings in *Career Hope*, an employment-related newspaper. It includes many things job seekers need in addition to job postings. It contains information about career fairs, professional advice about writing a résumé, and tips on how to do well in interviews.

당신의 회사를 위한 새로운 재능 있는 사람을 끌어들일 저렴한 방법을 원하십니까? 고용 관련 신문 〈Career Hope〉에 구인 공고를 올리세요. 신문은 일자리 외에도 구직자가 필요로 하는 많은 것들을 포함하고 있습니다. 취업 박람회에 관한 정보와 이력서 쓰는 것에 대한 전문가들의 조언, 그리고 어떻게 하면 면접을 잘 볼 수 있는지에 대한 팁도 포함하고 있습니다.

회사가 하는 일

Career Hope is distributed to many locations around East Saint Louis, and it is completely free of charge to job seekers. Using *Career Hope* is a great idea for hiring companies. ❶ Each posting costs $30 and lasts for one month.

〈Career Hope〉는 East Saint Louis 주변의 많은 지역에 배포되고, 구직자들에게는 전액 무료입니다. 〈Career Hope〉를 이용하는 것은 고용 회사를 위해 아주 좋은 생각입니다. **각 공고는 30달러이며, 한달 동안 유지됩니다.**

회사 위치와 요금 안내

❷ Visit www.careerhopeprint.com/ad to make job postings. You can also view examples of effective job postings. Please upload the text you want to include in the posting, and then, pay the final fee.

구인 광고를 내기 위해 careerhopeprint.com/ad를 방문하세요. 당신은 또한 효과적인 구인 광고 예시들을 볼 수도 있습니다. 당신이 구인 광고에 포함시키고 싶은 문구를 업로드하고 나서 최종 요금을 지불하세요.

웹사이트에서 할 수 있는 것

Please note that your text will not be edited by *Career Hope*. If you want to hire an editor to write your advertisement, please contact us at 785-884-2370. There will be an additional fee for this service.

당신의 글은 〈Career Hope〉에 의해서 편집되지 않을 것이라는 것을 알아두세요. 만약 당신의 광고글을 작성할 편집자를 고용하고 싶으면, 우리에게 785-884-2370으로 연락주세요. 이 서비스에 대한 추가 요금이 있을 것입니다.

유의 사항

VOCA

inexpensive *adj.* 비싸지 않은 | **employment-related** *adj.* 고용과 관련된 | **job seeker** 구직자 | **contain** *v.* 포함하다 | **career fair** 취업 박람회 | **résumé** *n.* 이력서 | **distribute** *v.* 배포하다, 보급하다 | **last** *v.* 지속하다 | **effective** *adj.* 효과적인 | **text** *n.* 본문, 글, 문서 | **edit** *v.* 편집하다 | **advertisement** *n.* 광고 | **additional** *adj.* 추가적인

>> 일치하는 정보를 묻는 문제(TRUE)

1. What is indicated about *Career Hope*?

(A) It has several offices in East Saint Louis.
(B) It hosts a job fair every year.
(C) It charges $30 for each job posting.
(D) It is published once a month.

〈Career Hope〉에 관하여 언급된 것은 무엇인가?

(A) East Saint Louis에 몇 개의 사무실을 두고 있다.
(B) 매년 취업 박람회를 개최할 것이다.
(C) 각 구인 광고당 30달러를 부과한다.
(D) 한 달에 한 번 발행된다.

문제 풀이 전략 적용

1 질문과 선택지의 키워드를 파악한다.

〈Career Hope〉에 대해서 무엇이 언급(indicated)되는지를 묻는 문제이므로 〈Career Hope〉를 키워드로 삼아 지문에 언급된 부분을 찾는다.

2 질문의 키워드가 언급된 부분을 지문에서 찾아 선택지와 대조하면서 오답을 소거한다.

첫 번째 단락에 〈Career Hope〉가 취업 박람회에 관한 정보를 포함하고 있다는 이야기는 있었고, 두 번째 단락에 East Saint Louis 주변 지역에 〈Career Hope〉가 배포된다는 말은 있었다. 그러나 취업 박람회를 개최하거나 East Saint Louis에 몇 개의 사무실이 있다던가, 한 달에 한 번 발행된다는 말은 지문에서 언급된 적이 없었다.

3 지문의 내용과 일치하거나 일치하지 않는 정답을 고른다.

두 번째 단락에서 광고를 게시하는 건당 비용이 30달러라고 한 지문 내용을 언급했으므로 정답은 (C) It charges $30 for each job posting.이다.

Paraphrasing! Each posting costs $30 → It charges $30 for each ~ posting

>> 일치하지 않는 정보를 묻는 문제(NOT TRUE)

2. What is NOT mentioned as something that can be done on the *Career Hope* website?

(A) Making a payment
(B) Seeing sample postings
(C) Applying for a position
(D) Submitting a document

〈Career Hope〉 웹사이트에서 행해질 수 있는 것으로 언급되지 않은 것은 무엇인가?

(A) 요금을 지불하는 것
(B) 샘플 공고를 보는 것
(C) 일자리에 지원하는 것
(D) 서류를 제출하는 것

문제 풀이 전략 적용

1 질문과 선택지의 키워드를 파악한다.

질문에서 웹사이트를 키워드로 삼아 지문에서 〈Career Hope〉 웹사이트가 언급된 부분을 찾는다.

2 질문의 키워드가 언급된 부분을 지문에서 찾아 선택지와 대조하면서 오답을 소거한다.

지문 세 번째 단락에서 효과적인 구인 광고의 예시들이 있을 것이니, 당신이 구인 광고에 포함시키고 싶은 글을 게시한 후 최종 요금을 지불하라는 언급이 있으므로 (A), (B), 그리고 (D)는 언급되었으므로 하나씩 소거한다.

3 지문의 내용과 일치하거나 일치하지 않는 정답을 고른다.

Paraphrasing!

- view examples of ~ postings → Seeing sample postings
- upload ~ text → Submitting a document
- pay ~ fee → Making a payment

따라서, 보기에서 언급되지 않은 것은 일자리 지원에 관한 내용이므로 정답은 (C) Applying for a position이다.

Practice

Questions 1-2 refer to the following information.

BH

Design-A Awards are given annually to graphic design companies in order to recognize outstanding achievements. The Kensington Advertising League sponsors the awards, and only companies based in the Kensington area can receive the awards. There are five types of awards, and they are presented every October at the Kensington Regional Design Conference. All graphic design companies are encouraged to submit work and to visit the BH website for details.

1. What is mentioned about the Design-A Awards?

(A) They are awarded once every five years.
(B) They are only offered to firms in the local area.
(C) They are awarded to companies in various fields.
(D) They are held in different venues every year.

2. What can companies do on the website?

(A) Pay a fee
(B) Participate in a survey
(C) Reserve a booth
(D) Upload their work

VOCA

annually *adv.* 매년 | **recognize** *v.* 인지하다, 인정하다, 알아보다 | **outstanding** *adj.* 우수한, 뛰어난 | **achievement** *n.* 성취, 업적 | **sponsor** *v.* 후원하다 *n.* 후원업체 | **award** *n.* 상 *v.* 수여하다 | **present** *v.* 주다, 수여하다 | **work** *n.* 작품 | **venue** *n.* 장소 | **reserve** *v.* 예약하다

Questions 3-4 refer to the following brochure.

Real Tours
Italy's Finest Cities

For more than 10 years, Real Tours has offered customers the best tours. It has been featured in *World Interset Magazine* in addition to many other top travel publications. We have travel programs for many parts of Italy, especially Venice, Rome, Milan, and Florence.

A one-week visit to your chosen city is included in standard travel packages.

Every package includes:
- At least one tour guide
- Breakfast & lunch
- Ground transportation within the city
- Accommodations at a hotel for five nights
- Admission to three tourist attractions per day

For additional details, contact Marsha Kim at 02-847-9901.

3. What is indicated about Real Tours?

(A) It is currently under construction.
(B) It is offering discounts to first-time clients.
(C) It has been in business for more than a decade.
(D) It has recently opened a new branch.

4. What is NOT included in a standard travel package?

(A) Daytime meals
(B) Hotel stays
(C) Flight tickets
(D) Visits to famous places

VOCA

more than ~이상 | **feature** *v.* (신문 등에서) 특집 기사로 다루다 | **publication** *n.* 간행물 | **include** *v.* 포함하다 | **standard** *n.* 표준 *adj.* 표준의 | **ground** *n.* 땅, 지상 | **transportation** *n.* 운송, 수송 | **accommodations** *n.* 숙박(시설) | **admission** *n.* 입장 | **attraction** *n.* 끌림, 명소 | **construction** *n.* 공사 | **decade** *n.* 10년간 | **branch** *n.* 지점 | **daytime** *adj.* 낮의, 주간의

대명사

대명사(pronoun)는 앞에 나온 명사의 반복을 피하기 위해 대신 쓰는 말로 명사와 마찬가지로 주어, 목적어, 보어 역할을 한다. 가리키는 대상에 따라 인칭대명사, 소유대명사, 재귀대명사, 지시대명사, 부정대명사가 있다.

기본 개념 이해하기

1. 인칭대명사의 격과 수

▶ 대신하는 명사의 수나 인칭, 성별에 따라 알맞은 형태로 써야 한다. 주어로 쓰이면 주격으로, 동사나 전치사의 목적어일 때는 목적격으로 쓴다.

Mr. Smith / will start work / in Greenville next week. **He** / will be overseeing / the Sales Department. 주격(He = Mr. Smith) + 동사

To maintain relationships with our customers, / we / contact / **them** / regularly.
동사 + 목적격(them = our customers)

The manager / is not available / right now, but / you / can talk / to **her** / tomorrow afternoon. 전치사 + 목적격(her = the manager)

해석 Mr. Smith는 다음 주부터 Greenville에서 근무를 시작할 것이다. 그는 영업부를 관리할 것이다. / 고객들과의 관계를 유지하기 위해서, 우리는 그들에게 정기적으로 연락한다. / 매니저는 지금 시간이 안 되지만, 내일 오후에 그녀와 얘기 나눌 수 있다.

2. 소유격과 소유대명사

▶ 소유격은 '~의'라는 뜻으로 명사 앞에 붙어서 사용되고, 소유대명사는 '~의 것(= 소유격 + 명사)'이라는 의미이다. it은 소유대명사가 없다.

소유격	my	your	his	her	its	our	your	their
소유대명사	mine	yours	his	hers	없음	ours	yours	theirs

Mr. Anderson / is famous / for **his** innovative designs. 소유격

Mr. Mui / accepted / Stacey's proposal, / but he / asked / me / to revise **mine**.
소유대명사(mine = my proposal)

해석 Mr. Anderson은 그의 혁신적인 디자인들로 유명하다. / Mr. Mui는 Stacey의 제안서는 수락했지만, 그는 내게 내 것(내 제안서)을 수정할 것을 요청했다.

3. 재귀대명사

▶ 재귀용법: 동사나 동사구(동사 + 전치사)의 목적어가 주어와 같을 때 '~ 자신'이라는 의미로 재귀대명사를 쓴다.

▶ 강조용법: 재귀대명사는 '직접, 스스로'라는 뜻으로 주어, 목적어, 보어 등을 강조하는 용법으로도 쓰인다. 강조하는 말 바로 뒤에 오거나 문장 끝에 올 수 있다.

재귀대명사	myself	yourself	himself	herself	itself	ourselves	yourselves	themselves
목적격	me	you	him	her	it	us	you	them

Ms. Anderson / proved / **herself** / to be capable of the task. 재귀용법(Ms. Anderson = herself)
If you receive the packages, please / send / **them** / to the Sales Department. 목적격
Mr. Kim / gave / the presentation / to the prospective investors / **himself.** 강조용법
Ms. Lee / made / handouts / for the sales meeting / **by herself.** 관용 표현

해석 Mr. Anderson은 그녀 자신이 그 일을 할 수 있는 능력이 있다는 것을 입증했다. / 그 소포들을 받으면 그것들을 영업팀으로 보내 주세요. Mr. Kim은 유망한 투자자들에게 자신이 직접 프레젠테이션을 했다. / Mr. Lee는 영업 회의를 위해 그녀 혼자서 유인물을 만들었다.

4. 부정대명사

▶ 수량을 나타내는 형용사 one, some, any, many, much, all, each 등은 불특정한 사람이나 사물을 가리키는 부정대명사로도 쓰인다.

▶ 명사를 반복하는 대신 명사와 같은 종류인 '하나, 몇몇, 약간, 다수, 다량, 모두, 각각' 등으로 표현할 때 쓰인다.

I / lost / my wallet. I / am looking / for **the wallet.**
⋯▸ I / am looking / for **it.** 나는 그것을 찾고 있다. [it = the wallet]

I / lost / my wallet. I / want to buy / **a wallet.**
⋯▸ I / want to buy / **one.** 나는 하나 사기를 원한다. [one = a wallet]

The local market / sells / **home-grown vegetables.**
⋯▸ **They** / are fresh and safe. 그것들은 신선하고 안전하다. [They = The home-grown vegetables]

You / should eat / many **vegetables.**
⋯▸ Seasonal **ones** / are less expensive and taste better.
계절 채소는 덜 비싸고 맛이 더 좋다. [ones = vegetables]

풀이 they vs. ones: 앞에서 언급된 바로 그 복수 명사는 they로, 불특정한 복수 명사는 ones로 대신한다.

5. 지시대명사

▶ 단수 명사를 대신하면 that, 복수 명사이면 those를 쓴다. that과 those 뒤에는 전치사구와 같은 수식어가 붙어 주로 「that of: ~의 그것」, 「those of: ~의 그것(들)」 형태로 쓰인다

The **result** / will be more positive / than **that** of last year. that + 전치사구
The **profits** of Fremont Company / are higher / than **those** of Alberta, Inc. those + 전치사구

해석 결과가 작년의 그것보다 더 긍정적일 것이다. / Fremont 사의 수익은 Alberta 사의 그것보다 더 높다.

Q1 [소유격 vs. 목적격] + 명사

Mr. Weiser will be honored for ------- dedication to the company.

(A) he (B) himself (C) his (D) him

>> 출제 포인트 대명사는 역할에 따라 주격, 목적격, 소유격으로 쓴다.

1. **선택지 확인** | 빈칸에 들어갈 알맞은 대명사의 격을 고른다.
2. **빈칸 확인** | 명사 앞의 수식어 자리 → 앞에 전치사가 있지만, 뒤에 명사가 나오므로 전치사의 목적어 자리가 아니다. (D) him ✖
3. **정답 확인** | 명사 dedication을 수식하는 자리이므로 정답은 소유격 (C) his ⓞ

정답 Mr. Weiser / will be honored / for **(C) his** dedication / to the company.
해석 Mr. Weiser는 / 표창을 받을 것이다 / 그의 헌신에 대해서 / 회사에 대한

출제 포인트 ❶ 대명사의 역할과 격

Ms. Diaz / believes / that **she** is highly qualified for the position of branch manager. 주격: 주어 자리
Let / **me** / know / when the Vice President is leaving. 목적격: 목적어 자리
Ms. Simpson / will review / the final draft of the report / before the meeting.
Please / fax / it to **her** / before Friday. 목적격: 전치사의 목적어 자리
Employees / are invited / to talk / about **their** retirement plans. 소유격: 명사 앞

해석 Ms. Diaz는 그녀가 지점장 자리에 매우 적합하다고 믿고 있다. / 부사장님이 언제 떠나는지 저에게 알려 주세요.
Ms. Simpson이 회의 전에 보고서의 최종본을 검토하려고 해요. / 금요일 전까지 그녀에게 그것을 팩스로 보내 주세요.
직원들은 그들의 은퇴 계획에 대해 이야기하기 위해서 초대된다.

+ check

1. Ms. Yamato has been promoted to department head because of ------- excellent communication skills.
(A) she (B) her (C) herself (D) hers

재귀대명사 vs. 목적격 대명사

At the training session, Ms. Schwartz proved ------- to be competitive.

(A) she (B) herself (C) her (D) hers

>> 출제 포인트 목적어가 주어와 동일할 때 재귀대명사를 쓴다.

❶ **선택지 확인** | 빈칸에 들어갈 알맞은 대명사를 고른다.

❷ **빈칸 확인** | 목적어의 자리 → 주격 (A) she ⊗

❸ **정답 확인** | 'Ms. Schwartz는 자기 자신이 경쟁력이 있음을 증명해 보였다'라는 의미이므로 목적어가 주어와 동일한 대상이다. 정답은 재귀대명사 (B) herself ⊙

정답 At the training session, / Ms. Schwartz / proved / **(B) herself** / to be competitive.
해석 교육에서 / Ms. Schwartz는 / 증명했다 / 그녀 자신을 / 경쟁력이 있다고

출제 포인트 ❷ 재귀대명사의 재귀 용법과 강조 용법

1) 재귀대명사의 재귀 용법

목적어가 주어와 같은 대상일 때 목적어 자리에 목적격 대명사 대신에 재귀대명사를 쓴다. '주어가 자기 자신을 ~하다'라고 해석된다.

Employees / must familiarize / **themselves** / with the safety manual. (Employees = themselves)

해석 직원들은 자신들을 안전 수칙에 익숙하도록 해야 하다(스스로 안전 수칙을 숙지해야 한다).

2) 재귀대명사의 강조 용법

부사와 같이 문장 끝에 오는 경우가 대부분 출제되며, '자신이 직접'이라는 의미로 해석이 된다.

The general manager / took / the visitors / on the tour of the plant **himself**.

해석 총지배인은 자신이 직접 방문객들을 공장 견학에 데려갔다.

출제 포인트 ❸ 재귀대명사의 관용 표현

by oneself 혼자서 | for oneself 혼자 힘으로 | in itself 본질적으로 | of itself 저절로

The speakers / prepared / the presentation materials / **by themselves**.

해석 발표자들은 프레젠테이션 자료를 스스로 준비했다.

+ check

2. Studio production interns often find ------- working overtime.

(A) them (B) their (C) themselves (D) they

핵심 문제 유형

Q3 [They vs. Those] + who + 복수 동사

------- who were absent from work received a written warning.

(A) They (B) That (C) Anyone (D) Those

>> 출제 포인트 those는 전치사구나 형용사절의 수식을 받을 수 있다.

1. **선택지 확인** | 빈칸에 들어갈 알맞은 대명사를 고른다.
2. **빈칸 확인** | 형용사절의 꾸밈을 받는 자리인 동시에 주어의 자리 → 수식어의 꾸밈을 받지 못하는 인칭대명사 (A) They ⊗
3. **정답 확인** | '~했던 사람들은 서면 경고를 받았다'라는 의미로 '사람들'을 뜻하는 대명사가 와야 한다. who 뒤의 동사가 복수이므로 단수 (C) Anyone ⊗ 복수 (D) Those ⊙

정답 **(D) Those** who were absent from work / received / a written warning.

해석 결근했던 사람들은 / 받았다 / 서면 경고를

출제 포인트 ❹ those는 '사람들(people)' 이라는 의미로도 쓰이며, 인칭대명사 they와 달리 who 관계대명사절, 분사, 전치사구 등의 수식어가 뒤따라올 수 있다.

Those / who **work** in the Marketing Department / received / a bonus.

= **People** / who **work** in the Marketing Department / received / a bonus.

= **Anyone** / who **works** in the Marketing Department / received / a bonus.

해석 마케팅 부서에서 일하는 사람들은 (누구든) 보너스를 받았다.

출제 포인트 ❺ 지시대명사 that과 those는 뒤에 전치사구가 붙어서 앞에 나온 명사와 같은 대상을 나타낼 때 사용한다.

Although Angelo Meyers is new to the sales team, his skillful **presentations** seemed like **those** of an experienced salesperson.

해석 Angelo Meyers는 영업팀에 새로 왔지만, 그의 능숙한 발표는 경력 많은 영업사원의 그것(발표)과 같았다.

문법 포인트 앞에 있는 presentations과 같은 대상을 나타내고 있긴 하지만, 앞의 presentation은 Angelo Meyers의 발표이고 뒤에 나오는 those는 다른 영업사원의 발표를 가리킨다.

that of / those of	~의 그것 / 그것들
those + who + 복수 동사 those + -ing / p.p. those + with ~	~한 사람들
anyone / everyone + who + 단수 동사 anyone / everyone + -ing / p.p. anyone / everyone + with ~	~한 사람은 어느 누구나 / 모두

+ check

3. Only ------- holding current parking permits may bring their vehicles to the company.

(A) whose (B) they (C) each (D) those

부정대명사 others vs. other

A weekly rail pass is the most economical option for commuters, but ------- are available.

(A) other (B) others (C) the other (D) another

>> 출제 포인트 부정대명사의 수 일치

1. **선택지 확인** | 빈칸에 들어갈 형용사 또는 대명사를 고른다.
2. **빈칸 확인** | 주어 자리 → 주어 자리에 올 수 없는 형용사 (A) other ⊗
3. **정답 확인** | 뒤에 동사가 are이므로 단수 (C) the other ⊗ (D) another ⊗ 정답은 복수인 (B) others ⊙

정답 A weekly rail pass / is the most economical option / for commuters, / but / **(B) others** / are available.
해석 열차 일주인권은 / 가장 경제적인 선택이다 / 통근자들에게 / 그러나 / 다른 것들도 / 이용 가능하다

출제 포인트 ❻ 부정대명사 another, one, the other(s), some, others의 쓰임새 차이를 구분할 수 있어야 한다. other는 형용사이기 때문에 주어나 목적어 자리에 명사 없이 단독으로 쓰이지 않는다.

	의미	품사	대명사일 때 수	형용사일 때 뒤에 오는 명사
one	하나/하나의	형용사/대명사	단수	+ 가산 단수명사
the other	나머지 하나/나머지 하나의	형용사/대명사	단수	+ 가산[단수 복수]명사
another	또 다른 하나/또 다른 하나의	형용사/대명사	단수	+ 가산 단수명사
the others	나머지 것(사람)들	대명사	복수	
others	다른 것(사람)들	대명사	복수	
other	다른	형용사		+ 가산 복수/불가산 명사
any other	다른 어떤	형용사		+ 가산 복수/불가산 명사
each other	서로	대명사		
one another	서로	대명사		

주의 each other와 one another는 주어 자리에 올 수 없다.

Because this store is crowded with people, I / will go / to **another**.
Some employees / like / the movie, / but **others(=other employees)** / don't like / it.
Among ten applicants, / **two** applicants / were impressive, / but **the others** / were not impressive.

해석 이 가게가 사람들로 붐비기 때문에 나는 다른 곳으로 갈 것이다. / 일부 직원들은 그 영화를 좋아하지만, 다른 직원들은 그 영화를 좋아하지 않는다.
열 명의 지원자 중에서 두 명은 인상적이었으나 나머지 지원자들은 인상적이지 않았다.

+ check

4. Department managers urge their staff to communicate with -------.
(A) one another (B) the other (C) another (D) other

PART 5·6·7 UNIT 04

Practice

1. Mr. Park wants all staff to communicate directly with ------- about the new marketing project.
   (A) he (B) his
   (C) him (D) his own

2. While Dr. Kim is out of the office, please call ------- administrative assistant.
   (A) she (B) her
   (C) hers (D) herself

3. All employees who have unused vacation days should use ------- by October 30.
   (A) they (B) their
   (C) them (D) themselves

4. The company policy requires that ------- computers be protected with a secure password.
   (A) we (B) ours
   (C) us (D) our

5. Anopar Industries will acquire ------- main competitor, Pukom Enterprises, in March.
   (A) itself (B) themselves
   (C) its (D) them

6. ------- of the new XV20 laptops were damaged during transit.
   (A) Anything (B) Every
   (C) Each (D) Some

7. After the proposal had been reviewed by three managers, ------- was finally accepted.
   (A) it (B) its
   (C) its own (D) itself

8. Most of the computers used by our employees are not ------- but are provided by the company.
   (A) they (B) them
   (C) their (D) theirs

9. Mr. Jang has proven ------- to be a hardworking and useful member of the R&D Department.
   (A) he (B) itself
   (C) its (D) himself

10. The secretary could not repair the copy machine because ------- parts were not available.
    (A) his (B) its
    (C) our (D) their

11. If ------- has completed their quarterly reports, please inform the team leader.
    (A) yourself (B) other
    (C) anyone (D) himself

12. Although Carlam Beauty Products and GoodNature Cosmetics were unprofitable this year, ------- expect revenues to rise next year.
    (A) another (B) both
    (C) other (D) the other

13. The brand's sales have been much better than ------- of last year.
    (A) this (B) that
    (C) these (D) those

14. Although ------- disagreed with Ms. Wilson's opinion, Mr. Taylor agreed with it.
    (A) the other (B) many
    (C) himself (D) other

15. Ms. Hong managed to move the heavy desk by -------.

(A) she (B) hers
(C) herself (D) her own

16. La Rouge Pictures is one of the leading film distributors in ------- of Europe.

(A) all (B) other
(C) every (D) the other

17. Many students at Korire University work as interns before starting ------- first professional job.

(A) they (B) their
(C) them (D) theirs

18. Please inform Ms. Lin that ------- visit to the Hong Kong office has been canceled.

(A) my (B) me
(C) mine (D) myself

19. At Giny's Store, we take pleasure in providing ------- of our customers with excellent service.

(A) each (B) the other
(C) other (D) every

20. ------- people attended the music festival despite the bad weather.

(A) Others (B) The others
(C) Every (D) Many

기본 완성 훈련 다음은 앞서 풀어 본 연습문제의 문장들입니다. 대명사를 찾아 밑줄을 긋고, 해당 대명사가 가리키는 명사가 있다면 ○를 치세요.

1. Mr. Park wants all staff to communicate directly with him about the new marketing project.
2. All employees who have unused vacation days should use them by October 30.
3. The company policy requires that our computers be protected with a secure password.
4. After the proposal had been reviewed by three managers, it was finally accepted.
5. Mr. Jang has proven himself to be a hardworking and useful member of the R&D Department.
6. If anyone has completed their quarterly reports, please inform the team leader.
7. The brand's sales have been much better than those of last year.
8. Ms. Hong managed to move the heavy desk by herself.
9. Many students at Korire University work as interns before starting their first professional job.
10. At Giny's Store, we take pleasure in providing each of our customers with excellent service.

PART 7 암시·추론 문제

지문의 전체 흐름을 이해해야 한다! 지문의 내용을 바탕으로 지문에 직접 언급되지 않은 사항을 추론하는 고난도 문제이다. 지문을 읽는 동안 지문의 전체 흐름을 이해하면서 오답을 소거해야 한다. 매회 0~6문제가 출제된다.

질문 유형 확인하기

▸ **추론**

What is implied ~?
What is implied about the products? 그 제품들에 대해서 암시된 것은 무엇인가?

What is suggested ~?
What is suggested about Ms. Davis? Ms. Davis에 대해서 암시된 것은 무엇인가?

What can be inferred ~?
What can be inferred about the policy? 그 정책에 대해서 추론 가능한 것은 무엇인가?

What can be ~?
What can be learned from this announcement? 이 공지에서 무엇을 알 수 있는가?

[Who/What/When/Where] most likely ~?
Who most likely is Ms. Chan? Ms. Chan은 누구일 것 같은가?
Where would this memo most likely be found? 이 공지는 어디에서 볼 수 있을 것 같은가?

문제 풀이 전략

1 질문을 읽고 추론 문제인지 확인한다.

질문에 imply, suggest, infer, most likely 등이 나오면 추론 문제이다.

2 질문의 implied, suggested, inferred 뒤에 나오는 키워드가 언급된 부분을 지문에서 찾아 선택지와 하나씩 대조하면서 오답을 소거한다.

주의! 본인이 아는 지식이나 정보를 가지고 연상 및 추론을 하는 것이 아니라 반드시 지문의 단서에서 추론한 결론과 소거법을 통해 정답을 도출한다.

3 지문의 내용과 일치하는 정답을 고른다.

정답은 지문에서 찾은 정답의 단서를 그대로 언급하기보다 다른 어휘로 표현(paraphrasing)된 경우가 많으므로, 이 점을 반드시 유의한다.

핵심 문제 유형

Question 1 refers to the following e-mail.

From: Aileen Park
To: Sue Kim
Date: May 1
Subject: New System

Dear Ms. Kim,

I would like to inform you that the company has decided to adopt the Tracker Time Reporting System (TTRS). The system is needed to record the staff hours. It is essential that all employees use the system. On April 20, I sent employees an e-mail explaining the system and described how to make an ID.

The system is going to be implemented on May 8, and all employees must have their IDs by May 5. Please click the TTRS icon on the company's homepage to make your ID. After creating your ID, it is possible to review your paycheck statements whenever you want to check them.

If you are faced with problems when you use the system, contact Mr. Kang, the help desk manager.

Thank you.

Aileen Park
Associate Director, Payroll Department

• 발신인
수신인
날짜
제목

• 새로운 시스템 도입 안내

• 전 직원들이 해야 할 일

• 문제가 있을 경우 연락 방법

• 발신인 정보
직책 및 부서

1. What is suggested about the new employee IDs?

(A) They require a fee to make.
(B) They are needed to access the Internet.
(C) They can be used to check salary statements.
(D) They are needed to enter a building.

예제 풀이

1번은 다음 이메일에 관한 문제입니다.

From: Aileen Park
To: Sue Kim
Date: May 1
Subject: New System
발신: Aileen Park
수신: Sue Kim
날짜: 5월 1일
제목: 새로운 시스템

발신인
수신인
날짜
제목

Dear Ms. Kim,
Ms. Kim에게,

I would like to inform you that the company has decided to adopt the Tracker Time Reporting System (TTRS). The system is needed to record the staff hours. It is essential that all employees use the system. On April 20, I sent employees an e-mail explaining the system and described how to make an ID.
저는 당신에게 우리 회사가 Tracker Time Reporting System (TTRS)을 채택하기로 결정했다는 것을 알려드립니다. 그 시스템은 직원 근무 시간을 기록하기 위해서 필요합니다. 모든 직원들이 그 시스템을 이용해야 합니다. 4월 20일에 저는 직원들에게 그 시스템을 설명하는 이메일을 보냈고, 그들의 ID를 만드는 방법을 설명하였습니다.

새로운 시스템 도입 안내

The system is going to be implemented on May 8, and all employees must have their IDs by May 5. Please click the TTRS icon on the company's homepage to make your ID. ❶ After creating your ID, it is possible to review your paycheck statements whenever you want to check them.
그 시스템은 5월 8일에 시행될 것이고 모든 직원들은 5월 5일까지 그들의 ID를 가지고 있어야 합니다. 당신의 ID를 만들기 위해서 회사 홈페이지에 있는 TTRS 아이콘을 클릭하세요. **당신의 ID를 만든 후, 당신의 급여 명세서를 확인하고 싶을 때마다 다시 보는 것이 가능합니다.**

전 직원들이 해야 할 일

If you are faced with problems when you use the system, contact Mr. Kang, the help desk manager.
만약 당신이 그 시스템을 사용하는 데에 문제가 있다면, 업무 지원 센터 매니저 Mr. Kang에게 연락해주세요.

문제가 있을 경우 연락 방법

Thank you.
감사합니다.

Aileen Park
Associate Director, Payroll Department
Aileen Park
경리부 차장

발신인 정보
직책 및 부서

>> 암시·추론이 가능한 것을 묻는 문제

1. What is suggested about the new employee IDs?

(A) They require a fee to make.
(B) They are needed to access the Internet.
(C) They can be used to check salary statements.
(D) They are needed to enter a building.

신입 직원들 ID에 관해 암시된 것은 무엇인가?

(A) 요금을 내야 한다.
(B) 인터넷 접속을 위해 필요하다.
(C) 급여 명세서를 확인하는 데 사용될 수 있다.
(D) 건물에 입장하기 위해 필요하다.

문제 풀이 전략 적용

1 질문을 읽고 추론 문제인지 확인한다.

지문에 suggested(암시된)가 나왔으므로 추론 문제이다. new employee IDs(신입 직원 ID)에 관하여 암시된 (suggested) 것을 묻고 있으므로 employees' new ID를 키워드로 잡아 지문에서 관련 내용을 포착하고 ID 키워드 부분을 표시해둔다.

2 질문의 implied, suggested, inferred 뒤에 나오는 키워드가 언급된 부분을 지문에서 찾아 선택지와 하나씩 대조하면서 오답을 소거한다.

(A) 요금을 내야 한다는 말은 지문에서 언급된 적이 없으므로 소거한다.
(B) 지문에서 인터넷 접속에 대한 언급 자체가 없으므로 소거한다.
(C) 두 번째 단락에서 'ID를 만들면, 급여에 관한 정보를 확인할 수 있다'이라고 언급된 부분 확인한다.
(D) 건물 출입을 위해 필요하다는 말은 지문에 언급된 적이 없으므로 소거한다.

3 지문의 내용과 일치하는 정답을 고른다.

직원 신규 ID를 만들면 급여(paycheck)에 관한 정보를 확인 가능하다는 지문의 단서 문장을 바탕으로 직원 신규 ID가 직원들의 급여 정보를 확인하는 데 필요한 것임을 유추 가능하다. 따라서 정답은 (C) They can be used to check salary statements.이다.

VOCA

adopt *v.* 채택하다 | **record** *v.* 기록하다 | **essential** *adj.* 필수적인, 극히 중요한 | **explain** *v.* 설명하다 | **implement** *v.* 시행하다 | **statement** *n.* 내역서, 명세서, 진술서 | **face** *v.* 직면하다

Practice

Questions 1-3 refer to the following article.

Grand River (March 4) – There will be a big change in Grand River's biggest stationery store on March 29. Owner Aileen Keen's daughter, Sally, will take over the store's operations.

"The store has been managed by me for 20 years," Aileen said. "And I'm pleased to be turning it over to Sally. She had a part-time job at the store when she was a high school student. She helped me a lot while I was away on other business."

After she retires, Aileen is going to focus on her favorite activity, golf, which she learned from her grandfather when she was a child. She knows that the store will be in good hands.

---

1. What is the purpose of the article?

(A) To announce a retirement
(B) To sell a line of office supplies
(C) To report on a business closing
(D) To post a job opening

2. What is suggested about Sally?

(A) She met Aileen 20 years ago.
(B) She learned golf as a child.
(C) She has experience in running a store.
(D) She had worked at a high school.

3. What does Aileen plan to do?

(A) Register for a class
(B) Move to another city
(C) Go on a trip
(D) Engage in a recreational activity

VOCA

stationery *n.* 문구류, 문방구 | **instead of** *prep.* ~대신에 | **manage** *v.* 운영하다 | **turn over** ~을 넘기다, 맡기다 | **on business** 볼일이 있어, 업무로 | **retire** *v.* 은퇴하다 | **focus on** ~에 집중하다 | **be in good hands** 잘 관리되다 | **engage in** ~에 관여하다, ~에 참여하다 | **recreational activity** 여가 활동

Questions 4-5 refer to the information card.

FastPhone, Inc.
How to Set Up Online Bill Pay

Once you have activated your telephone service, please follow these simple steps to set up online bill pay:

1. Visit our website at www.fastphone.com, and create a user account.
2. Once you have created a user account, add your phone to the account by typing in the phone's serial number along with the PIN code located at the bottom of your user card.
3. Add your bank account information to the account. You may need to inform your bank that we will be charging your account depending on their rules.
4. To set up automatic bill pay, which will let you make recurring payments every month, select 'automatic bill pay' in the box located below the bank account information field.

It's as easy as that! You may then pay your monthly phone bill online. Or if you choose the automatic bill pay option, your bill payment will be automatically drafted from your bank account.

If you have any questions or concerns regarding our online bill pay service, please contact our technical support center at 800-555-0131 between 7:00 A.M. and 8:00 P.M. on weekdays.

4. What is indicated about Fastphone bill payments?

(A) They can be paid in person.
(B) They will soon increase.
(C) They are due each month.
(D) They can only be made online.

5. What is suggested about FastPhone, Inc.?

(A) It does not operate on the weekends.
(B) It has locations in different countries.
(C) It is going to release a new phone model.
(D) It has increased its activation fee.

VOCA

bill *n.* 청구서 | **activate** *v.* 활성화시키다, 작동시키다 | **user account** 사용자 계정 | **serial number** 일련번호 | **along with** ~와 함께 | **bottom** *n.* 맨 아래, 바닥 | **bank account** 은행 계좌 | **charge** *v.* 청구하다 | **recurring** *adj.* 되풀이하여 발생하는 | **payment** *n.* 지불 | **field** *n.* 필드 (특정 데이터 저장 지정 영역) | **monthly** *adj.* 매월의 | **option** *n.* 선택 | **automatically** *adv.* 자동적으로 | **draft** *v.* 뽑다 | **concern** *n.* 우려, 걱정 | **technical support center** 기술지원센터 | **in person** 몸소, 직접 | **due** *adj.* (돈을) 지불해야 하는 | **activation** *n.* 활성화

형용사

형용사(adjective)는 명사 앞에서 명사가 가리키는 대상이나 수, 특성 등을 한정해 주는 수식어 역할을 하거나 동사나 목적어 뒤에서 주어나 목적어의 상태를 설명해 주는 보어 역할을 한다.

기본 개념 이해하기

1. 형용사의 형태

형용사형 어미	**-ive** (creative 창의적인) ı **-y** (healthy 건강한) ı **-ic** (realistic 현실적인) ı **-al** (final 마지막의) **-able** (refundable 환불 가능한) ı **-ible** (eligible 자격이 있는) ı **-ous** (dangerous 위험한) **-ful** (careful 조심하는, 주의 깊은) ı **-less** (useless 쓸모없는) ı **-ant** (important 중요한)
현재분사형	grow**ing** 증가하는 ı lead**ing** 선두적인 ı outstand**ing** 뛰어난 ı challeng**ing** 도전적인
과거분사형	detail**ed** 상세한 ı attach**ed** 첨부된 ı experienc**ed** 경험이 있는 ı qualifi**ed** 자격이 있는
명사 + ly	**hourly** 매시간의 ı **weekly** 매주의 ı **monthly** 매달의 ı **quarterly** 매 분기마다의 ı **yearly** 매년의 **timely** 시기적절한 ı **costly** 비싼 ı **orderly** 질서 정연한 ı **friendly** 친절한 ı **likely** ~일 것 같은

A **detailed** itinerary / is included / in the attached file.

The Best Earth Shop / sells / environmentally **friendly** products.

해석 상세한 일정표가 첨부 파일에 포함되어 있다. / Best Earth Shop은 친환경 제품을 판매한다.

문법 포인트 「형용사 + ly」는 부사이지만, 「명사 + ly」는 형용사라는 점에 유의한다.

2. 명사 앞에 오는 수식어

- 명사 앞에는 명사의 대상(a, an, the, this, your)이나 수량(some, any)을 나타내는 한정사와 특성·상태를 설명하는 일반 형용사가 온다.
- 「형용사 + 형용사 + 명사」: 명사를 수식하는 일반 형용사는 두 개 이상 올 수 있다.

The book / contains / some **useful** information. 수량 형용사 + 형용사 + 명사

Her **effective** strategy / helped / sales / to increase. 소유격 + 형용사 + 명사

It / is an extremely **successful** policy. 관사 + 부사 + 형용사 + 명사

The government / seeks / to maintain a **steady economic** growth. 관사 + 형용사 + 형용사 + 명사

해석 그 책은 유익한 정보를 담고 있다. / 그녀의 효과적인 전략은 판매가 증가되도록 도왔다.
그것은 매우 성공적인 정책이었다. / 정부는 지속적인 경제 성장을 유지하는 것을 모색한다.

3. 명사 뒤에 오는 수식어

▸ 형용사가 전치사구 등의 수식어구와 함께 쓰여 길어질 때, 명사의 뒤에 온다.

There are some new products / **available** at the store. 명사 + 형용사 + 전치사구

Please contact / the manager / **responsible** for the service. 명사 + 형용사 + 전치사구

해석 그 매장에서 구매할 수 있는 몇몇 새로운 물건들이 있다. / 그 서비스를 담당하고 있는 매니저에게 연락해 보세요.

4. 주어나 목적어를 설명하는 보어

▸ 2형식 동사 (be, become, remain, seem, appear) 등의 뒤에 와서 주격 보어 역할을 한다.

▸ 5형식 동사 (make, find, keep, leave, consider) 등의 목적어 뒤에 와서 목적격 보어 역할을 한다.

The product / is very **useful**. 동사 + 형용사

I found / the product / very **useful**. 동사 + 목적어 + 형용사

해석 그 제품은 매우 유용하다. / 그 제품이 매우 유용하다고 생각했다.

5. 수량 형용사의 종류

one 하나의 ㅣ every 모든 ㅣ each 각각의 ㅣ another 또 다른 하나의 ㅣ either 둘 중 하나의 ㅣ neither 둘 중 하나도 ~아니다	+ 가산 단수 명사 EX every product
two 두 개의 ㅣ both 둘 다 ㅣ a few 몇몇의 ㅣ several 몇몇의 ㅣ many 많은 ㅣ numerous 많은 ㅣ a number of 많은 ㅣ various 다양한 ㅣ a variety of 다양한	+ 가산 복수 명사 EX many products
a little (양이) 적은 ㅣ little (양이) 거의 없는 ㅣ much (양이) 많은 ㅣ a large amount of 많은 ㅣ a great deal of 많은	+ 불가산 명사 EX much information
some 약간의 ㅣ all 모든 ㅣ more 더 많은 ㅣ most 대부분의 ㅣ plenty of 많은	+ 가산 복수 명사 EX all products + 불가산 명사 EX all information
any 어느 ~든지, 모든 ㅣ no 어느 ~도 ~가 아니다	+ 가산 단수 명사 EX any product + 가산 복수 명사 EX any products + 불가산 명사 EX any information

A few students / missed / the deadline. A few + 가산 복수 명사

Every employee / must submit / the sales report. Every + 가산 단수 명사

All applicants / are eligible / for the position. All + 가산 복수 명사

All information / in this report / is important. All + 불가산 명사

해석 몇몇 학생들이 마감일을 놓쳤다. / 모든 직원들은 판매 보고서를 제출해야 한다.
모든 지원자들은 그 자리에 대해 자격을 갖추고 있다. / 이 보고서의 모든 정보는 중요하다.

핵심 문제 유형

Q1 관사 + [형용사 자리] + 명사

In addition to an ------- salary, the company offers various benefits.

(A) attract (B) attractively (C) attractive (D) attraction

>> 출제 포인트 명사 앞의 수식어 자리에는 형용사가 온다.

1. **선택지 확인** | 빈칸에 들어갈 알맞은 품사를 고른다.
2. **빈칸 확인** | 부정관사와 명사 사이의 수식어 자리 → 동사 (A) attract ⊗ 부사 (B) attractively ⊗
3. **정답 확인** | attraction salary는 의미가 통하지 않으므로 (D) attraction ⊗ salary를 꾸며주는 형용사가 와야 한다. 정답은 (C) attractive ⓞ

정답 In addition to an **(C) attractive** salary, / the company / offers / various benefits.

해석 높은 급여에 / 그 회사는 / 제공한다 / 다양한 복리후생을

출제 포인트 ❶ 명사 앞에는 〈관사/소유격/지시형용사 + 수량형용사 + 일반형용사〉 순으로 온다.

명사 앞에 오는 형용사의 순서
① 관사/소유격/지시형용사: a, an, the, your, this, these 등 ② 수량형용사: some, any, many, much, a few, a little, one, two 등 ③ 특성 및 상태를 나타내는 일반형용사: informative, spacious, attractive 등

Authorized managers / have access / to this information. 형용사 + 명사
A few authorized managers / have access / to this information. 수량형용사 + 형용사 + 명사
The authorized managers / have access / to this information. 관사 + 형용사 + 명사

해석 승인 받은 매니저들은 이 정보에 접근할 수 있다. / 몇몇 승인 받은 매니저들은 이 정보에 접근할 수 있다.
그 승인 받은 매니저들은 이 정보에 접근할 수 있다.

+ check

1. Linear Stage's ------- theatrical performances highlight contemporary social issues.

(A) innovative (B) innovator (C) innovated (D) innovation

동사 + 목적어 + [형용사 자리]

Jason's supervisor found his proposal very -------.

(A) creative　(B) create　(C) creatively　(D) creation

>> 출제 포인트 목적어를 설명하는 보어 자리에는 형용사가 온다.

1. **선택지 확인** | 빈칸에 들어갈 알맞은 품사를 고른다.
2. **빈칸 확인** | 목적격 보어 자리 → 5형식 동사 find의 목적격 보어 자리에 올 수 없는 동사 (B) create ⊗ 부사 (C) creatively ⊗
3. **정답 확인** | 목적격 보어 자리에는 목적어와의 의미를 고려하여 목적어의 상태를 나타내면 형용사, 목적어와 동격이면 명사를 고른다. → Jason의 상사는 그의 제안서가 매우 창의적이라고 생각했다'라는 의미로 목적어의 상태를 나타내므로 빈칸에는 형용사가 들어가야 적절하다. 정답은 (A) creative ⓞ

정답 Jason's supervisor / found / his proposal / very **(A) creative**.

해석 Jason의 상사는 / 생각했다 / 그의 제안서가 / 매우 창의적이라고

출제 포인트 ❷ 「2형식 동사 + 형용사 주격 보어」

형용사 주격 보어는 주어의 상태를 설명해준다.

be ~이다	become ~되다	remain 여전히 ~이다	appear ~하게 보이다	+ 형용사 주격 보어
seem ~하게 보이다	prove ~임이 판명되다	stay 계속 ~인 상태이다	look ~하게 보이다	
feel ~한 느낌이 들다	sound ~인 것 같다	smell ~한 냄새가 나다	taste ~한 맛이 나다	

The concert / is not **affordable** for most students. 동사 + 형용사

Jack's decision / to open a fitness center / is **timely**. 동사 + 형용사

해석 그 콘서트 티켓은 대부분의 학생들이 부담하기 어려운 가격이다. / 헬스 클럽을 열기로 한 Jack의 결정은 시기적절하다.

✓ 문법 포인트 「be, become + 명사 주격 보어」: 명사 주격 보어는 주어와 동격으로 주어가 무엇인지를 설명해 준다. (주어 = 보어)

The firm has quickly become **a threat to its competitors**. (The firm = a threat ~ competitors)

해석 그 회사는 빠르게 경쟁사들에게 위협이 되었다.

출제 포인트 ❸ 「5형식 동사 + 목적어 + 목적격 보어」

make ~하게 하다	find ~라고 여기다/생각하다	consider ~라고 여기다	+ 목적어 + 형용사 목적격 보어
keep 계속 ~하게 하다	leave 계속 ~하게 하다		

Team members / are asked / to keep / all the information / **confidential**. 동사 + 목적어 + 형용사

The manager / made / the process / **simple**. 동사 + 목적어 + 형용사

해석 팀 구성원들은 모든 정보를 기밀로 유지하도록 요청받는다. / 그 매니저는 과정을 간소하게 만들었다.

✓ 문법 포인트 「appoint, name, call, elect + 목적어 + 명사」: 명사 목적격 보어는 목적어가 무엇인지를 설명해 준다. (목적어 = 보어)

They elected **him the temporary captain** of their company. (him = the ~ captain)

해석 그들은 그를 회사의 임시 회장으로 선출했다.

+ check

2. You should make your sales presentation ------- to increase the possibility of acquiring the client.

(A) persuade　(B) to persuade　(C) persuasive　(D) persuaded

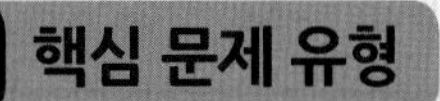

Q3 사람과 사물을 구분해서 수식하는 형용사

BNQ Motors has created an ------- client base in just two months.

(A) impressive (B) impression (C) impressively (D) impressed

>> 출제 포인트 사람 명사나 사물 명사에 주로 쓰이는 형용사를 구별해야 한다.

1 선택지 확인 | 빈칸에 들어갈 알맞은 품사를 고르고, 비슷한 형태의 다른 의미를 가진 형용사를 구별한다.

2 빈칸 확인 | 관사와 명사 사이의 수식어 자리 → 형용사가 들어갈 자리이므로 명사 (B) impression ⊗
부사 (C) impressively ⊗

3 정답 확인 | (A) impressive는 '인상적인'이란 의미로 주로 사물을 수식하는 형용사이며, (D) impressed는 '감명 받은'이란 의미로 사람을 수식하는 형용사이다. 빈칸 뒤의 명사가 사물이라는 점에서 정답은 (A) impressive ⓞ

정답 BNQ Motors / has created / an **(A) impressive** client base / in just two months.

해석 BNQ 자동차는 / 창출했다 / 인상적인 고객층을 / 단 2달 만에

출제 포인트 ④ 사람과 사물을 구분해서 수식하는 형용사

사람 명사와 주로 쓰이는 형용사	사물 명사와 주로 쓰이는 형용사
considerate 사려 깊은	considerable 상당한
impressed 감명 받은	impressive 인상적인
pleased 기쁜	pleasing (남에게) 기쁨을 주는
satisfied 만족하는	satisfactory 만족스러운
interested 흥미를 느끼는	interesting 흥미로운
encouraged 고무된	encouraging 고무적인
understanding 이해심 있는	understandable 이해할 수 있는
argumentative 논쟁을 좋아하는	arguable 논란의 여지가 있는

The seminar / was informative and [**encouraging** / ~~**encouraged**~~].

해석 그 세미나는 정보가 유익하고 고무적이었다.

+ check

3. Sales representatives must dress professionally and avoid becoming ------- with demanding customers.

(A) arguable (B) argument (C) argumentative (D) argumentatively

비슷한 형태의 형용사

The new marketing manager implemented a ------- strategy of attracting customers.

(A) succeed (B) successive (C) successful (D) successfully

>> 출제 포인트 형태는 비슷하지만, 의미가 다른 형용사에 유의한다.

1 **선택지 확인** | 빈칸에 들어갈 알맞은 품사를 고르고, 비슷한 형태의 다른 의미를 가진 형용사를 구별한다.

2 **빈칸 확인** | 관사와 명사 사이의 수식어 자리 → 형용사 자리이므로 동사 (A) succeed ⊗ 부사 (D) successfully ⊗

3 **정답 확인** | 고객들을 끌어들일 '성공적인 방법'이란 의미가 적절하므로, '연속적인'이란 뜻의 (B) successive ⊗ 정답은 (C) successful ⊙

정답 The new marketing manager / implemented / a **(C) successful** strategy / of attracting customers.

해석 새 마케팅 매니저는 / 도입했다 / 성공적인 전략을 / 고객들을 끌어들일

출제 포인트 ⑤ 비슷한 형태의 형용사

additional 추가의	addictive 습관성의
complimentary 무료의, 칭찬하는	complementary 보충의
comprehensive 종합적인, 포괄적인	comprehensible 이해할 수 있는
economic 경제성이 있는	economical 절약하는
informative 유익한	informed 잘 아는
persuasive 설득력 있는	persuadable (사람이) 설득되는
reliable 신뢰할 만한	reliant 의존하는
responsible for ~에 책임이 있는	responsive to ~에 반응하는
successful 성공적인, 합격한	successive 연속적인
sensitive 민감한	sensible 분별 있는
complete (서술적 용법) 완전한, 완료된	completed 완료된, 작성된
confidential 비밀의	confident 확신하는
favorable 우호적인	favorite 가장 좋아하는
respective 각각의	respectful 공손한

Interns / will receive / specific training in their [**respective** / ~~respectful~~] departments.

해석 인턴사원들은 각자의 부서에서 구체적인 훈련을 받을 것이다.

+ check

4. With the new accounting software program in place, most bookkeeping errors are -------.

(A) preventing (B) preventable (C) preventive (D) prevention

Practice

1. Elbart Bay is a popular holiday destination among young travelers due to its ------- accommodation.
   (A) affordable (B) affords
   (C) affordably (D) afford

2. Many people today are too ------- to pay attention to their diet.
   (A) busyness (B) busily
   (C) more busily (D) busy

3. Because this is an ------- teaching method, Dr. Wu wants to receive student feedback.
   (A) experiment (B) experiments
   (C) experimental (D) experimentally

4. Mr. Jones plans to conduct training with ------- members of the sales team.
   (A) another (B) each
   (C) several (D) every

5. After months of negotiations, the two companies appeared ------- to the terms of the merger.
   (A) agree (B) agreement
   (C) agreeable (D) agrees

6. Carefully reviewing comments from ------- customer will help improve our services.
   (A) each (B) a few
   (C) all (D) most

7. Once the factory is fully -------, it will need a workforce of 500.
   (A) operational (B) operation
   (C) operates (D) operationally

8. Mr. Pareto was hired by Gofirst Travels thanks to his ------- understanding of the tourism industry.
   (A) deep (B) deeply
   (C) deepen (D) depth

9. The controversial policy change was resolved in a ------- manner.
   (A) time (B) timing
   (C) timely (D) times

10. According to the survey results, most customers found Lebtro's new leather jackets very -------.
    (A) attractive (B) attraction
    (C) attractively (D) attract

11. The suitcases made by CariBags are both ------- and trendy.
    (A) durable (B) durability
    (C) durableness (D) durably

12. Bahilo Advisory Group provides a ------- variety of financial services.
    (A) wide (B) widen
    (C) widely (D) widest

13. Some of the Frankston Line trains are in need of ------- repairs.
    (A) extensive (B) extension
    (C) extended (D) extensively

14. Despite being dropped on the floor a few times, the mobile phone is still -------.
    (A) function (B) functional
    (C) functionally (D) functionality

15. Customers at Hurley's Café said that the new iced tea is ------- enough.

(A) sweet (B) sweetly
(C) sweeten (D) sweetest

16. Everyone at the staff meeting agreed that safety was one of the most ------- priorities.

(A) importance (B) important
(C) import (D) importantly

17. The advertising campaign was ------- in increasing the company's sales.

(A) success (B) successive
(C) successful (D) successfully

18. It is crucial that all client information is kept -------.

(A) confidential (B) confidence
(C) confidentially (D) confidentiality

19. Perco Industries has been ------- in organizing environmental activities for over 20 years.

(A) active (B) activists
(C) actively (D) activities

20. Many road accidents are ------- through careful planning and driver education.

(A) preventing (B) preventable
(C) prevention (D) prevents

기본 완성 훈련 다음은 앞서 풀어 본 연습문제의 문장들입니다. 형용사에 밑줄을 긋고 해당 형용사가 수식 또는 서술하는 대상에 ○를 치세요.

1. Mr. Jones plans to conduct training with several members of the sales team.
2. After months of negotiations, the two companies appeared agreeable to the terms of the merger.
3. Carefully reviewing comments from each customer will help improve our services.
4. Once the factory is fully operational, it will need a workforce of 500.
5. The controversial policy change was resolved in a timely manner.
6. According to the survey results, most customers found Lebtro's new leather jackets very attractive.
7. Bahilo Advisory Group provides a wide variety of financial services.
8. Despite being dropped on the floor a few times, the mobile phone is still functional.
9. Customers at Hurley's Café said that the new iced tea is sweet enough.
10. It is crucial that all client information is kept confidential.

PART 7 문장 삽입 문제

지문의 흐름상 주어진 문장이 들어갈 적절한 위치를 고르는 문제로, 보통 2문제 정도 출제된다. 세부적인 정보보다 전체적인 문맥 파악이 중요한 문제 유형이다.

Tip! 문맥상 흐름을 반드시 파악해야 풀 수 있으므로, 독해 실력과 지문의 흐름 판단력이 필요하다! 주어진 문장의 키워드가 될만한 지시어나 대명사, 접속부사 등을 근거로 지문에서 자연스럽게 문맥이 연결되는 위치를 고르는 게 관건이다. 마지막으로, 문장을 삽입한 후 지문의 문맥이 매끄러운 지 최종 체크할 것!

질문 유형 확인하기

▸ **문장 삽입**

In which of the positions marked [1], [2], [3], and [4] does the following sentence best belong?

"It is conveniently located across the street from the convention center."

[1], [2], [3], [4]로 표시된 곳 중에서 다음 문장이 들어가기에 가장 적절한 곳은 어디인가?

"그것은 컨벤션 센터 길 건너에 편리하게 위치되어 있습니다."

In which of the positions marked [1], [2], [3] and [4] does the following sentence best belong?

"Due to the handmade nature of this product, it is one of kind."

[1], [2], [3], [4]로 표시된 곳 중에서 다음 문장이 들어가기에 가장 적절한 곳은 어디인가?

"그 제품의 손으로 만들어지는 특성 때문에, 그 제품은 특별합니다."

문제 풀이 전략

1 주어진 문장을 먼저 읽고, 접속사나 대명사 등의 단서를 파악한다.

앞뒤 문장을 연결하는 접속사(and, so)나 접속부사(therefore, in addition), 그리고 앞에 나온 내용을 다시 언급하는 대명사 또는 반복적인 어구가 있는지 확인한다. 예를 들어 informal과 casual처럼 의미가 비슷한 단어가 주어진 문장과 지문에 나오면 유의해야 한다.

2 지문에 표시된 위치의 앞뒤 문장을 읽고, 주어진 문장과 흐름상 연결되는지 확인한다.

부연 설명, 비교와 대조, 원인과 이유, 조건, 예시 등 주어진 문장과 앞뒤 문장의 관계를 확인한다.

3 정답 위치에 주어진 문장을 넣었을 때 문맥상 자연스러운지 확인한다.

문장을 넣어서 지문을 읽었을 때, 문맥상 어색하지 않고 자연스러운지 마지막으로 확인한다.

핵심 문제 유형

Question 1 refers to the following e-mail.

To: Eric Hopkins <erichopkins@vincent.com>
From: Wilma Mullins <wmullins@sche.org>
Subject: Special Rates
Date: August 27

Dear Mr. Hopkins,

The Society of Chemical Engineers (SCHE) is going to be holding its annual convention in London, England, this year from October 4-6. —[1]—. In case you have not yet made arrangements for accommodations, we would like to inform you of a special deal that has just been announced. Hillside Manor is offering SCHE members special rates during the convention. —[2]—. For only 120 pounds a night, you can get a double room, and for 205 pounds a night, you can reserve a suite. Both offers represent savings of more than 40 percent off the regular rates. —[3]—.

To take advantage of this special offer, use the special code SCHECONVENTION when making your reservation at www.hillsidemanor.com. —[4]—. But please hurry, as this offer is only valid until September 15.

We look forward to seeing you at this year's conference.

Sincerely,

Wilma Mullins
SCHE Convention Organizer

수신인
발신인
제목
날짜

영국 런던에서 있을 연례 회의 일정 안내

특별 할인 안내

할인 받는 방법

마무리 인사

발신인 정보
직책

1. In which of the positions marked [1], [2], [3], and [4] does the following sentence best belong?

"It is conveniently located across the street from the convention center."

(A) [1]
(B) [2]
(C) [3]
(D) [4]

예제 풀이

1번은 다음 이메일에 관한 문제입니다.

To: Eric Hopkins <erichopkins@vincent.com>
From: Wilma Mullins <wmullins@sche.org>
Subject: Special Rates
Date: August 27
수신: Eric Hopkins 〈erichopkins@vincent.com〉
발신: Wilma Mullins 〈wmullins@sche.org〉
제목: 특별가
날짜: 8월 27일

수신인
발신인
제목
날짜

Dear Mr. Hopkins,
Mr. Hopkins에게,

The Society of Chemical Engineers (SCHE) is going to be holding its annual convention in London, England, this year from October 4-6. In case you have not yet made arrangements for accommodations, we would like to inform you of a special deal that has just been announced. Hillside Manor is offering SCHE members special rates during the convention. ❶ It is conveniently located across the street from the convention center. For only 120 pounds a night, you can get a double room, and for 205 pounds a night, you can reserve a suite. Both offers represent savings of more than 40 percent off the regular rates.
The Society of Chemical Engineers(SCHE)는 올해 10월 4일에서 6일까지 영국 런던에서 연례 회의를 열 것입니다. 당신이 숙박을 아직 마련하지 못한 경우에 대비해서, 우리는 방금 공지된 특별 요금을 당신께 알려드리고 싶습니다. Hillside Manor는 SCHE 회원들에게 회의 기간 동안에 특별 요금을 제공 중입니다. **그것은 컨벤션 센터 길 건너에 편리하게 위치되어 있습니다.** 하룻밤에 오직 120파운드로 당신은 더블룸에서 지낼 수 있고, 205파운드로 당신은 스위트룸을 예약할 수 있습니다. 두 가지 모두 평상 시 가격보다 40퍼센트 이상을 절약할 수 있습니다.

영국 런던에서 있을 연례 회의 일정 안내
특별 할인 안내

To take advantage of this special offer, use the special code SCHECONVENTION when making your reservation at www.hillsidemanor.com. But please hurry, as this offer is only valid until September 15.
이 특별 제안을 이용하려면, 당신이 www.hillsidemanor.com에서 예약을 할 때, 특별코드 SCHECONVENTION을 사용하세요. 하지만 이러한 혜택은 9월 15일까지만 유효하니 서두르세요.

할인 받는 방법

We look forward to seeing you at this year's conference.
우리는 당신을 올해 회의에서 뵙기를 고대합니다.

마무리 인사

Sincerely,
진심으로,

Wilma Mullins
SCHE Convention Organizer
Wilma Mullins
SCHE 회의 조직자

발신인 정보
직책

>> 문장 삽입 위치를 묻는 문제

1. In which of the positions marked [1], [2], [3], and [4] does the following sentence best belong?

"It is conveniently located across the street from the convention center."

(A) [1]
(B) [2]
(C) [3]
(D) [4]

[1], [2], [3], 그리고 [4]로 표시되어 있는 자리 중 다음 문장이 들어갈 가장 적절한 곳은 어디인가?

"그것은 컨벤션 센터 길 건너에 편리하게 위치되어 있습니다."

(A) [1]
(B) [2]
(C) [3]
(D) [4]

문제 풀이 전략 적용

1 주어진 문장을 먼저 읽고, 접속사나 대명사 등의 단서를 파악한다.

"It is conveniently located across the street from the convention center." (그것은 컨벤션 센터 길 건너에 편리하게 위치되어 있습니다.) → it이라는 대명사에서 단서를 찾는다.

2 지문에 표시된 위치의 앞뒤 문장을 읽고, 주어진 문장과 흐름상 연결되는지 확인한다.

여기서 대명사 'It'은 Hillside Manor를 가리키고 있음을 파악한다.

3 정답 위치에 주어진 문장을 넣었을 때 문맥상 자연스러운지 확인한다.

바로 앞 문장에서 'Hillside Manor is offering SCHE members special rates during the convention' (Hillside Manor가 SCHE 회원들에게 회의 기간 동안에 특별가를 제공 중이다)라는 것을 알리고 이어서 'Hillside Manor는 컨벤션 센터 길 건너에 위치해 있다'라고 추가 정보인 위치를 소개하는 것이 문맥상 가장 자연스러우므로 정답은 (B) [2]이다.

VOCA

hold *v.* 개최하다 | **convention** *n.* 협회, 회의, 대회 | **arrangement** *n.* 마련, 준비, 배열 | **accommodations** *n.* 숙소, 거처 | **announce** *v.* 발표하다 | **rate** *n.* 요금 | **represent** *v.* 대표하다 | **savings** *n.* 절약, 저축한 돈 | **regular rate** 정가 | **take advantage of** ~을 이용하다 | **valid** *adj.* 유효한 | **look foward to -ing** ~하기를 고대하다

Practice

Questions 1-2 refer to the following information.

Thank you for purchasing this product sold by Carlton Arts and Crafts. —[1]—. All Carlton products are guaranteed to have been made by hand by artisans. —[2]—. We guarantee the quality of all of our products, and we will provide you with a full refund should you be dissatisfied for any reason. —[3]—. Therefore, should you purchase another item of the same type, you will notice that each item is different in length, width, style, and appearance. —[4]—. If this item is made of cloth, do not machine-wash it. Instead, either hand-wash it or have it dry-cleaned.

1. What is stated about Carlton Arts and Crafts products?

(A) They are only sold in bulk.
(B) They come in the same size.
(C) They are hand-made.
(D) They come with a limited guarantee.

2. In which of the positions marked [1], [2], [3], and [4] does the following sentence best belong?

"Remember that this product is specially crafted, so it is one of a kind."

(A) [1]
(B) [2]
(C) [3]
(D) [4]

VOCA

guarantee *v.* 보장하다 | **by hand** 사람 손으로 | **artisan** *n.* 장인 | **dissatisfied** *adj.* 불만족스러워 하는 | **reason** *n.* 이유 | **therefore** *adv.* 그러므로 | **notice** *v.* 알아차리다, 주목하다 *n.* 알아챔, 주목 | **appearance** *n.* 외관, 모습, 외모 | **cloth** *n.* 천 | **machine-wash** *v.* (옷 등을) 세탁기로 빨다 | **instead** *adv.* 대신에 | **hand-wash** *v.* 손으로 씻다, 손빨래하다 | **dry-clean** *v.* 드라이클리닝을 하다 | **in bulk** 대량으로 | **one of a kind** 독특한 것

Questions 3-5 refer to the following memorandum.

To: IT Department Staff
From: Jennifer Archer
Date: June 3
Subject: Data Transition Project

Hello. For those of you I have not yet met, I am Jennifer Archer, the new director of IT. —[1]—.

Alongside Deidre Lee, the Chief Technology Officer, I will be focusing on managing the Data Transition Project. —[2]—. We will be devising a system to back up every employee's computer files to an off-site location. This will allow us to save both time and money. It will also help us to more easily secure sensitive information, as it will no longer be kept in multiple branch offices. —[3]—.

In the coming weeks, I will send out frequent progress reports. —[4]—. First, I will email each of you individual instructions regarding your role within two days. I will be available to take comments or suggestions related to the project in order to improve its efficiency. This will be a big change in how everyone accesses their files, so we will need to coordinate with other departments closely.

Thank you.

3. What is one purpose of the new project?
(A) To allow clients to access their files on mobile devices
(B) To improve communication between branch managers
(C) To decide the best way to attract more customers
(D) To lower expenses related to storing company data

4. According to the memorandum, what is Ms. Archer planning to do?
(A) Schedule a team meeting
(B) Send guidelines to employees
(C) Present some ideas to Mr. Lee
(D) Hire temporary workers

5. In which of the positions marked [1], [2], [3], and [4] does the following sentence best belong?
"It has been a pleasure to meet many of you during my first week here."
(A) [1]
(B) [2]
(C) [3]
(D) [4]

VOCA

data transition 데이터 전환 | **alongside** *prep.* ~ 옆에, ~와 함께 | **chief officer** 실장, 최고 책임자 | **focus on** ~에 집중하다 | **devise** *v.* 고안하다 | **off-site** *adj.* (어느 장소에서) 떨어진, 부지 밖의 | **allow** *v.* 허락하다 | **secure** *v.* 얻어내다, 확보하다 | **sensitive** *adj.* 민감한, 예민한 | **frequent** *adj.* 잦은, 빈번한 | **progress report** 경과 보고서 | **instruction** *n.* 지침, 안내 | **role** *n.* 역할 | **comment** *n.* 논평 | **efficiency** *n.* 효율 | **access** *v.* 이용하다 | **coordinate** *v.* 조정하다, 협업하다

부사

부사(adverb)는 동사나 형용사, 부사 또는 문장 전체를 꾸며주는 수식어 역할을 한다. 주로 동사 뒤, 또는 형용사나 부사 앞에 위치하며, 문장 전체를 꾸며줄 때는 보통 문장의 맨 앞에 온다.

기본 개념 이해하기

1. 부사의 형태

▶ 형용사와 부사의 형태가 동일한 단어들 또는 형태는 비슷하지만 의미가 전혀 다른 부사에 주의한다.

형태는 비슷하나 의미가 다른 부사		
	hard 형 근면한 부 열심히	**hardly** 부 거의 ~않다
	near 형 가까운 부 가까이	**nearly** 부 거의 (=almost)
	high 형 높은 부 높게	**highly** 부 매우
	late 형 늦은 부 늦게	**lately** 부 최근에 (=recently)
	close 형 가까운 부 가깝게	**closely** 부 면밀하게, 밀접하게

The employees / worked **hard** to meet the deadline.

Finishing the project on time / is **hardly** possible.

해석 그 직원들은 마감 기한을 맞추기 위해 열심히 일했다. / 그 프로젝트를 제때에 끝내는 것은 거의 가능하지 않다.

2. 형용사, 부사, 전치사구를 수식하는 부사

▶ 부사는 형용사와 다른 부사 또는 전치사구 형태의 부사구 앞에서 수식어 역할을 한다.

We / are discussing / a **reasonably** important issue. 관사 + 부사 + 형용사 + 명사

This location / is **easily** accessible by public transport. be동사 + 부사 + 형용사

The manager is concerned that the project is progressing **too** slowly. 강조 부사 + 부사

Despite its high price, Koruntis' winter jacket is selling **quite** well. 강조 부사 + 부사

The weather was **very[really]** nice yesterday for the company picnic. 강조 부사 + 형용사

The chef's new menu received **pretty** good reviews from the critics. 강조 부사 + 형용사

Preview tickets / go on sale / **exclusively** / to our members. 부사 + 전치사구

해석 우리는 상당히 중요한 문제에 대해서 논의하고 있다. / 이 장소는 대중 교통으로 접근하기 쉽다. / 그 관리자는 프로젝트가 너무 느리게 진행되고 있는 점을 걱정하고 있다. / 높은 가격에도 불구하고, Koruntis'의 겨울 재킷은 꽤 잘 팔리고 있다. / 어제 회사 야유회를 하기에 날씨가 매우[정말로]좋았다. / 그 요리사의 신 메뉴는 비평가들로부터 매우 좋은 평가를 받았다. / 시사회 티켓은 우리 회원들에게만 할인 판매된다.

3. 동사를 수식하는 부사

▶ 주어와 동사 사이에 동사를 앞에서 수식하는 부사를 고르는 문제가 자주 출제된다.

▶ 부사가 동사 뒤에서 수식할 경우, 자동사를 수식하는 부사는 동사 바로 뒤에 오고 타동사를 수식하는 부사는 목적어 뒤에 온다.

▶ 조동사가 있을 때는 조동사와 동사 사이에 부사가 올 수 있다. 진행형과 수동태에서는 be동사와 현재분사/과거분사 사이에 올 수 있다.

The R&D Department / cooperates / **closely** / with the laboratory staff. 동사 + 부사

Please enter / your personal information / **accurately**. 동사 + 목적어 + 부사

Ms. Kim / will **gladly** give / you / a ride to the airport. 조동사 + 부사 + 동사원형

We / have **recently** inspected / the facility. have + 부사 + 과거분사

Our office / is **conveniently** located / near the subway station. be동사 + 부사 + 과거분사

We / are **currently** inspecting / the facility. be동사 + 부사 + 현재분사

해석 R&D 부서는 그 연구소 직원들과 긴밀하게 협력한다. / 귀하의 개인 정보를 정확하게 입력하세요. / Ms. Kim은 기꺼이 당신을 공항까지 태워다 줄 것이다. / 우리는 최근에 그 설비를 검사했다. / 우리 사무실은 편리하게 지하철역 부근에 위치해 있다. / 우리는 현재 그 설비를 검사하고 있다.

4. 숫자를 수식하는 부사

▶ 숫자 앞에는 '대략'이라는 뜻의 almost, approximately, roughly, nearly, about이 올 수 있다.

	숫자를 수식하는 부사
약, 대략, 거의	approximately, nearly, almost, about, around, roughly
이상	more than, over
미만	less than
적어도	at least
까지	up to

It / takes / **approximately** 30 minutes / to get to the station.

해석 역에 도착하는 데 대략 30분이 걸린다.

5. 문장 전체를 수식하는 부사

▶ 문장 맨 앞에서 문장 전체를 수식할 수 있다.

Fortunately, Mr. Thompson / passed / the first round of interviews.

Unfortunately, that model / is out of stock.

Perhaps, it / will rain / in the evening.

해석 다행히도, Mr. Thompson은 첫 번째 면접을 통과했다. / 애석하게도, 그 모델은 재고가 없다. / 아마도, 저녁에 비가 올 것이다.

Q1 관사 + [명사 vs. 부사] + 형용사 + 명사

Mr. Wong is a ------- renowned expert in transportation planning.

(A) nation (B) national (C) nationally (D) nationalistic

>> 출제 포인트 부사는 형용사를 수식한다.

❶ **선택지 확인** | 빈칸에 들어갈 알맞은 품사를 고른다.

❷ **빈칸 확인** | 관사와 형용사(renowned) 사이의 부사 자리 또는 renowned와 함께 명사 expert를 꾸며주는 형용사 자리
→ 명사 (A) nation ✖

❸ **정답 확인** | '전국적으로 알려진 전문가'라는 의미가 적절하므로 형용사 renowned를 꾸며주는 부사가 와야 한다.
정답은 (C) nationally ⭕

정답 Mr. Wong / is a **(C) nationally** renowned expert / in transportation planning.

해석 Mr. Wong은 / 전국적으로 유명한 전문가이다 / 교통 계획 분야에서

출제 포인트 ❶ 부사는 형용사, 부사, 전치사구 등을 수식한다.

[부사] + 형용사	Ms. Lee is an **exceptionally** valuable client of our hotel.
[부사] + 부사	You should compare all the benefits **extremely** carefully.
[부사] + 전치사구	Some of the equipment broke down, **reportedly** due to poor maintenance.

해석 Ms. Lee는 우리 호텔의 특별하게 소중한 고객이다. / 모든 혜택을 매우 주의깊게 비교해야 한다. / 장비 일부가 고장 났는데 보도된 바로는 유지 보수가 제대로 되지 않아서이다.

출제 포인트 ❷ 부사는 동사 앞뒤에 올 수 있으나, 동사와 목적어 사이에는 오지 않는다.

자동사 + [부사]	Employee productivity improved **significantly** last year.
동사 + 목적어 + [부사]	The government changed the system **successfully**.
[부사] + 동사 + 목적어	The government **successfully** changed the system.
2형식 동사 + [부사] + 형용사	Mr. Choi was **largely** responsible for the increase in expenses.

해석 직원 생산성이 지난해 크게 향상되었다. / 정부는 성공적으로 시스템을 변경했다. / 정부는 성공적으로 시스템을 변경했다. / Mr. Choi는 비용 증가에 큰 책임이 있다.

+ check

1. Analysts expect Halcyon Tech to gain ------- more revenue this year.

(A) substantial (B) substantially (C) substantiate (D) substance

주어 + 동사 + [형용사 vs. 부사]

Employees should work ------- to meet the project deadline.

(A) cooperation (B) cooperate (C) cooperative (D) cooperatively

>> 출제 포인트 1형식 동사 뒤에는 부사가 온다.

1 **선택지 확인** | 빈칸에 들어갈 알맞은 품사를 고른다.

2 **빈칸 확인** | 1형식 동사 뒤는 부사 자리 → 명사 (A) cooperation ✖ 동사 (B) cooperate ✖ 형용사 (C) cooperative ✖

3 **정답 확인** | '협력하여 일하다'라는 의미로 1형식 동사 'work' 뒤에는 부사가 와야 한다. 정답은 (D) cooperatively ⓞ

정답 Employees / should work / **(D) cooperatively** / to meet the project deadline.

해석 직원들은 / 일해야 한다 / 협력하여 / 마감일을 맞추기 위해

출제 포인트 ❸ 조동사와 동사 사이에 부사가 온다.

조동사 + [부사] + 동사 + 목적어	You will **automatically** receive the information through your e-mail.

해석 당신은 당신의 이메일로 그 정보를 자동으로 받게 될 것이다.

출제 포인트 ❹ 진행형과 수동태에서 부사는 be동사와 현재분사(V-ing)/과거분사(p.p.) 사이에 올 수 있다.

be동사 + [부사] + -ing: 현재진행형	Karen is **currently** studying business at Gemnus University. = Karen is studying business at Gemnus University **currently**.
be동사 + [부사] + p.p.: 수동태	All the résumés will be **carefully** reviewed. = All the résumés will be reviewed **carefully**.

해석 Karen은 요즘 Gemnus 대학에서 경영학을 배우고 있다. / 모든 이력서는 면밀하게 검토될 것이다.

✓ 문법 포인트 일반적인 3형식 동사의 수동태 뒤에 빈칸이 있는 경우 무조건 부사를 고른다.

Our new product has generally been reviewed **favorably**.

해석 우리 신제품은 일반적으로 좋게 평가 받았다.

+ check

2. Canterra's consulting services are designed ------- to meet the requirements of medium-sized retail businesses.

(A) specifies (B) specifics (C) specifically (D) specific

핵심 문제 유형

Q3 [형용사 vs. 부사] + 동명사

The project helps improve the environment by ------- investing in clean energy.

(A) heavy (B) heavily (C) heaviness (D) heavier

>> 출제 포인트 동명사는 부사의 수식을 받는다.

1. **선택지 확인** | 빈칸에 들어갈 알맞은 품사를 고른다.
2. **빈칸 확인** | 전치사 by의 목적어인 동명사의 수식어 자리 → 형용사나 명사는 동명사의 수식어 자리에 올 수 없다. (A), (C), (D) ✖
3. **정답 확인** | 동명사는 동사와 마찬가지로 부사의 꾸밈을 받으므로 정답은 부사 (B) heavily ⭘

정답 The project / helps / improve the environment / by **(B) heavily** investing in clean energy.

해석 그 프로젝트는 / 돕는다 / 환경 개선을 / 청정 에너지에 대규모로 투자함으로써

출제 포인트 ⑤ 동명사를 꾸며 주는 품사는 부사이다.

Mr. Wright / increased / productivity / by **efficiently** managing employees. 부사 + 동명사

해석 Mr. Wright는 직원들을 효율적으로 관리함으로써 생산성을 높였다.

출제 포인트 ⑥ to부정사를 꾸며 주는 품사는 부사이다.

It / is important / to **thoroughly** review all the terms of the contract. to + 부사 + 동사원형

해석 계약서의 모든 조항들을 철저하게 검토하는 것은 중요하다.

+ check

3. Kamal Electronics is hoping to increase sales by ------- interacting with customers.

(A) actively (B) activate (C) active (D) activation

비슷한 형태의 부사

Homefront Furniture sells its products at ------- reasonable prices.

(A) height (B) high (C) highly (D) highness

>> 출제 포인트 형용사와 형태가 비슷한 부사에 유의한다.

1 **선택지 확인** | 빈칸에 들어갈 알맞은 품사를 고른다.

2 **빈칸 확인** | 형용사 reasonable을 수식하는 부사 또는 reasonable과 함께 명사 prices를 수식하는 형용사 자리
→ 명사 (A) height, (D) highness ⊗

3 **정답 확인** | '매우 합리적인 가격'이라는 의미가 적절하므로 빈칸은 형용사 reasonable을 수식하는 부사 자리이다.
→ (B) high가 부사로 쓰이면, '(위치가) 높이, 높은 곳에'라는 의미이다. ⊗ 정답은 '매우'라는 뜻의 부사 (C) highly ⊙

정답 Homefront Furniture / sells / its products / at **(C) highly** reasonable prices.

해석 Homefront 가구는 / 판매한다 / 그 회사 제품들을 / 매우 합리적인 가격으로

출제 포인트 ❼ 비슷한 형태의 부사

Flour prices / are / **high** this month. 형용사: 높은

I / **highly** recommend / that you hire Ms.Yang. 부사: 매우

해석 이번 달 밀가루 가격이 높다. / 나는 Ms. Yang을 채용할 것을 강력하게 추천한다.

The employees / worked **hard** to meet the deadline. 부사: 열심히

Finishing the project on time / is **hardly** possible. 부사: 거의 ~않다

해석 직원들은 마감을 맞추기 위해 열심히 일했다. / 그 프로젝트를 제시간에 끝내는 것은 거의 불가능하다.

The hotel / is located **near** the station. 전치사: ~근처에

I / have / **nearly** four years of banking experience / as a loan officer. 부사: 거의, 대략

해석 그 호텔은 역 근처에 위치해 있다. / 나는 대출 업무 담당자로 거의 4년의 은행 업무 경력이 있다.

+ check

4. According to the notice which will be posted -------, the main entrance will be closed for repairs.

(A) short (B) shorter (C) shorten (D) shortly

Practice

1. The Goodread Bookstore on Riverside Street ------- hosts big discount events.
(A) frequent (B) frequency
(C) frequented (D) frequently

2. Almost 200 employees have ------- completed our basic courses.
(A) succeeded (B) to succeed
(C) successful (D) successfully

3. Ms. Chen has been ------- involved in the creation of Broaden's security system.
(A) depth (B) deep
(C) deeply (D) deepen

4. By hiring additional employees, productivity increased ------- at Woodtown Manufacturing.
(A) substantial
(B) most substantial
(C) more substantial
(D) substantially

5. One of the most ------- respected jazz events is held in Seoul.
(A) width (B) widely
(C) widest (D) wider

6. All production floor workers must receive training on workplace ------- prior to operating machinery.
(A) safety (B) safely
(C) safest (D) safe

7. The new surgical laser is designed to ------- shorten patients' recovery times.
(A) most significant
(B) significant
(C) significance
(D) significantly

8. Froissart Co. has purchased Metz Heavy Industries for ------- $10 million.
(A) approximation (B) approximated
(C) approximately (D) approximate

9. Customers' responses to the new product packaging have been ------- positive.
(A) consistency (B) consistent
(C) consistently (D) consistencies

10. Management was not ------- satisfied with the redesigned company logo.
(A) completing (B) completes
(C) completely (D) completion

11. Fragile items should be packaged -------.
(A) separating (B) separation
(C) separately (D) separates

12. Candidates for the office receptionist position must be able to relay messages -------.
(A) accuracy (B) accurate
(C) accurately (D) accurateness

13. A marketing campaign designed by EPPN Advertising will make your products more ------- to consumers.
(A) attracting (B) attraction
(C) attractive (D) attractively

14. Staff members are expected to work ------- to complete projects in a timely manner.
(A) collaboration (B) collaborative
(C) collaborate (D) collaboratively

15. Kamal Electronics is hoping to increase sales by ------- interacting with customers.
(A) actively (B) activate
(C) active (D) activation

16. ------- 1,000 customers recently subscribed to *Rover Auto Magazine*.
(A) Any (B) Very
(C) Other (D) Over

17. Regend University is well known for its ------- diverse student body.
(A) remarks (B) remarkably
(C) remark (D) remarked

18. Attendees are asked to exit the room ------- at the end of the meeting.
(A) quiet (B) quietly
(C) quietness (D) quietest

19. Providing more public transportation options has proven ------- in reducing air pollution in the city.
(A) effective (B) effected
(C) effectiveness (D) effectively

20. -------, Mr. Ko has been working overtime in order to meet the project deadline.
(A) Late (B) Latest
(C) Later (D) Lately

기본 완성 훈련 다음은 앞서 풀어 본 연습문제의 문장들입니다. 부사를 찾아 괄호로 묶고, 해당 부사가 수식하는 대상에 밑줄을 그으세요.

1. The Goodread Bookstore on Riverside Street frequently hosts big discount events.
2. By hiring additional employees, productivity increased substantially at Woodtown Manufacturing.
3. One of the most widely respected jazz events is held in Seoul.
4. The new surgical laser is designed to significantly shorten patients' recovery times.
5. Customers' responses to the new product packaging have been consistently positive.
6. Fragile items should be packaged separately.
7. Over 1,000 customers recently subscribed to *Rover Auto Magazine*.
8. Regend University is well known for its remarkably diverse student body.
9. Providing more public transportation options has proven effective in reducing air pollution in the city.
10. Lately, Mr. Ko has been working overtime in order to meet the project deadline.

PART 7 동의어 문제

단어의 문맥적인 의미를 파악해야 한다! 동의어 문제는 주어진 단어의 사전적인 의미가 아니라 문맥상의 의미와 가장 가까운 단어를 고르는 문제이다. 매회 2문제 정도 출제된다.

Tip! 동의어 문제는 단일지문과 복수지문에도 출제가 된다. 어휘 암기를 할 때, 한글 해석 뜻은 물론 동의어들을 함께 암기해두고 문맥에서 실제 어떻게 쓰이는 지도 예문 들을 통해 파악하는 것이 필요하다!

▸ 동의어

단일지문의 경우

According to the notice, the word "as" in paragraph 2, line 4, **is closest in meaning to**

공지에 따르면, 두 번째 단락 네 번째 줄의 단어 "as"와 의미상 가장 가까운 것은

The word "cover" in paragraph 1, line 7, **is closest in meaning to**

첫 번째 단락, 일곱 번째 줄의 단어 "cover"와 의미상 가장 가까운 것은

이중·삼중 지문의 경우

In the e-mail, the word "assure" in paragraph 1, line 5, **is closest in meaning to**

이메일의 첫 번째 문단, 다섯 번째 줄의 단어 "assure"와 의미상 가장 가까운 것은

문제 풀이 전략

1 질문을 읽고, 지문에서 해당 단어의 위치를 확인한다.

질문에서 언급한 단어가 들어 있는 문장을 지문에서 찾아 읽어본다.

2 해당 단어가 포함된 문장을 해석하고, 단어의 문맥적인 의미를 파악한다.

영어 단어는 특성상 한 단어에 여러 가지 의미가 있으므로 문장 속에서 어떤 의미로 쓰였는지 앞뒤 문맥을 잘 살펴야 한다.

3 정답을 찾는다.

빈칸에 해당 단어를 넣어서 읽었을 때, 문맥이 어색하지 않고 자연스럽게 연결되는지를 확인한다.

핵심 문제 유형

Question 1 refers to the following article.

(May 22) The city of Worcester has a cause to celebrate. It has managed to cut traffic jams in the downtown area by almost 25 percent compared to last year. According to transportation authorities, commutes were especially bad during the morning rush hour, but the conditions have improved significantly thanks to a smart initiative implemented last December to encourage citizens to commute by subway more often.

In order to attract more people to public transportation, subway fares were reduced, and the city decided to replace old subway trains with new ones and have them run more frequently. According to a survey of Worcester residents, these changes were important factors in their decision to use more public transportation. "The new schedules have made a huge impact," one resident said.

These measures appear to have had some positive effect in terms of financial viability of some subway operators. For example, the green subway line, which runs from Canal Street to Fergus Lane, rarely had any passengers, and operators once considered closing the line. However, this is no longer an issue since there are now enough passengers to maintain financial stability.

• 최근 시행된 교통 계획 안내

• 계획 시행 원인

• 추가 지하철 운행의 긍정적인 측면

1. The word "measures" in paragraph 3, line 1, is closest in meaning to

(A) distances
(B) actions
(C) standards
(D) successes

예제 풀이

1번은 다음 기사에 관한 문제입니다.

(May 22) The city of Worcester has a cause to celebrate. It has managed to cut traffic jams in the downtown area by almost 25 percent compared to last year. According to transportation authorities, commutes were especially bad during the morning rush hour, but the conditions have improved significantly thanks to a smart initiative implemented last December to encourage citizens to commute by subway more often.

(5월 22일) Worcester 시가 축하할 거리가 하나 생겼다. 이 도시는 지난해와 비교하여 시내 교통 체증을 25퍼센트 가량 감소시켰다. 교통 관계자들에 따르면, 통근은 아침 출근 시간대에 특히 안 좋지만, 지난 12월 시민들이 더 자주 지하철로 통근을 하게끔 하기 위해 시행된 이 현명한 계획 덕분에 상황이 상당히 개선되었다.

• 최근 시행된 교통 계획 안내

In order to attract more people to public transportation, subway fares were reduced, and the city decided to replace old subway trains with new ones and have them run more frequently. According to a survey of Worcester residents, these changes were important factors in their decision to use more public transportation. "The new schedules have made a huge impact," one resident said.

더 많은 시민들이 대중교통을 이용하게끔 하기 위해, 지하철 요금이 인하되었고, 시는 낡은 지하철을 새 것으로 교체하고 더 자주 운행하기로 결정하였다. Worcester 시 거주자들을 대상으로 한 여론 조사에 따르면, 이러한 변화는 대중 교통의 사용을 늘리고자 하는 그들의 결정에 중요한 요인이었다. "이 새로운 운행 시간표들이 큰 영향을 끼쳤습니다," 라고 한 주민이 말했다.

• 계획 시행 원인

❶ These measures appear to have had some positive effect in terms of financial viability of some subway operators. For example, the green subway line, which runs from Canal Street to Fergus Lane, rarely had any passengers, and operators once considered closing the line. However, this is no longer an issue since there are now enough passengers to maintain financial stability.

이 조치들은 일부 지하철 운영자들에게 재정적 실현 가능성의 측면에서 어느 정도 긍정적인 영향을 끼친 것으로 보인다. 예를 들어, Canal가에서 Fergus가로 운행하는 녹색 지하철 노선은 승객들이 거의 없었기에, 지하철 운영자들은 한때 이 노선을 폐지하는 것을 고려했었다. 하지만, 이 계획은 재정 안정성을 유지하기 위한 승객들이 이제 충분하기에 더 이상 문제가 되지 않는다.

• 추가 지하철 운행의 긍정적인 측면

>> 동의어를 묻는 문제

1. The word "measures" in paragraph 3, line 1, is closest in meaning to

(A) distances
(B) actions
(C) standards
(D) successes

세 번째 단락, 첫 번째 줄의 단어 "measures"와 의미상 가장 가까운 것은

(A) 거리
(B) 조치
(C) 기준
(D) 성공

문제 풀이 전략 적용

1 질문을 읽고, 지문에서 해당 단어의 위치를 확인한다.

세 번째 단락, 첫 번째 줄에 있는 measures를 찾아서 이와 바꿔 쓸 수 있는 보기가 무엇인지 문맥을 통해 파악한다.

2 해당 단어가 포함된 문장을 해석하고, 단어의 문맥적인 의미를 파악한다.

These **measures** appear to have had some positive effect in terms of financial viability.
→ '이러한 **조치들**이 재정 실현 가능성에 어느 정도 긍정적인 영향을 끼친 것으로 보인다'라는 뜻이므로 이와 유사한 의미를 가진 보기를 찾는다.
• **measure** *n.* 대책, 수단, 조치

3 정답을 찾는다.

'조치'란 의미의 actions가 문장의 measures라는 어휘를 대신할 수 있다. 따라서 정답은 (B) actions이다.
• **action** *n.* 행동, 행위 = **measure** *n.* 수단, 조치 = **step** *n.* 단계, 조치 = **move** *n.* 움직임, 조치, 수단

VOCA

cause *n.* 원인 | **manage** *v.* 처리하다, 해내다 | **cut** *v.* 줄이다, 삭감하다 | **traffic jam** 교통 체증 | **compared to** ~와 비교하여 | **transportation authority** 교통 관계자, 교통 공무원 | **rush hour** (출·퇴근) 혼잡 시간대 | **improve** *v.* 개선하다, 향상시키다, 나아지다 | **significantly** *adv.* 상당히, 중요하게 | **thanks to** ~덕분에 | **initiative** *n.* 계획 | **implement** *v.* 시행하다, 수행하다 | **encourage** *v.* 격려하다, 용기를 북돋우다 | **impact** *n.* 영향 | **commute** *v.* 통근하다 | **resident** *n.* 거주민 | **schedule** *n.* 시간표; 일정 | **measure** *n.* 해결책, 조치 | **in terms of** ~면에서, ~에 관하여 | **financial** *adj.* 금융의, 재정의 | **viability** *n.* 실행 가능성 | **rarely** *adv.* 드물게, 좀처럼 ~하지 않는 | **issue** *n.* 문제, 쟁점 | **maintain** *v.* 유지하다, 지키다 | **stability** *n.* 안정(성)

Practice

Questions 1-4 refer to the following article.

Jenny Kang Joins NBN TV

NBN TV will broadcast a talk show about the economy hosted by Jenny Kang, who is known for her popular television program, *The Money Game*.

The program was created because, according to an online survey taken in May, viewers had felt that the lack of a talk show about the economy was the NBN's biggest weakness. Ms. Kang was NBN's first choice to host it. "We have long considered Ms. Kang one of the most competent financial reporters in the industry," said NBN producer Thomas Park, who has worked at the station for 20 years.

NBN's new show, which is currently untitled, will deal with a wide range of topics related to the economy. It will air at 7 P.M. on weekdays starting in late October.

---

1. What is the article mainly about?

(A) The retirement of a long-time producer
(B) The anniversary of a broadcasting station
(C) The process of creating TV programs
(D) The hiring of a new show host

2. According to the article, what happened in May?

(A) A studio was relocated.
(B) Ms. Kang was interviewed.
(C) A program was rescheduled.
(D) Feedback was given.

3. What is still undecided about the new TV program?

(A) Who will host the show
(B) What it will be called
(C) What time it will be aired
(D) When it will begin

4. The phrase "deal with" in paragraph 3, line 1, is closest in meaning to

(A) perform
(B) take over
(C) cover
(D) replace

VOCA

broadcast *v.* 방송하다 | **host** *v.* 주최하다, (TV · 라디오 프로를) 진행하다 | **lack** *n.* 부족, 결여 *v.* 부족하다 | **weakness** *n.* 약함, 약점 | **consider** *v.* 고려하다, 생각하다 | **competent** *adj.* 능숙한, 유능한 | **station** *n.* 방송국 | **deal with** ~을 다루다 | **a wide range of** 다양한 | **air** *v.* 방송하다 | **long-time** *adj.* 오랜 | **relocate** *v.* 이전하다 | **take over** 인수하다

Questions 5-8 refer to the following letter.

Sammy Kim
2239 Tieman Road
Chicago, IL 60290
September 18

Dear Mr. Kim,

During our conversation on September 2, you informed me that you would like to rent one of our tour buses for the weekend of October 15 and 16. You also informed me that your party would consist of 75 individuals, and I told you a large-sized bus would be appropriate for that many people. However, you weren't sure that many people would be traveling. Nevertheless, I made a tentative reservation for you, and we agreed that you would get in touch with me within 10 days to confirm that a large-sized bus was appropriate. It has been over two weeks, and I still haven't received a confirmation from you.

So, I'm contacting you to find out if you are still planning to do business with us. Our tour buses are in high demand during the fall, and we would prefer to give another party the chance to reserve one of our large buses. Thus, if I do not receive any correspondence from you within the next five business days, I will cancel your reservation. Please contact me as soon as you can to inform me what you would like to do.

Sincerely,

Jon Voight

Jon Voight
General Manager
Skyway Bus and Tour

5. Why was this letter written?

(A) To invite another department to a meeting
(B) To seek a response from a potential customer
(C) To request some mechanical repairs to a bus
(D) To get a price quote from an industry competitor

6. What does the letter suggest about Mr. Voight?

(A) He will be away from the office for the next five days.
(B) He will speak with one of his superiors about an issue.
(C) He previously spoke with Mr. Kim about a matter.
(D) He has been on business trips with Mr. Kim before.

7. The word "tentative" in paragraph 1, line 4, is closest meaning to

(A) definite
(B) conditional
(C) cautious
(D) reluctant

8. What is Mr. Kim asked to do?

(A) Reply to Mr. Voight
(B) Reserve a smaller vehicle
(C) Get in touch with another branch
(D) Check the price on a receipt

VOCA

party *n.* (여행을 함께 하는) 단체 | **consist of** ~로 구성되다 | **large-sized** *adj.* 대형의 | **appropriate** *adj.* 적합한 | **tentative** *adj.* 잠정적인 | **reservation** *n.* 예약 | **get in touch with** ~와 연락하다 | **do business with** ~와 거래하다 | **be in high demand** 수요가 많다 | **correspondence** *n.* 서신, 편지 | **potential** *adj.* 잠재적인 | **mechanical** *adj.* 기계와 관련된 | **repair** *n.* 수리 | **price quote** 견적 | **superior** *n.* 상급자 | **previously** *adv.* 이전에 | **on a business trip** 출장 중인 | **definite** *adj.* 확실한 | **conditional** *adj.* 조건부의 | **vehicle** *n.* 차량 | **receipt** *n.* 영수증

UNIT 07

전치사

전치사는 명사나 동명사, 명사절과 결합하여 명사 뒤에서 수식어 역할을 하거나, 동사나 문장 전체의 수식어 역할을 한다.

기본 개념 이해하기

1. 전치사구 형태

▶ 전치사는 명사나 대명사, 동명사 또는 명사절을 목적어로 취하여 형용사구와 부사구를 만든다.

Due to security concerns, access to the server room is strictly limited. 전치사 + 명사 = 부사구

This document explains the process **of receiving a family discount.** 전치사 + 동명사 = 형용사구

해석 보안상의 염려 때문에, 서버실로의 접근은 엄격히 제한되어 있다. / 이 서류는 가족 할인을 받는 절차를 설명하고 있다.

2. 시간 전치사

시간	at + 시각, 구체적인 때	~에	**at** 4 P.M. 오후 4시에 ı **at** noon 정오에 ı **at** midnight 자정에 ı **at** the end of this fiscal year 이번 회계연도 말에
	on + 날짜, 요일, 특정한 날	~에	**on** May 10 5월 10일에 ı **on** Friday 금요일에 ı **on** Wednesday afternoon 수요일 오후에 ı **on** Christmas 크리스마스에
	in + 오전/오후, 월, 계절, 연도	~에	**in** the morning 아침에 ı **in** August 8월에 ı **in** summer 여름에 ı **in** 2015 2015년에
시점	from + 시점	~로부터	**from** May to August 5월부터 8월까지
	since + 과거 시점	~이후로	**since** last Friday 지난 금요일 이후로
	by + 완료시점	~까지	submit the report **by** Friday 보고서를 금요일까지 제출하다
	until + 계속되는 시점	~까지	be postponed **until** Friday 금요일까지 연기되다
	before/prior to + 시점	~전에	**before** his arrival 그의 도착 전에 3 hours **prior to** your arrival 당신의 도착 3시간 전에
	after/following + 시점	~후에	**after** 6 P.M. 오후 6시 후에 **following** a short test 짧은 테스트 후에
기간	during + 기간	~동안	**during** the conference 회의 동안 **during** the last three years 지난 3년 동안
	for + 숫자 기간	~동안	**for** three years 3년 동안 ı **for** the last three years 지난 3년 동안
	over + 기간	~동안	**over** the last three years 지난 3년 동안
	in + 기간	~동안/~후에	**in** the last three years 지난 3년 동안 **in** two weeks 2주 후에
	between A and B	A와 B사이에	**between** Monday **and** Friday 월요일과 금요일 사이에
	throughout + 기간	~내내	**throughout** the year 1년 내내
	within + 기간	~이내에	**within** 30 days 30일 이내에

3. 장소 전치사

장소	at + 구체적인 한 지점, 번지	~에	**at** the corner 모퉁이에 ㅣ **at** the press conference 기자회견에서 ㅣ **at** 55 Main Street Main 가 55번지에서
	on + 접촉면, 도로, 교통수단	~(위)에	**on** the table 탁자 위에 ㅣ **on** Main Street Main 가에서 ㅣ **on** the bus/train/plane 버스/기차/비행기에서
	in + 공간, 도시, 국가/대륙	~(안)에	**in** the lobby 로비에서 ㅣ **in** Seoul 서울에 ㅣ **in** Asia 아시아에
	within + 장소, 거리	~내에서	**within** walking distance 걸을 수 있는 거리 이내에
	across/throughout + 장소	~전체에	**across** the nation 전국적으로 ㅣ throughout Europe 유럽 전역에
방향	to + 도착점	~로	be delivered **to** the front desk 프론트 데스크로 배달되다
	from + 출발점	~로부터, ~에서	relocate across the street **from** its former location 이전 위치에서 길 건너편으로 이전하다
	towards	~방향으로	trend **towards** earlier retirement 조기 퇴직을 향한 추세
	into	~(안)으로	expand **into** three more communities 세 개 지역으로 더 확장하다
	out of	~밖으로	**out of** town (출장 등으로) 도시 밖으로
	across from/opposite	~맞은 편에	opens its doors **across from** (= **opposite** the convention) center 컨벤션 센터 맞은 편에 문을 열다
	for	~를 향해, ~행	leave **for** ~를 향해 떠나다
	through	~를 통해	highway **through** town 도시를 통해 지나가는 고속도로
	along	~을 따라	**along** the street 도로를 따라
위치	above	~위쪽에	signs **above** the door 문 위쪽에 있는 표지판들
	over	~바로 위에	**over** the bridge 다리 바로 위에
	below	~아래쪽에/이하	**below** warehouse prices 창고 출하 가격 이하로
	under	~바로 밑에 ~중인, ~하에	**under** the desk 책상 아래에 ㅣ **under** construction 공사 중인 ㅣ **under** the new rules 새로운 규칙 하에서
	beside/next to/by	~옆에	**beside** the stand 연단 옆에 sit **next to** the aisle 통로 옆자리에 앉다
	near	~근처에	**near** the rear entrance 후문 근처에
	in front of	~앞에	**in front of** the building 빌딩 앞에
	behind	~뒤에	**behind** the building 빌딩 뒤에
	among + 복수 명사	~사이에/중에	**among** the guests 손님들 사이에
	between A and B	A와 B 사이에	**between** Maron Boulevard **and** Hoover Street Maron 가와 Hoover 가 사이

4. 기타 전치사

이유	due to / because of	~때문에	**due to** limited space 제한된 공간 때문에
양보	in spite of / despite	~에도 불구하고	**despite** the issue 그 문제에도 불구하고
주제	about / regarding / concerning	~에 관하여 / 관한	information **about** the program 프로그램에 관한 정보
추가	in addition to	~외에도	**in addition to** this benefits 이러한 혜택 외에도
	including	~를 포함하여	**including** client testimonial 고객 추천글을 포함하여
제외	except / excluding	~를 제외하고	**except** Sundays 일요일만 제외하고
조건	without	~없이, ~가 없다면	**without** permission 허가 없이는
	in case of / in the event of	~인 경우에는	**in case of** rain 비가 오는 경우에는
결과	as a result of	~의 결과로	**as a result of** the continuing training 지속적인 교육의 결과로
목적	for	~을 위해 / 위한	**for** your convenience 당신의 편의를 위해서
자격	as	~로서	**as** a lawyer 변호사로서
행위자	by	~에 의해	be presented **by** members 회원들에 의해 발표되다
방법	by	~함으로써, ~로	**by** e-mail 이메일로 **by** turning off the equipment 장비 전원을 끔으로써
	through	~을 통해	**through** the survey 설문조사를 통해서
동반 / 소지 / 수단	with	~와 함께, ~을 가지고	**with** the President 회장님과 함께
	along with	~와 함께	**along with** your application 당신의 신청서와 함께
예시	such as	~와 같은	facilities **such as** the gym 체육관과 같은 편의시설
	like / unlike	~와 같이 / ~와는 달리	respected instructors **like** Dylan Andersson Dylan Andersson과 같이 존경 받는 강사들
기타	instead of	~대신에	**instead of** participating 참가하는 대신에
	by ~ing	~함으로써(방법)	**by expanding** our operation 영업을 확장함으로써
	according to	~에 따르면	**according to** the agreement 계약서에 따르면
	in response to	~에 부응하여	**in response to** high demand 높은 수요에 부응하여
	regardless of	~와는 상관없이	**regardless of** how many guests attend 얼마나 많은 손님들이 참가하는지와는 상관없이

5. 전치사의 관용표현

자동사 + 전치사	
comply with 준수하다	deal with 다루다, 처리하다
specialize in ~을 전문으로 하다	participate in ~에 참가하다
enroll in ~에 등록하다	result in ~의 결과를 낳다
rely on(upon) ~에 의존하다	depend on(upon) ~에 의존하다/달려있다
contribute to ~에 기여/공헌하다	subscribe to ~에 가입하다, 구독하다
apply to ~에 해당되다	reply to ~에 응답하다
respond to ~에 응답하다	lead to ~로 이어지다, ~를 초래하다
qualify for ~할 자격이 있다	account for ~을 설명하다
register for ~에 등록하다	search for ~를 찾다, 검색하다
apply for ~에 지원/신청하다	benefit from ~로부터 혜택을 얻다

명사 + 전치사	
decrease in ~의 감소	increase in ~의 증가
rise in ~의 증가	interest in ~에 대한 관심
access to ~의 이용(기회), 접근(권한)	objection to ~에 대한 반대
subscription to ~의 구독	commitment to ~에 대한 전념
dedication to ~에 대한 전념	resolution to ~에 대한 해결책
contribution to ~에 대한 공헌(기여)	demand for ~에 대한 수요
questions about ~에 관한 질문	information about ~에 관한 정보
inquiry about ~에 관한 문의	detail about ~에 관한 세부 사항
problem with ~에 대한 문제	compliance with ~의 준수

be동사 + 형용사 + 전치사	
be accessible to ~에 가기 쉽다, ~을 이용하다	be opposed to ~에 반대하다
be familiar with ~를 잘 알다, ~에 익숙하다	be pleased with ~에 기뻐하다
be finished with ~을 끝내다	be equipped with ~를 갖추고 있다
be concerned about ~에 대해 걱정하다	be interested in ~에 흥미가 있다
be responsible for ~에 책임이 있다	be eligible for ~할 자격이 있다
be aware of ~를 알다, 알고 있다	be based on ~에 기반하다, 근거를 두다
be dependent on(upon) ~에 의존하다/달려있다	be reliant on(upon) ~에 의존하다

핵심 문제 유형

Q1 시점·기간

Please return defective products ------- seven days of the purchase date.

(A) within (B) through (C) after (D) by

>> 출제 포인트 시점·기간을 나타내는 전치사를 구별해야 한다.

1. **선택지 확인** | 빈칸에 들어갈 알맞은 전치사를 고른다.
2. **빈칸 확인** | 기간(seven days)을 나타내는 표현 앞에 오는 전치사 자리 → 시점을 나타내는 전치사는 올 수 없다.
   → (C) after ⊗ (D) by ⊗
3. **정답 확인** | 결함이 있는 제품을 '주어진 기간 안에' 반품해 달라는 의미이므로 '기간 내내'를 의미하는 (B) through ⊗
   정답은 '기간 이내에'를 의미하는 (A) within ⊙

정답 Please return / defective products / **(A) within** seven days of purchase date.

해석 반품해 주세요 / 결함 있는 제품은 / 구입한 날로부터 일주일 이내에

출제 포인트 ❶ 시점 vs. 기간을 나타내는 전치사

특정 시점과 함께 하는 전치사와 소요 기간과 함께 하는 기간 전치사를 구분한다.

Oil prices / have risen / **since** August 15. since: 시점

Oil prices / have risen / **for** eight months. for: 기간

해석 유가가 8월 15일 이후로 상승했다. / 유가가 8개월 간 상승했다.

출제 포인트 ❷ by vs. until

by	동작이 완료되는 시점	submit, finish, complete 등과 주로 출제
until	동작이 계속되는 시점	postpone, remain, stay, last, continue 등과 주로 출제

The report / should be submitted / **by** March 7. by: ~까지 완료

Ms. Kim / must finish / the project / **by** Wednesday.

해석 그 보고서는 3월 7일까지 제출되어야 한다. / Ms. Kim은 그 프로젝트를 수요일까지 끝내야만 한다.

We may need to postpone payments to some of our suppliers **until** next week. until: ~까지 계속

The ski season / will last / **until** early March.

해석 우리는 대금 지불을 다음 주까지 연기해야 할지도 모른다. / 스키 시즌은 3월 초까지 지속된다.

+ check

1. Please be sure to return all borrowed books to the library ------- next Monday.

(A) within (B) onto (C) before (D) about

Q2 장소·방향

The tourists are scheduled to leave ------- Walvis Bay, where they will enjoy a boat trip to the bird sanctuary.

(A) into (B) for (C) between (D) to

>> 출제 포인트 장소·방향을 나타내는 전치사를 문맥에 맞게 사용한다.

1. **선택지 확인** | 빈칸에 들어갈 알맞은 전치사를 고른다.
2. **빈칸 확인** | 장소를 나타내는 표현 앞에 오는 전치사 자리이다.
3. **정답 확인** | 관광객들이 Walvis Bay를 '향해' 떠나기로 예정되어 있으므로 '어떤 장소를 향하여'라는 의미의 전치사가 필요하다. 정답은 (B) for ⓞ

정답 The tourists / are scheduled / to leave **(B) for** Walvis Bay, / where they will enjoy a boat trip to the bird sanctuary.
해석 관광객들은 / 예정되어 있다 / Walvis Bay로 떠나기로 / 그곳에서 그들은 조류 보호구역으로 가는 보트 여행을 즐길 것이다.

출제 포인트 ❸ 장소를 나타내는 전치사

in은 넓은 장소와 건물 안, on은 표면 위, at은 구체적인 장소를 나타낸다.

Mr. Yang / lives / **in** Los Angeles. in: 넓은 장소
I / met / Mr. Yang / **in** the bank. in: 건물 안
Mr. Yang / lives / **at** 718 Oak Street, Los Angeles. at: 정확한 주소
Mr. Yang / placed / the folder / **on** his desk. on: 표면 위

해석 Mr. Yang은 로스앤젤레스에서 산다. / 나는 Mr. Yang을 은행 안에서 만났다.
Mr. Yang은 로스앤젤레스, Oak 가 718번지에 산다. / Mr. Yang은 그의 책상 위에 폴더를 두었다.

출제 포인트 ❹ 방향을 나타내는 전치사

The company / sent / Ms. Sato / **to** the New York branch. to: ~로(도착점)
The train / leaves / **for** London. for: ~를 향하여
Mr. Wu / was walking / **toward** us. toward: ~ 방향으로

해석 그 회사는 Ms. Sato를 뉴욕 지사로 보냈다. / 그 열차는 런던 행이다.
Mr. Wu가 우리 쪽으로 걸어오고 있었다.

+ check

2. This Saturday is the official opening of our bank's latest branch located ------- the town's financial district.
(A) to (B) below (C) in (D) until

 핵심 문제 유형

Q3 구전치사

The flight has been delayed ------- unexpected mechanical problems.

(A) considering (B) because of (C) since (D) in addition to

>> 출제 포인트 두 단어 이상으로 이루어진 구전치사를 알아둔다.

1. **선택지 확인** | 빈칸에 들어갈 알맞은 전치사를 고른다.
2. **빈칸 확인** | 명사구(unexpected mechanical problems) 앞의 전치사 자리이다.
3. **정답 확인** | 문맥상 '비행기가 돌발적인 기계 결함 때문에 지연되고 있다'라는 의미가 되어야 하므로 이유를 나타내는 전치사가 와야 한다. 정답은 (B) because of Ⓞ (C) since는 접속사로 쓰일 때는 '(특정 시점) 이후로'와 '~때문에'의 두 가지 의미 모두 가능하지만, 전치사로 쓰일 때는 이유를 나타내는 '~때문에'의 의미로 쓰일 수 없다는 점에 유의한다.

정답 The flight / has been delayed / **(B) because of** unexpected mechanical problems.

해석 그 비행기는 / 지연되고 있다 / 돌발적인 기계 결함 때문에

출제 포인트 ⑤ 두 단어 이상의 구전치사

in front of ~의 앞에	according to ~에 따르면
except for ~을 제외하고	instead of ~대신에
such as ~와 같은	prior to / ahead of ~보다 앞서, ~전에
as a result of ~의 결과로	regardless of ~와는 상관없이
in case of / the event of ~의 경우에는	on behalf of ~을 대신 / 대표해서
because of / due to ~때문에	in terms of ~의 관점에서
in response to ~에 부응하여	pertaining to ~에 관하여

Prior to her employment at Flazi Consulting, / Ms. Han / was / a TV correspondent.

해석 Flazi 컨설팅에서 근무하기 전에, Ms. Han은 TV 통신원이었다.

+ check

3. ------- your reception party, one of our caterers will call you to confirm the number of guests and menu choices.

(A) When (B) As long as (C) Prior to (D) Together with

전치사의 관용 표현

Of the eight candidates, Kathy Swanson is the most eligible person ------- the job.

(A) on (B) to (C) with (D) for

>> 출제 포인트 전치사의 관용 표현을 알아둔다.

1 선택지 확인 | 빈칸에 들어갈 알맞은 전치사를 고른다.

2 빈칸 확인 | 명사구 앞의 전치사 자리이다.

3 정답 확인 | 문맥상 'Kathy Swanson이 그 업무에 가장 적격인 사람이다'라는 의미가 되어야 하므로 「be eligible for: ~에 자격이 있다」 구문을 써야 한다. 정답은 (D) for O

정답 Of the eight candidates, / Kathy Swanson / is the most eligible person / **(D) for** the job.

해석 여덟 명의 후보자들 중에서 / Kathy Swanson이 / 가장 적격인 사람이다 / 그 업무에

출제 포인트 ⑥ 「동사 + 전치사」

Although they were newly hired, / Mr. Shin and Ms. Lee / are good / at **dealing with** customer inquiries.

Our website / **provides** / you / **with** information / regarding global warming and its effects.

해석 비록 Mr. Shin과 Ms. Lee는 신입사원이었지만 고객 문의를 처리하는 데 능숙하다. / 우리의 웹사이트는 지구 온난화와 그 영향에 대한 정보를 제공하다.

풀이 「dealing with: ~를 처리하다」 / 「provides A with B: A에게 B를 제공하다」

출제 포인트 ⑦ 「명사 + 전치사」

A lot of people / are without **access** / **to** safe drinking water.

There / has been a dramatic **increase** / **in** the number of new jobs created.

해석 수많은 사람들이 안전한 식수를 이용하지 못하고 있다. / 새로 생기는 일자리의 수가 급격하게 증가했다.

출제 포인트 ⑧ 「형용사 + 전치사」

The staff / are fully **aware** / **of** the needs of the industry.

Employees / are rated / **based on** their performance.

해석 그 직원들은 그 산업의 요구 사항에 대해 충분히 알고 있다. / 직원들은 그들의 성과에 기반하여 평가를 받는다.

+ check

4. Since small retailers can ------- from cooperating with one another, they form local business associations.

(A) benefit (B) serve (C) assist (D) help

Practice

1. The Spicy Leaf Restaurant will be closed on Monday, July 10, ------- a private event.
   (A) from (B) for
   (C) across (D) since

2. Applications for Panjala Business School are accepted ------- the year.
   (A) throughout (B) across
   (C) when (D) in

3. Starzie Chemicals purchased new lab equipment ------- the extra funds.
   (A) over (B) at
   (C) on (D) with

4. Commuters can help conserve energy ------- taking public transportation.
   (A) to (B) into
   (C) by (D) for

5. Because it is cold and has been snowing heavily, the ski season will last ------- the end of March.
   (A) until (B) for
   (C) by (D) in

6. Elkor Spa resort is conveniently located ------- walking distance of major tourist attractions.
   (A) within (B) furthermore
   (C) finally (D) until

7. Patrons can get help from librarians ------- the library's online help desk.
   (A) through (B) in case of
   (C) among (D) such as

8. Please read the instructions in the manual ------- assembling the couch.
   (A) prior to (B) outside of
   (C) according to (D) in front of

9. The conference room is located ------- the entrance of the building.
   (A) from (B) next
   (C) near (D) for

10. Mr. Jang has worked at Sognet Industries ------- more than eight years.
    (A) for (B) from
    (C) after (D) near

11. The estimate for your office renovation will be provided ------- two working days.
    (A) when (B) within
    (C) by (D) since

12. All tenants must follow the rules included ------- the lease agreement.
    (A) near (B) over
    (C) in (D) next

13. H&PCH Architects will not make changes to the floor plan ------- the client's prior approval.
    (A) about (B) except
    (C) toward (D) without

14. Before he came to Busan, Mr. Kang had worked ------- a bank manager.
    (A) on (B) in
    (C) to (D) as

15. The tour may differ from the description in the brochure depending ------- the weather conditions.

(A) in (B) upon
(C) there (D) with

16. Please note that e-mails received ------- 10 P.M. will be checked the following morning.

(A) such as (B) between
(C) during (D) after

17. Employees who are responsible ------- cleaning the staff lounge should check the area three times a day.

(A) of (B) on
(C) for (D) in

18. Please save all important files ------- installing the new security update.

(A) before (B) about
(C) of (D) into

19. ------- the past three months, the number of students at Pullmans Academy has increased dramatically.

(A) Near (B) Above
(C) Behind (D) During

20. Due to broken water pipes, Blues Restaurant will be closed ------- further notice.

(A) except (B) through
(C) around (D) until

기본 완성 훈련 다음은 앞서 풀어 본 연습문제의 문장들입니다. 전치사구를 찾아 괄호로 묶고, 해당 전치사에 밑줄을 그으세요.

1. Elkor Spa Resort is conveniently located within walking distance of major tourist attractions.
2. Patrons can get help from librarians through the library's online help desk.
3. Please read the instructions in the manual prior to assembling the couch.
4. The conference room is located near the entrance of the building.
5. The estimate for your office renovation will be provided within two working days.
6. H&PCH Architects will not make changes to the floor plan without the client's prior approval.
7. Before he came to Busan, Mr. Kang had worked as a bank manager.
8. The tour may differ from the description in the brochure depending upon the weather conditions.
9. Please note that e-mails received after 10 P.M. will be checked the following morning.
10. During the past three months, the number of students at Pullmans Academy has increased dramatically.

PART 7 문자 대화문과 화자 의도

문자 메시지는 2인 형태의 대화로 출제되고, 온라인 채팅은 3인 이상의 대화 형태로 출제된다. 문자 메시지나 온라인 채팅 지문에는 화자의 의도를 물어보는 새로운 문제 유형이 출제된다.

Tip! 주로 2인 이상의 사람들이 메시지 또는 채팅 대화를 하는 유형으로, 회사 비즈니스 관련 대화 또는 일상적인 주제들을 다룬다. 구어체 표현이나 어떤 특정 문장이 문맥에 따라 다양한 의미를 가지므로, 대화의 흐름을 잘 파악하는 것이 중요하다!

지문 유형 확인하기

1. 자주 나오는 지문

2인이 주고 받는 문자 메시지에는 업무 관련 도움을 요청하는 대화 등이 출제된다.
3인 이상이 참여하는 온라인 채팅에는 프로젝트 진행 상황에 대한 보고나 서로 의견을 주고 받는 대화가 출제된다.

2. 대화의 목적, 이유, 요청 사항, 추가 요청 사항 등을 묻는다.

문자 메시지나 온라인 채팅을 하는 이유, 목적, 요청 사항은 대부분 지문의 앞부분에 나온다.
대화의 마무리 단계에서 추가 요청 사항이 나올 수 있다.

[주제·목적] What is the **main topic** of the text message chain? 문자 대화문의 주제는 무엇인가?

[요청 사항] What does Ms. Dole **ask** Ms. Kim to do? Ms. Dole이 Ms. Kim에게 무엇을 요청하는가?

3. 대화에 나오는 세부 정보를 묻는다.

질문에서 키워드를 파악하여 지문에서 키워드가 언급된 부분을 확인한다.

[사실확인] What is **true[NOT true]** about **Mr. Parker**? Mr. Parker에 대해 사실인 것은[아닌 것은] 무엇인가?

[세부 사항] **Who** is **available** to **attend** the meeting? 회의에 참석할 수 있는 사람은 누구인가?

[세부 사항] What is **indicated** about **Ms. Chen**? Ms. Chen에 관하여 알 수 있는 것은 무엇인가?

[암시·추론] What will most likely **happen** on **April 21**? 4월 21일에 무슨 일이 일어나겠는가?

[암시·추론] What is **suggested[implied]** about the **event**? 행사에 관하여 암시되는 것은 무엇인가?

4. 화자 의도를 묻는다.

질문에 주어진 표현이 문맥상 무엇을 의미하는지를 파악해야 한다. 지문에서 해당 표현을 찾아 앞뒤 문맥을 확인한다. 특히, 3인 이상이 대화하는 온라인 채팅의 경우에는 인물 간의 관계나 대화의 주제 또는 목적에 유의해야 한다.

Janet Lee

I wasn't able to finish writing the proposal for the finance meeting. What am I going to do?
재무 회의에 필요한 제안서 작성을 못 끝냈어요. 어떡하면 좋죠?
11: 45 A.M.

Alex Whites

Actually, that meeting was postponed because of the annual board meeting.
실은 그 회의가 연례 이사 회의 때문에 연기되었어요.
11:46 A.M.

Janet Lee

Really? **That's good to hear**. Thanks for letting me know.
정말인가요? 그거 듣던 중 반가운 소리군요. 알려주셔서 감사해요.
11:52 A.M.

Q. At 11:52 A.M., what does Ms. Lee mean when she writes, "That's good to hear"?
오전 11시 52분에 Ms. Lee가 "그거 듣던 중 반가운 소리군요"라고 쓴 것은 무슨 의미인가?

핵심 문제 유형 1

Question 1 refers to the following text message chain.

Parker, Harold

Hi, Lucia. I have a meeting with Ted Thompson today, but I forgot to bring my planner with me. Do you mind looking through it and letting me know the address of his office? 10:09 A.M.

Stearns, Lucia

I just looked on your desk, but I can't seem to find the planner. 10:13 A.M.

Parker, Harold

Then, if you open the top drawer of the cabinet underneath, it should be there. 10:14 A.M.

Stearns, Lucia

OK. I've got it. It's 57 Jackson Boulevard. 10:15 A.M.

Parker, Harold

Thanks a lot. Oh, I've got one more request if you don't mind. Would you please deliver the yellow file folder on my desk to Katie Summers? 10:17 A.M.

Stearns, Lucia

Consider it done. I'm meeting her soon anyway. 10:19 A.M.

Parker, Harold

Thank you so much, Lucia. See you later. 10:20 A.M.

- [도입부] 대화의 목적
  회의 장소 주소를 알려 달라고 요청
- 세부 정보
  회의 장소의 주소
- 추가 요청 사항
  봉투를 다른 사람에게 전달해줄 것을 부탁
- 감사의 말과 마무리 인사

문맥상 화자 의도를 묻는 문제

1. At 10:19 A.M., what does Ms. Stearns mean when she writes, "Consider it done"?

(A) She will give a document to Ms. Summers.
(B) She will organize Mr. Parker's desk.
(C) She will lock a cabinet.
(D) She will contact Mr. Thompson.

핵심 문제 유형 2

Question 2 refers to the following online chat discussion.

Walker, Chad [8:45 A.M.]
How are the preparations for this afternoon's negotiation session going? We have to land this contract so that those assembly lines will keep running smoothly.

Fontana, Maria [8:47 A.M.]
I'm in the large conference room. The chairs, laptop, and projector are being set up, so the room is almost ready.

Samuels, Kelly [8:49 A.M.]
I just spoke with the caterer. He said that the food for the luncheon will arrive no later than 11:30.

Walker, Chad [8:51 A.M.]
It sounds like you're both on top of things. Who's going to pick up the Reardon Mining executives from the airport?

Samuels, Kelly [8:51 A.M.]
I wasn't aware we were supposed to do that.

Fontana, Maria [8:52 A.M.]
Me, neither. What time are they arriving?

Walker, Chad [8:54 A.M.]
According to the schedule, five of them will be landing at the airport at 11:05. They're coming in on a flight from Dallas.

Samuels, Kelly [8:57 A.M.]
I could pick them up. But I need a vehicle big enough to carry everyone plus any luggage they've got.

Walker, Chad [8:59 A.M.]
Call Dave Harper at extension 386. He can set you up with a van. Maria, you should go with Kelly. It won't make a good impression if we only send one person.

Fontana, Maria [9:01 A.M.]
Sure, Chad. I'll head downstairs right now.

• 대화의 목적
현재 진행 상황 문의

• [중반부] 준비 상황 보고
- 회의실 준비 거의 완료
- 오찬 음식 준비 거의 완료

• [후반부] 추가 요청 사항
- 차량 요청
- 두 명 모두 마중 나가기

문맥상 화자 의도를 묻는 문제

2. At 8:51 A.M., what does Mr. Walker mean when he writes, "It sounds like you're both on top of things"?

(A) A contract is on the top shelf.
(B) Some employees are doing their jobs well.
(C) Some projects have been completed.
(D) A negotiation is nearly finalized.

예제 풀이 1

1번은 다음 문자 대화문에 관한 문제입니다.

Parker, Harold

Hi, Lucia. I have a meeting with Ted Thompson today, but I forgot to bring my planner with me. Do you mind looking through it and letting me know the address of his office?
안녕하세요, Lucia. 오늘 Ted Thompson과 미팅이 있는데, 깜빡 잊고 수첩을 가져오질 않았네요. 그것 좀 확인해서 그 분 주소를 제게 알려주실 수 있을까요?
오전 10:09

[도입부] 대화의 목적
회의 장소 주소를 알려 달라고 요청

Stearns, Lucia

I just looked on your desk, but I can't seem to find the planner.
방금 당신 책상을 봤는데, 수첩이 없는 것 같아요.
오전 10:13

Parker, Harold

Then, if you open the top drawer of the cabinet underneath, it should be there.
그럼 밑의 캐비닛 맨 윗서랍을 열면 거기 있을 거예요.
오전 10:14

Stearns, Lucia

OK, I've got it. It's 57 Jackson Boulevard.
네, 찾았어요. 주소는 Jackson 가 57번지예요.
오전 10:15

세부 정보
회의 장소의 주소

Parker, Harold

Thanks a lot. Oh, I've got one more request if you don't mind. Would you please deliver the yellow file folder on my desk to Katie Summers?
정말 고마워요. 괜찮다면 하나 더 요청해도 될까요? 제 책상에 있는 노란색 서류철을 Katie Summers에게 전달해 줄 수 있을까요?
오전 10:17

추가 요청 사항
봉투를 다른 사람에게 전달해줄 것을 부탁

Stearns, Lucia

❶ Consider it done. I'm meeting her soon anyway.
이미 처리된 걸로 봐 주세요. 제가 그녀를 곧 만날 예정이라서요.
오전 10:19

Parker, Harold

Thank you so much, Lucia. See you later.
정말 고마워요, Lucia. 이따 봐요.
오전 10:20

감사의 말과 마무리 인사

>> 문맥상 화자 의도를 묻는 문제

1. At 10:19 A.M., what does Ms. Stearns mean when she writes, "Consider it done"?

오전 10시 19분에 Ms. Stearns이 "이미 처리된 걸로 봐 주세요."라고 쓴 것은 무슨 의미인가?

(A) She will give a document to Ms. Summers.
(B) She will organize Mr. Parker's desk.
(C) She will lock a cabinet.
(D) She will contact Mr. Thompson.

(A) Ms. Summers에게 서류를 줄 것이다.
(B) Mr. Parker의 책상을 정리할 것이다.
(C) 캐비닛을 잠궈둘 것이다.
(D) Mr. Thompson에게 연락할 것이다.

해설 '제 책상에 있는 노란색 서류철을 Katie Summers에게 전달해 줄 수 있을까요?'라고 Mr. Parker가 이야기했고, Ms. Stearns이 "Consider it done"이라고 말한 후, '그녀를 곧 만날 예정이라서요.'라고 한 것은 Mr. Parker의 요청을 들어 줄 수 있다는 뜻이므로 정답은 (A) She will give a document to Ms. Summers.이다.

VOCA

Do you mind~? (허락·동의를 구하는 표현) ~하는 걸 꺼리나요? | **look through** ~를 살펴보다, 검토하다 | **address** *n.* 주소 | **seem** *v.* ~인 것 처럼 보이다 | **planner** *n.* 계획표, 수첩, 기획자 | **drawer** *n.* 서랍 | **underneth** *adv.* ~의 밑에 | **I've got it.** 알았어요, 이해했어요, 받았어요. | **request** *n.* 요청 *v.* 요청하다 | **mind** *v.* 언짢아하다 | **deliver** *v.* 배달하다, 전달하다

예제 풀이 2

2번은 다음 온라인 채팅 대화문에 관한 문제입니다.

Walker, Chad [오전 8:45]
How are the preparations for this afternoon's negotiation session going? We have to land this contract so that those assembly lines will keep running smoothly.
오늘 오후에 있을 협상 준비는 어떻게 되가고 있나요? 그 조립 라인이 순조롭게 계속 가동될 수 있도록, 우리는 이 계약을 따내야 합니다.

Fontana, Maria [오전 8:47]
I'm in the large conference room. The chairs, laptop, and projector are being set up, so the room is almost ready.
저는 대회의실에 있어요. 의자, 노트북 컴퓨터, 그리고 프로젝터가 모두 설치되고 있고요. 회의실은 거의 준비가 다 되었습니다.

Samuels, Kelly [오전 8:49]
I just spoke with the caterer. He said that the food for the luncheon will arrive no later than 11:30.
저는 방금 식음료 공급자와 이야기했습니다. 그는 오찬 음식이 늦어도 11시 30분까지는 도착할 것이라고 말했어요.

Walker, Chad [오전 8:51]
❷ It sounds like you're both on top of things. Who's going to pick up the Reardon Mining executives from the airport?
두 분 모두 일을 잘 해내고 있는 것 같군요. 누가 공항에서 Reardon 광산의 중역들을 데려오실 건가요?

Samuels, Kelly [오전 8:51]
I wasn't aware we were supposed to do that.
저는 우리가 그걸 해야 하는지 몰랐네요.

Fontana, Maria [오전 8:52]
Me, neither. What time are they arriving?
저도 몰랐어요. 그들은 몇 시에 도착하나요?

Walker, Chad [오전 8:54]
According to the schedule, five of them will be landing at the airport at 11:05. They're coming in on a flight from Dallas.
제 일정에 따르면, 그분들 중 다섯 분이 11시 5분에 공항에 도착할 것입니다. 그들은 댈러스에서 비행기를 타고 오실겁니다.

Samuels, Kelly [오전 8:57]
I could pick them up. But I need a vehicle big enough to carry everyone plus any luggage they've got.
제가 그들을 모시러 갈 수 있을 것 같아요. 하지만 저는 짐과 함께 그분들이 탈 수 있을 만큼 충분한 크기의 큰 차량이 필요합니다.

Walker, Chad [오전 8:59]
Call Dave Harper at extension 386. He can set you up with a van. Maria, you should go with Kelly. It won't make a good impression if we only send one person.
Dave Harper에게 구내전화 386으로 전화하세요. 그는 당신에게 밴을 준비해 줄 수 있을거예요. Maria, 당신은 Kelly와 함께 가세요. 만약 우리가 한 명만 공항에 보낸다면, 좋은 인상을 주지 못할 거예요.

Fontana, Maria [오전 9:01]
Sure, Chad. I'll head downstairs right now.
물론이죠, Chad. 제가 지금 당장 아래층으로 갈게요.

● 대화의 목적
현재 진행 상황 문의

● **[중반부] 준비 상황 보고**
- 회의실 준비 거의 완료
- 오찬 음식 준비 거의 완료

● **[후반부] 추가 요청 사항**
- 차량 요청
- 두 명 모두 마중 나가기

>> 문맥상 화자 의도를 묻는 문제

2. At 8:51 A.M., what does Mr. Walker mean when he writes, "It sounds like you're both on top of things"?

(A) A contract is on the top shelf.
(B) Some employees are doing their jobs well.
(C) Some projects have been completed.
(D) A negotiation is nearly finalized.

오전 8시 51분에 Mr. Walker가 말한 "두 분 모두 일을 잘 해내고 있는 것 같군요."라고 쓴 것은 무슨 의미이겠는가?

(A) 계약서가 맨 윗 선반에 있다.
(B) 몇몇 직원들이 일을 잘하고 있다.
(C) 몇몇 프로젝트가 완료되었다.
(D) 협상이 거의 끝났다.

해설 Maria가 회의실 준비를 거의 다 해 놓았고, Kelly가 음식 준비 상황을 확인했다는 내용이 앞에 나온다. 따라서 둘 다 모두 일을 잘 하고 있다는 뜻이므로 정답은 (B) Some employees are doing their jobs well.이다.

VOCA

preparation *n.* 준비 | **negotiation** *n.* 협상 | **land a contract** 계약을 따내다 | **assembly line** 조립 라인 | **run** *v.* 운영하다, 작동하다 | **caterer** *n.* 식음료 공급자 | **luncheon** *n.* 오찬 | **pick up** 태우러 가다 | **executive** *n.* 경영진, 중역 | **be supposed to** ~하기로 되어있다 | **land** *v.* 착륙하다, 도착하다 | **vehicle** *n.* 차량 | **carry** *v.* 운반하다, 나르다 | **luggage** *n.* 짐 | **extension** *n.* 구내전화 | **impression** *n.* 인상 | **head** *v.* 가다, 향하다 | **downstairs** *adv.* 아래층으로

Practice

Questions 1-2 refer to the following text message chain.

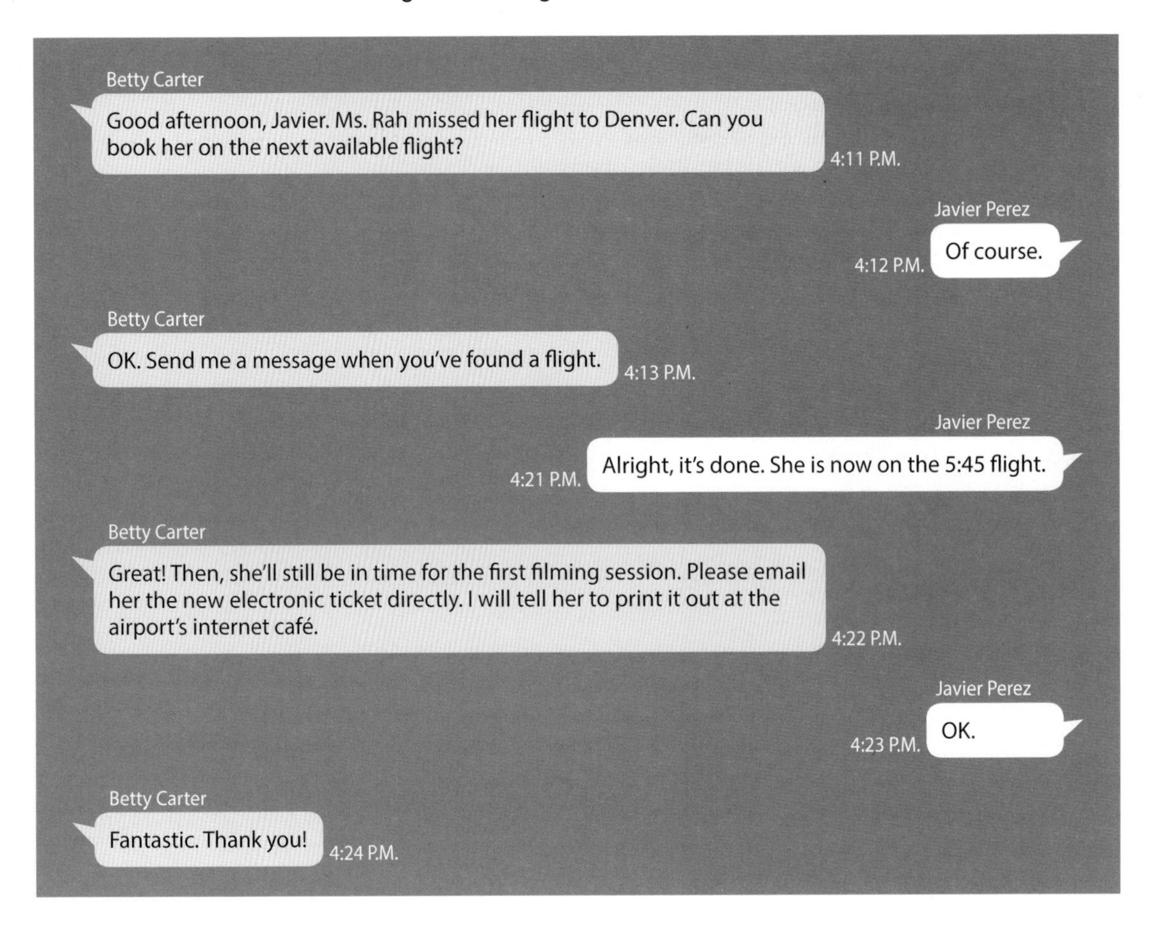

Betty Carter
Good afternoon, Javier. Ms. Rah missed her flight to Denver. Can you book her on the next available flight?
4:11 P.M.
Javier Perez
Of course.
4:12 P.M.
Betty Carter
OK. Send me a message when you've found a flight.
4:13 P.M.
Javier Perez
Alright, it's done. She is now on the 5:45 flight.
4:21 P.M.
Betty Carter
Great! Then, she'll still be in time for the first filming session. Please email her the new electronic ticket directly. I will tell her to print it out at the airport's internet café.
4:22 P.M.
Javier Perez
OK.
4:23 P.M.
Betty Carter
Fantastic. Thank you!
4:24 P.M.

1. At 4:12 P.M., what does Mr. Perez mean when he writes, "Of course"?

(A) He will greet a client.
(B) He will reschedule a meeting.
(C) He will make a reservation.
(D) He will print out a ticket.

2. For what kind of business does Ms. Rah most likely work?

(A) A software company
(B) A production studio
(C) A restaurant
(D) An airline

VOCA

miss *v.* 놓치다 | **available** *adj.* (사물이) 이용 가능한, (사람이) 시간이 있는 | **filming** *n.* 촬영 | **session** *n.* 기간 | **directly** *adv.* 곧장, 똑바로 | **print out** 출력하다 | **fantastic** *adj.* 기막히게 좋은, 환상적인 | **client** *n.* 고객, 손님 | **reschedule** *v.* (일정을) 다시 재조정하다 | **production studio** 제작사 | **airline** *n.* 항공사

Questions 3-6 refer to the following online chat discussion.

Chapman, Carol [2:43 P.M.]
We're taking a break from the negotiations. I've got to return to the room in 15 minutes.

Lucas, Brian [2:45 P.M.]
How's everything going? Does it look like we'll get a good deal with Flint Manufacturing?

Chapman, Carol [2:46 P.M.]
We're not quite there. But I'm fairly optimistic at this moment, although there are still several things we need to discuss.

Atwell, Lucy [2:48 P.M.]
Have you asked them when they can begin production of our products? Winters, Inc. said they could start manufacturing them within a week, and for a fairly low price.

Chapman, Carol [2:50 P.M.]
If Flint is not willing to budge on the price, we may have to consider going with Winters.

Lucas, Brian [2:52 P.M.]
Do you still want those documents you asked for at lunch? I spoke with Judy, and she said everything is almost ready.

Chapman, Carol [2:55 P.M.]
Actually, I need those as soon as possible. Once they're done, please bring them here to the conference room. Just knock on the door and come in.

Atwell, Lucy [2:56 P.M.]
I can take them, Brian. I've got some other files to deliver, so give them to me when they're ready.

Lucas, Brian [2:57 P.M.]
Sure thing. I'll drop by your office soon.

Chapman, Carol [2:59 P.M.]
OK, I have to get back to the meeting. Thank you all for your help.

SEND

3. What is the conversation mainly about?
(A) A project deadline
(B) The status of a delivery
(C) A manufacturing issue
(D) The progress of some negotiations

4. What is suggested about Winters, Inc.?
(A) It is a competitor of Flint Manufacturing.
(B) It has already begun production.
(C) It will sign a contract with Ms. Chapman's company.
(D) It plans to acquire a business.

5. At 2:57 P.M., what does Mr. Lucas mean when he writes, "Sure thing"?
(A) He will negotiate with Winters, Inc.
(B) He will deliver some documents.
(C) He will print some files.
(D) He will make a lunch reservation.

6. What is Ms. Chapman most likely going to do next?
(A) Copy some papers
(B) Visit Ms. Atwell's office
(C) Enter a conference room
(D) Contact Winters, Inc.

VOCA

break *n.* 휴식(시간) | **negotiation** *n.* 협상 | **fairly** *adv.* 꽤 | **optimistic** *adj.* 낙관적인, 낙천적인 | **manufacture** *v.* 제조하다 | **be willing to V** 기꺼이 ~하는 | **budge** *v.* 약간 움직이다, 의견을 바꾸게 하다 | **deliver** *v.* 배달하다 | **drop by** 들르다 | **negotiate** *v.* 협상하다

접속사(부사절·등위·상관접속사)

주어와 동사를 갖춘 문장을 절(clause)이라고 하며, 절이 문장에서 명사, 형용사, 부사 역할을 할 때를 종속절이라고 하고 이러한 종속절을 포함하는 절을 주절이라고 한다. 두 개 이상의 절이 and, but, or, so 등으로 대등하게 연결되는 절은 대등절이라고 한다.

기본 개념 이해하기

1. 부사절과 부사절 접속사

▶ 부사절은 「부사절 접속사 + 주어 + 동사」 형태로 주절에 시간, 조건, 이유 등의 부가 정보를 덧붙인다. 부사절은 주절의 앞이나 뒤에 오며, 부사절이 주절 앞에 나오면 그 뒤에 콤마(,)를 찍어 주절과 구별해 준다.

시간	when / as ~할 때 before ~전에 until ~까지 as soon as / once ~하자마자	while ~하는 동안에 after ~후에 since ~이후로 by the time ~할 때(쯤)
조건	if / provided (that) / assuming (that) ~라면 as long as ~하기만 한다면 once 일단 ~하면	unless ~가 아니라면 in case (that) / in the event (that) ~인 경우에는
이유	because / as / since ~때문에	now that ~때문에
양보	though / although / even though / even if / while 비록 ~이긴 하지만	
대조	whereas / while ~인 반면에, ~지만	
목적	so (that) / in order that ~할 수 있도록 주의! 「in order to + 동사원형」 ~할 수 있도록	
결과	「so + 형용사/부사 + that」 너무 ~해서 ~하다	

Please / speak / clearly / **when** you explain a problem. 시간

If you have any questions, / feel free / to contact us. 조건

Now that the Copper Tunnels have been completed, / many commuters' driving times / have been cut / in half. 원인 [now that: ~이니까, ~인 이상]

Even though the budget was not sufficient, / the project / was successfully completed. 양보

해석 문제를 설명할 때는 분명하게 말하세요. / 질문이 있으면 주저 없이 우리에게 문의해 주세요.
Copper 터널이 완공되었으므로 많은 통근자들의 운전 시간이 반으로 줄었다. / 예산이 불충하긴 했지만, 그 프로젝트는 성공적으로 수행되었다.

2. 접속부사

▶ 접속부사는 두 문장을 의미상 연결해 주지만 접속사는 아니므로, 두 문장을 연결할 때는 접속사나 세미콜론(;) 뒤에 온다.

접속부사의 위치	주어 + 동사~. **접속부사**, 주어 + 동사 ~ 주어 + 동사~; **접속부사**, 주어 + 동사 ~ 주어 + 동사 ~ 접속사 and + **접속부사**, 주어 + 동사 ~

The company / is trying / to boost sales. **As a result**, it / plans / to advertise more.
= The company / is trying / to boost sales; ***as a result***, it / plans / to advertise more.

해석 그 회사는 판매량을 늘리고자 한다. 그 결과, 그 회사는 광고를 더 할 계획이다.

3. 등위접속사

▶ 등위접속사는 단어와 단어, 구와 구, 절과 절을 대등하게 연결해 준다. so는 문장만 연결한다.

등위접속사	**and** 그리고	**but(=yet)** 그러나	**or** 또는	**so** 그래서

He / reviewed / my proposal **and** agreed / to discuss it at the meeting. 동사구 and 동사구
The new model / is costly **but** energy-efficient. 형용사 but 형용사
Mr. Brown **or** Mr. Robinson / should be responsible for it. 주어 or 주어
She / worked / hard, **so** she / was selected / as the employee of the month. 절, so 절

해석 그는 내 제안서를 검토했고, 그것을 회의에서 논의하는 것에 동의했다. / 새로운 모델은 비싸지만 에너지 효율이 높다.
Mr. Brown이나 Mr. Robinson이 그것을 책임져야 한다. / 그녀는 열심히 일했다, 그래서 그녀는 이달의 직원으로 선정되었다.

4. 상관접속사

▶ 상관접속사는 등위접속사 중에서 반드시 짝으로 사용되는 접속사를 말한다.

상관접속사	**both A and B**	A와 B 둘 다	**not A but B**	A가 아니라 B인
	not only A but also B	A뿐만 아니라 B도	**either A or B**	A 또는 B 둘 중에 하나
	A as well as B	B뿐만 아니라 A도	**neither A nor B**	A도 B도 둘 다 아닌

Both Jack **and** Sally / help / with the final quarterly reports. 주어 연결
Not only you **but also** David / is responsible for the presentation. 주어 연결
Neither the manager **nor** the staff / has / access to the information. 주어 연결
Successful candidates / will be based / in **either** New York **or** Boston. 부사구 연결

해석 Jack과 Sally 둘 다 마지막 분기 보고서 작성을 돕는다. / 당신뿐 아니라 David도 그 발표에 책임이 있다.
관리자나 직원들 모두 그 정보를 열람할 수 없다. / 최종 합격자들은 뉴욕이나 보스턴 둘 중 한 곳으로 발령이 날 것이다.

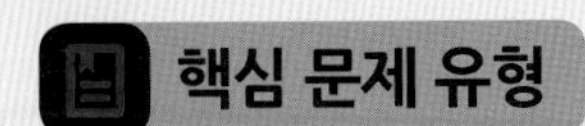

핵심 문제 유형

Q1 문맥에 맞는 부사절 접속사 선택

The CEO finally approved the budget proposal ------- it had been revised several times.

(A) during (B) then (C) after (D) although

>> 출제 포인트 문맥에 어울리는 부사절 접속사를 선택한다.

1 **선택지 확인** | 빈칸에 들어갈 알맞은 접속사를 고른다.

2 **빈칸 확인** | 빈칸을 기준으로 앞과 뒤에 모두 절이 연결되어 있으므로 접속사 자리 → 전치사 (A) during (동안에) ✖ 부사 (B) then (그리고 나서) ✖

3 **정답 확인** | 문맥상 '제안서가 여러 번 수정된 후에 CEO가 마침내 그것을 승인했다'는 의미가 자연스러우므로 정답은 접속사 (C) after (~이후에) O

정답 The CEO / finally / approved / the budget proposal / **(C) after** it had been revised several times.

해석 CEO가 / 마침내 / 승인했다 / 그 예산안을 / 그것이 여러 번 수정된 후에

출제 포인트 1 부사절 접속사

Employees can take a day off / **when** they are sick. 시간
= **When** employees are sick, / they can take a day off.

해석 직원들은 아플 때 하루 쉴 수 있다.

You can ask me / **if** you cannot solve the problem. 조건
= **If** you cannot solve the problem, you can ask me.

해석 그 문제를 풀지 못한다면 제게 물어보세요.

Ms. Ha's English has not improved / **although** she has lived in Canada for several years. 양보
= **Although** she has lived in Canada for several years, Ms. Ha's English has not improved.

해석 Ms. Ha가 캐나다에서 수년간 살았지만 그녀의 영어는 나아지지 않았다.

Mr. Lee is a technical expert / **because** he majored in computer science. 이유
= **Because** he majored in computer science, / Mr. Lee is a technical expert.

해석 Mr. Lee는 컴퓨터 공학을 전공했기 때문에 기술 전문가이다.

+ check

1. The board of directors will not approve the merger with Skycross Airliners ------- their CEO makes the contract terms satisfactory.

(A) whereas (B) because (C) unless (D) when

Q2 접속사 vs 전치사

------- Mr. Kang arrived late, he was able to participate in the meeting.

(A) Even though (B) Despite (C) Because (D) In case of

>> 출제 포인트 빈칸 뒤의 구조를 보고, 접속사 자리인지 전치사 자리인지 파악한다.

1. **선택지 확인** | 빈칸에 들어갈 알맞은 접속사 또는 전치사를 고른다.
2. **빈칸 확인** | 빈칸을 기준으로 모두 절이 연결되어 있으므로 접속사 자리 → 전치사 (B) Despite (~에도 불구하고), (D) In case of (~인 경우에 대비하여) ⊗
3. **정답 확인** | 문맥상 '비록 Mr. Kang이 늦게 도착했지만, 회의에 참가할 수 있었다'는 의미가 자연스러우므로 정답은 접속사 (A) Even though (비록~이긴 하지만) ⓞ

정답 **(A) Even though** Mr. Kang arrived late, / he / was able to participate / in the meeting.

해석 비록 Mr. Kang이 늦게 도착하긴 했지만, / 그는 / 참가할 수 있었다 / 회의에

출제 포인트 ❷ 접속사 뒤에는 절이 오고, 전치사 뒤에는 명사가 온다.

다음은 뜻이 비슷하여 혼동되는 접속사, 전치사, 부사들이다. 각 품사에 따른 의미적 차이를 유의하여 암기해두도록 하자.

	접속사	전치사	부사
시간	while ~하는 동안에 before ~전에	during ~동안 before / prior to ~전에	meanwhile 그러는 동안에 in advance 미리
조건	unless ~하지 않는다면	without ~없이	otherwise 그렇지 않으면
이유	because / as / since ~때문에	due to / because of ~때문에	therefore 그러므로
양보	though / although even though ~이긴 하지만	despite / in spite of ~에도 불구하고	nevertheless 그럼에도 불구하고 however 그러나

✓ 문법 포인트 접속사와 전치사로 둘 다 쓰이는 단어들

	접속사	전치사		접속사	전치사
until	~까지	~까지	since	~이후로, ~때문에	~이후로
after	~후에	~후에	as	~할 때, ~때문에	~로서
before	~전에	~전에			

Janet studied / **until** the library closed at 10 P.M. 접속사 + 절

Janet studied / **until** 10 P.M. 전치사 + 명사

해석 Janet은 밤 10시에 도서관이 문 닫을 때까지 공부했다. / Janet은 밤 10시까지 공부했다.

+ check

2. Shoppers will receive a coupon ------- they make a new purchase.

(A) when (B) from (C) above (D) even

PART 5·6·7 UNIT 08

핵심 문제 유형

Q3 접속사 vs. 접속부사

------- the new lockers have been installed, gym members can now bring bigger bags to the fitness center.

(A) Nevertheless (B) Because (C) Due to (D) Therefore

>> 출제 포인트 접속부사는 접속사 자리에 들어갈 수 없다.

1. **선택지 확인** | 빈칸에 들어갈 알맞은 접속사, 전치사, 또는 접속부사를 고른다.
2. **빈칸 확인** | 빈칸을 기준으로 모두 절이 연결되어 있으므로 접속사 자리 → 전치사 (C) Due to (~때문에) ⊗ 접속부사 (A) Nevertheless (~에도 불구하고), (D) Therefore (그러므로) ⊗
3. **정답 확인** | 해석 없이도 답이 될 수 없는 보기를 모두 소거하고 남은 (B) Because ⊙

정답 **(B) Because** the new lockers have been installed, / gym members / can now bring / bigger bags / to the fitness center.

해석 사물함이 새로 설치되었기 때문에 / 체육관 회원들은 / 이제 가져올 수 있다 / 더 큰 가방들을 / 체육관에

출제 포인트 ③ 접속사 vs. 접속부사

Although she was sick, Ms. Wilson went to work. 접속사
= Ms. Wilson went to work **although** she was sick. 접속사
Ms. Wilson was sick, **but** she went to work. 접속사

Ms. Wilson was sick. **However,** she went to work. 접속부사
= Ms. Wilson was sick; **however**, she went to work. 세미콜론 + 접속부사
Ms. Wilson was sick, ~~**however**~~ she went to work. ⊗ 접속부사는 접속사처럼 두 문장을 연결하지 못한다.

해석 Ms. Wilson은 아팠지만 출근했다.

✓ 문법 포인트 접속부사의 종류

양보	however 그러나 nevertheless 그럼에도 불구하고
결과	therefore / thus 그러므로 as a result 그 결과
부가	in addition / moreover / furthermore / besides 게다가
추가 설명	indeed 정말로, 확실히 in fact 사실상
대조	contrarily / in contrast 그에 반해서 on the other hand 반면에 on the contrary 그와는 반대로
순서	then 그러고 나서 thereafter / afterwards 그 후에
가정	then 그러면 otherwise 그렇지 않으면
화제 전환	meanwhile 그러는 동안에

+ check

3. Our department meeting this week will be postponed ------- some of the employees will be away for a conference.

(A) whether (B) because (C) therefore (D) in addition

상관접속사

Commuters are encouraged to travel by ------- bus or train to reduce traffic congestion.

(A) neither (B) both (C) nor (D) either

>> 출제 포인트 상관접속사는 항상 짝을 이룬다.

1 **선택지 확인** | 빈칸에 들어갈 알맞은 상관접속사를 고른다.

2 **빈칸 확인** | 전치사 by의 목적어를 연결하는 상관접속사의 자리 → 뒤에 나오는 or와 짝을 맞춰야 한다.
→ (A) neither (A nor B) ✕ (B) both (A and B) ✕

3 **정답 확인** | 문맥상 '자전거 또는 열차 둘 중의 하나'라는 의미가 되어야 한다. 정답은 (D) either (A or B) O

정답 Commuters are encouraged / to travel by **(D) either** bus or train / to reduce traffic congestion.
해석 통근자들에게 권장된다 / 버스나 기차로 다니도록 / 교통 체증을 감소시키기 위해

출제 포인트 ❹ 등위접속사나 상관접속사는 문법적 역할(주어, 목적어 등)이나 형태(명사, 형용사, 구, 절 등)가 같은 의미 단위를 연결한다.

Most people attended the party, / **but** I stayed at home. 등위접속사: 문장과 문장을 대등하게 연결

I was sick yesterday, / **so** I was not at work. 등위접속사: 문장과 문장을 대등하게 연결

~~And~~ Mr. Clarke became the president of the company. ✕ 등위접속사는 문두에 올 수 없다.

해석 대부분의 사람들은 파티에 참석했지만 나는 집에 머물렀다. / 나는 어제 아팠다 그래서 나는 직장에 결근을 했다.
그래서 Mr. Clarke는 그 회사의 최고 경영자가 되었다.

Both Sue **and** Kate / are my coworkers. 상관접속사: 명사와 명사 연결

James / is **not only** talented **but also** hardworking. 상관접속사: 형용사와 형용사 연결

This video / is **not only** interesting **but also** instructive. 상관접속사: 주격 보어와 주격 보어 연결

This program / can keep / people / healthy **and** happy. 상관접속사: 목적격 보어와 목적격 보어 연결

해석 Sue와 Kate 둘 다 내 동료이다. / James는 재능이 있을 뿐만 아니라 성실하다. / 그 비디오는 흥미로울 뿐 아니라 교훈적이다.
이 프로그램은 사람들을 건강하고 행복하게 유지시킬 수 있다.

+ check

4. Mr. Watts suggests that assistant managers participate in ------- the training session in June and the workshop in July.

(A) both (B) nor (C) so (D) some

Practice

1. Halmont is a popular tourist destination, ------- welcomes foreign investment.
   (A) despite (B) due to
   (C) and (D) although

2. ------- free delivery, the company offers discounts on large orders.
   (A) Furthermore (B) Due to
   (C) Yet (D) In addition to

3. ------- joining our company, Ms. Patel worked for a competing firm.
   (A) As (B) Prior to
   (C) As long as (D) When

4. The cafeteria will be closed ------- it undergoes renovations.
   (A) while (B) during
   (C) against (D) near

5. ------- employees were only required to work until 6, many often stayed later.
   (A) In spite of (B) So as to
   (C) Regarding (D) Even though

6. The internet helps companies connect with customers ------- make new business contacts.
   (A) as well as (B) both
   (C) either (D) not only

7. The recycling policy will be approved ------- it can decrease expenses.
   (A) on (B) meanwhile
   (C) as if (D) because

8. Employees may join the workshop ------- they sign up in advance.
   (A) despite (B) so as to
   (C) as though (D) as long as

9. The new store is ------- popular that it had to hire additional staff.
   (A) so (B) very
   (C) truly (D) such

10. The heating system will be upgraded ------- its poor energy efficiency.
   (A) due to (B) however
   (C) since (D) because

11. The budget was changed ------- produce two television advertisements.
   (A) when (B) in order to
   (C) due to (D) in addition

12. We will not disclose our customers' information ------- their consent.
   (A) although (B) unless
   (C) when (D) without

13. Contest winners can choose to receive ------- a store gift certificate or cash.
   (A) either (B) taken
   (C) both (D) addition

14. Staff will not be eligible for a bonus ------- they meet or exceed their sales quotas.
   (A) thus (B) unless
   (C) besides (D) despite

15. ------- RZAI, Inc. has done so well in Los Angeles, it will open a branch in Seoul.

(A) Unless (B) Since
(C) Therefore (D) Rather

16. ------- the success of her novel, Kylie Chung has now written a film script.

(A) Because (B) When
(C) Following (D) Already

17. The amount charged for the repair was inaccurate, ------- we have attached a new invoice.

(A) and (B) nor
(C) or (D) yet

18. This luggage brand is known for being ------- lightweight and durable.

(A) both (B) either
(C) neither (D) as well as

19. The client database system was updated ------- employees could find information more quickly.

(A) because of (B) whereas
(C) so that (D) in spite of

20. All employees are required to attend next week's safety training session ------- they participated in it last year.

(A) between (B) despite
(C) even if (D) during

기본 완성 훈련 다음은 앞서 풀어 본 연습문제의 문장들입니다. 부사구 또는 부사절을 찾아 밑줄을 긋고, 부사절 접속사에 ○를 치세요.

1. In addition to free delivery, the company offers discounts on large orders.
2. Prior to joining our company, Ms. Patel worked for a competing firm.
3. The internet helps companies connect with customers as well as make new business contacts.
4. Employees may join the workshop as long as they sign up in advance.
5. The new store is so popular that it had to hire additional staff.
6. The heating system will be upgraded due to its poor energy efficiency.
7. We will not disclose our customers' information without their consent.
8. Staff will not be eligible for a bonus unless they meet or exceed their sales quotas.
9. Since RZAI, Inc. has done so well in Los Angeles, it will open a branch in Seoul.
10. The client database system was updated so that employees could find information more quickly.

PART 7 편지·이메일

수신인과 발신인, 제목부터 파악하자! 회사와 고객 또는 회사와 회사 사이의 비즈니스 상황에서 발생할 수 있는 다양한 주제가 출제된다. Part 7에서 가장 많이 출제되는 지문 유형으로 매회 3~5개 정도의 지문이 출제된다.

지문 유형 확인하기

1. 자주 나오는 지문

간행물 무료 구독 안내, 공연 일정 안내, 세미나 참석 확인, 상점 확장 이전 안내, 업체 정보, 배송 안내, 주문 오류, 인터넷 접속 문제, 숙박 서비스 불만, 업무 지원 요청 등이 출제된다.

2. 편지나 이메일의 주제 또는 목적을 묻는다.

제목(Subject:, Re:)이나 지문의 앞부분에 나온다.

What is the **purpose** of this e-mail? 이 이메일의 목적은 무엇인가?

Why was the letter **sent**? 편지는 왜 보내졌는가?
↳ I'm writing to inform[notify / confirm] you that ~ 당신에게 ~을 알려[통보 / 확인]드리기 위해 편지를 쓰고 있다
↳ I'm very pleased[sorry] to inform[notify] you that ~ 당신에게 ~을 알려드리게[통보드리게] 되어서 기쁘다[유감이다]

3. 수신인 또는 발신인의 신분, 직업, 지위 등을 묻는다.

수신인은 상단에 나오는 To: 부분을 확인하고, 발신인은 상단의 From: 부분이나 이메일 후반부에 나오는 이름이나 지위 등을 확인한다.

Who most likely is Mr. Brown? Mr. Brown은 누구일 것 같은가?
What is Ms. Chandler's position? Ms. Chandler의 직위는 무엇인가?
For whom is this letter written? 이 편지는 누구를 위해 쓰였는가?

4. 편지나 이메일에 동봉되거나 첨부된 것, 당부나 요청 사항 등을 묻는다.

주로 지문의 끝부분인 마지막 단락에 나온다.

What is **enclosed** with the e-mail? 이메일에 첨부된 것은 무엇인가?
↳ We have enclosed[included / attatched] ~ 우리는 ~을 동봉했다[첨부했다]

What is Mr. Kim **asked[required]** to do? Mr. Kim은 무엇을 하도록 요청받는가?
↳ Please let me know ~ 저에게 ~을 알려주세요.
↳ Could you / Would you ~ ~해 주실 수 있나요?
↳ Keep[Bear] in mind that ~ ~을 명심하세요.

핵심 문제 유형

Questions 1-3 refer to the following letter.

Dear Ms. Park,

We appreciate you writing a letter describing the exceptionally good service you received on February 3 from Ms. Angela Zhang. A copy of it has been placed in Ms. Zhang's personnel file.

It is rare that a customer takes the time to formally acknowledge the good service that an employee has provided, so we would like to do something for you in return. Please accept the enclosed voucher, which entitles you to a 15 percent discount on any item you wish to buy from any of our locations in the future.

Sincerely,

Brian Bae
Brian Bae
Customer Service Manager
ENCLOSURE

- **수신인**
- **편지의 목적**
  직원의 서비스를 칭찬하는 고객 편지에 대한 감사 표현
- **세부 정보:**
  동봉·첨부
  감사의 표시로 15% 할인을 받을 수 있는 상품권 제공
- **발신인**
  발신인 관련 정보

편지의 목적
1. What is the purpose of the letter?

(A) To express gratitude
(B) To introduce an upcoming sale
(C) To respond to a complaint
(D) To announce a new location

세부 사항: 편지와 동봉된 것
2. What is enclosed with the letter?

(A) A catalog
(B) A prepaid mailing label
(C) A product sample
(D) A coupon

세부 사항: 인물의 정체 또는 직업
3. Who is Mr. Bae?

(A) A company executive
(B) A factory supervisor
(C) A customer service manager
(D) A news reporter

예제 풀이

[1-3] 다음 편지에 관한 문제입니다.

Dear Ms. Park,
Ms. Park에게,

❶ We appreciate you writing a letter describing the exceptionally good service you received on February 3 from Ms. Angela Zhang. A copy of it has been placed in Ms. Zhang's personnel file.
2월 3일 Ms. Angela Zhang으로부터 받으신 매우 훌륭한 서비스에 대해 자세히 적어 주신 서신에 감사 드립니다. 편지 사본은 Ms. Zhang의 파일에 보관될 것입니다.

❸ It is rare that a customer takes the time to formally acknowledge the good service that an employee has provided, so we would like to do something for you in return. ❷ Please accept the enclosed voucher, which entitles you to a 15 percent discount on any item you wish to buy from any of our locations in the future.
고객이 시간을 내서 직원이 제공한 훌륭한 서비스를 공식적으로 인정해 주시는 사례는 드뭅니다. 그래서 보답으로 고객님께 무언가 해드리고 싶습니다. 부디 동봉된 상품권을 받아주세요. 이 상품권은 앞으로 저희 매장 어디서든 고객님이 원하시는 어떤 상품이든 15% 할인을 받을 수 있도록 해드립니다.

Sincerely,
진심으로,

Brian Bae
Brian Bae
Customer Service Manager
ENCLOSURE
Brian Bae
고객 서비스 매니저
동봉물 재중

- **수신인**
- **편지의 목적**
  직원의 서비스를 칭찬하는 고객 편지에 대한 감사 표현
- **세부 정보:**
  동봉·첨부
  감사의 표시로 15% 할인을 받을 수 있는 상품권 제공
- **발신인**
  발신인 관련 정보

1. What is the purpose of the letter? 편지의 목적은 무엇인가?

(A) To express gratitude **(A) 감사를 표현하기 위해**
(B) To introduce an upcoming sale (B) 곧 있을 세일을 소개하기 위해
(C) To respond to a complaint (C) 불만에 응대하기 위해
(D) To announce a new location (D) 새 지점을 알리기 위해

해설 편지의 목적을 묻는 문제이다. 편지의 목적은 주로 글의 앞부분에 위치한다. 첫 번째 단락 첫 번째 줄 'We appreciate you writing a letter describing the exceptionally good service you received on February 3 from Ms. Angela Zhang.'에서 고객이 직원에게서 받은 매우 훌륭한 서비스에 감동해 편지를 보낸 것에 대한 감사를 표하고 있다. 따라서 정답은 (A) To express gratitude이다.

2. What is enclosed with the letter? 편지와 함께 동봉된 것은 무엇인가?

(A) A catalog (A) 카탈로그
(B) A prepaid mailing label (B) 선지불된 우편 라벨
(C) A product sample (C) 제품 샘플
(D) A coupon **(D) 할인권**

해설 세부 사항을 묻는 질문이므로 키워드 enclosed가 지문에 언급된 부분을 찾아본다. 두 번째 단락 세 번째 줄 'Please accept the enclosed voucher, which entitles you to a 15 percent discount on any item'에서 15% 할인을 제공하는 상품권을 동봉한다고 하였으므로 정답은 (D) A coupon이다.

3. Who is Mr. Bae? Mr. Bae은 누구인가?

(A) A company executive (A) 회사 간부
(B) A factory supervisor (B) 공장 관리자
(C) A customer service manager **(C) 고객 서비스 매니저**
(D) A news reporter (D) 취재 기자

해설 세부 사항 질문이므로 키워드 Mr. Bae가 언급된 맨 마지막 부분에서 Customer Service Manager라는 직책을 확인할 수 있다. 따라서 정답은 (C) A customer service manager이다.

VOCA

appreciate *v.* 감사하다 | **describe** *v.* 설명하다 | **exceptionally** *adv.* 유난히, 특별히 | **good service** 좋은 서비스 | **copy** *n.* 한 부 | **rare** *adj.* 드문 | **formally** *adv.* 정식으로, 공식적으로 | **acknowledge** *v.* 인정하다 | **in return** 보답으로, 답례로 | **accept** *v.* 받아들이다, 수락하다 | **enclosed** *adj.* 동봉된 | **voucher** *n.* 상품권 | **entitle** *v.* 자격을 주다 | **discount** *n.* 할인 *v.* 할인하다 | **item** *n.* 상품 | **location** *n.* 지점, 위치 | **in the future** 미래에, 추후에 | **gratitude** *n.* 고마움, 감사 | **upcoming** *adj.* 다가오는, 곧 있을 | **prepaid** *adj.* 선불된

Practice

Questions 1-2 refer to the following e-mail.

To	Jinsoo Park
From	Hemo Customer Service
Subject	Access Denied
Date	June 1

Our records show that you have attempted to log in to your online account five times with an incorrect password. As a result, your account cannot be accessed. Please do not create a new user account, as this may cause problems with paying your bill online. In order to set a new password and restore your account, click on the link below:

http://www.hemo.com/passwordrequest12

For safety reasons, you will have to correctly answer questions about recent deposits and withdrawals. After this, your account will be completely recovered.

If you require additional assistance, please call at 031-555-5584.

Hemo Customer Service

1. What is suggested about Mr. Park?

(A) He accessed a website from a mobile device.
(B) He forgot his password.
(C) He added his spouse as an account holder.
(D) He made more than one account.

2. What type of company is Hemo?

(A) A website developer
(B) An Internet service provider
(C) An online shopping mall
(D) A financial institution

VOCA

record *n.* 기록 | **attempt** *v.* 시도하다 | **account** *n.* 계좌 | **access** *v.* 접근하다 *n.* 접근 | **restore** *v.* 복구하다 | **deposit** *n.* 예금, 예치 | **withdrawal** *n.* 인출 | **completely** *adv.* 완전히 | **recover** *v.* 복구하다, 회복하다 | **assistance** *n.* 도움, 지원 | **spouse** *n.* 배우자 | **account holder** 예금주 | **institution** *n.* 기관

Questions 3-5 refer to the following e-mail.

To: Orninong Masapawanan <omasap@nish.co.ca>
From: Raul Rodriguez <rrodriguez@nish.co.ca>
Subject: Information Update
Date: May 8

Dear Orninong,

Welcome to NISH! We understand that your first day on the job will be on May 15. I'm sure you will fit in well. I also believe you will enjoy working at the Montreal office. Most of our employees start there, so everyone in that office has experience helping out new coworkers.

Well, I just wanted to let you know that your first business trip will be not long after that. We have an event to attend in Toronto on May 20. However, we will arrive a day early to prepare. We will be presenting our products at an optometry seminar and show. It will be a great experience for you to attend such an event, even though you will not be required to discuss our products with anyone. We simply expect you to provide additional support to other staff members, and also help with assembling and disassembling our display. We know that it will take some time for you to get familiarized with our product line, so maybe at the next event in July, we will have you interacting with potential clients.

Regards,

Raul

3. What is a purpose of the e-mail?
(A) To greet a new colleague
(B) To confirm a reservation
(C) To suggest some topics for a speech
(D) To schedule a visit for an interview

4. When will Ms. Masapawanan probably arrive in Toronto?
(A) On May 14
(B) On May 15
(C) On May 19
(D) On May 21

5. What will Ms. Masapawanan NOT do in Toronto?
(A) Attend an optometry workshop
(B) Discuss products with clients
(C) Work on the display
(D) Assist coworkers

VOCA

business trip 출장 | **fit in** 어울리다, 맞다 | **attend** *v.* 참가하다, 참석하다 | **present** *v.* 소개하다, 제출하다 | **optometry** *n.* 검안, 시력 검사 | **require** *v.* 필요하다, 요구하다 | **additional** *adj.* 추가적인 | **staff member** 직원 | **assemble** *v.* 조립하다 | **disassemble** *v.* 분해하다, 해체하다 | **display** *n.* 전시, 진열 | **familiarize** *v.* 익숙하게 하다 | **product line** 제품군 | **interact** *v.* 소통하다, 교류하다 | **potential** *adj.* 가능성 있는, 잠재적인 | **schedule** *n.* 일정, 스케줄, *v.* 일정을 잡다 | **greet** *v.* 환영하다 | **assist** *v.* 돕다

to부정사

주어, 목적어, 보어 등의 자리에 명사 외에 동사가 나타내는 행위(activities)나 상태(states)를 명시할 때 to부정사나 동명사를 쓴다. to부정사와 동명사는 동사처럼 목적어, 보어, 수식어를 동반하며 시제와 태가 있다.

기본 개념 이해하기

1. to부정사의 형태와 역할

▸ to부정사는 「to + 동사원형」의 형태이며, 동사처럼 목적어, 보어, 수식어구를 동반하며 명사, 형용사, 부사 역할을 한다.

Pinoca Co. decided / **to hire** a part-time receptionist.

해석 Pinoca 사는 파트타임 접수원을 고용하기로 결정했다.
풀이 to hire는 목적어 a part-time secretary를 동반하고 있으며, 문장의 동사 decided의 목적어 역할을 한다.

2. 명사적 용법

▸ to부정사는 명사처럼 주어, 목적어, 보어 역할을 하며, 전치사의 목적어로는 쓰이지 않는다.

To finish the work / is not easy. 주어
The employees wish / **to save** time. 목적어
Mr. Chen's job is / **to review** résumés. 주격 보어
The manager asked me / **to send** the letter. 목적격 보어
I found Ms. Duvall / **to be** a reliable business partner. 목적격 보어

해석 그 일을 끝내는 것은 쉽지 않다. / 직원들은 시간을 줄이기를 바란다. / Mr. Chen의 일은 이력서를 검토하는 것이다. 그 관리자는 내게 그 편지를 보내달라고 했다. / 나는 Ms. Duvall이 믿을 만한 사업 파트너라는 걸 알았다.

3. 가주어 it

▸ to부정사 주어를 대신하여 주어 자리에 가주어 it을 쓰고, 진주어 to부정사를 문장 뒤에 위치시킨다.

To meet with the client / is important.
= **It** / is important / **to meet** with the client.

해석 고객을 만나는 것은 매우 중요하다.

4. 형용사적 용법과 부사적 용법

▸ **형용사적 용법:** '~할, ~해야 할'의 의미로 앞에 오는 명사나 대명사(something, anything 등)를 수식한다.

▸ **부사적 용법:** 동사, 형용사, 부사, 문장 전체를 수식하며 목적, 감정의 원인, 결과, 판단의 근거 등을 나타낸다.

You should make an effort / **to help** Mr. Jones. 명사 수식(목적)

We are employing staff / **to work** overseas. 명사 수식(목적)

해석 당신은 Mr. Jones을 도우려는 노력을 해야 한다. / 우리는 해외에서 근무할 직원을 채용하고 있다.

I am glad / **to hear** the good news. 형용사 수식(감정의 원인)

Ms. Pang worked hard / (in order) **to get** a promotion. 부사 수식(목적)

해석 나는 좋은 소식을 듣게 되어서 기쁘다. / Ms. Pang은 승진을 하기 위해 열심히 일했다.

✔ 문법 포인트 목적을 나타내는 to부정사는 보통 「in order to + 동사원형: ~하기 위해서」 형태로도 자주 출제된다. to 앞의 in order는 생략 가능하다. 동사원형 앞에 같은 의미의 부사절 접속사인 so that과 in order to 중에서 in order to를 고르는 문제와 in order to 뒤에 동사원형을 고르는 문제가 출제된다.

5. to부정사의 의미상 주어

▸ to부정사의 의미상의 주어가 문장의 주어와 일치할 때나 문맥 속에서 파악 가능할 때는 따로 표시하지 않는다.

▸ to부정사의 행위자를 따로 밝혀야 할 때 대개 「for + 목적격」의 형태로 표시한다.

Jack hoped / **to get** a telescope as a birthday present. 의미상 주어 = 문장의 주어(She)

It is not easy / **for beginners to choose** their first telescope. 의미상 주어(for beginners) ≠ 문장의 주어(It)

해석 Jack은 생일 선물로 망원경을 받기를 희망했다. / 초보자들이 그들의 첫 망원경을 선택하는 것은 쉽지 않다.

6. to부정사의 부정, 시제, 태

▸ to부정사의 부정형은 「not/never + to + 동사원형」이다.

▸ 시제: to부정사의 사건이 본동사보다 먼저 일어났을 때 「to have + 과거분사」 형태를 쓴다.

▸ 태: to부정사와 의미상 주어가 수동의 관계일 때 「to be + 과거분사」 형태를 쓴다.

Remember / **not to stop** planning. 부정

I am happy / **to have completed** the project. 과거 시제

A shopping center is expected / **to be constructed** along with other facilities. 수동태

해석 계획하는 것을 멈추지 말 것을 기억하세요. / 나는 그 프로젝트를 완료해서 기쁘다.
다른 시설들과 더불어 쇼핑센터가 건축될 예정이다.

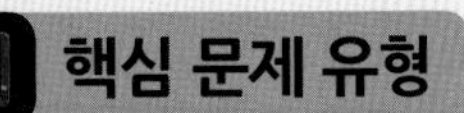

핵심 문제 유형

Q1 to부정사의 의미상 주어

It is important ------- every employee to respond to customer complaints as promptly as possible.

(A) so (B) when (C) that (D) for

>> 출제 포인트 to부정사의 의미상 주어를 묻는다.

1 **선택지 확인** | 빈칸에 들어갈 알맞은 전치사를 묻는 문제이다.

2 **빈칸 확인** | 가주어 it과 진주어 to부정사로 이루어진 문장이고, to부정사 앞에는 행위자를 표시하는 전치사가 와야 한다.
→ (A) so, (B) when, (C) that ✕

3 **정답 확인** | to부정사의 행위자는 「for + 목적격」의 형태로 표시한다. → (D) for ○

정답 It is important / **(D) for** every employee / to respond to customer complaints as promptly as possible.

해석 중요하다 / 모든 직원이 / 가능한 한 즉각적으로 고객 불만에 응답하는 것이

출제 포인트 1 to부정사의 의미상의 주어

I would love / **to visit** our branch in Paris next time. 문장의 주어=의미상의 주어

I would love / **you to visit** our branch in Paris next time. 목적어=의미상의 주어

It is necessary / (**for us**) **to exercise** regularly. 일반인 주어=의미상의 주어

It is necessary / **for her to exercise** regularly. for + 목적격=의미상의 주어

해석 나는 다음에 우리 파리 지사를 방문하고 싶다. / 나는 당신이 다음에 우리 파리 지사를 방문했으면 좋겠다.
(우리가) 규칙적으로 운동하는 것은 필수적이다. / 그녀가 규칙적으로 운동하는 것은 필수적이다.

+ check

1. Dytex, Inc. makes it a requirement ------- all managers to attend a quarterly workshop.

(A) for (B) off (C) with (D) by

to부정사의 수식을 받는 명사

The staff made every ------- to resolve the claim in a timely manner.

(A) talent (B) effort (C) explanation (D) response

>> 출제 포인트 to부정사의 수식을 받는 명사를 묻는다.

1 선택지 확인 | 빈칸에 들어갈 알맞은 의미의 명사를 고른다.

2 빈칸 확인 | 빈칸 뒤에 to부정사(to resolve)가 연결되어 있으므로 to부정사의 수식을 받을 수 있는 명사를 고른다. 전치사 to를 동반하는 (D) response ✕

3 정답 확인 | to부정사를 동반하면서, '해결하기 위해 모든 노력을 했다'라는 의미가 적절하므로 정답은 (B) effort O

정답 The staff / made every **(B) effort** / to resolve the claim in a timely manner.

해석 직원들은 / 모든 노력을 했다 / 그 클레임을 시기적절하게 해결하기 위해

출제 포인트 ❷ to부정사의 수식을 받는 명사들

plan to ~할 계획	time to ~하기 위한 시간
way to ~하기 위한 방법	effort to ~하기 위한 노력
chance/opportunity to ~할 기회	decision to ~하기 위한 결정
need to ~하기 위한 필요성	ability to ~할 수 있는 능력
right to ~할 권리	claim to ~하고자 하는 주장

They don't have enough **time** / **to solve** the problem.

해석 그들은 그 문제를 해결할 충분한 시간이 없다.

출제 포인트 ❸ to부정사를 취하는 형용사

be [able/unable] to ~할 수 [있다/없다]	be about to 막 ~하려고 하는 참이다
be ready to ~할 준비가 되다	be likely to ~할 것 같다
be willing to ~할 의향이 있다	be pleased to 기꺼이 ~하다
be eager to 열성적으로 ~하다	be [easy/difficult] to ~하기 [쉽다/어렵다]
be good to ~하는 것이 좋다	be used to ~하는 데 사용되다

The local farmers / **are willing to** plant / a new variety of crops.

해석 지역 농민들은 새로운 품종의 다양한 작물을 심을 의향이 있다.

+check

2. One of the most popular ways ------- a company's anniversary is having a picnic.

(A) celebration (B) celebrates (C) to celebrate (D) in celebration

Q3 목적어로 to부정사를 취하는 동사

Local environmentalists hope ------- awareness of air pollution through weekly seminars.

(A) raising (B) to raise (C) having raised (D) to be raised

>> 출제 포인트 to부정사만을 목적어로 취하는 동사를 알아야 한다.

1. **선택지 확인** | 빈칸에 들어갈 알맞은 형태를 고른다.
2. **빈칸 확인** | 'hope'라는 동사는 목적어로 to부정사를 취한다. → (A) raising ✖ (C) having raised ✖
3. **정답 확인** | to raise 의 목적어 awareness가 있으므로 to부정사의 능동 형태를 고른다. (D) to be raised ✖
   정답은 (B) to raise ⭘

정답 Local environmentalists / hope / **(B) to raise** awareness / of air pollution / through weekly seminars.

해석 지역 환경운동가들은 / 희망한다 / 인식을 높이기를 / 공기 오염에 대한 / 주간 세미나를 통해서

출제 포인트 ❹ 목적어로 to부정사를 취하는 3형식 동사

기대, 희망, 필요	hope to ~하기를 희망하다 need to ~하는 것을 필요로 하다	wish to ~하기를 바라다 want to ~하기를 원하다	expect to ~하기를 기대하다
계획, 약속	plan to ~할 것을 계획하다 refuse to ~하기를 거부하다	decide to ~할 것을 결정하다 promise to ~할 것을 약속하다	agree to ~하는 데 동의하다
제시, 제안	ask to ~할 것을 요청하다	offer to ~할 것을 제시하다	propose to ~할 것을 제안하다
성패 여부, 수완	manage to ~해 내다	afford to ~을 할 수 있는 여건이 되다	fail to ~하는 데 실패하다

The part-time worker / **managed to earn** / a reasonable wage.

해석 그 시간제 근로자는 적절한 임금을 벌어들였다.

+check

3. We sincerely hope ------- from you in the near future.

(A) to hear (B) hear (C) hearing (D) heard

목적어 + [to부정사 vs. 동사원형]

Although the employees strongly objected, the company will no longer allow them ------- casual attire in the workplace.

(A) wears (B) wearing (C) wear (D) to wear

>> 출제 포인트 목적어 뒤에 오는 to부정사를 묻는다.

1 **선택지 확인** | 빈칸에 들어갈 알맞은 형태를 고른다.

2 **빈칸 확인** | allow가 5형식 동사이므로, 빈칸은 목적어(them) 뒤 목적격 보어자리이다. → 목적격 보어 자리에 올 수 없는 동사 (A) wears ✕ (C) wear ✕

3 **정답 확인** | 문맥상 '그들이 직장에서 평상복을 입는 것을 허락하지 않는다'라는 의미가 되어야 한다. 5형식 동사 allow는 「allow A to B: A가 B하는 것을 허락하다」 용법으로 쓰여 목적격 보어로 to부정사를 취하므로 정답은 (D) to wear ○

정답 Although the employees strongly objected, the company / will no longer allow / them **(D) to wear** casual attire in the workplace.

해석 비록 직원들이 강력하게 항의했지만, 회사는 / 더 이상 허락하지 않을 것이다 / 그들이 직장에서 평상복을 입는 것을

출제 포인트 ⑤ 목적격 보어로 to부정사를 취하는 5형식 동사

다음 타동사들은 「타동사 + 목적어 + 목적격 보어」에서 목적격 보어로 to부정사를 동반한다.

ask A to A에게 ~하도록 요청하다	request A to A에게 ~하도록 요청하다
want A to A가 ~하기를 원하다	tell A to A에게 ~하라고 말하다
get A to A에게 ~하라고 시키다	instruct A to A가 ~하도록 지시하다
advise A to A에게 ~하도록 충고하다	cause A to A가 ~하도록 원인을 제공하다
expect A to A가 ~할 것을 기대하다	encourage A to A가 ~하도록 격려하다
allow A to A가 ~하는 것을 허락하다	persuade A to A가 ~하도록 설득하다

The dentist / **advised** the patient **to visit** / his office next month.

해석 그 치과 의사는 환자에게 다음 달에 병원을 방문하라고 권했다.

✓ 문법 포인트 [be committed to/be dedicated to:~에 헌신하다, 전념하다]와 같은 표현의 to는 to부정사가 아닌 전치사로 뒤에 동사원형이 아니라 명사나 동명사가 나오는 것에 유의한다.

+ check

4. Emerson expects all of its employees ------- their business dealings with honesty and fairness.

(A) to conduct (B) conductor (C) conduct (D) be conducting

Practice

1. Because the weather is unusually cold, Matton Hotels are currently offering discount coupons ------- customers.
   (A) to attract (B) attracts
   (C) attracted (D) to attracting

2. Due to the low sales figures, we made a decision ------- the Bluestone Bicycle line.
   (A) will discontinue
   (B) was discontinuing
   (C) discontinued
   (D) to discontinue

3. The Human Resources Department asked employees ------- ideas to improve workplace performance.
   (A) to submit (B) submitting
   (C) submitted (D) submits

4. The President of JBK Company ------- to offer university students internships this summer.
   (A) decision (B) has decided
   (C) to decide (D) being decided

5. The employees are happy ------- ways to improve customer services.
   (A) discussion (B) to discuss
   (C) discussed (D) discusses

6. The company is committed to ------- its domestic sales.
   (A) increasing (B) increase
   (C) increased (D) increases

7. ------- for the editor position include a journalism degree.
   (A) Requiring (B) To require
   (C) Requirements (D) Required

8. Okoms Global Bank wants to hire employees with a strong interest in ------- foreign languages.
   (A) to learn (B) will learn
   (C) learns (D) learning

9. The heat wave is likely ------- through the end of the month.
   (A) last (B) lasted
   (C) to last (D) lasting

10. ------- for this job, visit the company website.
   (A) Applicants (B) Apply
   (C) To apply (D) Applicable

11. All items ------- at the auction must be inspected beforehand.
   (A) to be sold (B) is selling
   (C) has been sold (D) to sell

12. The owners plan ------- the restaurant to attract more customers.
   (A) remodeling
   (B) remodeled
   (C) to be remodeled
   (D) to remodel

13. In order to ------- your subscription, you have to fill out an online survey first.
   (A) renew (B) renewal
   (C) renews (D) renewing

14. Human Resources hopes ------- more employees with IT experience.
   (A) to hire (B) hiring
   (C) hire (D) hired

15. The restaurant is planning a special menu ------- its fifth anniversary.

(A) to celebrate (B) celebrates
(C) celebrated (D) in celebration

16. To get to the Roseblossom Café, ------- the elevator on the south side of the lobby.

(A) use (B) used
(C) using (D) to use

17. It is essential ------- us to analyze customer feedback carefully.

(A) for (B) of
(C) so (D) that

18. Mr. Park, the President of Drytech, Inc., announced his ------- to retire in March.

(A) intended (B) intentional
(C) intends (D) intention

19. Workers need to become more ------- with the new safety standards.

(A) familiar (B) familiarity
(C) familiarly (D) to familiarize

20. The city council organized the town hall meeting to be ------- on May 20.

(A) holding (B) held
(C) hold (D) holds

기본 완성 훈련 다음은 앞서 풀어 본 연습문제의 문장들입니다. to부정사를 찾아 밑줄을 긋고, 부사적 용법으로 쓰인 경우 문제 번호에 ○를 치세요.

1. Because the weather is unusually cold, Matton Hotels are currently offering discount coupons to attract customers.
2. Due to the low sales figures, we made a decision to discontinue the Bluestone Bicycle line.
3. The Human Resources Department asked employees to submit ideas to improve workplace performance.
4. The President of JBK Company has decided to offer university students internships this summer.
5. The employees are happy to discuss ways to improve customer services.
6. The company is committed to increasing its domestic sales.
7. Requirements for the editor position include a journalism degree.
8. The restaurant is planning a special menu to celebrate its fifth anniversary.
9. To get to the Roseblossom Café, use the elevator on the south side of the lobby.
10. The city council organized the town hall meeting to be held on May 20.

PART 7 광고

제목이나 도입부에서 광고 내용을 확인한다! 광고는 직원을 모집하는 구인 광고와 상품이나 서비스, 행사 등을 홍보하는 일반 상업 광고가 있다. 편지 · 이메일 유형 다음으로 가장 많이 출제되고 있으며, 매회 2~3개 정도의 지문이 출제된다.

지문 유형 확인하기

1. 자주 나오는 지문

구인 광고는 회사에 공석이 발생했을 때 직원을 모집하는 광고로, 담당 업무, 자격 요건, 지원 방법 등을 다룬다.
상품 및 서비스 광고는 업체의 제품이나 서비스 소개, 할인 이유, 할인 대상자, 할인율, 할인 기간 등을 다룬다.
중고 자동차 매매, 항공 카드 혜택, 스포츠용품 할인, 극장의 공연 광고 등이 출제된다.

2. 광고의 목적이나 모집하고 있는 직책 또는 광고 상품을 묻는다.

광고의 제목이나 앞부분에서 무엇을 광고하고 있는지 밝히고 있다.

What is the **main purpose** of the advertisement? 광고의 주요 목적은 무엇인가?

What position is being **advertised**? 어떤 직책이 광고되고 있는가?

What is being **advertised**? 무엇이 광고되고 있는가?
└→ [관심] Are you interested in ~? ~에 관심이 있으신가요? / Are you looking for ~? ~을 찾고 계신가요?

3. 구인 광고는 지원 자격이나 지원 방법을 묻는다.

What is (NOT) a **requirement** for the position?
이 직책의 필수 조건은 무엇인가? / 이 직책의 필수 조건이 아닌 것은 무엇인가?
└→ [자격 요건] experience in the field 그 분야에서의 경험, requirement for the position 직책의 필수 요건, qualification 자격

How should the candidate **apply** for the position? 지원자는 이 직책에 어떻게 지원해야 하는가?
└→ [지원 방법] visit our website 저희 웹사이트를 방문하세요, send your résumé via e-mail 이메일로 이력서를 보내주세요

4. 상품 광고는 상품의 특징, 할인 혜택, 구입 방법을 묻는다.

서비스나 행사 광고는 해당하는 대상, 할인 혜택, 장소, 날짜, 시간 등을 묻는다.

What is **indicated** about **product #949**? 제품번호 949에 대해 언급된 사실은 무엇인가?
└→ [혜택] discount 할인, coupon 쿠폰, promotion 판촉 행사

What is **NOT** a **feature** of **product #949**? 제품번호 949의 특징이 아닌 것은 무엇인가?
└→ [제품의 장점] innovative features 혁신적인 특징들, special products 특별한 제품들

핵심 문제 유형

Questions 1-3 refer to the following advertisement.

Job Opening: Mathematics Instructor

• 구인 광고

The Powell College of Technology is a leading private college offering degree and certification programs in the areas of technology, business, and health sciences. Instructors at the Powell College of Technology are responsible for the training and supervision of students as they prepare for their chosen career. Mathematics instructors are responsible for providing hands-on classroom instruction, preparing and utilizing approved lesson plans, and preparing student progress and grade reports.

• 회사 정보
기술 대학의 수학 강사 채용

• 업무 내용
교실 수업, 수업 계획안을 준비, 학생의 학업 진척도와 성적 보고

Applicants must have prior teaching experience. A master's degree in mathematics and excellent speaking and written communication skills are required. Candidates must have at least five years of teaching experience. We offer competitive salaries and generous benefits.

• 채용 조건
교수 경력, 석사 학위 의사소통 능력이 필수

Please send a copy of your résumé along with a cover letter and three letters of recommendation by August 23 to:

• 지원 서류 및 지원 방법
이력서, 자기소개서, 추천서를 제출해야 함

Ann Russo, Human Resources Director
Powell College of Technology
Columbia, South Carolina

• 회사 위치

세부 사항: 채용 조건

1. What is NOT a requirement of the job?

(A) A degree
(B) Management skills
(C) Experience in teaching
(D) Outstanding speaking skills

세부 사항: 지원 서류

2. What must the applicant submit by August 23?

(A) Information about salary
(B) Letters of recommendation
(C) Contact information of previous employers
(D) An online application form

세부 사항: 지원 방법

3. How should the candidate apply for the job?

(A) By phone
(B) By e-mail
(C) By fax
(D) By mail

예제 풀이

[1-3] 다음 광고에 관한 문제입니다.

Job Opening: Mathematics Instructor

채용 공고: 수학 강사

• 구인 광고

The Powell College of Technology is a leading private college offering degree and certification programs in the areas of technology, business, and health sciences. Instructors at the Powell College of Technology are responsible for the training and supervision of students as they prepare for their chosen career. Mathematics instructors are responsible for providing hands-on classroom instruction, preparing and utilizing approved lesson plans, and preparing student progress and grade reports.

Powell 기술대학은 기술과 비즈니스, 그리고 보건과학 분야에서 학위와 졸업장, 그리고 수료 프로그램을 제공하는 앞서가는 사립 대학입니다. Powell 기술대학의 강사들은 학생들이 선택한 진로를 준비할 때 학생들을 훈련시키고 감독하는 책임을 맡고 있습니다. 수학 강사는 실제 교실 수업을 제공하고 승인된 수업 계획안을 준비하고 활용하며 학생의 학업 진척도와 성적 보고를 준비할 책임이 있습니다.

• **회사 정보**
기술 대학의 수학 강사 채용

• **업무 내용**
교실 수업, 수업 계획안을 준비, 학생의 학업 진척도와 성적 보고

❶ Applicants must have prior teaching experience. A master's degree in mathematics and excellent speaking and written communication skills are required. Candidates must have at least five years of teaching experience. We offer competitive salaries and generous benefits.

지원자들은 반드시 이전 교수 경력이 있어야 합니다. 수학 석사 학위, 그리고 탁월한 구술 및 문서상 의사소통 능력이 필요합니다. 지원자들은 적어도 5년 이상의 교수 경력이 있어야 합니다. 저희는 경쟁력 있는 급여와 풍부한 복지 혜택을 제공합니다.

• **채용 조건**
교수 경력, 석사 학위
의사소통 능력이 필수

❷ ❸ Please send a copy of your résumé along with a cover letter and three letters of recommendation by August 23 to:

자기소개서와 추천서 3부와 함께 귀하의 이력서 사본을 8월 23일까지 다음 주소로 보내주세요:

• **지원 서류 및 지원 방법**
이력서, 자기소개서, 추천서를 제출해야 함

Ann Russo, Human Resources Director
Powell College of Technology
Columbia, South Carolina

Ann Russo, 인사부 부장
Powell 기술대학
컬럼비아, 사우스캐롤라이나

• **회사 위치**

1. What is NOT a requirement of the job?

(A) A degree
(B) Management skills
(C) Experience in teaching
(D) Outstanding speaking skills

그 일자리에 대한 필수 조건이 아닌 것은 무엇인가?

(A) 학위
(B) 관리 능력
(C) 교수 경력
(D) 뛰어난 구술 능력

해설 세부 사항 문제이므로 키워드 requirement가 언급된 부분을 지문에서 찾아 선택지와 대조하며 소거한다. 채용 조건은 두 번째 단락 첫 두 문장에 must와 required가 있는 부분에 언급되어 있다. 필수 요건 세 가지는 교수 경험, 수학과 석사 학위, 구술 및 문서상 의사소통 능력이다. 관리 능력은 언급되지 않았으므로 정답은 (B) Management skills이다.

2. What must the applicant submit by August 23?

(A) Information about salary
(B) Letters of recommendation
(C) Contact information of previous employers
(D) An online application form

지원자는 8월 23일까지 무엇을 제출해야 하는가?

(A) 연봉에 관한 정보
(B) 추천서
(C) 이전 고용주의 연락처
(D) 온라인 지원서

해설 세부 사항 문제이므로 키워드 by August 23가 지문에 언급된 부분을 찾아본다. 세 번째 단락에서 언급된 3가지 제출해야 할 서류는 이력서, 자기소개서, 추천서이다. 따라서 정답은 (B) Letters of recommendation이다.

3. How should the candidate apply for the job?

(A) By phone
(B) By e-mail
(C) By fax
(D) By mail

지원자는 그 직책에 어떻게 지원해야 하는가?

(A) 전화로
(B) 이메일로
(C) 팩스로
(D) 우편으로

해설 지원 방법을 묻는 세부 사항 문제이다. 세 번째 단락에서 지원 서류를 보내는 방법을 언급하며 우편 주소를 알려주고 있으므로 정답은 (D) By mail이다.

VOCA

leading *adj.* 선도하는, 일류의 | **certification** *n.* 수료 | **responsible** *adj.* 책임이 있는, 책임을 져야 할 | **supervision** *n.* 감독, 관리 | **hands-on** *adj.* 실제의, 직접 손으로 만지는 | **utilize** *v.* 활용하다 | **approved** *adj.* 공인된, 정평 있는 | **candidate** *n.* 지원자 | **competitive** *adj.* 경쟁의, 경합하는 | **generous** *adj.* 많은, 풍부한, 인심 좋은 | **outstanding** *adj.* 뛰어난 | **letter of recommendation** 추천서

Questions 1-2 refer to the following advertisement.

KJA National

Ready for a Wonderful Holiday? KJA is here to help!

You can save up to $150 on companion fares from March 8 to July 27.

- Valid only for flights within the U.S.A.
- Applies to one companion fare only.
- Must book by February 11.

Visit www.kjanational.com in order to reserve your car and hotel as well. Moreover, join our loyalty club so that you can receive useful information, such as last-minute sales and all future discounts.

1. What is being discounted?

(A) Hotel packages
(B) Airplane tickets
(C) Car rentals
(D) The loyalty club annual fee

2. What is implied about KJA?

(A) It was recently established.
(B) It is based in the USA.
(C) It only offers discounts during the holidays.
(D) It just introduced its loyalty club.

VOCA

save *v.* 절약하다, 아끼다; 저장하다 | **up to** ~까지 | **companion** *n.* 동행자, 동반자 | **fare** *n.* 요금 | **valid** *adj.* 유효한 | **apply** *v.* 적용하다, 신청하다 | **book** *v.* 예약하다 | **last-minute** *adj.* 막바지의 | **establish** *v.* 설립하다 | **based in** ~에 기반을 둔 | **introduce** *v.* 도입하다

Questions 3-5 refer to the following advertisement.

Bagan Fitness and Recreation Center

Bagan Fitness and Recreation Center opened last month, bringing a spectacular new exercise facility to Belmont County. Located on top of a large hill, the 8,000 sq. ft. center offers a multitude of exercise options for everyone. From the olympic-size, ten-lane indoor swimming pool to its four indoor basketball courts, this place has it all!

In addition, Bagan Fitness and Recreation Center houses a daycare and play center. So, parents who visit for a workout can leave their young ones with our skillful and caring workers. And the kids will get plenty of exercise, too! The play center has a ball pool that kids just love. It also has a jungle gym, padded climbing walls, and an obstacle course.

For general information about Bagan Fitness and Recreation Center, feel free to visit our website at www.bagancenter.com. For information about pricing or to simply get directions, contact our front desk at 800-718-1000.

3. What is indicated about Bagan Fitness and Recreation Center?

(A) It will be opening soon.
(B) It offers swimming classes.
(C) It will host a sports competition.
(D) It is located in Belmont County.

4. What is available at Bagan Fitness and Recreation Center?

(A) Child care
(B) Basketball lessons
(C) Tennis courts
(D) Free parking

5. According to the advertisement, how can one get information about fees?

(A) By going to a website
(B) By emailing a director
(C) By calling a front desk
(D) By reading a pamphlet

VOCA

spectacular *adj.* 굉장한, 극적인 | **exercise** *n.* 운동 | **facility** *n.* 시설 | **a multitude of** 다수의 | **option** *n.* 선택권 | **lane** *n.* (수영장의) 레인 | **basketball court** 농구장 | **in addition** 게다가 | **house** *v.* 수용하다, 보관하다 | **daycare center** 탁아시설 | **workout** *n.* 운동 | **skillful** *adj.* 숙련된, 능숙한 | **caring** *adj.* 배려하는, 보살피는 | **padded** *adj.* 푹신한 | **climbing wall** 암벽등반용 인공 벽 | **obstacle course** 장애물 코스 | **get directions** 길 안내를 받다 | **host** *v.* 개최하다 | **child care** 보육, 탁아 | **according to** ~에 의하면 | **fee** *n.* 요금 | **director** *n.* 임원, 이사 | **pamphlet** *v.* 소책자

동명사

동명사는 주어, 목적어, 보어, 전치사의 목적어 역할을 한다. 명사와 달리 동사처럼 목적어, 보어, 수식어를 동반하며 시제와 태가 있다.

기본 개념 이해하기

1. 동명사의 형태와 역할

▸ 동명사는 「동사원형-ing」의 형태로, '~하는 것'으로 해석한다.

▸ 동명사는 주어, 목적어, 보어, 전치사의 목적어 자리에 쓸 수 있다.

▸ 동명사 주어는 단수로 취급하므로 3인칭 단수형 동사를 쓴다.

▸ 동명사는 동사의 목적어로도 쓰이며, mind, consider, postpone 등은 목적어로 to부정사는 못 나오며 동명사를 취한다.

Assisting customers promptly / is our top priority.

···› **Assistance** ⊗ **Assist** ⊗ **Assisted** ⊗

The company considered **hiring** Mr. Shin / based on his strong communication skills.

···› **to hire** ⊗

해석 고객들을 신속하게 돕는 것이 우리가 최우선으로 하는 것이다. / 그 회사는 Mr. Shin의 뛰어난 의사소통 기술을 근거로 그를 채용하는 것을 고려했다.

2. 전치사의 목적어 역할

▸ 동명사는 시험에 전치사의 목적어 자리로 가장 많이 출제된다. 전치사 바로 뒤에 명사, 동명사, 형용사를 고르는 문제가 출제되므로 주의해야 한다. 특히 전치사와 관사나 소유격과 같은 한정사가 붙어 있는 명사 사이에는 무조건 동명사를 고른다.

전치사 + [명사] (+ 전치사구 등 수식어)	전치사 + [동명사] (+ 한정사) + 명사

As a coordinator, he will be responsible for **arranging** employee shifts. 전치사 + 동명사 + 명사

···› **arranged** ⊗ **arrangement** ⊗ **to arrange** ⊗

Hamoor Bistro succeeded in **opening** several restaurants in the neighborhood.
전치사 + 동명사 + 한정사 + 명사

···› **opened** ⊗ **to open** ⊗

해석 진행자로서, 그는 직원 교대를 조정하는 것을 담당하게 될 것이다. / Hamoor 식당은 인근에서 다수의 레스토랑을 개업하는 데 성공했다.

3. 명사와 동명사의 차이

▸ 동명사는 목적어, 보어, 수식어를 동반할 수 있으며, 부사의 수식을 받는다.

▸ 동명사 앞에는 관사나 형용사가 올 수 없다.

▸ 명사는 관사나 형용사가 앞에 올 수 있지만, 목적어나 보어를 동반할 수 없다.

	관사	수	수식어	목적어
명사	O	단/복수 구분	형용사	X
동명사	X	단수 취급	부사	O

Mr. Park will begin **creating** invitations. ⊙

Mr. Park will begin / **creation** invitations. ⊗

The security guards kept the crowd / from **approaching closely**. ⊙

The security guards kept the crowd / from **approaching close**. ⊗

The ship has made / a **close approach** to the harbor.

해석 Mr. Park는 초대장을 만들기 시작할 것이다. / 보안 요원들은 군중들이 가까이 접근하는 것을 막았다. / 배가 항구에 근접했다.

풀이 원래 목적어가 없는 자동사는 동명사가 되더라도 뒤에 목적어가 없다.

4. 동명사의 의미상 주어, 부정, 시제, 태

▸ 동명사의 의미상 주어는 동명사 앞에 소유격으로 표시한다.

▸ 동명사의 부정형은 「not/never + 동사원형-ing」이다.

▸ 시제: 동명사의 사건이 본동사의 시점보다 먼저 일어났을 때 「having + 과거분사」 형태의 완료 동명사를 쓴다.

▸ 태: 동명사가 의미상의 주어와 수동의 관계일 때 「being + 과거분사」 형태를 쓴다.

We are so proud of **her** / **winning** the recent contest. 소유격: 동명사의 의미상 주어

The business got fined / for **not paying** its taxes. not + 동사원형 -ing: 부정

Everyone was surprised / at her **having won** the prize. having + 과거분사: 완료형

To avoid **being charged** for services he never received, Gary asked for an itemized bill. being + 과거분사: 수동형

해석 우리는 그녀가 최근 경연 대회에서 우승한 것을 매우 자랑스럽게 생각한다.
그녀가 그 상을 수상했었다는 것에 다들 놀랐다. / 그 사업장은 세금을 내지 않아서 벌금을 물었다.
Gary는 받지 않은 서비스에 대해 비용이 청구되는 것을 피하기 위해 요금 상세 내역서를 요청했다.

 핵심 문제 유형

Q1 동명사의 자리

------- a conference for over 1,000 people is one of the most demanding projects that our team has undertaken.

(A) Being planned (B) Plans (C) Planning (D) Will have planned

>> 출제 포인트 동명사는 명사 자리에 온다.

❶ **선택지 확인** | 빈칸에 들어갈 알맞은 형태와 품사를 고른다.

❷ **빈칸 확인** | 주어 자리 → 주어의 역할을 하는 명사나 동명사가 와야 하므로 동사 (D) Will have planned ⊗

❸ **정답 확인** | a conference를 목적어로 받고 동사 is의 주어 역할을 하는 동명사가 와야 하므로 (A) Being planned, (B) Plans ⊗ (C) Planning ⓞ

정답 **(C) Planning** a conference for over 1,000 people / is one of the most demanding projects / that our team has undertaken.

해석 1,000명 이상의 사람들을 위한 컨퍼런스를 계획하는 것이 / 가장 힘든 일 중 하나이다 / 우리 팀이 겪어온

출제 포인트 ❶ 동명사는 명사 역할을 한다.

Reducing operating costs / is not easy. 주어

Ms. Ross considered / **helping** me. 목적어

Mr. O'Neill talked about / **moving** to another apartment. 전치사의 목적어

Our goal is / **making** clients happy. 동명사 보어

해석 운영비를 줄이는 것은 쉽지 않다. / Ms. Ross는 나를 돕는 것을 고려했다.
Mr. O'Neill은 다른 아파트로 이사하는 것에 대해 이야기를 했다. / 우리의 목표는 고객을 행복하게 하는 것이다.

+ check

1. Please inform your event organizer of any special meal requests before ------- a catering service.
(A) book (B) books (C) booking (D) booked

명사 vs. 동명사

Offering frequent discounts is a good way of ------- more customers to a business.

(A) attracts (B) attraction (C) attractive (D) attracting

>> 출제 포인트 동명사는 명사와 달리 동사의 성질에 따라 목적어나 보어를 동반한다.

1 선택지 확인 | 빈칸에 들어갈 알맞은 품사를 고른다.

2 빈칸 확인 | 전치사 뒤 → 동사인 (A) attracts ⊗ → 명사 (B) attraction은 전치사 뒤에 들어갈 수 있으나, 빈칸 뒤의 명사구(more customers)와 연결될 수 없다. (B) attraction ⊗

3 정답 확인 | 명사구(more customers)를 목적어로 취하면서 전치사(of)의 목적어 자리에 들어갈 수 있는 품사는 동명사이므로 정답은 (D) attracting ⊙ 형용사 (C)도 가능하지만 문맥상 '매력적인 고객들의 방법'은 어색하므로 답이 될 수 없다.

정답 Offering frequent discounts / is a good way / of **(D) attracting** more customers / to a business.

해석 할인을 자주 제공하는 것이 / 좋은 방법이다 / 더 많은 고객들을 유치하는 / 사업에서

출제 포인트 ❷ 명사와 동명사의 차이

명사	관사가 앞에 올 수 있다.	형용사의 수식을 받는다.	목적어나 보어가 없다.
동명사	관사가 앞에 올 수 없다.	부사의 수식을 받는다.	목적어나 보어가 따라올 수 있다.

출제 포인트 ❸ -ing로 끝나는 명사

-ing로 끝나지만 동명사가 명사로 굳어진 단어들에 유의해야 한다.

findings 발견	covering 덮개	processing 처리
shopping 쇼핑	ticketing 발권	earnings 소득, 이득
advertising 광고업	meaning 의미	sightseeing 관광
recording 녹화, 녹음	setting 설정, 설치	opening 공석, 시작 부분, 개막식
parking 주차	warning 경고	housing 숙소, 주거
learning 학습	spending 지출	marketing 마케팅
belongings 소유물	seating 좌석 배치	surroundings 환경, 상황
cleaning 청소	packaging 상품 포장	gathering 모임
funding 자금 지원	training 훈련	accounting 회계
understanding 이해	savings 저축, 저금	beginning 시작

+ check

2. The security team is responsible for ------- safety regulations and guidelines for the guests and employees of Westland Hotel.

(A) established (B) establish (C) establishment (D) establishing

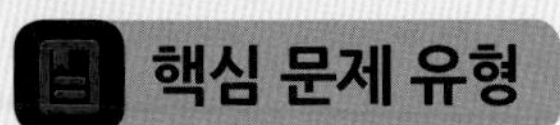

Q3 동사 + [동명사 vs. to부정사]

Mr. Tenor should reconsider ------- another store in San Francisco because of the city's high property prices.

(A) open (B) opening (C) to open (D) opens

>> 출제 포인트 동사에 따라 목적어로서 동명사 또는 to부정사를 구별해서 사용해야 한다.

1. **선택지 확인** I 빈칸에 들어갈 알맞은 형태와 품사를 고른다.
2. **빈칸 확인** I 동사의 목적어이자 빈칸 뒤에서 목적어를 동반하는 준동사 자리 → 동사/형용사 (A) open ⊗ 동사 (D) opens ⊗
3. **정답 확인** I 동사 reconsider은 동명사를 목적어로 취하는 동사이다. → to부정사 (C) to open ⊗ 동명사 (B) opening ⓞ

정답 Mr. Tenor / should reconsider / **(B) opening** another store / in San Francisco / because of the city's high property prices.

해석 Mr. Tenor는 / 재고해야 한다 / 또 다른 상점을 여는 것을 / 샌프란시스코에서 / 그 도시의 높은 부동산 가격 때문에

출제 포인트 ❹ 동명사만을 목적어로 취하는 타동사

즐김, 상상	enjoy -ing 즐기다	miss -ing 그리워하다	imagine -ing 상상하다
제안, 인정	suggest -ing 제안하다 admit -ing 인정하다	recommend -ing 권유하다	consider -ing 고려하다
지속, 중단	keep -ing 계속하다 give up -ing 포기하다 delay -ing 미루다	finish -ing 끝마치다 discontinue -ing 중단하다 postpone -ing 연기하다	quit -ing 그만두다 prevent -ing 막다 resume -ing 재개하다
싫음, 거부	avoid -ing 피하다 deny -ing 거부하다	dislike -ing 싫어하다 resist -ing 저항하다	mind -ing 싫어하다

Ms. Stacey **enjoys** / **listening** to various genres of music.

해석 Ms. Stacey는 다양한 장르의 음악을 듣는 것을 즐긴다.

+ check

3. To find your desired book, we strongly recommend ------- the library's newly updated electronic database.
(A) utilization (B) to utilize (C) utilizing (D) utilized

형용사 + [전치사 to vs. to부정사]

The instruction manual is dedicated ------- how to properly assemble the Cool Jet Spa.

(A) explaining (B) to explain (C) to explaining (D) explained

>> 출제 포인트 「전치사 to + 동명사」 관용 표현을 묻는다.

1. **선택지 확인** | 빈칸에 들어갈 알맞은 형태와 품사를 고른다.
2. **빈칸 확인** | 「be dedicated to: ~하는 데 전념하다」 관용 표현을 알고 있어야 한다.
3. **정답 확인** | be dedicated to의 to는 전치사이므로 to부정사로 착각해서 동사원형을 쓰면 안 된다. 전치사 뒤에는 동명사가 나오므로 정답은 (C) to explaining ⓞ

정답 The instruction manual / is dedicated / **(C) to explaining** how to properly assemble the Cool Jet Spa.
해석 그 설명서는 / 전념한다 / Cool Jet Spa를 제대로 조립하는 방법을 설명하는 데

출제 포인트 ⑤ 전치사 to와 to부정사를 혼동하지 않도록 한다.

be committed to -ing ~에 헌신하다	contribute to -ing ~하는 데 공헌하다
look forward to -ing ~하는 것을 고대하다	be used to -ing ~하는 데 익숙하다
object to -ing ~에 반대하다	be opposed to -ing ~하는 데 반대하다
be devoted to -ing ~하는 데 전념하다	be subject to -ing ~하기 쉽다

We are **looking forward** / **to having** a mutually beneficial partnership.
해석 우리는 상호간에 수혜적인 협력 관계를 맺기를 고대한다.

출제 포인트 ⑥ 동명사 관용 표현

have difficulty (in) -ing ~하는 데 어려움을 겪다	on -ing ~하자마자
be busy -ing ~하느라 바쁘다	be worth -ing ~할 가치가 있다
keep (on) -ing 계속해서 ~하다	feel like -ing ~하고 싶다
cannot help -ing ~할 수밖에 없다	It's no use -ing ~해봐야 소용없다
insist on -ing ~하기를 고수하다	when it comes to -ing ~에 관하여 말하자면

I had **difficulty** / **performing** the software update.
해석 나는 그 소프트웨어 업데이트를 실행하는 데 어려움을 겪었다.

+ check

4. PS Consultants is committed to ------- the skills that allow workers to perform more efficiently on the job.
(A) provides (B) providing (C) provider (D) provided

Practice

1. ------- to the construction site must wear a protective helmet and glasses.
   (A) Visit (B) Visitors
   (C) Visiting (D) Visits

2. ------- additional engineers for the project will be our first priority.
   (A) Hiring (B) Hire
   (C) Hires (D) Hired

3. This notice is intended to inform drivers of ------- on oversized vehicles in the parking garage.
   (A) restricting (B) restricts
   (C) restrictive (D) restrictions

4. Lulpite Corporation discontinued ------- home appliances.
   (A) to produce (B) producing
   (C) production (D) produced

5. All the information about interviewing ------- is kept in the HR office.
   (A) applicants (B) applications
   (C) applied (D) apply

6. The trays of the Kitchen-Pro stove can be removed for easy -------.
   (A) clean (B) cleaners
   (C) cleaning (D) cleaned

7. The theater owner prevented the audience from ------- the performance.
   (A) recording (B) record
   (C) to record (D) recorded

8. By ------- the assembly line process, production numbers can be increased.
   (A) updates (B) updating
   (C) updated (D) update

9. Bostex, Inc., a global consumer appliance -------, works to meet the demand for steam irons.
   (A) supplier (B) supplying
   (C) supplied (D) supplies

10. After ------- reviewing the seating chart, let me know what changes should be made.
    (A) carefully (B) to care
    (C) careful (D) care

11. After ------- a promotion, Mr. Jang began looking for an assistant.
    (A) acceptable (B) accepts
    (C) accepting (D) accepted

12. Next Wednesday marks the third anniversary of KJ Bank's -------.
    (A) opened (B) openness
    (C) open (D) opening

13. Purchasing a movie ticket through the website ------- only a few minutes.
    (A) taken (B) take
    (C) takes (D) taking

14. A good way of ------- customers is to give them a money-back guarantee.
    (A) attracts (B) attraction
    (C) attracting (D) attracted

15. Please make sure to confirm ------- of order #9734, which will be arriving later today.

(A) receipt (B) received
(C) recei ve (D) receiving

16. Students are assigned a recommended reading list as a ------- to the material in the textbook.

(A) supplemented
(B) supplement
(C) supplementing
(D) supplementary

17. The BRT sports watch can be worn in the water without losing -------.

(A) functioned (B) functional
(C) functionality (D) functionally

18. Customers will receive free movie tickets for ------- in the survey.

(A) participates (B) participate
(C) participating (D) participated

19. Festival ------- can try authentic dishes from around the world.

(A) attending (B) attends
(C) attendees (D) attendance

20. The person in charge of dealing with urgent ------- is Mr. Morales.

(A) request (B) requesting
(C) requested (D) requests

기본 완성 훈련 다음은 앞서 풀어 본 연습문제의 문장들입니다. 동명사를 찾아 밑줄을 긋고, 동명사를 포함한 명사구에 괄호 표시를 하세요.

1. Hiring additional engineers for the project will be our first priority.
2. Lulpite Corporation discontinued producing home appliances.
3. All the information about interviewing applicants is kept in the HR office.
4. The theater owner prevented the audience from recording the performance.
5. By updating the assembly line process, production numbers can be increased.
6. Bostex, Inc., a global consumer appliance supplier, works to meet the demand for steam irons.
7. After carefully reviewing the seating chart, let me know what changes should be made.
8. A good way of attracting customers is to give them a money-back guarantee.
9. Customers will receive free movie tickets for participating in the survey.
10. The person in charge of dealing with urgent requests is Mr. Morales.

PART 7 기사

신문이나 잡지에 실리는 사회 · 경제 분야의 기사들은 다른 종류의 글에 비해 주제가 딱딱하고 어려운 어휘가 많이 등장하며, 길이도 긴 편이다. 보통 4~5문제가 출제된다.

지문 유형 확인하기

1. 자주 나오는 지문

- 기업의 업적 소개, 합병이나 구조 조정, 확장 이전, 신상품이나 새로운 서비스 홍보
- 축제 안내, 경연 대회나 국제 회의 개최 소식
- 음악과 매출의 관계, 시내버스 체제 개편에 따른 교통량 변화 등 연구나 설문조사 결과 등이 출제된다.

2. 기사의 주제 또는 목적을 묻는다.

What is the article **mainly about**? 기사는 주로 무엇에 관한 것인가?

What is the **purpose** of the article? 기사의 목적은 무엇인가?

3. 기사의 출처 및 예상 독자를 묻는다.

What kind of magazine is *Wall Street Zone*? 〈Wall Street Zone〉은 어떤 종류의 잡지인가?

Who is this article **intended for**? 이 기사는 누구를 위해 쓰였는가?

4. 기사의 세부 정보를 묻는다.

What is **(NOT) indicated** about this restaurant?
이 레스토랑에 대해 언급된 (언급되지 않은) 것은 무엇인가?

According to the article, **how** can people **find out more** about the product?
기사에 따르면, 사람들은 어떻게 제품에 대해 더 알 수 있는가?

Questions 1-4 refer to the following article.

Century Communications and Oram International to Merge

Greenville, October 10 - Century Communications and Oram International have announced that they will soon be merging. The two companies, which were previously headquartered in Martinsburg, West Virginia, and Winston-Salem, North Carolina, will be forming the largest internet service provider in the region.

The new company will be known as Century-Oram, and it is sure to do some great things. The two companies already have large customer bases. And after this merger, they will have little competition from their rivals. The new center of operations for Century-Oram will be in Roanoke, Virginia, at a newly constructed skyscraper named Century-Oram Tower.

Century-Oram will be looking to expand into Kentucky and southern Ohio by the end of next year. This move is likely to be a success as no other company has a strong presence in those markets.

- **기사 제목**
- **기사의 주제** 합병 안내
- **합병 이후 회사 이름과 회사 위치** 두터운 고객층으로 인한 밝은 전망 및 회사 이전 위치 안내
- **시장 진출 계획** 합병 이후 시장 진출 계획

기사의 주제

1. What is the purpose of this article?

(A) To announce a merger
(B) To explain a new service
(C) To report on sales figures
(D) To describe a market trend

세부 사항: 기사의 출처

2. In what section of the newspaper would the article most likely appear?

(A) Entertainment
(B) Travel
(C) Business
(D) Sports

세부 사항: 사업 분야

3. What kind of company will Century-Oram be?

(A) An internet service provider
(B) A computer retailer
(C) A phone manufacturer
(D) An advertising agency

세부 사항: 본사 위치

4. Where will Century-Oram's headquarters be located?

(A) In Greenville
(B) In Winston-Salem
(C) In Roanoke
(D) In Martinsburg

예제 풀이

[1-4] 다음 기사에 관한 문제입니다.

❶ Century Communications and Oram International to Merge

합병하려는 Century Communications와 Oram International

Greenville, October 10 – ❶ ❷ Century Communications and Oram International have announced that they will soon be merging. ❸ The two companies, which were previously headquartered in Martinsburg, West Virginia, and Winston-Salem, North Carolina, will be forming the largest internet service provider in the region.

Greenville, 10월 10일 – **Century Communications와 Oram International이 곧 합병하게 될 것이라고 발표했다.** 예전에 웨스트버지니아주의 마틴스버그와 노스캐롤라이나주의 윈스턴세일럼에 본사를 두었던 **두 회사는 국내에서 가장 큰 인터넷 서비스 제공업체를 형성할 예정이다.**

The new company will be known as Century-Oram, and it is sure to do some great things. The two companies already have large customer bases. And after this merger, they will have little competition from their rivals. ❹ The new center of operations for Century-Oram will be in Roanoke, Virginia, at a newly constructed skyscraper named Century-Oram Tower.

새로운 회사의 이름은 Century-Oram이고 반드시 대단한 일을 할 것이다. 두 회사는 이미 대규모의 고객층을 확보하고 있다. 그래서 이 합병 이후 경쟁사와의 경쟁은 거의 없을 것이다. **Century-Oram의 새로운 업무 중심지는 버지니아주의 로아노크에 있는** Century-Oram 타워라는 이름으로 새롭게 건설된 고층 건물에 자리잡을 예정이다.

Century-Oram will be looking to expand into Kentucky and southern Ohio by the end of next year. This move is likely to be a success as no other company has a strong presence in those markets.

Century-Oram은 연말까지 켄터키와 남부 오하이오로 확장할 계획이다. 이 움직임은 그쪽 시장들에서 강력한 입지를 가진 회사가 아무도 없기 때문에 성공할 것으로 보인다.

- **기사 제목**
- **기사의 주제** 합병 안내
- **합병 이후 회사 이름과 회사 위치** 두터운 고객층으로 인한 밝은 전망 및 회사 이전 위치 안내
- **시장 진출 계획** 합병 이후 시장 진출 계획

1. What is the purpose of this article?

(A) To announce a merger
(B) To explain a new service
(B) To report on sales figures
(C) To describe a market trend

이 기사의 목적은 무엇인가?

(A) 합병을 알리기 위해
(B) 신규 서비스를 설명하기 위해
(C) 매출액을 보고하기 위해
(D) 시장 동향을 기술하기 위해

해설 기사의 목적을 묻는 문제이다. 기사의 주제와 목적은 기사의 제목과 앞부분에 제시되는 경우가 많다. 기사의 제목에서 두 회사가 합병한다는 것을 알리고 있고, 첫 단락의 첫 문장에서도 두 회사가 곧 합병할 예정임을 밝히고 있다. 따라서 정답은 (A) To announce a merger이다.

2. In what section of the newspaper would the article most likely appear?

(A) Entertainment
(B) Travel
(C) Business
(D) Sports

이 기사를 어디에서 찾을 수 있겠는가?

(A) 오락
(B) 여행
(C) 비즈니스
(D) 스포츠

해설 기사가 등장할 섹션을 묻는 추론 문제이다. 이 기사는 어느 한 부분에 정답 단서가 있는 것이 아니고 회사의 합병, 본사 위치, 사업 분야, 향후 전망 등을 다루고 있으므로 비즈니스 관련 기사라는 것을 파악할 수 있어야 한다. 따라서 정답은 (C) Business이다.

3. What kind of company will Century-Oram be?

(A) An internet service provider
(B) A computer retailer
(C) A phone manufacturer
(D) An advertising agency

Century-Oram은 어떤 회사인가?

(A) 인터넷 서비스 제공업체
(B) 컴퓨터 소매업체
(C) 휴대전화기 제조업체
(D) 광고 대행업체

해설 세부 사항을 묻는 문제이다. 질문의 키워드 Century-Oram Web이 언급된 부분을 지문에서 찾아본다. 두 번째 단락에서 새로 합병될 회사의 이름이란 것을 알 수 있고 바로 앞에서 합병될 회사는 'the largest Internet service provider'가 될 것이라고 했으므로 정답은 (A) An Internet service provider이다.

4. Where will Century-Oram headquarters be located?

(A) In Greenville
(B) In Winston-Salem
(C) In Roanoke
(D) In Martinsburg

Century-Oram의 본사는 어디에 위치할 예정인가?

(A) Greenville에서
(B) Winston-Salem에서
(C) Roanoke에서
(D) Martinsburg에서

해설 세부 사항을 묻는 문제이다. 두 번째 단락 마지막 부분에 headquarters가 center로 paraphrasing되었고 뒤에 신사옥의 위치가 언급되어 있다. 따라서 정답은 (C) In Roanoke이다.

VOCA

merge *v.* 합병하다 | **previously** *adv.* 이전에 | **be headquartered** ~에 본부를 두다 | **competition** *n.* 경쟁 | **rival** *n.* 경쟁자 | **operation** *n.* 운영, 가동 | **skyscraper** *n.* 고층 건물 | **expand** *v.* 확장하다 | **strong** *adj.* 튼튼한, 견고한 | **market trend** 시장 동향

Practice

Questions 1-2 refer to the following article.

Located on Maritime Way near Anglers' Wharf, Neptune's Bounty opened 10 years ago and swiftly established itself as the premier seafood restaurant in Portland. Neptune's Bounty offers a large selection of dishes prepared with fresh seafood, much of which is caught locally. Because of this insistence on the freshest of ingredients, the menu changes with the types of seafood in season. The restaurant was closed for two months for renovations, but it reopened last week. The interior now looks like the inside of an old wooden sailing ship. It also features tanks of live lobsters, fish, and other sea creatures. As a part of their grand reopening, Neptune's Bounty will offer all diners a free appetizer.

---

1. What is the purpose of the article?

(A) To advertise a business
(B) To promote cooking classes
(C) To compare different restaurants
(D) To describe tourist attractions

2. What is NOT indicated about Neptune's Bounty?

(A) It reopened last week.
(B) Its interior was redesigned.
(C) Its menu varies throughout the year.
(D) It has moved to a new location.

VOCA

maritime *adj.* 바다의 | **swiftly** *adv.* 신속히 | **establish** *v.* (입지를) 확고히 하다 | **premier** *adj.* 최고급의 | **seafood restaurant** 해산물 레스토랑 | **offer** *v.* 제공하다 | **a large selection of** 다양한 선택의 | **prepare** *v.* 준비하다 | **locally** *adv.* 지역적으로 | **insistence** *n.* 고집 | **ingredient** *n.* 재료 | **renovation** *n.* 수리 | **interior** *n.* 내부 | **wooden sailing ship** 목조 범선 | **lobster** *n.* 바닷가재 | **creature** *n.* 생물 | **free appetizer** 무료 전채 요리 | **advertise** *v.* 광고하다 | **compare** *v.* 비교하다 | **throughout the year** 일년 내내

Questions 3-4 refer to the following article.

Economy Now

Latest News:

July 2, Los Angeles — Ji Young Lee, fashion designer and owner of the Life Apparel brand, announced that her company will be making big changes in the next six months. "Through market research, we discovered that the majority of our customers are in the upper one-third of the income bracket," said Ms. Lee. "This was a surprise for us because we always considered our brand to be accessible to everyone."

Because of this new information, several Life Apparel stores will be closing down, while others will be opened. Ms. Lee stated, "We need to move to where our customers are. Our research shows that most of our customers are well-to-do professionals living in urban areas. So, we will be closing down some of our stores located in suburban areas. We plan on opening stores in New York City, Washington, D.C., Los Angeles, Chicago, and Boston. Locations in Burke, Virginia; Lexington, Kentucky; Oakland, California; and Burnett, Washington; among others, will soon close their doors."

"We are excited to be making these big changes to the company. I'm sure it's going to make a big difference in our revenue. And I'm positive it will bring continued success to the Life Apparel brand," commented Ms. Lee.

---

3. What is suggested about the Life Apparel brand?

(A) It didn't start off as a clothing brand.
(B) It offers a huge selection of childrens' shoes.
(C) It is reviewing its inventory in some stores.
(D) It is most popular with city residents.

4. Where is a Life Apparel store currently located?

(A) In New York City
(B) In Burke
(C) In Washington, D.C.
(D) In Boston

VOCA

owner *n.* 주인, 소유자 | **apparel** *n.* 옷, 의류 | **market research** 시장 조사 | **discover** *v.* 발견하다 | **majority of** 다수의 | **income** *n.* 수입, 소득 | **bracket** *n.* 괄호, 등급, (가격·연령·소득 등의) 계층 | **close down** 문을 닫다 | **well-to-do** *adj.* 부유한, 잘사는 | **professional** *n.* 전문가 *adj.* 전문적인, 직업의 | **urban** *adj.* 도시의 | **revenue** *n.* 수익, 수입, 세익 | **comment** *n.* 논평, 언급 *v.* 논평하다, 견해를 밝히다

분사

분사는 동사처럼 목적어, 보어, 수식어를 동반하며 시제와 태가 있다. 현재분사와 과거분사는 동사의 진행형이나 완료형 또는 수동태의 일부로 쓰이거나 형용사처럼 명사 앞의 수식어 또는 주어나 목적어를 보충 설명하는 보어 역할을 한다.

기본 개념 이해하기

1. 분사의 형태와 의미

▶ 현재분사는 「동사원형-ing」 형태이며, '능동(~하는)'이나 '진행(~하고 있는)'의 의미가 있다.

▶ 과거분사는 「동사원형-ed」 형태이며, '수동(~된)'이나 '완료(~한)'의 의미가 있다.

현재분사	능동, 진행의 의미	a **leading** company	선두 기업
과거분사	수동, 완료의 의미	an **attached** file	첨부된 파일

▶ 수식 받는 명사 또는 주어와의 능동·수동 관계에 따라 현재분사나 과거분사를 쓴다.
타동사의 과거분사는 '수동(완료)'을 의미하며, '수동'의 개념이 없는 자동사의 과거분사는 '완료'의 의미만 있다.

2. 분사의 역할

▶ 형용사와 같이 명사의 수식어 역할과 주어와 목적어를 보충 설명하는 보어 역할을 한다.

Learn more / about the recently **announced** changes to the program.
분사(수식어) + 명사(changes)

The new technology / is very **promising.** be동사 + 분사(보어)

해석 최근에 발표된 그 프로그램에 생긴 변동 사항에 대해 좀 더 알아 보세요. / 그 새로운 기술은 전망이 매우 좋다.

3. 명사를 뒤에서 꾸며 주는 분사

▶ 분사 뒤에 목적어나 보어, 수식어구 등이 따라와서 길어질 때는 명사를 뒤에서 꾸며 준다.

The website is a great resource for people / **seeking** travel information.
명사(people) + [분사(seeking) + 목적어(travel information)]

We have some problems / **related** to the system.
명사(problems) + [분사(related) + 전치사구(to the system)]

해석 그 웹사이트는 여행 정보를 찾는 사람들에게 훌륭한 자료가 된다. / 우리는 그 시스템과 관련하여 약간의 문제가 있다.

문법 포인트 준동사란?

to부정사, 동명사, 현재분사나 과거분사처럼 동사의 모양이 바뀌어 서술어가 아닌 다른 여러 가지 문장 성분으로 사용되는 형태를 준동사라고 한다. 준동사는 단독으로도 쓰이지만, 동사와 마찬가지로 뒤에 목적어나 보어가 올 수 있으며, 부사어구의 꾸밈을 받을 수 있다. 또한 시제나 수동태를 나타낼 수 있고, 부정형도 있다.

4. 분사 구문

▶ 「접속사 + 주어 + 동사」 형태의 부사절을 분사를 이용해서 간결하게 나타낼 수 있다. 부사절의 주어가 주절과 같은 경우 부사절의 접속사와 주어를 지우고 동사를 분사로 바꾼다.

▶ 시간, 조건, 이유, 동시 동작, 양보 등을 나타내며, 접속사를 생략하지 않는 경우도 있다.

능동 분사 구문	(While) **Walking** outside, Martha saw the mailman arrive.
수동 분사 구문	(If) **Handled** carelessly, this product can be damaged.

Not **having** any cash, / Mr. Amoto paid for the item with his credit card.
= As he didn't have any cash,

해석 현금이 없어서 Mr. Amoto는 그 상품을 신용카드로 결제했다.
풀이 접속사 As와 주어 he를 생략하고 동사 have를 분사 having으로 바꾼다. 부정어 not은 having 앞에 써 준다.

As **discussed** in the meeting, / the new policies will bring significant benefits in cost savings.
= As they were discussed in the meeting,

해석 회의에서 논의된 바와 같이, 새로운 정책들은 비용 절감에 상당한 이익을 가져다줄 것이다.
풀이 접속사 As(~대로)를 생략해 버리면 '논의한 바와 마찬가지로'라는 의미가 정확하게 전달되지 않으므로 그대로 남겨둔다.

The system **being** too complicated, / the programmer attempted to automate the process.
= Because the system was too complicated,

해석 그 시스템은 너무 복잡했기 때문에 그 프로그래머는 그 절차를 자동화하려고 애썼다.
풀이 complicated와 attempted의 주어가 다르므로 이를 밝혀 주어야 한다. '그 프로그래머'가 아닌 '그 시스템'이 복잡한 것이다.

 핵심 문제 유형

Q1 명사를 앞에서 수식하는 분사

The university dean will review the ------- changes to the undergraduate admissions process.

(A) proposed (B) proposal (C) proposing (D) propose

>> 출제 포인트 수식을 받는 명사와 분사의 능동·수동 관계를 확인해야 한다.

❶ **선택지 확인** | 빈칸에 들어갈 알맞은 품사를 고른다.

❷ **빈칸 확인** | 관사와 명사 사이의 형용사 자리 → (D) propose ✖ (B)는 생김새가 형용사같지만 명사이므로 주의가 필요하다.

❸ **정답 확인** | 문맥상 '제안하는 변경 사항들'이 아닌, '제안된 변경 사항들'이므로 명사와 '수동' 관계인 과거분사가 와야 한다. 정답은 (A) proposed ⊙

정답 The university dean / will review / the **(A) proposed** changes / to the undergraduate admissions process.

해석 그 대학 학과장이 / 검토할 것이다 / 제안된 변경 사항들을 / 학부생 입학 절차에 대한

출제 포인트 ❶ 명사 앞에 자주 나오는 분사

현재분사 (V-ing) 표현		과거분사 (p.p.) 표현	
lasting impression	**오래 남는** 인상	**damaged** items	**손상된** 제품
rising price	**오르는** 가격	**detailed** information	**세부적인** 정보
growing demand	**증가하는** 수요	**limited** time	**한정된** 기간
existing product line	**기존의** 제품 라인	**enclosed** brochure	**동봉된** 안내책자
remaining paperwork	**남아있는** 서류 작업	**attached** document	**첨부된** 서류
surrounding community	**인근** 지역	**updated** manual	**최신의** 설명서
leading company	**선두적인** 기업	**complicated** order	**복잡한** 주문
demanding work	**힘든** 작업	**qualified** applicant	**자격을** 갖춘 지원자
promising new musicians	**유망한** 신인 음악가	**written** notice	**서면의** 공지
rewarding effort	**보람 있는** 노력	**designated** parking area	**지정된** 주차구역
winning entry	**우승한** 출품작	**revised** budget	**개정된[수정된]** 예산
challenging tasks	**어려운** 업무	**experienced / skilled** programmer	**숙련된** 프로그래머
emerging company	**떠오르는** 회사	**specialized** hiking boots	**전문화된** 등산화

+ check

1. Passengers must be in their ------- seats by 9 A.M. in order for the flight to take off on time.

(A) assigned (B) assign (C) assigns (D) assigning

Q2 명사를 뒤에서 수식하는 분사

All trains ------- from New York have been delayed, but service is expected to resume this afternoon.

(A) origin (B) will originate (C) originating (D) originate

>> 출제 포인트 동사처럼 목적어나 전치사구를 동반하는 분사는 명사 뒤에 온다.

1. **선택지 확인** | 빈칸에 들어갈 알맞은 품사를 고른다.
2. **빈칸 확인** | 주어는 All trains, 동사는 have been delayed이며, 「------- + 전치사구」는 All trains를 꾸며 주는 수식어구이다. → 전치사구를 동반할 수 없는 명사는 빈칸에 올 수 없다. (A) origin(기원) ⊗ → 동사 자리가 아니므로 (B) will originate(기원할 것이다), (D) originate(기원하다) ⊗
3. **정답 확인** | 문맥상 '~에서 출발하는'이라는 의미가 되어야 하므로 꾸밈을 받는 명사와 '능동' 관계의 현재분사가 와야 한다. 정답은 (C) originating(기원하는, 출발하는) ⊙

정답 All trains / **(C) originating** from New York / have been delayed, but service is expected / to resume this afternoon.

출제 포인트 ❷ 명사 뒤에 오는 분사

목적어나 수식어구를 동반한 현재분사나 과거분사는 명사를 뒤에서 수식한다.

Workers / **renovating** the building / removed the old tile flooring. 명사 뒤에서 수식
A traffic jam / **caused** by the car accident / made the clients late. 명사 뒤에서 수식

해석 그 빌딩을 개조하는 일꾼들은 낡은 타일 바닥을 제거했다. / 차 사고로 인한 교통 정체는 고객들이 늦어지게 했다.

PART 5·6·7 UNIT 11

+ check

2. Tungston Manufacturing intends to offer employees various training programs ------- on workplace safety.
(A) focus (B) focusing (C) will focus (D) have focused

 핵심 문제 유형

Q3 보어 자리의 분사

Although Mr. Yisida was ------- with this quarter's sales figures, he is still planning to expand his business.

(A) disappointing (B) disappointment (C) disappoint (D) disappointed

>> 출제 포인트 분사는 주어나 목적어를 설명하는 보어 역할을 할 수 있다.

1 **선택지 확인** | 빈칸에 들어갈 알맞은 품사를 고른다.

2 **빈칸 확인** | be동사 뒤 주격 보어자리이므로 명사나 형용사가 필요하다. → 빈칸에 올 수 없는 동사원형 (C) disappoint ⊗

3 **정답 확인** | 문맥상 '~에 실망하다'라는 뜻이 되어야 한다. 주어인 Mr.Yisidark가 외부의 자극으로 실망한 감정을 나타내야 하며, 감정 동사(disappoint)는 사람을 수식/서술할 때 과거분사를 취하므로 정답은 (D) disappointed ⊙

정답 Although Mr. Yisida was **(D) disappointed** / with this quarter's sales figures, he is still planning / to expand his business.

해석 Mr. Yisida가 실망했어도 / 이번 분기의 매출액에, 그는 여전히 계획하고 있다 / 그의 사업을 확장할 것을

출제 포인트 ❸ 감정을 나타내는 분사

현재분사형 형용사는 주로 사물을 수식/서술하고, 과거분사형 형용사는 사람을 수식/서술한다.

감정 동사		현재분사(V-ing)		과거분사(p.p.)	
excite	신나게 하다	exciting	신나는, 들뜨게 하는	excited	신이 난, 들뜬
please	기쁘게 하다	pleasing	기쁘게 하는	pleased	기뻐하는, 만족스러운
surprise	놀라게 하다	surprising	놀라운	surprised	놀란
disappoint	실망시키다	disappointing	실망시키는	disappointed	실망한
satisfy	만족시키다	satisfying	만족을 주는	satisfied	만족한
interest	흥미를 일으키다	interesting	흥미 있는	interested	흥미를 가진
confuse	혼동을 일으키다	confusing	혼동을 일으키는	confused	혼란스러워 하는
amuse	즐겁게 하다	amusing	재미있는	amused	재미있어 하는
tire	지치게 하다	tiring	피곤하게 하는	tired	피곤한, 지친
disturb	방해하다	disturbing	방해가 되는	disturbed	방해 받은, 산란한
embarrass	당황하게 하다	embarrassing	당황스럽게 하는	embarrassed	당황한, 난처한
worry	걱정시키다	worrying	걱정을 끼치는	worried	근심에 싸인

+ check

3. It is quite ------- that Tory Motors has become the leader in the electric car industry in just five years.

(A) amaze (B) amazing (C) amazed (D) amazes

분사 구문

The book inspires you to try different approaches to resolving a problem when ------- with obstacles.

(A) face (B) faced (C) facing (D) to face

>> 출제 포인트 분사 구문은 부사절을 대신할 수 있다.

❶ **선택지 확인** | 빈칸에 들어갈 알맞은 동사의 형태를 고른다.

❷ **빈칸 확인** | 「접속사 + 빈칸 + 전치사구」는 부사어구이다. → 접속사와 전치사구를 동반하여 부사어 역할을 할 수 있는 동사의 형태는 현재분사와 과거분사이다. → 동사 (A) face ⊗ to부정사 (D) to face ⊗

❸ **정답 확인** | 문맥상 '당신이 장애에 직면했을 때'라는 의미가 되어야 한다. → 정답은 when you are faced with obstacles에서 you are가 생략된 형태인 (B) faced ⊙

정답 The book inspires you / to try different approaches to resolving a problem / when **(B) faced** with obstacles.

해석 그 책은 당신을 고무시킨다 / 어떤 문제를 해결하기 위해 다른 방식들을 시도해 보도록 / 장애에 직면했을 때

출제 포인트 ❹ 분사 구문

Turning to the right, you'll see the magazine section.
= If you turn to the right,

해석 오른쪽으로 돌면, 잡지 섹션이 보일 것이다.

When sending the payment, / be sure to include the list of items you purchased.
= When you send the payment,

해석 지불 금액을 보낼 때, 당신이 구입한 물품 목록을 첨부하는 것을 잊지 마세요.

Compared with bids from other firms, / your prices are steep.
= When your prices are compared with the bids from other firms,

해석 타사들의 입찰과 비교할 때, 귀하의 가격은 비쌉니다.

+ check

4. Mr. Doan will give staff members a one week notice when ------- annual performance reviews.

(A) scheduled (B) schedules (C) scheduling (D) will schedule

Practice

1. WBC Health manufactures ------- medical equipment for use in hospitals and clinics.
   (A) disposable (B) disposed
   (C) disposing (D) disposal

2. New workers must attend the ------- training sessions taking place this week.
   (A) assigned (B) assigns
   (C) assign (D) assigning

3. *Jenny's Adventures* is one of the most ------- movies of this coming holiday season.
   (A) anticipation (B) anticipated
   (C) anticipating (D) anticipate

4. Because of the ------- population, home builders are in high demand.
   (A) growing (B) growth
   (C) grown (D) to grow

5. The ------- logo for *Beauty Tips Magazine* has won several awards.
   (A) redesign (B) redesigns
   (C) redesigning (D) redesigned

6. Candidates ------- in applying for the position should contact the Personnel Department.
   (A) interests (B) interest
   (C) interesting (D) interested

7. The recently ------- report shows that fourth quarter sales increased.
   (A) released (B) releasing
   (C) to release (D) was released

8. Customers ------- items in bulk may be eligible for volume discounts.
   (A) purchase (B) purchasing
   (C) purchased (D) purchases

9. ------- repairs are needed before the bridge over Sunflower Creek can reopen.
   (A) Extensive (B) Extend
   (C) Extending (D) Extends

10. Newly hired employees are required to attend a very ------- three-week training course.
    (A) demand (B) demanded
    (C) demanding (D) demands

11. The website ------- by J&J Tech won an industry award in April.
    (A) created (B) creating
    (C) creatively (D) creation

12. The organizers hope that the company picnic is ------- and enjoyable.
    (A) excitement (B) exciting
    (C) excitably (D) excited

13. Upper management worries that the user manual is ------- and may need to be rewritten.
    (A) confusing (B) confusion
    (C) confuses (D) confused

14. The hotel's ------- website will allow customers to book reservations online.
    (A) updating (B) updated
    (C) update (D) to update

15. CSG, also ------- as the Camera Servicing Group, hosts monthly classes for professionals.

(A) knowing (B) was known
(C) known (D) knew

16. Many customers were ------- because the product did not work as advertised.

(A) disappointing (B) disappointed
(C) disappoint (D) disappoints

17. Despite the convenience of online shopping malls, consumers are still ------- to buy clothes they cannot try on first.

(A) hesitated (B) hesitantly
(C) hesitance (D) hesitant

18. To keep employees ------- of the most recent project developments, we update the company website daily.

(A) inform (B) informed
(C) informing (D) informs

19. All boxes ------- behind the loading dock will be discarded this weekend.

(A) left (B) leaves
(C) leaving (D) leave

20. Our company will hold interviews for ------- programmers next month.

(A) to experience (B) experience
(C) experiences (D) experienced

기본 완성 훈련 다음은 앞서 풀어 본 연습문제의 문장들입니다. 분사를 찾아 밑줄을 긋고, 분사가 수식하는 대상에 ○를 치세요.

1. WBC Health manufactures disposable medical equipment for use in hospitals and clinics.
2. New workers must attend the assigned training sessions taking place this week.
3. The redesigned logo for *Beauty Tips Magazine* has won several awards.
4. The recently released report shows that fourth quarter sales increased.
5. Customers purchasing items in bulk may be eligible for volume discounts.
6. Extensive repairs are needed before the bridge over Sunflower Creek can reopen.
7. Newly hired employees are required to attend a very demanding three-week training course.
8. Despite the convenience of online shopping malls, consumers are still hesitant to buy clothes they cannot try on first.
9. All boxes left behind the loading dock will be discarded this weekend.
10. Our company will hold interviews for experienced programmers next month.

PART 7 이중 지문

서로 관련된 두 개의 지문을 읽고 5문항을 풀어야 한다. 5문항 중에서 1~2개 문항은 두 지문을 연계시켜 추론하는 문제이다. 이중 지문은 1회당 2세트가 출제된다.

지문 유형 확인하기

1. 자주 나오는 지문

이중 지문은 아래와 같이 서로 같거나 다른 지문 유형 2개가 조합되어 나온다. 이외에도 다양한 지문들의 조합과 주제들이 가능하므로 다양한 이중 지문 문제를 접하고 풀어보는 연습이 필요하다.

[이메일/편지] + [이메일/편지]

- 고객의 만족도를 묻는 이메일과 고객의 답장 이메일
- 고객의 불평 제기 이메일과 고객 불평에 대한 고객 서비스 센터의 답변 이메일
- 예약 및 일정 확인 등을 위해 이메일 교환

[이메일/편지] + 일정표

- 컨퍼런스 세부 일정 변경 안내와 변경된 일정표
- 행사 관련 이메일/편지와 일정표 안내

광고 + [이메일/편지/초대장/기사]

- 행사, 공연, 채용 관련 광고와 행사, 공연, 채용 관련 문의 이메일
- 구인 광고와 이력서를 첨부한 이메일 답변

기사 + [이메일/편지]

- 협회 부회장 선출과 선출자 축하 이메일
- 지역 건설 계획 기사와 기사 관련 이메일
- 인물, 회사, 경제, 제품 등에 관한 기사와 문의 또는 오류 정정을 요청하는 이메일
- 식생활, 예술 등과 관련된 정보 기사와 기사에 대한 추가 정보를 요청하는 이메일

양식[청구서/초대장/일정표] + [이메일/편지]

- 사내 행사를 알리는 공지/회람과 사내 행사 등을 권고하는 이메일
- 구매 청구서와 오류 정정을 요청하는 이메일
- 초대장과 감사 의견을 표현하는 이메일
- 식당 호텔 서비스에 대한 의견을 요청하는 이메일과 고객 만족도를 나타내는 설문지
- 여행 일정 및 숙박 시설에 관한 표와 회의 참석을 위한 비행 및 숙박 예약 이메일
- 부재중 전화 메모와 메모와 관련된 내용을 담은 이메일

2. 각 지문의 주제나 목적 또는 대상을 묻는다.

What is the **purpose** of the memo? 회람의 목적은 무엇인가?
Why did Ms. Han **call** Mr. Brown? Ms. Han은 왜 Mr. Brown에게 전화했는가?
What is being **advertised**? 무엇이 광고되고 있는가?

3. 각 지문의 세부 정보를 묻는다.

Where was Ms. Kim on April 25? 4월 25일에 Ms. Kim은 어디에 있었는가?
How did the products change recently? 그 제품들은 최근에 어떻게 변했는가?

4. 두 지문의 내용을 비교하거나 연계해서 추론하는 문제가 나온다.

What is **NOT mentioned** in the memo? 회람에서 언급되지 않은 것은 무엇인가? **비교**
What is most likely **true** about **Mr. Jang**? Mr. Jang에 대해 사실인 것은 무엇이겠는가? **비교**
What is **implied** about the **company**? 회사에 대해 암시되는 것은 무엇인가? **연계 추론**

문제 풀이 전략

1 질문을 먼저 읽고 질문 유형을 파악하고 키워드를 찾는다.

질문의 순서와 내용의 순서가 다를 수도 있지만, 일반적으로 지문의 전개 순서와 질문의 순서가 동일하게 제시되는 경우가 많으므로 질문의 순서를 따라 본문에서 답을 찾아나간다. 두 지문 중 한 지문이 편지나 이메일인 경우에는 수신자와 발신자의 신분과 두 사람의 관계를 파악하는 문제가 자주 출제되므로 누가 누구에게 쓰는지 정확히 확인해야 한다.

2 문제를 먼저 보고 단일 지문에 관련된 문제인지, 이중 지문 연계형 문제인지 파악한다.

빠른 단서 포착을 위해 5개의 문제가 각각 두 지문 중 어느 지문과 관련되었는지를 파악해야 한다. 일반적으로 5개의 질문 중 상위 2~3개의 질문은 첫 번째 지문과 관련된 문제이므로 상위 3개 질문을 먼저 읽고 첫 번째 지문에서 답을 찾은 후에, 나머지 문제의 답을 두 번째 지문에서 찾는다.

3 질문을 읽고 두 지문의 관계를 파악한 후, 문제부터 읽어 키워드를 확인하고 지문에서 그 키워드가 언급된 부분의 앞뒤를 살펴보며 답을 찾는다.

총 5문제 중 1~2 문제가 이중 지문 연계 문제로 중간에 출제된다. 그러므로 각 지문들 간의 공통된 주제를 미리 파악하면서 지문을 읽고 두 지문에 나타난 단서를 종합해 정답을 찾는다.

핵심 문제 유형

Questions 1-5 refer to the following e-mails.

To: Customer Service <customerservice@georgetownelectric.com>
From: Jeanie Syfu <j.syfu@speedmail.org>
Subject: Billing Issue
Date: September 15

To Whom It May Concern:

There seems to be a problem with my last electricity bill. Since the beginning of the new billing cycle, I have been paying a fixed rate of $50 a month for electricity. However, my bill for last month was for $73. I signed up for the fixed-rate service in order to save money on my electricity bills. However, this bill is $23 higher than what my contract states it should be. Please look into this matter right away, and let me know what happened.

Sincerely,

Jeanie Syfu

• 수신인
발신인
제목
날짜

• **글의 목적**
예상보다 높은 금액의 청구서를 받은 고객의 항의 내용

• **세부 정보**
매월 고정 금액의 전기 요금을 예상

• **이중 지문 연계**
고정 요금제를 신청했음에도 요금이 23달러 더 부과되었음

• 맺음말

• 발신인

To: Jeanie Syfu <j.syfu@speedmail.org>
From: Customer Service <customerservice@georgetownelectric.com>
Subject: Re: Billing Issue
Date: September 16

Dear Ms. Syfu,

Thank you for contacting us regarding this matter. An investigation has revealed that a mistake was indeed made to your bill for last month. As you stated, you were overcharged by the amount indicated in your message. We have corrected this mistake, and the additional amount will appear as a credit on your bill for next month. Therefore, your bill for the month of September will be $27. We apologize for any inconvenience this problem may have caused. To compensate you further, we will take you 50 percent off of your power usage for the month of October.

• 수신인
발신인
제목
날짜

• **글의 목적**
문제 해결을 알리고 사과

• **이중 지문 연계**
더 부과된 금액은 계좌에 입금됨

• **세부 정보**
다음 달 50% 할인 제공

To help us to ensure that our customers are receiving a high level of support, we kindly request that you complete a brief survey concerning the resolution of this issue. You can complete the survey form by visiting this link: www.georgetownelectric.com/customersurvey.

• 요청 사항
인터넷 설문조사

Thank you for your being a loyal customer of Georgetown Electric, and we look forward to your continued business in the future.

• 인사말

Regards,

John Bates
Customer Service Representative
Georgetown Electric Company

• 발신인
발신인 직책과 소속 회사

이메일의 목적

1. What is the purpose of the first e-mail?

(A) To call attention to a problem
(B) To set up an appointment
(C) To announce a new payment option
(D) To describe a company policy

사실확인

2. What is indicated about Ms. Syfu?

(A) She recommended Georgetown Electric to one of her friends.
(B) She would like to create a separate account.
(C) She expects to pay the same amount for electricity each month.
(D) She has canceled her contract with Georgetown Electric.

이중 지문 연계

3. How much money will be credited to Ms. Syfu's account in September?

(A) $23
(B) $27
(C) $50
(D) $73

세부 사항

4. What does Mr. Bates encourage Ms. Syfu to do?

(A) Contact the accounting office
(B) Call his supervisor
(C) Renew a subscription
(D) Fill out a questionnaire

세부 사항

5. What does Mr. Bates offer Ms. Syfu?

(A) A free month of service
(B) A discount
(C) A magazine
(D) A new phone

예제 풀이

[1-5] 다음 이메일들에 관한 문제입니다.

To: Customer Service <customerservice@georgetownelectric.com>
From: Jeanie Syfu <j.syfu@speedmail.org>
Subject: ❶ Billing Issue
Date: September 15

수신: 고객 서비스 〈customerservice@georgetownelectric.com〉
발신: Jeanie Syfu 〈j.syfu@speedmail.org〉
제목: **청구서 발급 건**
날짜: 9월 15일

(수신인 / 발신인 / 제목 / 날짜)

To Whom It May Concern:
담당자께,

There seems to be a problem with my last electricity bill. Since the beginning of the new billing cycle, I have been paying a fixed rate of $50 a month for electricity. However, my bill for last month was for $73. ❷ I signed up for the fixed rate service in order to save money on my electricity bills. ❸ However, this bill is $23 higher than what my contract states it should be. ❶ Please look into this matter right away, and let me know what happened.

제 최근 전기 요금 청구서에 문제가 있는 듯합니다. 새로운 청구서를 받기 시작한 후로 저는 한 달에 50달러의 정액 전기료를 지불해 왔습니다. 하지만 지난달 청구서는 73달러였습니다. **저는 전기요금을 절약하고자 정액 요금 서비스를 신청했습니다. 그런데 이 청구서는 제 계약이 명시한 금액보다 23달러 높게 나왔습니다. 이를 검토하시고 문제가 무엇인지 알려주세요.**

글의 목적 예상보다 높은 금액의 청구서를 받은 고객의 항의 내용

세부 정보 매월 고정 금액의 전기 요금을 예상

이중 지문 연계 고정 요금제를 신청했음에도 요금이 23달러 더 부과되었음

Sincerely,
감사합니다.

(맺음말)

Jeanie Syfu
Jeanie Syfu

(발신인)

VOCA

electricity bill 전기 요금 청구서 | **fixe rate** 고정된 금액 | **sign up for** ~를 신청하다 | **contract** *n.* 계약서 | **call attention to** ~에 ~의 주의를 환기시키다

To: Jeanie Syfu <j.syfu@speedmail.org>
From: Customer Service <customerservice@georgetownelectric.com>
Subject: Re: Billing Issue
Date: September 16
수신: Jeanie Syfu 〈j.syfu@speedmail.org〉
발신: 고객 서비스 〈customerservice@georgetownelectric.com〉
제목: 회신: 청구서 발급 건
날짜: 9월 16일

• 수신인
발신인
제목
날짜

Dear Ms. Syfu,
친애하는 Ms. Syfu에게,

Thank you for contacting us regarding this matter. An investigation has revealed that a mistake was indeed made to your bill for last month. As you stated, you were overcharged by the amount indicated in your message. ❸ We have corrected this mistake, and the additional amount will appear as a credit on your bill for next month. Therefore, your bill for the month of September will be $27. We apologize for any inconvenience this problem may have caused. ❺ To compensate you further, we will take you 50 percent off of your power usage for the month of October.
이 문제에 대해 저희에게 연락을 주셔서 감사합니다. 지난 달 고객님의 청구서에 정말로 실수가 있었다는 사실이 조사에서 밝혀졌습니다. 그 결과, 고객님이 말씀하신 대로 고객님 메시지에 언급된 금액만큼 초과 청구되었습니다. 저희는 이 실수를 수정했으며 나머지 금액은 다음 달 귀하의 청구서에 공제액으로 표시될 것입니다. 따라서 9월 귀하의 청구서는 27달러가 될 것입니다. 이 문제로 인해 야기된 모든 불편에 대해 사과드립니다. **고객님께 더 보상해드리기 위해, 10월 전력 사용에 대해 50퍼센트 할인을 해드리겠습니다.**

• 글의 목적
문제 해결을 알리고 사과

• 이중 지문 연계
더 부과된 금액은 공제액 표시됨

• 세부 정보
다음 달 50% 할인 제공

To help us to ensure that our customers are receiving a high level of support, ❹ we kindly request that you complete a brief survey concerning the resolution of this issue. You can complete the survey form by visiting this link: www.georgetownelectric.com/customersurvey.

• 요청 사항
인터넷 설문조사

Thank you for your being a loyal customer of Georgetown Electric, and we look forward to your continued business in the future.
저희 고객들이 높은 수준의 서비스를 받는다는 사실을 확인하기 위해, 이 문제의 해결안에 대해 **간단한 설문조사 작성을 정중히 요청합니다.** 고객님께서 이 링크로 방문하셔서 설문지를 작성하실 수 있습니다: www.georgetownelectric.com/customersurvey. Georgetown 전기회사의 단골 고객이 되어주셔서 감사드리며, 앞으로도 지속적인 거래를 기대합니다.

• 인사말

Regards,
감사합니다.

John Bates
Customer Service Representative
Georgetown Electric Company
John Bates
고객 서비스 담당
Georgetown 전기회사

• 발신인
발신인 직책과 소속 회사

VOCA

contact *v.* 연락하다 | **regarding** *adv.* ~에 관하여 | **matter** *n.* 문제, 사항 | **investigation** *n.* 조사 | **reveal** *v.* 밝혀지다, 드러나다 | **indeed** *adv.* 정말, 확실히 | **overcharge** *v.* (금액을) 초과하여 청구하다 | **amount** *n.* 액수, 양, 총액 | **indicated** *adj.* 표시된, 나타난 | **correct** *v.* 수정하다, 바로 잡다 | **appear** *v.* 나타나다 | **apologize** *v.* 사과하다 | **inconvenience** *n.* 불편, 애로사항 | **compensate** *v.* 보상하다 | **further** *adv.* 더 | **usage** *n.* 사용량 | **ensure** *v.* 보장하다 | **high level of** 고도의 | **kindly** *adv.* 친절하게 | **request** *v.* 요청하다 | **survey** *n.* 설문조사 | **concerning** *prep.* ~에 관하여 | **loyal customer** 단골 고객 | **look forward to** ~하기를 고대한다 | **continued** *adj.* 계속되는, 지속된 | **business** *n.* 거래 | **in the future** 미래에도 | **renew** *v.* 갱신하다 | **fill out** 기입하다, 작성하다 | **questionnaire** *n.* 설문지

1. What is the purpose of the first e-mail?

첫 번째 이메일의 목적은 무엇인가?

(A) To call attention to a problem
(B) To set up an appointment
(C) To announce a new payment option
(D) To describe a company policy

(A) 문제점을 환기시키기 위해
(B) 예약을 하기 위해
(C) 새로운 결제 방식을 안내하기 위해
(D) 회사방침을 설명하기 위해

해설 이메일 목적을 묻는 문제이다. 글의 목적은 제목이나 글의 앞부분 또는 간혹 맨 뒤에 제시된다. 이메일의 경우 제목(Subject:)을 확인해 본다. 제목은 '청구서 발급 건'이고 이메일에서 이에 대한 문제를 제기하며 끝부분에서 문제를 빨리 해결해 달라고 요청하고 있으므로 정답은 (A) To call attention to a problem이다.

2. What is indicated about Ms. Syfu?

Ms. Syfu에 대해 언급된 것은 무엇인가?

(A) She recommended Georgetown Electric to one of her friends.
(B) She would like to create a separate account.
(C) She expects to pay the same amount for electricity each month.
(D) She has canceled her contract with Georgetown Electric.

(A) 친구 중 한 명에게 Georgetown 전기회사를 추천했다.
(B) 별도의 계정을 만들기를 원한다.
(C) 매달 같은 금액의 전기요금을 지불할 것을 기대한다.
(D) Georgetown 전기회사와의 계약을 취소했다.

해설 세부 사항을 묻는 문제이다. Ms. Syfu가 키워드이므로 Ms. Syfu가 작성한 이메일에서 I로 언급된 부분과 선택지를 대조하며 소거한다. (A) 친구에게 Georgetown 전기회사를 추천했다는 언급이 없으므로 탈락이다. (B) 청구서 발급 전 문제를 해결해 줄 것을 요구했을 뿐이고 새로운 계정을 요청한 적은 없으므로 탈락이다. (D) 문제에 대한 시정을 요구했을 뿐이고 자신이 받는 서비스를 취소하겠다는 언급은 없으므로 탈락이다. (C) 그녀는 정액제 요금 서비스에 가입되어 있으므로 매달 동일한 금액의 전기요금을 지불할 것을 기대하는 것이 타당하다. 따라서 정답은 (C) She expects to pay the same amount for electricity each month.이다.

3. How much money will be credited to Ms. Syfu's account in September?

9월에 Ms. Syfu의 계정에는 얼마의 돈이 입금될 것인가?

(A) $23
(B) $27
(C) $50
(D) $73

(A) 23달러
(B) 27달러
(C) 50달러
(D) 73달러

해설 이중 지문 연계 유형 문제이다. 첫 번째 이메일에서는 23달러의 금액이 초과 청구되었다고 했고, 두 번째 이메일에서는 그 금액이 9월 청구서에 공제액으로 표시될 것이라고 했으므로 정답은 (A) $23이다.

4. What does Mr. Bates encourage Ms. Syfu to do?

(A) Contact the accounting office
(B) Call his supervisor
(C) Renew a subscription
(D) Fill out a questionnaire

Mr. Bates은 Ms. Syfu에게 무엇을 하도록 권유하는가?

(A) 회계 사무실에 연락한다
(B) 상사에게 연락한다
(C) 구독을 갱신한다
(D) 설문지를 작성한다

해설 세부 사항을 묻는 문제이다. 키워드 encourage가 지문에서 kindly request로 표현되고 있다. 두 번째 이메일의 세 번째 단락 '이 문제의 해결안에 대해 간단한 설문 조사 작성을 정중히 요청합니다.'에서 Mr. Bates가 Ms. Syfu에게 간단한 설문조사에 응해 달라고 부탁하고 있으므로 정답은 (D) Fill out a questionnaire이다.

5. What does Mr. Bates offer Ms. Syfu?

(A) A free month of service
(B) A discount
(C) A magazine
(D) A new phone

Mr. Bates가 Ms. Syfu에게 제공한 것은 무엇인가?

(A) 한 달 무료 서비스
(B) 할인
(C) 잡지
(D) 새로운 전화기

해설 세부 사항을 묻는 문제이다. 키워드 offer가 지문에서 유사한 단어인 give로 paraphrasing되었다. Mr. Bates가 Ms. Syfu에게 10월 전력 사용 요금을 50퍼센트 할인해주겠다고 하므로 정답은 (B) A discount이다.

Practice

Questions 1-5 refer to the following e-mails.

To	IT Department <itdepartment@vfb.com>
From	Nadia G. Pellins <ngpellins@vfb.com>
Date	July 20, 11:55 A.M.
Subject	Issues with the Online Account System

I work in the Mortgage Department, and I am sending you this e-mail because I have not been able to access our online account system all morning. I had no problems with it last Friday, but I keep getting an "access denied" message today every time I enter my password. Is anyone else in the company experiencing this problem, or is it just me that's having this problem? In any case, I need to enter account information into the system for five new loan applications before 6 P.M. today. Please help me to resolve this matter.

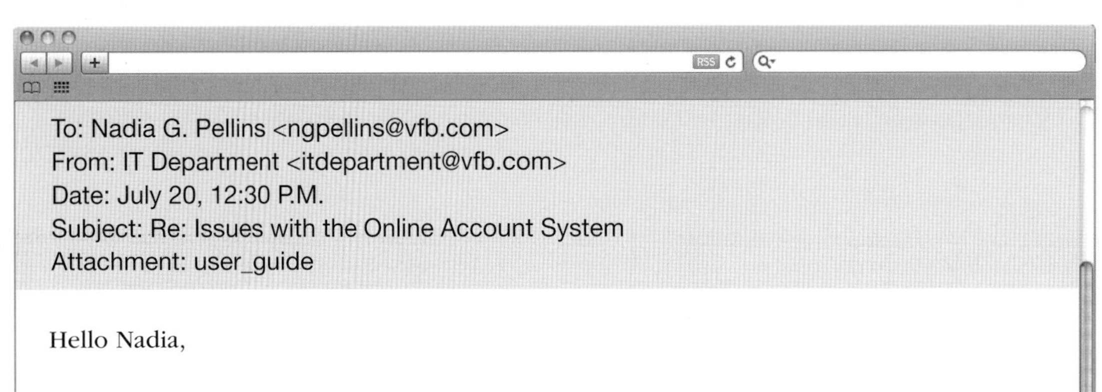

To: Nadia G. Pellins <ngpellins@vfb.com>
From: IT Department <itdepartment@vfb.com>
Date: July 20, 12:30 P.M.
Subject: Re: Issues with the Online Account System
Attachment: user_guide

Hello Nadia,

I apologize for the inconvenience. We started updating the online account system early Saturday morning and completed the work at 5:00 this morning. The update was purposely done during the weekend to ensure that the system would be accessible at the beginning of the work week today. Unfortunately, many employees have been receiving these "access denied" error messages this morning. We are in the process of fixing the problem, and the system should be fully operational in the next few hours, so you will have enough time to submit the loan applications for your clients.

Several employees have said they were able to access the system by resetting their password, so you may want to give this a try. You can find instructions for resetting your password in Section 2 of the system user guide, which has been attached to this e-mail. If you are still unable to access the system, please contact Kyoshiro Maruoka who will take care of any technical issues your department may have.

We appreciate your patience.

Simone Dilbert
IT Department Manager

1. Who most likely is Ms. Pellins?
(A) A recruitment consultant
(B) A system technician
(C) A loan applicant
(D) A bank clerk

2. In the first e-mail, the word "just" in line 4 is closest in meaning to
(A) only
(B) quite
(C) fairly
(D) also

3. According to Ms. Dilbert, when should Ms. Pellins be able to access the online account system again?
(A) By 5:00 Monday morning
(B) Before 6:00 Monday evening
(C) By Friday afternoon
(D) On the weekend

4. Why is Ms. Pellins referred to the system user guide?
(A) To find Mr. Maruoka's contact information
(B) To check the company's policy for accessing files
(C) To learn how to change her password
(D) To read instructions for submitting an application

5. What is true about Mr. Maruoka?
(A) He received an "access denied" error message.
(B) He is replacing Ms. Dilbert as the IT Department manager.
(C) He is an old client of Ms. Pellins.
(D) He will provide technical support for the Mortgage Department.

VOCA

issue *n.* 주제, 쟁점, 사안 | **online account system** 온라인 회계 시스템 | **mortgage** *n.* (담보) 대출(금), 융자(금) | **deny** *n.* 부인하다, 거부하다 | **every time** ~할 때마다 | **in any case** 어쨌든 | **apologize** *v.* 사과하다 | **inconvenience** *n.* 불편, 애로사항 | **purposely** *adv.* 고의로, 일부러 | **ensure** *v.* 확신하다 | **accessible** *adj.* 접근 가능한, 이용 가능한 | **unfortunately** *adv.* 불행하게도, 유감스럽게도 | **error message** 에러 메시지 | **process** *n.* 과정 | **fix the problem** 문제를 해결하다 | **fully operational** 완전히 가동 준비가 된 | **submit** *v.* 제출하다 | **loan application** 대출 신청 | **client** *n.* 고객 | **reset** *v.* (기기·조종 장치 등의 시간·숫자 등을) 다시 맞추다 | **attach** *adj.* 첨부하다 | **technical issue** 기술적 문제 | **appreciate** *v.* 고마워하다 | **patience** *n.* 참을성, 인내 | **refer** *v.* 언급하다, 조회하다

PART 6 문장 삽입 및 실전 연습

Part 6뿐 아니라 전체 RC 문제 중 가장 어려운 유형으로 빈칸에 들어갈 가장 알맞은 문장을 골라야 하며, 문장 네 개가 보기로 제시된다. 매 지문마다 한 문제씩 고정적으로 출제된다. 단순히 빈칸 주변의 키워드를 통해 해결되기 보다는 앞뒤 문맥이나 지문 전체의 맥락을 파악할 수 있어야 풀 수 있기 때문에, 독해 실력을 기르는 것이 반드시 필요하다.

가장 많이 틀리는 문장 삽입 문제 접근 방법

▶ **지문 전체를 읽되, 특히 빈칸 앞뒤 문장의 내용을 정확히 파악한다.**
특히, 빈칸 앞에 결정적인 단서가 제시되는 경우 많으므로, 빈칸 앞에 언급된 내용을 정확히 파악한다. 또한, 보기나 빈칸 앞 뒤에 나오는 연결어(however, therefore, in addition to), 지시어(it, this, that) 등을 단서를 최대한 활용하여 문맥을 파악하도록 한다.

▶ **앞뒤 내용과 가장 어울리는 보기를 선택한다.**
소거법을 통해 연관성이 없는 보기부터 제거한 후, 정답을 선택한다.

▶ **선택한 보기가 문맥상 적절한지 다시 확인한다.**
정답 문장을 해당 위치에 넣어 읽어본 후, 문맥상 매끄러운지 최종 확인한다.

핵심 문제 유형

Question 1 refers to the following e-mail.

Dear Valued Beacon Air Customer,

Thank you for flying with Beacon Air. We'd like to know about your recent flight from St. Louis to Florence on May 27. --------. This should only take a few minutes of your time.
1.

1. (A) As requested, we have included a list of recommended hotels.
(B) We would like you to fill out our satisfaction survey.
(C) In addition, you can receive a discount on your next flight.
(D) You will be compensated for the delayed flight.

정답 (B)

해설 앞 문장에서는 최근 비행 경험에 대해 알고 싶다고 했으며, 뒷문장은 이것을 하는 데 몇 분밖에 걸리지 않을 거라고 했으므로 보기 중 '만족도 설문을 작성해주기를 원한다'는 문장이 들어가야 문맥상 적절하다. 따라서 (B) We would like you to fill out our satisfaction survey.가 정답이다.

해석 소중한 Beacon 항공 고객님께,

Beacon 항공을 이용해 주셔서 감사합니다. 저희는 고객님의 5월 27일 St. Louis 발 Florence행 최근 비행에 관하여 알고 싶습니다. **1 저희는 귀하께서 만족도 설문을 작성해 주셨으면 합니다.** 이것은 몇 분밖에 걸리지 않을 것입니다.

(A) 요청하신 대로, 추천 호텔 목록을 포함해드렸습니다.
(B) 저희는 귀하께서 만족도 설문을 작성해 주셨으면 합니다.
(C) 게다가, 다음 비행 시 할인을 받으실 수 있습니다.
(D) 비행기 지연에 대해 보상을 받게 될 것입니다.

Question 2 refers to the following notice.

Congratulations on becoming a subscriber of *Worldwide Hospitality Times*. Under the plan you have subscribed to, you will not only receive our hard copy edition each month, but also have unlimited access to our online contents. If you wish to modify your subscription preferences, contact our customer service team at +65-04975-614733. Most subscribers may also make changes to their account on our website at www.worhosptimes.com. Please note that due to a few technical issues on our part, subscribers in certain countries may experience delays when updating their accounts online. We apologize in advance for any inconvenience this may cause. -------.
2.

2. (A) Please contact your internet service provider to improve your connection speed.
(B) We will do our best to resolve this problem as soon as possible.
(C) You will find a wide variety of useful articles on our website.
(D) Our customer representatives are available 24 hours a day, seven days a week.

정답 (B)

해설 빈칸 앞 두 문장에 걸쳐 기술상의 문제로 일부 구독자들이 온라인으로 계정 업데이트 시 지연을 겪을 수 있다고 하면서 사과하고 있으므로 문제점 뒤에 이어질 수 있는 해결책 제시를 예상해 볼 수 있다. '기술상의 문제로 업데이트 지연이 되어 사과 드리며, 되도록 빨리 이 문제를 해결하기 위해 최선을 다하겠다'는 자연스러운 문맥을 완성하므로 (B) We will do our best to resolve this problem as soon as possible.이 정답이다.

해석 〈Worldwide Hospitality Times〉의 구독자가 되신 걸 축하드립니다. 귀하께서 구독하신 계획에 따라, 매월 인쇄판을 받으실 뿐만 아니라 온라인 콘텐츠도 무제한 이용하실 수 있습니다. 귀하의 구독 선택을 변경하고 싶으시면, 저희 고객 서비스 팀 +65-04975-614733으로 연락해 주세요. 대부분의 구독자들 또한 저희 웹사이트 www.worhosptimes.com에서 계정을 변경하실 수 있습니다. 저희 파트의 몇 가지 기술상의 문제로 인해, 특정 국가들의 구독자 분들은 온라인으로 계정 업데이트 시 지연을 겪으실 수 있습니다. 이로 인한 어떠한 불편함에 대해서든 미리 사과 드립니다. 2 **되도록 빨리 저희는 이 문제를 해결할 수 있도록 최선을 다하겠습니다.**

(A) 연결 속도를 개선하기 위해 인터넷 서비스 제공업체에 연락해주세요.
(B) 저희는 이 문제를 되도록 빨리 해결하기 위해 최선을 다하겠습니다.
(C) 저희 웹사이트에서 아주 다양하고 유용한 기사들을 발견하실 것입니다.
(D) 저희 고객 담당자들은 하루 24시간, 일주일 내내 이용 가능합니다.

실전 연습 01

Questions 1-4 refer to the following instructions.

Maintenance Instructions

-------. (1.) Please ------- (2.) the table with a dry cloth. Any remaining stain can be removed with a damp cloth. When the surface is clean, it's good to apply wax. This will make the table -------. (3.)
You should ------- (4.) the process three to four times.

1. (A) You will never have to use this method more than once.
(B) Follow these instructions for maximum performance.
(C) This method is not effective for getting rid of stains.
(D) Make sure that the cloth you are using is damp.

2. (A) wipe
(B) to wipe
(C) wiped
(D) wiping

3. (A) shined
(B) shiny
(C) shines
(D) to shine

4. (A) enter
(B) repeat
(C) check
(D) study

해결 TIP

1. **문장 삽입:** 문맥에 맞는 문장 삽입
2. **동사 자리:** Please + 동사원형
3. **형용사 자리:** make의 목적격 보어 자리
4. **동사 어휘:** 능동태의 동사 어휘는 목적어를 확인

VOCA

maintenance *n.* 유지, 보수, 정비 | **instruction** *n.* 지시, 설명, 지침서 | **dry** *adj.* 마른, 건조한 | **remaining** *adj.* 남아있는 | **remove** *v.* 제거하다 | **cloth** *n.* 천 | **surface** *n.* 표면 | **apply** *v.* (크림 등을) 바르다, 신청하다, 적용하다 | **process** *n.* 과정 | **method** *n.* 방법 | **once** *adv.* 한 번 | **maximum performance** 최대의 효과 | **effective** *adj.* 효과적인 | **get rid of** ~를 없애다 | **stain** *n.* 얼룩 | **damp** *adj.* 축축한 | **shiny** *adj.* 빛나는

Questions 5-8 refer to the following e-mail.

To: Sue77@mymail.net
From: JayJang@pinkinc.com
Date: April 8

Dear Ms. Song,

We recently reviewed your résumé for the opening in the Marketing Department.

Although you do not ------- (5.) work experience, your strong academic performance and letter of self-introduction ------- (6.) very impressive. For these reasons, our manager, David Kim, and I would like to speak with you by phone. -------- (7.). Please ------- (8.) when a convenient time to call is.

I look forward to your response.

Best regards,

Jay Jang
Hiring Director, PINK, Inc.

5. (A) have
(B) has
(C) having
(D) to have

6. (A) are
(B) is
(C) to be
(D) been

해결 TIP

5. 동사 자리: 조동사(do) + 동사원형
6. 동사 자리: 동사의 수 일치
7. 문장 삽입: 문맥에 맞는 문장 삽입
8. 동사 자리: Please + 동사원형

7. (A) We think this will be most convenient for all of us.
(B) It was very nice to speak with you on the telephone last week.
(C) That way, we can have your job interview in person.
(D) Mr. Kim is looking forward to having lunch with you soon.

8. (A) confirming
(B) to confirm
(C) confirmed
(D) confirm

VOCA

résumé *n.* 이력서 | **opening** *n.* 공석, 빈자리 | **academic** *adj.* 학업의, 학교의 | **self-introduction** *n.* 자기소개서 | **impressive** *adj.* 인상 깊은 | **convenient** *adj.* 편리한 | **look forward to -ing** ~를 고대하다 | **response** *n.* 응답, 반응, 답변 | **confirm** *v.* 확인하다

Questions 9-12 refer to the following article.

The Annual Red Apple Fair ------- (9.) to southern Newtown on October 25. This popular county fair ------- (10.) in Newtown for the last 10 years, and this year, organizers made a decision to move it to the town's largest park. The decision was the right one because a record number of ------- (11.) showed up to sample delicious foods and watch performances by local musicians. ------- (12.).

9. (A) are coming
(B) came
(C) come
(D) were coming

10. (A) has been held
(B) had held
(C) will be held
(D) would be held

11. (A) visitor
(B) visit
(C) visits
(D) visitors

12. (A) Organizers hope that everything goes well for this year's fair.
(B) Attendees at the fair also commented favorably on the new venue.
(C) The number of people at the fair was slightly less than last year's number.
(D) This year's fair lacked the live performances that previous fairs offered.

해결 TIP

9. 동사 자리: 동사의 수 일치
10. 동사 자리: 동사의 시제 일치
11. 명사 자리: a record number of + 복수 명사
12. 문장 삽입: 문맥에 맞는 문장 삽입

VOCA

fair *n.* 박람회, 축제 | **southern** *adj.* 남쪽의 | **county** *n.* 군, 주 | **organizer** *n.* 주최자, 조직자 | **a record number of** 기록적으로 많은 수의 | **show up** 나타나다 | **sample** *v.* 맛보다, 시식하다 | **attendee** *n.* 참석자 | **comment** *n.* 논평 *v.* 논평하다 | **favorably** *adv.* 좋게, 호의적으로 | **venue** *n.* 장소 | **slightly** *adv.* 약간 | **lack** *v.* ~이 없다, 부족하다 *n.* 부족 | **previous** *adj.* 이전의

Questions 13-16 refer to the following announcement.

Beauty Magazine welcomes letters from readers. Because space is -------, not all submissions
13.

can be printed. -------. Letters with original ideas about the topic of beauty will be given priority.
14.

Letters must also meet certain requirements. For example, they cannot exceed 400 words.

We will edit letters which are ------- than the maximum. We ask you to include your name and
15.

contact information so that we can notify you if your letter is ------- for publication.
16.

13. (A) limiting
(B) limit
(C) limited
(D) limits

14. (A) We let our readers choose which letters they want to see.
(B) If you write us, we promise to print your letter in our magazine.
(C) Letters about your personal experiences are the most likely to be published.
(D) In fact, we only print a small portion of the letters we receive.

15. (A) older
(B) wider
(C) longer
(D) better

16. (A) selected
(B) opened
(C) completed
(D) continued

해결 TIP

13. 형용사 자리: 형용사 보어(과거분사형)
14. 문장 삽입: 문맥에 맞는 문장 삽입
15. 형용사 어휘: 주어를 확인
16. 동사 어휘: 수동태의 동사 어휘는 주어를 확인

VOCA

submission *n.* 제출(물) | **print** *v.* ~을 인쇄 출판하다 *n.* 인쇄물, 프린트 | **priority** *n.* 우선권 | **meet** *v.* 충족시키다 | **requirement** *n.* 요구, 조건 | **exceed** *v.* 초과하다 | **edit** *v.* 편집하다 | **maximum** *n.* 최대(치) *adj.* 최대의 | **include** *v.* 포함하다 | **contact information** 연락처 | **so that** ~하기 위해서 | **notify** *v.* 통보하다 | **publication** *n.* 출판 | **limit** *v.* 제한하다 | **portion** *n.* 부분, 일부

실전 연습 02

Questions 17-20 refer to the following notice.

Thank you for staying with us at the MRT Hotel. -------. (17.) You will find a bottle of shampoo, a bar of soap, and a bottle of lotion in the cabinet. You may use ------- (18.) at no additional charge. Also, you will find information about our Green Hotel program. Customer ------- (19.) in the program enables our community to cut back on water and energy consumption. If you want to take part in the program, just place a memo in a ------- (20.) location on the table next to your bed.

17. (A) We are one of the city's fastest-growing travel agencies.
(B) Items such as soap and shampoo are available for sale in the lobby.
(C) Unfortunately, the shower in this room is not working.
(D) We hope that you enjoy your time here.

18. (A) their
(B) its
(C) it
(D) them

19. (A) participate
(B) participated
(C) participation
(D) participates

20. (A) noticeably
(B) noticeable
(C) notice
(D) notices

해결 TIP

17. 문장 삽입: 문맥에 맞는 문장 삽입
18. 대명사 자리: 격과 인칭 일치
19. 명사 자리: 복합 명사
20. 형용사 자리: 명사 수식 자리

VOCA

stay *v.* 머무르다 | **additional** *adj.* 추가의 | **charge** *n.* 요금 | **enable** *v.* ~를 할 수 있게 하다, ~를 가능하게 하다 | **cut back on** ~을 줄이다 | **consumption** *n.* 소비 | **take part in** ~에 참가하다 | **place** *v.* 놓다, 두다 | **travel agency** 여행사 | **such as** ~와 같은, 예를 들면

Questions 21-24 refer to the following e-mail.

To: Hong@dotmail.com
From: Lee1234@CandMagency.com
Date: April 1
Subject: Please tell us how we did.
Attachment: cmta.doc

Dear Customer,

Thank you for making a reservation with C&M Travel Agency. We'd like to hear about your recent trip ------- (21.) California to Michigan on March 15. We would appreciate it if you could complete a short survey about your experience with our company. ------- (22.) should take only five minutes of your time. Please complete the attached file and send it back to us. ------- (23.).
Your feedback will help ------- (24.) improve our service.

Thank you again for your business.

Ho Jun Lee, Chief Executive Officer
C&M Travel Agency

21. (A) from
(B) near
(C) at
(D) for

22. (A) Both
(B) Every
(C) They
(D) This

해결 TIP

21. 전치사 어휘: 방향을 나타내는 전치사
22. 대명사 자리: 가리키는 앞명사 찾기
23. 문장 삽입: 문맥에 맞는 문장 삽입
24. 대명사 자리: 격 일치

23. (A) Your answers were extremely helpful to us.
(B) You must make a new reservation by next week.
(C) If we receive it by April 8, we will mail you a free gift.
(D) It should take an hour for you to complete it.

24. (A) our
(B) us
(C) ours
(D) their

VOCA

make a reservation 예약을 하다 | **appreciate** *v.* 고마워하다, 감사하다 | **complete** *v.* (서식 등을) 작성하다, 완성하다 *adj.* 완전한 | **survey** *n.* 설문 조사 | **experience** *v.* 경험하다, 겪다 *n.* 경험 | **attached** *adj.* 첨부된 | **feedback** *n.* 피드백, 조언 | **improve** *v.* 개선시키다 | **business** *n.* 사업, 거래 | **extremely** *adv.* 몹시, 매우

Questions 25-28 refer to the following notice.

The Owen Research Library is going to be renovated starting on April 2 and ending in late October. This renovation -------25. storage space to accommodate our growing collections. The library will still remain open during the renovation work. Nevertheless, some sections will be temporarily -------26. to on-site researchers. A list of these -------27. sections will be on our website at www.owenresearch.org. Researchers are urged to check the list or to contact the library prior to visiting. -------28..

25. (A) to increase
(B) increased
(C) increasing
(D) will increase

26. (A) unavailable
(B) unavailing
(C) unavailability
(D) unavailably

27. (A) inaccessibleness
(B) inaccessibility
(C) inaccessibly
(D) inaccessible

28. (A) Access to the library will be restricted to all users until October.
(B) It is impossible to predict when certain parts of the library will be closed.
(C) We apologize in advance for any inconvenience you may experience.
(D) Speak to a librarian to learn how to access the list.

해결 TIP

25. 동사 자리: 동사의 시제
26. 형용사 자리: 주격 보어 자리
27. 형용사 자리: 명사 수식 자리
28. 문장 삽입: 문맥에 맞는 문장 삽입

VOCA

renovation *n.* 보수, 수리, 개조 | **storage space** 저장 공간 | **accommodate** *v.* 수용하다 | **growing** *adj.* 증가하는, 커지는 | **remain** *v.* 남아 있다 | **nevertheless** *adv.* 그럼에도 불구하고 | **section** *n.* 부분, 부문 | **temporarily** *adv.* 일시적으로 | **on-site** *adj.* 현장의, 현지의 | **urge** *v.* 권고하다, 촉구하다 | **prior to** ~이전에 | **unavailing** *adj.* 소용 없는, 효과 없는 | **unavailably** *adv.* 효과 없이, 무익하게 | **restrict** *v.* 제한하다 | **apologize** *v.* 사과하다 | **in advance** ~이전에 | **access** *n.* 접근, 출입

Questions 29-32 refer to the following memo.

From: Hyo-ju Kim, Building Manager
To: All employees
Date: Thursday, March 2
Re: Construction work

As you know, renovations to our office building will start on Wednesday, March 15 and last until the end of the day on Monday, March 20. Accordingly, you may experience some -------(29.). The south-side elevator will not function for the entire week. -------(30.). I know that most of you -------(31.) use this elevator. Unfortunately, you'll need to take the stairs. -------(32.), the entrance on the southwest side of the building will be closed on Thursday. All other entrances to the building will remain open as usual during this time.

29. (A) inconvenience
(B) happiness
(C) addition
(D) contradiction

30. (A) Fortunately, a few people ever take this elevator.
(B) It needs to be repaired and inspected during that time.
(C) The elevator will be back in operation in three days.
(D) This elevator will not be affected by the renovations.

31. (A) regularize
(B) regular
(C) regularly
(D) regularity

32. (A) Nevertheless
(B) However
(C) Previously
(D) Moreover

해결 TIP

29. 명사 어휘: 동사 확인
30. 문장 삽입: 문맥에 맞는 문장 삽입
31. 부사 자리: 동사 수식 자리
32. 접속부사: 문맥에 맞는 접속부사 고르기

VOCA

renovation *n.* 개조, 수리 | **accordingly** *adv.* 그래서, 그런 이유로 | **experience** *v.* 경험하다 | **function** *v.* ~역할을 하다, 기능을 하다, 작동을 하다, ~로도 쓰이다 | **entire** *adj.* 전체의 | **unfortunately** *adv.* 불행하게도 | **stairs** *n.* 계단 | **entrance** *n.* 입구, 문 | **the southwest** *n.* 남서부(지방) *adj.* 남서부의 | **as usual** 평상시처럼 | **inspect** *v.* 조사하다, 검사하다 | **operation** *n.* (기계 등의) 조작, 운전; 운영, | **affect** *v.* 영향을 주다

PART 7 삼중 지문

서로 관련된 세 개의 지문을 읽고 5문항을 풀어야 한다. 5문항 중에서 1~2개 문항은 두 지문을 연계시켜 추론하는 문제이다. 지문의 유형은 도표 등이 하나 이상 포함되어 있으며, 문제 풀이 방식은 이중 지문과 유사하다. 삼중 지문은 1회당 3세트가 출제된다.

지문 유형 확인하기

Tip! 삼중 지문은 이중 지문을 푸는 방법과 동일하게 접근하면 된다! 이중 지문보다 지문은 1개 늘었지만, 각 지문 길이가 비교적 짧은 편이므로 각 문제의 단서가 어느 지문에 해당하는 지만 잘 파악을 하면, 무리 없이 풀 수 있다. 최근, 인터넷, SNS의 발달 등으로 인해 삼중 지문에서도 문자 메시지, 웹사이트 지문들도 종종 등장하니 놀라지 말고, 각 지문에서의 단서를 찾아 문제를 해결하면 된다.

1. 자주 나오는 지문

삼중 지문은 아래와 같이 서로 같거나 다른 지문 유형 3개가 조합되어 나온다. 이외에도 다양한 지문들의 조합과 주제들이 예상되므로 다양한 삼중 지문 문제를 접하고 풀어보는 연습이 필요하다.

✓ 이메일 + 웹사이트 + 쿠폰

▸ 행사 또는 일정 안내 이메일 + 세부 사항 안내 사이트 + 할인 쿠폰

✓ 공지 + 양식 + [이메일/편지]

▸ 행사 관련 공지 + 신청 양식 + 관련 이메일/편지

✓ 광고 + [청구서/온라인 구매 목록] + 이메일

▸ 행사, 제품 및 서비스 광고 + [주문 양식 청구서/온라인 쇼핑 구매] + 확인 이메일

✓ 광고 + 이메일 + 이메일

▸ 구인 광고 + 구직자 이메일 + 이력서 첨부 이메일

✓ 기사 + 일정표 + 이메일

▸ 행사 및 시설 안내 기사 + 관련 일정표 + 관련 이메일

✓ 웹사이트 + 이메일 + 이메일

▸ 광고 웹사이트 + 주문 문의 이메일 + 답변 이메일

✓ 웹사이트 + 고객 후기 + 이메일

▸ 특정 정보 및 광고 웹 페이지 + 온라인 서평 후기 + 감사 또는 문의 이메일

2. 각 지문의 주제나 목적 또는 대상을 묻는다.

What is the **purpose** of the e-mail? 이메일의 목적은 무엇인가?

Why did Ms. Han **call** Mr. Brown? Ms. Han은 왜 Mr. Brown에게 전화했는가?

What is being **advertised**? 광고되고 있는 것은 무엇인가?

3. 각 지문의 세부 정보를 묻는다.

When did Ms. Kim take the class? Ms. Kim은 그 강의를 언제 수강했는가?

Which products were misdelivered? 어떤 물건들이 잘못 배송되었는가?

What are they **asked[required]** to do? 그들은 무엇을 하도록 요청[요구]되는가?

4. 두 지문의 내용을 비교하거나 연계해서 추론하는 문제가 나온다.

What is **NOT mentioned** in the letter? 편지에서 언급되지 않은 것은 무엇인가? 비교

What is most likely **true** about the class? 강의에 대해 사실인 것은 무엇이겠는가? 비교

What is **implied** about the **policy**? 정책에 대해 암시된 것은 무엇인가? **연계 추론**

문제 풀이 전략

1 지문이 하나 더 늘어났지만 문제 풀이 전략은 이중 지문과 동일하다.

삼중 지문 연계 지문은 등장하지 않으므로 문제 풀이는 기존의 이중 지문 문제 해결법과 동일함을 유의하자.

2 각 지문이 어떤 유형인지 파악하고 질문의 핵심 키워드를 확인한다.

질문을 보고 주제·목적 문제인지 세부 사항 문제인지 확인하고 질문에서 단서 키워드를 잡는다.

3 단일 지문을 보고 푸는 문제와 두 개의 지문을 연계해서 풀어야 하는 문제를 구분한다.

예를 들어, 첫 번째 지문과 두 번째 지문의 연계 문제인지, 두 번째 지문과 세 번째 지문 연계 문제인지 확인한다.

4 세 개의 지문 중에는 일정표, 청구서, 목록, 영수증 등 다양한 서식 등이 포함된다.

지문이 세 개이므로 단일 지문이나 이중 지문에 비해 독해 시간이 다소 걸리지만, 세 개 지문 중에는 도표 등이 포함되어 있으므로 부담이 크게 늘어나지 않을 수도 있다.

Questions 1-5 refer to the following advertisement, online form, and e-mail.

The Chandler School of Fine Arts

Do you enjoy sketching, painting, or creating other types of artwork in your free time? Maybe you have an aptitude for art that you should develop more. Or perhaps you just want to learn about art. If so, consider taking classes at the Chandler School of Fine Arts.

We are currently accepting applications for the fall semester. Each courses lasts for three months and meets one to two times a week. To accommodate your busy schedule, classes are available in mornings, afternoons, and evenings from Monday through Saturday. The following are some of our most popular classes. For a complete listing, go to chandlerfa.com/fallschedule.

Class Name	Class Number	Instructor
Introduction to Oil Painting	53	Tim Haven
All About Sculpture	44	Lisa Watts
Advanced Watercolor Painting	87	Maria Gomez
How to Paint Like a Renaissance Artist	42	Enrico Eco

The semester begins on September 2. All classes cost $250, but there are additional fees for materials for some classes.

광고 주체
미술 학교

광고 대상
미술에 관심이 있거나 소질이 있는 사람

광고 목적:
가을 학기 미술 수강생 모집

수강 시간표
강의명, 강좌 번호, 강사명

개강일 및 수강료
9월 2일 개강, 전과목 동일 수강료 250달러

The Chandler School of Fine Arts
Online Registration Form

Name: Fred Thomas

Address: 45 W. Thompson Street, Chandler, AZ 85214

Telephone Number: 393-2396

E-mail Address: fred_t@privatemail.com

Date: August 27

Class(es):

Class Name	Class Number	Cost
A History of Painting	31	$250
Advanced Watercolor Painting	87	$315

How would you like to pay:

cash [✓] check [ ] credit card [ ]

Thank you for registering with the Chandler School of Fine Arts. You will receive a confirmation e-mail within 24 hours.

• 서식 종류
온라인 등록 신청서

• 수강 신청자 개인 정보

• 날짜

• 수강 신청 과목 및 비용
회화의 역사와 고급 수채화

• 지불 방법 선택
현금

• 24시간 이내 등록 확인 이메일 발송 예정

To: Fred Thomas <fred_t@privatemail.com>
From: Tina Powell <tpowell@chandlerfa.com>
Subject: Registration
Date: August 28

Dear Mr. Thomas,

Thank you for registering for classes at the Chandler School of Fine Arts. We are always pleased to welcome new students to our institute.

I would like to inform you of one change in your schedule. You registered for class number 31, A History of Painting. The instructor for that class has changed. Ms. Carmen Hooper will no longer teach it. Instead, Mr. Enrico Eco will be the instructor. He is a talented instructor, and I am positive you will enjoy learning from him.

Please note that you must pay for the classes in full by the end of the first week of classes.

Sincerely,

Tina Powell
The Chandler School of Fine Arts

- **수신인**
  발신인
  제목
  날짜

- **이메일 발송 목적**
  수강 신청을 확인해 주기 위함

- **수강 변경 사항 안내**
  31번 강의의 강사가 변경됨

- **수강료 지급 기한 안내**
  개강 첫 주가 끝나기 전에 수강료를 지불해야 함

- **발신인 정보**

동의어

1. In the advertisement, the word "aptitude" in paragraph 1, line 2, is closest in meaning to

(A) desire
(B) talent
(C) interest
(D) mood

사실확인

2. What is true about the classes at the Chandler School of Fine Arts?

(A) They are held throughout the day.
(B) They usually fill up fast.
(C) They are taught by professional artists.
(D) They are open only to skilled individuals.

이중 지문 연계

3. What is indicated about class number 87?

(A) It is taught by a local artist.
(B) Students must pay extra for supplies.
(C) It is offered in the afternoon.
(D) A limited number of people may take it.

세부 사항: 지불 방법

4. How does Mr. Thomas intend to pay for his classes?

(A) By check
(B) With cash
(C) With a credit card
(D) By wire transfer

이중 지문 연계

5. What is indicated about Mr. Eco?

(A) He will retire next semester.
(B) He has been teaching for many decades.
(C) He will teach more than one course.
(D) He is popular among students.

예제 풀이

[1-5] 다음 광고, 온라인 양식, 그리고 이메일에 관한 문제입니다.

The Chandler School of Fine Arts

Chandler 미술 학교

Do you enjoy sketching, painting, or creating other types of artwork in your free time? Maybe you have an ❶ aptitude for art that you should develop more. Or perhaps you just want to learn about art. If so, consider taking classes at the Chandler School of Fine Arts.

당신은 자유 시간에 스케치를 하거나 그림을 그리거나 다른 종류의 미술작품을 만드는 것을 즐깁니까? 아마도 당신은 더 개발할 필요가 있는 미술 **소질**을 지니고 있을 수도 있습니다. 또는 어쩌면 당신은 단지 미술에 대해 배우고 싶을 것입니다. 그러시다면, 당신은 Chandler 미술 학교의 수업을 듣는 것을 고려해 보세요.

We are currently accepting applications for the fall semester. Each courses lasts for three months and meets one to two times a week. To accommodate your busy schedule, classes are available in mornings, afternoons, and evenings from Monday through Saturday. The following are some of our most popular classes. For a complete listing, go to chandlerfa.com/fallschedule.

Chandler 미술 학교는 현재 가을 학기 지원서를 받고 있습니다. 각 수업은 3달 동안 진행되고, 일주일에 한 두 번 만납니다. 당신의 바쁜 일정을 수용하기 위해, 수업은 월요일부터 토요일까지 아침과 오후 저녁에 이용 가능합니다. 다음은 우리의 가장 인기 있는 몇몇 수업들입니다. 전체 목록을 보시려면, chandlerfa.com/fallschedule을 방문하세요.

Class Name 강의명	Class Number 강의 번호	Instructor 강사
Introduction to Oil Painting 유화 입문	53	Tim Haven
All About Sculpture 조각에 관한 모든 것	44	Lisa Watts
❸ Advanced Watercolor Painting 고급 수채화	87	Maria Gomez
❺ How to Paint Like a Renaissance Artist **르네상스 화가처럼 그림 그리는 법**	42	❺ Enrico Eco

The semester begins on September 2. ❷ ❸ All classes cost $250, but there are additional fees for materials for some classes.

학기는 9월 2일에 시작합니다. **모든 수업은 비용이 250달러이지만 일부 수업은 추가 재료비가 있습니다.**

광고 주체
미술 학교

광고 대상
미술에 관심이 있거나 소질이 있는 사람

광고 목적:
가을 학기 미술 수강생 모집

수강 시간표
강의명, 강좌 번호, 강사명

개강일 및 수강료
9월 2일 개강, 전과목 동일 수강료 250달러

VOCA

fine arts 미술 | **artwork** *n.* 미술품 | **aptitude** *n.* 소질, 적성 | **perhaps** *adv.* 어쩌면, 아마 | **currently** *adv.* 현재 | **semester** *n.* 학기 | **last** *v.* 지속하다 | **the following** *n.* 다음, 아래 | **popular** *adj.* 인기 있는 | **listing** *n.* 목록 | **instructor** *n.* 강사 | **sculpture** *n.* 조각품, 조각, 조소 | **oil painting** 유화 (그림, 화법) | **accommodate** *v.* 수용하다 | **watercolor painting** 수채화 | **cost** *v.* 비용이 들다 *n.* 비용 | **material** *n.* 재료, 자료

The Chandler School of Fine Arts
Online Registration Form

Chandler 미술 학교
온라인 등록 신청서

서식 종류
온라인 등록 신청서

Name: Fred Thomas
Address: 45 W. Thompson Street, Chandler, AZ 85214
Telephone Number: 393-2396
E-mail Address: fred_t@privatemail.com
Date: August 27

이름: Fred Thomas
주소: W. Thompson가 45번지, 챈들러, 애리조나 85214
전화번호: 393-2396
이메일 주소: fred_t@privatemail.com
날짜: 8월 27일

수강 신청자 개인 정보

날짜

Class(es):
강의(들):

Class Name 강의명	**Class Number** 강의 번호	**Cost** 비용
A History of Painting 회화의 역사	31	$250 250달러
Advanced Watercolor Painting 고급 수채화	87	❸ $315 **315달러**

수강 신청 과목 및 비용
회화의 역사와 고급 수채화

How would you like to pay:
지불 방법:

❹ cash [✓] check [ ] credit card [ ]
현금 수표 신용카드

지불 방법 선택
현금

Thank you for registering with the Chandler School of Fine Arts. You will receive a confirmation e-mail within 24 hours.
Chandler 미술 학교에 등록해 주셔서 감사합니다. 당신은 24시간 이내에 확인 이메일을 받게 될 것입니다.

24시간 이내 등록 확인 이메일 발송 예정

VOCA

registration *n.* 등록 | **history** *n.* 역사 | **advanced** *adj.* 고급의, 발전된 | **watercolor painting** 수채화 | **cash** *n.* 현금 | **check** *n.* 수표 | **register** *v.* 등록하다 | **confirmation** *n.* 확인

To: Fred Thomas <fred_t@privatemail.com>
From: Tina Powell <tpowell@chandlerfa.com>
Subject: Registration
Date: August 28
수신: Fred Thomas 〈fred_t@privatemail.com〉
발신: Tina Powell 〈tpowell@chandlerfa.com〉
제목: 등록
날짜: 8월 28일

수신인
발신인
제목
날짜

Dear Mr. Thomas,
Thomas 씨에게,

Thank you for registering for classes at the Chandler School of Fine Arts. We are always pleased to welcome new students to our institute.
Chandler 미술 학교 수업에 등록해 주셔서 감사합니다. 저희는 저희 학교에 신입생들을 맞이하게 되어 항상 기쁩니다.

이메일 발송 목적
수강 신청을 확인해 주기 위함

I would like to inform you of one change in your schedule. You registered for class number 31, ❺ A History of Painting. The instructor for that class has changed. Ms. Carmen Hooper will no longer teach it. ❺ Instead, Mr. Enrico Eco will be the instructor. He is a talented instructor, and I am positive you will enjoy learning from him.
저는 귀하의 시간표에 한 가지 변경 사항이 있음을 알려드리고 싶습니다. 귀하는 강의 번호 31번 **회화의 역사**에 등록하셨습니다. **그 수업의 강사가 바뀌었습니다.** Ms. Carmen Hooper는 더 이상 그 과목을 가르치지 않을 것입니다. **대신 Mr. Enrico Eco가 강의할 것입니다.** 그는 재능 있는 강사라서 저는 귀하가 그에게서 배우는 것을 즐기시리라 확신합니다.

수강 변경 사항 안내
31번 강의의 강사가 변경됨

Please note that you must pay for the classes in full by the end of the first week of classes.
늦어도 수업이 있는 첫 번째 주의 말까지 수업료를 전액 지불하셔야 한다는 점을 유의하시기 바랍니다.

수강료 지급 기한 안내
개강 첫 주가 끝나기 전에 수강료를 지불해야 함

Sincerely,
감사합니다.

Tina Powell
The Chandler School of Fine Arts
Tina Powell
Chandler 미술 학교

발신인 정보

VOCA
welcome *v.* 맞이하다, 환영하다 | **institute** *n.* 기관, 협회, 학원 | **talented** *adj.* 재능 있는 | **positive** *adj.* 확신하는, 긍정적인 | **in full** 완전히, 전부

1. In the advertisement, the word "aptitude" in paragraph 1, line 2 is closest in meaning to

(A) desire
(B) talent
(C) interest
(D) mood

광고 글에서, 첫 번째 문단 두 번째 줄의 "aptitude"와 의미상 가장 가까운 것은

(A) 갈망
(B) 재능
(C) 관심
(D) 분위기

해설 동의어 찾기 문제이다. aptitude는 '소질, 적성'이라는 뜻으로 의미상 가장 가까운 단어는 talent(재능)이다. 따라서 정답은 (B) talent이다.

2. What is true about the classes at the Chandler School of Fine Arts?

(A) They are held throughout the day.
(B) They usually fill up fast.
(C) They are taught by professional artists.
(D) They are open only to skilled individuals.

Chandler 미술 학교의 수업들에 대해서 사실인 것은 무엇인가?

(A) 하루종일 열린다.
(B) 자리가 빨리 마감된다.
(C) 전문 예술가들이 수업을 가르친다.
(D) 수업들은 숙련된 개인들에게만 열린다.

해설 첫 번째 광고 지문, 두 번째 단락을 보면 'classes are available in mornings, afternoons, and evening from Monday through Saturday'라고 하였으므로 수업이 월요일부터 토요일까지 하루 종일 진행된다는 사실을 알 수 있다. 정답은 (A) They are held throughout the day.이다.

3. What is indicated about class number 87?

(A) It is taught by a local artist.
(B) Students must pay extra for supplies.
(C) It is offered in the afternoon.
(D) A limited number of students may take it.

강의 번호 87번에 관하여 언급된 것은 무엇인가?

(A) 지역 미술가가 가르친다.
(B) 학생들은 제공품에 추가 비용을 지불해야 한다.
(C) 오후에 수업이 있다.
(D) 제한된 수의 학생들이 수강할 수 있다.

해설 사실확인 유형의 문제이면서 두 개의 지문을 연계해서 봐야 답을 찾을 수 있는 문제이다. 키워드 class number 87이 지문에 나온 부분을 찾아본다. 온라인 등록 신청서에 강의 번호 87번은 수강료가 315달러이다. 첫 번째 지문인 광고 말미 'All classes cost $250, but there are additional fees for materials for some classes'에 모든 강좌의 수업료는 동일하게 250달러이지만 일부 과목에 재료비가 추가될 수 있다고 하였으므로 정답은 (B) Students must pay extra for supplies.이다.

4. How does Mr. Thomas intend to pay for his classes?

(A) By check
(B) With cash
(C) With a credit card
(D) By wire transfer

Mr. Thomas는 수업료를 어떻게 지불하고자 하는가?

(A) 수표로
(B) 현금으로
(C) 신용카드로
(D) 은행 이체로

해설 세부 사항을 묻는 문제이다. 온라인 등록 신청서 마지막 부분 'How would you like to pay'에서 원하는 지불 방식으로 'cash'에 체크를 했으므로 정답은 (B) With cash이다.

5. What is indicated about Mr. Eco?

(A) He will retire next semester.
(B) He has been teaching for many decades.
(C) He will teach more than one course.
(D) He is popular among students.

Mr. Eco에 관하여 알 수 있는 것은 무엇인가?

(A) 다음 학기에 은퇴할 것이다.
(B) 수십 년 간 가르쳐왔다.
(C) 한 과정 이상을 가르칠 것이다.
(D) 학생들 사이에서 인기가 많다.

해설 신청서를 통해 Fred Thompson이 등록한 과정은 31번(회화의 역사)과 87번(Advanced Watercolor Painting)임을 알 수 있는데, 이메일 두 번째 단락 'You registered for class number 31, A History of Painting. The instructor for that class has changed. Ms. Carmen Hooper will no longer teach it. Instead, Mr. Enrico Eco will be the instructor.'에서 '회화의 역사' 강사가 변경되었다고 하면서 새 강사로 Enrico Eco를 소개하고 있다. 광고를 보면 시간표에 강사 Enrico Eco가 가르치는 강의명이 'How to Paint Like a Renaissance Artist (르네상스 화가처럼 그림 그리는 법)'이므로 Enrico Eco이 두 과목을 강의할 거란 사실을 알 수 있다. 따라서 정답은 (C) He will teach more than one course.이다.

Practice

Questions 1-5 refer to the following article, e-mail, and announcement.

What a Job!

How would you like to eat the most delicious foods all day long and get paid? That's exactly the type of job Kevin Stevens has.

Kevin Stevens is a professional food taster. He works for Glencore Foods, an upscale catering service in Toronto. On average, his company makes food for 500 people a day, and Mr. Stevens gets to sample everything to make sure that the quality is high.

This job isn't as simple as it looks, though, as it requires a great deal of knowledge. Mr. Stevens studied nutrition as an undergraduate in Sydney, Australia, and then, he attended culinary school in Los Angeles, USA. Right after graduation, he worked as a chef in Milan, Italy, and Barcelona, Spain for a total of eight years. Upon returning to Canada two years ago, he started working at Glencore Foods and says about his job, "It's like a dream come true."

Cooking Life Magazine

To: Kevin Stevens <kevins@glencorefoods.com>
From: Amanda Hampton <a_hampton@pomodoros.com>
Subject: *Cooking Life Magazine* Article
Date: April 30

Dear Kevin,

I read the recent article about you in *Cooking Life Magazine*. I had wondered what happened to you after Milan. I remember working there with you and enjoying the dishes you created. Those were good times. By the way, will you be attending the upcoming convention for food tasters in May? It's in my hometown, so I'll be visiting my parents there. Maybe, we can meet for dinner if you go there.

Regards,

Amanda Hampton

VOCA

taster *n.* 맛보는 사람, 맛 감별사 | **upscale** *adj.* 평균 이상의 | **catering** *n.* 음식 공급 | **sample** *v.* 맛보다, 시식하다 *n.* 샘플 | **knowledge** *n.* 지식 | **nutrition** *n.* 영양 | **undergraduate** *n.* 학부생, 대학생 | **culinary** *adj.* 요리의 | **graduation** *n.* 졸업 | **chef** *n.* 요리사 | **wonder** *v.* 궁금하다 | **dish** *n.* 요리 | **by the way** 그런데, 그건 그렇고 | **upcoming** *adj.* 다가오는 | **convention** *n.* 행사, 대회, 협회, 회의 | **hometown** *n.* 고향

Food Tasters Convention to Be Held Soon

The Food Tasters of North America (FTNA) is proud to announce that the fourth annual Food Tasters Convention is going to be held from May 15-17. The previous three conventions were held in Knoxville, Tennessee, but due to a scheduling conflict, the convention this year will take place in St. Louis, Missouri. Tickets cost $100 per person. Celebrity chef Walter Scott will be the keynote speaker. Noted individuals Kathy Kline and David Hurst will be in attendance, too.

1. What is suggested about Mr. Stevens?

(A) He earns a high salary at Glencore Foods.
(B) He enjoys his job.
(C) He prefers living in Europe.
(D) He has won several awards.

2. When did Mr. Stevens graduate from culinary school?

(A) 2 years ago
(B) 6 years ago
(C) 8 years ago
(D) 10 years ago

3. What was Ms. Hampton most likely doing when she met Mr. Stevens?

(A) She was studying at a university.
(B) She was employed as a food taster.
(C) She was working at a restaurant.
(D) She was learning to be a chef.

4. Where is Ms. Hampton's hometown?

(A) In Knoxville
(B) In Milan
(C) In St. Louis
(D) In Toronto

5. What is NOT mentioned about the Food Tasters Convention?

(A) How much it costs
(B) When it begins
(C) Who will be there
(D) What events will be held

VOCA

proud *adj.* 자랑스러운, 자랑스러워 하는 | **previous** *adj.* 이전의 | **conflict** *n.* 충돌, 갈등 | **take place** 발생하다, 열리다 | **keynote speaker** *n.* 기조 연설자 | **celebrity** *n.* 유명 인사 | **noted** *adj.* 유명한, 저명한 | **individual** *n.* 개인 *adj.* 개개인의

MEMO

MEMO

MEMO

해설서

토익 기초 입문서

기본 완성

파고다교육그룹 언어교육연구소 | 저

PAGODA Books

해설서

토익 기초 입문서

기본 완성

PAGODA Books

Listening

PART 1

UNIT 01. 인물 중심 사진

Warm-up

1. (A)	2. (A)	3. (B)	4. (A)	5. (A)	6. (A)
7. (B)	8. (A)	9. (B)	10. (B)	11. (A)	12. (A)

1. 미국

(A) A man is looking into a microscope.
(B) A man is using a telescope.

(A) 남자가 현미경을 들여다보고 있다.
(B) 남자가 망원경을 사용하고 있다.

2. 호주

(A) A woman is standing on a ladder.
(B) A woman is writing a letter.

(A) 여자가 사다리 위에 서 있다.
(B) 여자가 편지를 쓰고 있다.

3. 미국

(A) A man is giving a performance.
(B) A man is giving a speech.

(A) 남자가 공연을 하고 있다.
(B) 남자가 연설을 하고 있다.

4. 영국

(A) A woman is holding some goods.
(B) A woman is purchasing some goods.

(A) 여자가 몇몇 상품을 들고 있다.
(B) 여자가 몇몇 상품을 구매하고 있다.

5. 미국

(A) The man is looking at the monitor.
(B) The man is working at a construction site.

(A) 남자가 모니터를 보고 있다.
(B) 남자가 공사 현장에서 근무하고 있다.

6. 미국

(A) The woman is examining a book at a library.
(B) The woman is choosing a book from the shelves.

(A) 여자가 도서관에서 책을 살펴보고 있다.
(B) 여자가 책꽂이에서 책을 고르고 있다.

7. 호주

(A) People are riding a bus.
(B) People are boarding a bus.

(A) 사람들이 버스 안에 타고 있다.
(B) 사람들이 버스에 탑승하고 있다.

8.  미국

(A) They're shaking hands.
(B) They're waving their hands.

(A) 사람들이 악수를 하고 있다.
(B) 사람들이 손을 흔들고 있다.

9.  영국

(A) People are boarding the plane.
(B) People are standing in line.

(A) 사람들이 비행기에 탑승하고 있다.
(B) 사람들이 한 줄로 서 있다.

10.  미국

(A) They're copying some documents together.
(B) They're reading a document together.

(A) 사람들이 함께 서류를 복사하고 있다.
(B) 사람들이 함께 서류를 읽고 있다.

11.  미국

(A) People are sitting outside.
(B) People are setting the table.

(A) 사람들이 야외에 앉아 있다.
(B) 사람들이 식탁을 준비하고 있다.

12.  미국

(A) They're having a conversation.
(B) They're having a meeting.

(A) 사람들이 대화를 나누고 있다.
(B) 사람들이 회의를 하고 있다.

Practice

1. (A) 2. (D) 3. (C) 4. (D) 5. (C) 6. (B)
7. (B) 8. (D) 9. (D) 10. (D) 11. (C) 12. (A)

1.  호주

(A) He is washing a car.
(B) He is using a lawn mower.
(C) He is cutting some grass.
(D) He is opening the garage door.

(A) 남자가 세차를 하고 있다.
(B) 남자가 잔디 깎는 기계를 이용하고 있다.
(C) 남자가 풀을 베고 있다.
(D) 남자가 차고 문을 열고 있다.

해설 (A) 남자가 호스로 차에 물을 뿌리고 있으므로 정답!
(B) 잔디 깎는 기계는 보이지 않으므로 오답!
(C) 풀을 베는 모습이 아니므로 오답!
(D) 차고 문을 여는 모습이 아니므로 오답!

어휘 wash 씻다 | lawn mower 잔디 깎는 기계 | grass 풀, 잔디 | garage door 차고 문

2.  미국

(A) The man is wiping off a counter.
(B) The man is putting on safety gloves.
(C) The man is adjusting a microscope.
(D) The man is looking at some lab equipment.

(A) 남자가 카운터를 닦고 있다.
(B) 남자가 안전장갑을 끼는 중이다.
(C) 남자가 현미경을 조정하고 있다.
(D) 남자가 실험용 장비를 보고 있다.

해설 (A) 카운터를 닦고 있지 않으므로 오답!
(B) 안전장갑을 이미 낀 상태이므로 오답!
(C) 현미경이 보이지 않으므로 오답!
(D) 실험용 도구를 보면서 사용하고 있으므로 정답!

어휘 wipe off (~을 닦아서) 제거하다 | safety gloves 안전장갑 | adjust 조정하다, 조절하다 | microscope 현미경 | lab equipment 실험용 장비

3. 영국

(A) The woman is searching through her bag.
(B) The man is opening his briefcase.
(C) They're climbing up some stairs.
(D) They're holding onto a railing.

(A) 여자가 자신의 가방을 뒤져보고 있다.
(B) 남자가 서류 가방을 열고 있다.
(C) 사람들이 계단을 오르고 있다.
(D) 사람들이 난간을 잡고 있다.

해설 (A) 여자가 가방 안에 있는 무언가를 찾는 모습이 아니므로 오답!
(B) 서류 가방은 여자가 들고 있으며 열고 있는 모습이 아니므로 오답!
(C) 두 사람이 계단을 오르고 있는 모습이므로 정답!
(D) 난간은 보이지 않으므로 오답!

어휘 search through 살펴보다, 뒤지다 | briefcase 서류 가방 | climb up 오르다 | stairs 계단 | hold onto ~을 꽉 잡다 | railing 난간

4. 미국

(A) Some people are clapping their hands.
(B) A woman is entering a room.
(C) People are seated in a circle.
(D) A man is pointing at a whiteboard.

(A) 몇몇 사람들이 박수를 치고 있다.
(B) 여자가 방으로 들어가고 있다.
(C) 사람들이 둥글게 앉아 있다.
(D) 한 남자가 화이트보드를 가리키고 있다.

해설 (A) 사람들이 박수를 치는 모습이 아니므로 오답!
(B) 여자가 방으로 들어오는 모습이 아니므로 오답!
(C) 사람들이 여러 줄로 앉아 있으므로 오답!
(D) 남자가 펜으로 화이트보드를 가리키는 모습이므로 정답!

어휘 clap 박수치다 | enter 들어가다 | be seated 앉아 있다 | in a circle 둥글게 | point at ~을 가리키다 | whiteboard 화이트보드

5. 미국

(A) One of the women is carrying a suitcase.
(B) One of the women is grasping an umbrella.
(C) The women are pushing their strollers.
(D) The women are heading in opposite directions.

(A) 여자들 중 한 명이 여행 가방 하나를 들고 있다.
(B) 여자들 중 한 명이 우산을 꽉 쥐고 있다.
(C) 여자들이 유모차를 밀고 있다.
(D) 여자들이 서로 반대 방향으로 향하고 있다.

해설 (A) 여행 가방이 보이지 않으므로 오답!
(B) 우산이 보이지 않으므로 오답!
(C) 여자들이 각자 유모차를 밀고 있으므로 정답!
(D) 여자들이 같은 방향을 향하고 있으므로 오답!

어휘 carry 들고 있다 | suitcase 여행 가방 | grasp 꽉 잡다, 움켜 잡다 | push 밀다 | stroller 유모차 | head 향하다 | in opposite direction 반대 방향으로

6. 미국

(A) Some people are moving boxes.
(B) Some people are sitting on the floor.
(C) Some people are folding a paper.
(D) Some people are organizing a closet.

(A) 몇몇 사람들이 박스를 옮기고 있다.
(B) 몇몇 사람들이 바닥에 앉아 있다.
(C) 몇몇 사람들이 종이를 접고 있다.
(D) 몇몇 사람들이 옷장을 정리하고 있다.

해설 (A) 박스를 나르는 모습이 아니므로 오답!
(B) 사람들이 앉아 있으므로 정답!
(C) 종이를 접고 있는 모습이 아니므로 오답!
(D) 옷장은 보이지 않으므로 오답!

어휘 move 옮기다 | floor 바닥 | fold 접다, 포개다 | organize 정리하다 | closet 옷장

7. 
미국

(A) They're repairing some instruments.
(B) They're performing outdoors.
(C) They're wearing sunglasses.
(D) They're watching a performance.

(A) 사람들이 악기를 수리하고 있다.
(B) 사람들이 야외에서 공연을 하고 있다.
(C) 사람들이 선글라스를 쓰고 있다.
(D) 사람들이 공연을 보고 있다.

해설 (A) 악기를 고치는 것이 아니라 연주하고 있으므로 오답!
(B) 야외에서 공연 중인 모습이므로 정답!
(C) 선글라스를 착용하지 않았으므로 오답!
(D) 공연을 보는 중이 아니므로 오답!

어휘 repair 고치다, 수리하다 | instrument 악기 | perform 공연하다 | performance 공연

8. 
호주

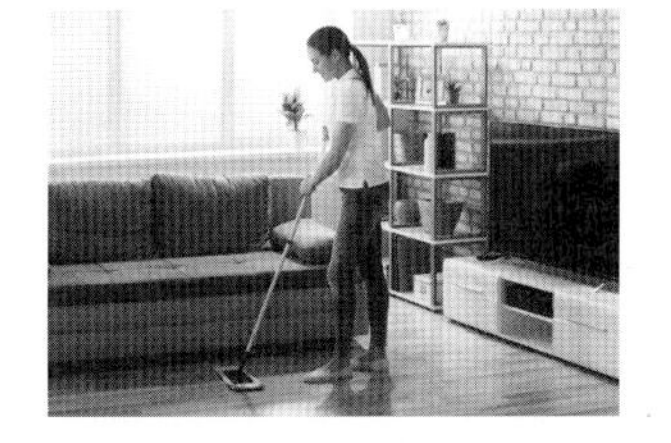

(A) A woman is closing the windows.
(B) A woman is opening some drawers.
(C) A woman is emptying a bucket.
(D) A woman is mopping the floor.

(A) 여자가 창문을 닫고 있다.
(B) 여자가 서랍을 열고 있다.
(C) 여자가 양동이를 비우고 있다.
(D) 여자가 바닥을 대걸레로 닦고 있다.

해설 (A) 창문을 닫고 있는 모습이 아니므로 오답!
(B) 서랍을 여는 모습이 아니므로 오답!
(C) 양동이가 보이지 않으므로 오답!
(D) 대걸레질을 하는 여자의 모습이 보이므로 정답!

어휘 drawers 서랍 | empty 비우다 | bucket 양동이 | mop 대걸레로 닦다

9. 영국

(A) They're resting under the trees.
(B) They're raking leaves on the street.
(C) They're jogging in the park.
(D) They're strolling along the path.

(A) 사람들이 나무 아래에서 쉬고 있다.
(B) 사람들이 길에서 나뭇잎들을 갈퀴로 긁어 모으고 있다.
(C) 사람들이 공원에서 조깅하고 있다.
(D) 사람들이 길을 따라 거닐고 있다.

해설 (A) 나무 아래에서 쉬는 것이 아니라 걷고 있으므로 오답!
(B) 갈퀴로 나뭇잎들을 모으고 있지 않으므로 오답!
(C) 공원에서 조깅하는 모습이 아니라 걷고 있으므로 오답!
(D) 두 사람이 산책 길을 따라 거니는 모습이 보이므로 정답!

어휘 rest 쉬다 | rake 갈퀴로 긁어 모으다 | jog 조깅하다 | stroll 거닐다, 산책하다 | path 길

10. 
미국

(A) A man is casting a net from a dock.
(B) A man is inspecting some lampposts.
(C) A man is unpacking his bag.
(D) A man is walking past some benches.

(A) 남자가 부두에서 그물을 던지고 있다.
(B) 남자가 몇몇 가로등을 점검하고 있다.
(C) 남자가 가방을 풀고 있다.
(D) 남자가 몇몇 벤치를 지나쳐 걷고 있다.

해설 (A) 그물이 보이지 않으므로 오답!
(B) 가로등을 점검하는 모습이 아니므로 오답!
(C) 가방을 푸는 모습이 아니므로 오답!
(D) 벤치를 지나쳐 걷고 있으므로 정답!

어휘 cast 던지다 | net 그물 | dock 부두, 잔교 | inspect 점검하다 | lamppost 가로등 | unpack (짐을) 풀다 | past ~을 지나(쳐)서

11.  미국

(A) The woman is turning on a television screen.
(B) The woman is clearing the counter.
(C) The woman is talking on the phone.
(D) The woman is adjusting a clock.

(A) 여자가 텔레비전 화면을 켜고 있다.
(B) 여자가 카운터를 치우고 있다.
(C) 여자가 전화 통화를 하고 있다.
(D) 여자가 시계를 맞추고 있다.

해설 (A) 텔레비전 화면을 켜고 있는 모습이 아니므로 오답!
(B) 카운터 위를 치우는 모습이 아니므로 오답!
(C) 여자가 수화기를 들고 통화 중이므로 정답!
(D) 시계를 조정하는 모습이 아니므로 오답!

어휘 turn on (TV·라디오 등을) 켜다 | clear 치우다 | adjust 조절하다, 맞추다

12.  호주

(A) Some people are exercising outside.
(B) A lawn is being mowed.
(C) Cyclists are riding across the park.
(D) Some athletes are standing in a circle.

(A) 몇몇 사람들이 밖에서 운동하고 있다.
(B) 잔디가 깎이고 있다.
(C) 자전거를 탄 사람들이 공원을 가로질러 가고 있다.
(D) 몇몇 운동선수들이 둥글게 서 있다.

해설 (A) 사람들이 공원에서 운동하고 있으므로 정답!
(B) 잔디를 깎는 사람이 보이지 않으므로 오답!
(C) 자전거를 탄 사람들이 보이지 않으므로 오답!
(D) 사람들이 나란히 앉거나 서서 운동하고 있으므로 오답!

어휘 exercise 운동하다 | outside 밖에서 | lawn 잔디 | mow 베다, 자르다 | cyclist 자전거 타는 사람 | ride 타다, 몰다 | athlete (운동)선수 | stand 서다 | in a circle 둥글게, 원형을 이루어

UNIT 02. 사물·풍경 중심 사진

Warm-up

1. (B) 2. (A) 3. (A) 4. (A) 5. (A) 6. (B)

1. 미국

(A) Some trucks are being parked on the edge of the street.
(B) Some trucks are parked along the street.

(A) 트럭 몇 대가 길가에 주차되고 있다.
(B) 트럭 몇 대가 길을 따라 주차되어 있다.

2.  미국

(A) Lampposts are placed in a row.
(B) There are streetlights in rows.

(A) 가로등들이 일렬로 놓여 있다.
(B) 가로등들이 여러 줄로 있다.

3.  영국

(A) Some documents are scattered on the desk.
(B) Some papers are piled up on the desk.

(A) 몇몇 문서들이 책상 위에 흩어져 있다.
(B) 몇몇 서류들이 책상 위에 쌓여 있다.

4.  미국

(A) The buildings overlook a canal.
(B) Some buildings are being repainted.

(A) 건물들이 수로를 내려다보고 있다.
(B) 몇몇 건물들이 다시 페인트칠되고 있다.

5.  호주

(A) A flower vase has been placed on a table.
(B) A flower vase is being placed on a table.

(A) 꽃병 하나가 식탁 위에 놓여 있다.
(B) 꽃병 하나가 식탁 위에 놓이고 있다.

6.  미국

(A) The road is paved with bricks.
(B) The road is being paved.

(A) 도로가 벽돌로 포장되어 있다.
(B) 도로가 포장되고 있다.

Practice

1. (A)	2. (D)	3. (C)	4. (A)	5. (D)	6. (A)
7. (D)	8. (C)	9. (A)	10. (A)	11. (B)	12. (D)

1.  미국

(A) Some baked goods are arranged in rows.
(B) The display shelves have been cleared off.
(C) Some cakes are being sliced.
(D) Some desserts are being packaged.

(A) 몇몇 빵 제품들이 여러 열로 배열되어 있다.
(B) 진열 선반들이 깨끗이 치워져 있다.
(C) 몇몇 케이크들이 얇은 조각으로 잘리고 있다.
(D) 몇몇 디저트들이 포장되고 있다.

해설 (A) 빵 제품들이 여러 열로 진열되어 있으므로 정답!
(B) 진열 선반들이 치워진 게 아니라 상품으로 가득 채워져 있으므로 오답!
(C) 케이크를 자르고 있는 사람이 보이지 않으므로 오답!
(D) 디저트를 포장하고 있는 사람이 보이지 않으므로 오답!

어휘 goods 상품 I arrange 배열하다, 정리하다 I in rows 여러 줄로 I display shelf 진열 선반 I clear off 치우다 I slice (얇게) 썰다, 자르다 I packaged 포장된

2.  미국

(A) Some products are being examined.
(B) A box has been left on the pavement.
(C) A book is being picked up.
(D) Some items have been displayed on a table.

(A) 몇몇 제품들이 검사되고 있다.
(B) 인도 위에 상자 하나가 남겨져 있다.
(C) 책 한 권이 들어올려지고 있다.
(D) 몇몇 물건들이 탁자 위에 진열되어 있다.

해설 (A) 물건들을 검사하는 사람이 보이지 않으므로 오답!
(B) 인도 위에 남겨져 있는 상자가 보이지 않으므로 오답!
(C) 책을 들어올리는 사람이 보이지 않으므로 오답!
(D) 물건들이 테이블 위에 진열되어 있으므로 정답!

어휘 examine 검사하다, 살펴보다 I pavement 인도, 보도 I pick up 들어올리다

3.  미국

(A) The grass is being cut.
(B) Some people are resting under a tree.
(C) A patio is surrounded by a wooden fence.

(D) The garden is being watered.

(A) 풀이 깎이고 있다.
(B) 몇몇 사람들이 나무 아래에서 쉬고 있다.
(C) 테라스가 나무 울타리로 둘러싸여 있다.
(D) 정원에 물을 주고 있다.

해설 (A) 잔디를 깎는 사람이나 기계가 보이지 않으므로 오답!
(B) 쉬고 있는 사람들이 보이지 않으므로 오답!
(C) 테라스 주변에 나무 울타리가 보이므로 정답!
(D) 정원에 물을 주는 사람이나 기계가 보이지 않으므로 오답!

어휘 grass 풀 I cut 자르다 I rest 쉬다, 휴식을 취하다 I surround 둘러싸다 I wooden 나무로 만들어진 I fence 울타리

4. 영국

(A) Some boats are sailing near a bridge.
(B) A ship is being boarded.
(C) A bridge is being built over the water.
(D) Some maintenance work is being done.

(A) 몇몇 보트가 다리 근처에서 항해하고 있다.
(B) 사람들이 배에 탑승하고 있다.
(C) 물 위로 다리가 지어지고 있다.
(D) 보수 작업이 진행되고 있다.

해설 (A) 보트들이 다리 근처에서 항해 중이므로 정답!
(B) 배에 탑승하는 사람들이 보이지 않으므로 오답!
(C) 지금 지어지는 중이 아니라 다리는 이미 지어져 있는 상태이므로 오답!
(D) 보수 작업하는 모습이 보이지 않으므로 오답!

어휘 sail 항해하다 I board 탑승하다 I maintenance work 보수 작업

5. 호주

(A) Containers are being emptied.
(B) Vegetables have been planted in the field.
(C) Groceries are being put on the counter.
(D) Produce has been placed in baskets.

(A) 용기들이 비워지고 있다.
(B) 채소들이 들판에 심어져 있다.
(C) 식료품들이 계산대에 놓이고 있다.
(D) 농작물이 바구니 안에 있다.

해설 (A) 용기들을 비우는 사람이 보이지 않으므로 오답!
(B) 들판에 심어진 채소들은 보이지 않으므로 오답!
(C) 식료품을 계산대에 놓는 사람이 보이지 않으므로 오답!
(D) 농작물이 여러 바구니에 들어 있으므로 정답!

어휘 container 용기 I empty 비우다 I plant (나무, 씨앗 등을) 심다 I field 들판 I groceries 식료품 I counter 계산대 I produce 농작물 I basket 바구니

6. 호주

(A) Mountains are reflected on the water.
(B) Some people are crossing the river.
(C) Some people are getting off a boat.
(D) There are clouds in the sky.

(A) 산이 물의 표면에 비춰지고 있다.
(B) 몇몇 사람들이 강을 건너고 있다.
(C) 몇몇 사람들이 보트에서 내리고 있다.
(D) 하늘에 구름이 있다.

해설 (A) 산이 물에 비쳐 보이므로 정답!
(B) 강을 건너는 사람들이 보이지 않으므로 오답!
(C) 배에서 내리는 사람들이 보이지 않으므로 오답!
(D) 하늘에 구름이 없으므로 오답!

어휘 reflect (물이나 거울 위에 상을) 비추다 I cross 건너다 I get off (탈 것에서) 내리다

7. 미국

(A) Cars are parked on the street.
(B) Several people are entering a building.
(C) Some windows are being installed.
(D) There are some poles along the street.

(A) 차들이 길가에 주차되어 있다.
(B) 여러 사람들이 건물 안으로 들어가고 있다.
(C) 창문들이 설치되고 있다.
(D) 길을 따라 몇 개의 기둥들이 있다.

해설 (A) 차가 보이지 않으므로 오답!
(B) 사람들이 보이지 않으므로 오답!

(C) 창문을 설치하는 사람이 보이지 않으므로 오답!
(D) 길을 따라 세워져 있는 기둥들이 보이므로 정답!

어휘 install 설치하다 | pole 기둥

8. 영국

(A) A handrail is being fixed.
(B) The floor is being sprayed with water.
(C) Bushes line one side of the walkway.
(D) A rug has been placed in front of an entrance.

(A) 난간이 수리되고 있다.
(B) 바닥에 물이 뿌려지고 있다.
(C) 덤불이 한쪽 통로를 따라 늘어서 있다.
(D) 깔개가 출입구 앞에 놓여 있다.

해설 (A) 난간을 수리하는 사람이 없으므로 오답!
(B) 바닥에 물을 뿌리는 사람이 없으므로 오답!
(C) 통로 한쪽으로 덤불이 늘어서 있으므로 정답!
(D) 깔개는 보이지 않으므로 오답!

어휘 handrail 난간 | fix 고치다, 수리하다 | spray 물을 뿌리다 | line ~을 따라 늘어서다 | walkway 통로, 보도 | rug 깔개 | entrance 입구

9. 호주

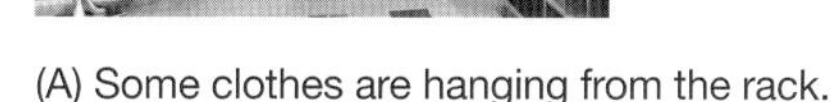

(A) Some clothes are hanging from the rack.
(B) Some shirts are being folded.
(C) Merchandise is on display outdoors.
(D) Some dresses are being put into a shopping bag.

(A) 옷 몇 벌이 걸이에 걸려 있다.
(B) 셔츠 몇 벌이 개어지고 있다.
(C) 상품이 밖에 진열되어 있다.
(D) 드레스들이 쇼핑백 안에 넣어지고 있다.

해설 (A) 옷들이 걸이에 걸려 있으므로 정답!
(B) 셔츠를 개는 사람이 보이지 않으므로 오답!
(C) 상품들이 밖에 진열된 것이 아니므로 오답!
(D) 쇼핑백에 드레스를 넣는 사람이 보이지 않으므로 오답!

어휘 hang 걸다 | rack 걸이; 선반 | fold 개다, 접다 | merchandise 상품 | outdoors 밖에

10. 미국

(A) A handrail divides the stairway.
(B) A stone wall is being built.
(C) There are some potted plants on the floor.
(D) Some people are walking down a staircase.

(A) 난간이 계단을 나누고 있다.
(B) 돌담이 지어지고 있다.
(C) 바닥에 화분이 있다.
(D) 몇몇 사람들이 계단을 내려가고 있다.

해설 (A) 난간이 중간에서 계단을 나누고 있으므로 정답!
(B) 돌담을 쌓는 사람이 보이지 않으므로 오답!
(C) 바닥에 화분이 보이지 않으므로 오답!
(D) 계단을 내려가는 사람들이 보이지 않으므로 오답!

어휘 handrail 난간 | divide 나누다 | stairway 계단 | stone wall 돌담 | potted plant 화분 | staircase 계단

11. 미국

(A) Houses are surrounded by mountains.
(B) A structure overlooks a town.
(C) Some buildings are under construction.
(D) Some tables are shaded by umbrellas.

(A) 집들이 산으로 둘러싸여 있다.
(B) 한 건축물이 마을을 내려다보고 있다.
(C) 몇몇 건물들이 공사 중이다.
(D) 몇몇 탁자들이 파라솔로 그늘져 있다.

해설 (A) 집들이 산으로 둘러싸여 있지 않으므로 오답!
(B) 건축물 하나가 언덕 위에서 마을을 내려다보고 있으므로 정답!
(C) 공사 중인 건물들이 보이지 않으므로 오답!
(D) 탁자와 파라솔로 그늘진 모습은 보이지 않으므로 오답!

어휘 surround 둘러싸다 | structure 건축물 | overlook 내려다보다 | under construction 공사 중인 | shade 그늘지게 하다, 가리다 | umbrella 우산, 파라솔

12. 미국

(A) A cart is being pushed to the corner.
(B) Baggage has been loaded onto a vehicle.
(C) Some suitcases are being unpacked.
(D) Some bags are unattended.

(A) 카트가 구석으로 밀어지고 있다.
(B) 수하물이 차량에 실려 있다.
(C) 몇몇 여행용 가방들을 풀고 있다.
(D) 몇몇 가방들이 방치되어 있다.

해설 (A) 카트가 보이지 않으므로 오답!
(B) 수하물이 차량에 실려 있지 않으므로 오답!
(C) 여행용 가방을 풀고 있는 사람이 보이지 않으므로 오답!
(D) 지켜보는 사람 없이 가방들만 보이므로 정답!

어휘 baggage 수하물 | load (물건을) 싣다 | vehicle 차량, 운송 수단 | suitcase 여행용 가방 | unpack (짐을) 풀다, (가방에 든 것을) 꺼내다 | unattended 주인없이 방치된, 지켜보는 사람이 없는

PART 2

UNIT 03. Who·When·Where 의문문

Warm-up

1. (A)	2. (B)	3. (A)	4. (B)	5. (A)	6. (B)
7. (A)	8. (A)	9. (B)	10. (A)	11. (A)	12. (B)
13. (B)	14. (B)	15. (B)			

미국 ↔ 미국

1. Who's tidying up the staff kitchen today?
(A) It's Brian's turn.
(B) Great – that's really helpful.

오늘은 누가 직원 주방을 정리하죠?
(A) Brian 차례예요.
(B) 잘됐네요. 그게 도움이 많이 되겠어요.

해설 (A) Brian의 차례라고 말하며 담당자 이름으로 대답했으므로 정답!
(C) 의문사 의문문에는 Great로 대답할 수 없으므로 오답!

어휘 tidy up ~을 깔끔하게 정리하다 | staff kitchen 직원용 주방 | turn 차례, 순번 | helpful 도움이 되는, 유용한

호주 ↔ 영국

2. Who bought these file folders?
(A) They are very useful.
(B) I did.

누가 이 서류 폴더들을 샀나요?
(A) 그것들은 매우 유용합니다.
(B) 제가요.

해설 (A) file folders를 듣고 연상 가능한 useful을 이용한 오답!
(B) I를 사용하여 Who 의문문에 대답했으므로 정답!

어휘 useful 유용한

영국 ↔ 미국

3. Who's leading the training session next week?
(A) Didn't you check your e-mail?
(B) Yes, I've been reading it.

누가 다음 주 교육을 진행할 건가요?
(A) 이메일 확인 안 하셨어요?
(B) 네, 그것을 읽고 있었어요.

해설 (A) 이메일을 확인해 보지 않았느냐고 반문하면서 이메일을 확인해 보면 알 수 있다는 의미로 말하고 있으므로 정답!
(B) 의문사 의문문에서 정답이 될 수 없는 Yes와 함께 leading과 발음이 비슷한 reading을 이용한 오답!

어휘 lead ~을 지휘하다, 이끌다 | training session 교육

미국 ↔ 영국

4. When did you purchase your computer?
(A) The shop across the street.
(B) Two years ago, when it was first released.

컴퓨터를 언제 구입하셨나요?
(A) 길 건너편 매장이요.
(B) 2년 전 처음 출시되었을 때요.

해설 (A) Where 의문문에 어울리는 대답이므로 오답!
(B) Two years ago라는 시점으로 대답했으므로 정답!

어휘 purchase 구입하다 | release 발표하다, 공개하다

미국 ↔ 영국

5. When is Yukiko relocating to the Kyoto office?
(A) Next week, I think.
(B) A convenient location.

Yukiko가 교토 사무실로 언제 전근 가나요?
(A) 제 생각엔 다음 주요.
(B) 편리한 위치요.

해설 (A) Next week라는 시점으로 대답했으므로 정답!
(B) relocating과 발음이 비슷한 location을 이용한 오답!

어휘 relocate (특히 기업·근로자가) 옮기다, 이전하다 | convenient 편리한

미국 ↔ 호주

6. When's the company anniversary party?
(A) He's planning to attend.
(B) A week from Wednesday.

회사 창립 기념일 파티가 언제죠?
(A) 그는 참석할 계획입니다.
(B) 수요일로부터 일주일 후요.

해설 (A) 질문에서 언급된 적이 없는 He가 주어로 사용되었으므로 오답!
(B) 정확한 시점 표현으로 답했으므로 정답!

어휘 company anniversary 회사 창립 기념일 I attend 참석하다 I a week from ~로부터 1주일 후

호주 ↔ 영국

7. When does your plane leave?
(A) At 4 o'clock sharp.
(B) To London.

당신의 비행기는 언제 출발하나요?
(A) 4시 정각에요.
(B) 런던으로요.

해설 (A) 시간으로 대답했으므로 정답!
(B) plane을 듣고 연상 가능한 목적지를 언급했으므로 Where 의문문에 적절한 오답!

어휘 plane 비행기 I leave 떠나다 I sharp 정각

미국 ↔ 미국

8. When will the video conference begin?
(A) Not until 11 in the morning.
(B) Yes, you're right.

화상 회의는 언제 시작하나요?
(A) 오전 11시는 되어야 할 거예요.
(B) 네, 당신 말이 맞아요.

해설 (A) 시점 표현으로 대답했으므로 정답!
(B) 의문사 의문문에는 Yes/No로 대답할 수 없으므로 오답!

어휘 video conference 화상 회의 I not until ~이후에야 비로소

미국 ↔ 호주

9. When is the delivery coming?
(A) A delivery company.
(B) Any minute now.

배달은 언제 올 건가요?
(A) 배달업체에요.
(B) 곧 올 거예요.

해설 (A) delivery와 발음이 동일하고 듣고 연상 가능한 delivery company를 이용한 오답!
(B) 시점 표현을 사용해 답했으므로 정답!

어휘 delivery 배달 I any minute now 곧

미국 ↔ 미국

10. Where's the user manual for the camera?
(A) Patrick has it.
(B) That's a good picture.

카메라의 사용 설명서는 어디에 있나요?
(A) Patrick이 가지고 있어요.
(B) 멋진 사진이네요.

해설 (A) Patrick이 가지고 있다고 행방을 알려주고 있으므로 정답!
(B) camera를 듣고 연상 가능한 picture를 이용한 오답!

어휘 user manual 사용 설명서 I picture 사진

미국 ↔ 영국

11. Where should I mail these packages?
(A) To the address on the card.
(B) You can pack them now.

제가 이 소포들을 어디로 보내야 하나요?
(A) 그 카드 위에 있는 주소로요.
(B) 지금 그것들을 포장하셔도 됩니다.

해설 (A) 전치사와 함께 장소를 나타내는 address로 대답했으므로 정답!
(B) packages와 발음이 일부 동일한 pack을 이용한 오답!

어휘 mail 우편을 보내다 I package 소포 I pack 싸다, 포장하다

미국 ↔ 미국

12. Where is the nearest bank?
(A) Nearly $12,000.
(B) Peter probably knows.

가장 가까운 은행은 어디에 있나요?
(A) 거의 12,000달러요.
(B) Peter가 알 거예요.

해설 (A) bank를 듣고 연상 가능한 돈의 단위와 금액을 이용한 오답!
(B) 다른 사람에게 물어 보라며 자신은 모르겠다고 대답한 정답!

어휘 nearest 가장 가까운 I nearly 거의

미국 ↔ 호주

13. Where do you want me to put these boxes?
(A) That's a great idea.
(B) Leave them at the door.

제가 이 박스들을 어디에 두기를 원하세요?
(A) 좋은 생각이네요.
(B) 문가에 놓아두세요.

해설 (A) 장소로 대답하지 않았으므로 오답!
(B) 전치사와 함께 장소가 들렸으므로 정답!

어휘 put 놓다 I leave 놓아두다

호주 ↔ 미국

14. Where's your company located?
(A) Yes, I recently relocated it.
(B) It's in Paris.

당신의 회사는 어디에 위치해 있나요?
(A) 네, 최근에 옮겼어요.
(B) 파리에 있습니다.

해설 (A) 의문사 의문문에서 대답이 될 수 없는 Yes와 함께 located와 발음이 일부 동일한 relocated를 이용한 오답!
(B) Paris라는 장소로 대답했으므로 정답!

어휘 company 회사 I located ~에 위치한 I recently 최근에 I relocate 이전시키다

미국 ↔ 미국

15. Where can I apply for a reimbursement?
(A) He didn't reply to my question.
(B) That information is posted on our website.

제가 상환 신청을 어디에 하면 되나요?
(A) 그가 제 질문에 대답하지 않았어요.
(B) 그 정보는 저희 웹사이트에 게시되어 있어요.

해설 (A) 질문에서 언급된 적 없는 He와 함께 apply와 비슷한 발음의 reply를 이용한 오답!
(B) 웹사이트에 게시되어 있다고 말하고 있으므로 정답!

어휘 apply 신청하다 I reimbursement 상환, 배상 I reply 대답하다 I post 게시하다

Practice

1. (C)	2. (C)	3. (B)	4. (A)	5. (C)	6. (C)
7. (B)	8. (A)	9. (C)	10. (B)	11. (A)	12. (A)

미국 ↔ 호주

1. When is the management workshop?
(A) The same place as last month.
(B) The personnel manager.
(C) Wednesday at 10.

관리 워크숍은 언제인가요?
(A) 지난달과 같은 장소요.
(B) 인사 담당자요.
(C) 수요일 10시요.

해설 (A) Where 의문문에 어울리는 대답이므로 오답!
(B) management와 발음이 비슷한 manager를 이용한 오답!
(C) 시점 표현으로 대답했으므로 정답!

어휘 management 관리 I personnel 인사부

미국 ↔ 미국

2. Who's the keynote speaker for this conference?
(A) I don't have the key.
(B) In the event hall.
(C) Mr. Lim has been selected.

이 회의의 기조 연설자가 누구인가요?
(A) 저는 열쇠가 없어요.
(B) 행사장 내부에서요.
(C) Mr. Lim이 선정됐어요.

해설 (A) keynote와 발음이 비슷한 key를 이용한 오답!
(B) conference를 듣고 연상 가능한 hall을 이용한 오답!
(C) Mr. Lim이 선정되었다며 사람 이름으로 대답했으므로 정답!

어휘 keynote speaker 기조 연설자 I select 선정하다, 선택하다

영국 ↔ 미국

3. When does our train depart?
(A) Yes, it has.
(B) Let me check the itinerary.
(C) The train station downtown.

기차가 몇 시에 떠나죠?
(A) 네, 그랬어요.
(B) 여행 일정표를 확인할게요.
(C) 시내에 있는 기차역이요.

해설 (A) 의문사 의문문에는 Yes/No로 대답할 수 없으므로 오답!
(B) 기차 출발 시각을 묻는 말에 일정표를 확인하겠다고 대답했으므로 정답!
(C) train을 반복 사용한 오답!

어휘 depart 출발하다, 떠나다 I itinerary 여행 일정표

미국 ↔ 미국

4. Where did you take this picture?
(A) At Jenna's retirement party last year.
(B) She's a good photographer.
(C) An expensive camera.

이 사진을 어디에서 찍으셨나요?
(A) 작년에 Jenna의 은퇴 기념 파티에서요.
(B) 그녀는 훌륭한 사진작가예요.
(C) 비싼 카메라요.

해설 (A) 전치사와 함께 retirement party라는 장소로 대답한 정답!
(B) picture를 듣고 연상 가능한 photographer를 이용한 오답!
(C) picture를 듣고 연상 가능한 camera를 이용한 오답!

어휘 take a picture 사진을 찍다 I retirement 은퇴 I photographer 사진작가 I expensive 비싼

미국 ↔ 미국

5. Who was selected as President of Stohler Financial?
(A) A wide selection.
(B) He's in charge of our finances.
(C) That position's still open.

Stohler Financial의 회장으로 누가 선출되었나요?
(A) 선택의 폭이 넓어요.
(B) 그는 재정을 담당하고 있어요.
(C) 그 자리는 아직 공석이에요.

해설 (A) selected와 발음이 비슷한 selection을 이용한 오답!
(B) Financial과 발음이 비슷한 finances를 이용한 오답!
(C) 그 자리가 아직 공석이라고 말하며 아직 미정이라는 의미를 나타내므로 정답!

어휘 select 선정하다, 선택하다 I selection 선택 가능한 것들(의 집합) I be in charge of ~을 담당하다 I finance 자금, 재정 I position 직위, 직책 I open 공석인

미국 ↔ 미국

6. Where did you buy that watch?
(A) Around 200 dollars.
(B) Last week.
(C) Don't you have the same one?

그 시계 어디서 사셨어요?
(A) 200달러 정도요.
(B) 지난주요.
(C) 같은 거 갖고 계시지 않나요?

해설 (A) buy를 듣고 연상 가능한 200 dollars를 이용한 오답!
(B) When 의문문에 어울리는 대답이므로 오답!
(C) 같은 걸 갖고 있지 않냐고 되묻고 있는 정답!

어휘 around 약, ~쯤 I same 같은, 동일한

미국 ↔ 호주

7. When will you publish the book?
(A) Yes, I'm reading it now.
(B) Not for another month.
(C) A few weeks ago.

그 책을 언제 출판하실 건가요?
(A) 네, 지금 그걸 읽고 있는 중이에요.
(B) 아직 한 달은 더 있어야 돼요.
(C) 몇 주 전에요.

해설 (A) 의문사 의문문에서 정답이 될 수 없는 Yes와 함께 book을 듣고 연상 가능한 reading을 이용한 오답!
(B) Not for another 기간(~이후에)의 시간 표현으로 대답한 정답!
(C) 시제가 틀렸으므로 오답!

어휘 publish 출판하다

미국 ↔ 미국

8. Who should I call to replace this light?
(A) I have the number right here.
(B) Yes, she should.
(C) You can place your order now.

이 조명을 교체하려면 누구에게 전화해야 하나요?
(A) 여기에 전화번호가 있어요.
(B) 네, 그녀가 해야 합니다.
(C) 지금 주문하실 수 있습니다.

해설 (A) 전화번호가 바로 여기에 있다고 말하며 담당자 연락처를 알려주고 있으므로 정답!
(B) 의문사 의문문에는 Yes/No로 대답할 수 없으므로 오답!
(C) replace와 발음이 비슷한 place를 이용한 오답!

어휘 replace 교체하다 I light 전등, 조명 I number (전화·팩스 등의) 번호 I place an order 주문하다

미국 ↔ 미국

9. When is the orientation for the new employees?
(A) The trainers are well known.
(B) On the 12th floor.
(C) Jack has that information.

신입 사원 오리엔테이션은 언제인가요?
(A) 그 교관들은 유명해요.
(B) 12층에서요.
(C) Jack이 그 정보를 갖고 있어요.

해설 (A) orientation을 듣고 연상 가능한 trainers를 이용한 오답!
(B) Where 의문문에 어울리는 대답이므로 오답!
(C) Jack이 그 정보를 가지고 있다고 말하며 자신은 모른다고 대답한 정답!

어휘 orientation 오리엔테이션, 예비 교육 I employee 직원 I well known 유명한, 잘 알려진

미국 ↔ 영국

10. Where did the seminar take place?
(A) On April 2nd.
(B) It was held at headquarters.
(C) That's very similar.

그 세미나는 어디에서 열렸나요?
(A) 4월 2일에요.
(B) 본사에서 열렸어요.
(C) 굉장히 비슷하네요.

해설 (A) 장소가 아닌 시점으로 대답했으므로 오답!
(B) 문장 중간에 전치사와 장소 표현으로 대답한 정답!
(C) seminar와 발음이 비슷한 similar를 이용한 오답!

어휘 seminar 세미나 I take place 개최되다 I headquarters 본사 I similar 비슷한

호주 ↔ 미국

11. Who will be the new company president?
(A) It will be announced tomorrow.
(B) This present is for you.
(C) No, it's not Mr. Peterson.

누가 회사의 새로운 회장님이 되실 건가요?
(A) 내일 발표될 거예요.
(B) 이 선물은 당신에게 드리는 거예요.
(C) 아니오, Mr. Peterson는 아닙니다.

해설 (A) 내일 발표되므로 아직은 알 수 없다고 우회적으로 답변한 정답!
(B) president와 발음이 일부 동일한 present를 이용한 오답!
(C) 의문사 의문문에는 Yes/No로 대답할 수 없으므로 오답!

어휘 president 회장 I announce 발표하다

호주 ↔ 영국

12. Where can I find the menu?
(A) I'll get you one right now.
(B) The restaurant is pretty new.

(C) Research findings.

메뉴를 어디에서 찾을 수 있나요?

(A) 제가 지금 바로 하나 가져다 드릴게요.

(B) 그 음식점은 꽤 최근에 생긴 곳이에요.

(C) 연구 결과들이요.

해설 (A) 본인이 직접 가져다 주겠다고 말하고 있는 정답!

(B) menu를 듣고 연상 가능한 restaurant과 함께 menu와 발음이 비슷한 new를 이용한 오답!

(C) find와 발음이 일부 동일한 findings를 이용한 오답!

어휘 pretty 꽤 | research 연구 | findings 조사결과, 연구결과

UNIT 04. What·Which·How·Why 의문문

Warm-up

1. (A)	2. (B)	3. (A)	4. (A)	5. (A)	6. (B)
7. (A)	8. (A)	9. (A)	10. (A)	11. (B)	12. (A)
13. (A)	14. (B)	15. (A)	16. (A)	17. (B)	18. (B)
19. (B)	20. (A)	21. (B)	22. (A)	23. (B)	24. (A)

호주 ↔ 미국

1. What's the round-trip fare to Boston?

(A) 15 dollars per person.

(B) An express bus.

보스턴까지 왕복 요금이 얼마인가요?

(A) 일 인당 15달러입니다.

(B) 고속버스예요.

해설 (A) 금액으로 대답한 정답!

(B) round-trip을 듣고 연상 가능한 express bus를 이용한 오답!

어휘 round-trip 왕복의 | fare 요금 | express bus 고속버스

미국 ↔ 영국

2. What kind of coats do you want to purchase?

(A) She's very kind.

(B) Something warm and stylish.

어떤 종류의 코트를 구매하기 원하나요?

(A) 그녀는 정말 친절해요.

(B) 따뜻하고 세련된 거요.

해설 (A) 질문에서 언급된 적 없는 She와 함께 kind가 반복되어 들린 오답!

(B) Something으로 시작해 원하는 종류의 특징을 묘사하고 있으므로 정답!

어휘 kind 종류, 친절한 | purchase 구매하다

호주 ↔ 미국

3. What's the fastest way to the theater?

(A) Take LaSalle Avenue.

(B) It only takes 10 minutes.

극장까지 가는 가장 빠른 길은 무엇인가요?

(A) LaSalle 가를 이용하세요.

(B) 10분밖에 안 걸려요.

해설 (A) 길 이름으로 대답한 정답!

(B) 시간으로 대답했으므로 오답!

어휘 fastest 가장 빠른 | theater 극장

미국 ↔ 미국

4. What time does Ryan's train arrive?

(A) Ms. Kane should know.

(B) In the training session.

Ryan의 기차가 몇 시에 도착하나요?

(A) Ms. Kane이 알 거예요.

(B) 교육시간에요.

해설 (A) Ms. Kane이 시간을 알 것이라고 대답한 정답!

(B) 질문의 train과 발음이 비슷한 training을 이용한 오답!

어휘 arrive 도착하다 | training session 교육 (시간)

호주 ↔ 영국

5. What is the factory supervisor's name?

(A) It's John Orwell.

(B) Mr. Kenji is the new CEO.

공장 감독관 이름이 뭐죠?

(A) John Orwell이에요.

(B) Mr. Kenji가 신임 최고경영자예요.

해설 (A) 감독관 이름이 John Orwell이라고 답했으므로 정답!

(B) 질문의 supervisor(책임자)와 다른 직책인 CEO(최고경영자)를 관련지어 대답한 오답!

어휘 factory supervisor 공장 감독관 | CEO 최고경영자

미국 ↔ 호주

6. What's the matter with this machine?

(A) The one on the right.

(B) It's missing some parts.

이 기계는 뭐가 문제죠?

(A) 오른쪽 거요.

(B) 부품 몇 개가 빠졌네요.

해설 (A) 장소로 답했으므로 오답!

(B) 부품이 빠진 문제점을 설명했으므로 정답!

어휘 matter 문제 | machine 기계 | part 부품, 부분

미국 ↔ 미국

7. Which switch do I press to turn this machine off?

(A) The red one.

(B) Yes, that's right.

어떤 스위치를 눌러서 이 기계를 끄나요?
(A) 빨간 거요.
(B) 네, 맞아요.

해설 (A) Which의 대표적인 대답 유형인 the one으로 대답한 정답!
(B) 의문사 의문문에는 Yes/No로 대답할 수 없으므로 오답!

어휘 press 누르다 | turn off 끄다

영국 ↔ 호주

8. Which day is selected for the reception?
(A) This Friday.
(B) The first week of May.

환영 행사가 무슨 요일로 정해졌나요?
(A) 이번 주 금요일이요.
(B) 5월 첫째 주요.

해설 (A) 요일로 대답한 정답!
(B) 날짜나 요일이 아닌 첫째 주라고 대답했으므로 오답!

어휘 select 선택하다 | (welcoming) reception 환영 행사

영국 ↔ 미국

9. Which umbrella is yours?
(A) The green one by the door.
(B) No, it's not raining.

어떤 우산이 당신 건가요?
(A) 문 옆에 있는 초록색 우산이요.
(B) 아니요, 비 안 와요.

해설 (A) Which의 대표적인 대답 유형인 the one으로 대답한 정답!
(B) 의문사 의문문에는 Yes/No로 대답할 수 없으므로 오답!

어휘 umbrella 우산 | by the door 문간에, 문 옆에

미국 ↔ 영국

10. Which of the applicants is qualified for the job?
(A) I think Ms. Ohara is.
(B) I haven't applied.

그 일에 적합한 자격을 갖춘 지원자는 누구인가요?
(A) 제 생각엔 Ms. Ohara요.
(B) 전 지원하지 않았어요.

해설 (A) 자격을 갖춘 지원자의 이름을 언급한 정답!
(B) 질문의 applicants와 발음이 비슷한 applied를 이용한 오답!

어휘 applicant 지원자 | qualified 자격이 있는

호주 ↔ 미국

11. Which color do you prefer?
(A) It's the wrong color.
(B) They're both good.

어떤 색을 선호하나요?
(A) 색상이 잘못되었어요.
(B) 둘 다 좋아요.

해설 (A) color를 반복 사용한 오답!
(B) 특정 색을 고르지 않고 '둘 다 좋다'고 말한 정답!

어휘 prefer 선호하다 | both 둘 다

미국 ↔ 미국

12. Which of the men is the team leader?
(A) The one wearing glasses.
(B) He is the Personnel Director.

저 남자들 중 누가 팀장인가요?
(A) 안경을 쓴 사람이요.
(B) 그는 인사부장이에요.

해설 (A) Which의 대표적인 응답 유형인 the one으로 대답한 정답!
(B) 질문의 leader를 듣고 연상 가능한 Personnel Director를 관련지어 대답했으므로 오답!

어휘 leader 리더, 대표 | Personnel Director 인사부장

미국 ↔ 호주

13. How was your trip to Sydney?
(A) It was very relaxing.
(B) I just came back.

시드니 여행 어떠셨어요?
(A) 정말 편안한 여행이었어요.
(B) 방금 돌아왔어요.

해설 (A) 여행이 어땠는지 묻는 질문에 편안한 여행이었다고 대답하고 있으므로 정답!
(B) 여행에서 방금 돌아왔다고 대답한 오답!

어휘 trip 여행 | relaxing 편한, 느긋하게 해 주는 | come back 돌아오다

미국 ↔ 영국

14. How do I call the front desk?
(A) For room service.
(B) Press zero.

안내 데스크에 어떻게 전화하나요?
(A) 룸서비스를 위해서요.
(B) 0번을 누르세요.

해설 (A) front desk를 듣고 연상 가능한 room service를 이용한 오답!
(B) 0번을 누르면 된다고 방법을 설명해 주고 있는 정답!

어휘 front desk 프런트, 안내 데스크 | zero 숫자 0

영국 ↔ 미국

15. How many languages can you speak?
(A) Just two.
(B) I teach English.

당신은 몇 개의 언어를 말할 수 있으신가요?
(A) 단지 두 개요.
(B) 저는 영어를 가르칩니다.

해설 (A) How many라는 의문사에 숫자로 대답했으므로 정답!
(B) languages를 듣고 연상 가능한 English를 이용한 오답!

어휘 language 언어 | just 단지

미국 ↔ 미국

16. How would you like your eggs?
(A) I'll have them scrambled.
(B) Yes, I like eggs.

달걀을 어떻게 요리해 드릴까요?
(A) 스크램블로 해 주세요.
(B) 네, 저는 달걀을 좋아해요.

해설 (A) 자신이 원하는 바를 설명하고 있으므로 정답!
(B) eggs를 반복 이용한 오답!

어휘 would like ~하고 싶다 | scramble (달걀을 휘저어) 스크램블을 만들다

영국 ↔ 호주

17. How much are the tickets to the basketball game?
(A) I'm so excited.
(B) Over 200 dollars.

농구 경기 표는 얼마인가요?
(A) 너무 신나요.
(B) 200달러가 넘어요.

해설 (A) basketball game을 듣고 연상 가능한 excited를 이용한 오답!
(B) 구체적인 금액으로 대답한 정답!

어휘 ticket 표 | basketball game 농구 경기 | excited 신이 난

호주 ↔ 미국

18. How often do I need to clean the storage room?
(A) For a month.
(B) At least twice a week.

얼마나 자주 그 창고를 청소해야 하나요?
(A) 한 달 동안이요.
(B) 적어도 일주일에 두 번이요.

해설 (A) 빈도로 대답하지 않고 How long에 대한 대답인 기간을 언급했으므로 오답!
(B) 빈도로 대답했으므로 정답!

어휘 clean 청소하다 | storage room 창고 | at least 적어도 | twice a week 일주일에 두 번

미국 ↔ 호주

19. Why is Robert so late?
(A) Later today.
(B) Because he missed the bus.

Robert는 왜 그렇게 늦나요?
(A) 오늘 늦게요.
(B) 그는 버스를 놓쳤거든요.

해설 (A) late와 발음이 일부 동일한 later를 이용한 오답!
(B) Why의 대표적인 대답 형태인 Because를 사용해서 이유를 설명하고 있으므로 정답!

어휘 late 늦은 | later 나중에 | miss 놓치다

호주 ↔ 영국

20. Why is the file cabinet in the hallway?
(A) We're replacing it with a new one.
(B) There is a hole in the wall.

왜 파일 캐비닛이 복도에 있나요?
(A) 우리는 그것을 새 걸로 교체하고 있어요.
(B) 벽에 구멍이 있어요.

해설 (A) Because를 생략하고 바로 이유를 설명하는 정답!
(B) hallway와 발음이 비슷한 hole을 이용한 오답!

어휘 file cabinet 문서 보관함 | hallway 복도 | hole 구멍

영국 ↔ 미국

21. Why weren't you at the seminar?
(A) OK, I'll be there.
(B) I had a client meeting.

왜 세미나에 안 오셨어요?
(A) 네, 갈게요.
(B) 고객과 회의가 있었어요.

해설 (A) 의문사 의문문에서 정답이 될 수 없는 OK와 함께 시제가 잘못된 오답!
(B) Because를 생략하고 바로 이유를 설명하는 정답!

어휘 client 의뢰인, 고객

미국 ↔ 미국

22. Why is this drawer locked?
(A) I have no idea.
(B) It's in the top drawer.

왜 이 서랍이 잠겨 있나요?
(A) 잘 모르겠어요.
(B) 맨 위 서랍에 있어요.

해설 (A) 모른다고 말하며 직접적인 대답을 피하는 정답!
(B) 질문의 drawer를 반복 이용한 오답!

어휘 drawer 서랍 | lock 잠그다

호주 ↔ 미국

23. Why was Randolph Street closed this morning?
(A) It's not open.
(B) There was an accident.

오늘 아침에 Randolph 거리가 왜 폐쇄됐나요?
(A) 그건 열려 있지 않아요.
(B) 사고가 있었어요.

해설 (A) closed를 듣고 연상 가능한 not open을 이용한 오답!
(B) Because를 생략하고 바로 이유를 설명하는 정답!

어휘 accident 사고

미국 ↔ 영국

24. Why is the light on in the conference room?
(A) Sorry, I forgot to turn it off.
(B) I think you're right.

왜 회의실 전등이 켜져 있나요?
(A) 죄송해요, 제가 끄는 걸 깜빡했어요.
(B) 당신 말이 맞는 것 같아요.

해설 (A) 끄는 것을 잊어서 전등이 켜져 있음을 설명하므로 정답!
(B) light와 발음이 비슷한 right를 이용한 오답!

어휘 light (전)등, (전깃)불

Practice

1. (C)	2. (B)	3. (C)	4. (C)	5. (B)	6. (A)
7. (B)	8. (B)	9. (C)	10. (A)	11. (A)	12. (A)

미국 ↔ 미국

1. How do I get to the conference center?
(A) The seminar starts at 6 P.M.
(B) For the keynote speaker.
(C) I'll email you the directions.

회의장은 어떻게 가나요?
(A) 세미나는 오후 6시에 시작해요.
(B) 기조 연설자를 위해서요.
(C) 제가 약도를 이메일로 보내 드릴게요.

해설 (A) conference를 듣고 연상 가능한 seminar를 이용한 오답!
(B) conference를 듣고 연상 가능한 keynote speaker를 이용한 오답!
(C) 길을 묻는 말에 약도를 보내겠다고 대답했으므로 정답!

어휘 get to ~에 도착하다 | keynote speaker 기조 연설자 | email 이메일로 보내다 | directions 길 안내

호주 ↔ 미국

2. Why was the training session with the interns rescheduled?
(A) Every Wednesday at 9.
(B) Because Rosana is away.
(C) No, I haven't met all of them yet.

인턴들의 연수 일정이 왜 변경되었나요?
(A) 매주 수요일 9시요.
(B) Rosana가 부재중이라서요.
(C) 아니요, 아직 다 만나지는 못했어요.

해설 (A) When 의문문에 어울리는 대답이므로 오답!
(B) Rosana가 자리에 없다며 이유를 밝히고 있으므로 정답!
(C) 의문사 의문문에는 Yes/No로 대답할 수 없으므로 오답!

어휘 training session 교육, 연수 | reschedule 일정을 변경하다 | away 자리에 없는

영국 ↔ 미국

3. How soon do I have to renew my business license?
(A) A small retail store.
(B) Here is my license number.
(C) It should say in this booklet.

제 사업자 등록증을 얼마나 빨리 갱신해야 합니까?
(A) 작은 소매상이요.
(B) 여기 제 차 번호요.
(C) 이 소책자에 나와 있을 거예요.

해설 (A) business를 듣고 연상 가능한 retail store를 이용한 오답!
(B) license를 반복 사용한 오답!
(C) 책자에 나와 있다고 답하며 자신은 모른다고 우회적으로 대답한 정답!

어휘 renew 갱신하다, 연장하다 | business license 사업자 등록증 | retail 소매의 | license number 자동차 번호 | say ~라고 쓰여 있다 | booklet 소책자

영국 ↔ 미국

4. What do you normally do on weekends?
(A) Yes, I'm free this Saturday.
(B) Probably in a few weeks.
(C) I like to exercise at the gym.

주말에는 보통 뭘 하시나요?
(A) 네, 이번 주 토요일에 시간이 있어요.
(B) 아마 몇 주 후일 거예요.
(C) 헬스장에서 운동하는 걸 좋아해요.

해설 (A) 의문사 의문문에는 Yes/No로 대답할 수 없으므로 오답!
(B) weekends와 발음이 비슷한 weeks를 이용한 오답!
(C) 헬스장에서 운동한다고 대답했으므로 정답!

어휘 normally 보통(때는) | on weekends 주말에 | free 한가한 | exercise 운동하다 | gym 헬스장, 체육관

호주 ↔ 미국

5. Which address do you want me to ship the business cards to?
(A) It takes one week.
(B) The first one on the list.
(C) I like the red dress.

제가 어느 주소로 명함을 발송해 드릴까요?
(A) 일주일은 걸려요.
(B) 목록에 있는 첫 번째 주소요.
(C) 저는 그 빨간 드레스가 좋아요.

해설 (A) ship을 듣고 연상 가능한 소요 시간 표현(takes one week)을 이용한 오답!
(B) 목록에서 첫 번째 주소라고 대답했으므로 정답!
(C) address와 발음이 비슷한 dress를 이용한 오답!

어휘 ship 운송하다, 발송하다 | business card 명함 | take (얼마의 시간이) 걸리다 | list 목록, 명단

영국 ↔ 미국

6. Why is the supermarket closed today?
(A) It is undergoing renovations.
(B) The vegetables here are very fresh.
(C) No, not that I know of.

왜 오늘 슈퍼마켓이 문을 닫았나요?
(A) 보수 공사를 하는 중이에요.
(B) 이곳 채소는 아주 신선해요.
(C) 아니요, 제가 알기로는 아니에요.

해설 (A) 보수 공사 때문이라는 이유를 말했으므로 정답!
(B) supermarket을 듣고 연상 가능한 vegetables를 이용한 오답!
(C) 의문사 의문문에는 Yes/No로 대답할 수 없으므로 오답!

어휘 undergo 겪다, 받다 I renovation 보수 공사, 수리 I not that I know of 내가 알기로는 그렇지 않다

호주 ↔ 미국

7. How much did we spend at the restaurant?
(A) A sandwich and a coffee, please.
(B) I'll have to check the bill.
(C) The one on Chester Street.

우리가 레스토랑에서 얼마나 쓴 거예요?
(A) 샌드위치랑 커피 주세요.
(B) 계산서를 확인해 봐야 돼요.
(C) Chester 가에 있는 거요.

해설 (A) restaurant를 듣고 연상 가능한 sandwich, coffee를 이용한 오답!
(B) 잘 모르니 계산서를 확인해보겠다고 우회적으로 대답한 정답!
(C) Which 의문문에 어울리는 대답으로 오답!

어휘 spend 소비하다 I bill 계산서

영국 ↔ 미국

8. What do I need to bring to your party tonight?
(A) It'll be fun.
(B) I'm sorry, it's been canceled.
(C) Almost 20 people will be there.

오늘 밤 당신의 파티에 제가 무엇을 가져가야 할까요?
(A) 재미있을 거예요.
(B) 죄송해요, 그건 취소됐어요.
(C) 거의 20명 정도 올 거예요.

해설 (A) party를 듣고 연상 가능한 fun을 이용한 오답!
(B) 사과와 함께 파티가 취소되었다고 말하고 있으므로 정답!
(C) party를 듣고 연상 가능한 참석자 수를 이용한 오답!

어휘 bring 가져가다 I cancel 취소하다 I almost 거의

호주 ↔ 미국

9. Which movie would you like to watch?
(A) I'm moving next month.
(B) That would be great.
(C) I'm still thinking.

어떤 영화를 보고 싶으세요?
(A) 저는 다음 달에 이사할 거예요.
(B) 그럼 좋겠네요.
(C) 아직 생각 중이에요.

해설 (A) movie와 발음이 비슷한 moving을 이용한 오답!
(B) 제안문에 적합한 대답으로 오답!
(C) 아직 생각 중이라고 말하며 직접적인 대답을 피하고 있는 정답!

어휘 move 이사하다 I still 아직

호주 ↔ 미국

10. Why did you make the appointment at 2 P.M.?
(A) Would you like it for noon instead?
(B) No, of course not.
(C) You're welcome.

왜 오후 2시에 예약을 하신 건가요?
(A) 그럼 정오로 해 드릴까요?
(B) 아니요, 물론 아니죠.
(C) 별 말씀을요.

해설 (A) 2시에 예약한 이유를 묻자 대신 정오 시간을 원하는지 되묻고 있는 정답!
(B) 의문사 의문문에는 Yes/No로 대답할 수 없으므로 오답!
(C) 감사하다는 말에 대한 대답이므로 오답!

어휘 make an appointment 약속을 정하다, 예약하다 I noon 정오 I instead 그 대신, 그보다는

미국 ↔ 미국

11. What recommendations do you have for tomorrow's client visit?
(A) You should take them on a boat tour.
(B) Sales representatives from China.
(C) Thanks for your suggestion.

내일 고객 방문을 위해 추천해 주실 게 있나요?
(A) 보트 투어에 데려가세요.
(B) 중국에서 온 영업 사원들이요.
(C) 제안 감사합니다.

해설 (A) 보트 투어에 데려가라는 제안으로 대답했으므로 정답!
(B) client를 듣고 연상 가능한 Sales representatives를 이용한 오답!
(C) recommendations를 듣고 연상 가능한 suggestion을 이용한 오답!

어휘 recommendation 추천 I client 고객 I sales representative 영업 사원 I suggestion 제안

영국 ↔ 미국

12. Why has the delivery been delayed?
(A) Have you seen the weather outside?
(B) When the shipment arrives later.
(C) Yes, from the manufacturing plant.

왜 배송이 지연되었나요?
(A) 밖에 날씨 보셨어요?
(B) 나중에 배송품이 도착하면요.
(C) 네, 제조 공장에서요.

해설 (A) 바깥 날씨를 봤는지 되물으며 날씨 때문에 배송이 지연되었음을 우회적으로 나타내고 있는 정답!
(B) delivery를 듣고 연상 가능한 shipment를 이용한 오답!
(C) 의문사 의문문에는 Yes/No로 대답할 수 없으므로 오답!

어휘 delivery 배달물 I delay 지연시키다 I shipment 배송 I manufacturing plant 제조 공장

UNIT 05. 일반·부정·부가 의문문

Warm-up

1. (B)	2. (A)	3. (A)	4. (B)	5. (B)	6. (A)
7. (B)	8. (A)	9. (B)	10. (A)	11. (B)	12. (A)
13. (B)	14. (A)	15. (A)	16. (B)	17. (A)	18. (B)

영국 ↔ 미국

1. Is the computer working properly?
(A) It's probably an e-mail.
(B) No, the Internet is down.

컴퓨터가 제대로 작동하나요?
(A) 아마 이메일이요.
(B) 아니요, 인터넷이 안 돼요.

해설 (A) properly와 발음이 비슷한 probably를 이용한 오답!
(B) No(작동하지 않는다)라고 말한 후 인터넷이 안 된다고 부연설명으로 대답한 정답!

어휘 work 작동하다 I properly 제대로 I down 작동이 안 되는

미국 ↔ 호주

2. Do you have time to check my report?
(A) Yes, I can do it after this meeting.
(B) He didn't approve the proposal.

제 보고서를 검토해주실 시간이 있으신가요?
(A) 네, 이 회의 끝나고 해드릴 수 있어요.
(B) 그가 그 제안을 승인하지 않았어요.

해설 (A) 시간이 있냐는 질문에 있다고 대답했으므로 정답!
(B) 질문에서 언급된 적 없는 He로 대답해서 주어가 일치하지 않으므로 오답!

어휘 approve 승인하다 I proposal 제안

호주 ↔ 영국

3. Is there a convenience store nearby?
(A) I don't think so.
(B) A variety of drinks.

인근에 편의점이 있나요?
(A) 없는 것 같아요.
(B) 다양한 음료들이요.

해설 (A) 없는 것 같다며 부정으로 대답하고 있으므로 정답!
(B) convenience store를 듣고 연상 가능한 drinks를 이용한 오답!

어휘 convenience store 편의점 I nearby 인근에 I a variety of 다양한

호주 ↔ 미국

4. Did you receive the laboratory results?
(A) I've never been to the resort.
(B) They're on my desk.

실험실 결과들을 받으셨나요?
(A) 전 그 리조트에 가 본 적이 없어요.
(B) 제 책상 위에 있어요.

해설 (A) results와 발음이 비슷한 resort를 이용한 오답!
(B) 결과들을 받았고 책상 위에 있다고 말하고 있으므로 정답!

어휘 laboratory result 실험실 결과 I resort 리조트

미국 ↔ 호주

5. Are you signed up for our rewards program?
(A) The sign on the window.
(B) No, this is my first time here.

저희 보상 프로그램에 등록하셨나요?
(A) 창문에 있는 간판이요.
(B) 아니요, 전 여기 처음 왔어요.

해설 (A) signed와 발음이 비슷한 sign을 이용한 오답!
(B) No라고 말한 뒤, 여기 처음이라는 이유를 말한 정답!

어휘 sign up 등록하다, 신청하다 I reward 보상 I sign 간판

미국 ↔ 영국

6. Do you regularly check the firm's customer database?
(A) Yes, at least twice a day.
(B) We received many complaints.

회사의 고객 데이터베이스를 정기적으로 확인하시나요?
(A) 네, 적어도 하루에 두 번씩이요.
(B) 저희는 많은 불만 사항을 접수 받았습니다.

해설 (A) Yes라고 말한 뒤, 하루에 두 번은 한다는 부연설명으로 대답한 정답!
(B) customer를 듣고 연상 가능한 complaints를 이용한 오답!

어휘 regularly 정기적으로 I firm 회사

미국 ↔ 미국

7. Should we order the supplies now?
(A) The store's website.
(B) No, we can do it later.

지금 물품을 주문할까요?
(A) 그 매장의 웹사이트요.
(B) 아니요, 나중에 해도 돼요.

해설 (A) order, supplies를 듣고 연상 가능한 store를 이용한 오답!
(B) No(주문하지 않아도 된다)라고 말한 후 나중에 해도 된다고 대답했으므로 정답!

어휘 order 주문하다 I supplies 물품, 비품

영국 ↔ 미국

8. Has the plumber repaired the sink?
(A) Yes, he's all done now.
(B) He's not selling it anymore.

그 배관공이 싱크대를 고쳤나요?
(A) 네, 이제 다 끝났어요.
(B) 그는 더 이상 그것을 팔지 않아요.

해설 (A) 긍정의 Yes와 함께 일이 다 끝났다고 말하고 있으므로 정답!
(B) ceiling과 일부 발음이 비슷한 selling을 이용한 오답!

어휘 plumber 배관공 I repair 수리하다 I sink 싱크대 I sell 팔다

영국 ↔ 미국

9. Have you set up the new color printer yet?
(A) Fifty copies in color, please.
(B) I finished that yesterday.

새 컬러 프린터기를 설치하셨어요?
(A) 컬러로 50부 해주세요.
(B) 그 일을 어제 끝냈어요.

해설 (A) color가 반복 사용된 오답!
(B) 어제 완료했다고 대답했으므로 정답!

어휘 set up 설치하다 I copy 복사본

호주 ↔ 미국

10. Should I wear my jacket today?
(A) It's quite cold outside.
(B) Brown with gold buttons.

제가 오늘 재킷을 입어야 할까요?
(A) 밖이 상당히 추워요.
(B) 금색 단추가 있는 브라운 색이요.

해설 (A) 상당히 춥다고 하며 입어야 한다고 우회적으로 말한 정답!
(B) jacket을 듣고 연상 가능한 buttons를 이용한 오답!

어휘 quite 상당히, 꽤 I outside 밖에

호주 ↔ 미국

11. Has the restaurant received our grocery delivery?
(A) I'd like some fresh vegetables.
(B) Yes, they just messaged me.

그 식당이 식료품 배송을 받았나요?
(A) 신선한 채소들을 원해요.
(B) 네, 그들이 방금 제게 메시지를 보내왔어요.

해설 (A) grocery를 듣고 연상 가능한 vegetables를 이용한 오답!
(B) Yes라고 말한 뒤, 방금 메시지를 보내왔다고 부연설명으로 대답한 정답!

어휘 grocery 식료품 I message 메시지를 보내다

영국 ↔ 미국

12. Will the new employee orientation finish by 7:30?
(A) The schedule was emailed to you.
(B) No, the morning meeting.

신입 직원 오리엔테이션이 7시 반에 끝날까요?
(A) 일정표를 이메일로 보내 드렸어요.
(B) 아니요, 오전 회의요.

해설 (A) 일정표를 이메일로 보냈으니 확인해보라고 우회적으로 대답한 정답!
(B) orientation, 7:30을 듣고 연상 가능한 morning meeting을 이용한 오답!

어휘 orientation 오리엔테이션, 예비 교육

미국 ↔ 미국

13. Didn't you send the attendance list to Natalie?
(A) I attended last week.
(B) No, but I will in five minutes.

Natalie에게 참석자 명단을 보내지 않았나요?
(A) 저는 지난주에 참석했어요.
(B) 못 보냈어요, 하지만 5분 후에 보낼 거예요.

해설 (A) 질문에서 들린 attendance와 발음이 일부 동일한 attend를 이용한 오답!
(B) 아직 못 보냈지만 곧 보낼 것이라고 말하고 있으므로 정답!

어휘 send 보내다 I attendance list 참석자 명단 I attend 참석하다 I in ~후에

호주 ↔ 미국

14. It's supposed to be colder today, isn't it?
(A) Yes, you should take a scarf.
(B) You're supposed to call her.

오늘이 더 추울 거라고 하죠, 그렇지 않나요?
(A) 맞아요, 목도리를 가지고 가는 게 좋을 거예요.
(B) 당신이 그녀에게 전화하기로 되어 있습니다.

해설 (A) 날씨가 추울 테니 목도리를 가져가라고 말하고 있으므로 정답!
(B) supposed to가 반복된 오답!

어휘 be supposed to ~하기로 되어 있다 I take 가지고 가다

미국 ↔ 영국

15. Wasn't Marco at the marketing seminar this morning?

(A) I don't remember.
(B) No, he's a marketing manager.

Marco가 오늘 아침 마케팅 세미나에 없었나요?
(A) 기억나지 않아요.
(B) 아니요, 그는 마케팅 관리자예요.

해설 (A) 기억이 나지 않는다고 말하고 있으므로 정답!
(B) marketing이 반복된 오답!

어휘 remember 기억하다

미국 ↔ 호주

16. Rachel's office is on this floor, isn't it?
(A) Yes, it needs another chair.
(B) She moved to the 7th floor last month.

Rachel의 사무실은 이 층에 있죠, 그렇지 않나요?
(A) 네, 거기에 의자가 하나 더 필요해요.
(B) 그녀는 지난달에 7층으로 옮겼어요.

해설 (A) office와 연상되는 chair로 대답한 오답!
(B) 더 이상 이 층에 있지 않다고 말하고 있으므로 정답!

어휘 floor 층 I move 옮기다, 이동하다

미국 ↔ 영국

17. Isn't this the latest laptop model?
(A) It came out a month ago.
(B) Yes, it's late.

이건 최신 노트북 모델 아닌가요?
(A) 한 달 전에 나왔죠.
(B) 네, 늦었어요.

해설 (A) 나온 지 한 달 됐다는 설명을 하고 있으므로 정답!
(B) 최신 제품이 맞다는 의미의 Yes로 시작하지만 뒤의 이유가 알맞지 않고 latest와 발음이 일부 동일한 late를 이용한 오답!

어휘 latest 최신의 I come out 나오다, 생산되다 I late 늦은

미국 ↔ 미국

18. Ms. Yuiko made the slide show for the meeting, didn't she?
(A) About 15 slides.
(B) No, I did.

Ms. Yuiko가 회의용 슬라이드 쇼를 만들었죠, 그렇지 않나요?
(A) 대략 15개의 슬라이드예요.
(B) 아니요, 제가 만들었어요.

해설 (A) slide가 반복된 오답!
(B) 부정의 No 뒤에 Ms. Yuiko가 아니라 본인이 만들었음을 밝히고 있으므로 정답!

어휘 slide show 슬라이드 쇼

Practice

1. (B)	2. (C)	3. (B)	4. (B)	5. (A)	6. (A)
7. (C)	8. (B)	9. (B)	10. (B)	11. (A)	12. (B)

미국 ↔ 호주

1. Did you email the computer technician?
(A) Please write down your e-mail address.
(B) Yes, someone will be here at 4 o'clock.
(C) A new computer program.

컴퓨터 기술자한테 이메일 보내셨어요?
(A) 이메일 주소를 적어 주세요.
(B) 네, 4시에 누가 올 거예요.
(C) 새 컴퓨터 프로그램이요.

해설 (A) email을 반복 사용한 오답!
(B) Yes(이메일을 보냈다)라고 말한 후 4시에 올 거라고 대답했으므로 정답!
(C) computer를 반복 사용한 오답!

어휘 technician 기술자 I write down ~을 적다

호주 ↔ 미국

2. Weren't you at the meeting this morning?
(A) In conference room A.
(B) She's arriving in the afternoon.
(C) No, I had to visit a client.

오늘 오전 회의에 오지 않으셨나요?
(A) A 회의실에서요.
(B) 그녀는 오후에 도착합니다.
(C) 네, 고객을 만나야 했어요.

해설 (A) meeting을 듣고 연상 가능한 conference room을 이용한 오답!
(B) 주어가 she이므로 질문의 주어 you와 맞지 않고, this morning을 듣고 연상 가능한 in the afternoon을 이용한 오답!
(C) 회의에 참석하지 못한 이유를 설명하고 있으므로 정답!

어휘 conference room 회의실

미국 ↔ 영국

3. You set up an appointment with Dr. Allen, didn't you?
(A) He's been appointed to the committee.
(B) Yes, for this Thursday.
(C) For his annual checkup.

Allen 박사님께 예약하셨죠, 그렇지 않나요?
(A) 그는 위원회에 임명되었습니다.
(B) 맞아요, 이번 주 목요일로요.
(C) 그의 연례 건강 검진을 위해서요.

해설 (A) appointment와 발음이 비슷한 appointed를 이용한 오답!
(B) 목요일로 예약했다고 말하고 있으므로 정답!
(C) appointment를 듣고 연상 가능한 annual checkup을 이용한 오답!

어휘 set up an appointment 예약을 하다 I appoint 임명하다 I committee 위원(회) I annual 연례의 I checkup 건강 검진

미국 ↔ 미국

4. Isn't it great to have an office with windows?
(A) No, I'm not busy at all.
(B) Yes, the natural light is nice.
(C) Why don't you open them?

창문이 있는 사무실에서 일하니 정말 좋지 않나요?
(A) 아니요, 저는 전혀 안 바빠요.
(B) 네, 자연광이 좋네요.
(C) 그걸 열지 그러세요?

해설 (A) No(창문이 있는 사무실에서 일하는 게 좋지 않다)라는 대답과 전혀 바쁘지 않다는 부연 설명은 질문과 맞지 않으므로 오답!
(B) Yes(창문이 있는 사무실에서 일하는 게 좋다)라고 말한 후 자연광이 좋다고 부연 설명하고 있으므로 정답!
(C) windows를 듣고 연상하기 쉬운 open을 이용한 오답!

어휘 not ~ at all 전혀 ~하지 않다 I natural light 자연광

영국 ↔ 미국

5. Does this train go to City Hall?
(A) That's what the map says.
(B) About 30 minutes ago.
(C) I'll be leading a training session.

이 기차는 시청에 가나요?
(A) 지도에는 그렇게 나와 있어요.
(B) 약 30분 전에요.
(C) 제가 교육을 진행할 거예요.

해설 (A) 지도상으로는 그렇다며 Yes(시청에 간다)라는 의미를 우회적으로 나타내므로 정답!
(B) 현재 시제(Does ~) 질문에 과거(~ ago)로 대답했으므로 오답!
(C) train과 발음이 비슷한 training을 이용한 오답!

어휘 city hall 시청 I lead 진행하다 I training session 교육

미국 ↔ 미국

6. Haven't we eaten at this restaurant before?
(A) No, this is my first time.
(B) The dinner special.
(C) What a great meal.

우리 전에 이 음식점에서 식사하지 않았나요?
(A) 아니요, 저는 이번이 처음이에요.
(B) 디너 스페셜이요.
(C) 정말 훌륭한 식사네요.

해설 (A) No(식사하지 않았다)라고 말한 뒤, 이번이 처음이다라고 부연 설명하고 있으므로 정답!
(B) restaurant를 듣고 연상 가능한 dinner special을 이용한 오답!
(C) restaurant를 듣고 연상 가능한 meal을 이용한 오답!

어휘 meal 식사 I special (식당 등의) 특별 메뉴, 정식

미국 ↔ 호주

7. The heaters in this office were installed recently, weren't they?
(A) It's really hot outside.
(B) We've already set up the food stalls.
(C) No, but it's scheduled for next week.

이 사무실에 있는 난방기는 최근에 설치된 거죠, 그렇죠?
(A) 밖이 정말 더워요.
(B) 우린 벌써 노점을 설치했어요.
(C) 아니요, 하지만 다음 주에 예정되어 있어요.

해설 (A) heaters를 듣고 연상 가능한 hot을 이용한 오답!
(B) installed과 발음이 비슷한 stalls를 이용한 오답!
(C) No(설치되지 않았다)라고 한 뒤, 하지만 다음 주에 예정되어 있다고 부연 설명하고 있으므로 정답!

어휘 heater 히터, 난방기 I install 설치하다 I recently 최근에 I set up 설치하다, 세우다 I food stall 음식 노점, 좌판 I be scheduled for ~로 예정되어 있다

영국 ↔ 미국

8. Should we show the clients our new branch on Clark Road?
(A) A new business proposal.
(B) It's still under construction.
(C) From the airport.

고객들에게 Clark 가에 있는 새 지사를 보여줘야 할까요?
(A) 신규 사업 제안서요.
(B) 거긴 아직 공사 중이에요.
(C) 공항에서부터요.

해설 (A) new를 반복 사용한 오답!
(B) 아직 공사 중이라며 보여줄 때가 아니라는 의미를 우회적으로 나타내므로 정답!
(C) clients를 듣고 연상 가능한 airport를 이용한 오답!

어휘 client 고객 I branch 지사 I business proposal 사업 제안서 I be under construction 공사 중이다

미국 ↔ 영국

9. The airport has a free shuttle service, correct?
(A) I'll be taking a non-stop flight to Berlin.
(B) Here's the schedule.
(C) Yes, a window seat, please.

그 공항은 무료 셔틀 서비스를 제공하죠, 맞죠?
(A) 베를린행 직항편을 탈 거예요.
(B) 여기 일정표요.
(C) 네, 창가 쪽 좌석으로 부탁합니다.

해설 (A) airport를 듣고 연상 가능한 flight를 이용한 오답!
(B) Yes(셔틀 서비스를 제공한다)를 생략한 정답!
(C) airport를 듣고 연상 가능한 window seat를 이용한 오답!

어휘 free 무료의 I correct 옳은, 정확한 I take ~에 타다 I non-stop 직통의, 직항의

영국 ↔ 호주

10. Has your research article been published yet?
(A) He's teaching medical science.
(B) Yes, in this month's issue.
(C) No, I haven't searched there.

당신의 연구 논문이 벌써 실렸나요?
(A) 그는 의학을 가르쳐요.
(B) 네, 이번 호에요.
(C) 아뇨, 거긴 찾아보지 않았어요.

해설 (A) research article를 듣고 연상 가능한 medical science를 이용한 오답!
(B) Yes(연구논문이 실렸다)라고 말한 뒤, 이번 달 호라고 부연 설명하고 있으므로 정답!
(C) research와 발음이 비슷한 searched를 이용한 오답!

어휘 research article 연구 논문 I publish 싣다, 출간하다 I medical science 의학 I issue (정기 간행물의) 호 I search 찾다

미국 ↔ 미국

11. The projector was broken earlier, wasn't it?
(A) Yes, but it just got repaired.
(B) A projection screen.
(C) On my desk.

그 프로젝터는 아까 고장 났었죠, 그렇지 않나요?
(A) 네, 하지만 방금 수리했어요.
(B) 프로젝션 화면이요.
(C) 제 책상 위에요.

해설 (A) Yes(고장 났었다)라고 한 뒤, 하지만 방금 수리했다고 부연 설명하고 있으므로 정답!
(B) projector와 발음이 비슷한 projection을 이용한 오답!
(C) projector를 듣고 연상 가능한 desk를 이용한 오답!

어휘 projector 프로젝터 I broken 고장 난 I early (현재 시간보다) 전에 I repair 수리하다 I projection screen (영상) 투사 스크린, 영사막

미국 ↔ 미국

12. Didn't you go out for lunch yesterday?
(A) Let's eat at noon.
(B) No, that wasn't me.
(C) Yes, my friend is a chef.

어제 점심 먹으러 나가지 않으셨어요?
(A) 12시에 먹도록 해요.
(B) 아니요, 그건 제가 아니었어요.
(C) 네, 제 친구는 요리사예요.

해설 (A) lunch를 듣고 연상 가능한 eat at noon을 이용한 오답!
(B) No(점심 먹으러 나가지 않았다)라고 말한 뒤, 그건 내가 아니었다고 부연 설명하고 있으므로 정답!
(C) lunch를 듣고 연상 가능한 chef를 이용한 오답!

어휘 go out for lunch 점심 식사를 하러 나가다 I chef 요리사

UNIT 06. 선택 의문문·요청문·평서문

Warm-up

1. (A)	2. (B)	3. (B)	4. (B)	5. (B)	6. (A)
7. (B)	8. (A)	9. (A)	10. (B)	11. (B)	12. (B)

미국 ↔ 호주

1. How should I send you the documents, by fax or by e-mail?
(A) E-mail is better.
(B) He fixed all the errors.

서류들을 어떻게 보내드려야 할까요, 팩스로 보낼까요 아니면 이메일로 보낼까요?
(A) 이메일이 더 좋겠습니다.
(B) 그가 모든 오류들을 고쳤어요.

해설 (A) 언급된 선택 사항 중 하나를 비교급을 사용해서 대답했으므로 정답!
(B) fax와 발음이 비슷한 fixed를 이용한 오답!

어휘 document 서류 I fix 고치다 I error 오류

호주 ↔ 영국

2. Should we go for a musical or a movie?
(A) It was enjoyable.
(B) I'd rather watch a baseball game on TV.

우리는 뮤지컬을 보러 갈까요, 아니면 영화를 보러 갈까요?
(A) 즐거웠어요.
(B) 저는 차라리 야구 경기를 TV로 보고 싶어요.

해설 (A) 시제가 맞지 않고, musical과 movie를 듣고 연상 가능한 enjoyable을 이용한 오답!
(B) 언급된 선택 사항 중 하나를 선택하지 않고 제3의 선택으로 대답하는 정답!

어휘 enjoyable 즐거운 I would rather (~하기보다는 차라리) ~하고 싶다

미국 ↔ 미국

3. Will you be leaving in the morning or at night?
(A) That might be too late.
(B) I'll check my morning schedule.

아침에 떠나세요, 밤에 떠나세요?
(B) 그러면 너무 늦을 거예요.
(C) 오전 일정을 확인해 볼게요.

해설 (A) leaving을 듣고 연상 가능한 late를 이용한 오답!
(B) 아침 일정을 확인해 보겠다며 선택을 보류한 정답!

어휘 leave 떠나다

미국 ↔ 영국

4. Can you help me choose the wallpaper for my office?
(A) Hang it on the wall, please.
(B) Sure, what are the choices?

제 사무실 벽지 선택을 도와주실 수 있으신가요?
(A) 그걸 벽에 걸어 주세요.
(B) 물론이죠. 어떤 선택권이 있나요?

해설 (A) wallpaper와 발음이 일부 동일한 wall을 이용한 오답!
(B) 상대방의 요청을 긍정적으로 수락하며 관련 질문을 하고 있는 정답!

어휘 choose 선택하다 | wallpaper 벽지 | hang 걸다 | wall 벽 | choice 선택 가능한 것, 선택(권)

미국 ↔ 미국

5. Would you like me to give you a ride?
(A) In front of the building.
(B) That'd be nice.

제가 태워 드릴까요?
(A) 건물 앞이요.
(B) 그럼 좋죠.

해설 (A) 장소에 대한 답변을 하고 있으므로 오답!
(B) 상대방의 제안을 수락하는 정답!

어휘 give a ride 태워다 주다

미국 ↔ 호주

6. Could you prepare the budget report for next quarter?
(A) Oh, I already submitted it this morning.
(B) I spent time with him last weekend.

다음 분기 예산 보고서를 준비해 주시겠어요?
(A) 아, 오늘 아침에 벌써 제출했어요.
(B) 지난주 주말은 그와 함께 보냈어요.

해설 (A) 상대방의 서류 준비 요청에 이미 제출했다고 대답했으므로 정답!
(B) budget과 next를 듣고 연상 가능한 spent와 last를 이용한 오답!

어휘 prepare 준비하다 | budget report 예산 보고서 | quarter 분기 | submit 제출하다 | spend (시간을) 보내다, (돈을) 쓰다

미국 ↔ 미국

7. I'll get you a registration form to fill out.
(A) I just started my own firm.
(B) Thanks for your help.

작성하셔야 하는 등록 신청서를 한 부 가져다 드릴게요.
(A) 저는 제 회사를 이제 막 시작했습니다.
(B) 도와주셔서 감사합니다.

해설 (A) form과 발음이 비슷한 firm을 이용한 오답!
(B) 상대방의 말에 감사를 표하며 긍정적으로 호응하는 대답을 했으므로 정답!

어휘 registration form 등록 신청서 | own 자신의 | firm 회사

영국 ↔ 미국

8. I think you should get Mike a new cell phone for his birthday.
(A) I don't think he needs one.
(B) Give me a call back.

Mike에게 생일선물로 새 휴대폰을 사주셔야 할 것 같은데요.
(A) 그에게는 필요 없을 거예요.
(B) 저에게 다시 전화해 주세요.

해설 (A) 상대방의 제안에 대한 반대 의견을 말하고 있으므로 정답!
(B) cell phone을 듣고 즉시 연상될 수 있는 대답을 이용한 오답!

어휘 cell phone 휴대폰 | give ~ a call 전화를 걸다

호주 ↔ 미국

9. I have a flight to catch in an hour.
(A) Where are you going?
(B) I catch a cold every winter.

저는 한 시간 후에 비행기를 타야 해요.
(A) 어디로 가시나요?
(B) 저는 매해 겨울마다 감기에 걸려요.

해설 (A) 상대방의 말과 관련된 질문으로 반문하고 있으므로 정답!
(B) catch가 반복된 오답!

어휘 catch a flight 비행기를 타다 | catch a cold 감기에 걸리다

미국 ↔ 미국

10. Ms. Yoon will be speaking at the conference next week.
(A) From June 11th to 13th.
(B) Great. I'm looking forward to it.

Ms. Yoon이 다음 주 회의에서 발표를 할 겁니다.
(A) 6월 11일부터 13일까지요.
(B) 잘됐네요. 기대돼요.

해설 (A) conference를 듣고 연상될 수 있는 대답을 이용한 오답!
(B) 상대방의 말에 긍정적으로 호응하는 대답을 했으므로 정답!

어휘 be looking forward to ~을 기대하다

미국 ↔ 호주

11. Patrick will help you move the office equipment.
(A) Computers and printers.
(B) It's OK, I'm almost done.

당신이 사무기기를 옮기는 것을 Patrick이 도와줄 거예요.
(A) 컴퓨터와 프린터요.
(B) 괜찮아요. 거의 다 했어요.

해설 (A) office equipment를 듣고 연상 가능한 사무기기의 종류인 computers와 printers를 이용한 오답!
(B) 상대방의 말에 고맙지만 거의 다 끝났기 때문에 괜찮다고 거절하는 정답!

어휘 office equipment 사무기기 | done 완료된, 다 끝난

미국 ↔ 영국

12. We have a meeting with Ms. Jonelle today.
(A) The meeting was a bit long.
(B) What time is the meeting again?

오늘 Ms. Jonelle과 회의가 있습니다.
(A) 회의가 조금 길었어요.
(B) 그 회의가 몇 시라고 하셨죠?

해설 (A) meeting이 반복된 오답!
(B) 상대방의 말과 관련된 질문으로 반문하고 있으므로 정답!

어휘 bit 다소, 약간

Practice

1. (B)	2. (B)	3. (C)	4. (B)	5. (A)	6. (C)
7. (B)	8. (C)	9. (B)	10. (C)	11. (A)	12. (A)

미국 ↔ 미국

1. Would you like a paper ticket or an electronic one?
(A) I'm looking forward to the movie.
(B) Please send it to my e-mail address.
(C) That will be 15 dollars.

종이 티켓으로 드릴까요, 전자 티켓으로 드릴까요?
(A) 영화가 기대됩니다.
(B) 제 이메일 주소로 보내주세요.
(C) 15달러입니다.

해설 (A) ticket을 듣고 연상 가능한 movie를 이용한 오답!
(B) 이메일 주소로 보내달라고 말하며 후자를 선택했으므로 정답!
(C) ticket을 듣고 연상 가능한 15 dollars를 이용한 오답!

어휘 electronic 전자의 I look forward to ~를 고대하다

미국 ↔ 미국

2. Could you print the seminar agenda?
(A) The large seminar room.
(B) Of course. I'll take care of it now.
(C) Thank you for your time.

세미나 안건을 출력해 주시겠어요?
(A) 큰 세미나실이요.
(B) 물론이죠. 지금 할게요.
(C) 시간 내 주셔서 감사합니다.

해설 (A) seminar를 반복 사용한 오답!
(B) 상대방의 요청을 수락하고 있으므로 정답!
(C) 질문과 무관한 대답이므로 오답!

어휘 print 출력하다 I agenda 안건 I take care of ~를 다루다, ~를 처리하다

미국 ↔ 미국

3. Do you want to ride the elevator or take the stairs?
(A) A five-minute wait.
(B) We should call the repairperson.
(C) The seminar is on this floor.

엘리베이터를 타실래요, 계단으로 가실래요?
(A) 5분 기다려야 합니다.
(B) 수리 기사를 불러야 해요.
(C) 세미나는 이 층에서 해요.

해설 (A) ride, elevator를 듣고 연상 가능한 wait를 이용한 오답!
(B) elevator를 듣고 연상 가능한 repairperson을 이용한 오답!
(C) 세미나는 지금 있는 층에서 한다고 말하며 둘 다 선택하지 않았으므로 정답!

어휘 ride 타다 I take (도로 등을) 타다, 이용하다 I stair 계단 I repairperson 수리 기사

호주 ↔ 영국

4. We should discuss the layout for the new meeting room.
(A) Around twelve people.
(B) I'm available tomorrow morning.
(C) Presentations and seminars.

새 회의실 배치도에 대해 논의해야 합니다.
(A) 12명 정도요.
(B) 저는 내일 오전에 시간 있어요.
(C) 발표랑 세미나요.

해설 (A) How many 의문문에 어울리는 응답이므로 오답!
(B) 내일 오전에 여유 시간이 있다며 동의를 표하고 있으므로 정답!
(C) discuss, meeting room을 듣고 연상 가능한 presentations, seminars를 이용한 오답!

어휘 layout 배치(도), 설계 I available 시간이 있는

호주 ↔ 미국

5. Did you register for Monday's seminar, or Tuesday's?
(A) I haven't signed up yet.
(B) It was two hours long.
(C) I can reschedule.

월요일 세미나에 등록하셨나요, 화요일로 하셨나요?
(A) 아직 등록하지 않았어요.
(B) 두 시간짜리였어요.
(C) 일정을 변경할 수 있어요.

해설 (A) 아직 등록하지 않았다며 둘 다 선택하지 않았으므로 정답!
(B) seminar를 듣고 연상 가능한 two hours long을 이용한 오답!
(C) Monday, Tuesday를 듣고 연상 가능한 reschedule을 이용한 오답!

어휘 register for ~에 등록하다 I sign up 등록하다 I reschedule 일정을 변경하다

호주 ↔ 영국

6. I need the updated report before I purchase more materials.
(A) You can also pay with cash.
(B) It's March 18th.
(C) We're still working on it.

제가 자재를 더 구입하기 전에 최신 보고서가 필요합니다.
(A) 현금으로도 내실 수 있어요.
(B) 3월 18일입니다.
(C) 저희가 아직 작업 중이에요.

해설 (A) purchase를 듣고 연상 가능한 pay with cash를 이용한 오답!
(B) updated의 date를 듣고 연상할 수 있는 날짜를 이용한 오답!
(C) 상대방의 말에 아직 작업 중이라서 줄 수 없다고 부정적인 대답을 하고 있으므로 정답!

어휘 updated 최신의 I material 자재

영국 ↔ 미국

7. Should we take a break, or finish packing these boxes?
(A) That sounds great.
(B) Let's stop after this one.
(C) I didn't break it.

잠시 쉴까요, 아니면 이 박스들을 포장하는 것을 끝낼까요?
(A) 좋아요.
(B) 이것까지 하고 쉽시다.
(C) 그건 제가 깨지 않았어요.

해설 (A) 주로 제안문의 대답이고 선택의문문의 대답으로는 부적절하며, break와 발음이 비슷한 great을 이용한 오답!
(B) 선택지 중 하나를 골라서 대답하고 있으므로 정답!
(C) break가 반복된 오답!

어휘 break 휴식, 깨다 I pack 포장하다 I stop (하던 일을) 잠시 쉬다

미국 ↔ 미국

8. Can you give me the number for the marketing agency?
(A) For the advertising campaign.
(B) I can give you a ride.
(C) Why don't you check their website?

마케팅 대행사 전화번호를 주시겠어요?
(A) 광고 캠페인을 위해서요.
(B) 제가 태워드릴 수 있어요.
(C) 웹사이트를 확인해보지 그래요?

해설 (A) marketing을 듣고 연상 가능한 advertising을 이용한 오답!
(B) can, give를 반복 사용한 오답!
(C) 웹사이트 확인을 제안하며 자신은 모르겠다고 대답한 정답!

어휘 number (전화·팩스 등의) 번호 I agency 대행사, 기획사 I advertising 광고 I campaign 조직적 활동 I give ~ a ride ~를 태워주다

영국 ↔ 미국

9. I can't find my wallet anywhere.
(A) I found it very difficult.
(B) Have you checked your bag?
(C) It's a fine day today.

제 지갑을 어디에서도 찾을 수가 없어요.
(A) 저는 그게 아주 어렵던데요.
(B) 당신 가방을 확인해 보셨나요?
(C) 오늘 날씨가 좋네요.

해설 (A) find의 과거형인 found를 이용한 오답!
(B) 상대방의 말과 관련된 질문으로 되묻고 있으므로 정답!
(C) find와 발음이 비슷한 fine을 이용한 오답!

어휘 wallet 지갑 I anywhere 어디에서도 I find it difficult 어렵다고 생각하다

미국 ↔ 미국

10. How about using the conference room for the job interview?
(A) Great, how did it go?
(B) I was on a conference call.
(C) That sounds like a good idea.

취업 면접 때 회의실을 사용하는 게 어때요?
(A) 좋아요. 그거 어땠어요?
(B) 전 전화 회의 중이었어요.
(C) 좋은 생각 같아요.

해설 (A) interview를 듣고 즉시 연상할 수 있는 질문을 이용한 오답!
(B) conference가 반복된 오답!
(C) 상대방의 제안에 동의하는 답변을 하고 있으므로 정답!

어휘 conference room 회의실 I conference call 전화 회의

미국 ↔ 미국

11. Should I call him now or tomorrow?
(A) He's out of the office until today.
(B) It's the office across the street.
(C) An affordable phone plan.

제가 그분에게 지금 전화해야 할까요, 아니면 내일 할까요?
(A) 그는 오늘까지 사무실에 없어요.
(B) 길 건너편에 있는 사무실이에요.
(C) 가격이 적절한 핸드폰 요금제요.

해설 (A) 오늘까지 사무실에 없다며 후자를 선택했으므로 정답!
(B) 질문과 무관한 대답이므로 오답!
(C) call을 듣고 연상 가능한 phone plan을 이용한 오답!

어휘 be out of the office 사무실에 없는 I affordable (가격이) 알맞은 I phone plan 전화 요금제

영국 ↔ 호주

12. Why don't we get on the express bus?
(A) It doesn't come to this stop.
(B) The express delivery option.

(C) One hour ago.

우리 고속버스를 타는 건 어떨까요?
(A) 그 버스는 이 정류장엔 정차하지 않아요.
(B) 빠른 배송 옵션이요.
(C) 한 시간 전이요.

해설 (A) 이 정류장에서는 탈 수 없다는 의미를 우회적으로 대답한 정답!
(B) express가 반복된 오답!
(C) When 의문문에 어울리는 오답!

어휘 get on ~에 타다 I express bus 고속버스 I stop 정거장 I express delivery 빠른 배송 I option (제품 등의) 옵션, 선택 사항

PART 3

UNIT 07. 문제 유형

Warm-up

1\. (A) 2. (A) 3. (B) 4. (B) 5. (B)

미국 ↔ 미국

Question 1 refers to the following conversation.

W Hi, I'm Janice Smith and I'm calling about a utility bill that I received. The bill was... uhh... forwarded to me, but I clearly remember that I paid this bill before moving. I was wondering if you could please help clear this up.

M Sure. Can you tell me your phone number, please?

1번은 다음 대화에 관한 문제입니다.

여 안녕하세요, 전 Janice Smith인데요. 제가 받은 공과금 고지서에 관련해서 전화드립니다. 그 고지서가... 음... 제게 발송되었는데요, 제가 이사 오기 전에 지불한 것을 확실히 기억하거든요. 이것 좀 해결해 주실 수 있는지 궁금합니다.

남 물론이죠. 고객님 전화번호를 말씀해 주시겠어요?

어휘 utility bill 공과금 고지서 I forward ~을 발송하다, (새 주소로 다시) 보내다 I clearly 확실하게 I wonder 궁금하다 I clear something up ~을 해결하다

1\. What is the purpose of the call?
(A) To address a billing error
(B) To complain about a service

전화의 목적은 무엇인가?
(A) 청구서 오류를 처리하기 위해
(B) 서비스에 대해 불만을 제기하기 위해

해설 전화의 목적은 대화의 앞부분에 단서가 나온다. 여자가 청구서를 받아 이미 지불했는데 또 청구서를 받게 되었으므로 이 문제를 해결해 달라고 하고 있다. 따라서 청구서 관련 오류 문제를 처리하기 위해 전화한 것임을 알 수 있다. 따라서 (A)가 정답!

미국 ↔ 영국

Question 2 refers to the following conversation.

M Hi. I own a local café, and I was wondering if your company could design a logo for my business.

W Of course! I'd be more than happy to help you.

2번은 다음 대화에 관한 문제입니다.

남 안녕하세요. 제가 이 지역에 카페를 하나 가지고 있고, 당신의 회사가 저희 사업장 로고를 디자인해 줄 수 있을지 궁금합니다.

여 물론이죠! 제가 기꺼이 도와드리겠습니다.

어휘 own 소유하다 I local 지역의 I business 사업체

2\. Who most likely is the woman?
(A) A graphic designer
(B) An architect

여자는 누구이겠는가?
(A) 그래픽 디자이너
(B) 건축가

해설 여자의 직업을 묻는 문제이다. 남자가 카페의 로고 디자인을 요청하자 여자가 기꺼이 해줄 수 있다고 말하고 있으므로 여자는 회사 로고 등을 디자인해 주는 그래픽 디자이너임을 알 수 있다. 따라서 (A)가 정답!

호주 ↔ 영국

Question 3 refers to the following conversation.

M Hello, I'm calling about the flyer I saw on the window of your bakery. It was about baking classes. Can I still sign up for the class?

W I'm sorry, but because we have limited kitchen appliances, all courses are already full.

3번은 다음 대화에 관한 문제입니다.

남 안녕하세요, 당신의 제과점 창문에서 본 전단지 관련해서 전화드립니다. 제빵 수업들과 관련된 거였는데요. 아직 수업에 등록할 수 있나요?

여 죄송합니다만, 주방 기기들이 한정되어 있어서요, 모든 강좌들이 이미 마감됐습니다.

어휘 flyer 전단지 I bakery 제과점 I sign up 등록하다 I kitchen appliance 주방 기기 I limited 한정된 I course 강좌

3\. What does the man want to do?
(A) Schedule an interview
(B) Sign up for a class

남자가 무엇을 하고 싶어 하는가?
(A) 인터뷰 일정을 잡는다
(B) 수업에 등록한다

해설 남자가 제빵 수업과 관련한 전단지 때문에 전화했다고 언급한 후, 아직 등록이 가능한지를 묻고 있으므로 (B)가 정답!

미국 ↔ 미국

Question 4 refers to the following conversation.

W Hey, Eric! Did you know that Shabu Zen—the Japanese restaurant near our office—closed last week?

M Really? I didn't know that.

W I'm upset because it was one of my favorite restaurants.

M That's too bad. But you know what? A fusion Chinese restaurant opened across the street last Wednesday. Why don't we try that place for lunch today?

4번은 다음 대화에 관한 문제입니다.

여 Eric! 지난주에 우리 회사 근처에 있는 일식집 Shabu Zen이 문 닫은 거 아세요?

남 그래요? 몰랐어요.

여 제가 좋아하는 식당이었는데 속상하네요.

남 아쉽네요. 하지만 그거 아세요? 지난 수요일에 길 건너에 퓨전 중식집이 생겼어요. 우리 오늘 점심으로 거기 가보는 게 어때요?

어휘 near ~ 근처에 | favorite 매우 좋아하는 | You know what? 그거 알아? (재미 있거나 놀라운 의견이나 소식 등을 말하려 할 때 씀)

4. What are the speakers discussing?
(A) Local grocery stores
(B) Nearby restaurants

화자들이 무엇을 논의하는가?
(A) 지역 식료품점들
(B) 근처 식당들

해설 여자가 먼저 일식집이 문을 닫았다는 것을 이야기하고 남자가 새로 중국집이 오픈했다는 소식을 전하고 있다. 즉 화자들이 지문 전반에 걸쳐 restaurant 이야기를 하고 있으므로 (B)가 정답!

미국 ↔ 영국

Question 5 refers to the following conversation.

M Hi, Joanne. What do you think about the interviewees for the marketing manager position?

W Well, all five candidates are well-qualified, but Megan seems to understand our brand better than the others.

M I think you're right.

5번은 다음 대화에 관한 문제입니다.

남 안녕하세요, Joanne. 마케팅 매니저 자리의 면접 지원자들에 대해 어떻게 생각하세요?

여 글쎄요, 5명의 후보자들 모두 자격이 충분하지만 Megan이 다른 분들보다 저희 브랜드를 더 잘 이해하고 있는 걸로 보이네요.

남 당신 말이 맞는 것 같아요.

어휘 interviewee 면접받는 사람 | position (일)자리 | candidate 후보자 | well-qualified 자격이 충분한

5. What do the speakers imply about Megan?
(A) She is not qualified for the position.
(B) She is the best candidate for the job.

화자들이 Megan에 대해 무엇을 암시하는가?
(A) 그 자리에 자격이 없다.
(B) 그 자리에 최고의 후보자다.

해설 여자가 Megan이 자신들의 브랜드를 제일 잘 이해하고 있다고 말하고 남자가 그 말에 호응하고 있으므로 (B)가 정답!

Practice

1. (D)	2. (A)	3. (B)	4. (D)	5. (B)	6. (D)
7. (B)	8. (C)	9. (A)	10. (A)	11. (D)	12. (C)

미국 ↔ 미국

Questions 1-3 refer to the following conversation.

M Here we are, Brittany. We've arrived at the conference center. 1 화자들이 가려고 하는 곳 Oh... Look at the sign! I guess the parking lot is already full. 2 문제점

W Really? I guess we'll have to find somewhere else to park then. Good thing we left early today.

M That's true. Hmm... If I remember right, there's a parking garage on the next block. Maybe we can park there.

W OK. And after we park let's stop by a café and get some coffee on the way to the entrance. 3 여자가 제안하는 것

1-3번은 다음 대화에 관한 문제입니다.

남 다 왔어요, Brittany. **우리 회의장에 도착했어요.** 1 **오... 표지판 좀 보세요! 주차장이 벌써 다 찼나 보네요.** 2

여 정말이요? 그렇다면 주차할 다른 장소를 찾아봐야겠네요. 오늘 일찍 출발하길 잘했네요.

남 그러니까요. 음... 제 기억이 맞다면, 다음 블록에 주차장이 있었어요. 거기에 주차할 수 있을 거예요.

여 좋아요. **그리고 주차한 후 회의장 입구까지 가는 길에 카페에 들러서 커피 한 잔 해요.** 3

어휘 conference center 회의장 | sign 표지판 | parking lot 주차장 | garage 주차장 | stop by 들르다 | on the way ~하는 길에

1. Where are the speakers going?
(A) To a movie theater
(B) To a museum
(C) To a shopping mall
(D) To a conference center

화자들은 어디에 가려고 하고 있는가?
(A) 영화관에

(B) 박물관에
(C) 쇼핑몰에
(D) 회의장에

해설 세부 사항을 묻는 문제 – 남자가 대화 첫 부분에서 회의장에 도착했다고 말하면서 도착지를 말하고 있으므로 (D)가 정답!

2. What is the problem?
(A) A parking lot is full.
(B) A meeting has been canceled.
(C) A business is not open yet.
(D) A location is hard to find.

무엇이 문제인가?
(A) 주차장이 꽉 찼다.
(B) 회의가 취소됐다.
(C) 영업장이 아직 문을 열지 않았다.
(D) 장소를 찾기 힘들다.

해설 문제점을 묻는 문제 – 남자가 첫 번째 말에서 주차장이 벌써 다 찬 것 같다고 말하고 있고, 두 번째 말에서 다른 주차장에 주차하겠다고 하므로 (A)가 정답!

3. What does the woman suggest doing?
(A) Purchasing a map
(B) Going to a café
(C) Calling a supervisor
(D) Trying another store

여자는 무엇을 하라고 제안하는가?
(A) 지도를 구입하는 것
(B) 카페에 가는 것
(C) 상사에게 전화하는 것
(D) 다른 가게에 가는 것

해설 제안사항을 묻는 문제 – 대화의 마지막 문장에서 여자가 주차하고 돌아오는 길에 카페에 들러서 커피를 한 잔 하자고 말하므로 (B)가 정답!

호주 ↔ 미국 ↔ 영국

Questions 4-6 refer to the following conversation with three speakers.

M Hi, Belle. Are you going to use this conference room?
W1 Good morning, Mr. Chiu. Yes, I'm meeting a potential client here who's thinking about hiring our publishing company. 4 화자들의 근무지
M Oh, that's right. You know, Jim was able to finalize a deal with Hartmouth yesterday. 5 어제 있었던 일
W1 That's great news! Hopefully, today will go well. Oh, here she comes. Hello, Ms. Valentine. I'd like to briefly introduce you to our business relations director, Rick Chiu.
W2 Hello, Mr. Chiu. Thank you for inviting me to your office.
M It's a pleasure to have you here.
W1 OK, Ms. Valentine, if you come in to this room, I'll begin by showing you a brief video about our company. 6 Ms. Valentine이 할 일

4-6번은 다음 세 화자의 대화에 관한 문제입니다.

남 안녕하세요, Belle. 이 회의실을 사용하실 건가요?
여1 안녕하세요, Mr. Chiu. **네, 우리 출판사를 고용할지 고려 중인 잠재 고객을 여기서 만날 예정이에요.** 4
남 아, 그렇죠. 참, **Jim이 어제 Hartmouth와 계약을 성사시키게 됐어요.** 5
여1 좋은 소식이네요! 오늘도 잘 진행되길 바라야죠. 아, 그녀가 오네요. 안녕하세요, Ms. Valentine. 저희 사업협력 이사인 Rick Chiu를 간단히 소개해 드릴게요.
여2 안녕하세요, Mr. Chiu. 사무실로 초대해 주셔서 감사합니다.
남 이곳에 모시게 돼서 기뻐요.
여1 좋아요, Ms. Valentine, 이 회의실로 들어오시면 **저희 회사에 관한 짧은 영상부터 보여드릴게요.** 6

어휘 potential 잠재적인 | hire 고용하다 | publishing company 출판사 | finalize 마무리짓다 | deal 거래, 계약, 협상 | hopefully 바라건대 | go well 잘돼 가다 | briefly 간단히, 짧게 | introduce to ~에게 소개하다 | business relations 상거래관계 | director 책임자, 관리자, 감독 | pleasure 기쁨, 즐거움 | come in 들어오다 | begin by ~으로 시작하다 | brief 짤막한, 간단한 | firm 회사 | production 생산, 제작 | business 상점, 회사 | reserve 예약하다 | sign 서명하다 | form 양식, 서식

4. Where do the speakers work?
(A) At a law firm
(B) At a production studio
(C) At a conference center
(D) At a publishing company

화자들은 어디서 일하는가?
(A) 법률 사무소에서
(B) 제작 스튜디오에서
(C) 회의장에서
(D) 출판사에서

해설 근무지를 묻는 문제 – 남자가 회의실을 사용할 건지 여자에게 묻자, 여자가 자사(출판사)를 고용할지 고려 중인 잠재 고객을 만날 예정이라고 말하므로 (D)가 정답!

5. According to the man, what happened yesterday?
(A) A new business opened.
(B) A deal was finalized.
(C) A director retired.
(D) A room was reserved.

남자에 따르면, 어제 무슨 일이 있었는가?
(A) 새로운 업체가 개업했다.
(B) 거래가 성사됐다.

(C) 이사가 퇴임했다.
(D) 방이 예약되어 있다.

해설 세부 사항을 묻는 문제 – 어제 Jim이 Hartmouth와 계약을 성사시켰다고 말하므로 (B)가 정답!

6. What will Ms. Valentine do next?
(A) Sign a form
(B) Give a speech
(C) Eat a meal
(D) Watch a video

Ms. Valentine은 다음에 무엇을 하겠는가?
(A) 양식에 서명한다
(B) 연설을 한다
(C) 식사를 한다
(D) 비디오를 본다

해설 다음에 할 일을 묻는 문제 – 여자가 대화 마지막에 회사에 관한 짧은 영상을 보여주면서 시작하겠다고 말하므로 (D)가 정답!

영국 ↔ 미국

Questions 7-9 refer to the following conversation.

W Hey, Jack. What's the best way to get to the Broadlight Theater? I'm planning to check out that new thriller film on Thursday. 7 대화 주제
M Oh! Well, if you are interested, several of us from Accounting are also going to watch it after work that day. And Keisha owns a minivan. 8 화자 의도
W That sounds good. Are you all eating before going, or will you go somewhere afterwards?
M We've booked a table at the Ming Bistro, across the street from the theater. If you want to join for dinner, I'll contact the restaurant and let them know there'll be another person coming. 9 남자가 할 일 I don't think they'll mind.
W Thanks, I'd love to.

7-9번은 다음 대화에 관한 문제입니다.

여 저기, Jack. **Broadlight 극장까지 어떻게 가는 게 가장 좋은가요? 목요일에 새로 나온 그 스릴러 영화를 볼 계획이거든요.** 7
남 아! **음, 관심 있으시면 우리 회계 부서 직원들 몇 명도 그날 근무 끝나고 그 영화를 보러 가거든요. 그리고 Keisha에게 미니밴이 한 대 있고요.** 8
여 그거 좋은데요. 다들 가기 전에 식사를 하실 건가요, 아니면 끝나고 어디로 갈 건가요?
남 **극장 길 건너편에 있는 Ming Bistro에 자리를 예약했어요. 우리와 함께 저녁 식사를 하고 싶으시다면 제가 식당에 연락해서 올 사람이 한 명 더 있다고 얘기할게요.** 9 안 된다고 하진 않을 거예요.
여 고마워요, 저도 그러고 싶어요.

어휘 get to ~에 도착하다 | plan to ~할 계획이다 | check out (흥미로운 것을) 살펴보다 | interested 관심 있어 하는 | several 몇몇 | accounting 회계 | own 소유하다 | afterwards 그 뒤에, 나중에 | book 예약하다 | contact 연락을 취하다 | mind 싫어하다 | rental 임대 | reservation 예약 | request 요청하다 | parking permit 주차 허가증 | vehicle 차량, 탈것 | share a ride 차를 함께 타고 가다 | arrange 일정을 잡다 | modify 변경하다 | booking 예약 | purchase 구입하다

7. What is the main topic of the conversation?
(A) An accounting class
(B) A theater show
(C) A car rental reservation
(D) A new restaurant menu

대화의 주제는 무엇인가?
(A) 회계학 수업
(B) 극장 상영
(C) 자동차 임대 예약
(D) 식당의 새 메뉴

해설 주제를 묻는 문제 – 여자가 Broadlight 극장까지 가는 가장 좋은 방법을 묻고 목요일에 새로 나온 스릴러 영화를 볼 계획이라고 말하므로 (B)가 정답!

8. Why does the man say, "Keisha owns a minivan"?
(A) To request a parking permit
(B) To check if a vehicle is available
(C) To suggest sharing a ride
(D) To arrange a delivery service

남자는 왜 "Keisha에게 미니밴이 한 대 있고요"라고 말하는가?
(A) 주차권을 요청하기 위해
(B) 차량 이용이 가능한지 확인하기 위해
(C) 차를 함께 타고 가자고 제안하기 위해
(D) 배달 서비스 일정을 잡기 위해

해설 화자 의도 파악 문제 – 남자가 부서 직원들 몇 명도 같이 볼 예정이라며 Keisha에게 교통편인 미니밴이 있다고 말한 것이므로 함께 타고 가자는 뜻임을 알 수 있다. 따라서 (C)가 정답!

9. What does the man say he will do?
(A) Modify a booking
(B) Email a list of events
(C) Bring a map
(D) Purchase a ticket

남자는 무엇을 할 것이라고 말하는가?
(A) 예약을 변경한다
(B) 이메일로 행사 목록을 보낸다
(C) 지도를 가져온다
(D) 입장권을 구입한다

해설 다음에 할 일을 묻는 문제 – 남자의 마지막 대사에서 극장 길 건너편에 있는 Ming Bistro에 자리를 예약했다고 말하며 여자가 함께 저녁을 먹겠다면 식당에 연락해서 일행이 한 명 더 있다고 얘기하겠다고 했으므로 (A)가 정답!

호주 ↔ 영국

Questions 10-12 refer to the following conversation and chart.

M Hi. Welcome to Imperial Tech. Can I help you with anything? 10 남자의 직업

W Hi, I bought this tablet here on Tuesday. But when I try to open a new app, an error message appears on the screen.

M I see. This is the chart of all error messages. It should tell us what's wrong with your device. Um... OK. The chart indicates that the tablet needs to be updated with the newest software to load new apps. 11 시각 정보

W Oh, does that mean I'll have to buy the updated software?

M Well, since you purchased the tablet only a few days ago, I'll update it for you free of charge. 12 남자가 다음에 할 일

10-12번은 다음 대화와 차트에 관한 문제입니다.

남 안녕하세요. **Imperial Tech에 오신 것을 환영합니다. 무엇을 도와드릴까요?** 10

여 안녕하세요. 화요일에 여기서 이 태블릿을 구입했습니다. 그런데 새 앱을 열려고 하면 오류 메시지가 화면에 나타나서요.

남 알겠습니다. 이게 전체 오류 메시지 차트인데요. 고객님의 장치에 뭐가 잘못됐는지를 알 수 있을 겁니다. 음... 알겠네요. **새 앱을 로딩하려면 태블릿을 최신 소프트웨어로 업데이트해야 한다고 차트에 나와 있네요.** 11

여 아, 업데이트된 소프트웨어를 구입해야 한다는 의미인가요?

남 **음, 태블릿을 구입하신 지 며칠 안됐으니 무료로 업데이트해 드리겠습니다.** 12

E500	인터넷 서비스 안 됨
E510	저장공간 부족
E520	배터리 교체
E530	업데이트 필요

어휘 error 오류 | appear 나타나다 | wrong 문제가 있는 | device 장치, 기기 | indicate 나타내다, 명시하다 | update 최신의 것으로 하다, (프로그램 등을) 업데이트하다 | load (데이터나 프로그램을) 로딩하다 | mean 의미하다 | since ~때문에 | purchase 구입하다 | free of charge 무료로 | insufficient 불충분한 | storage 저장, 보관 | replace 교체하다 | require 필요하다, 요구하다 | display 보여주다 | refund 환불하다 | contact 연락하다 | colleague 동료 | install 설치하다 | upgrade (좌석·객실 등을) 상위 등급으로 높여주다

10. Who most likely is the man?
(A) A salesperson
(B) A delivery driver
(C) A hotel manager
(D) A graphic designer

남자는 누구이겠는가?
(A) 판매원
(B) 배달 기사
(C) 호텔 지배인
(D) 그래픽 디자이너

해설 직업/신분을 묻는 문제 – 남자가 처음에 Imperial Tech 방문을 환영한다고 말하며 무엇을 도와드릴지 제의하고 있으므로 (A)가 정답!

11. Look at the graphic. Which error code is the tablet displaying?
(A) E500
(B) E510
(C) E520
(D) E530

시각 정보를 보시오. 태블릿에 어떤 오류 코드가 떠 있는가?
(A) E500
(B) E510
(C) E520
(D) E530

해설 시각 정보 연계 문제 – 남자가 새 앱을 로딩하려면 태블릿을 최신 소프트웨어로 업데이트해야 한다는 내용이 차트에 나온다고 말했고, 차트에서 이와 관련된 오류 코드는 'E530: Update required'이므로 (D)가 정답!

12. What will the man most likely do next?
(A) Refund some money
(B) Contact a colleague
(C) Install some software
(D) Upgrade a room

남자는 다음에 무엇을 할 것 같은가?
(A) 환불해 준다
(B) 동료에게 연락한다
(C) 특정 소프트웨어 설치한다
(D) 객실 업그레이드를 한다

해설 다음에 할 일을 묻는 문제 – 대화 마지막에 남자가 며칠 전에 태블릿을 구입했으니 무료로 업데이트해 주겠다고 말하므로 (C)가 정답!

UNIT 08. 일상생활

Practice

1. (B)	2. (C)	3. (C)	4. (A)	5. (A)	6. (A)
7. (D)	8. (B)	9. (C)	10. (D)	11. (D)	12. (A)
13. (D)	14. (C)	15. (D)	16. (B)	17. (A)	18. (C)
19. (A)	20. (D)	21. (C)	22. (C)	23. (D)	24. (A)

미국 ↔ 미국

Questions 1-3 refer to the following conversation.

W Hi, I am calling in regard to a purchase I made through your company website yesterday. The order was for a box of envelopes, but I was wondering if it was too late to add more items to my order. 1 여자가 원하는 것

M I see. Please give me the confirmation number, 2 남자의 요청 사항 and I'd be happy to look it up for you.

W OK, hold on a second. The confirmation number is 12724.

M You're in luck! Your order hasn't been shipped out yet. So how would you like to change your order?

W Well, I'd like an additional box of envelopes and also uh... a box of pencils please.

M Sure thing. I will add the additional items and send you a confirmation e-mail. 3 남자가 보낼 것

1-3번은 다음 대화에 관한 문제입니다.

여 안녕하세요, 어제 당신의 회사 웹사이트를 통해 구매한 제품에 관련하여 전화드립니다. 제가 주문한 것은 봉투 한 박스인데요, **제가 지금 추가 주문을 하기에 너무 늦었는지 궁금해서 연락드렸습니다.** 1

남 그러시군요. **주문 확인번호를 알려주시면** 2 제가 기꺼이 내역을 조회해드리겠습니다.

여 네, 잠시만요, 주문 확인 번호는 12724입니다.

남 운이 좋으시네요! 주문하신 제품이 아직 배송되지 않았네요. 그럼, 주문 내용을 어떻게 변경하시겠어요?

여 음, 봉투를 한 박스 더 추가해주시고, 아... 연필도 한 박스 부탁 드립니다.

남 네, 알겠습니다. **말씀하신 제품들을 추가하고 확인 이메일을 보내드리겠습니다.** 3

어휘 in regard to ~에 관하여 I envelope 봉투 I confirmation number (주문) 확인번호 I look up 조회하다, 찾아보다 I ship out 배송을 출발시키다 I additional 추가적인 I add 더하다, 추가하다 I tracking number 배송 조회 번호

1. What does the woman want to do?
   (A) Cancel a shipment
   (B) Change a previous order
   (C) Confirm a tracking number
   (D) Exchange an item

   여자가 원하는 것은 무엇인가?
   (A) 주문을 취소한다
   (B) 이전에 했던 주문을 변경한다
   (C) 배송 조회 번호를 확인한다
   (D) 물건을 교환한다

해설 주제를 묻는 문제 – 여자가 대화 초반에 회사 웹사이트를 통해 주문을 했는데 지금 추가 주문을 하기에 너무 늦었는지 궁금해서 연락했다고 말하므로 (B)가 정답!

2. What information does the man request?
   (A) The woman's address
   (B) The woman's password
   (C) A confirmation number
   (D) A reason for cancellation

   남자가 요청하는 정보는 무엇인가?
   (A) 여자의 주소
   (B) 여자의 비밀번호
   (C) 주문 확인번호
   (D) 취소 사유

해설 요청 사항을 묻는 문제 – 여자의 요청에 남자가 주문 확인번호를 알려주면 내역을 조회해주겠다고 말하므로 (C)가 정답!

3. What will the man send the woman?
   (A) A receipt
   (B) A brochure
   (C) An e-mail
   (D) A free sample

   남자는 여자에게 무엇을 보낼 것인가?
   (A) 영수증
   (B) 안내 책자
   (C) 이메일
   (D) 무료 샘플

해설 다음에 할 일을 묻는 문제 – 대화 마지막 부분에서 남자가 여자가 말한 제품들을 추가하고 확인 이메일을 보내주겠다고 말하므로 (C)가 정답!

영국 ↔ 미국 ↔ 미국

Questions 4-6 refer to the following conversation with three speakers.

W1 Pardon me, you're the manager, right? 4 남자의 직업

M Yes—what can I do for you? 4

W1 Well, I ordered the dessert special 20 minutes ago, 4 and I still haven't gotten it.

M Hmm... May I ask who your server is? 4

W1 Stephanie.

M I'll look into this right away. Stephanie, this customer has been here for 20 minutes waiting for her dessert. 5 고객에게 사과하는 이유

W2 I'm really sorry... 5 I asked the chef to hurry, but the kitchen's really busy today.

M I'll talk to the chef and make sure the dessert is sent out as soon as possible. 6 남자가 할 일

4-6번은 다음 세 화자의 대화에 관한 문제입니다.

여1 실례합니다. **당신이 지배인이군요, 맞죠?** 4

남 **네, 무엇을 도와드릴까요?** 4

여1 음, **20분 전에 특별 디저트 메뉴를 주문했는데,** 4 아직 안 나와서요.

남 음... **담당 종업원이 누구인지 여쭤봐도 될까요?** 4

여1 Stephanie예요.

남 즉시 알아보도록 하겠습니다. **Stephanie, 이 손님이 20분 동안 디저트를 기다리고 계시네요.** 5

여2 **정말 죄송합니다...** 5 주방장에게 서둘러 달라고 요청했는데, 오늘은 주방이 정말 바쁘네요.

남 **디저트를 되도록 빨리 내달라고 주방장에게 일러두겠습니다.** 6

어휘 order 주문하다 | server 서빙하는 사람, 웨이터 | look into 확인하다, 조사하다 | right away 즉시, 당장 | wait for ~을 기다리다 | hurry 서두르다 | make sure 반드시 ~하도록 하다 | send out 보내다 | as soon as possible 가능한 한 빨리 | profession 직업 | technician 기술자 | supervisor 관리자 | apologize to ~에게 사과하다 | delay 지연시키다 | package 소포, 포장된 상품 | damage 훼손하다 | unavailable 이용할 수 없는 | process 처리하다 | supplier 납품업체, 공급업체

---

4. What most likely is the man's profession?
(A) Restaurant manager
(B) Factory director
(C) Computer technician
(D) Hotel supervisor

남자의 직업은 무엇이겠는가?
(A) 식당 지배인
(B) 공장 감독관
(C) 컴퓨터 기술자
(D) 호텔 관리자

해설 직업/신분을 묻는 문제 – 첫 번째 여자가 남자에게 지배인인지 물었고, 20분 전에 디저트를 주문했다는 말을 하는 것으로 보아 남자의 직업이 식당 지배인임을 알 수 있다. 따라서 (A)가 정답!

5. Why does Stephanie apologize to the customer?
(A) An order has been delayed.
(B) A package was damaged.
(C) A receipt was not given.
(D) A Web page is unavailable.

Stephanie는 왜 고객에게 사과하는가?
(A) 주문이 지연되었다.
(B) 소포가 파손되었다.
(C) 영수증을 주지 않았다.
(D) 웹 페이지를 이용할 수 없다.

해설 세부 사항을 묻는 문제 – 남자가 두 번째 여자를 Stephanie라고 부르며, 손님이 디저트를 20분 넘게 기다리고 있다고 하자 Stephanie가 미안하다고 사과한 것이므로 (A)가 정답!

6. What does the man say he will do?
(A) Talk to a worker
(B) Process a credit card
(C) Provide a coupon
(D) Call a supplier

남자는 무엇을 하겠다고 말하는가?
(A) 직원과 이야기한다
(B) 신용 카드 결제 처리한다
(C) 쿠폰 제공한다
(D) 공급업체에 전화한다

해설 다음에 할 일을 묻는 문제 – 남자가 대화 마지막에 주방장에게 얘기해서 디저트가 빨리 나올 수 있도록 하겠다고 말했으므로 (A)가 정답!

영국 ↔ 미국

Questions 7-9 refer to the following conversation.

W Good afternoon. I hope you enjoyed shopping here at Sanway Groceries. Do you have your store membership card with you? 7 남자가 잊고 가져오지 않은 것

M Ah, actually, I left it at home. 7

W Hmm... Unfortunately, I'm unable to enter your telephone number since our system is down right now. 8 문제점 So I won't be able to apply your usual discount today.

M It's OK. By the way, I grabbed these cans of beans from a shelf, but now I've decided not to buy them. 9 화자 의도

W That's alright. 9 I know where those go. Now, how will you be paying today?

7-9번은 다음 대화에 관한 문제입니다.

여 안녕하세요. 저희 Sanway 마트에서 즐거운 쇼핑되셨길 바랍니다. **매장 회원 카드가 있으신가요?** 7

남 **아, 실은 집에 놔 두고 왔어요.** 7

여 **음... 죄송하지만, 저희 시스템이 지금 작동하지 않아서 고객님의 전화번호를 입력할 수가 없습니다.** 8 그래서 오늘은 평소대로 할인을 적용해 드릴 수 없겠네요.

남 괜찮아요. 그런데 **제가 이 콩 몇 캔을 선반에서 꺼냈는데, 사지 않으려고요.** 9

여 **괜찮습니다.** 9 **어디에 두는지 제가 알아요.** 자, 오늘은 어떻게 계산하시겠어요?

어휘 membership card 회원카드 | leave 남겨두다 | enter 입력하다 | down 작동이 안 되는 | apply 적용하다 | grab 움켜쥐다 | bean 콩 | voucher 할인권 | receipt 영수증 | sold out 매진된 | access 접속하다 | list 목록을 작성하다 | incorrect 부정확한 | locate 찾아내다 | aisle 통로

7. What has the man forgotten to bring?
(A) A discount voucher
(B) A store receipt
(C) A shopping bag
(D) A membership card

남자는 무엇을 잊고 가져오지 않았는가?
(A) 할인권
(B) 매장 영수증
(C) 쇼핑백
(D) 회원카드

해설 세부 사항을 묻는 문제 – 여자가 회원 카드가 있는지 묻자 남자가 집에 두고 왔다고 했으므로 (D)가 정답!

8. What problem does the woman mention?
(A) An item is sold out.
(B) A system cannot be accessed.
(C) A listed price is wrong.
(D) An employee did not come to work.

여자는 어떤 문제를 언급하는가?
(A) 물건이 매진되었다.
(B) 시스템에 접속할 수 없다.
(C) 표시된 가격이 잘못되었다.
(D) 직원이 출근하지 않았다.

해설 문제점을 묻는 문제 – 시스템이 고장 나서 남자의 전화번호를 입력할 수가 없다고 말했으므로 (B)가 정답!

9. What does the woman imply when she says, "I know where those go"?
(A) Several items were placed on the incorrect shelf.
(B) She will help the man locate some merchandise.
(C) She will put some products back in their original location.
(D) Some merchandise has been moved to another aisle.

여자는 "어디에 두는지 제가 알아요"라고 말할 때 무엇을 의도하는가?
(A) 몇몇 물건들이 엉뚱한 선반에 놓여 있었다.
(B) 그녀가 남자가 상품을 찾도록 도와줄 것이다.
(C) 그녀가 제품을 다시 원래 위치에 둘 것이다.
(D) 일부 상품이 다른 통로로 옮겨졌다.

해설 화자 의도 파악 문제 – 남자가 사려고 했던 상품을 사지 않기로 했다고 하자 여자가 그 물건이 어디에 놓여 있었는지 안다고 말한 것이므로 자신이 원래 자리에 가져다 놓겠다는 의미임을 알 수 있다. 따라서 (C)가 정답!

호주 ↔ 영국

Questions 10-12 refer to the following conversation and directory.

M I'm glad we decided to drop by the supermarket before heading off to the department picnic. What else do we need to pick up?

W It'll be good if everyone had a healthy option for dessert. I was thinking of getting a box of apples. I really hope that this department outing in the afternoon will help build better relationships. 10 오후에 일어날 일

M Me, too. By the way, make sure that you complete a reimbursement form after making the purchase. 11 남자가 지시하는 것 The company covers all costs related to these kinds of events.

W OK. Actually, this is my first time at this supermarket. Do you know where the apples are? 12 시각 정보

M I'm not sure. Why don't we check the directory? 12

10-12번은 다음 대화와 안내도에 관한 문제입니다.

남 부서 야유회를 떠나기 전에 슈퍼마켓에 들르게 돼서 다행이네요. 우리가 또 뭘 사야 되죠?

여 모두 몸에 좋은 디저트를 먹을 수 있으면 좋을 것 같아요.. 사과 한 상자를 살까 생각 중이었어요. **저는 오후에 있을 부서 야유회가 관계를 돈독하게 하는 데 도움이 되면 정말 좋겠어요.** 10

남 저도 그래요. 그런데 **구매한 후에는 꼭 환급 신청서를 작성하세요.** 11 회사가 이런 행사와 관련된 모든 비용을 부담해요.

여 알겠어요. 사실, 이 슈퍼마켓은 처음이거든요. **사과가 어디 있는지 아세요?** 12

남 **잘 모르겠네요. 안내도를 확인해 보는 게 어때요?** 12

1층 안내도	
A구역	농산물
B구역	제과
C구역	음료
D구역	육류

어휘 drop by 잠깐 들르다 | head off to (특정한 장소로) 떠나다 | outing 소풍, 야유회 | cover 다루다, 덮다, 부담하다 | related to ~와 관련된 | directory 안내도, 명부 | produce 농산물 | gathering 모임 | mobile application (핸드폰이나 태블릿에서 사용할 수 있는 응용프로그램) 모바일 어플 | specific 특정한, 구체적인 | section 구역, 부분

10. What will happen in the afternoon?
(A) An overseas client will visit.
(B) A health seminar will be given.
(C) A sales event will begin.
(D) A social gathering will be held.

오후에 무슨 일이 일어날 것인가?
(A) 해외 고객이 방문할 것이다.
(B) 건강 세미나가 열릴 것이다.
(C) 할인 행사가 시작할 것이다.
(D) 친목 모임이 개최될 것이다.

해설 세부 사항을 묻는 문제 – 여자의 첫 대사에서 오후에 있을 부서 야유회가 관계를 돈독하게 하는 데 도움이 되길 바라고 있다고 말하므로 (D)가 정답!

11. What does the man instruct the woman to do?
(A) Download a mobile application
(B) Contact a manager
(C) Pick up a coworker
(D) Use a specific form

남자는 여자에게 무엇을 하라고 지시하는가?
(A) 모바일 어플을 다운로드한다
(B) 관리자에게 연락한다
(C) 동료를 태워 온다
(D) 특정 서식을 이용한다

해설 세부 사항을 묻는 문제 – 남자가 환급 신청서를 작성하라고 했으므로 (D)가 정답!

12. Look at the graphic. Which section will the speakers most likely go to?
(A) Section A
(B) Section B
(C) Section C
(D) Section D

시각 정보를 보시오. 화자들은 어디로 가겠는가?
(A) A 구역
(B) B 구역
(C) C 구역
(D) D 구역

해설 시각 정보 연계 문제 – 여자가 어디에 사과가 있는지 남자에게 묻자 남자가 안내도를 확인해 보자고 제안했고, 안내도에는 Section A가 농산물을 취급하는 구역이므로 (A)가 정답!

영국 ↔ 미국

Questions 13-15 refer to the following conversation.

W Hi, I called yesterday about my laptop, which has been making a buzzing sound. I was told to bring it in. 13 대화의 장소

M Oh, I'm the one you talked to. Now, usually a buzzing sound occurs when the fan is broken. You'll have to replace it, and that'll cost 30 dollars. 14 문제점

W OK, that's fine. But how long will it take? 15 여자의 문의 사항 I have an important meeting this afternoon, and I need my laptop for that.

M Don't worry. It'll only take about 10 minutes.

13-15번은 다음 대화에 관한 문제입니다.

여 안녕하세요. **제 노트북 컴퓨터에서 윙하는 소리가 나서 어제 전화를 드렸었어요. 들고 오라고 하시더군요.** 13

남 아, 제가 통화했던 사람이에요. 보통 **윙하는 소리가 나는 건 팬이 고장 났을 때 발생하거든요. 그걸 교체하셔야 하고요 비용은 30달러입니다.** 14

여 좋아요. 그렇게 해주세요. **근데 그게 얼마나 걸릴까요?** 15 제가 오늘 오후에 중요한 회의가 있는데, 그 회의에 제 노트북 컴퓨터가 필요해서요.

남 그건 걱정 마세요. 10분 정도 밖에 안 걸릴 거예요.

어휘 buzzing 윙윙거리는 I occur 발생하다 I fan 팬, 선풍기, 환풍기 I broken 고장 난 I replace 교체하다 I cost (값·비용이) 들다 I in stock 재고가 있는 I warranty 품질보증

13. Where most likely are the speakers?
(A) At a car factory
(B) At a trade fair
(C) At a department store
(D) At a computer repair shop

화자들은 어디에 있겠는가?
(A) 자동차 공장에
(B) 무역 박람회에
(C) 백화점에
(D) 컴퓨터 수리점에

해설 대화 장소를 묻는 문제 – 첫 문장에서 여자가 어제부터 노트북 컴퓨터에서 윙하는 소리가 나서 전화를 했더니 들고 오라고 했다고 말하므로 컴퓨터 수리를 위해 방문한 장소임을 유추할 수 있다. 따라서 (D)가 정답!

14. What problem does the man mention?
(A) Technicians are unavailable.
(B) Some supplies are not in stock.
(C) A part needs to be replaced.
(D) A document has been misplaced.

남자가 언급하는 문제점은 무엇인가?
(A) 기술자들과 만날 수 없다.
(B) 일부 자재들이 재고가 없다.
(C) 부품이 교체되어야 한다.
(D) 서류가 분실되었다.

해설 문제점을 묻는 문제 – 남자가 윙하는 소리가 나는 건 팬이 고장 났을 때 발생하니까 고치려면 그걸 교체해야 하고, 비용은 30달러라고 말하므로 (C)가 정답!

15. What does the woman ask the man about?
(A) When a warranty ends
(B) Where a store is located
(C) How much a service costs
(D) How long some work will take

여자는 남자에게 무엇에 대해 묻는가?
(A) 언제 품질 보증이 끝나는지
(B) 어디에 가게가 있는지
(C) 서비스 비용이 얼마인지
(D) 그 작업에 시간이 얼마나 걸리는지

해설 세부 사항을 묻는 문제 – 여자가 작업 시간이 얼마나 걸릴지 물어보므로 (D)가 정답!

미국 ↔ 호주

Questions 16-18 refer to the following conversation.

W Hi, my name is Megan Miller. I'm here to pick up my medication. 16 남자의 직업

M I'm sorry, Ms. Miller, but unfortunately it's not ready yet. 17 남자가 사과하는 이유

W Really? But the clinic sent my prescription to this pharmacy at least half an hour ago. 16

M Well, we are very busy at the moment, so your medication won't be ready for another 30 minutes. I'm sorry for the inconvenience.

W I understand. Well, I need to stop by the post office next door anyway. 18 여자가 다음에 할 일 I'll be back in about 30 minutes then.

M Thank you for understanding, Ms. Miller.

16-18번은 다음 대화에 관한 문제입니다.

여 안녕하세요, 제 이름은 Megan Miller입니다. **제 약을 찾으러 왔는데요.** 16

남 **죄송합니다, Ms. Miller, 안타깝게도 아직 준비가 되지 않았습니다.** 17

여 정말요? **하지만 병원에서 적어도 30분 전에 이 약국으로 제 처방전을 보냈어요.** 16

남 음, 저희가 지금은 매우 바쁘거든요, 그래서 손님의 약은 앞으로 30분 후에나 준비가 될 것 같습니다. 불편을 드려서 죄송합니다.

여 알겠습니다. 음, **제가 어차피 바로 옆 우체국에 들러야 해서요.** 18 그럼 30분 후에 다시 올게요.

남 이해해주셔서 감사합니다, Ms. Miller.

어휘 medication 약 | prescription 처방전 | pharmacy 약국 | inconvenience 불편 | next door 옆집에

16. Who most likely is the man?

(A) A teller
(B) A pharmacist
(C) A nurse
(D) A receptionist

남자가 누구이겠는가?

(A) 은행원
(B) 약사
(C) 간호사
(D) 접수원

해설 직업/신분을 묻는 문제 – 초반에 여자가 남자에게 약을 찾으러 왔다고 말하고, 여자의 두 번째 말에서도 병원에서 적어도 30분 전에 이 약국으로 처방전을 보냈다고 언급해 대화 장소가 약국임을 유추할 수 있다. 따라서 남자는 약사이므로 (B)가 정답!

17. Why does the man apologize to the woman?

(A) An order is not ready yet.
(B) The business is about to close.
(C) She was overcharged.
(D) He provided incorrect information.

남자는 왜 여자에게 사과하는가?

(A) 주문품이 아직 준비되지 않았다.
(B) 회사가 막 문을 닫으려고 한다.
(C) 여자에게 초과 청구되었다.
(D) 남자가 잘못된 정보를 제공했다.

해설 세부 사항을 묻는 문제 – 남자가 아직 준비가 되지 않았다고 말해 여자의 약이 아직 준비되지 않은 것을 사과하고 있다. 따라서 (A)가 정답!

18. What will the woman probably do next?

(A) Get a refund
(B) Call a doctor
(C) Go next door
(D) Pay for a purchase

여자는 다음에 무엇을 할 것인가?

(A) 환불을 받는다
(B) 의사에게 전화를 건다
(C) 옆 건물로 간다
(D) 구매품을 지불한다

해설 다음에 할 일을 묻는 문제 – 후반부에 여자가 어차피 바로 옆 우체국에 들러야 한다고 말하며 30분 후에 다시 오겠다고 하므로 (C)가 정답!

영국 ↔ 호주 ↔ 미국

Questions 19-21 refer to the following conversation with three speakers.

W Hi, I saw your ad in the newspaper, and I'd like to know if the apartment on Gerrard Street is still available. 19 대화의 주제

M1 I'm afraid that place has already been rented out. 19

M2 But there are a few other places that will become available soon. 19

M1 Oh, that's right! They're in the same area, and they're all very nice.

W Well, I'm kind of in a rush right now. I got a new job in the area, so I have to move within two weeks. 20 화자 의도

M1 Don't worry. One of the apartments will become vacant next week.

M2 And it's right next to the subway station. Why don't you give me your e-mail address, 21 여자가 요청받은 것 and I'll send you the details about the place.

W Great. Thank you.

19-21번은 다음 세 화자의 대화에 관한 문제입니다.

여 안녕하세요. 신문에서 광고를 봤는데요. **Gerrard 가에 있는 아파트가 아직 임대 가능한지 알고 싶어서요.** 19
남1 **죄송하지만 그곳은 이미 임대됐어요.** 19
남2 **하지만 임대 가능한 다른 아파트들이 곧 나올 거예요.** 19
남1 아, 맞아요! 그곳들도 전부 같은 지역에 있고, 아주 근사하죠.
여 음, **제가 지금 좀 급한 상황인데요. 제가 그 지역에서 새로운 일자리를 구하게 돼서 2주 안에 이사를 해야 해요.** 20
남1 걱정 마세요. 다음 주에 아파트 한 곳이 빌 예정이거든요.
남2 그리고 그곳은 지하철역 바로 옆이에요. **제게 이메일 주소를 주시겠어요?** 21 그러면 그 아파트에 대한 세부 사항들을 보내드릴게요.
여 좋아요. 감사합니다.

어휘 available 이용 가능한, 사용 가능한 I rent (out) 임대하다 I vacant 비어 있는 I details 세부 사항 I in a rush 급한, 서두르는

19. What is the conversation mainly about?
(A) Renting an apartment
(B) Applying for a job
(C) Asking for an estimate
(D) Writing an article

대화는 주로 무엇에 관한 것인가?
(A) 아파트를 임대하는 것
(B) 일자리를 지원하는 것
(C) 견적서를 요구하는 것
(D) 기사를 작성하는 것

해설 주제를 묻는 문제 – 여자가 Gerrard 가에 있는 아파트가 아직 임대 가능한지 알고 싶다고 하자 두 남자가 그곳은 이미 임대됐지만 임대 가능한 다른 아파트들이 나올 거라며 대화를 이어가고 있으므로 (A)가 정답!

20. Why does the woman say, "I'm kind of in a rush right now"?
(A) She has to attend a meeting.
(B) She has to submit a payment.
(C) She will be registering for a class today.
(D) She will be starting a new job soon.

여자는 왜 "제가 지금 좀 급한 상황인데요"라고 말하는가?
(A) 회의에 참석해야 한다.
(B) 대금을 결제해야 한다.
(C) 오늘 수강 신청을 해야 한다.
(D) 곧 새로운 일을 시작할 것이다.

해설 화자 의도 파악 문제 – 여자가 급하다고 말하며 그 지역에서 새 직장을 구해 2주 안에 이사를 해야 한다고 말했으므로 (D)가 정답!

21. What is the woman asked to do?
(A) Make a deposit
(B) Review some contracts
(C) Provide some information
(D) Submit an application

여자는 무엇을 요청받는가?
(A) 입금을 한다
(B) 몇몇 계약서를 검토한다
(C) 정보를 제공한다
(D) 신청서를 제출한다

해설 요구 사항을 묻는 문제 – 두 번째 남자가 여자에게 이메일 주소를 알려주면 아파트 정보를 보내주겠다고 말했으므로 (C)가 정답!

미국 ↔ 미국

Questions 22-24 refer to the following conversation and form.

M Good afternoon. I'm here to send money to Thailand.
W Alright. Did you fill out the appropriate document?
M I did—here you go. It's $18.00, right? 22 시각 정보
W Yes, as long as the amount you're wiring does not exceed $1000.
M Great. It's my first time transferring money overseas, so I'm concerned that it'll take too long to arrive. 23 남자가 걱정하는 것
W International wires can take as long as 10 business days. But most likely, it should get there within five days.
M That's not so bad. By the way, I'm glad your bank opened another location. It's right across the street from my office, so I can easily come here during lunch. 24 남자가 은행에 관하여 말한 것
W I'm happy to hear that.

22-24번은 다음 대화와 양식에 관한 문제입니다.

남 안녕하세요. 태국으로 송금하러 왔습니다.
여 알겠습니다. 해당 서류를 작성하셨나요?
남 네. 여기 있어요. **18달러 맞죠?** 22
여 네. 1000달러를 초과하지 않는 한에서요.
남 잘됐네요. **해외 송금은 처음이라 입금되는 데 너무 오래 걸릴까 봐 걱정돼요.** 23
여 국제 송금은 영업일 기준으로 최대 열흘까지 걸릴 수 있습니다. 그래도 대개 5일 이내에는 입금돼요.
남 그 정도면 괜찮네요. 그런데 **은행에서 또 다른 지점을 열어서 좋네요. 저희 사무실 바로 건너 편에 있으니 점심 시간에 편하게 올 수 있겠어요.** 24
여 그러시다니 기쁘네요.

고객: Joseph Bennington
은행원: Clarice Park
거래 번호: 403310
송금 액수: 850.00달러
송금 수수료: 18.00달러
날짜: 4월 10일

PART 3 UNIT 08

어휘 fill out 작성하다 I appropriate 적합한 I wire 송금; 송금하다 I exceed 초과하다 I transfer 이체하다 I overseas 해외로 I transaction 거래 I remittance fee 송금 수수료 I undergo 겪다, 받다

---

22. Look at the graphic. What information does the man ask about?
(A) The transaction number
(B) The wired amount
(C) The remittance fee
(D) The date

시각 정보를 보시오. 남자는 어떤 정보에 대해 묻는가?
(A) 거래 번호
(B) 송금 금액
(C) 송금 수수료
(D) 날짜

해설 시각 정보 연계 문제 – 남자가 18달러가 맞는지 확인하고 있고, 서식에서 18달러에 해당하는 것은 송금 수수료(Remittance Fee)이므로 (C)가 정답!

23. What is the man worried about?
(A) Who is able to sign for a package
(B) Where an item should be delivered
(C) What form of identification is necessary
(D) When a transfer will be completed

남자는 무엇에 대해 걱정하는가?
(A) 소포에 서명할 수 있는 사람
(B) 상품이 배달되어야 하는 장소
(C) 필요한 신분증
(D) 송금 완료 시점

해설 걱정거리를 묻는 문제 – 남자가 해외로 송금하는 건 처음이라며 입금되는 데 오래 걸릴지 걱정이라고 말했으므로 (D)가 정답!

24. What does the man say about a bank?
(A) It is near his workplace.
(B) It has added a new service.
(C) It will undergo renovation soon.
(D) It should stay open longer.

남자는 은행에 대해 뭐라고 말하는가?
(A) 그의 직장과 가깝다.
(B) 새로운 서비스가 추가되었다.
(C) 곧 개조될 것이다.
(D) 영업시간이 더 길어야 한다.

해설 세부 사항을 묻는 문제 – 남자가 여자에게 또 다른 지점이 생겨서 기쁘다고 말하며 직장 바로 건너 편이라 점심 시간에도 쉽게 올 수 있겠다고 말했으므로 (A)가 정답!

UNIT 09. 회사 생활

Practice

1. (D)	2. (C)	3. (D)	4. (D)	5. (B)	6. (A)
7. (C)	8. (D)	9. (A)	10. (C)	11. (D)	12. (A)
13. (D)	14. (B)	15. (A)	16. (A)	17. (C)	18. (B)
19. (D)	20. (A)	21. (B)	22. (D)	23. (A)	24. (C)

호주 ↔ 영국

Questions 1-3 refer to the following conversation.

M Hello, Glenda. I heard that three of our sewing machines are out of order. 1 대화의 주제 Did you contact a repairperson to come and take a look at them?

W Yeah. She came by the manufacturing plant earlier today 2 화자들의 근무지 and indicated that some parts need to be replaced. She said they'll be fixed by tomorrow afternoon.

M Alright. Meanwhile, could you look over our inventory? 3 남자가 지시하는 것 We have to make sure that we'll be able to fill all of our fabric orders tomorrow. If it's not possible, we need to call our customers beforehand.

1-3번은 다음 대화에 관한 문제입니다.

남 안녕하세요, Glenda. **재봉틀 세 대가 고장 났다고 들었어요.** 1 수리공한테 연락해서 와서 살펴보라고 했나요?

여 네, **그녀가 오전 일찍 제조 공장에 들러서** 2 일부 부품을 교체해야 한다고 했어요. 내일 오후까지는 수리될 거라고 말하더군요.

남 알겠습니다. 그 사이에 **재고 목록을 검토해 주실 수 있나요?** 3 내일 원단 주문을 다 해야 돼요.. 그게 어렵다면 고객에게 미리 전화를 해야 되고요.

어휘 sewing machine 재봉틀 I out of order 고장이 난 I repairperson 수리공 I indicate 나타내다 I part 부품, 부분 I replace 교체하다 I meanwhile 그 동안에 I fill an order 주문을 이행하다, 주문을 충족하다 I shipment 수송, 수송품 I out of order 고장이 난 I laundry 세탁 I electronics 전자기기, 전자기술 I conduct 실시하다 I look over 검토하다 I inventory 재고

---

1. What problem is being discussed?
(A) Some shipments were damaged.
(B) An order has been delayed.
(C) A repairperson is not available.
(D) Some equipment is malfunctioning.

어떤 문제가 논의되고 있는가?
(A) 일부 배송품 파손되었다.
(B) 주문이 지연되었다.

(C) 수리기사를 만날 수 없다.
(D) 일부 장비가 작동되지 않는다.

해설 문제점을 묻는 문제 – 남자가 재봉틀 세 대가 고장 났다는 소식을 들었다고 말한 것으로 보아 재봉틀 고장에 대한 대화임을 알 수 있으므로 (D)가 정답!

2. Where do the speakers most likely work?
(A) At a laundry business
(B) At an electronics store
(C) At a factory
(D) On a farm

화자들은 어디에서 일하겠는가?
(A) 세탁 업체에서
(B) 전자기기 매장에서
(C) 공장에서
(D) 농장에서

해설 근무지를 묻는 문제 – 여자가 수리공이 오전 일찍 제조 공장에 들렀다고 말한 것으로 보아 화자들이 공장에서 일하는 사람들임을 알 수 있으므로 (C)가 정답!

3. What does the man instruct the woman to do?
(A) Conduct a customer survey
(B) Order additional supplies
(C) Look over some contract terms
(D) Check some inventory

남자는 여자에게 무엇을 하라고 지시하는가?
(A) 고객 설문조사를 실시한다
(B) 추가 물품을 주문한다
(C) 계약 조건을 검토한다
(D) 재고를 확인한다

해설 요청 사항을 묻는 문제 – 남자의 마지막 대사에서 재고 목록을 검토해 줄 수 있는지 요청하고 있으므로 (D)가 정답!

미국 ↔ 미국 ↔ 호주

Questions 4-6 refer to the following conversation with three speakers.

M1 OK, before you go, I'd like to know if either of you booked the main conference room for the morning workshop next week. 4 대화의 주제

W Yes, I did that yesterday, and I also informed maintenance to install a new projector in the room. 4 I got many complaints from participants last month because many images of the presentation were out of focus. 5 여자가 들은 불만

M1 Oh, thank you for getting that taken care of. Is that it?

M2 Tim from Marketing was wondering if he could be added to the schedule to talk about some new trends. 6 화자 의도

M1 Mmm... I think it's too late to do that. 6

W Well, I'm still finalizing the schedule...

M1 Oh, if that's the case, I'll just shorten my speech to give him some time. 6

4-6번은 다음 세 화자의 대화에 관한 문제입니다.

남1 자, 가시기 전에 **둘 중 한 분이 다음 주 오전에 있을 워크숍을 위해 대회의실을 예약하셨는지 알려주세요.** 4

여 **네, 제가 어제 했고, 회의실에 새 프로젝터를 설치해야 한다고 시설 관리부에 알렸습니다.** 4 **지난달에는 프레젠테이션 이미지 중 상당 수가 초점이 맞지 않아서 참석자들의 불만이 많았거든요.** 5

남1 아, 처리해줘서 고마워요. 그게 다인가요?

남2 **마케팅부의 Tim이 몇 가지 새로운 동향에 대해 발표할 수 있게 일정에 자신을 추가해줄 수 있는지 궁금해 하던데요.** 6

남1 음··· **그렇게 하기에는 너무 늦은 것 같은데요.** 6

여 어, **제가 아직 일정표를 최종 확정하지 않았어요**···

남1 아, **그렇다면 그냥 제 발표 시간을 줄여서 그분에게 시간을 좀 주도록 하죠.** 6

어휘 maintenance 시설 관리부 I take care of ~을 처리하다 I shorten 단축하다 I supplies 용품 I run (얼마의 기간 동안) 계속되다

4. What is the conversation mainly about?
(A) Ordering more supplies
(B) Purchasing a new printer
(C) Signing up for a membership
(D) Getting ready for an event

대화는 주로 무엇에 관한 것인가?
(A) 비품을 더 주문하는 것
(B) 새 프린터를 구입하는 것
(C) 회원권을 신청하는 것
(D) 행사를 준비하는 것

해설 주제를 묻는 문제 – 첫 번째 남자가 다음 주 오전 워크숍을 위해 대회의실을 예약했는지 알고 싶다고 말했고, 여자가 회의실에 새 프로젝터를 설치해야 한다고 말한 것으로 보아 행사 준비에 관한 대화가 오가고 있음을 알 수 있으므로 (D)가 정답!

5. What did the woman receive complaints about?
(A) Some guidelines were not clear.
(B) Some equipment did not work properly.
(C) A conference ran too long.
(D) A room was too small.

여자는 무엇에 관한 불만을 들었는가?
(A) 일부 안내 지침이 명확하지 않았다.
(B) 일부 장비가 제대로 작동하지 않았다.
(C) 회의가 너무 길었다.
(D) 회의실이 너무 작았다.

해설 세부 사항을 묻는 문제 – 여자가 지난달에 프레젠테이션 이미지 상당수가 초점이 맞지 않아서 참가자들의 불만이 많았다고 말했으므로 (B)가 정답!

6. What does the woman imply when she says, "I'm still finalizing the schedule"?
(A) A change can be made.
(B) She needs some assistance.
(C) She requires more information.
(D) A deadline has passed.

여자는 "제가 아직 일정표를 최종 확정하지 않았어요"라고 말할 때 무엇을 의도하는가?
(A) 변경이 가능하다.
(B) 도움이 좀 필요하다.
(C) 더 많은 정보를 요청한다.
(D) 마감일이 지났다.

해설 화자 의도 파악 문제 – 첫 번째 남자가 발표자 추가가 가능한지 묻자 너무 늦은 것 같다는 두 번째 남자의 대답에, 여자가 아직 일정표를 확정하지 않았다고 했으므로 변경 가능성을 시사한 것이다. 따라서 (A)가 정답!

호주 ↔ 미국

Questions 7-9 refer to the following conversation.

M Hi. I'm from the convention center's tech team. I've been visiting each booth to make sure everything is running smoothly. Is there anything I can do for you?

W Actually, there is. I can't seem to connect my laptop to the Internet. 7 여자가 겪는 문제점

M Hmm… It looks like you were trying to connect to the wrong network. Here, I got it to work.

W Thank you! I was starting to get anxious since my demonstration is scheduled at 10 A.M. 8 여자가 오전 10시에 할 일 Umm… I have one more question. I need to print out some materials. Where can I get that done? 9 2층에서 이용 가능한 것

M The media room is on the second floor, 9 right next to the staircase.

7-9번은 다음 대화에 관한 문제입니다.

남 안녕하세요. 저는 컨벤션센터 기술팀에서 왔습니다. 모든 일이 순조롭게 진행되고 있는지 확인차 각 부스를 방문하고 있는데요. 제가 도와드릴 일이 있나요?

여 실은, 있어요. **제 컴퓨터가 인터넷 연결이 안 되는 것 같아요.** 7

남 음…잘못된 네트워크로 연결하려고 하신 것 같네요. 자, 이제 작동돼요.

여 감사합니다! **오전 10시에 시연이 예정돼 있어서 걱정되던 참이었어요.** 8 음… 질문이 하나 더 있는데요. **자료를 출력해야 돼서요. 어디서 할 수 있을까요?** 9

남 **미디어룸이 2층에 있는데,** 9 계단 바로 옆이에요.

어휘 run 운영하다 | smoothly 부드럽게, 순조롭게 | connect 연결하다 | anxious 불안해하는 | demonstration 시연, 설명 | materials 자료, 재료 | locate 놓다, ~의 위치를 찾다 | access 접근하다, 이용하다 | payment 지불, 결제 | discard 버리다, 폐기하다 | materials 자료, 재료 | conduct 실시하다 | hold (회의 등을) 열다, 하다 | dining 식사 | laundry 세탁

7. What is the woman having trouble with?
(A) Locating some documents
(B) Cleaning up a booth
(C) Accessing the internet
(D) Making a payment

여자는 어떤 문제를 겪고 있는가?
(A) 일부 문서를 찾는 것
(B) 부스를 청소하는 것
(C) 인터넷에 접속하는 것
(D) 결제하는 것

해설 문제점을 묻는 문제 – 여자가 자신의 컴퓨터를 인터넷에 연결할 수 없다고 했으므로 (C)가 정답!

8. What will the woman do at 10 A.M.?
(A) Attend some training
(B) Discard some materials
(C) Conduct a survey
(D) Hold a demonstration

여자는 오전 10시에 무엇을 할 것인가?
(A) 연수회를 참석한다
(B) 일부 자료를 폐기한다
(C) 조사를 실시한다
(D) 시연을 한다

해설 세부 사항을 묻는 문제 – 여자가 오전 10시에 있을 시연이 걱정되던 참이라고 말했으므로 (D)가 정답!

9. What does the man say is available on the second floor?
(A) A printing center
(B) A fitness room
(C) A dining area
(D) A laundry service

남자는 2층에서 무엇을 이용할 수 있다고 말하는가?
(A) 인쇄센터
(B) 체력단련실
(C) 식당
(D) 세탁 서비스

해설 세부 사항을 묻는 문제 – 여자가 자료를 어디서 출력할 수 있는지 묻자 남자가 2층에 있는 미디어룸을 안내하고 있으므로 (A)가 정답!

영국 ↔ 미국

Questions 10-12 refer to the following conversation and chart.

W Hi, I would like to get some information about your bathroom products. I manage the Charleston Inn on Rivera Avenue, and I'm interested in using your eco-friendly towels at our hotel. 10 여자의 직업

M OK. We actually took a survey last week about our most popular towels. Why don't I show you the results first?

W Thank you. Oh... It looks like the blue cotton towel did the best. Hmm... I was considering using towels made of bamboo, though. 11 제품의 이점 12 시각 정보

M Ah, great. Those towels are just as good and healthy for your skin. 11

W OK, then I'll go with the one that was rated the higher of the two. 12

10-12번은 다음 대화와 차트에 관한 문제입니다.

여 안녕하세요. 귀사의 욕실 제품에 대한 정보를 얻고 싶습니다. **전 Rivera가에 있는 Charleston Inn을 관리하고 있는데, 귀사의 친환경 수건을 저희 호텔에서 사용하고 싶어요.** 10

남 그러시군요. 사실 저희가 지난주에 자사의 가장 인기 있는 수건에 대한 설문조사를 했습니다. 결과를 우선 좀 보여드려도 될까요?

여 감사합니다. 아… **청색 면수건이 가장 인기가 많은 것 같네요. 흠… 그런데 저는 대나무 소재 수건을 사용할까 생각하던 중이었어요.** 12

남 아, 잘됐네요. **그 대나무 수건도 피부에 정말 좋습니다.** 11

여 **알겠습니다. 그럼 둘 중 더 평이 좋은 것으로 할게요.** 12

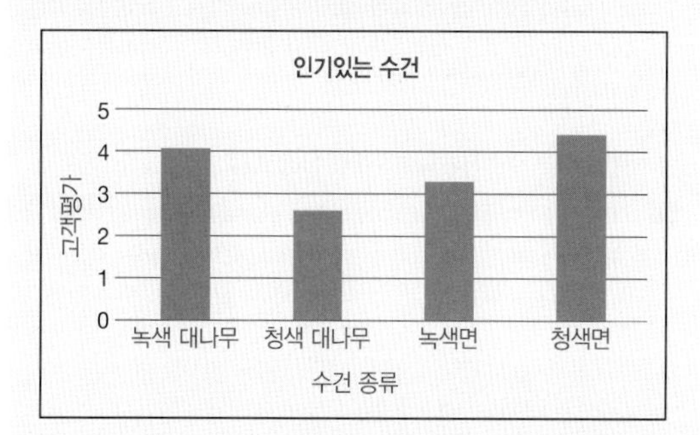

어휘 manage 관리하다, 경영하다 | inn 여관 | eco-friendly 환경친화적인 | cotton 면직물, 목화 | bamboo 대나무 | rate (특정한 수준으로) 평가되다, 평가하다 | lightweight 가벼운 | various 다양한

10. Who is the woman?

(A) A travel agent
(B) A health inspector
(C) A hotel manager
(D) A lab technician

여자는 누구인가?

(A) 여행사 직원
(B) 위생 검사관
(C) 호텔 지배인
(D) 실험실 연구원

해설 직업/신분을 묻는 문제 – 여자가 Charleston Inn의 관리자라고 자신을 소개하며, 친환경 수건을 자신의 호텔에서 사용하고 싶다고 말했으므로 (C)가 정답!

11. What advantage do the products offer?

(A) They last a long time.
(B) They are lightweight.
(C) They come in various sizes.
(D) They are good for the body.

제품이 주는 이점은 무엇인가?

(A) 오래 쓸 수 있다.
(B) 무게가 가볍다.
(C) 다양한 크기로 나온다.
(D) 몸에 좋다.

해설 세부 사항을 묻는 문제 – 여자가 대나무로 만든 수건을 사용할까 생각 중이었다고 하자 남자가 대나무 수건도 면수건만큼 피부에 좋다고 말했으므로 (D)가 정답!

12. Look at the graphic. Which towel will the woman most likely select?

(A) Green Bamboo
(B) Blue Bamboo
(C) Green Cotton
(D) Blue Cotton

시각 정보를 보시오. 여자는 어떤 수건을 선택하겠는가?

(A) 녹색 대나무
(B) 청색 대나무
(C) 녹색 면
(D) 청색 면

해설 시각 정보 연계 문제 – 여자가 청색 면수건이 가장 인기가 좋은 것 같은데 자신은 대나무로 만든 수건을 사용할까 생각 중이었으며 대나무로 만든 두 수건 중에서 더 높은 평가를 받은 것으로 하겠다고 말했고, 차트상 Green Bamboo가 이에 해당하므로 (A)가 정답!

미국 ↔ 미국

Questions 13-15 refer to the following conversation.

M Hi, Jamie. I'm sorry I forgot to return your phone call this morning. I've been so busy planning a celebration party for Mr. Schnitzer. You know he got promoted last week, right? 13 대화의 주제

W Yes, I know. He's been working so hard for more than five years. He really deserves it. So, when is the party again? Was it this Friday?

M Yes. Everyone will meet up in Conference Room A at 4:30. We'll give him a surprise party there at 5. So don't be late, Jamie. 14 여자에게 상기시켜 준 것

W OK, but I might be a little late for the party. I have a meeting with an important client at 4. 15 여자가 금요일에 할 일 But I'll make sure to get there as soon as I can.

13-15번은 다음 대화에 관한 문제입니다.

남 안녕하세요, Jamie. 오늘 아침에 응답 전화드리는 것을 깜박해서 죄송해요. **제가 Mr. Schnitzer의 축하 파티를 준비하느라 요즘 너무 바빠서요. 아시다시피 그가 지난주에 승진했잖아요.** 13

여1 네, 알아요. 5년 넘게 열심히 일했죠. 그는 정말 승진할 만해요. 그래서, 파티가 언제라고 하셨죠? 이번 주 금요일이었나요?

남 네. **모두 4시 반에 A 회의실에서 만날 거예요. 5시에 그 곳에서 그에게 깜짝 파티를 해줄 거예요. 그러니 늦지 마세요, Jamie.** 14

여1 알겠어요. 하지만 **전 파티에 조금 늦을지도 모르겠어요. 4시에 중요한 고객과 회의가 있거든요.** 15 하지만 꼭 최대한 빨리 갈게요.

어휘 return a call 응답 전화를 하다 I promote 승진시키다 I deserve ~을 받을 만하다 I as soon as ~ 하자마자

13. What is the conversation mainly about?
(A) Some building maintenance
(B) An international conference
(C) A farewell party
(D) A coworker's promotion

대화의 주로 무엇에 관한 것인가?
(A) 건물의 유지 관리
(B) 국제 회의
(C) 환영 파티
(D) 동료의 승진

해설 주제를 묻는 문제 – 대화의 초반에서 남자가 Mr. Schnitzer의 축하 파티를 준비하느라 요즘 너무 바쁘다며, 그가 지난주에 승진했다고 언급하고 그 이후부터 쭉 동료의 승진과 승진 축하 파티에 대한 이야기를 나누고 있으므로 (D)가 정답!

14. What does the man remind the woman to do?
(A) Check an e-mail
(B) Arrive early to an event
(C) Reserve a venue
(D) Contact staff members

남자가 여자에게 무엇을 상기시키는가?
(A) 이메일을 확인한다
(B) 행사에 일찍 도착한다
(C) 장소를 예약한다
(D) 직원들에게 연락한다

해설 요청 사항을 묻는 문제 – 남자가 모두 4시 반에 A 회의실에서 만나 5시에 그 곳에서 그에게 깜짝 파티를 해줄 거니 늦지 말라고 말하므로 (B)가 정답!

15. What is the woman scheduled to do at 4 P.M. on Friday?
(A) Meet a client
(B) Give a lecture
(C) Catch a flight
(D) Conduct a job interview

여자는 금요일 오후 4시에 무엇을 하기로 계획되어 있는가?
(A) 고객을 만난다
(B) 강의를 한다
(C) 비행기를 탄다
(D) 입사 면접을 한다

해설 미래 계획을 묻는 문제 – 금요일에 있을 축하 파티에 대해 대화를 나누다가 후반부에서 여자가 4시에 중요한 고객과 회의가 있어, 파티에 조금 늦을지도 모르겠다고 언급하므로 (A)가 정답!

미국 ↔ 미국 ↔ 영국

Questions 16-18 refer to the following conversation with three speakers.

W1 Mr. Caligere, we appreciate you meeting with us. I wanted to discuss the details of your new office building with our lead architect, Lana Henderson. She'll answer any questions you have for her.

M Thank you for having me. I'm looking forward to relocating my consulting firm to the downtown area. A lot of our clients have complained that it takes too long to get to our current building. 16 건물 이전 이유

W2 And you want to include another waiting room? 17 남자의 추가 요청사항

M Yes, 17 right next to the conference room.

W2 OK, I'm sure we can make that work.

M That's great. So how long do you think this project will take? It's crucial that the work be done by the last day of August. That's when our current lease expires. 18 8월에 완료되어야 하는 이유

16-18번은 다음 세 화자의 대화에 관한 문제입니다.

여1 Mr. Caligere, 저희와 만나 주셔서 고맙습니다. 저희 수석 건축가 Lana Henderson과 함께 귀하의 새로운 사무실 건물의 세부사항을 의논하고 싶었습니다. 어떤 문의사항이든 그녀가 답해 드릴 겁니다.

남 불러 주셔서 감사합니다. 시내로 저희 **컨설팅 회사를 이전하는 날을 고대하고 있어요. 현재 건물까지 오는 데 시간이 너무 오래 걸린다는 고객 불만이 많았거든요.** 16

여2 **그리고 대기실을 하나 더 포함시키고 싶으시다고요?** 17

남 네, 17 회의실 바로 옆에요.

여2 알겠습니다. 그건 확실히 해 드릴 수 있어요.

남 잘됐네요. 그럼 이 프로젝트 기간이 얼마나 걸릴 것 같으세요? **작업은 8월 말까지 꼭 완료돼야 합니다. 그때 현재 임대차 계약이 만료되거든요.** 18

어휘 relocate 이전하다 I firm 회사 I crucial 매우 중요한, 필수적인 I current 현재의, 지금의 I lease 임대차 계약 I expire 만료되다 I convenient 편리한 I noisy 시끄러운 I contract 계약(서) I architect 건축가 I be held 열리다

16. According to the man, why is the consulting firm relocating to a new building?
(A) The location is not convenient.
(B) The rental cost is too expensive.
(C) The surrounding area is noisy.
(D) The current space is too small.

남자에 따르면, 컨설팅 회사는 왜 새 건물로 이전하는가?
(A) 위치가 편리하지 않다.

(B) 임대 비용이 너무 비싸다.
(C) 주변 지역이 시끄럽다.
(D) 현 공간이 너무 작다.

해설 세부 사항을 묻는 문제 – 남자가 회사 이전을 기대하고 있다고 많은 고객들이 그 동안 현 건물까지 오는 데 너무 오래 걸린다는 불만을 제기했다고 말했으므로 (A)가 정답!

17. What addition has the man requested?
(A) A parking lot
(B) A dining lounge
(C) A waiting room
(D) A recreation center

남자는 어떠한 추가 사항을 요청했는가?
(A) 주차장
(B) 식당 라운지
(C) 대기실
(D) 레크리에이션 센터

해설 세부 사항을 묻는 문제 – 여자가 또 다른 대기실을 포함시키고 싶은지 묻자 남자가 그렇다고 말했으므로 (C)가 정답!

18. According to the man, why must the project be completed in August?
(A) A client will visit.
(B) A contract will end.
(C) An architect will be busy.
(D) A convention will be held.

남자에 따르면, 프로젝트는 왜 8월에 완료되어야 하는가?
(A) 한 고객이 방문할 것이다.
(B) 계약이 끝날 것이다.
(C) 건축가가 바쁠 것이다.
(D) 컨벤션이 열릴 것이다.

해설 세부 사항을 묻는 문제 – 남자의 마지막 대사에서 작업이 8월 말까지 완료돼야 하며, 그때 임대차 계약이 만료되기 때문이라고 말했으므로 (B)가 정답!

영국 ↔ 미국

Questions 19-21 refer to the following conversation.

W George, are you almost done designing the layout for Filman Corporation's new head office? 19 화자들이 하고 있는 것

M Well, I just got off the phone with one of their representatives, and apparently, they want to make room for another staff lounge on the third floor. 20 화자 의도

W Hmm… And the layout is still due by this Friday?

M Yeah, the deadline is the same. I'll clear all of my meetings this afternoon and move them to another time. 21 남자가 다음에 할 일 That way, I can have something for you to look over tomorrow morning.

19-21번은 다음 대화에 관한 문제입니다.

여 George, **Filman사의 새 본사 설계디자인은 거의 다 됐나요?** 19

남 아, **그쪽 담당자 중 한 명과 지금 막 통화했는데, 듣자 하니 3층에 직원 휴게실을 하나 더 둘 공간을 만들고 싶어 하더라고요.** 20

여 음… **그리고 설계도는 여전히 이번 주 금요일이 마감이고요**?

남 네, 마감일은 변함없어요. **오늘 오후에 있을 회의는 모두 취소하고 다른 시간으로 옮길 거예요.** 21 그렇게 하면 내일 오전까지 검토하실 만한 걸 준비할 수 있어요.

어휘 layout 설계, 배치 | head office 본사 | get off the phone with ~와의 통화를 마치다 | representative 대표직원 | apparently 듣자 하니 | staff lounge 직원 휴게실 | due 마감의 | clear 치우다 | look over 살펴보다 | unreasonable 불합리한, 부당한

19. What are the speakers working on?
(A) A company website
(B) A marketing campaign
(C) A training manual
(D) A building project

화자들은 무엇에 관련된 일을 하고 있는가?
(A) 회사 웹사이트
(B) 마케팅 캠페인
(C) 교육 지침서
(D) 건설 프로젝트

해설 주제를 묻는 문제 – 여자가 Filman사의 새 본사 설계 디자인이 마무리돼가는지 남자에게 묻고 있는 것으로 보아 화자들이 건설 업무와 관련된 일을 하고 있음을 유추할 수 있으므로 (D)가 정답!

20. Why does the woman say, "And the layout is still due by this Friday"?
(A) She is concerned about a situation.
(B) She requires some assistance.
(C) The man's request is unreasonable.
(D) The man made a mistake.

여자는 왜 "그리고 설계도는 여전히 이번 주 금요일이 마감이고요?"라고 말하는가?
(A) 어떤 상황에 대해 우려한다.
(B) 약간의 도움이 필요하다.
(C) 남자의 요청이 부당하다.
(D) 남자가 실수를 했다.

해설 화자 의도 파악 문제 – 남자가 의뢰 업체에서 직원 휴게실을 하나 더 만들고 싶어 한다고 하자 여자가 설계는 이번 주 금요일이 마감일 아니냐며 묻고 있는 것으로 보아 고객 요청 추가에도 불구하고 마감일이 연기되지 않을까봐 염려하는 것으로 볼 수 있으므로 (A)가 정답!

21. What does the man say he will do next?
(A) Look over some paperwork
(B) Reschedule his meetings
(C) Contact a client

(D) Visit a business

남자는 다음에 무엇을 하겠다고 하는가?

(A) 서류를 검토한다

(B) 회의 일정을 변경한다

(C) 고객한테 연락한다

(D) 사업체를 방문한다

해설 다음에 할 일을 묻는 문제 – 대화 마지막에 남자가 오늘 오후에 있을 회의를 모두 취소하고 다른 시간으로 옮기겠다고 말했으므로 (B)가 정답!

미국 ↔ 호주

Questions 22-24 refer to the following conversation and menu.

W Good morning. My name is Tianna Berstein. I was invited to your company's anniversary party, 22 행사 종류 and I wanted to let you know that I'll be going.

M Hello, Tianna. Thank you for confirming your attendance. Have you decided on what meal option to go with?

W Well, I'm a vegetarian, so...

M Ah. Well then, you could get either the vegetable omelet or the stuffed potatoes. 23 시각 정보

W Hmm... not the potatoes. 23

M Alright. By the way, parking will be limited that night. If you don't want to spend a lot of time looking for a parking spot, you should probably take the subway that day. 24 남자가 권하는 것

22-24번은 다음 대화와 메뉴에 관한 문제입니다.

여 안녕하세요. 제 이름은 Tianna Berstein입니다. **창립 기념일 파티에 초대받았는데** 22 참석을 알리려고 전화 드렸어요.

남 안녕하세요, Tianna. 참석 여부를 알려 주셔서 고맙습니다. 어떤 메뉴로 할지 결정하셨나요?

여 음, 제가 채식주의자거든요, 그래서…

남 아. **그러시다면 채소 오믈렛이나 스터프트 포테이토를 드시면 되겠네요.** 23

여 **음… 감자는 말고요.** 23

남 알겠습니다. 그런데 그날 저녁에는 주차가 제한될 겁니다. **주차할 곳을 찾느라 많은 시간을 보내고 싶지 않으시다면 그날은 지하철을 이용하시는 게 좋을 것 같아요.** 24

메인 메뉴
A 세트: 채소 오믈렛
B 세트: 케이준 쉬림프 파스타
C 세트: 스터프트 포테이토
D 세트: 몽골리안 비프
*모든 세트 메뉴는 수프나 샐러드, 그리고 음료수가 함께 나옵니다.

어휘 confirm 확인하다 I stuffed (음식에) 소가 가득 들어간

22. What type of event is being held?

(A) A cooking demonstration

(B) A technology conference

(C) A board meeting

(D) An anniversary celebration

어떤 행사가 열릴 것인가?

(A) 요리 시연회

(B) 기술 박람회

(C) 이사회 회의

(D) 기념일 축하 행사

해설 주제를 묻는 문제 – 여자가 남자에게 귀사 창립 기념 파티에 초대받았다고 말했으므로 (D)가 정답!

23. Look at the graphic. Which set will the woman most likely choose?

(A) Set A

(B) Set B

(C) Set C

(D) Set D

시각 정보를 보시오. 여자는 어느 세트 메뉴를 선택하겠는가?

(A) A 세트

(B) B 세트

(C) C 세트

(D) D 세트

해설 시각 정보 연계 문제 – 여자가 채식주의자라고 하자 남자가 채소 오믈렛과 스터프트 포테이토를 추천했고, 여자가 감자는 원치 않는다고 했으므로 채소 오믈렛을 선택할 것임을 알 수 있고 메뉴에서 채소 오믈렛은 Set A이므로 (A)가 정답!

24. What does the man encourage the woman to do?

(A) Review a program

(B) Bring a friend

(C) Use public transportation

(D) Purchase a parking permit

남자는 여자에게 무엇을 하라고 권하는가?

(A) 프로그램을 검토한다

(B) 친구를 데려온다

(C) 대중교통을 이용한다

(D) 주차권을 구입한다

해설 세부 사항을 묻는 문제 – 남자가 주차할 곳을 찾느라 많은 시간을 보내고 싶지 않다면 그날은 지하철을 이용하는 게 좋겠다고 말했으므로 subway를 public transportation으로 바꿔 쓴 (C)가 정답!

PART 4

UNIT 10. 문제 유형

Warm-up

1. (A) 2. (B) 3. (A) 4. (A) 5. (B)

미국

Question 1 refers to the following telephone message.

W Hi, my name is Shannon Simon, and I made a dinner reservation for three people next Friday. I was wondering if I could change it to five people.

1번은 다음 전화 메시지에 관한 문제입니다.

여 안녕하세요, 제 이름은 Shannon Simon이고요, 제가 다음 주 금요일에 3명 저녁 식사 예약을 했는데요, 5명으로 바꿀 수 있는지 궁금해서요.

어휘 dinner reservation 저녁 식사 예약

1. What kind of business did the caller reach?
   (A) A restaurant
   (B) A convention center

   전화를 건 사람은 어떤 업체에 연락했는가?
   (A) 식당
   (B) 컨벤션 센터

해설 화자는 3명 저녁 식사 예약을 했는데 5명으로 바꿀 수 있는지 알고 싶어 한다. 따라서 식당에 전화해서 메시지를 남기고 있음을 유추할 수 있으므로 (A)가 정답!

호주

Question 2 refers to the following talk.

M Now, I'm happy to announce the recipient of the Outstanding Architect of the Year Award. The award goes to Sarah Flint.

2번은 다음 담화에 관한 문제입니다.

남 자, 올해의 우수 건축가상의 수상자를 발표하게 되어 기쁩니다. 상은 Sarah Flint 에게 주어집니다.

어휘 recipient 수상자 I outstanding 뛰어난 I architect 건축가

2. What is the purpose of the talk?
   (A) To discuss a design
   (B) To announce an award winner

   담화의 목적은 무엇인가?
   (A) 디자인을 논하기 위해
   (B) 수상자를 발표하기 위해

해설 첫 문장에서 올해의 우수 건축가상의 수상자를 발표하게 되어 기쁘다라고 했으므로 (B)가 정답!

미국

Question 3 refers to the following recorded message.

M You've reached Berwyn Health Clinic. Our business hours are from 9 A.M. to 5 P.M., Monday through Friday, and from 10 A.M. to 1 P.M. on Saturday.

3번은 다음 녹음 메시지에 관한 문제입니다.

남 Berwyn 진료소에 전화주셨습니다. 저희 영업 시간은 월요일부터 금요일은 오전 9시에서 오후 5시까지, 토요일은 오전 10시에서 오후 1시까지입니다.

어휘 health clinic 진료소 I business hours 영업 시간

3. What type of business is the message from?
   (A) A medical office
   (B) A law firm

   어떤 업체로부터 온 메시지인가?
   (A) 진료소
   (B) 법률회사

해설 첫 문장에서 Berwyn 진료소에 전화주셨다고 했으므로 (A)가 정답!

영국

Question 4 refers to the following tour information.

W Good morning, everyone! My name is Melissa, and I'll be your tour guide for the next two days in Hawaii. During this time, you'll be able to enjoy many different activities including parasailing and snorkeling.

4번은 다음 관광 정보에 관한 문제입니다.

여 안녕하세요, 여러분! 제 이름은 Melissa이고, 앞으로 이틀간 하와이에서 여러분의 관광 가이드가 될 것입니다. 이 시간 동안, 여러분들께선 패러세일링과 스노클링을 포함한 다양한 활동들을 즐기실 수 있으실 겁니다.

어휘 activity 활동

4. Who most likely is the speaker?
   (A) A tour guide
   (B) A sports instructor

   화자가 누구이겠는가?
   (A) 관광 가이드
   (B) 스포츠 강사

해설 화자가 자신의 이름을 말한 후 앞으로 이틀간 하와이에서 관광 가이드가 될 것이라고 말하므로 (A)가 정답!

호주

Question 5 refers to the following speech.

M Good evening, and thank you for joining my reading session here at Graham's Bookstore. My name is Peter Barrel, and I'm here tonight to share some excerpts from my new novel, *A Man with a Mask*.

5번은 다음 연설에 관한 문제입니다.

남 안녕하세요, 이곳 Graham's 서점에서 진행하는 저의 책 낭독회에 함께 해주셔서 감사합니다. 제 이름은 Peter Barrel이고요, 오늘 밤 저의 새 소설인 〈A Man with a Mask〉의 일부 발췌 부분들을 공유해 드리고자 이 자리에 왔습니다.

어휘 join 함께 하다 I reading 낭독회 I share 공유하다 I excerpt 발췌 I novel 소설

5. Where is the event being held?
(A) At a library
(B) At a bookstore

행사는 어디에서 열리고 있는가?
(A) 도서관에서
(B) 서점에서

해설 첫 문장에서 Graham's 서점에서 진행하는 책 낭독회에 함께 해줘서 고맙다고 했으므로 (B)가 정답!

Practice

1. (C)	2. (D)	3. (C)	4. (A)	5. (D)	6. (C)
7. (B)	8. (D)	9. (A)	10. (A)	11. (B)	12. (C)

영국

Questions 1-3 refer to the following announcement.

W Good morning, everyone. Let me remind you that the company anniversary party will be held at the Stills Convention Center this year. 1 공지의 목적 For your convenience, the company will offer free shuttle buses from our main office building to the venue. 2 제공되는 것 I have to figure out how many buses we need that day, so please send me an e-mail if you need transportation. 3 화자의 요청 사항

1-3번은 다음 공지에 관한 문제입니다.

여 안녕하세요, 여러분. **여러분께 올해의 창립 기념 파티가 Stills 컨벤션 센터에서 열리는 것을 다시 알려드립니다. 1 여러분의 편의를 위해, 회사는 우리 본사 건물에서 행사 장소까지 가는 무료 셔틀 버스를 제공해드릴 것입니다. 2 그날 버스가 몇 대가 필요할지 알아야 하니, 교통편이 필요하시면 제게 이메일로 알려주시기 바랍니다. 3**

어휘 remind 상기시키다 I convenience 편의 I transportation 차편, 교통수단 I function 행사, 의식 I flexible (일정 등이) 융통성 있는 I charity 자선, 자선단체

1. What is the purpose of the announcement?
(A) To explain a change in an itinerary
(B) To announce a new corporate policy
(C) To remind workers of a company function
(D) To introduce flexible working hours

공지의 목적은 무엇인가?
(A) 여행 일정의 변경을 설명하기 위해
(B) 새 회사 정책을 발표하기 위해
(C) 회사 행사에 대해 직원들에게 상기시키기 위해
(D) 탄력 근무제를 소개하기 위해서

해설 목적을 묻는 문제 - 첫 문장에서 올해의 창립 파티가 Stills 컨벤션 센터에서 열리는 것을 상기시켜 준다고 말하므로 (C)가 정답!

2. According to the speaker, what will be provided?
(A) Meals
(B) Accommodation
(C) Entertainment
(D) Transportation

화자에 따르면, 무엇이 제공될 것인가?
(A) 식사
(B) 숙박
(C) 오락
(D) 교통편

해설 세부 사항을 묻는 문제 - 화자는 직원들의 편의를 위해 회사가 본사 건물에서 센터까지 가는 무료 셔틀 버스를 제공해 줄 것이라고 말했다. 지문에서 언급된 shuttle bus(셔틀 버스)가 보기에서 transportation(교통편)으로 바뀌어 제시되었으므로 (D)가 정답!

3. What does the speaker ask the listeners to do?
(A) Analyze data
(B) Raise money for charity
(C) Email a request
(D) Visit the Human Resources Department

화자는 청자들에게 무엇을 하도록 요청하는가?
(A) 자료를 분석한다
(B) 자선 모금을 한다
(C) 신청서를 이메일로 보낸다
(D) 인사과를 방문한다

해설 요청 사항을 묻는 문제 - 마지막 문장에서 그날 버스가 몇 대가 필요할지 알아야 하니, 교통편이 필요하면 이메일로 알려달라고 언급하므로 (C)가 정답!

미국

Questions 4-6 refer to the following telephone message.

W Hello, Mr. Lee. I am calling from Jonelle's Cakes about the birthday cake you ordered. 4 화자의 근무지 It seems there's a problem. You ordered a cake filled with... um... with strawberries, but we put blueberries in it by mistake. 5 문제점 If you don't mind the cake with blueberry filling, we'd like to offer it to you for free. If not, we'll make sure to bake you a strawberry cake that will be ready to be picked up this afternoon. Please call us back at 555-9268 to let us know what you would prefer. 6 요청 사항 Thank you.

4-6번은 다음 전화 메시지에 관한 문제입니다.

여 안녕하세요, Mr. Lee. **Jonelle's 케이크에서 주문하신 생일 케이크와 관련해 전화드립니다.** 4 문제가 생긴 것 같은데요. **손님께서 그... 딸기가 들어가는 케이크를 주문하셨는데, 저희가 실수로 블루베리를 넣어버렸습니다.** 5 혹시 블루베리로 채워진 케이크도 괜찮으시면, 저희가 이 케이크를 무료로 드리고 싶습니다. 아니면 오늘 오후에 꼭 찾아가실 수 있도록 딸기 케이크를 구워드리겠습니다. **555-9268번으로 전화 주셔서 선호하시는 걸 말씀해 주세요.** 6 감사합니다.

어휘 filled with ~으로 가득 찬 I mistake 실수 I mind 상관하다 I filling (요리의) 소 I pick up ~을 찾다, ~을 찾아오다 I stand 가판대, 좌판

4. Where does the speaker work?
(A) At a bakery
(B) At a candy store
(C) At a fruit stand
(D) On a farm

화자는 어디에서 근무하는가?
(A) 제과점에서
(B) 사탕 가게에서
(C) 과일 가게에서
(D) 농장에서

해설 근무지를 묻는 문제 - 첫 문장에서 화자가 Jonelle's 케이크에서 주문한 생일 케이크와 관련해 전화하는 것이라고 말하므로 (A)가 정답!

5. What is the problem?
(A) Some equipment is broken.
(B) An item has been damaged.
(C) A specific item is sold out.
(D) An order was not filled correctly.

문제는 무엇인가?
(A) 어떤 장비가 고장 났다.
(B) 어떤 물품이 손상되었다.
(C) 특정 물품이 품절됐다.
(D) 어떤 주문이 정확하게 이행되지 않았다.

해설 문제점을 묻는 문제 - 화자가 손님이 딸기가 들어가는 케이크를 주문했는데 실수로 블루베리를 넣었다고 말했으므로 주문한 케이크가 다른 재료로 채워진 것을 알 수 있다. 따라서 (D)가 정답!

6. What is the listener asked to do?
(A) Drop off an item
(B) Submit a complaint
(C) Return a call
(D) Contact another store

청자는 무엇을 하도록 요청받는가?
(A) 물건을 가져다 준다
(B) 항의서를 제출한다
(C) 답신 전화를 준다
(D) 다른 가게에 연락한다

해설 요청 사항을 묻는 문제 - 지문의 후반부에서 555-9268으로 전화해 달라고 말하고 있으므로 (C)가 정답!

호주

Questions 7-9 refer to the following talk.

M Good morning. I'm Tristan Lee from the Systems Department, and I'll be providing training on our company's updated accounting software. 7 화자의 직업 Before we begin, please fill out the survey in front of you. The information from this form will allow us to determine how effective this software will be in performing your work. 8 화자 의도 So please take your time. Once everyone finishes, we will have a 15 minute break. When we resume, you will be placed in groups based on your survey answers so that you can work with those who have similar jobs. 9 휴식 이후 할 일

7-9번은 다음 담화에 관한 문제입니다.

남 안녕하세요. **저는 시스템부의 Tristan Lee이고, 저희 회사의 최신 회계 소프트웨어 교육을 진행하게 되었습니다.** 7 **시작하기 전에 앞에 있는 설문지를 작성해 주세요. 이 문서에 나온 정보는 여러분이 일을 하는 데 이 소프트웨어가 얼마나 효율적인지를 판단할 수 있도록 해 줄 것입니다.** 8 **그러니 충분히 시간을 가지세요.** 모두 끝내면 **15분간 휴식 시간을 가질 것입니다. 교육을 재개한 후에는 여러분들이 비슷한 직업을 가진 분들과 작업할 수 있도록 설문 조사 답변에 근거하여 조편성이 될 겁니다.** 9

어휘 accounting 회계 I determine 알아내다, 밝히다 I effective 효과적인 I perform 수행하다 I resume 재개하다 I based on ~에 근거하여 I log 일지에 기록하다

7. Who most likely is the speaker?
(A) A tour guide
(B) A software instructor
(C) A job consultant
(D) A sales representative

화자는 누구이겠는가?
(A) 관광 가이드
(B) 소프트웨어 강사
(C) 취업 컨설턴트
(D) 영업 사원

해설 화자의 정체를 묻는 문제 – 화자가 자신을 시스템부의 Tristan Lee로 소개하며, 최신 회계 소프트웨어 교육을 진행하게 되었다고 말했으므로 (B)가 정답!

8. What does the speaker mean when he says, "So please take your time"?
(A) The Systems Department should update all the computers.
(B) Employees should make sure they correctly log in their hours.
(C) The accounting manager should check all the expense reports.
(D) Staff should carefully complete a questionnaire.

화자가 "그러니 충분히 시간을 가지세요"라고 말한 의도는 무엇인가?
(A) 시스템 부서에서 모든 컴퓨터를 업데이트해야 한다.
(B) 직원들은 업무 시간을 제대로 입력해야 한다.
(C) 회계 담당자가 모든 비용 보고서를 확인해야 한다.
(D) 직원들은 질문지를 신중하게 작성해야 한다.

해설 화자 의도 파악 문제 – 설문지 작성을 요청하며 문서에 나온 정보가 업무 처리에 이 소프트웨어가 얼마나 효율적인지를 판단할 수 있도록 해 줄 거라고 하면서 충분한 시간을 가지라고 말한 것이므로 설문을 신경 써서 작성할 것을 당부한 말임을 알 수 있다. 따라서 (D)가 정답!

9. What will listeners do after the break?
(A) Work in groups
(B) Watch a presentation
(C) Meet with their managers
(D) Order some equipment

청자들은 휴식 시간 후 무엇을 할 것인가?
(A) 조별로 작업한다
(B) 프레젠테이션을 본다
(C) 부서장들과 만난다
(D) 장비를 주문한다

해설 다음에 할 일을 묻는 문제 – 15분의 휴식 시간 후 교육을 재개한 다음에는 비슷한 직업을 가진 사람들과 작업할 수 있도록 설문 조사 답변에 근거한 그룹으로 배정될 거라고 말했으므로 (A)가 정답!

Questions 10-12 refer to the following announcement and weather report.

M Listen up, everyone. We'll arrive at the Doubleton Resort in about 10 minutes. Remember that we'll be leaving for our last attraction early in the morning tomorrow, so please be down in the lobby no later than 7 A.M. 10 화자의 직업 As for the rest of the day, you are free to do whatever you wish. If you plan on going out, be sure to take a jacket with you as wind speeds are expected to reach 15 km/h today. 11 시각 정보 The resort also offers shuttle service to the downtown area, so keep that in mind. If you're unsure of what to do, I recommend checking out Camila's Diner. They serve some of the best sandwiches in town. 12 화자가 제안하는 것

10-12번은 다음 공지와 일기 보도에 관한 문제입니다.

남 **모두들 잘 들어주세요. 우리는 약 10분 후에 Doubleton Resort에 도착할 겁니다. 내일 아침 일찍 마지막 관광지로 출발하니 늦어도 오전 7시까지는 로비에 내려와야 한다는 것을 유념해 주세요.** 10 오늘 나머지 시간에는 여러분이 원하는 것은 무엇이든 자유롭게 하실 수 있습니다. **외출할 계획이라면 오늘 풍속이 15km/h에 이를 것으로 예상되므로 재킷을 반드시 가져가세요.** 11 리조트는 시내로 가는 셔틀 서비스도 제공하니 그 점도 명심하세요. **무엇을 해야 할지 모르겠다면, Camila's Diner를 살펴보시길 권합니다. 그곳에서는 이 도시 최고의 샌드위치를 제공합니다.** 12

일기 예보 및 풍속				
월요일	화요일	수요일	목요일	금요일
0 km/h	5 km/h	15 km/h	12 km/h	10 km/h

어휘 leave for ~로 떠나다 | attraction 관광지, 명소 | no later than 늦어도 ~까지 | as for ~에 관하여 | keep ~ in mind ~을 염두에 두다

10. What most likely is the speaker's occupation?
(A) Tour guide
(B) Catering manager
(C) Resort employee
(D) Airline worker

화자의 직업은 무엇이겠는가?
(A) 관광 가이드
(B) 출장 요리 매니저
(C) 리조트 직원
(D) 항공사 직원

해설 화자의 정체를 묻는 문제 – 약 10분 후에 Doubleton Resort에 도착할 거라면서 내일 아침 일찍 마지막 관광지로 출발할 테니 늦어도 오전 7시까지 로비로 내려오라고 알리는 것으로 보아 화자의 직업이 관광 가이드임을 알 수 있다. 따라서 (A)가 정답!

11. Look at the graphic. On which day is the announcement taking place?
(A) Tuesday
(B) Wednesday

(C) Thursday
(D) Friday

시각 정보를 보시오. 공지는 어느 요일에 발표되는가?
(A) 화요일
(B) 수요일
(C) 목요일
(D) 금요일

해설 시각 정보 연계 문제 – 외출 계획이 있다면 오늘 풍속이 15km/h에 이를 것으로 예상되니 반드시 재킷을 가져가라고 했고, 일기예보상 15km/h에 해당하는 요일은 수요일(Wednesday)이므로 (B)가 정답!

12. What activity does the speaker suggest?
(A) Watching a film
(B) Checking out a fashion show
(C) Eating at a restaurant
(D) Visiting a museum

화자는 어떤 활동을 제안하는가?
(A) 영화를 보는 것
(B) 패션쇼를 확인하는 것
(C) 식당에서 식사하는 것
(D) 박물관을 방문하는 것

해설 세부 사항을 묻는 문제 – 할 만한 활동을 찾지 못한 경우 Camila's Diner에 들러보길 추천하면서 그곳이 이 도시에서 가장 맛있는 샌드위치를 제공한다고 말했으므로 (C)가 정답!

UNIT 11. 공지·안내방송·전화·녹음 메세지

Practice

1. (A)	2. (B)	3. (C)	4. (C)	5. (A)	6. (A)
7. (B)	8. (C)	9. (A)	10. (B)	11. (C)	12. (D)
13. (B)	14. (C)	15. (A)	16. (C)	17. (D)	18. (A)
19. (D)	20. (B)	21. (C)	22. (C)	23. (C)	24. (B)

호주

Questions 1-3 refer to the following announcement.

M Attention all Hempington's shoppers. For a short time only, we're offering 20 percent off on selected clothing lines. 1 광고의 대상 These include gentlemen's and ladies' formal and casual wear, and selected sportswear. Look out for our blue cross stickers on items around the store. All items labeled with the blue crosses are part of this great promotion. 2 세일 품목을 찾을 수 있는 방법 And what's more, customers making purchases with the Hempington's credit card during the promotion will get a further five percent reduction on sale items. If you don't have a card yet, you can sign up for one today at any of the customer service desks. 3 고객서비스 데스크를 방문하도록 권장 받는 이유

1-3번은 다음 안내방송에 관한 문제입니다.

남 Hempington의 고객 여러분 주목해 주십시오. **짧은 기간 동안만 엄선된 의류 제품을 20% 할인해 드립니다.** 1 여기에는 신사용 및 숙녀용 정장과 평상복, 엄선된 운동복이 포함됩니다. **매장 내 물품에서 파란 십자가 스티커를 찾아 보세요. 파란 십자가가 부착된 모든 물품은 이번 판촉 행사 대상입니다.** 2 **뿐만 아니라, 판촉기간 동안 Hempington의 신용카드로 구매하신 고객님들은 세일 품목에서 추가로 5% 할인을 더 받으실 수 있습니다. 아직 카드가 없으시면, 오늘 저희 고객 서비스 데스크 어느 곳에서든 카드를 신청하실 수 있습니다.** 3

어휘 selected 엄선된 | formal wear 정장 | casual wear 평상복 | sportswear 운동복 | look out for ~을 찾아보다 | promotion 판촉, 프로모션 | what's more 게다가, 뿐만 아니라 | further 추가적인 | reduction 할인 | sign up for ~을 신청하다

1. What is being advertised?
(A) Clothing
(B) Sports equipment
(C) Bathroom suites
(D) Groceries

무엇이 광고되고 있는가?
(A) 의류
(B) 스포츠 장비
(C) 욕실용품 세트
(D) 식료품

해설 광고 대상을 묻는 문제 – 광고의 처음 부분에서 한정된 기간 동안 엄선된 의류 제품을 20% 할인해 준다고 말하고 있으므로 (A)가 정답!

2. According to the speaker, how can listeners find sale items?
(A) By speaking with staff
(B) By looking for special stickers
(C) By following a map
(D) By filling out a form

화자에 의하면, 청자들은 어떻게 세일 품목을 찾을 수 있는가?
(A) 직원과 이야기함으로써
(B) 특별한 스티커를 찾음으로써
(C) 지도를 따라감으로써
(D) 양식을 작성함으로써

해설 세부 사항을 묻는 문제 – 공지 중간 부분에서 매장 내 물품에서 파란 십자가 스티커를 찾아 보라고 말하며, 파란 십자가가 부착된 모든 물품은 이번 판촉행사 대상이라고 말하므로 (B)가 정답!

3. Why are listeners encouraged to visit the customer service desk?
(A) To pick up a store guide
(B) To ask for gift-wrapping
(C) To register for a credit card
(D) To return an item

청자들은 왜 고객 서비스 데스크를 방문하도록 권장되는가?
(A) 상점 안내책자를 받기 위해
(B) 선물포장을 요청하기 위해
(C) 신용카드를 신청하기 위해
(D) 제품을 반품하기 위해

해설 요청 사항을 묻는 문제 – 특정 신용카드로 구매할 경우 세일 품목에서 추가로 5% 할인을 받으며, 또한 고객 서비스 데스크에서 바로 신청 가능하다고 했으므로 (C)가 정답!

영국

Questions 4-6 refer to the following announcement.

W Attention, Thunderbolt Railways passengers. **4** 공지의 장소 Why not avoid waiting in line by trying out our new automated ticketing machines, located near the main ticket counter? **5** 대화의 주제 You can purchase your train tickets much more quickly and easily with these machines. The touch-screen monitors make the ticket purchasing process so simple that anyone can do it. **6** 기계에 대해 언급한 내용 If you do have any problems using the system, please inform one of our employees at the information desk. Thank you for choosing Thunderbolt Railways.

4-6번은 다음 안내방송에 관한 문제입니다.

여 **Thunderbolt 철도 승객 여러분들께 안내 말씀 드립니다.** **4** **줄 서서 기다리지 마시고, 주 매표소 근처에 위치해 있는 새 자동 발권기들을 사용해 보시는 게 어떨까요?** **5** 승객 여러분들께서는 이 기계들을 이용해 기차표들을 훨씬 더 빠르고 쉽게 구매하실 수 있습니다. **터치 스크린 모니터로 인해 구매 절차가 누구나 할 수 있을 만큼 간단합니다.** **6** 시스템을 사용하시는 데 문제가 있으시면, 안내 데스크에 있는 저희 직원에게 알려주세요. Thunderbolt 철도를 이용해 주셔서 감사합니다.

어휘 railroad 철도 I automated 자동화된 I ticketing 매표 I ticket counter 매표소 I waiting area 대기실

4. Where most likely is this announcement being made?
(A) On a tour bus
(B) At an airport
(C) At a train station
(D) At a boat terminal

안내방송이 이루어지는 장소는 어디이겠는가?
(A) 투어 버스 안에서
(B) 공항에서
(C) 기차역에서
(D) 여객선 터미널에서

해설 장소를 묻는 문제 – 첫 문장에서 Thunderbolt 철도를 이용하시는 승객 여러분이라고 언급했으므로 (C)가 정답!

5. What is the speaker mainly talking about?
(A) A new ticketing system
(B) A revised train schedule
(C) A power failure
(D) An expanded waiting area

화자는 주로 무엇에 대해 이야기하고 있는가?
(A) 새로운 매표 시스템
(B) 수정된 열차 시간표
(C) 정전
(D) 확장된 대합실

해설 주제를 묻는 문제 – 지문의 초반에서 주 매표소 근처에 새 자동 발매기계들이 설치되었음을 말하고 있고 이후에도 사용법과 관련된 안내를 하고 있으므로 (A)가 정답!

6. What does the speaker say about the machines?
(A) They have touch-screen monitors.
(B) They are located near the main entrance.
(C) They are only available in English.
(D) They are currently out of order.

화자가 기계에 대해 언급한 것은 무엇인가?
(A) 터치 스크린 모니터가 있다.
(B) 정문 근처에 위치해 있다.
(C) 영어로만 이용 가능하다.
(D) 현재 고장 나 있다.

해설 세부 사항을 묻는 문제 – 터치 스크린 모니터로 간단하게 티켓을 구매할 수 있다고 했으므로 (A)가 정답!

미국

Questions 7-9 refer to the following announcement.

W Good afternoon, everyone, and welcome to today's performance of *Silent Thunder*. I'm Annette Rowe, the director of the Milkylight Stage Theater. **7** 화자의 직업 I am thrilled to inform you that today's show has also sold out, meaning that every ticket was sold for every show since our opening night. **8** 연극의 특별한 점 During the break, um, feel free to go to the lobby to get some refreshments or browse our gift shop. All proceeds from today's performance will go towards supporting the various arts programs at our local high schools. **9** 화자 의도 Therefore, your contribution is greatly appreciated. We'd like to thank you in advance for turning off your electronic devices, and we hope you enjoy the show.

7-9번은 다음 공지에 관한 문제입니다.

여 안녕하세요, 여러분, 오늘 공연 〈Silent Thunder〉에 오신 걸 환영합니다. **저는 Milkylight Stage Theater 책임자인 Annette Rowe입니다.** **7** **오늘 공연 역시 매진되었는데, 이는 개막 첫날 밤 이후로 모든 공연의 표가 다 팔렸다는 걸 의미하는 것이라서 여러분께 이 소식을 알려드리게 되어 너무나 기쁩니다.** **8** 휴식 시간 동안에는, 음, 언제든지 로비로 가셔서 다과를 드시거나 선물 가게를 둘러보세요. **오늘 공연의 모든 수익금은 저희 지역 고등학교들의 다양한 예술 프로그램들을 지원하는 데 쓰일 것입니다.** **9** 그러므로, **여러분의 기부가 매우 환영될 것입니다**. 전자기기를 꺼주신 데 대해 여러분께 미리 감사 드리며, 공연을 즐겁게 관람하시기를 바랍니다.

어휘 performance 공연 | thrilled 너무 기쁜, 아주 흥분한 | be sold out 매진되다 | refreshments 다과 | browse 둘러보다 | proceeds 수익금 | go towards ~의 비용으로 쓰이다 | contribution 기부, 공헌 | appreciate 고마워하다; 환영하다 | in advance 미리

7. Who is the speaker?
(A) A stage actor
(B) A theater director
(C) An audience member
(D) A front-desk clerk

화자는 누구인가?
(A) 무대 배우
(B) 극장 책임자
(C) 방청객
(D) 안내데스크 직원

해설 화자의 정체를 묻는 문제 – 안내방송 처음 부분에서 Milkylight Stage Theater 책임자인 Annette Rowe라고 말하므로 (B)가 정답!

8. According to the speaker, what is special about the play?
(A) It has received multiple awards.
(B) A local actor has the lead role.
(C) All shows have sold out.
(D) It is based on a book.

화자에 따르면, 연극에 관하여 특별한 점은 무엇인가?
(A) 여러 개의 상을 받았다.
(B) 한 지역 배우가 주연을 맡았다.
(C) 모든 공연이 매진되었다.
(D) 어떤 책을 바탕으로 한다.

해설 세부 사항을 묻는 문제 – 안내방송 중간 부분에 오늘 공연 역시 매진되었고, 이는 개막 첫날 밤 이후로 모든 공연의 표가 다 팔렸다는 걸 의미하는 것이라서 이 소식을 알려드리게 되어 너무나 기쁘다고 말하므로 (C)가 정답!

9. What does the speaker mean when she says, "your contribution is greatly appreciated"?
(A) Ticket purchases will benefit school programs.
(B) A historic building will be renovated soon.
(C) Positive reviews will help increase sales.
(D) A charity event will be organized by famous artists.

여자는 "여러분의 기부가 매우 환영될 것입니다"라고 말할 때, 무엇을 의도하는가?
(A) 표 구매가 학교 프로그램들에 혜택을 줄 것이다.
(B) 역사적인 건물이 곧 수리될 것이다.
(C) 긍정적인 평가가 매출 증진에 도움을 줄 것이다.
(D) 자선 행사가 유명 예술가들에 의해 마련될 것이다.

해설 화자 의도 파악 문제 – 안내방송 마지막 부분에 오늘 공연의 모든 수익금은 지역 고등학교들의 다양한 예술 프로그램들을 지원하는 데 쓰일 것이라고 하고 나서 '여러분의 기부가 매우 환영될 것입니다.'라고 말하므로 (A)가 정답!

미국

Questions 10-12 refer to the following instructions and floor plan.

W Good morning, and welcome to our Monday meeting. Looks like it'll be a busy week for us, especially with the new action film, *Madman on a Train*. That movie is completely sold out already. **10** 새 영화에 대해 언급한 것 Considering how crowded it will be, I'm glad that we've repaired the entrance by the food counter. **11** 시각 정보 Hopefully, that will help us increase our sales. Oh, and one more thing: the new radio headsets have come in. We will be using the devices to communicate with each other. Please put them on before you start work tomorrow. **12** 청자들이 지시받은 것

10-12번은 다음 지시 사항과 평면도에 관한 문제입니다.

여 안녕하세요, 월요일 미팅에 오신 걸 환영합니다. 우리에겐 바쁜 한 주가 될 것 같은데, **특히 새로운 액션 영화 〈Madman on a Train〉로요. 이 영화는 벌써 전부 다 매진되었습니다.** **10** **얼마나 혼잡할지 감안하면 식품 판매대 옆 입구가 수리돼서 기쁘네요.** **11** 이게 우리가 매출을 올리는 데 도움이 되면 좋겠네요. **아, 그리고 한가지 더요. 새 무선 헤드셋이 들어왔어요. 이 장치는 서로 연락하는 데 사용할 것입니다. 내일 업무를 시작하기 전에 착용해 주세요.** **12**

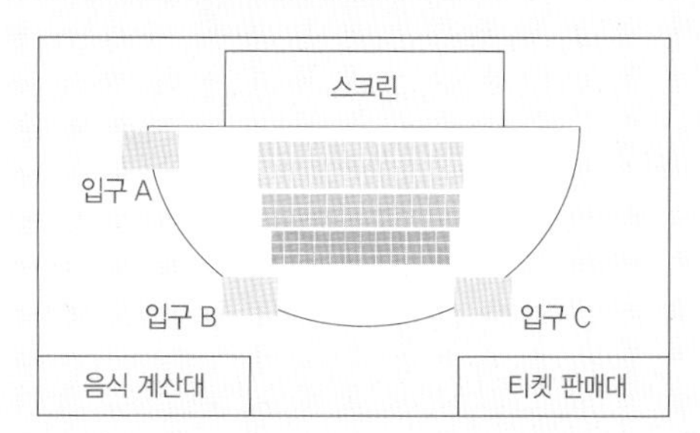

어휘 especially 특히, 특별히 | be sold out 매진되다 | considering ~을 고려하여 | crowded 붐비는, 복잡한 | entrance 입구 | hopefully 바라건대 | radio 무선의 | device 기기, 장치

10. What does the speaker say about a new film?
(A) There are several complaints about it.
(B) There are no more tickets for it.
(C) Its cast members will visit the theater.
(D) Its starting date will be revised.

새 영화에 대해 화자는 뭐라고 말하는가?
(A) 몇몇 불만사항이 있다.
(B) 영화표가 더 이상 없다.
(C) 출연진이 극장을 방문한다.
(D) 개봉일이 수정될 것이다.

해설 세부 사항을 묻는 문제 – 새 액션 영화 〈Madman on a Train〉을 언급하며, 이 영화가 벌써 전부 다 매진되었다고 말했으므로 (B)가 정답!

---

11. Look at the graphic. What has recently been repaired?
(A) The screen
(B) Entrance A
(C) Entrance B
(D) Entrance C

시각 정보를 보시오. 최근에 수리된 것은 무엇인가?
(A) 스크린
(B) 입구 A
(C) 입구 B
(D) 입구 C

해설 시각 정보 연계 문제 – 극장이 혼잡할 텐데 식품 판매대 옆 입구가 수리돼 기쁘다고 말했고, 평면도에서 Food Counter 옆 입구는 Entrance B이므로 (C)가 정답!

---

12. What are listeners instructed to do?
(A) Distribute a survey
(B) Check visitors' tickets
(C) Enter their work hours
(D) Put on a headset

청자들은 무엇을 하라고 지시받는가?
(A) 설문지를 배포한다
(B) 방문자 입장권을 확인한다
(C) 근무 시간을 입력한다
(D) 헤드셋을 착용한다

해설 요구 사항을 묻는 문제 – 라디오 헤드폰이 새로 들어왔다고 말하며 이 장치를 서로 연락할 때 사용할 예정이니 내일 업무 시작 전에 착용해 달라고 했으므로 (D)가 정답!

영국

Questions 13-15 refer to the following telephone message.

W My name is Sonia Lukes, and I'm a subscriber to the *Daily Express*. **13** 근무지 I'm calling because I'd like to change my delivery address since I'm moving next week. **14** 화자가 하고 싶은 것 The thing is... I already tried doing it myself online, but your website is down, and I think I need someone's help. **15** 문제점 Please get back to me at 555-1417. Thanks.

13-15번은 다음 전화 메시지에 관한 문제입니다.

여 **제 이름은 Sonia Lukes고요, 〈Daily Express〉 구독자인데요. 13 제가 다음 주에 이사를 가서 배달 주소를 바꾸고 싶은데요. 14 문제는 제가 이미 온라인에서 혼자 시도를 해 보았는데, 귀사의 웹사이트가 다운이 되어 도움이 필요할 것 같아요.** **15** 555-1417로 답신 전화 주시면 좋겠습니다. 감사합니다.

어휘 subscriber 구독자 | delivery address 배달 주소 | down 작동이 안 되는, 다운된

---

13. What kind of business does the listener most likely work for?
(A) An electronics store
(B) A newspaper office
(C) A moving company
(D) A supermarket

청자가 일하는 회사의 종류는 무엇이겠는가?
(A) 전자제품 매장
(B) 신문사
(C) 이삿짐 센터
(D) 슈퍼마켓

해설 근무지를 묻는 문제 – 첫 문장에서 화자가 자신을 소개할 때 〈Daily Express〉 구독자임을 밝히고 있으므로 (B)가 정답!

---

14. What does the speaker want to do?
(A) Apply for a position
(B) Renew a contract
(C) Revise some information
(D) Deliver a package

화자는 무엇을 하고 싶어 하는가?
(A) 직책에 지원한다
(B) 계약을 갱신한다
(C) 어떤 정보를 수정한다
(D) 소포를 배달한다

해설 세부 사항을 묻는 문제 – 화자가 다음 주에 이사를 가서 배달 주소를 바꾸고 싶다고 언급하고 있으므로 (C)가 정답!

---

15. According to the speaker, what is the problem?
(A) A website is not working.
(B) She has not received her order.
(C) She forgot her password.
(D) A billing charge is incorrect.

화자에 따르면, 문제는 무엇인가?
(A) 웹사이트가 고장 났다.
(B) 여자는 주문한 물건을 받지 못했다.
(C) 여자는 비밀번호를 잊어버렸다.

(D) 청구된 금액이 잘못되었다.

해설 문제점을 묻는 문제 – 화자가 이미 온라인에서 혼자 시도를 해 보았으나 회사 웹사이트가 다운이 되어 도움이 필요할 것 같다고 말했다. 지문에서 등장하는 down의 동의어인 not working이 보기에서 보이므로 (A)가 정답!

호주

Questions 16-18 refer to the following telephone message.

M Hello, Mr. Smith. I'm calling from the Kaminsky Theater in regard to the musical tickets that you purchased through our website last weekend. 16 화자의 근무지 Um... There was a mix-up in orders, and we accidentally sent the tickets to the wrong address – we are awfully sorry for this inconvenience. 17 문제점 It is standard procedure to send out a new set of tickets. But as there are only a few days left before the show, I don't think we can deliver them to you in time. So here's what I'll do: I will have the tickets ready for you here when you arrive. Just come by the box office, and they will be waiting for you. 18 요청 사항

16-18번은 다음 전화 메시지에 관한 문제입니다.

남 **안녕하세요, Mr. Smith. 고객님께서 지난 주말 저희 웹사이트를 통해 구매해주신 뮤지컬 티켓들과 관련해 Kaminsky 극장에서 전화드립니다.** 16 **어... 저희가 주문에 약간의 혼선이 있었던 관계로 실수로 잘못된 주소로 티켓들을 발송해 드렸습니다, 이런 불편을 드려 진심으로 죄송합니다.** 17 규정대로 한다면 저희가 새로운 티켓들을 발송해 드려야 합니다. 하지만 공연 전까지 며칠밖에 남지 않아서 그것을 제시간에 배달할 수 없을 것 같습니다. 그러니 이렇게 하죠: **고객님께서 오실 때 티켓들을 드릴 수 있게 준비해 두겠습니다. 매표소에 오시면, 고객님의 티켓들이 있을 겁니다.** 18

어휘 in regard to ~에 관하여 | purchase 구매하다 | mix-up 실수, 혼선 | inconvenience 불편 | standard 일반적인, 기준의 | procedure 절차 | send out 발송하다 | come by 들르다

16. Where is the speaker calling from?
(A) An airline
(B) A museum
(C) A theater
(D) A music store

화자는 어디에서 전화를 하고 있는가?
(A) 항공사
(B) 박물관
(C) 극장
(D) 음반 가게

해설 근무지를 묻는 문제 – 화자가 지문의 초반에서 고객이 웹사이트에서 주문한 티켓과 관련하여 Kaminsky 극장에서 전화 드린다고 언급하므로 (C)가 정답!

17. According to the speaker, what is the problem?
(A) An event was canceled.
(B) A payment was not processed.
(C) Some documents were misplaced.
(D) Some tickets were sent to the wrong address.

화자에 따르면, 문제가 무엇인가?
(A) 공연이 취소됐다.
(B) 결제가 이루어지지 않았다.
(C) 일부 서류들이 분실됐다.
(D) 티켓들이 잘못된 주소로 배달됐다.

해설 문제점을 묻는 문제 – 화자가 약간의 혼선이 있어서 잘못된 주소로 티켓들이 발송되어 사과하고 있으므로 (D)가 정답!

18. What does the speaker ask the listener to do?
(A) Visit a box office
(B) Provide new credit card information
(C) Check a website
(D) Apply for a refund

화자가 청자에게 무엇을 하라고 요청하는가?
(A) 매표소를 방문한다
(B) 새로운 신용카드 정보를 제공한다
(C) 웹사이트를 확인한다
(D) 환불을 신청한다

해설 요청 사항을 묻는 문제 – 지문의 후반부에서 화자가 극장 매표소에 티켓을 준비해 두겠다고 했으므로 매표소에 들러 가져가야 한다는 것을 알 수 있다. (A)가 정답!

미국

Questions 19-21 refer to the following telephone message.

W Hi, this message is for the general affairs manager. This is Olivia Kirk from Accounting, and I'm calling to inform you that the printer in our office has jammed again. 19 화자 의도 Um, there seems to be a small piece of paper stuck in there that we can't remove. That's the third time this morning. This happens so often that it interferes with our work. So rather than sending a technician again to fix the printer, I think it would be better to replace it with a new one. 20 I know you have to get the president's approval for the purchase, so I'll call you in the afternoon to check if my request has been approved. 21

19-21번은 다음 전화 메시지에 관한 문제입니다.

여 안녕하세요, 총무 부장님께 메시지 남깁니다. 전 회계부의 Olivia Kirk 이고, **저희 사무실에 있는 프린터가 또 작동하지 않는다는 것을 알려드리려고 전화드립니다.** 19 저희가 제거할 수 없는 작은 종이 조각이 거기에 낀 것 같습니다. **오늘 아침에만 세 번째예요.** 너무 잦아서 업무에 지장이 있는데요. **그러니 이번에도 프린터를 고칠 기술자를 보내시**

는 것보다 새 걸로 교체하는 게 나을 것 같습니다. 20 구매하려면 회장님의 승인을 받으셔야 한다는 건 알고 있으니 **요청 승인 여부 확인 차 오후에 전화 드리겠습니다.** 21

어휘 general affairs 총무 I accounting 회계 I inform 알리다 I jam 작동하지 못하게 되다 I seem ~인 것 같다, ~처럼 보이다 I stuck 못 하는, 움직일 수 없는 I interfere with ~에 지장을 주다 I rather than ~보다는 차라리 I technician 기술자 I replace 교체하다 I approval 승인 I request 요청

19. Why does the speaker say, "That's the third time this morning"?
(A) Some supplies are out of stock again.
(B) She has been constantly trying to contact a business.
(C) She has been unable to obtain the president's approval.
(D) A technical error has occurred repeatedly.

화자는 왜 "오늘 아침에만 세 번째예요"라고 말하는가?
(A) 일부 물품이 또 품절되었다.
(B) 업체에 계속 연락을 시도했다.
(C) 대표의 승인을 받을 수 없었다.
(D) 기술적 오류가 되풀이해 발생되었다.

해설 화자 의도 파악 문제 – 사무실에 있는 프린터가 또 작동하지 않는다는 것을 알리는 게 용건이라고 말하며 오늘 아침에만 세 번째라고 말하고 있으므로 오작동이 계속되고 있음을 강조하기 위한 것임을 알 수 있다. 따라서 (D)가 정답!

20. What does the speaker suggest?
(A) Providing a refund
(B) Replacing a machine
(C) Contacting a technician
(D) Revising a manual

화자는 무엇을 제안하는가?
(A) 환불을 제공하는 것
(B) 기계를 교체하는 것
(C) 기술자에게 연락하는 것
(D) 설명서를 보내는 것

해설 제안 사항을 묻는 문제 – 프린터를 고칠 기술자를 다시 보내기보다 새 것으로 교체하는 게 나을 것 같다고 말했으므로 (B)가 정답!

21. What will Olivia probably do next?
(A) She will test out some equipment.
(B) She will attend a meeting.
(C) She will follow up on a request.
(D) She will submit a document.

Olivia는 다음에 무엇을 하겠는가?
(A) 장비 몇 개를 시험할 것이다.
(B) 회의에 참석할 것이다.
(C) 요청에 대한 후속 조치를 할 것이다.
(D) 서류를 제출할 것이다.

해설 다음에 할 일을 묻는 문제 – 요청이 승인되었는지 확인하기 위해 오후에 전화하겠다고 말했으므로 요청에 대한 후속 조치를 할 거라고 한 (C)가 정답!

미국

Questions 22-24 refer to the following telephone message and order form.

M Hi, I'm calling for David Bain. Mr. Bain, I noticed that you ordered an unusually large amount of sugar packets this month. As you have never purchased this many, I wanted to check if the quantity was correct. Please call me back if you need to make a revision. 22 시각 정보 Also, I'm leaving to San Diego for a convention starting tomorrow. 23 화자가 내일 할 일 So if I'm not here, talk to Clara. She will be in charge of all store operations while I'm away. 24 Clara에 대해 언급된 것

22-24번은 다음 녹음 메시지와 주문서에 관한 문제입니다.

남 안녕하세요, David Bain에게 드리는 전화입니다. Mr. Bain, **보니까 이번 달에 이례적으로 많은 양의 봉지 설탕을 주문하셨던데요. 이렇게 많이 주문하신 적이 없기 때문에 수량이 정확한 건지 확인하고 싶었습니다. 변경 시 전화주시기 바랍니다.** 22 그리고 **제가 내일부터 시작하는 컨벤션 때문에 San Diego로 떠납니다.** 23 **그러니 제가 없으면 Clara와 이야기하세요. 제가 없을 때는 그녀가 매장 운영을 총괄합니다.** 24

주문서	
제품	수량
용기	200
빨대	400
봉지 설탕	800
냅킨	1000

어휘 notice 알아차리다 I unusually 이례적으로 I quantity 수량 I make a revision 수정하다 I convention 대회, 협의회 I operation 운영

22. Look at the graphic. Which quantity on the order form might be changed?
(A) 200
(B) 400
(C) 800
(D) 1000

시각 정보를 보시오. 주문서에서 어느 수량이 변경될 수 있는가?
(A) 200
(B) 400
(C) 800
(D) 1000

해설 시각 정보 연계 문제 – 화자가 Mr. Bain에게 이번 달에 유달리 많은 양의 봉지 설탕을 주문했다면서 변경 시 회신해 달라고 말했고, 주문서상 가능한 항목은 Sugar Packets의 수량인 800개이므로 (C)가 정답!

23. What is the speaker going to do tomorrow?
(A) Oversee a sale
(B) Visit Mr. Bain's office
(C) Participate in a convention
(D) Train an employee

화자는 내일 무엇을 할 것인가?
(A) 세일을 감독한다
(B) Mr. Bain의 사무실을 방문한다
(C) 컨벤션에 참가한다
(D) 직원을 교육한다

해설 미래 계획을 묻는 문제 – 내일부터 시작하는 회의를 위해 San Diego로 갈 거라고 말했으므로 (C)가 정답!

24. What is mentioned about Clara?
(A) She is being promoted.
(B) She will manage a store.
(C) She is being transferred.
(D) She will contact a supplier.

Clara에 대해 언급된 것은 무엇인가?
(A) 승진할 것이다.
(B) 매장을 관리할 것이다.
(C) 전근 갈 것이다.
(D) 납품업체에 연락할 것이다.

해설 세부 사항을 묻는 문제 – 화자가 부재시 Clara와 이야기하라고 말하며 그녀가 매장 운영을 총괄한다고 했으므로 (B)가 정답!

UNIT 12. 방송·보도·광고·인물 소개

Practice

1. (C)	2. (C)	3. (C)	4. (B)	5. (D)	6. (D)
7. (B)	8. (C)	9. (D)	10. (C)	11. (D)	12. (D)
13. (C)	14. (C)	15. (B)	16. (D)	17. (C)	18. (C)
19. (C)	20. (B)	21. (A)	22. (B)	23. (A)	24. (B)

미국

Questions 1-3 refer to the following radio broadcast.

W Hello and welcome to *How To Save* 1 라디오 프로그램의 주제 on KMLO Radio. I'm your host, Stacy Marvin. Tomorrow is Christmas, and we know what that means for our wallet. Today, we will offer some money saving tips that will keep your wallet full even in this hectic holiday season. 1 Joining us next, we'll have Joyce Stanton. She is the highly acclaimed author of the new book, *Tips for Shopping*. 2 Joyce Stanton이 최근에 한 일 In the book, Joyce suggests several ways to save money and get better deals when you shop. Anyway, let's hear some of the tips directly from Joyce. 3 Joyce Stanton이 다음에 할 일

1-3번은 다음 라디오 방송에 관한 문제입니다.

여 안녕하십니까, KMLO 라디오 방송국의 〈How To Save〉 1 쇼에 오신 것을 환영합니다. 저는 여러분의 진행자인 Stacy Marvin입니다. 내일은 크리스마스이고 그게 우리 지갑엔 어떤 의미인지 우리 모두 잘 알고 있습니다. **오늘은 이렇게 정신없이 바쁜 연휴 기간에도 여러분의 지갑을 가득 차게 유지할 수 있는 돈 절약 팁들을 알려드리고자 합니다.** 1 이제, Joyce Stanton이 함께해 주실 것입니다. **그녀는 새로운 책 〈쇼핑을 위한 팁〉으로 널리 호평 받고 있는 저자입니다.** 2 **그 책에서, Joyce는 여러분께서 돈을 절약하면서 더 저렴하게 쇼핑하는 다양한 방법들을 제안하고 있습니다. 어쨌든, Joyce에게서 직접 몇몇 조언들을 들어봅시다.** 3

어휘 host 진행자 I wallet 지갑 I offer 제공하다 I saving 절약, 모으기 I tip (실용적인, 작은) 조언 I hectic 정신없이 바쁜 I highly acclaimed 널리 호평을 받는 I author 저자

1. What is the topic of the radio program?
(A) Holiday destinations
(B) Fashion trends
(C) Saving money
(D) Marketing products

라디오 프로그램의 주제는 무엇인가?
(A) 휴일 여행지
(B) 패션 트렌드
(C) 돈 절약
(D) 상품 마케팅

해설 주제를 묻는 문제 – 프로그램의 이름이 〈How to save(절약하는 방법)〉인 것에서 주제가 돈을 절약하는 방법이라는 것을 미리 알 수 있다. 정신없이 바쁜 휴일 시즌에도 여러분의 지갑을 가득 차게 유지할 수 있는 돈 절약 팁들을 알려주겠다고 했으므로 (C)가 정답!

2. What did Joyce Stanton do recently?
(A) Submitted an article
(B) Held a seminar
(C) Published a book
(D) Traveled abroad

Joyce Stanton이 최근에 한 일은 무엇인가?
(A) 기사를 제출했다
(B) 세미나를 주최했다
(C) 도서를 출판했다

(D) 해외를 여행했다

해설 세부 사항을 묻는 문제 – 화자가 Joyce Stanton이라는 이름을 언급한 후 새로운 책, 〈쇼핑을 위한 팁〉으로 널리 호평 받고 있는 저자라고 말하므로 (C)가 정답!

3. What will Joyce Stanton probably do next?
(A) Talk about the environment
(B) Discuss an upcoming film
(C) Give some advice
(D) Answer questions from listeners

Joyce Stanton이 다음에 할 일은 무엇인가?
(A) 환경에 대해 이야기한다
(B) 곧 개봉할 영화에 대해 논의한다
(C) 조언을 해준다
(D) 청취자들의 질문에 대답한다

해설 다음에 할 일을 묻는 문제 – 지문의 마지막에서 이 책에서, Joyce가 돈을 절약하면서 더 저렴하게 쇼핑하는 다양한 방법들을 제안하고 있다고 말하며, 직접 조언들을 들어보자고 언급한다. 지문에서 들린 tip과 의미가 같은 advice가 보기에서 보이므로 (C)가 정답!

미국

Questions 4-6 refer to the following radio broadcast.

M Good morning, everyone. I'm Jason Marshall, and this is your morning traffic update. For motorists planning to take Roosevelt Road, I'm afraid I have some bad news. Due to last night's blizzard, both the northbound and southbound roads have been temporarily closed. 4 문제점 The snow removal operations will most likely last until the evening. Inthe meantime, I advise that you take Cermak Lane instead. 5 권고사항 Next up, we have James Stanley with sports right after this commercial break. Please stay tuned. 6 다음에 들을 내용

4-6번은 다음 라디오 방송에 관한 문제입니다.

남 여러분 안녕하세요. 저는 여러분의 아침 교통 방송을 맡고 있는 Jason Marshall입니다. Roosevelt 도로를 이용하고자 하시는 운전자 분들께는 죄송하지만 안 좋은 소식입니다. **어젯밤의 눈보라로 인해, 북부와 남부 양방향 도로들이 모두 임시 폐쇄되었습니다.** 4 제설 작업은 저녁 때까지 계속될 것으로 보입니다. **그 동안은 Cermark 가를 대신 이용하실 것을 권고 드립니다.** 5 **이어서, 광고 후에 James Stanley의 스포츠 뉴스를 만나실 수 있습니다. 채널 고정해 주세요.** 6

어휘 traffic update 교통 정보 | motorist 운전자 | northbound 북부행 | southbound 남부행 | due to ~때문에 | snow removal operation 제설 작업 | commercial 광고 | tune (주파수, 채널을) 맞추다

4. According to the speaker, what is the problem?
(A) There are not enough city workers.
(B) Some roads are closed.
(C) Some light poles have fallen.
(D) There was a power failure.

화자에 따르면, 문제는 무엇인가?
(A) 시 근로자들이 충분하지 않다.
(B) 일부 도로가 폐쇄되었다.
(C) 몇몇 전신주가 넘어졌다.
(D) 정전이 있었다.

해설 문제점을 묻는 문제 – 화자가 어젯밤의 눈보라로 인해 북부와 남부 양방향 도로들이 모두 임시로 폐쇄되었다고 언급하므로 (B)가 정답!

5. What does the speaker advise listeners to do?
(A) Stay indoors
(B) Walk to work
(C) Drive slowly
(D) Take a different route

화자가 청자들에게 권고하는 것은 무엇인가?
(A) 실내에 머문다
(B) 걸어서 출근한다
(C) 천천히 운전한다
(D) 다른 경로를 택한다

해설 제안 사항을 묻는 문제 – 화자가 Cermark 가를 대신 이용하라고 말한다. 특정 도로명이 들리고 이를 보기에서는 different route로 묘사하고 있으므로 (D)가 정답!

6. What will the listeners hear next?
(A) A music program
(B) Weather updates
(C) Sports news
(D) Some advertisements

청자들이 다음에 들을 것은 무엇인가?
(A) 음악 프로그램
(B) 날씨 뉴스
(C) 스포츠 뉴스
(D) 몇몇 광고

해설 다음에 할 일을 묻는 문제 – 마지막 문장에서 광고 후에 James Stanley의 스포츠 뉴스를 만날 수 있으니 채널을 고정해 달라고 했다. 광고 후에 스포츠 뉴스가 방송될 것임을 알 수 있으므로 (D)가 정답!

미국

Questions 7-9 refer to the following introduction to an interview.

M Thank you for tuning in to WHRK radio. I'm your host, Peter Jenkins. Today, film director Victor Gallagher is here 7 Victor Gallagher의 직업 to talk about his latest motion picture, *The Lost Empire*. It's a sci-fi thriller that takes place on a remote island in the Pacific. Before making the film, Victor spent four months struggling on the rough terrain of Eaton Island. 8 화자 의도 That's a feat not many have attempted. There, he researched the history of the ancient residents and also the enigmatic gigantic statues known as Moai. You can submit questions to Victor throughout today's show 9 청자들이 요청받는 것 by either calling the studio or sending a text message to 555-WHRK. Welcome to the show, Victor.

7-9번은 다음 소개와 인터뷰에 관한 문제입니다.

남 WHRK 라디오를 청취해 주셔서 감사합니다. 진행자 Peter Jenkins입니다. 오늘, **영화 감독 Victor Gallagher를 여기 모시고** 7 그의 최신작 〈잃어버린 제국〉에 대해서 얘기를 나누겠습니다. 〈잃어버린 제국〉은 태평양의 외딴 섬에서 일어나는 공상과학 스릴러입니다. 영화를 제작하기 전에 **Victor는 Eaton섬의 험한 지형에서 고생하며 4개월을 보냈습니다.** 8 **그런 위업에 도전하는 사람들은 많지 않죠.** 그곳에서 그는 고대 원주민들의 역사, 그리고 Moai라고 알려진 수수께끼 같은 거대한 조각상을 조사했습니다. **오늘 방송 중** 스튜디오로 전화를 주시거나 555-WHRK로 문자를 보내주시면 **Victor에게 질문하실 수 있습니다.** 9 이 프로에 나와주신 것을 환영합니다, Victor.

어휘 motion picture 영화 | take place 일어나다, 발생하다 | remote 외딴, 먼 | terrain 지형 | feat 위업 | enigmatic 수수께끼 같은 | statue 조각상 | throughout ~ 내내

7. Who is Victor Gallagher?
(A) A nature photographer
(B) A movie director
(C) A radio host
(D) A history professor

Victor Gallagher는 누구인가?
(A) 자연 사진작가
(B) 영화 감독
(C) 라디오 진행자
(D) 역사학 교수

해설 세부 사항을 묻는 문제 – 화자가 Victor Gallagher를 영화 감독으로 소개하고 있으므로 (B)가 정답!

8. What does the speaker mean when he says, "That's a feat not many have attempted"?
(A) Mr. Gallagher learned a new language.
(B) Mr. Gallagher launched a new product.
(C) Mr. Gallagher completed a difficult task.
(D) Mr. Gallagher made an amazing discovery.

화자가 "그런 위업에 도전하는 사람들은 많지 않죠"라고 말할 때 무엇을 의도하는가?
(A) 새로운 언어를 배웠다.
(B) 새로운 상품을 출시했다.
(C) 어려운 과업을 완수했다.
(D) 놀라운 발견을 했다.

해설 화자 의도 파악 문제 – Victor가 Eaton섬의 험한 지형에서 4개월을 고생하며 보냈다고 하면서 이 같은 위업은 소수의 사람만이 도전한다고 말했으므로 그가 힘든 일을 해냈음을 강조하고 있다. 따라서 (C)가 정답!

9. What are the listeners invited to do?
(A) Make a reservation
(B) Visit a website
(C) Submit pictures
(D) Ask questions

청자들은 무엇을 하라고 요청받는가?
(A) 예약을 한다
(B) 웹사이트를 방문한다
(C) 사진을 제출한다
(D) 질문을 한다

해설 요청 사항을 묻는 문제 – 오늘 방송이 진행되는 동안 Victor에게 질문을 할 수 있다고 말했으므로 (D)가 정답!

Questions 10-12 refer to the following news report and chart.

M We're back! This is Carlton Jones with your local morning news at six. Today, authorities have announced plans to build a new highway 10 뉴스가 설명하는 프로젝트 that will pass through the east side of Bellington City. Work on this highway will start in the spring and take approximately three years to complete. 11 프로젝트 소요시간 Mayor Steven Bedlam is with us tonight to talk with us about the project. There are several important issues. But as you can see from our survey results, one of them appears to be the top concern for the majority of respondents. So Mayor Bedlam has decided to give a detailed explanation of this during the interview. 12 시각 정보

10-12번은 다음 뉴스 보도와 차트에 관한 문제입니다.

남 6시 아침 지역 뉴스 시간이 돌아왔습니다. 저는 Carlton Jones입니다. 오늘 당국에서 Bellington City의 동쪽을 지나게 될 **고속도로 건설 계획을 발표했습니다.** 10 **고속도로 공사는 봄에 착공되며 완공까지 약 3년이 소요된다고 합니다.** 11 Steven Bedlam 시장님이 오늘 밤에 저희 프로에 나오셔서 이 프로젝트에 대해 이야기하실 예정입니다. 몇 가지 중요한 사항이 있는데요. **그러나 조사 결과에서 보실 수 있듯 그중 하나가 대다수 응답자의 가장 큰 걱정거리로 보입니다. 그래서 Bedlam 시장께서 이 문제에 대해 인터뷰에서 자세한 설명을 하기로 하셨습니다.** 12

PART 4 UNIT 12

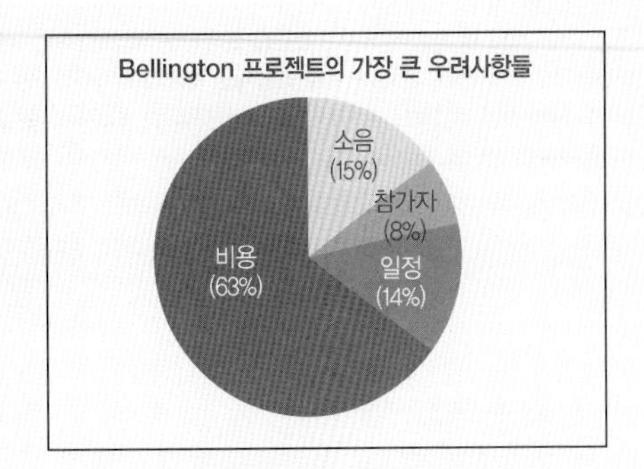

어휘 local 지역의 I authority 당국 I announce 발표하다 I highway 고속도로 I approximately 거의, 약 I complete 완공하다, 완성하다 I survey 설문 I indicate 나타내다, 보여주다 I expense 비용 I explanation 설명

10. What project is the report describing?
(A) The renovation of a building
(B) The extension of a bridge
(C) The construction of a roadway
(D) The redevelopment of a business district

뉴스 보도는 어떤 프로젝트에 대해 설명하는가?
(A) 건물 개조
(B) 다리 증축
(C) 도로 건설
(D) 상업 지구 재개발

해설 주제를 묻는 문제 – 담화 초반에 화자가 오늘 고속도로 건설 계획을 당국에서 발표했다는 소식으로 시작하고 있으므로 도로 공사에 대한 내용이 이어질 것임을 알 수 있다. 따라서 (C)가 정답!

11. How long is the project expected to take?
(A) Six months
(B) One year
(C) Two years
(D) Three years

프로젝트는 얼마나 걸릴 것으로 예상되는가?
(A) 6개월
(B) 1년
(C) 2년
(D) 3년

해설 세부 사항을 묻는 문제 – 고속도로 공사는 봄에 착공되며 완공까지 약 3년이 소요될 거라고 말했으므로 (D)가 정답!

12. Look at the graphic. Which topic will the mayor talk about?
(A) Noise
(B) Participants
(C) Timeline
(D) Costs

시각 정보를 보시오. 시장은 어떤 주제에 대해 이야기할 것인가?
(A) 소음
(B) 참가자
(C) 일정
(D) 비용

해설 시각 정보 연계 문제 – 조사 결과에서 볼 수 있듯 한 가지가 응답자 대다수의 가장 큰 걱정거리로 보이므로 Bedlam 시장이 이 문제에 대해 인터뷰에서 자세한 설명을 하기로 했다고 말했고, 차트에서 가장 큰 비중을 차지한 항목은 Costs (63%)이므로 (D)가 정답!

미국

Questions 13-15 refer to the following introduction.

W Thank you everyone for joining us at this banquet tonight to celebrate the release of Yano Takahiro's new book. 13 행사의 목적 As you all know, Ms. Takahiro is well-known for the innovative websites she has designed over the last two decades. 14 Yano Takahiro의 직업 She has put a lot of thought and effort into her recently published book about Web design. The book has already gotten rave reviews—from computer specialists and laymen alike—and is expected to be a best seller. She will be the keynote speaker tonight, and she will lay out for us the future of Web design. 15 Ms. Takahiro가 이야기할 것 Ladies and gentlemen, I present to you Ms. Takahiro!

13-15번은 다음 소개에 관한 문제입니다.

여 **오늘 밤 Yano Takahiro의 신간 발표를 축하하기 위해 연회에 모여주신 여러분께 감사드립니다.** 13 여러분도 아시다시피, **Ms. Takahiro는 지난 20년 동안 그녀가 디자인한 혁신적인 웹사이트들로 유명합니다.** 14 그녀는 최근 그녀가 출판한 웹디자인 관련 신간 서적에 많은 고심과 노력을 담았습니다. 이 책은 컴퓨터 전문가는 물론 비전문가들에게서도 이미 극찬을 받고 있으며, 곧 베스트셀러가 될 것이라고 예상됩니다. **오늘 밤 기조 연설자로서, 그녀는 저희에게 웹디자인의 미래에 대한 연설을 해주실 것입니다.** 15 신사 숙녀 여러분, Ms. Takahiro를 소개합니다!

어휘 celebrate 축하하다 I release 발간, 출시 I decade 10년 I publish 출판하다 I rave review 극찬 I specialist 전문가 I layman 비전문가 I lay out 펼쳐 놓다

13. What is the purpose of the event?
(A) To honor a retiring worker
(B) To raise money for charity
(C) To celebrate the publication of a book
(D) To recognize a company's achievements

행사의 목적은 무엇인가?
(A) 퇴직하는 직원에게 명예를 주기 위해
(B) 자선단체를 위한 돈을 모금하기 위해
(C) 책의 출간을 축하하기 위해
(D) 회사의 업적을 인정하기 위해

해설 목적을 묻는 문제 - 첫 문장에서 오늘 밤 Yano Takahiro의 신간 발표를 축하하기 위해 모여주어 감사하다고 언급되므로 (C)가 정답!

14. What is Ms. Takahiro well known for?
(A) Her management skills
(B) Her leadership skills
(C) Her creativity
(D) Her research

Ms. Takahiro는 무엇으로 유명한가?
(A) 경영 기술
(B) 리더십 기술
(C) 창의성
(D) 연구

해설 세부 사항을 묻는 문제 - 화자가 Ms. Takahiro는 지난 20년 동안 혁신적인 웹사이트를 개발한 것으로 유명하다고 말했으므로 innovative를 명사 creativity로 바꿔 놓은 (C)가 정답!

15. What will Ms. Takahiro mainly talk about?
(A) New types of computer technology
(B) The future of Web design
(C) How to attract clients
(D) How to motivate staff

Ms. Takahiro는 주로 무엇에 대해 이야기할 것인가?
(A) 새로운 컴퓨터 기술
(B) 웹디자인의 미래
(C) 고객을 유치하는 방법
(D) 직원들에게 동기 부여를 하는 방법

해설 다음에 할 일을 묻는 문제 - 지문의 후반부에서 오늘 밤 기조 연설자로서, 그녀는 웹디자인의 미래에 대한 연설을 해줄 것이라고 말하므로 (B)가 정답!

영국

Questions 16-18 refer to the following advertisement.

W Bowen's Grocery has opened a new location! **16** 광고의 대상 For over 30 years, Bowen's Grocery has been offering the freshest food at the lowest prices. In addition to our Dolton branch, we've just opened a new store in Riverdale today! To welcome you to our new location, just for this month, we'll be providing each of our customers with a complimentary shopping bag. **17** 업체가 제공하는 것 In addition, starting this Saturday, we'll extend all of our stores' hours to 11 P.M. for your convenience. **18** 주말에 있을 일

16-18번은 다음 광고에 관한 문제입니다.

여 **Bowen's 식료품점이 새 지점을 열었습니다!** **16** 30년이 넘는 동안 Bowen's 식료품점은 가장 낮은 가격에 가장 신선한 음식을 제공해 왔습니다. 저희 Dolton 지점에 이어, 오늘 Riverdale에 새 매장을 열었습니다! **저희 새 지점에 오시는 분들을 환영하는 의미로, 이번 달에 한해서만, 고객 한 분 한 분께 무료 쇼핑백을 제공해 드립니다.** **17** **추가로 이번 주 토요일부터, 여러분의 편의를 위해 밤 11시까지 영업시간을 연장할 예정입니다.** **18**

어휘 proud 자랑스러워하는 | in addition to ~에 더하여 | convenience 편의

16. What is being advertised?
(A) A job position
(B) A food festival
(C) A restaurant
(D) A newly opened store

무엇이 광고되고 있는가?
(A) 일자리
(B) 음식 축제
(C) 식당
(D) 새로 개점한 매장

해설 광고의 대상을 묻는 문제 - 바로 첫 문장에서 Bowen's 식료품점이 새 지점을 열었다고 언급하므로 (D)가 정답!

17. What does the business offer the listeners?
(A) A complimentary meal
(B) A coupon
(C) A free bag
(D) A T-shirt

업체는 청자들에게 무엇을 제공하는가?
(A) 무료 식사
(B) 쿠폰
(C) 무료 가방
(D) 티셔츠

해설 세부 사항을 묻는 문제 - 화자가 새 지점에 오시는 분들을 환영하는 의미로, 이번 달에 한해서만, 무료 쇼핑백을 제공한다고 말했으므로 (C)가 정답!

18. What will probably happen this weekend?
(A) A sale will be held.
(B) A parade will take place in Dolton.
(C) A business will extend its operating hours.
(D) A cooking demonstration will be given.

이번 주말에 무슨 일이 있을 것인가?
(A) 할인 행사가 열릴 것이다.
(B) Dolton에서 퍼레이드가 있을 것이다.
(C) 업체가 영업 시간을 연장할 것이다.
(D) 요리 시연회가 있을 것이다.

해설 미래 계획을 묻는 문제 - 마지막 문장에서 이번 주 토요일부터 편안한 쇼핑을 위해 밤 11시까지 영업시간을 연장할 예정이라고 언급하므로 (C)가 정답!

호주

Questions 19-21 refer to the following advertisement.

M Do you want a super slim phone that takes amazing photos? Then, the brand-new IX mobile phone from LAN Wireless is just for you! It has an automated high-definition camera that takes such clear and sharp photos 19 휴대폰에 대해 사실인 것 that you'd think a professional took them. But this deal is not offered online or in stores. You can order the IX phone by calling this home shopping network at 525-8820. Customer representatives are standing by to take your call. 20 휴대전화 주문 방법 And just for today, the first 50 callers will receive a free customized, designer phone case with their IX mobile phone. 21 화자 의도 What are you waiting for? Call now.

19-21번은 다음 광고에 관한 문제입니다.

남 사진이 기가 막히게 찍히는 초슬림 전화기를 원하십니까? 그렇다면, **LAN Wireless에서 나온 신제품인 IX 휴대 전화가 고객님께 딱입니다! 이 제품은** 전문가가 찍은 사진이라는 생각이 들 만큼 **또렷하고 선명한 사진을 찍어주는 고화질 자동카메라가 내장돼 있습니다.** 19 하지만 이 혜택은 온라인이나 매장에서는 제공되지 않습니다. **525-8820번으로 이 홈쇼핑 방송국으로 전화하시면 IX 전화기를 주문하실 수 있습니다. 고객서비스 직원들이 여러분의 전화를 기다리고 있습니다.** 20 그리고 오늘 하루에 한해서, **전화 주시는 첫 50분은 IX 휴대전화와 함께 디자이너가 직접 제작한 맞춤형 전화 케이스를 무료로 받으시게 됩니다.** 21 **무엇을 망설이십니까**? 지금 전화하십시오.

어휘 take a photo 사진을 찍다 I brand-new 신품의 I wireless 무선의 I automated 자동화된 I high-definition 고화질의 I professional 전문가 I deal 거래 I offer 제공하다 I customer representative 고객 서비스 직원 I stand by 대기하다 I take a call 전화를 받다 I customized 주문 제작한 I designer 유명 브랜드의, 유명 디자이너가 만든

19. What is correct about the IX mobile phone according to the advertisement?
(A) It is waterproof.
(B) It has a long battery life.
(C) The camera takes high-quality photos.
(D) The screen is larger than other models.

광고에 따르면, IX 휴대폰에 대해 옳은 것은 무엇인가?
(A) 방수 처리가 되어 있다.
(B) 배터리 수명이 길다.
(C) 카메라로 고화질 사진을 찍는다.
(D) 화면이 다른 기종들보다 더 크다.

해설 세부 사항을 묻는 문제 – 최신 IX 휴대전화가 적합할 거라며, 이 제품에 또렷하고 선명한 사진 촬영이 가능한 고화질 카메라가 내장돼 있다고 말했으므로 (C)가 정답!

20. How can customers order an IX mobile phone?
(A) By mailing an order form
(B) By calling a customer representative
(C) By visiting a website
(D) By going to a local store

고객들은 어떻게 IX 휴대전화를 주문할 수 있는가?
(A) 주문서를 우편으로 보냄으로써
(B) 고객 서비스 직원에게 전화함으로써
(C) 웹사이트를 방문함으로써
(D) 가까운 매장에 감으로써

해설 세부 사항을 묻는 문제 – 전화번호(525-8820)를 알려주며 이 홈쇼핑 방송국으로 전화하면 IX 전화기를 주문할 수 있고, 고객 서비스 직원들이 대기 중이라고 말했으므로 (B)가 정답!

21. Why does the speaker say, "What are you waiting for"?
(A) He encourages listeners to take advantage of a promotion.
(B) He urges listeners to participate in an upcoming sale.
(C) He advises listeners to attend a product demonstration.
(D) He suggests that listeners fill out a customer survey.

화자는 왜 "무엇을 기다리십니까"라고 말하는가?
(A) 판촉 행사를 이용하라고 권한다.
(B) 다가올 할인 판매에 동참하라고 권고한다.
(C) 제품 시연회에 참석하라고 권한다.
(D) 고객 설문조사를 작성하라고 제안한다.

해설 화자 의도 파악 문제 – 전화를 한 고객들을 대상으로 선착순 50명에게 IX 휴대 전화와 함께 디자이너가 직접 제작한 맞춤형 전화 케이스를 무료로 주겠다고 말한 것으로 보아 청자들에게 판촉 행사 동참을 독려하는 말임을 알 수 있다. 따라서 (A)가 정답!

영국

Questions 22-24 refer to the following introduction and map.

W Welcome to the Cladaire House. Today, you'll get to know about the colorful life of Lauren Cladaire, who many believed to be the best female painter of her time. 22 Lauren Cladaire의 직업 It was here, in this small cottage, where Ms. Cladaire was born 23 Cladaire 자택에 관하여 언급된 것 and first began her work. During the tour today, I'll be showing you the study in which she created her masterpieces, the stamps she collected, and several photos of her family. Normally, we'd start with the kitchen area, but we'll go there last today since workers are installing new lights in there right now. So we'll begin our tour with the room right next to it. 24 시각 정보

22-24번은 다음 소개와 지도에 관한 문제입니다.

여 Cladaire 자택에 오신 걸 환영합니다. 오늘 여러분은 **많은 이들이 당대 최고의 화가라고 여겼던 Lauren Cladaire** 22 의 다채로운 삶에 관하여 알게 되실 것입니다. Ms. Cladaire가 태어나고 처음으로 작품 활동을 시작한 곳이 **바로 이 작은 오두막집입니다.** 23 오늘 투어에서는 여러분에게 그녀가 걸작품을 만들어 냈던 서재와 그녀가 수집했던 우표들, 그리고 가족 사진 몇 장을 보여드리겠습니다. **보통은 주방에서 시작하지만 오늘은 현재 인부들이 그곳에 새 조명을 설치하고 있는 관계로 마지막에 가겠습니다. 그럼 바로 옆방에서 투어를 시작하도록 하죠.** 24

[Cladaire의 자택]

어휘 colorful 파란만장한 | cottage 오두막집 | study 서재 | masterpiece 걸작품 | dining area 식사공간

22. Who was Lauren Cladaire?

(A) A photographer
(B) An artist
(C) A chef
(D) An author

Lauren Cladaire는 누구인가?

(A) 사진작가
(B) 화가
(C) 요리사
(D) 저자

해설 세부 사항을 묻는 문제 – Lauren Cladaire를 많은 사람들이 당대 최고의 화가라고 여겼다고 소개하고 있으므로 (B)가 정답!

23. What is mentioned about the Cladaire House?

(A) It is the birthplace of Ms. Cladaire.
(B) It holds performances regularly.
(C) It has been turned into a restaurant.
(D) It sells large stamp collections.

Cladaire 자택에 대해 언급된 것은 무엇인가?

(A) Ms. Cladaire의 생가이다.
(B) 정기적으로 공연을 연다.
(C) 식당으로 바뀌었다.
(D) 방대한 우표 모음집을 판다.

해설 세부 사항을 묻는 문제 – 화자가 Ms. Cladaire의 오두막집을 소개하며, 그녀가 태어난 곳이라고 말했으므로 (A)가 정답!

24. Look at the graphic. Which section of the house will the listeners first see?

(A) Kitchen
(B) Living Room
(C) Bedroom
(D) Study Room

시각 정보를 보시오. 청자들은 집의 어느 곳부터 먼저 볼 것인가?

(A) 주방
(B) 거실
(C) 침실
(D) 서재

해설 시각 정보 연계 문제 – 보통은 주방 공간에서 시작하지만 현재 인부들이 그곳에 새 조명을 설치하고 있어서 마지막에 간다고 말하며 투어를 바로 옆방에서 시작한다고 했고, 지도상 주방 바로 옆이 거실이므로 (B)가 정답!

Reading

PART 5·6·7

UNIT 01. 문장의 구조

check 1. (B) 2. (B) 3. (A) 4. (D)

1. **오늘 오후 모든 실험실 조교들은 안전 예방 교육에 반드시 참석해야 한다.**

해설 빈칸은 주어 자리이다. 따라서 빈칸은 명사 자리인데, 해석상 실험실 '조교들이' 참석한다는 해석이 자연스러우므로 정답은 (B) assistants이다.

어휘 laboratory *n.* 실험실 I safety training session 안전 예방 교육

2. **모든 현장 공장 감독자들은 월요일까지 그들의 근무시간 기록표를 제출해야만 한다.**

해설 품사 어형 문제로 조동사(must) 뒤에는 동사원형이 오므로 정답은 (B) submit이다.

어휘 on-site *adj.* 현장의 I supervisor *n.* 감독자, 관리자 I timesheet *n.* 근무시간 기록표

3. **Bitec 게임사는 그 회사의 Hillstown 제조 시설을 개조하기 위한 계획을 세웠다.**

해설 품사 어형 문제로 빈칸은 목적어 자리이므로 명사를 써야 한다. 보기 중 명사는 '계획'을 뜻하는 (A) plans와 '설계자, 계획표'란 의미의 (D) planner인데, 시설을 개조하기 위한 '계획'을 세웠다는 의미가 적절하므로 정답은 (A) plans이다.

어휘 renovate *v.* 개조하다, 보수하다 I manufacturing facility 제조 시설

4. **Skymet 전자는 가장 합리적인 가격에 제품을 제공함으로써 고객들을 만족시켜 줄 것이다.**

해설 어법상 적절한 어휘의 품사 형태를 묻는 문제이다. 동사 keep의 목적어인 its customers의 상태를 설명해 주는 목적격 보어 자리에는 형용사가 와야 한다는 사실을 알 수 있다. customers는 만족되는 대상이므로 정답은 수동형 분사 형용사인 (D) satisfied이다. 「keep + 누구 + satisfied」는 '누구를 만족시키다'는 뜻으로 자주 사용된다. (A)는 to부정사이므로 오답이고, (B)는 3인칭 단수형 동사이므로 빈칸에 들어갈 수 없다.

어휘 affordable *adj.* (가격이) 알맞은

Practice

1. (D)	2. (A)	3. (C)	4. (B)	5. (D)
6. (C)	7. (A)	8. (C)	9. (A)	10. (B)
11. (B)	12. (D)	13. (B)	14. (A)	15. (B)
16. (A)	17. (D)	18. (A)	19. (B)	20. (C)

기본 완성 훈련

1. The Finance Department(S) is(V) very busy(C) this month with their budget report.
2. The President of S&B Communications decided(V) to offer internships(O) to students.
3. The varying quality(S) of products can make(V) purchase decisions(O) quite difficult(C).
4. You(S) can renew(V) subscriptions(O) to *Beauty Updates Magazine* online or by telephone.
5. The government's new employment policy(S) will enable(V) businesses(O) to create many jobs(C).
6. The President(S) informed(V) employees(O) of the change in the payroll system.
7. The upgraded computer system(S) is(V) fully operational(C) now and ready(C) for use.
8. The Marketing Department(S) encouraged(V) employees(O) to submit their feedback reports(C) as soon as possible.
9. Moonfield Shopping Center(S) reminded(V) customers(O) that their business hours will change from March 1(O).
10. Completion of this task(S) is(V) not expected(C) until early April.

1. **재무팀은 그들의 예산 보고서로 이번 달에 매우 바쁘다.**

해설 be동사 is는 2형식 동사이다. very는 부사일 뿐이므로 빈칸은 주격 보어 자리, 즉 주어의 상태를 설명하는 형용사 자리이다. 따라서 정답은 (D) busy이다. busier도 형용사이지만, 뒤에는 원급만 올 수 있으므로 비교급 busier는 답이 될 수 없다.

어휘 Finance Department 재무팀 I budget report 예산 보고서

2. **Jaygen Holdings 사는 올해 노동력을 20% 증가시킬 것이다.**

해설 빈칸은 동사 자리이다. 동사가 될 수 없는 -ing형태와 to부정사 형태, 그리고 수동태인 (B), (C), (D)를 탈락시키면 정답은 (A) will increase이다.

어휘 workforce *n.* (특정 기업·조직 등의 모든) 노동자, 노동 인구

3. **월례 고객 설문 조사 때의 반응이 일관되게 긍정적이다.**

해설 be동사 are는 2형식 동사이다. 형용사 주격 보어가 이미 positive로 나와 있는 상태이므로 빈칸은 문장의 필수요소가 아닌 수식어구 자리이며, 형용사 앞에 들어갈 수 있는 품사는 부사이다. 따라서 정답은 (C) consistently이다.

어휘 response *n.* 반응 | customer survey 고객 설문 조사 | positive *adj.* 긍정적인 | consistently *adv.* 일관적으로, 지속적으로, 끊임없이

4. S&B 커뮤니케이션의 사장은 학생들에게 인턴직을 제공하기로 결정했다.

해설 빈칸은 동사 자리이다. 동사가 될 수 없는 -ing 형태와 to부정사 형태인 (A)와 (D)는 탈락이고, (C)는 명사이므로 소거한다. 따라서 정답은 (B) decided이다.

어휘 offer *v.* 제공하다 | decide *v.* 결정하다

5. 제품들의 다양한 품질이 구매 결정을 꽤 어렵게 만든다.

해설 make는 5형식 동사이며 「make + 목적어 + 목적격 보어」 구문이다. purchase decisions가 목적어이고 빈칸은 목적격 보어 자리이다. 동사가 make일 때 목적격 보어 자리에 형용사나 명사가 들어갈 수 있으나, 목적어의 상태를 설명하고 있으므로 형용사 (D) difficult가 정답이다.

어휘 quality *n.* 품질 | purchase decision 구매 결정

6. 당신은 〈Beauty Updates Magazine〉의 구독을 온라인이나 전화로 갱신할 수 있다.

해설 빈칸은 renew의 목적어(명사) 자리이다. 명사는 (A)와 (C)이다. 해석상 '구독자'를 갱신하는 것이 아니고 '구독'을 갱신하는 것이므로 정답은 (C) subscriptions이다.

어휘 renew *v.* 갱신하다 | subscriber *n.* 구독자 | subscription *n.* 구독

7. 이번 주 토요일에, 그 백화점은 모든 쇼핑 고객들에게 15% 할인을 제공할 것이다.

해설 offer는 4형식 동사로 빈칸은 간접 목적어 자리이고, a 15 percent discount는 직접 목적어이다. 해석상 '쇼핑'이나 '가게'에게 할인해 주는 것이 아니고, '쇼핑하는 사람들'에게 할인을 제공하는 것이므로 정답은 (A) shoppers이다.

어휘 department store 백화점 | offer *v.* 제공하다 | shop *v.* 쇼핑하다 *n.* 가게, 상점 | shopper *n.* 쇼핑 고객

8. 마이애미로의 본사 이전이 4월에 있을 것이다.

해설 빈칸은 주어 자리이므로 명사가 와야 한다. 따라서 정답은 (C) relocation이다.

어휘 occur *v.* 발생하다, 일어나다 | relocate *v.* 이전하다

9. 정부의 새 고용 정책이 기업체들로 하여금 많은 일자리 창출을 가능하게 해 준다.

해설 enable은 5형식 동사이다. businesses가 목적어이고 빈칸은 목적격 보어 자리이다. enable은 목적격 보어 자리에 to부정사를 취하므로 정답은 (A) to create이다.

어휘 enable *v.* ~가 …를 할 수 있게 하다, 가능하게 하다 | create *v.* 창조하다, 만들다

10. Plaxco 회계법인은 작은 회사에서 500여명의 직원을 둔 대형 회사로 빠르게 성장했다.

해설 grow는 1형식 동사이다. 빈칸이 없어도 이미 완벽한 문장이므로, 문장을 완성하는데 영향을 주지 않는 부사가 와야 하므로 정답은 (B) quickly이다.

어휘 grow *v.* 성장하다

11. Johnsonville 공장의 직원들은 매달 말일에 월급을 받는다.

해설 빈칸은 주어 자리, 즉 명사 자리이다. 명사는 (A), (B), (C)인데 해석상 '직원들'이므로 정답은 (B) Workers이다.

어휘 salary *n.* 월급

12. 사장은 직원들에게 급여 체계의 변경을 알렸다.

해설 inform은 「inform A of B」의 형태로 쓰였으므로, 빈칸에는 명사가 들어가야 한다. 보기에서 정답이 될 수 있는 것은 (D) change이다.

어휘 inform *v.* 알리다 | payroll system 급여 시스템

13. 일부 고객들이 그 요리사의 새 디저트가 너무 달다고 불평했다.

해설 be동사 was는 2형식 동사이다. 따라서 빈칸은 주격 보어 자리로 주어의 상태를 보충 설명하는 형용사가 와야 한다. 따라서 정답은 (B) sweet이다.

어휘 complain *v.* 불평하다 | sweet *adj.* 달콤한

14. Frankston행 첫 번째 기차는 정확히 오늘 오전 10시에 출발할 것이다.

해설 depart는 1형식 동사이므로 이미 완벽한 문장이다. 따라서 빈칸은 뒤의 전치사구를 수식하는 자리이므로 부사 (A) precisely가 정답이다.

어휘 depart *v.* 출발하다 | precisely *adv.* 바로, 꼭, 정확히

15. 업그레이드된 컴퓨터 시스템은 이제 완전히 가동 가능하며, 사용할 준비가 되었다.

해설 be동사 is는 2형식 동사이다. fully는 수식어구이므로 빈칸은 주격 보어 자리로 주어의 상태를 보충 설명하는 형용사가 와야 한다. 따라서 정답은 (B) operational이다.

어휘 fully *adv.* 완전히, 충분히 | operational *adj.* 가동상의, 가동할 준비가 갖춰진

16. 마케팅 부서는 직원들이 가능한 한 빨리 그들의 피드백 보고서를 제출하도록 독려했다.

해설 encourage는 5형식 동사이다. employees는 목적어이고 빈칸은 목적격 보어 자리이다. encourage는 목적격 보어 자리에 to부정사를 취하므로 정답은 (A) to submit이다.

어휘 marketing department 마케팅 부서 | encourage *v.* 장려하다, 독려하다 | submit *v.* 제출하다

17. Mr. Song은 대표가 되기 전에, 그 회사의 여러 분야의 자리들에 있었다.

해설 문장에 동사가 보이지 않으며, 빈칸 뒤에 목적어로서 명사가 보이므로 빈칸은 동사 자리이다. (A)는 형용사, (B)는 명사, (C)는 동명사나 현재분사로 동사가 될 수 없다. 따라서 정답은 동사의 과거형인 (D) occupied이다.

어휘 prior to 전에, 이전에 | occupy v. 차지하다, 점령하다

18. **Nahaju 그룹은 내년에 더 큰 사무 단지를 교외에 지을 것이다.**

해설 빈칸은 동사 자리이다. 동사가 될 수 없는 -ing/to부정사 형태인 (B)와 (C)가 탈락하고 명사인 (D)도 탈락하므로 정답은 (A) will build이다.

어휘 office complex 사무실 단지 | suburb n. 교외 | build v. 짓다, 세우다

19. **Moonfield 쇼핑 센터는 고객들에게 3월 1일부터 그들의 영업 시간이 변경될 것임을 상기시켰다.**

해설 remind는, 「remind A of B」, 「remind A that S+V」, 「remind A to 동사원형」 이렇게 3가지 형태로 쓰이는데, 빈칸 뒤에 주어와 동사가 왔으므로 「remind A that S+V」 형태가 되어야 한다. 따라서 정답은 (B) that이다.

어휘 remind v. 상기시키다 | business hours 영업 시간

20. **이 작업은 4월 초까지는 완료되지 않을 것으로 예상된다.**

해설 빈칸은 주어 자리, 즉 명사 자리이다. 따라서 정답은 (C) Completion이다.

어휘 expect v. 기대하다, 예상하다 | completion n. 완성 | complete v. 완성하다, 완료하다 adj. 완전한

UNIT 01+. PART 7 주제·목적 문제

Practice

1. (B) 2. (D) 3. (D) 4. (A)

[1-2] 다음 문자 메시지에 관한 문제입니다.

보낸 사람: Mason Craft, 495-555-3032
받은 날짜: 1월 5일 수요일, 오후 4:45

안녕하세요, Lizzie.

제 차가 시동이 걸리지 않아서, 정비소에 가져가려고 견인차를 기다리는 중이에요. 제가 시간 맞춰서 식당에 갈 수 없을 것 같아요. 1 오늘 밤 제 저녁 교대 근무를 해줄 수 있나요? 2 저 대신해 줄 수 있으면 알려주세요.

고마워요.

1. Mason은 메시지를 왜 보냈는가?
(A) 차량 대여료를 문의하기 위해
(B) 그의 직장에 대리인을 마련하기 위해
(C) 자동차 정비소에 차량을 요청하기 위해
(D) 회의를 연기하기 위해

해설 지문 후반부, 오늘 밤 내 저녁 교대 근무를 해줄 수 있냐는 부탁을 하고 있으므로 (B) To arrange a substitute at his workplace가 정답이다.

2. Mason은 Lizzie에게 무엇을 해달라고 요청하는가?
(A) 차고에서 공구를 가져온다
(B) 음식을 주문한다
(C) 식당에 전화한다
(D) 답장을 보낸다

해설 지문 후반부, 대신해 줄 수 있으면 알려 달라고 요청하고 있으므로 (D) Send a reply가 정답이다.

[3-4] 다음 정보에 관한 문제입니다.

이 달의 상품: Jenny의 코코넛 비누

3 Jenny의 코코넛 비누는 로스엔젤레스 거주자인 Jenny Kang의 손으로 만들어집니다. 4 Ms. Kang은 비누를 BY 식료품점과 계약 후 지역 내에서 팝니다. 그 비누를 시원하고 건조한 곳에 보관해 둔다면, 그 유기농 코코넛 오일 손 비누를 3개월 이상 사용할 수 있습니다. 다른 유기농 비누들은 겨우 1달간만 사용할 수 있습니다. Jenny의 코코넛 비누가 BY 고객들에게 인기 상품이며, 4 현재 3개씩을 한 팩으로 해서 10달러에 판매 중입니다. 이는 다음과 같은 혜택을 지닙니다.

- 손을 부드럽게 만듭니다.
- 은은한 향이 특징입니다.
- 4 순전히 유기농 재료로 이루어져 있습니다.
- 4 인공적인 화학 물질을 포함하지 않습니다.
- 손을 철저하게 씻을 수 있습니다.

또한, 귀하는 Jenny의 코코넛 비누 구매 가격에서 10퍼센트 할인을 받을 수 있습니다. 단지 할인 코드 GD88을 LA에 있는 BY 식료품점의 계산원에게 언급해주기만 하면 됩니다.

3. 정보의 목적은 무엇인가?
(A) 새로운 가게의 개점을 알리기 위해서
(B) 씻는 절차를 묘사하기 위해서
(C) 비누가 어떻게 만들어지는지 보여 주기 위해서
(D) 지역 거주자의 상품을 홍보하기 위해서

해설 글의 목적은 주로 앞부분에서 언급된다. 제목 자체가 '이번 달 제품'으로, 상품을 광고하는 것이고, 첫 번째 단락의 앞부분에서 로스엔젤레스 거주자인 Ms. Kang이 지역에서 수제비누를 판다고 하면서 제품의 장점과 구매 방법을 안내하며 홍보하고 있다. Jenny's Coconut Soap이 a local resident's merchandise로 paraphrasing되었다. 따라서 정답은 (D) To market a local resident's merchandise이다.

4. 비누에 대해서 언급된 것은 무엇인가?
(A) 천연 재료로 이루어져 있다.
(B) 여러 장소에서 판매가 된다.
(C) 비누 1개가 한 팩인 것만 구입할 수 있다.
(D) 온라인에서만 판매가 될 것이다.

해설 선택지를 하나씩 소거하며 정답을 찾는다. BY 식료품점에서만 판매한다고 나와 있으므로 (B)는 탈락이다. 비누 3개가 한 팩으로 팔고 있으므로 (C)도 탈락이다. 온라인에서만 판다는 이야기는 나와 있지 않고, 식료품점에 가서 산다고 했으므로 (D)도 탈락이다. organic(유기농)이라는 말이 계속 나오고 인공적인 화학 물질을 포함하고 있지 않다고 하였으므로 정답은 (A) It consists of natural ingredients이다.

UNIT 02. 동사

+ check 1. (A) 2. (D) 3. (A) 4. (A) 5. (B) 6. (B)

1. **지난 몇 년간, 차량 소유와 관계된 비용은 많은 통근자들이 회사에 차를 가지고 다니지 못하게 했다.**

해설 빈칸은 동사 자리인데, 주어가 the costs이므로 복수이다. (B)는 형용사이므로 탈락이고, (D)는 명사이므로 탈락이다. (A)와 (C) 중에 복수 동사를 찾아야 하므로 정답은 (A) have prevented이다.

어휘 cost *n.* 비용 ı own *v.* 소유하다 ı prevent A from -ing A가 ~하는 것을 막다

2. **마케팅 부서의 Kelly Brady는 지난주 회의에서 신제품 홍보에 대한 그녀의 아이디어를 제시했다.**

해설 빈칸은 동사 자리이다. 주어가 단수이므로 동사 자리에 단수 동사를 써야 한다. (B)와 (C)는 동사 자체가 될 수 없다. (A)는 복수 동사로 단수 동사 presents가 됐어야 했다. 따라서 정답은 (D) presented이다. 과거 시제는 수 일치가 필요 없다는 점에 유의한다.

어휘 present *v.* ~을 제시하다

3. **Yohanas 호수가 마지막으로 완전히 언 것은 10년 전이었다.**

해설 품사 어형 문제로 여기서 last가 동사(지속하다)가 아닌 부사(마지막으로)로 쓰였음을 파악할 수 있어야 한다. 따라서 빈칸은 동사 자리이고, 문장 맨 뒷부분에 과거를 나타내는 시간 부사구(a decade ago)가 쓰였으므로 정답은 과거 동사인 (A) froze이다.

어휘 last *adv.* 마지막으로 ı completely *adv.* 완전히 ı decade *n.* 10년

4. **우리 회사의 휴대폰 수출이 지난 3년간 늘어났다.**

해설 빈칸은 동사 자리이다. 동사가 되지 않는 -ing 형태의 (B)는 탈락이다. 마지막 부분에 over the past three years가 나온 것이 현재완료 시제의 힌트이므로 정답은 (A) have increased이다.

어휘 export *n.* 수출

5. **최근 보고서는 현재의 경기 침체 동안에도 관광 산업이 놀랍게도 강세를 보이고 있음을 보여 준다.**

해설 remain은 2형식 동사이다. 따라서 보어 형용사가 나와야 하는데, 이미 형용사 strong이 나와 있으므로 빈칸에는 없어도 문장이 완성되는 부사가 들어간다. 또한, 부사가 형용사 strong을 꾸미는 것도 가능하므로 정답은 (B) surprisingly이다.

어휘 economic recession 경기 침체

6. **Birnham 극장에서의 연극 제작은 주로 지역 후원 업체들에 의해 자금을 조달 받는다.**

해설 품사 어형 문제이다. 빈칸 앞뒤를 보면 「주어(Productions ~) + 동사(are -------) + 부사구(mainly by local sponsors)」의 구조를 갖추고 있다. (A)와 (D)는 명사나 동사인데, 문장에 동사 are가 이미 존재하므로 동사는 생각할 필요가 없고, 명사로 생각을 한다면, 2형식 동사 "are" 뒤에 명사를 넣으면 보어 자리에 명사가 들어오게 되어 주어와 동격이 되어야 한다. 주어와 fund는 동격이 아니므로 정답이 될 수 없다. (B)를 빈칸에 넣으면 현재 시제 수동태가 되고, (C)를 빈칸에 넣으면 현재진행형 능동태가 된다. fund는 3형식 동사이기 때문에 빈칸 뒤에 부사와 전치사구만 있고 목적어(명사)가 없으면 수동태가 되어야 한다. 따라서 정답은 (B) funded이다.

어휘 production *n.* (영화, 연극 등의) 제작 ı mainly *adv.* 주로, 대부분 ı sponsor *n.* 후원업체, 스폰서

Practice

1. (A)	2. (A)	3. (A)	4. (B)	5. (A)
6. (B)	7. (A)	8. (A)	9. (A)	10. (A)
11. (B)	12. (D)	13. (D)	14. (B)	15. (B)
16. (B)	17. (D)	18. (C)	19. (A)	20. (C)

기본 완성 훈련

1. The new LX555 camera, designed for beginner photographers, is popular among young people.
2. It is expected that productivity at the Thorndon Factory is going to increase this quarter.
3. Mr. Nakamoto , an expert in the field of science, was recently elected city mayor.
4. A large apartment complex will be built next to the Barhill train station.
5. The customer service department is trained to deal with various complaints from customers.
6. Kirks Department Store has been open for over 20 years.
7. Tom's Bistro offers customers friendly service as well as a variety of healthy foods.
8. Commuters can easily reach the central business district by taking the Yellow Rail Line.
9. The IT Department will be accepting suggestions for the new security program until the end of this week.

PART 5·6·7 UNIT 02

10. Starting next Wednesday, the Vianox Shopping Center will be extending its business hours until 10 P.M.
S V O

1. 초보 사진작가들을 위해 고안된 새 LX555 카메라는 젊은이들 사이에서 인기가 있다.

해설 designed ~ photographers는 주어인 The new LX555 camera를 꾸며주는 수식어구이다. 따라서 빈칸은 동사 자리이다. -ing 형태인 (D)는 동사가 될 수 없다. (C)는 조동사 뒤에 쓸 수 있는 동사원형이다. 주어가 단수이므로 단수 동사 (A) is가 정답이다.

어휘 photographer *n.* 사진작가 I popular *adj.* 인기 있는

2. 건설 작업자들은 그 프로젝트를 일정에 맞춰 완료했다.

해설 빈칸은 동사 자리이다. (C)의 -ing, (D)의 to부정사 형태는 동사가 될 수 없다. finish는 3형식 동사인데 빈칸 뒤에 목적어인 명사 '프로젝트'가 나왔으므로 능동태 (A) finished가 정답이다.

어휘 construction *n.* 건설, 공사 I crew *n.* 팀, 무리 I on schedule 예정대로

3. 이번 분기에 Thorndon 공장의 생산성이 높아질 것으로 기대된다.

해설 빈칸은 주어 자리이므로 명사 자리이다. 명사는 (A), (C), (D)인데 동사 is가 나왔으므로 수 일치를 위해 단수 명사를 찾는다. 의미상 '농산물'이 아니라 '생산성'이 적절하므로 정답은 (A) productivity이다.

어휘 productivity *n.* 생산성 I quarter *n.* 분기

4. 과학 분야 전문가인 Mr. Nakamoto는 최근에 시장으로 선출되었다.

해설 빈칸은 동사 자리이다. recently는 과거 시제와 현재 완료 시제 둘 다에 쓰이므로 (A), (B), (D) 모두 가능하다. 주어인 Mr. Nakamoto는 3인칭 단수이므로 정답은 단수 동사인 (B) was이다.

어휘 expert *n.* 전문가 I field *n.* 분야 I elect *v.* 선출하다

5. 대규모 아파트 단지가 Barhill 기차역 옆에 지어질 것이다.

해설 빈칸은 동사 자리이다. (B)는 명사이므로 탈락이다. build는 3형식 동사인데 빈칸 뒤에 전치사구, 즉 수식어구가 나와 있고 목적어가 될 수 있는 명사가 없으므로 수동태인 (A) will be built가 정답이다.

어휘 complex *n.* 단지, 복합 건물

6. 그 고객 서비스 부서는 고객들로부터 나오는 다양한 불만사항들을 처리하기 위한 교육을 받는다.

해설 주어는 서비스가 아니다. 해석상 고객 서비스가 교육받는 것이 아니고, 고객 서비스 부서가 교육받는 것이다. 따라서 복합 명사로 '고객 서비스 부서'를 찾아야 한다. (B)와 (D) 중에 답이 있다. 빈칸 뒤에 is가 나왔으므로 주어가 단수라는 것을 알 수 있다. 따라서 정답은 단수 명사 (B) department이다.

어휘 customer service department 고객 서비스 부서 I deal with ~을 다루다, (문제 등을) 처리하다 I complaint *n.* 불평, 불만

7. Furiko 사는 수년 동안 재정적인 문제에 직면해왔다.

해설 빈칸은 동사 자리이다. face는 3형식 동사로 목적어(명사)를 동반하는데, 빈칸 뒤에 목적어가 있으므로 능동태 (A), (C), (D)가 정답이 될 수 있다. for several years라는 기간은 현재완료 시제와 함께 쓰이므로 (A)와 (C)가 가능하지만 주어가 단수이므로 정답은 (A) has faced이다.

어휘 financial *adj.* 재정적인 I face *v.* (상황에) 직면하다

8. 고객들이 훌륭한 서비스와 맛있는 음식 때문에 대개 Sador's Diner로 돌아온다.

해설 빈칸은 동사 자리이다. 빈도부사 usually는 '보통'이라는 의미로 현재 시제와 함께 쓰이므로 정답은 (A)와 (C)가 가능하다. 주어가 복수이므로 수 일치를 위해 정답은 (A) return이다.

어휘 usually *adv.* 보통 I return *v.* 돌아오다, 반납하다

9. 모든 팀원들은 이곳에서 1년간 일하게 되면 보너스를 신청할 수 있다.

해설 for one year는 현재 완료가 와야 한다는 힌트이므로 (A)와 (B)가 정답이 될 수 있다. work는 1형식 동사로 수동태는 쓸 수 없으므로, 정답은 (A) have worked이다.

어휘 apply for ~에 지원하다 I bonus *n.* 보너스, 상여금

10. 오늘 아침 호텔 로비에 많은 여행 가방들이 있었다.

해설 There로 시작하는 구문은 '~가 있다'라는 뜻으로 주어와 동사의 순서가 도치된다. 즉, 빈칸에는 동사가 와야 하고 many suitcases가 주어이다. 주어가 복수이므로 복수 동사인 (A) were가 정답이다.

어휘 suitcase *n.* 여행 가방

11. Kirks 백화점은 20년 넘게 영업해오고 있다.

해설 「for + 기간」은 '~동안'이라는 뜻으로 현재 완료와 함께 쓰이므로, 정답은 (A)와 (B)가 될 수 있다. 주어가 단수 명사이므로 단수 동사 (B) has been이 정답이다.

어휘 open *v.* 개업하다 *adj.* (상점·은행 등이) 영업을 하는

12. 지난 두 달 동안, Hu 교수 강의 참석자 수가 놀라울 정도로 늘었다.

해설 「during + 기간」은 현재 완료와 함께 쓰이고, 문맥상 '~동안'이라는 의미가 되어야 하므로 정답은 (D) During이다.

어휘 attendance *n.* 출석, 참석, 참석률, 참석자 수 I dramatically *adv.* 극적으로

13. Tom's Bistro는 고객들에게 다양한 건강식품뿐만 아니라 친절한 서비스도 제공한다.

해설 빈칸은 동사 자리이다. 주어가 고유명사이므로 단수 취급한다. 따라서 단수 동사 (D) offers가 정답이다.

어휘 friendly *adj.* 친절한 I healthy *adj.* 건강에 좋은

14. 통근자들은 Yellow Rail Line을 타고 중심 업무 지구에 쉽게 도달할 수 있다.

해설 can이라는 조동사가 나왔으므로 동사원형이 와야 한다. 따라서 정답은 (B) reach이다.

어휘 easily *adv.* 쉽게 | central business district 중심 업무 지구 | reach *v.* 달성하다, 도달하다, 이르다

15. Mr. Hassan는 Ms. Yang이 자리를 비운 동안 모든 호텔 예약을 처리할 것이다.

해설 조동사 will 뒤에 동사원형이 와야 하므로 (B)와 (C)가 정답이 될 수 있다. handle은 3형식 동사이고 빈칸 다음에 목적어 all hotel reservations가 왔으므로 능동태 (B) handle이 정답이다.

어휘 handle *v.* 다루다, 처리하다 | away *adv.* 자리에 없는, 결석한

16. IT 부서는 이번 주 말까지 새 보안 프로그램에 대한 제안을 수용할 것이다.

해설 빈칸은 동사 자리이므로 -ing와 to부정사 형태는 동사가 될 수 없다. until the end of this week(이번 주 말까지)라고 했으므로 미래 시제가 알맞다. 따라서 정답은 (B) will be accepting이다.

어휘 suggestion *n.* 제안 | accept *v.* 받아들이다, 수락하다

17. 다음 주 수요일부터 Vianox 쇼핑 센터는 영업 시간을 밤 10시까지 연장할 것이다.

해설 빈칸은 동사 자리이다. Starting next Wednesday가 미래 시제를 나타내고 있으므로 정답은 (D) will be extending이다.

어휘 business hours 영업 시간

18. 그 자리에 관심이 있는 지원자들은 11월 30일까지 이력서 제출이 요구된다.

해설 빈칸은 동사 자리이다. require는 5형식 동사이고 목적격 보어 자리에 to부정사를 취한다. 목적격 보어 자리에 to부정사는 있지만, 빈칸 뒤에 목적어(명사)는 없으므로 수동태 (C) are required가 정답이다.

어휘 applicant *n.* 지원자 | submit *v.* 제출하다 | résumé *n.* 이력서

19. 휴가를 받기 위한 신청서는 적어도 일주일 전에 상사에게 제출되어야 한다.

해설 be동사가 있으므로 동사 (C)는 답이 될 수 없다. be동사 뒤에 명사 (B)가 오면 주격 보어 자리에 명사가 온 것이므로 주어와 동격 관계여야 한다. '신청서≠제출'이므로 탈락이다. submit은 3형식 동사로 빈칸 뒤에 목적어(명사)가 있어야 하는데 없으므로 수동태인 (A) submitted가 정답이다.

어휘 request *n.* 요청, 신청서 *v.* 요구하다, 신청하다 | supervisor *n.* 상사 | in advance 미리

20. Baprix 산업은 Detroit에 있는 제조 시설들을 곧 확장할 것이다.

해설 soon이 '곧'이라는 뜻으로 미래 시제와 함께 쓰이므로 정답은 (C) soon이다.

어휘 expand *v.* 확장시키다, 확장되다 | manufacturing *n.* 제조업 | facility *n.* 시설

UNIT 02+. PART 7 세부 사항 문제

Practice

1. (C) 2. (D) 3. (D) 4. (C) 5. (A)

[1-2] 다음 광고에 관한 문제입니다.

Superior Destination SM
목적지마다 매우 좋은 가격

목적지	가격
서울	199달러
대전	299달러
대구	299달러
부산	310달러
제주도	399달러

1 귀하의 할인된 여행을 예약하세요. 저희 웹사이트는 www.superiorsm.com입니다. 또한, 귀하가 선택한 지역에서 숙박할 최고의 장소를 찾으려면 저희 호텔 리스트를 검색해 보세요.

조건: 항공 요금은 일반석에 대한 1인당 비용입니다.
2 저희 웹사이트를 통해서 호텔을 예약한다면 거래에는 셔틀버스를 이용하여 공항으로 가는 것을 포함하며, 아침식사로 무료 뷔페를 이용할 수 있습니다.

1. Superior Destination SM은 무엇이겠는가?
(A) 항공사
(B) 셔틀버스 서비스
(C) 여행사
(D) 호텔 체인점

해설 광고 중간 부분에서 핵심 키워드 주변을 살펴보면 항공 요금이 나와서 항공사라고 착각하기 쉽지만, 여행사가 자신들의 웹사이트를 통해서 할인된 여행 지역을 제시하고, 자사의 웹사이트를 통해서 호텔도 예약하라고 하고 있으므로 항공사가 아닌 여행사임을 알 수 있다. 따라서, 정답은 (C) A travel agency이다.

2. 거래에 포함된 것은 무엇인가?
(A) 여행 안내책자
(B) 호텔 숙박
(C) 여행 가이드
(D) 공항까지 태워다 주는 것

해설 키워드가 나오는 마지막 부분 'Transport to the airport via shuttle bus is included in deals'에서 셔틀버스를 이용하여 공항으로 가는 것이 거래에 포함되어 있음을 밝히고 있으므로 정답은 (D) A ride to the airport이다. Transport to the airport가 A ride to the airport로 paraphrasing되었다.

[3-5] 다음 이메일에 관한 문제입니다.

수신: nwayans@cpomail.net
발신: tbernell@swiftair.com
날짜: 6월 29일
제목: Swift Frequent Flyers 클럽

Ms. Wayans에게,

3 Swift Frequent Flyers 클럽에 가입해 주셔서 감사합니다. 감사의 표시로, 고객님께 Swift 항공사가 드리는 특별한 선물을 발송했습니다. 고객님께서는 요즘 유행하는 튼튼한 Gearup 여행 가방을 받으실 겁니다. **4** 이 여행 가방은 모든 항공사가 정해 놓은 기내용 수하물 규정을 충족합니다. 앞으로 3주 이내에 고객님의 Gearup 여행 가방을 받지 못하신다면, 고객 서비스 1-800-555-9844로 전화해 주십시오.

5 또한, 반드시 고객님의 Swift Frequent Flyer 계정으로 로그인하셔서 저희 주간 회원 할인가를 확인해 주세요. 저희는 회원들이 할인된 요금으로 구매하실 수 있는 비행기, 호텔, 렌터카를 위한 새로운 패키지 상품을 계속 추가하고 있습니다. 고객님께서 모든 회원 혜택을 누리시길 바랍니다.

진심으로,

Terrence Bernell
Swift Frequent Flyers 클럽

3. Ms. Wayans는 왜 여행 가방을 받을 것인가?
(A) 특별한 경연에서 우승했다.
(B) 공항에서 여행 가방을 잃어버렸다.
(C) 웹사이트에서 여행 가방을 주문했다.
(D) 항공사 클럽에 가입했다.

해설 이메일 도입부에서 'Frequent Flyers 클럽에 가입해 주셔서 감사합니다. 감사의 표시로 고객님께 Swift 항공사가 드리는 특별한 선물을 발송했습니다.'라고 말한 후, 선물이 여행 가방이라고 알려주고 있으므로 정답은 (D) She joined an airline's club.이다.

4. 여행 가방에 관하여 언급된 것은 무엇인가?
(A) 다양한 크기로 이용 가능하다.
(B) 다른 색으로 교환될 수 있다.
(C) 비행기 탑승 시에 가져갈 수 있다.
(D) Ms. Wayans의 사무실로 배달될 것이다.

해설 여행 가방을 키워드로 잡고 지문을 살펴본다. '이 여행 가방은 모든 항공사가 정해 놓은 기내용 수하물 규정을 충족합니다.'라고 설명했으므로 (C) It can be taken on board an airplane.가 정답이다.

5. Ms. Wayans는 온라인으로 무엇을 하라고 권장 받는가?
(A) 할인 혜택들을 본다
(B) 전자 티켓을 다운로드한다
(C) 여행 일정을 확인한다
(D) 고객 계정을 만든다

해설 '또한, 반드시 고객님의 Swift Frequent Flyer 계정으로 로그인하셔서 저희 주간 회원 할인가를 확인해 주세요. 저희는 저희 회원들이 할인된 요금으로 구매하실 수 있는 비행기, 호텔, 렌터카를 위한 새로운 패키지 상품을 계속 추가하고 있습니다.'라고 할인가로 제공되는 패키지 상품을 이용할 것을 권장하고 있으므로 (A) View discount offers가 정답이다.

UNIT 03. 명사

+ check 1. (D) 2. (B) 3. (D) 4. (D)

1. **데이터베이스에 접속하기 위해서는, 작성된 요청서와 Mr. Wood의 서면 허가가 필요하다.**

해설 품사 어형 문제로 관사 a 뒤에는 명사가 와야 하고, 형용사 written의 수식을 받아야 하므로 빈칸은 명사 자리이다. 따라서 정답은 명사인 (D) authorization이다.

어휘 access *v.* 접속하다 | completed *adj.* 작성된, 완료된 | request form 요청서 | written *adj.* 서면으로 된

2. **Modern 사무용 가구점은 선별된 물건들에 대해 최대 30퍼센트 할인을 제공하고 있다.**

해설 빈칸은 동사 is offering의 목적어에 해당하는 명사 자리이며, 가구점이 최대 30퍼센트의 할인을 제공한다는 의미가 적절한데, '할인'을 뜻하는 명사 'discount'는 가산 명사로 빈칸 앞에는 관사가 없으므로 단수형은 쓸 수 없다. 따라서 복수형인 (B) discounts가 정답이다.

어휘 offer *v.* 제공하다 | up to ~까지

3. **Goldland 체육관의 멤버십 가입 방법에 대한 동봉된 설명서를 읽어 주세요.**

해설 품사 어형 문제로 정관사 뒤에 enclosed라는 형용사가 있으니 빈칸은 명사 자리이다. 보기 중 명사는 instructor와 instructions가 있는데, 문맥상, 동봉된 강사(instructor)가 아니라 동봉된 설명서(instructions)이므로 정답은 (D) instructions이다.

어휘 enclosed *adj.* 동봉된; 에워싸인 | sign up for ~에 가입하다, 신청하다

4. **건설업을 신장시키려는 노력에도 불구하고, 건설 허가증에 대한 요청 건수가 줄었다.**

해설 빈칸 앞에 전치사가 있으므로 명사가 나와야 한다. 문맥상 '건축 허가증'에 대한 요청이 적절하다. 따라서 빈칸까지가 전치사의 목적어로 건축 '허가증'을 신청한다는 해석이 자연스럽다. 명사는 (A), (C), (D)이지만, 동명사 (C)는 동명사의 목적어가 없으므로 탈락이다. permit은 가산 명사인데 앞에 어떠한 한정사도 없으므로 정답은 복수 명사 (D) permits이다.

어휘 boost *v.* ~을 신장시키다 | request for ~에 대한 요청 | permit *n.* 허가증 *v.* ~을 허가하다

Practice

1. (B)	2. (B)	3. (D)	4. (B)	5. (B)
6. (B)	7. (A)	8. (B)	9. (D)	10. (B)
11. (C)	12. (D)	13. (A)	14. (C)	15. (D)
16. (C)	17. (C)	18. (A)	19. (D)	20. (C)

기본 완성 훈련

1. Gihans Architects received approval for the building project from the town council.
2. Mr. Morgan's ability to communicate with his clients is impressive.
3. MT Mart will provide refunds for all Reef Beauty Products purchased before August 12.
4. Due to the current drought conditions, agricultural water usage will increase.
5. Performances by popular musicians attracted large crowds at the festival.
6. The seminar will focus on how businesses can increase their sales through online services.
7. Mr. Park, an applicant for the customer service position, will be meeting with the interviewers tomorrow.
8. Vabimo Group's recent acquisition of Pexor Company helped expand its production capacities.
9. Please call our customer service line to arrange your furniture delivery this week.
10. Attendees at the annual travel conference must show their valid tickets at the main door.

1. Gihans 건축회사는 시의회로부터 건축 프로젝트에 대한 승인을 받았다.

해설 빈칸은 received의 목적어 자리이므로 명사가 와야 한다. 따라서 정답은 (B) approval이다.

어휘 approval *n.* 승인, 인정, 찬성 | town council 시의회

2. 고객들과 의사소통하는 Mr. Morgan의 능력은 인상적이다.

해설 소유격 뒤에는 명사가 들어가야 한다. 또한 빈칸은 주어 자리, 즉 명사 자리이기도 하다. 따라서 정답은 (B) ability이다.

어휘 communicate *v.* 의사소통하다 | impressive *adj.* 인상적인 | ability *n.* 능력

3. MT 마트는 8월 12일 이전에 구매된 모든 Reef 미용 제품에 대해서 환불해 줄 것이다.

해설 빈칸에는 provide의 목적어가 와야 하며 명사 자리이다. 정답은 (A)와 (D)가 될 수 있는데, refund는 가산 명사이므로 a refund 또는 refunds로 써야 한다. 따라서 정답은 (D) refunds이다.

어휘 purchase *v.* 구매하다 | refund *n.* 환불 *v.* 환불하다

4. 최신 차량 모델이 유럽 시장에서 성공할 것으로 예상된다.

해설 관사 a 뒤에는 명사가 나와야 하므로 정답은 (B) success이다.

어휘 latest *adj.* 최신의 | vehicle *n.* 차량, 탈것 | success *n.* 성공

5. 사무용품 구매는 Ms. Kang에 의해서 승인이 되어야 한다.

해설 사무용품이 승인이 되어야 하는 것이 아니고, 사무용품 구매(복합 명사)가 Ms. Kang에 의해 승인이 나야 한다는 것이다. 따라서 주어로 '구매'라는 명사가 나와야 한다. (A)와 (B) 중에 purchase는 가산 명사이므로 a purchase 또는 purchases가 답이 될 수 있다. 정답은 (B) purchases이다.

어휘 office supply 사무용품 | approve *v.* 승인하다

6. 현재의 가뭄 상태 때문에 농업용수의 사용이 증가할 것이다.

해설 가뭄 때문에 '물이 증가할 것이다'가 아니고, '물 사용(복합 명사)이 증가할 것이다'가 문맥상 적합하다. 따라서 빈칸은 주어로 '사용'이라는 명사가 나와야 하므로 정답은 (B) usage이다.

어휘 due to ~때문에 | drought *n.* 가뭄 | agricultural *adj.* 농업의

7. 그 축제에서 유명 음악가들에 의한 공연이 많은 관객을 사로잡았다.

해설 빈칸은 주어 자리이므로 명사가 와야 한다. 빈칸 앞에 관사가 없으므로 복수 명사인 (A) Performances가 정답이다.

어휘 attract *v.* 유혹하다, 마음을 끌다 | crowd *n.* 군중

8. 그 프로젝트를 제시간에 완료하기 위해서, 우리는 보조원을 고용할 필요가 있다.

해설 빈칸이 부정관사 an 다음에 있으므로 명사 자리이다. 또한 hire의 목적어 자리로도 볼 수 있다. 목적어 자리 역시 명사 자리이다. 명사 (A)와 (B) 중에 '도움을 고용하는 것'이 아니고, '보조해 주는 사람을 고용하는 것'이므로 정답은 (B) assistant이다.

어휘 on time 제시간에 | hire *v.* 고용하다 | assistance *n.* 도움, 원조, 지원 | assistant *n.* 보조자, 조수

9. 그 보안 프로그램에 대한 발표 일정이 변경되었다.

해설 빈칸은 정관사 뒤면서 주어 자리이므로 명사가 와야 한다. (A)와 (D) 중에 '발표자가 변경된 것'이 아니고 '발표 일정이 변경된 것'이므로 정답은 (D) presentation이다.

어휘 reschedule *v.* 일정을 변경하다

10. 그 세미나는 업체들이 온라인 서비스를 통해 그들의 매출액을 늘릴 수 있는 방법에 대해 중점을 둘 것이다.

해설 빈칸 뒤에 명사가 있다. 명사 앞에는 무조건 소유격이 와야 하므로 정답은 (B) their이다.

PART 5·6·7 UNIT 03

어휘 focus on ~에 초점을 맞추다 I sales *n.* 판매량

11. **McJessop 컨설팅은 최근에 그들의 재무팀에 합류할 회계사들을 추가로 고용했다.**

해설 빈칸은 employed의 목적어 자리로 명사가 와야 한다. 회계사를 고용할 것이므로 정답은 (C) accountants이다. 참고로 accountant는 가산 명사이므로 an accountant 또는 accountants로 써야 한다.

어휘 additional *adj.* 추가적인 I accounting *n.* 회계 I account *n.* 계좌 I accountant *n.* 회계원, 회계사

12. **고객 서비스 일자리의 지원자인 Mr. Park은 내일 면접관들과 만나게 될 것이다.**

해설 빈칸은 관사 뒤이므로 명사가 와야 한다. 명사는 (B)와 (D)가 있는데, Mr. Park는 '지원서'가 아니고 '지원자'이므로 정답은 (D) applicant이다.

어휘 interviewer *n.* 면접관 I application *n.* 지원(서) I applicant *n.* 지원자

13. **구독자들이 월말까지 회원권들을 갱신할 것이 권고된다.**

해설 빈칸은 주어 자리로 명사가 와야 한다. 해석상 구독자들이 구독을 갱신하는 것이므로 정답은 (A) subscribers이다.

어휘 renew *v.* 갱신하다 I subscriber *n.* 구독자 I subscribe *v.* 구독하다 I subscription *n.* 구독

14. **Vabimo 그룹의 최근 Pexor사 인수는 그 회사의 생산 능력을 확대하는 데 일조했다.**

해설 recent는 명사를 꾸미는 형용사이고, Vabimo Group's라는 소유격 뒤에는 명사가 와야 하므로 정답은 (C) acquisition이다.

어휘 recent *adj.* 최근의 I expand *v.* 확대시키다, 확장되다 I capacity *n.* 능력, 역량 I acquisition *n.* 인수, 획득, 습득

15. **이번 주 고객님의 가구 배송 일정을 잡기 위해 저희 고객 상담 전화로 연락해 주세요.**

해설 동사 arrange의 목적어가 필요하므로 'furniture -------'를 복합 명사로 만들어줘야 한다. 따라서 명사 (D) delivery가 정답이다.

어휘 line *n.* 전화(선) I arrange *v.* 마련하다, (일정 등을) 잡다 I delivery *n.* 배달

16. **Klarksson 프로젝트의 완료가 회사의 매출액을 증가시킬 것으로 예상된다.**

해설 빈칸은 주어 자리로 명사가 와야 하므로 정답은 (C) Completion이다.

어휘 completely *adv.* 완전히 I completion *n.* 완료 I complete *a.* 완벽한 *v.* 완료하다

17. **연례 여행 학회의 참석자들은 중앙 출입구에서 그들의 티켓을 보여줘야만 한다.**

해설 빈칸은 주어 자리로 명사가 와야 한다. 보기에서 명사는 (B)와 (C)이다. 문맥상 '참석자들'이 맞으므로 정답은 (C) Attendees이다.

어휘 attendance *n.* 출석, 참석(률), 참석자 수 I attendee *n.* 참석자

18. **Terisan 커뮤니케이션에 의해 수집된 정보에 따르면, BX555 노트북 컴퓨터가 그래픽 디자이너들 사이에서 인기가 있다.**

해설 According to는 전치사이므로 뒤에는 명사가 와야 한다. 따라서 정답은 (A) information이다.

어휘 collect *v.* 모으다, 수집하다 I popular *adj.* 인기 있는

19. **Allwalk 신발 가게는 첫 구매자들에게 10% 할인 쿠폰을 제공한다.**

해설 전치사 to 뒤에는 명사가 와야 한다. first-time은 형용사이다. 따라서 빈칸은 명사 자리이므로 (A)와 (D)가 될 수 있다. 그런데 구매자는 사람으로 가산 명사이므로 a buyer 또는 buyers로 써야 하기 때문에 정답은 (D) buyers이다.

어휘 first-time *adj.* 처음으로 해보는 I buyer *n.* 구매자

20. **천 권의 책과 비즈니스 저널의 디지털 모음집이 Hargort 도서관에 전시될 것이다.**

해설 digital은 형용사이고 부정관사 a 뒤에는 명사가 와야 하므로 빈칸은 명사 자리이다. 부정관사 a가 있으므로 단수 명사 (C) collection이 정답이다.

어휘 display *v.* 진열하다, 전시하다 I digital *adj.* 디지털의 I collection *n.* 수집(품), 모음집

UNIT 03+. PART 7 사실확인 문제

Practice

1. (B) 2. (D) 3. (C) 4. (C)

[1-2] 다음 정보에 관한 문제입니다.

BH

1 매년 Design-A Awards는 그래픽 디자인 회사에게 뛰어난 업적을 인정해주기 위해 주어집니다. 켄징턴 광고업자 연맹이 그 상을 후원하고, 켄징턴 지역에 있는 회사들만이 그 상을 받을 수 있습니다. 5가지 종류의 상들이 있고, 켄징턴 지역 디자인 컨퍼런스에서 매년 10월에 시상됩니다. **2** 모든 그래픽 디자인 회사들은 작품을 제출할 것이 촉구되며, 자세한 사항을 알아보려면 BH 웹사이트를 방문하세요.

1. Design-A Awards에 관하여 언급된 것은 무엇인가?
(A) 5년마다 한 번 주어진다.
(B) 지역 회사들에게만 주어진다.
(C) 다양한 분야의 회사들에게 수여된다.
(D) 매년 다른 장소에서 열린다.

해설 켄징턴 지역에 있는 회사들만이 상을 받을 수 있다는 내용이 있으므로 (B) They are only offered to firms in the local area.가 정답이다. 첫 문장에서 매년 그래픽 디자인 회사에게 주는 상이라고 소개하고 있으므로 (A)와 (C)는 정답이 될 수 없다. 또한 매년 켄징턴 지역 디자인 컨퍼런스에서 시상이 된다고 언급했으므로 (D)도 오답이다.

2. 회사들은 웹사이트에서 무엇을 할 수 있는가?
(A) 요금을 낸다.
(B) 설문조사에 참여한다.
(C) 부스를 예약한다.
(D) 그들의 작품을 업로드한다.

해설 질문의 키워드 website를 찾아내면 정답을 알아낼 수 있다. 마지막 문장에 website에 들어가면 작품을 제출할 수 있다는 내용이 있으므로 submit를 upload로 paraphrasing한 (D) Upload their work가 정답이다.

[3-4] 다음 안내책자에 관한 문제입니다.

Real Tours
이탈리아의 매력적인 도시들

3 10년 넘게, Real Tours는 고객들에게 최고의 여행을 제공해왔습니다. 저희는 많은 최고의 여행 간행물 이외에도 〈World Interest〉 잡지에도 소개되어왔습니다. 저희 여행사는 이탈리아의 여러 지역에 관한 여행 프로그램이 있으며, 베니스, 로마, 밀란, 그리고 플로렌스에 관해서는 더욱 특별한 프로그램을 가지고 있습니다.

선택된 도시로의 1주일 간의 방문이 기본 여행 패키지에 포함됩니다.

4 모든 패키지에는 다음이 포함됩니다:
• 적어도 1명의 여행 가이드
• 아침식사와 점심식사
• 도시 내의 육상 교통
• 호텔에서의 5박
• 하루 세 곳의 관광 명소 입장

더 자세한 사항을 원하시면, Marsha Kim에게 02-847-9901로 연락하세요.

3. Real Tours에 대해서 언급된 것은 무엇인가?
(A) 현재 공사 중이다.
(B) 처음 방문한 고객들에게 할인을 제공한다.
(C) 10년 이상 운영된 업체이다.
(D) 최근에 새로운 지점을 열었다.

해설 고유명사 Real Tours가 키워드이다. 첫 줄에 언급된 '10년 넘게, Real Tours는 고객들에게 최고의 여행을 제공해왔습니다'가 'It has been in business for more than a decade'로 paraphrasing되었다. 따라서 정답은 (C) It has been in business for more than a decade.이다.

4. 기본 여행 패키지에 포함되지 않는 것은 무엇인가?
(A) 점심 식사
(B) 호텔 숙박
(C) 비행기 티켓
(D) 유명한 장소 방문

해설 소거법으로 선택지와 지문을 대조해서 정답을 찾는다. (A) Daytime meals는 Breakfast & lunch에 해당한다. (B) Hotel stays는 Accommodations at a hotel for five nights에 해당한다. (D) Visits to famous places는 Admission to three tourist attractions per day에 해당한다. Flight tickets는 언급되지 않았다. 따라서, 정답은 (C) Flight tickets이다.

UNIT 04. 대명사

+ check 1. (B) 2. (C) 3. (D) 4. (A)

1. Ms. Yamato는 그녀의 뛰어난 의사소통 능력 때문에 부서장으로 승진되었다.

해설 대명사의 격을 고르는 문제로 빈칸은 명사 communication skills. 앞에 소유격이 올 자리이다. 따라서 정답은 (B) her이다.

어휘 promote *v.* 승진시키다 | department head 부서장 | communication skill 의사소통 능력

2. 스튜디오 제작 인턴들은 종종 그들 스스로 야근하고 있음을 알게 된다.

해설 동사 find가 5형식「find + 목적어 + 목적격 보어」으로 쓰인 형태로, 목적격 대명사가 필요한 자리이다. 의미상 인턴들 스스로가 야근하고 있음을 알게 된다는 문맥이므로 주어와 목적어가 일치해야 한다. 따라서 재귀대명사 (C) themselves가 정답이다.

어휘 work overtime 늦게까지 일하다, 야근하다

3. 현 주차 허가증을 가지고 있는 사람들만이 그들의 차량을 회사로 가져올 수 있다.

해설 수식어 문제로 holding부터 permits까지가 주어인 빈칸을 수식하는 형태이다. whose는 소유격 관계대명사로 선행사가 필요한데 선행사가 없으므로 탈락이다. they, each라는 대명사는 수식을 받을 수 없는 명사이다. those는 지시대명사 that의 복수형으로 대명사이다. 일반적으로 대명사는 수식을 받을 수 없는데, "those = people"이라는 것도 알고 있어야 한다. those는 '사람들'이라는 명사로서, 주어 역할과 수식을 받을 수 있는 역할 모두가 가능하므로 정답은 (D) those이다.

어휘 parking permit 주차 허가증 | vehicle *n.* 차량

4. 부서장들은 그들의 직원들 서로가 얘기할 것을 촉구한다.

해설 문맥상 '직원들이 서로 상호 간에 연락하다'라는 의미가 되어야 하므로 정답은 (A) one another이다. (B)는 '다른 나머지 하나', (C)는 '또 다른', (D)는 '다른'이라는 의미이므로 오답이다. (A) one another은 '서로서로'라는 뜻이다.

어휘 urge *v.* 촉구하다, 권고하다 | staff *n.* (전체) 직원 | communicate *v.* 의사소통하다

Practice

1. (C)	2. (B)	3. (C)	4. (D)	5. (C)
6. (D)	7. (A)	8. (D)	9. (D)	10. (B)
11. (C)	12. (B)	13. (D)	14. (B)	15. (C)
16. (A)	17. (B)	18. (A)	19. (A)	20. (D)

기본 완성 훈련

1. Mr. Park wants all staff to communicate directly with him about the new marketing project.
2. All employees who have unused vacation days should use them by October 30.
3. The company policy requires that our computers be protected with a secure password.
4. After the proposal had been reviewed by three managers, it was finally accepted.
5. Mr. Jang has proven himself to be a hardworking and useful member of the R&D Department.
6. If anyone has completed their quarterly reports, please inform the team leader.
7. The brand's sales have been much better than those of last year.
8. Ms. Hong managed to move the heavy desk by herself.
9. Many students at Korire University work as interns before starting their first professional job.
10. At Giny's Store, we take pleasure in providing each of our customers with excellent service.

1. Mr. Park은 새로운 마케팅 프로젝트에 관해서 모든 직원들이 그와 직접 이야기하기를 원한다.

해설 전치사 다음은 전치사의 목적어 자리이고 대명사의 목적격이 와야 하므로 정답은 (C) him이다.

어휘 directly *adv.* 곧장, 즉시, 직접적으로

2. Dr. Kim이 사무실에 없는 동안에는 그녀의 업무 비서에게 전화해 주세요.

해설 명사 앞에 빈칸이 있다. 명사 앞에는 소유격이 들어가므로 정답은 (B) her이다.

어휘 administrative assistant 업무 비서

3. 휴가를 아직 사용하지 못한 모든 직원들은 10월 30일까지 그것들을 써야 한다.

해설 빈칸은 use의 목적어 자리이므로 대명사의 목적격이 들어가야 한다. 따라서 정답은 (C) them이다. 목적어 자리에 themselves가 들어가려면 주어와 목적어가 같아야 하므로 정답이 아니다.

어휘 vacation day 휴가

4. 회사 방침은 우리의 컴퓨터들이 안전한 비밀번호로 보호될 것을 요구한다.

해설 빈칸이 명사 computers 앞에 있으므로 정답은 소유격 (D) our이다.

어휘 secure *adj.* 안전한

5. Anopar 산업은 3월에 주요 경쟁사인 Pukom 사를 인수할 것이다.

해설 빈칸 뒤에는 명사가 나와 있다. 명사 앞에는 소유격이 와야 하므로 정답은 (C) its이다.

어휘 acquire *v.* 인수하다 I main *adj.* 주된 I competitor *n.* 경쟁자

6. 새 XV20 노트북 컴퓨터 일부가 운송 중에 파손되었다.

해설 (A) Anything이 주어로 들어가면 단수 취급을 하므로 동사 were와 맞지 않다. (B) Every는 형용사로 쓰이므로 주어 자리에 들어갈 수 없다. (C) Each는 형용사와 대명사 모두 가능하므로 주어 자리에 올 수는 있지만 단수 취급이므로 동사 were와 맞지 않다. (D) Some은 형용사와 대명사 모두 가능하므로 주어 자리에 올 수 있으며, Some은 동사 were와도 수 일치되므로 정답은 (D) Some이다.

어휘 damaged *adj.* 파손된 I transit *n.* 운송, 수송

7. 제안서는 세 명의 매니저에 의해 검토된 후에 최종 수락되었다.

해설 빈칸은 be동사 was 앞이므로 주어 자리이다. 따라서 주격 대명사 (A) it가 정답이다. 재귀 대명사는 주어 자리에 올 수 없다.

어휘 proposal *n.* 제안(서) I accept *v.* 받아주다, 수락하다

8. 우리 직원들이 사용하는 컴퓨터들 중 대다수는 그들의 것이 아니라 회사가 제공한 것이다.

해설 빈칸은 be동사 뒤 보어 자리이며, '직원들이 사용하는 컴퓨터 대다수가 그 직원들의 컴퓨터가 아니다'라는 의미로 '소유격 + 명사 (their [=the employees'] + computers)' 형태인 소유대명사가 들어가야 적절하므로 정답은 (D) theirs이다.

어휘 not A but B A가 아니라 B인 I provide *v.* 제공하다

9. Mr. Jang은 스스로를 R&D 부서에서 근면하고 유능한 멤버임을 입증해 보였다.

해설 빈칸은 목적어 자리로 Mr. Jang이 스스로를 근면하고 유능한 사람으로 입증해 보였다는 의미인데, 이처럼 주어와 목적어가 같은 대상일 때는 재귀대명사를 써야 하므로 정답은 (D) himself이다.

어휘 prove *v.* 입증시키다, 증명시키다 I hardworking *adj.* 근면한, 부지런한 I useful *adj.* 유능한, 훌륭한

10. 그 복사기 부품이 없어서 그 비서가 복사기를 수리할 수 없었다.

해설 '부품'이라는 명사 앞에 빈칸이 있으므로 소유격이 정답이다. 보기 모두 소유격이지만, 빈칸이 지칭하는 명사는 사물, 즉 복사기이므로 정답은 (B) its이다.

어휘 copy machine 복사기 | part *n.* 부품 | available *adj.* 구할 수 있는, 이용할 수 있는, (시간적) 여유가 있는

11. **누구든 분기별 보고서를 완료했다면, 팀장에게 알려 주세요.**

해설 빈칸은 주어 자리이다. 재귀대명사인 (A)와 (D)는 주어 자리에 올 수 없고, (B) other는 형용사로 주어 자리에 올 수 없다. 따라서 정답은 (C) anyone이다.

어휘 complete *v.* 끝마치다, 완료하다 *adj.* 완전한 | quarterly report 분기별 보고서

12. **비록 Carlam 미용 제품과 GoodNature 화장품이 올해에 수익을 내지 못했지만, 내년에는 둘 다 수익을 낼 것으로 기대한다.**

해설 (A) another는 대명사와 형용사로 쓰이지만, 단수 취급하므로 단수 동사 expects가 와야 한다. (C) other는 형용사로만 쓰이므로 빈칸의 주어 자리에 올 수 없다. (D) the other는 대명사와 형용사로 쓰이지만 '나머지 하나'라는 의미로 단수 취급하므로 동사 expect와 수 일치가 맞지 않다. (B) both는 대명사와 형용사로 모두 이 문장에서는 주어 자리에 대명사 both로 쓰인 것이고, Carlam 뷰티 제품과 GoodNature 화장품 둘 다를 가리키므로 정답은 (B) both이다.

어휘 unprofitable *adj.* 수익성이 없는 | revenue *n.* 수익

13. **그 브랜드의 매출액이 작년의 그것(매출액)보다 훨씬 더 좋았다.**

해설 빈칸은 sales를 받는 자리이다. 앞에 언급한 명사를 다시 받을 때, that이나 those를 쓰는데 복수 명사를 받았으므로 정답은 (D) those이다.

어휘 sales *n.* 판매량 | much better (비교급) 훨씬 나은

14. **비록 많은 사람들이 Ms. Wilson의 의견에 반대했지만, Mr. Taylor는 그것에 동의했다.**

해설 (A) the other는 형용사와 대명사의 역할 모두 가능하므로 주어 자리엔 올 수 있지만, '나머지'라는 의미로 문맥상 맞지 않다. (D) other는 형용사로 주어 자리에 올 수 없다. (C) himself도 재귀대명사로 주어 자리에 올 수 없다. (B) many는 형용사로도 쓰이지만, '많은 사람들'이라는 의미의 명사로도 사용 가능하므로 주어 자리에 올 수 있다. 정답은 (B) many이다.

어휘 disagree *v.* 동의하지 않다 | opinion *n.* 의견 | agree *v.* 동의하다

15. **Ms. Hong은 그녀 혼자서 용케도 그 무거운 책상을 옮겼다.**

해설 by herself는 '그녀 스스로, 홀로'라는 의미로 정답은 (C) herself이다.

어휘 manage 간신히 해내다, 용케 해내다 | heavy *adj.* 무거운

16. **La Rouge Pictures는 전 유럽에서 선두적인 영화 배급업체들 중 하나이다.**

해설 (B) other는 형용사로 전치사 뒤의 명사 자리에 올 수 없다. (C) every도 형용사로 전치사 뒤의 명사 자리에 쓸 수 없다. (D) the other는 형용사와 대명사 모두로 쓰이지만 '나머지'라는 의미로 문맥상 맞지 않다. (A) all은 형용사와 대명사 모두 가능하므로, 전치사 다음의 명사 자리에 올 수 있고 문맥도 맞으므로 정답은 (A) all이다.

어휘 leading *adj.* 선두적인 | distributor *n.* 배급업체

17. **Korire 대학교의 많은 학생들은 그들의 첫 전문 직업을 갖기 전에 인턴사원으로 일한다.**

해설 빈칸 뒤에 명사 job이 왔다. 명사 앞에는 소유격을 쓰므로 정답은 (B) their이다.

어휘 professional *adj.* 전문적인 *n.* 전문가

18. **제 홍콩 사무실 방문이 취소되었다는 것을 Ms. Lin에게 알려 주세요.**

해설 that절 내의 has been canceled가 동사이므로 visit은 동사가 아니라 명사로 쓰인 것이다. 명사 앞에는 소유격을 쓰므로 정답은 (A) my이다.

어휘 inform *v.* 알리다 | visit *n.* 방문 *v.* 방문하다 | cancel *v.* 취소하다

19. **Giny's 상점에서는 저희 고객들 각각에게 훌륭한 서비스를 제공한다는 것에서 즐거움을 느낍니다.**

해설 빈칸에는 providing의 목적어가 와야 한다. (B) the other는 형용사와 대명사 모두로 쓰이지만 '나머지'라는 의미이므로 문맥상 어색하다. (C) other와 (D) every는 형용사로만 쓰이므로 간접 목적어 자리(명사 자리)에 올 수 없다. (A) each는 형용사와 대명사 둘 다 쓰이므로 목적어 자리에 올 수 있다. 정답은 (A) each이다.

어휘 take pleasure in ~을 즐기다

20. **많은 사람들이 안 좋은 날씨에도 불구하고 음악 축제에 참석했다.**

해설 (A) Others와 (B) The others는 명사 역할을 하므로 명사 people 앞에 쓰일 수 없다. (C) Every는 형용사 역할을 하며 단수 취급하므로 단수 명사와 함께 쓰이는데, people은 복수 명사이므로 답이 될 수 없다. Many는 형용사와 대명사 역할이 모두 가능하며, 명사 people을 수식하는 형용사 자리이므로 정답은 (D) Many이다.

어휘 despite *prep.* ~에도 불구하고 | attend *v.* 참석하다

UNIT 04+. PART 7 암시·추론 문제

Practice

1. (A)　2. (C)　3. (D)　4. (C)　5. (A)

[1-3] 다음 기사에 관한 문제입니다.

Grand River (3월 4일) – Grand River 최대 규모의 문구점에 3월 29일 큰 변화가 있을 예정이다. 1 소유주 Aileen Keen의 딸 Sally가 매장 경영을 맡을 예정이다.

"그 가게는 20년 동안 제가 운영해왔습니다."라고 Aileen이 말했다. 1 "그리고 저는 이 가게를 Sally에게 넘겨 주게 되어 기쁩니다. 2 그녀는 고등학생일 때 그 문구점에서 아르바이트로 일을 했었습니다. 그녀는 제가 다른 볼일이 있어 밖에 나가 있을 동안에 저를 많이 도왔습니다."

은퇴 후 Aileen은 그녀가 어렸을 때, 그녀의 할아버지로부터 배웠던 ③ 가장 좋아하는 활동인 골프에 몰두할 것이다. 그녀는 가게가 잘 관리될 거라는 것을 알고 있다.

1. 기사의 목적은 무엇인가?
(A) 은퇴를 발표하기 위해
(B) 사무용품을 팔기 위해
(C) 가게 폐업을 보도하기 위해
(D) 채용 공고를 내기 위해

해설 글의 목적은 보통 글의 앞부분 아니면 맨 마지막 부분에 나온다. 첫 단락에서 큰 변화가 있을 것이고, Aileen Kim 대신에 그녀의 딸 Sally가 가게를 운영할 것임을 알리고 있다. 두 번째 단락 '그리고 저는 이 가게를 Sally에게 넘겨 주게 되어 기쁩니다.'를 통해서도 Aileen이 은퇴한다는 것을 알 수 있다. 따라서 정답은 (A) To announce a retirement이다.

2. Sally에 대해서 암시된 것은 무엇인가?
(A) Aileen을 20년 전에 만났다.
(B) 어렸을 때 골프를 배웠다.
(C) 가게를 운영한 경험이 있다.
(D) 고등학교에서 일을 했었다.

해설 선택지를 하나씩 소거하면서 정답을 찾아본다. (A) 20년 전에 만났다는 이야기는 없고, '20년 동안 가게를 운영했다'라는 이야기는 있다. (B) 골프를 배운 사람은 Sally가 아니고 Aileen이다. (D) 고등학생 때 일을 했었다는 것이지 고등학교에서 일을 했었던 것은 아니다. (C) 그녀는 고등학생 때, 엄마를 도와 가게에서 일을 했기 때문에 가게를 운영한 경험이 있다고 볼 수 있다. 따라서 정답은 (C) She has experience in running a store.이다.

3. Aileen은 무엇을 할 계획인가?
(A) 수업에 등록한다.
(B) 또 다른 도시로 이사한다.
(C) 여행을 간다.
(D) 여가 활동을 한다.

해설 의문사와 키워드(Ms. Aileen plan to do)가 있으므로 세부 사항 문제이다. Ms. Aileen plan이 지문에서는 Ms. Aileen is going to으로 paraphrasing된 마지막 단락을 보면 은퇴 후에 골프를 즐기겠다고 하였으므로 정답은 (D) Engage in a recreational activity이다.

[4-5] 다음 정보 카드에 관한 문제입니다.

FastPhone 사
온라인 청구서 결제를 신청하는 방법

고객님의 전화 서비스를 활성화하신 뒤, 온라인 청구서 결제를 신청하기 위해 다음의 간단한 절차를 따라 주십시오.

1. 저희 웹사이트 www.fastphone.com을 방문하셔서 사용자 계정을 만들어 주십시오.
2. 사용자 계정을 만드신 뒤, 전화기의 시리얼 번호와 함께 사용자 카드 맨 아래에 있는 PIN 코드를 입력하여 계정에 전화기를 추가해 주십시오.
3. 계정에 고객님의 은행 계좌 정보를 추가해 주십시오. 은행의 규정에 따라, 저희가 계좌에서 청구할 것임을 은행에 알려주셔야 할 수도 있습니다.
4. 매달 반복 지불을 하게 해 주는 '자동 청구서 결제'를 신청하려면, 은행 계좌 정보 필드 하단에 위치한 상자에서 '자동 청구서 결제'를 선택해 주십시오.

④ 이렇게 아주 간단합니다! 이렇게 하시면 온라인으로 매달 전화 청구서를 지불하실 수 있을 것입니다. 또는 자동 청구서 결제 옵션을 선택하시면, 청구서 지불이 자동으로 고객님의 은행 계좌에서 인출될 것입니다.

⑤ 저희의 온라인 청구서 결제 서비스에 질문이나 우려 사항이 있으시면, 주중 오전 7시부터 오후 8시 사이에 저희 기술지원센터 800-555-0131로 연락 주십시오.

4. Fastphone 청구서 결제에 대해 언급된 것은 무엇인가?
(A) 직접 지불될 수 있다.
(B) 곧 인상될 것이다.
(C) 매달 지불해야 한다.
(D) 온라인으로만 결제할 수 있다.

해설 정보 카드 중간 부분에서 매달 온라인으로 매달 전화 청구서를 지불하실 수 있다고 했으므로 정답은 (C) They are due each month.이다.

5. FastPhone 사에 관하여 암시된 것은 무엇인가?
(A) 주말에는 운영하지 않는다.
(B) 여러 나라에 지점이 있다.
(C) 새 전화 모델을 출시할 것이다.
(D) 개통료가 인상되었다.

해설 지문 맨 하단, '저희의 온라인 청구서 결제 서비스에 질문이나 우려 사항이 있으시면, 주중 오전 7시부터 오후 8시 사이에 저희 기술지원센터 800-555-0131로 연락 주십시오.'에서 질문이 있으면 주중에 연락을 달라고 했으므로, 주말에는 운영하지 않음을 유추할 수 있다. 정답은 (A) It does not operate on the weekends.이다.

UNIT 05. 형용사

+ check 1. (A) 2. (C) 3. (C) 4. (B)

1. **Linear Stage의 혁신적인 연극 공연들은 현대의 사회적인 쟁점들을 강조한다.**

해설 품사 어형 문제로 's는 소유격을 의미하고, 소유격 뒤에는 명사가 나오는데 이미 명사(theatrical performances)가 나와 있다. 즉, 소유격과 명사 사이에는 형용사가 들어갈 수 있다는 점을 눈치챌 수 있어야 한다. 보기 중 형용사는 innovative(혁신적인)와 innovated(혁신된)인데, '혁신된' 연극이라는 뜻보다는 '혁신적인' 연극이라는 것이 문맥상 더 알맞으므로 정답은 (A) innovative이다.

어휘 theatrical *adj.* 연극의, 공연의 | performance *n.* 공연 | highlight *v.* ~을 강조하다 | contemporary *adj.* 현대의; 동시대의 | issue *n.* 쟁점, 문제 | innovative *adj.* 혁신적인

2. **고객을 확보할 가능성을 높이기 위해 당신은 영업 발표를 설득력 있게 만들어야 한다.**

해설 make는 5형식 동사로 목적어(your sales presentation) 뒤의 빈칸은 목적격 보어 자리이다. 목적격 보어자리에는 목적어와 동격일 땐 명사, 상태를 설명할 땐 형용사가 온다. 문맥상 빈칸에는 목적어를 설명하는 형용사가 필요한 자리이므로 정답은 (C) persuasive이다.

어휘 possibility *n.* 가능성 | acquire *v.* 얻다, 획득하다

3. **영업 사원들은 반드시 전문성 있게 갖춰 입어야 하며 까다로운 고객들과 논쟁하게 되는 상황을 피해야 한다.**

해설 동사 become의 보어인 형용사가 필요한데, 보기 중 형용사는 '논란의 여지가 있는'을 뜻하는 (A) arguable과 '논쟁을 좋아하는, 시비를 거는'이란 의미의 (C) argumentative가 있다. 문맥상 까다로운 고객들과 논쟁하게 되는 것을 피해야 한다는 의미가 적절하므로 (C) argumentative가 정답이다.

어휘 professionally *adv.* 전문적으로 | demanding *adj.* 요구가 많은, 까다로운

4. **준비된 새 회계 소프트웨어 프로그램으로, 대부분의 부기 오류들을 막을 수 있다.**

해설 품사 어형 문제로 빈칸 앞의 are는 2형식 동사로 빈칸은 주격 보어자리 즉, 상태를 설명하는 형용사 자리이다. 따라서 명사인 (D) prevention은 탈락시킨다. (A) preventing을 넣어 보면 현재 진행형이 되면서, '~을 예방 중이다'라는 뜻이 되는데, '~을'에 해당하는 목적어가 빈칸 뒤에 나와 있지 않으므로 답이 될 수 없다. 남은 preventable과 preventive 중에서 preventable은 '예방할 수 있는'이란 뜻이고, preventive는 '예방을 위한'이란 뜻인데, 문맥상 '예방할 수 있는'이 맞으므로 정답은 (B) preventable이다.

어휘 in place ~할 준비가 되어 있는 | bookkeeping *n.* 부기, 장부 기입 | error *n.* 실수, 오류

Practice

1. (A)	2. (D)	3. (C)	4. (C)	5. (C)
6. (A)	7. (A)	8. (A)	9. (C)	10. (A)
11. (A)	12. (A)	13. (A)	14. (B)	15. (A)
16. (B)	17. (C)	18. (A)	19. (A)	20. (B)

기본 완성 훈련

1. Mr. Jones plans to conduct training with several members of the sales team.
2. After months of negotiations, the two companies appeared agreeable to the terms of the merger.
3. Carefully reviewing comments from each customer will help improve our services.
4. Once the factory is fully operational, it will need a workforce of 500.
5. The controversial policy change was resolved in a timely manner.
6. According to the survey results, most customers found Lebtro's new leather jackets very attractive.
7. Bahilo Advisory Group provides a wide variety of financial services.
8. Despite being dropped on the floor a few times, the mobile phone is still functional.
9. Customers at Hurley's Café said that the new iced tea is sweet enough.
10. It is crucial that all client information is kept confidential.

1. **Elbart Bay는 그곳의 저렴한 숙박 시설로 인해 젊은 여행객들 사이에서 인기 있는 휴양지이다.**

해설 소유격 its와 명사 accommodation 사이에 빈칸이 있으므로 형용사인 (A) affordable이 정답이다.

어휘 holiday destination 휴양지 | accommodation *n.* 숙박(시설) | affordable *adj.* (가격이) 합리적인, 비싸지 않은

2. **오늘날 많은 사람들은 너무 바빠서 그들의 식습관에 관심을 기울일 수 없다.**

해설 are는 be동사로 2형식 동사이다. 빈칸에는 주격 보어가 와야 하며, 상태를 설명하는 형용사 자리이다. 따라서 정답은 (D) busy이다. 「too ~ to ~는 '너무 ~해서 ~할 수 없다'」라는 뜻이다.

어휘 pay attention to ~에 유의하다 | diet *n.* 식습관 | busy *adj.* 바쁜

3. **이것은 실험적인 교수법이기 때문에 Dr. Wu는 학생들의 피드백을 받기를 원한다.**

해설 부정관사 an과 명사 teaching method 사이에 빈칸이 있으므로 형용사 (C) experimental이 정답이다.

어휘 feedback *n.* 피드백 | experimental *adj.* 실험적인

4. **Mr. Jones는 영업팀의 여러 팀원들과 교육을 할 계획이다.**

해설 another, each, every는 단수 가산 명사와 함께 쓰이므로 members가 올 수 없다. several은 복수 가산 명사와 함께 쓰이므로 정답은 (C) several이다.

어휘 conduct *v.* 실시하다 | training *n.* 교육, 훈련

5. **수개월간의 협상 후에, 두 회사는 합병 조건에 동의한 것처럼 보였다.**

해설 appear은 2형식 동사이다. 따라서 빈칸은 주격 보어 자리로서 형용사가 들어가야 하므로 정답은 (C) agreeable이다.

어휘 negotiation *n.* 협상 | appear *v.* ~인 것처럼 보이다 | terms *n.* (계약) 조건 | merger *n.* 합병 | agreeable *adj.* 동의하는, 받아들일 수 있는

6. **각 고객들의 코멘트를 신중하게 검토하는 것은 우리 서비스를 개선하는 데 도움을 줄 것이다.**

해설 a few는 셀 수 있는 복수 명사와 써야 하므로 customers가 와야 한다. all과 most는 셀 수 있을 땐 복수로 쓰고, 셀 수 없을 땐 단수로 쓰는데 이 경우 고객은 셀 수 있으므로 customers가 와야 한다. each는 단수 취급하므로 customer와 쓸 수 있다. 따라서 정답은 (A) each이다.

어휘 carefully *adv.* 신중히, 조심스럽게 | improve *v.* 개선하다, 향상시키다

7. **일단 공장이 완전히 가동이게 되면, 500명의 노동력이 필요할 것이다.**

해설 부사 fully는 필요 없는 수식어구이고, 빈칸은 is라는 2형식 동사 다음의 주격 보어 자리이므로 상태 설명 형용사가 와야 한다. 따라서 정답은 (A) operational이다.

어휘 once *conj.* 일단 ~하면, ~하자마자 | fully *adv.* 완전히, 충분히 | workforce *n.* 노동력, 노동 인구

8. **관광 산업에 대한 그의 깊이 있는 이해 덕분에, Mr. Pareto는 Gofirst Travels에 의해 고용되었다.**

해설 소유격 대명사 his와 명사 understanding 사이에 빈칸이 있으므로 형용사 (A) deep이 정답이다.

어휘 hire *v.* 고용하다 | tourism industry 관광 산업

9. **논란을 일으켰던 정책 변경은 시기적절하게 해결되었다.**

해설 관사 a와 명사 manner 사이에 빈칸이 있으므로 정답은 형용사인 (C) timely이다.

어휘 controversial *adj.* 논란이 많은 | resolve *v.* 해결하다 | in a timely manner 적시에, 빠른 시일 내에

10. **설문 조사 결과에 따르면, 대부분의 고객들은 Lebtro의 새 가죽 재킷이 아주 매력적이라고 생각했다.**

해설 find는 5형식 동사로 빈칸은 목적격 보어 자리이다. 가방의 상태가 매력적이라는 의미가 되는 것이 자연스러우므로 목적격 보어 자리에는 형용사가 와야 한다. 정답은 (A) attractive이다.

어휘 attractive *adj.* 매력적인 | attraction *n.* 끌림, 명소

11. **CariBags가 만든 그 여행 가방들은 튼튼하면서도 스타일이 좋다.**

해설 2형식 동사 are 다음에는 주격 보어 자리이므로 상태 설명 형용사가 와야 한다. 「both A and B」는 'A, B 둘 다 모두'라는 뜻으로 A, B 대등하게 형용사 두 개를 연결했으므로 정답은 (A) durable이다.

어휘 suitcase *n.* 여행 가방, 커다란 수하물 가방 | trendy *adj.* 최신 유행의 | durable *adj.* 내구성이 있는, 오래가는, 튼튼한

12. **Bahilo Advisory 그룹은 매우 다양한 금융 서비스를 제공한다.**

해설 부정관사 a와 명사 variety 사이에 빈칸이 있으므로 빈칸은 형용사 자리이다. 따라서 정답은 (A)와 (D)가 될 수 있는데, 최상급은 보통 정관사 the와 함께 쓰이므로 정답은 (A) wide이다.

어휘 a wide variety of 매우 다양한

13. **Frankston 노선 열차들 중 일부는 대대적인 수리가 필요하다.**

해설 전치사 of와 명사 repairs 사이에 빈칸이 있으므로 형용사 (A) extensive가 정답이다. extended는 '연장된'이라는 의미로 맞지 않다.

어휘 in need of ~을 필요로 하는 | repair *n.* 수리 *v.* 수리하다 | extensive *adj.* 아주 넓은, 대규모의, 광범위한

14. **바닥에 여러 번 떨어뜨렸음에도 불구하고, 그 휴대폰은 여전히 작동된다.**

해설 빈칸은 be동사 is 뒤 주격 보어 자리로, still은 문장 성분에 영향을 주지 않는 부사이므로 걷어내면 주어를 서술하는 형용사나 주어와 동격을 이루는 명사가 들어갈 수 있는데, 휴대폰이 작동된다는 의미가 적절하므로 정답은 (B) functional이다.

어휘 drop *v.* 떨어뜨리다 | function *n.* 기능; 특징 | functional *adj.* 작동되는; 기능상의

15. **Hurley's 까페의 고객들은 새 아이스티가 충분히 달다고 말했다.**

해설 '새로 나온 아이스티가 충분히 달다'는 의미로 빈칸은 that절의 보어 자리이므로 형용사 (A) sweet가 정답이다. 빈칸 뒤에 enough는 '충분한'이라는 뜻의 형용사뿐만 아니라 '충분히'라는 뜻의 부사이기도 하므로 어떤 품사로 쓰였는지는 의미상 확인을 해야 답으로 형용사를 수식할 부사를 고를 지 아니면 부사를 수식할 형용사를 고를 지 결정을 할 수 있다. enough는 부사로 쓰일 때 형용사나 부사 뒤에서 수식한다.

어휘 enough *adj.* 충분한

16. **직원 회의에 있던 모든 사람들이 안전이 가장 중요한 우선 사항들 중 하나라는 점에 동의했다.**

해설 정관사 the와 priority라는 명사 사이에 빈칸이 있으므로 빈칸은 형용사 자리이다. 따라서 정답은 (B) important이다.

어휘 safety *n.* 안전 | priority *n.* 우선 사항, 우선[권] | important *adj.* 중요한

17. **그 광고 캠페인은 회사 매출액을 증가시키는 데 있어서 성공적이었다.**

해설 2형식 동사인 be동사 다음에 빈칸이 있으므로 주격 보어 자리이고 상태 설명 형용사가 와야 한다. (B)와 (C)가 형용사이지만, successive는 '연속적인'이라는 뜻이므로 이 문장과 문맥상 어울리지 않는다. successful은 '성공적인'이라는 의미로 적합하다. 따라서 정답은 (C) successful이다.

어휘 successful *adj.* 성공적인 | successive *adj.* 연속적인, 연이은

18. **모든 고객 정보를 기밀로 유지하는 것은 매우 중요하다.**

해설 keep은 5형식 동사이므로 빈칸은 keep의 목적격 보어 자리이

다. 목적격 보어 자리에는 상태 설명 형용사가 쓰이므로 정답은 (A) confidential이다.

어휘 crucial *adj.* 중요한 | confidential *adj.* 기밀의

19. **Perco 산업은 환경운동을 조직하는 데 20년 넘게 활동해왔다.**

해설 빈칸은 be동사의 현재완료시제 형태 뒤 주격 보어 자리이며, Perco 산업이 '활동해왔다'는 의미로, 주어를 서술해주는 형용사가 들어가야 적절하므로 정답은 (A) active이다.

어휘 organize *v.* 조직하다 | environmental activity 환경운동

20. **많은 도로 사고들은 주의 깊은 계획과 운전자 교육을 통해 예방이 가능하다.**

해설 2형식 동사 are 다음의 주격 보어 자리이므로 상태 설명 형용사가 쓰여야 한다. 따라서 정답은 (B) preventable이다.

어휘 road accident 도로 사고 | careful *adj.* 주의 깊은, 세심한

UNIT 05+. PART 7 문장 삽입 문제

Practice

1. (C) 2. (C) 3. (D) 4. (B) 5. (A)

[1-2] 다음 정보에 관한 문제입니다.

Carlton 미술 공예품이 판매하는 이 제품을 구매하신 것에 대해 감사드립니다. 모든 Carlton 제품들은 장인들에 의해 수작업으로 만들어짐을 보장합니다. 저희는 이것과 모든 저희의 모든 제품들의 품질도 보장해드리고, 만약 귀하가 어떤 이유로든 만족하지 않는다면, 우리는 귀하에게 100퍼센트 환불도 제공해 드릴 것입니다. [2] 이 제품은 특별히 공들여 제작되어서, 세상에 단 하나뿐이라는 점을 기억해주세요. 그래서 만약 귀하가 같은 유형의 또 다른 물건을 구매한다면, 귀하는 두 개의 물품이 길이, 넓이, 스타일, 그리고 외관이 다르다라는 것을 알 수 있을 것입니다. [1] 만약 이 물품이 천으로 만들어진 것이라면, 그것을 세탁기로 빨지 마세요. 대신에 그것을 손으로 세탁하거나, 드라이클리닝을 하시기 바랍니다.

1. Carlton 미술 공예 제품에 대해서 언급된 것은 무엇인가?

(A) 대량으로만 판매한다.
(B) 동일한 크기로 되어 있다.
(C) 수제 제작된다.
(D) 제한된 보증이 딸려 있다.

해설 선택지를 지문과 대조해 정답을 찾는다. 제품은 손으로 만들어진다고 하였으므로 (A)의 대량 판매는 답이 될 수 없다. 손으로 만들어져서 상품마다 길이와 스타일이 다 다르다고 하였으므로 같은 크기로 출시되는 것도 아니다. 따라서 (B)도 탈락이다. 어떤 이유로든 마음에 들지 않으면 100퍼센트 환불을 해주겠다고 하였으므로 (D)도 탈락이다. 지문 초반에 수작업으로 제작된다고 했으므로 정답은 (C) They are hand-made.이다

2. [1], [2], [3], [4]로 표시된 곳 중에서 다음 문장이 들어가기에 가장 적절한 곳은 어디인가?

"이 제품은 특별히 공들여 제작되어서, 세상에 단 하나뿐이라는 점을 기억해주세요."

(A) [1]
(B) [2]
(C) [3]
(D) [4]

해설 앞뒤 관계를 잘 살피는 것이 이 문제의 포인트이다. 수작업으로 특별 제작되어서 단 하나밖에 없는 상품이라고 하였으므로 뒤에 나올 문장은 그러한 특성을 뒷받침할 수 있어야 한다. [3] 뒤의 문장을 보면, '두 상품이 길이, 넓이, 스타일, 그리고 외관이 다를 수 있다'고 하며 손으로 만든 독특한 특성을 뒷받침을 하고 있다. 연결어 therefore도 단서이다. '수작업으로 제작되어서 독특하다. 그래서 상품마다 외관이 다를 수 있다'이므로 정답은 (C) [3]이다.

[3-5] 다음 회람에 관한 문제입니다.

수신: IT 부서 직원
발신: Jennifer Archer
날짜: 6월 3일
제목: 데이터 전환 프로젝트

안녕하세요. 아직 만나지 못한 분들께 인사 드리자면, 저는 IT 부서의 새 이사 Jennifer Archer입니다. [5] 제가 이곳에서 보낸 첫 주 동안 여러분을 많이 만날 수 있어 기뻤습니다.

저는 최고 기술 책임자이신 Deidre Lee님과 함께 데이터 전환 프로젝트 관리에 집중할 것입니다. [3] 저희는 모든 직원의 컴퓨터 파일을 외부 장소에 백업하는 시스템을 고안할 예정입니다. 이는 우리 회사가 시간과 돈을 모두 절약하게 해줄 겁니다. 또한, 민감한 정보가 다수의 지점 사무실에 보관되지 않게 함으로써 이 정보를 더 쉽게 보호할 수 있도록 도와줄 것입니다.

앞으로 몇 주간, 저는 경과 보고서를 자주 보내드릴 겁니다. [4] 먼저, 여러분 각자에게 여러분의 역할과 관련한 개별 지침을 이틀 안에 이메일로 보낼 것입니다. 프로젝트의 효율성을 향상시키기 위해 프로젝트 관련 코멘트나 제안을 받겠습니다. 모두가 파일을 이용하는 방법에 있어 큰 변화가 될 테니, 다른 부서들과 긴밀하게 협업해야 할 것입니다.

감사합니다.

3. 새 프로젝트의 한 가지 목적은 무엇인가?

(A) 고객들이 모바일 장치에서 파일을 이용하기 위해
(B) 지점 매니저들 사이의 소통을 개선하기 위해
(C) 더 많은 고객을 끌어들이기 위한 최고의 방법을 결정하기 위해
(D) 회사 자료 보관과 관련된 비용을 줄이기 위해

해설 두 번째 단락에서 모든 직원의 컴퓨터 파일을 외부 장소에 백업하는 시스템을 고안할 예정이라고 하면서, 이것이 회사가 시간과 돈 모두를

절약하게 해줄 거라고 했으므로 (D) To lower expenses related to storing company data가 정답이다.

4. 회람에 따르면, Ms. Archer는 무엇을 하려고 계획 중인가?
(A) 팀 회의 일정을 잡는다
(B) 직원들에게 지침을 보낸다
(C) Mr. Lee에게 아이디어를 제시한다
(D) 임시 직원을 고용한다

해설 세 번째 단락에서 각자에게 역할과 관련한 개별 지침을 이틀 안에 이메일로 보낼 거라고 했으므로 (B) Send guidelines to employees가 정답이다.

5. [1], [2], [3], [4]로 표시된 곳 중에서 다음 문장이 들어가기에 가장 적절한 곳은 어디인가?
"제가 이곳에서 보낸 첫 주 동안 여러분을 많이 만날 수 있어 기뻤습니다."
(A) [1]
(B) [2]
(C) [3]
(D) [4]

해설 첫 번째 단락에서 아직 만나지 못한 사람들에게 인사를 드린다면서, 본인을 IT 부서에 새로 온 이사, Jennifer Archer라고 소개하며 회람을 시작하고 있어, 주어진 문장이 이 다음에 이어지기에 자연스러우므로 (A) [1]이 정답이다.

UNIT 06. 부사

+ check 1. (B) 2. (C) 3. (A) 4. (D)

1. 분석가들은 Halcyon 전자가 올해 상당히 더 많은 수익을 얻을 것으로 예상한다.

해설 품사 어형 문제로 빈칸에는 to부정사인 to gain의 목적어가 필요하다. 즉, 명사가 필요하다는 것인데, 이미 명사 revenue가 뒤에 나와 있다. 명사 앞에 형용사 more가 위치해 있으므로 정답은 형용사 수식 부사인 (B) substantially이다. 부사가 형용사를 꾸미고, 형용사가 명사를 꾸미는 형태이다.

어휘 revenue *n.* 수익 | substantially *adv.* 상당히, 많이

2. Canterra 상담 서비스는 특별히 중간 규모의 소매 업체들의 요구에 부응하기 위하여 고안되었다.

해설 품사 어형 문제로 이 문장은 빈칸 앞에 「be p.p.」라는 수동태를 갖추고 있다. 수동태는 완벽한 문장이므로 빈칸은 문장 구조상 필요 없는 부사가 들어가는 것이 옳다. 다시 말해, design은 3형식 동사이지만 수동태는 목적어가 주어 자리로 가면서 목적어가 빠져 있는 구조이므로 빈칸에는 목적어(명사)가 필요 없다. 정답은 부사 (C) specifically이다.

어휘 consulting service 상담 서비스 | design *v.* 고안하다 | meet requirements 요구에 부응하다 | medium-sized *adj.* 중간 규모의 | retail *n.* 소매

3. Kamal 전자는 고객들과 적극적으로 소통함으로써 매출을 높이기를 바라고 있다.

해설 품사 어형 문제로 전치사 뒤에는 명사나 동명사가 올 수 있는데, 전치사 by 뒤에 동명사 interacting이 왔다. 따라서 문장을 완성하는 데 있어서 빈칸은 필요 없는 자리이고, 동명사를 수식할 수 있어야 한다. 동명사를 수식하는 품사는 부사이므로 정답은 (A) actively이다.

어휘 increase *v.* 증가시키다 | sales *n.* 매출액, 판매량 | interact with ~와 소통하다, 교류하다

4. 곧 게시될 공지에 따르면, 본관 입구는 보수 공사를 위해 다음 주 동안 폐쇄될 것이다.

해설 which 이하의 관계절의 구조가 「will be posted + -------」와 같이 수동태를 취하고 있다. 수동태는 완벽한 문장이므로 빈칸에는 문장 구조를 완성하는 데 있어서 필요 없는 부사가 들어가는 것이 옳다. 따라서 빈칸은 동사 be posted를 수식하는 부사 (D) shortly이다.

어휘 post *v.* ~을 게시하다 | shortly *adv.* 곧

Practice

1. (D)	2. (D)	3. (C)	4. (D)	5. (B)
6. (A)	7. (D)	8. (C)	9. (C)	10. (C)
11. (C)	12. (C)	13. (C)	14. (D)	15. (A)
16. (D)	17. (B)	18. (B)	19. (A)	20. (D)

기본 완성 훈련

1. The Goodread Bookstore on Riverside Street (frequently) hosts big discount events.
2. By hiring additional employees, productivity increased (substantially) at Woodtown Manufacturing.
3. One of the most (widely) respected jazz events is held in Seoul.
4. The new surgical laser is designed to (significantly) shorten patients' recovery times.
5. Customers' responses to the new product packaging have been (consistently) positive.
6. Fragile items should be packaged (separately).
7. (Over) 1,000 customers recently subscribed to *Rover Auto Magazine*.

8. Regend University is well known for its (remarkably) diverse student body.
9. Providing more public transportation options has proven effective in reducing air pollution in the city.
10. (Lately), Mr. Ko has been working overtime in order to meet the project deadline.

1. Riverside 거리에 있는 Goodread 서점은 대규모 할인 행사를 자주 연다.

해설 이미 3형식의 완벽한 문장이므로 빈칸에는 없어도 되는 부사가 들어가야 된다. 동사 앞에서 동사를 수식하는 부사 (D) frequently가 정답이다.

어휘 host *v.* (행사 등을) 주최하다, 열다 I frequently *adv.* 빈번히, 자주

2. 거의 200명의 직원들은 우리의 기본 과정을 성공적으로 마쳤다.

해설 have와 과거분사 사이에는 부사가 들어가므로 정답은 (D) successfully이다.

어휘 complete *adj.* 완전한 *v.* 완료하다, 끝마치다 I successfully *adv.* 성공적으로

3. Ms. Chen은 Broaden의 보안 시스템 제작에 깊이 연관되어 있다.

해설 '깊이 연관되어 있다'는 의미로 수동태인 been involved 사이에 들어갈 수 있는 품사는 부사이므로 정답은 (C) deeply이다.

어휘 involved in ~에 관련된 I creation *n.* 제작 I security *n.* 보안, 안보

4. 추가 종업원들을 고용함으로써, Woodtown 제조사의 생산성이 상당히 증가했다.

해설 1형식 동사인 increased로 문장이 끝났다. 따라서 빈칸은 부사 자리로 정답은 (D) substantially이다.

어휘 hire *v.* 고용하다 I additional *adj.* 추가적인 I productivity *n.* 생산성

5. 가장 널리 인정 받는 재즈 행사 중 하나가 서울에서 개최된다.

해설 형용사 respected 앞에 빈칸이 있으므로 부사 자리이다. 따라서 정답은 (B) widely이다.

어휘 widely *adv.* 광범위하게, 폭넓게 I respected *adj.* 존경받는, 높이 평가되는

6. 모든 생산 작업장 직원들은 기계를 작동하기 전에 작업장 안전에 관한 교육을 받아야 한다.

해설 문장이 끝났다고 생각해서 부사를 고르게 되면 '안전하게 작업장에 관한 교육을 받아야 한다'라고 해석되어 의미가 맞지 않다. 이런 경우는 앞의 workplace와 함께 복합명사가 되는 명사 safety를 골라야 한다. '작업장 안전에 관한 교육을 받아야 한다'가 의미상 맞으므로 정답은 명사 (A) safety이다.

어휘 production floor 생산 작업장 I workplace safety 작업장 안전 I operate 작동하다, 가동하다, 운영하다 I machinery 기계류

7. 새로운 수술용 레이저는 환자들의 회복 기간을 상당히 줄여 주기 위해 고안되었다.

해설 이미 3형식으로 완벽한 문장이 있으므로 빈칸은 필요 없는 자리이고, 동사 앞에 왔으므로 부사 (D) significantly가 정답이다.

어휘 surgical *adj.* 외과의, 수술의 I shorten *v.* 줄이다 I recovery time 회복 기간 I significantly *adv.* 상당히

8. Froissart 사는 Metz 중공업을 약 천만 달러에 매입했다.

해설 빈칸은 수 형용사 10을 수식하는 부사 자리이므로 정답은 (C) approximately이다.

어휘 purchase *v.* 구매하다 I heavy industry 중공업

9. 신제품 포장재에 대한 고객들의 반응이 일관되게 긍정적이었다.

해설 형용사 positive 앞에 빈칸이 있으므로 부사 (C) consistently가 정답이다.

어휘 response *n.* 반응 I packaging *n.* 포장(재) I positive *adj.* 긍정적인 I consistently *adv.* 일관되게, 지속적으로

10. 경영진은 재디자인된 회사 로고에 완전히 만족스러워 하지는 않았다.

해설 빈칸은 수동태 동사구문의 과거분사인 satisfied를 수식하는 부사자리이다. 따라서 (C) completely가 정답이다.

어휘 management *n.* 경영진 I satisfied *adj.* 만족하는, 만족스러워 하는 I redesigned *adj.* 재디자인된 I completely *adv.* 완전히

11. 깨지기 쉬운 물건들은 따로따로 포장되어야 한다.

해설 빈칸에 들어갈 단어가 빠지더라도 이미 완벽한 문장이므로 빈칸은 동사 be packaged를 수식하는 부사 자리이다. 따라서 정답은 (C) separately이다.

어휘 fragile *adj.* 깨지기 쉬운 I package *v.* 포장하다 I separately *adv.* 각각, 따로따로

12. 접수 담당직 지원자들은 반드시 메시지와 기타 정보를 정확히 전달할 수 있어야 한다.

해설 '메시지를 정확히 전달하다'는 의미로 빈칸은 동사 relay를 수식하는 자리이며, 동사를 수식하는 품사는 부사이므로 정답은 (C) accurately이다.

어휘 receptionist *n.* 접수 담당자 I relay *v.* (정보 등을) 전달하다

13. EPPN 광고사에 의해 디자인된 광고는 제품을 소비자들에게 더 매력적으로 해줄 것이다.

해설 빈칸 뒤에 부사를 고르면 make를 수식하게 되어 의미상 맞지 않고, make는 형용사를 목적격 보어로 취하는 5형식 동사로 시험에 출제된다는 점을 명심하고 make가 나오면 목적어 뒤에 형용사 보어를 고른다. 정답은 형용사 (C) attractive이다.

어휘 marketing campaign 광고 I attractive *adj.* 매력적인 I consumer *n.* 소비자

14. **직원들은 시기적절하게 프로젝트를 완료하기 위해 협력해서 일할 것으로 기대된다.**

해설 work는 '일하다'라는 의미로 쓰일 때 목적어나 보어를 취하지 않는 1형식 동사이므로 빈칸에는 동사 work를 수식하는 부사가 들어가야 한다. 따라서 정답은 (D) collaboratively이다.

어휘 complete *v.* 완료하다 | in a timely manner 시기적절하게

15. **Kamal 전자는 고객들과 적극적으로 소통함으로써 매출을 높이기를 바라고 있다.**

해설 '고객들과 적극적으로 소통함으로써'라는 의미로 전치사(by)와 동명사(interacting) 사이에 위치하여 동명사를 수식하는 품사는 부사이므로 정답은 (A) actively이다.

어휘 increase *v.* 증가시키다 | sales *n.* 매출액, 판매량 | interact with ~와 소통[교류]하다

16. **1,000명이 넘는 고객들이 최근에 〈Rover Auto Magazine〉을 구독했다.**

해설 빈칸은 수 형용사 1,000을 수식하는 부사 자리이며, 보기 중 over는 부사로 쓰일 때 '(특정 숫자) 이상'을 뜻하여 1,000명이 넘게 구독했다는 의미를 완성하므로 정답은 (D) Over이다.

어휘 recently *adv.* 최근에 | subscribe to ~을 구독하다

17. **Regend 대학교는 놀라울 정도로 다양한 학생 집단으로 유명하다.**

해설 빈칸 뒤에 diverse student body라는 「형용사 + 명사」의 구조가 있으므로 빈칸에는 형용사를 수식하는 부사가 들어가야 한다. 따라서 정답은 (B) remarkably이다.

어휘 diverse *adj.* 다양한 | student body 한 대학의 학생 전체

18. **참석자들은 회의가 끝날 때 방에서 조용히 나가도록 요구 받는다.**

해설 빈칸 앞의 exit the room으로 '동사 + 목적어'의 3형식 구조가 완성되었으므로 빈칸에는 부사가 들어가야 한다. 따라서 (B) quietly가 정답이다.

어휘 attendee *n.* 참석자 | exit *v.* 나가다

19. **더 많은 대중 교통 옵션들을 제공하는 것이 시내의 대기 오염을 줄이는 데 있어서 효과적인 것으로 드러났다.**

해설 '효과적인 것으로 드러났다'는 의미로 해석상으로는 부사가 들어갈 자리로 보이지만, prove는 '~임이 드러나다'라는 뜻으로 쓰일 때 주격 보어를 취하는 2형식 동사이므로 정답은 형용사인 (A) effective이다.

어휘 proven *adj.* 입증된, 증명된 | effective *adj.* 효과적인

20. **최근 들어 Mr. Ko는 프로젝트 마감일을 맞추기 위해 야근하고 있다.**

해설 완벽한 문장이고 문장 맨 앞에 빈칸이 있으므로 부사가 들어가야 하는 자리임을 알 수 있다. (A) Late는 형용사와 부사로 모두 쓰이지만 '늦게 일했다'는 의미는 문맥상 적합하지 않다. (B)와 (C)는 최상급, 비교급인데, 품사는 late와 마찬가지로 형용사와 부사로 쓰이지만 역시 문맥상 '가장 늦게, 더 늦게'는 어울리지 않는다. '최근에'라는 의미가 문맥상 가장 잘 어울리므로 정답은 (D) Lately이다.

어휘 meet *v.* 충족시키다, 만나다 | work overtime 야근하다 | project deadline 프로젝트 마감일

UNIT 06+. PART 7 동의어 문제

Practice

1. (D)	2. (D)	3. (B)	4. (C)	5. (B)
6. (C)	7. (B)	8. (A)		

[1-4] 다음 기사에 관한 문제입니다.

1 **Jenny Kang이 NBN TV에 합류하다**

NBN TV는 인기 텔레비전 프로그램인 〈The Money Game〉으로 유명한 Jenny Kang이 진행하는 경제 토크쇼를 방영할 것이다.

2 지난 5월에 있었던 온라인 설문조사에 따르면, 이 프로그램은 시청자들이 경제 관련 토크쇼의 부족이 NBN의 가장 큰 약점이라고 생각하기 때문에 만들어졌다. Ms. Kang은 진행자로 NBN의 첫 번째 선택이였다. NBN 방송국에서 20년 동안 근무한 프로듀서 Thomas Park는 "우리는 오랫동안 Ms. Kang을 업계에서 가장 유능한 금융 전문 진행자 중 한 명으로 생각해왔습니다."라고 말했다.

3 현재 타이틀이 정해지지 않은 NBN의 새로운 쇼는 경제에 대한 전반적인 것들을 **4** 다룰 것입니다. 그것은 10월 말부터 평일 오후 7시에 방송될 것입니다.

1. 기사가 주로 이야기하는 것은 무엇인가?
(A) 오래 근무한 프로듀서의 은퇴
(B) 방송국의 기념일
(C) TV 프로그램의 제작 과정
(D) 새로운 쇼 호스트의 고용

해설 첫 번째 단락에서 새 경제 토크쇼를 방영한다고 하면서 진행자로 Jenny Kang을 언급했고, 두 번째 단락에서는 Jenny Kang이 발탁된 이유에 대해 설명하고 있으므로 정답은 (D) The hiring of a new show host이다.

2. 기사에 따르면, 5월에 무슨 일이 일어났는가?
(A) 스튜디오가 새로운 곳으로 이전되었다.
(B) Ms. Kang이 인터뷰를 했다.
(C) 프로그램 일정이 변경되었다.
(D) 피드백이 주어졌다.

해설 키워드 May를 지문에서 찾아보면 두 번째 단락에서 '지난 5월에 있었던 온라인 설문조사에 따르면'이라고 하면서 시청자들의 의견을 언급하고 있으므로 정답은 (D) Feedback was given.이다.

3. 새로운 TV 프로그램에 대해서 아직 결정되지 않은 것은 무엇인가?
(A) 누가 그 쇼를 진행할 것인지
(B) 그 쇼가 무엇이라고 불릴지
(C) 몇 시에 방송이 될 것인지
(D) 언제 시작할 것인지

해설 키워드 undecided가 지문에서는 currently untitled로 paraphrasing되어 있다. 마지막 단락에 '현재 타이틀이 정해지지 않

은 NBN의 새로운 쇼는 경제에 대한 다양한 주제들을 다룰 것입니다'라고 하였으므로 그 쇼의 명칭이 정해지지 않은 것을 알 수 있다. 10월 말을 시작으로 평일 오후 7시에 방송한다고 하였으므로 (C)와 (D)는 이미 결정되었다. 제목과 첫 번째 문단에서도 알 수 있듯이 Jenny Kang이 그 쇼를 진행할 것이므로 (A)도 이미 결정되었다. 따라서 정답은 (B) What it will be called이다.

4. 세 번째 단락 첫 번째 줄의 구 "deal with"와 의미상 가장 가까운 것은
(A) 실행하다
(B) 인수하다
(C) 다루다
(D) 교체하다

해설 '현재 타이틀이 정해지지 않은 NBN의 새로운 쇼는 경제에 대한 다양한 주제들을 다룰 것입니다'라고 해석되므로 deal with는 '다루다'라는 뜻이다. 따라서 비슷한 의미를 갖는 (C) cover가 정답이다.

[5-8] 다음 편지에 관한 문제입니다.

Sammy Kim
2239 Tieman 가로
시카고, IL 60290
9월 18일

Mr. Kim에게,

6 9월 2일 우리가 대화할 때, 10월 15일~16일 주말에 저희 관광버스들 중 한 대를 임대하고 싶다고 알려 주셨습니다. 고객님의 일행이 75명일 것이라고 알려 주셨고, 저는 그렇게 많은 사람들에게는 대형 버스가 적절할 것이라고 말씀드렸습니다. 그러나 고객님은 그렇게 많은 사람들이 여행할 것인지 확신하지 못하셨습니다. 그럼에도 불구하고 저는 7 잠정 예약을 해드렸고, 대형 버스가 적절할지 고객님께서 열흘 내에 연락 주셔서 확인해 주시기로 했었습니다. 2주가 지났으나, 아직 고객님의 확인을 받지 못했습니다.

그래서 5 아직 저희와 거래할 계획이신지 알아보기 위해 연락드립니다. 저희 관광버스는 가을에 수요가 높으며, 다른 단체에 저희 대형 버스 중 한 대를 예약할 기회를 드리고 싶습니다. 8 그러므로, 앞으로 영업일 기준으로 5일 이내에 고객님의 회신이 없다면, 고객님의 예약을 취소하겠습니다. 5 어떻게 하고 싶으신지 가능한 빨리 저에게 연락 주십시오.

진심으로,

Jon Voight
Jon Voight
총지배인
Skyway Bus and Tour

5. 이 편지는 왜 쓰여졌는가?
(A) 회의에 다른 부서를 초대하기 위해
(B) 잠재적인 고객의 회신을 요청하기 위해
(C) 버스의 수리를 요청하기 위해
(D) 업계 경쟁사의 견적을 받기 위해

해설 편지의 두 번째 단락에서 '아직 저희와 거래할 계획이신지 알아보기 위해 연락드립니다'라는 내용과 어떻게 하고 싶으신지 가능한 빨리 저에게 연락 주십시오.'를 통해 잠재적인 고객의 연락을 요청하기 위해 이메일을 보냈음을 알 수 있다. 따라서 정답은 (B) To seek a response from a potential customer이다.

6. 이 편지는 Mr. Voight에 대해 암시되는 것은 무엇인가?
(A) 앞으로 5일간 사무실을 비울 것이다.
(B) 이 문제에 대해 상급자와 이야기할 것이다.
(C) Mr. Kim와 이전에 이 사안에 대해 이야기를 했다.
(D) Mr. Kim와 이전에 출장을 갔다.

해설 편지의 첫 번째 단락에서 '9월 2일 우리가 대화할 때, 10월 15일~16일 주말에 저희 관광버스들 중 한 대를 임대하고 싶다고 알려 주셨습니다'라는 내용이 나오므로, 전에 관광버스 임차 문제로 이야기를 나눴음을 알 수 있다. 따라서 정답은 (C) He previously spoke with Mr. Kim about a matter.이다.

7. 첫 번째 단락, 네 번째 줄의 단어 "tentative"와 의미상 가장 가까운 것은
(A) 확실한
(B) 조건부의
(C) 조심스러운
(D) 꺼리는

해설 문맥상 고객이 단체 인원수를 확인하지 못했지만 일단 관광버스를 예약해 두었다는 의미로, "tentative"가 '잠정적인'의 의미로 쓰였으므로 이와 바꿔쓸 수 있는 형용사는 '조건부의'라는 의미의 (B) conditional이다.

8. Mr. Kim은 무엇을 하도록 요청 받는가?
(A) Mr. Voight에게 회신한다
(B) 더 작은 차량을 예약한다
(C) 다른 지점에 연락한다
(D) 영수증의 가격을 확인한다

해설 편지의 두 번째 단락에서 '그러므로, 앞으로 영업일 기준으로 5일 이내에 고객님의 회신이 없다면, 고객님의 예약을 취소하겠습니다. 어떻게 하고 싶으신지 가능한 빨리 저에게 연락 주십시오.'라는 내용이 나오므로, Mr. Kim에게 회신해 달라고 요청하고 있음을 알 수 있다. 따라서 정답은 (A) Reply to Mr. Voight이다.

UNIT 07. 전치사

+ check 1. (C) 2. (C) 3. (C) 4. (A)

1. **모든 대여 도서들을 다음 주 월요일 이전에 반드시 도서관에 반납해 주세요.**

해설 전치사 선택 문제이다. within은 기간 전치사로 뒤에 기간이 나와야 하는데, next Monday라는 시점이 나왔으므로 탈락이다. 보기 중

시점을 나타내는 전치사는 before로, 빌린 책들을 다음 주 월요일 전에 반납하라는 의미가 적절하다. 즉, before가 문맥상으로도 적절하므로 정답은 (C) before이다.

어휘 return *v.* 반납하다; 돌려주다 | borrowed *adj.* 빌린; 차용한

2. **이번 주 토요일이 시의 금융가에 위치한 우리 은행 최신 지점의 공식 개점일이다.**

해설 전치사 선택 문제이다. 보기의 의미를 살펴보면 (A) ~로(방향) (B) ~아래에(위치) (C) ~안에(지역/공간), ~ 후에(시간의 경과) (D) ~까지(시점)로, 문맥상 구역 안에 위치되어 있는 것이 맞으므로 정답은 (C) in이다.

어휘 official *adj.* 공식적인; 공적인 | opening *n.* 개막식, 개관식 | latest *adj.* 최근의, 최신의 | branch *n.* 지사, 지점 | financial district 금융가

3. **당신의 연회 파티 전에, 저희 음식 공급자 중 한 명이 손님 수와 메뉴 선택을 확인하기 위해 당신에게 전화할 것이다.**

해설 연결어 문제로 빈칸 뒤에는 명사구가 위치해 있는데, 접속사 (A)와 (B)는 문장인 「주어 + 동사」를 이끌기 때문에 탈락이다. Prior to는 '~전에'라는 뜻의 전치사로서 전치사는 뒤에 명사(구)를 이끈다. 문맥상으로도 손님 수와 메뉴를 확인하기 위해 연회 '전에' 연락을 줄 것이라는 의미가 적절하므로 정답은 (C) Prior to이다.

어휘 reception *n.* 연회; 접수처 | caterer *n.* 음식 공급자, 연회업자 | confirm *v.* 확인해주다

4. **영세 소매업자들은 서로 협력함으로써 이득을 볼 수 있기 때문에 지역 사업 단체를 결성한다.**

해설 보기를 보면 동사 어휘 문제로 benefit이 전치사 from을 동반하여 '~로부터 혜택을 얻다'라는 의미로 쓰인다는 것을 알고 있으면 쉽게 풀 수 있는 문제이다. 해석을 해봐도 소매업자들이 서로 협력하여 이득을 볼 수 있기 때문에 단체를 결성한다는 문맥이므로 정답은 (A) benefit이다.

어휘 retailer *n.* 소매업자[체], 소매상 | cooperate *v.* 협력하다 | one another 서로 | form *v.* 형성하다 | association *n.* 단체, 연맹

Practice

1. (B)	2. (A)	3. (D)	4. (C)	5. (A)
6. (A)	7. (A)	8. (A)	9. (C)	10. (A)
11. (B)	12. (C)	13. (D)	14. (D)	15. (B)
16. (D)	17. (C)	18. (A)	19. (D)	20. (D)

기본 완성 훈련

1. Elkor Spa Resort is conveniently located (within walking distance) (of major tourist attractions).
2. Patrons can get help (from librarians) (through the library's online help desk).
3. Please read the instructions (in the manual) (prior to assembling the couch).
4. The conference room is located (near the entrance) (of the building).
5. The estimate (for your office renovation) will be provided (within two working days).
6. H&PCH Architects will not make changes (to the floor plan) (without the client's prior approval).
7. Before he came (to Busan), Mr. Kang had worked (as a bank manager).
8. The tour may differ (from the description) (in the brochure) (depending upon the weather conditions).
9. Please note that e-mails received (after 10 P.M.) will be checked the following morning.
10. (During the past three months), the number (of students) (at Pullmans Academy) has increased dramatically.

1. **Spicy Leaf 레스토랑은 개인 행사를 위해 7월 10일 월요일에 문을 닫을 예정이다.**

해설 전치사 for는 '~때문에'라는 뜻으로 문맥상 적합하므로 정답은 (B) for이다.

어휘 private *adj.* 사적인

2. **Panjala 경영 대학원의 지원이 연중 내내 받아들여진다.**

해설 throughout the year는 '연중 내내'라는 의미로 정답은 (A) throughout이다.

어휘 application *n.* 지원(서) | accept *v.* 받아들이다

3. **Starzie 화학은 추가 자금으로 새로운 실험 장비를 구매했다.**

해설 '추가 자금으로 새 실험 장비를 구매했다'는 의미로 '~로'라는 뜻의 수단의 전치사인 (D) with가 정답이다.

어휘 lab equipment 실험 장비 | extra *adj.* 추가의 | funds *n.* 자금, 기금

4. **통근자들은 대중 교통을 이용함으로써 에너지를 보존하는 걸 도울 수 있다.**

해설 「by -ing」는 '~함으로써'라는 의미이므로 정답은 (C) by이다.

어휘 conserve *v.* 보존하다 | public transportation 대중 교통

5. **춥고 눈이 많이 내리기 때문에 스키 시즌이 3월 말까지 계속될 것이다.**

해설 해석상 until과 by가 가장 잘 어울리지만, until은 계속적 의미일 때 쓰

고 by는 완료의 의미일 때 쓰인다. 이 문장에서는 last가 '지속하다'라는 계속적 의미로 쓰였으므로 정답은 (A) until이다.

어휘 heavily *adv.* 심하게 I last *v.* 지속하다, 계속하다

6. **Elkor Spa 리조트는 주요 관광 명소에서 걸어 다닐 수 있는 거리 내에 편리하게 위치해 있다.**

해설 빈칸 뒤에 명사가 있으므로 부사 (C)와 접속부사 (B)는 탈락이다. 전치사 (A)와 (D) 중에 문맥상 '걸어 다닐 수 있는 거리 내에'가 맞으므로 정답은 (A) within이다.

어휘 conveniently *adv.* 편리하게 I walking distance 도보 거리

7. **손님들은 도서관의 온라인 지원 창구를 통해 사서로부터 도움을 받을 수 있다.**

해설 in case of '~라는 경우에,' among '~사이에,' such as '~와 같은' 모두 문맥상 적합하지 않으므로 답이 될 수 없고, through '~을 통해서'가 문맥상 잘 어울리므로 정답은 (A) through이다.

어휘 patron *n.* 손님 I librarian *n.* 사서

8. **긴 의자를 조립하기 전에 설명서에 있는 안내 사항들을 읽어주세요.**

해설 '긴 의자를 조립하기 전에 안내 사항들을 읽어 달라'는 의미가 적절하므로 '~전에'라는 뜻의 전치사 (A) prior to가 정답이다.

어휘 instruction *n.* 안내사항, 설명 I manual *n.* 설명서 I assemble *v.* 조립하다 I couch *n.* 긴 의자

9. **그 회의실은 빌딩 입구 근처에 위치해 있다.**

해설 해석상 next와 near가 가장 자연스럽지만, next는 전치사 to와 함께 쓰일 때 명사를 동반할 수 있으므로 next는 탈락이다. 참고로 next는 형용사 또는 부사로 쓰인다. 따라서 전치사인 (C) near가 정답이다.

어휘 located *adj.* 위치한 I entrance *n.* (출)입구

10. **Mr. Jang은 8년이 넘는 기간 동안 Sognet 공업에서 일해왔다.**

해설 문맥상 for가 '~ 동안'이란 의미로 가장 적합하다. for는 현재 완료(has p.p.)와 함께 쓰이므로 정답은 (A) for이다.

어휘 more than ~이상

11. **귀하의 사무실 개조를 위한 견적서가 영업일 2일 이내에 제공될 것이다.**

해설 빈칸 다음에 '영업일 2일'이라는 시점이 아닌 기간이 나왔다. 시점 전치사 (C)와 (D)는 탈락이고, (A)는 접속사이므로 부적절하다. '영업일 2일 내로 제공될 것이다'가 적합하므로 정답은 (B) within이다.

어휘 estimate *n.* 견적서

12. **모든 세입자들은 임대 계약에 포함되어 있는 규칙들을 따라야 한다.**

해설 문맥상 '임대 계약에 포함되어 있는 규칙들'이므로 정답은 (C) in이다.

어휘 tenant *n.* 세입자 I lease agreement 임대 계약

13. **H&PCH 건축 사무소는 고객의 사전 승인 없이 평면도에 수정을 가하지 않을 것이다.**

해설 보기에 모두 전치사가 나왔다. 해석상 without '~없이'라는 의미가 문맥상 가장 적합하므로 정답은 (D) without이다.

어휘 floor plan (건물의) 평면도 I prior *adj.* 사전의, 이전의 I approval *n.* 승인

14. **그가 부산에 오기 전에, Mr. Kang은 은행 관리자로 일했었다.**

해설 보기에 모두 전치사가 나왔다. as '~로서'가 문맥상 가장 적합하므로 정답은 (D) as이다.

어휘 manager *n.* 운영자, 관리자

15. **관광은 날씨 상황에 따라 안내 책자에 기술된 것과 다를 수 있습니다.**

해설 「depending on/upon」은 '~에 따라'라는 의미이므로 정답은 (B) upon이다.

어휘 differ from ~와 다르다 I description *n.* 기술, 서술

16. **밤 10시 이후에 수신된 이메일은 다음 날 아침에 확인된다는 점에 유의하세요.**

해설 such as는 '~와 같은'이란 의미로 문맥상 적합하지 않다. during 다음에는 기간이 와야 하는데, 10 P.M.은 기간이 아닌 시점이다. between은 두 개의 대상이 있어야 하므로 탈락이다. after 뒤에는 시점인 10 P.M.도 올 수 있고 문맥상 적합하므로 정답은 (D) after이다.

어휘 note *v.* 주의하다, 언급하다

17. **직원 휴게실 청소를 담당하는 직원들은 그 구역을 하루에 세 번 점검해야 한다.**

해설 「be responsible for」는 '~할 책임이 있다'는 의미의 관용 표현이므로 (C) for가 정답이다.

어휘 staff lounge 직원 휴게실

18. **새 보안 업데이트를 설치하기 전에 중요한 모든 파일들을 저장해주세요.**

해설 '보안 업데이트를 설치하기 전에 파일들을 저장하라'는 의미가 적절하므로 '~전에'라는 뜻의 전치사 (A) before가 정답이다.

어휘 save *v.* 저장하다 I install *v.* 설치하다 I security update 보안 업데이트

19. **지난 3개월 동안 Pullmans 아카데미가 보유한 학생 수는 급격히 늘어났다.**

해설 보기에 모두 전치사가 나왔다. 문맥상 during '~동안에'라는 의미가 가장 적합하며, during 다음에 the past three months라는 기간이 나오는 것이 적합하므로 정답은 (D) During이다.

어휘 the number of ~의 수 I dramatically *adv.* 극적으로

20. **고장 난 급수 파이프 때문에, Blues 식당은 추후 공지가 있을 때까지 문을 닫을 것이다.**

해설 「until further notice」는 '추후 공지가 있을 때까지'라는 의미의 관용 표현이므로 (D) until이 정답이다.

어휘 due to ~때문에 I broken *adj.* 고장 난 I close *v.* 폐쇄하다

UNIT 07+. PART 7 문자 대화문과 화자 의도

Practice

1. (C) 2. (B) 3. (D) 4. (A) 5. (B)
6. (C)

[1-2] 다음 문자 대화문에 관한 문제입니다.

Betty Carter
안녕하세요, Javier. Ms. Rah가 덴버로 가는 비행기를 놓쳤다고 해요. 1 이용 가능한 다음 비행기를 예약해줄 수 있으신가요? 오후 4:11

Javier Perez
오후 4:12 1 물론이죠.

Betty Carter
알겠어요. 비행편 찾으시면 메시지를 보내주세요. 오후 4:13

Javier Perez
오후 4:21 좋아요, 다 됐어요. 5시 45분 비행기로 예약했어요.

Betty Carter
잘 됐네요! 2 그러면 여전히 첫 촬영에 시간 맞춰 도착할 수 있겠어요. 그 분에게 직접 이메일로 전자 항공권을 보내주세요. 제가 그녀에게 그걸 공항 인터넷 카페에서 프린트 하라고 일러둘게요. 오후 4:22

Javier Perez
오후 4:23 알겠어요.

Betty Carter
잘됐어요. 고마워요. 오후 4:24

1. 4시 12분에, Mr. Perez가 "물론이죠."라고 쓴 것은 무슨 의미인가?
(A) 고객을 환영할 것이다.
(B) 회의 일정을 다시 잡을 것이다.
(C) 예약을 할 것이다.
(D) 티켓을 출력할 것이다.

해설 바로 앞 문장에서 Can you book her on the next available flight?이라는 부탁이 있었으므로 Of course.라는 대답은 요청한 업무를 수락한다는 의미이다. 따라서 정답은 (C) He will make a reservation.이다.

2. Ms. Rah는 어떤 종류의 업체에서 일하겠는가?
(A) 소프트웨어 회사
(B) 제작 스튜디오
(C) 레스토랑
(D) 항공사

해설 filming session이라는 키워드를 통해 직업을 유추할 수 있다. 촬영을 수반하는 업무를 맡은 사람이므로 (B) A production studio에서 근무한다고 유추하는 것이 적절하다.

[3-6] 다음 온라인 채팅 대화문에 관한 문제입니다.

Chapman, Carol [오후 2시 43분]
우리는 3 협상하다가 지금 잠시 쉬는 시간이에요. 6 저는 15분 후에 회의실로 다시 돌아가야 해요.

Lucas, Brian [오후 2시 45분]
3 다 잘 되어가고 있나요? 우리가 Flint 제조사와 좋은 조건에 계약을 할 수 있을 것 같나요?

Chapman, Carol [오후 2시 46분]
아직 거기까지는 얘기를 못 했어요. 여전히 논의해야 할 것들이 몇 가지 있기는 하지만, 제가 보기에는 현재 꽤 낙관적이에요.

Atwell, Lucy [오후 2시 48분]
4 그들이 제품 생산을 언제 시작할 수 있는지 얘기해 보셨나요? Winters 사는 1주일 내로 꽤 저렴한 가격에 제조를 시작할 수 있다고 하던대요.

Chapman, Carol [오후 2시 50분]
4 Flint가 가격을 조정해주려고 하지 않으면, Winters 사와 거래하는 걸 고려해야 할 수도 있어요.

Lucas, Brian [오후 2시 52분]
당신이 점심에 요청했던 그 서류들을 여전히 원하나요? 제가 Judy와 이야기해 봤는데, 그녀가 거의 다 준비되었다고 했어요.

Chapman, Carol [오후 2시 55분]
사실, 가능하면 빨리 그 서류들이 필요해요. 그것들이 다 되면, 여기 회의실로 가져다 주세요. 그냥 문을 노크하시고 들어오시면 됩니다.

Atwell, Lucy [오후 2시 56분]
5 제가 가져갈게요, Brian. 전달할 다른 파일들도 있으니 준비가 되면 저에게 그것들을 주세요.

Lucas, Brian [오후 2시 57분]
5 물론이죠. 제가 당신의 사무실에 곧 들르도록 할게요.

Chapman, Carol [오후 2시 59분]
네, 6 저는 이제 회의실로 돌아가야 해요. 모두들 도와줘서 고마워요.

3. 대화는 주로 무엇에 대한 것인가?
(A) 프로젝트 마감기한
(B) 배송 상황
(C) 제조상의 문제점
(D) 일부 협상의 진척

해설 글의 주제를 묻는 문제이므로 지문의 앞부분에서 단서를 찾아본다. Chapman이 협상 도중 휴식을 취하고 있다고 말하자 Lucas가 어떻게 진행되고 있는지 경과를 묻고 있으므로 정답은 (D) The progress of some negotiations이다.

4. Winters 사에 대해서 암시된 것은 무엇인가?
(A) Flint 제조사의 경쟁사이다.
(B) 제품 생산을 이미 시작했다.
(C) Chapman의 회사와 계약에 서명할 것이다.
(D) 업체를 인수할 계획이다.

해설 키워드인 Winters 사가 언급된 부분과 선택지를 대조해가며 소거한다. (B) 1주일 내로 제조를 시작할 수 있다고 약속했으므로 아직 시작한 것은 아니다. (C) Chapma의 회사와 계약할 회사는 Flint 제조사다. (D)는 언급이 없었다. '우리는 Flint 제조사와 계약을 해야 하는데, 그들이 제품을 얼마나 빠르게 만들 수 있는지' 물으면서, 'Winters 사는 꽤 저렴한 가격에 1주일 내 제조에 들어갈 수 있다'고 하면서 두 회사의 조건을 서로 비교하고 있다. Flint가 가격을 조정해주려고 하지 않으면 winters 사와 거래해야 한다고 하기 때문에 winters 사는 Flint 사의 경쟁사임을 알 수 있다. 따라서 정답은 (A) It is a competitor of Flint Manufacturing.이다.

5. 오후 2시 57분에 Mr. Lucas가 "물론이죠."라고 쓴 것은 무슨 의미인가?
(A) Winters 사와 협상할 것이다
(B) 몇몇 서류들을 전달할 것이다
(C) 파일 몇 개를 인쇄할 것이다
(D) 점심 예약을 할 것이다

해설 화자의 의도를 물어보는 문제는 앞뒤 관계를 잘 살펴야 한다. 특히, 온라인 채팅은 3명 이상이 대화를 하므로 앞뒤 관계를 더욱 더 잘 살피는 것이 중요하다. Lucas가 Chapman에게 회의실로 가져다 주려고 서류를 준비 중인데, Atwell이 어차피 자신도 전달할 파일들이 있으니 Lucas에게 서류가 준비되면 자신에게 가져다 달라고 한다. 따라서 Lucas가 Chapman에게 직접 가져다 주는 것이 아니고 Atwell에게 주겠다는 의미이다. 따라서 정답은 (B) He will deliver some documents. 이다.

6. Ms. Chapman은 다음에 무엇을 하겠는가?
(A) 몇몇 서류들을 복사한다.
(B) Ms. Atwell의 사무실을 방문한다.
(C) 회의실로 들어간다.
(D) Winters 사와 접촉한다.

해설 마지막 줄에서 그가 회의실로 돌아갈 것임을 알 수 있다. 따라서 정답은 (C) Enter a conference room.이다.

UNIT 08. 접속사(부사절·등위·상관접속사)

+ check 1. (C) 2. (A) 3. (B) 4. (A)

1. 그 회사의 CEO가 계약 조건을 만족스럽게 제시하지 않으면, 이사진은 Skycross 항공과의 합병을 승인하지 않을 것이다.

해설 빈칸 앞에도 문장이고, 빈칸 뒤에도 문장이다. 문장과 문장을 연결할 수 있는 접속사가 빈칸에 들어가야 한다. 보기에 나온 것들은 모두 접속사이기 때문에 해석을 해봐야 하는데, 만족스러운 조건을 제시하지 '않으면' 승인하지 않을 것이라는 문맥이므로 정답은 (C) unless이다.

어휘 merger *n.* 합병 | contract terms 계약 조건

2. 쇼핑객들은 물건을 새로 구매할 때 쿠폰을 받을 것이다.

해설 빈칸을 기준으로 앞에도 문장이고, 빈칸 뒤에도 문장이다. 따라서 빈칸은 절과 절을 이어줄 수 있는 접속사가 필요한 자리이다. 보기 중 접속사는 when뿐이므로 정답은 (A) when이다.

어휘 coupon *n.* 쿠폰, 할인권 | make a purchase 구매하다

3. 직원들 일부가 학회 참석차 자리를 비우기 때문에 이번 주 부서 회의는 연기될 것이다.

해설 빈칸을 기준으로 앞에도 문장이고, 빈칸 뒤에도 문장이다. 따라서 빈칸은 두 개의 문장을 이어줄 수 있는 (부사절) 접속사가 필요한 자리이다. 보기를 살펴보면, (A) 명사절 접속사(~인지 아닌지) (B) 부사절 접속사(~ 때문에) (C) 접속부사(그러므로) (D) 접속부사(게다가)이므로 해석할 필요 없이 정답은 (B) because이다.

어휘 postpone *v.* 연기하다 | be away 떠나다

4. Mr. Watts는 대리들이 6월의 연수회와 7월의 워크숍 둘 다 참가해야 한다고 제안한다.

해설 상관접속사 문제이다. 「both A and B: A, B 둘 다」의 구조를 취하므로 정답은 (A) both이다.

어휘 suggest *v.* 제안하다 | assistant manager 대리 | participate in ~에 참가하다

Practice

1. (C)	2. (D)	3. (B)	4. (A)	5. (D)
6. (A)	7. (D)	8. (D)	9. (A)	10. (A)
11. (B)	12. (D)	13. (A)	14. (B)	15. (B)
16. (C)	17. (A)	18. (A)	19. (C)	20. (C)

기본 완성 훈련

1. In addition to free delivery, the company offers discounts on large orders.
2. Prior to joining our company, Ms. Patel worked for a competing firm.
3. The internet helps companies connect with customers as well as make new business contacts.
4. Employees may join the workshop as long as they sign up in advance.
5. The new store is so popular that it had to hire additional staff.

6. The heating system will be upgraded due to its poor energy efficiency.
7. We will not disclose our customers' information without their consent.
8. Staff will not be eligible for a bonus unless they meet or exceed their sales quotas.
9. Since RZAI, Inc. has done so well in Los Angeles, it will open a branch in Seoul.
10. The client database system was updated so that employees could find information more quickly.

1. Halmont는 인기 있는 관광지이며, 외국인 투자를 환영합니다.

해설 문장이 두 개 나와 있으므로 빈칸은 두 개의 문장을 연결할 수 있는 접속사 자리이다. (A)와 (B)는 전치사이고, (C)와 (D)가 접속사인데, 문맥상 '그리고'라는 의미가 적합하므로 (C) and이다.

어휘 popular *adj.* 인기 있는 | tourist destination 관광지

2. 무료 배달 서비스 이외에도, 그 회사는 대량 주문에 대한 할인도 제공한다.

해설 빈칸 뒤에 명사가 있으므로 빈칸에는 전치사가 와야 한다. (B)와 (D) 중 문맥상 (D) In addition to가 정답이다.

어휘 offer *v.* 제공하다, 제안하다 | discount *n.* 할인

3. Ms. Patel은 우리 회사에 합류하기 전에 경쟁사에서 근무했다.

해설 구조상 네 개의 보기가 모두 빈칸에 들어갈 수 있지만 문맥상 '이전에, 앞서'라는 의미의 (B) Prior to가 정답이다.

어휘 competing firm 경쟁사

4. 구내식당은 개조 작업을 진행하는 동안 폐쇄될 것입니다.

해설 빈칸 뒤에 「주어 + 동사」의 구조가 있으므로 접속사인 (A) while이 정답이다. 나머지는 모두 전치사이기 때문에 정답이 될 수 없다.

어휘 undergo *v.* 겪다 | renovation *n.* 개수, 정비

5. 직원들은 6시까지만 근무하도록 규정되어 있었음에도 불구하고 많은 이들이 자주 초과 근무를 했다.

해설 (A)와 (C)는 전치사이기 때문에 「주어 + 동사」 앞에 사용할 수 없다. (B) So as to는 뒤에 동사원형이 와야 한다. 빈칸 뒤의 구조상 접속사인 (D) Even though가 정답이다.

어휘 employee *n.* 직원 | require *v.* 요구하다

6. 인터넷은 기업들이 새로운 비즈니스 인맥을 형성하는 것뿐만 아니라 고객들과 소통하는 것에도 도움을 준다.

해설 「A as well as B」는 'B뿐만 아니라 A도 역시'라는 의미로 A와 B가 대등하게 와야 한다. 문장에서 A와 B가 전치사구로 대등하게 왔으므로 정답은 (A) as well as이다.

어휘 business contact 사업상 도움이 될 인맥

7. 재활용 정책은 지출을 감소시킬 수 있기 때문에 승인될 것이다.

해설 빈칸은 두 개의 문장을 연결할 수 있는 접속사 자리이다. (A)는 전치사이고 (B)는 접속부사이다. 접속사인 (C)와 (D)가 가능한데, 문맥상 '~ 때문에'라는 의미가 적합하므로 정답은 (D) because이다.

어휘 recycling *n.* 재활용 | decrease *v.* 감소하다, 감소시키다 | expense *n.* 지출

8. 직원들은 사전에 등록하기만 하면 워크숍에 참가할 수 있다.

해설 빈칸은 두 개의 문장을 연결할 수 있는 접속사 자리이다. (A)는 전치사이고 (B) so as to 다음에는 동사원형이 와야 한다. 접속사인 (C)와 (D)가 가능한데, 문맥상 '~하기만 하면'이라는 (D) as long as가 정답이다.

어휘 sign up ~에 등록하다 | in advance 미리

9. 새 상점은 인기가 너무 좋아서 추가 직원을 고용해야 했다.

해설 「so 형용사/부사 that 주어 + 동사」는 '너무 ~해서 ~하다'라는 의미로 정답은 (A) so이다.

어휘 additional *adj.* 추가적인

10. 그 난방 시스템은 낮은 에너지 효율성 때문에 업그레이드될 것이다.

해설 빈칸 다음에 명사가 왔으므로 빈칸에는 전치사가 들어갈 수 있다. (A)와 (C)는 전치사, (B)는 접속부사, (D)는 접속사이다. 문맥상 '~ 이래로'가 아니고 '~때문에'가 적합하므로 정답은 (A) due to이다. since가 전치사로 쓰일 때는 '~때문에'라는 뜻이 아니라 '~이래로'라는 뜻으로 쓰인다는 점에 유의한다.

어휘 heating system 난방 시스템 | poor *adj.* (질적으로) 좋지 못한, 형편없는 | efficiency *n.* 효율, 능률

11. 텔레비전 광고 두 편을 제작하기 위해 예산이 수정되었다.

해설 빈칸 다음에 동사원형이 왔다. (A)는 접속사이므로 뒤에 주어와 동사가 와야 하고, (C)는 전치사이므로 뒤에 명사가 와야 하고, (D)는 접속부사이다. 「in order to + 동사원형」은 '~하기 위해서'라는 의미로 정답은 (B) in order to이다.

어휘 advertisement *n.* 광고

12. 우리는 고객들의 동의 없이는 고객들의 정보를 공개하지 않을 것이다.

해설 빈칸 다음에 명사가 나왔으므로 빈칸에는 전치사가 올 수 있다. (A), (B), (C)는 모두 접속사이므로 유일한 전치사인 (D) without가 정답이다.

어휘 disclose *v.* 공개하다 | consent *n.* 동의 *v.* 동의하다

13. 대회 우승자들은 상점 상품권이나 현금 중 하나를 받는 것을 선택할 수 있다.

해설 빈칸 뒤에 「A (a store gift certificate) or B (cash)」 구조가 연결되어 있으므로 상관접속사 「either A or B」 'A, B 둘 중 하나'를 떠올릴 수 있어야 한다. 따라서 정답은 (A) either이다.

어휘 contest *n.* 대회 | gift certificate 상품권 | cash *n.* 현금

14. 직원들이 판매 할당량을 충족 및 초과 달성하지 못한다면, 보너스의 자격이 주어지지 않을 것이다.

해설 빈칸은 두 개의 문장을 연결할 수 있는 접속사 자리이다. (A)와 (C)는 접속부사이고, (D)는 전치사이다. 유일한 접속사인 (B) unless가 정답이다.

어휘 be eligible for ~에 자격이 있는 I exceed *v.* 초과하다 I quota *n.* 할당량

15. RZAI 사는 로스앤젤레스에서 너무 잘 해왔기 때문에 서울에 지점을 열 것이다.

해설 빈칸은 두 개의 문장을 연결할 수 있는 접속사 자리로 (A)와 (B)가 가능하다. 문맥상 '~때문에'가 적합하므로 정답은 (B) Since이다.

어휘 branch *n.* 분점, 지사

16. 소설의 성공 이후에, Kylie Chung은 이제 영화 각본도 집필했다.

해설 빈칸 다음에 명사가 나왔으므로 빈칸에는 전치사가 들어갈 수 있다. (A)와 (B)는 접속사이고, (D)는 부사이다. following은 바로 뒤에 명사가 오는 경우 전치사로 쓰이므로 정답은 (C) Following이다.

어휘 success *n.* 성공 I script *n.* 대본

17. 수리에 청구된 금액이 정확하지 않아서 새 송장을 첨부해드렸습니다.

해설 빈칸은 두 개의 문장을 연결할 수 있는 접속사 자리이다. (B)를 제외하고는 모두 접속사이다. 문맥상 '그리고'라는 의미로 연결하는 것이 가장 자연스러우므로 정답은 (A) and이다.

어휘 charge *v.* 청구하다 I repair *v.* 수리하다 *n.* 수리 I attach *v.* 첨부하다 I invoice *n.* 송장, 청구서

18. 이 여행 가방 브랜드는 가벼우면서 내구성도 좋은 것으로 알려져 있다.

해설 상관접속사 중 and와 짝을 이루는 것은 both이므로 (A) both가 정답이다.

어휘 luggage *n.* 짐가방 I lightweight *adj.* 가벼운 I durable *adj.* 내구성이 있는, 튼튼한

19. 직원들이 정보를 더 빨리 찾을 수 있도록 고객 데이터베이스 시스템이 업데이트되었다.

해설 빈칸 앞뒤로 주어, 동사를 갖춘 절이 연결되어 있어, 빈칸에는 두 절을 이어줄 수 있는 부사절 접속사가 들어가야 할 자리이므로 전치사 (A), (D)는 정답에서 제외시킨다. 직원들이 정보를 더 빨리 찾을 수 있도록 하기 위해 시스템이 업데이트되었다는 의미가 적절하므로 목적을 나타내는 접속사 (C) so that이 정답이다.

어휘 client *n.* 고객 I because of ~때문에 I whereas *conj.* ~와는 대조적으로 I so that ~하도록 I in spite of ~에도 불구하고

20. 모든 직원들은 작년에 참석했다고 하더라도, 다음 주 안전 교육 세션에 참석해야 한다.

해설 빈칸 앞뒤로 주어, 동사를 갖춘 절이 연결되어 있어, 빈칸에는 두 절을 이어줄 수 있는 부사절 접속사가 들어가야 할 자리이므로 전치사 (A), (B), (D)를 해석 없이 소거시킬 수 있다. 따라서 정답은 (C) even if이다.

어휘 participate in ~에 참여하다 I between *prep.* ~사이에 I despite *prep.* ~에도 불구하고 I even if 설령 ~라 해도 I during *prep.* ~동안에

UNIT 08+. PART 7 편지·이메일

Practice

1. (B) 2. (D) 3. (A) 4. (C) 5. (B)

[1-2] 다음 이메일에 관한 문제입니다.

수신: Jinsoo Park
발신: Hemo 고객 서비스
제목: 접근 거부
날짜: 6월 1일

1 귀하께서는 온라인에서 귀하의 계좌에 틀린 비밀번호로 5번 로그인을 시도한 기록이 있습니다. 그 결과, 귀하께서는 현재 계좌에 접근할 수 없습니다. 새로운 사용자 계좌를 만들지 마세요. **2** 귀하가 온라인으로 돈을 지불할 때 문제를 일으킬 수도 있습니다. 귀하의 비밀번호를 확인하고 계좌를 복구하려면 아래에 있는 링크를 이용하세요.

http://www.hemo.com/passwordrequest12

안전상의 이유로, 귀하께서는 **2** 최근 예금과 인출에 관한 질문에 정확하게 응답하셔야 합니다. 이후 귀하의 계정은 완전히 복구될 것입니다.

만약 추가적인 도움을 원하시면, 031-555-5584번으로 전화를 주세요.

Hemo 고객 서비스

1. Mr. Park에 대해 암시되는 것은 무엇인가?
(A) 모바일 장치로 웹사이트에 접근했다.
(B) 그의 비밀번호를 잊어버렸다.
(C) 그의 배우자를 예금주로 추가했다.
(D) 한 개 이상의 계좌를 만들었다.

해설 글의 주제나 목적은 지문의 앞부분이나 맨 마지막 부분에 나온다. 이 이메일에서는 앞부분에 나와 있다. '올바르지 않은 비밀번호로 인해서, 계좌에 접근할 수 없다'라는 말이 나와 있으므로 정답은 (B) He forgot his password.이다.

2. Hemo는 어떤 종류의 회사인가?
(A) 웹사이트 개발업체
(B) 인터넷 서비스 제공업체
(C) 온라인 쇼핑몰
(D) 금융 기관

해설 키워드 Hemo는 지문에서 이메일을 보낸 발신 회사이다. 계좌, 비밀번호, 인출, 예금 등 인터넷 뱅킹과 관련된 단어들이 나오고 있으므로 정답은 (D) A financial institution이다.

[3-5] 다음 이메일에 관한 문제입니다.

수신: Orninong Masapawanan <omasap@nish.co.ca>
발신: Raul Rodriguez <rrodriguez@nish.co.ca>
제목: 정보 업데이트
일자: 5월 8일

Orninong에게,

3 NISH에 오신 것을 환영합니다! 당신이 5월 15일부터 일하게 될 것이라고 알고 있습니다. 당신이 잘 적응할 것이라고 확신합니다. 또한 당신이 몬트리올 사무소에서 즐겁게 일할 것이라고 믿습니다. 우리 직원들 대부분이 그곳에서 근무를 시작하므로, 그 사무실의 모든 사람들이 새로운 동료를 도운 경험이 있습니다.

음, 당신의 첫 번째 출장이 곧 있을 것임을 알려드리고 싶었습니다. 4 5월 20일 토론토에서 참가해야 할 행사가 있습니다. 하지만, 저희는 준비를 위해 하루 일찍 도착할 것입니다. 우리는 검안 세미나 및 쇼에서 우리 제품들을 소개할 것입니다. 당신이 우리 제품에 대해 누구와 이야기할 필요는 없지만, 이러한 행사에 참석하는 것은 큰 경험이 될 것입니다. 그저 다른 직원들을 지원해주고, 전시 조립 및 해체를 도와주면 됩니다. 5 우리 제품군에 익숙해지려면 시간이 걸릴 것임을 알고 있으므로, 아마 다음 7월 행사 때 당신이 잠재 고객들과 이야기를 하도록 할 것 같습니다.

Raul 드림

3. 이 이메일의 목적은 무엇인가?
(A) 새로 온 동료를 맞이하기 위해
(B) 예약을 확인하기 위해
(C) 연설을 위한 주제 몇 개를 제안하기 위해
(D) 인터뷰를 위한 방문 일정을 정하기 위해

해설 이메일의 첫 단락에서 오신 걸 환영한다는 인사로 시작하고 있으며, 차후 출장 일정 안내와 이메일의 세 번째 단락에서 Most of our employees라며 발신인과 수신인을 우리라고 표현하며 업무적인 이야기를 나누고 있으므로 둘의 관계는 동료임을 알 수 있다. 따라서 정답은 (A) To greet a new colleague이다.

4. Ms. Masapawanan는 언제 토론토에 도착할 것 같은가?
(A) 5월 14일
(B) 5월 15일
(C) 5월 19일
(D) 5월 21일

해설 이메일의 두 번째 단락에서 '5월 20일 토론토에서 참가해야 할 행사가 있습니다. 하지만, 저희는 준비를 위해 하루 일찍 도착할 것입니다.'라는 내용이 나오므로, 행사 전날인 5월 19일에 도착할 것임을 알 수 있다. 따라서 정답은 (C) On May 19이다.

5. Ms. Masapawanan이 토론토에서 하지 않을 것은 무엇인가?
(A) 검안 워크숍에 참석한다
(B) 고객들과 제품에 대해 이야기한다
(C) 전시 작업을 한다
(D) 동료들을 도와준다

해설 이메일의 세 번째 단락에서 '우리 제품군에 익숙해지려면 시간이 걸릴 것임을 알고 있으므로, 아마 다음 7월 행사 때 당신이 잠재 고객들과 이야기를 하도록 할 것 같습니다.'라는 내용이 나오므로, Ms. Masapawanan이 이번 토론토 행사에서는 고객들과 제품에 대해 이야기하지 않을 것임을 알 수 있다. 따라서 정답은 (B) Discuss products with clients이다.

UNIT 09. to부정사

+ check 1. (A) 2. (C) 3. (A) 4. (A)

1. **Dytex 사는 모든 매니저들이 분기별 워크숍에 참석하는 것을 필수 요건으로 두고 있다.**

해설 문맥상 의미상의 주어는 all managers이다. 따라서 의미상의 주어를 쓸 때는 전치사 for가 앞에 위치하므로 정답은 (A) for이다. '매니저들이 워크숍에 참석하는 것이 필수 요건이다.'에서 '참석하는 것'은 문법상의 주어이고, '매니저들'은 의미상의 주어이다.

어휘 requirement *n.* 필수 요건 | attend *v.* 참석하다 | quarterly *adj.* 분기의

2. **기념일 축하를 위한 가장 인기 있는 방법 중 하나는 야유회를 가는 것이다.**

해설 이 문장의 주어는 one이고 동사는 is이다. 따라서 그 사이에 있는 부분은 모두 수식어구이다. way라는 명사는 항상 to부정사의 수식을 받는 명사이므로 정답은 (C) to celebrate이다.

어휘 anniversary *n.* 기념일 | picnic *n.* 야유회, 소풍

3. **우리는 가까운 시일 내에 당신으로부터 소식 듣기를 바랍니다.**

해설 빈칸 앞에 동사 hear가 있기 때문에 동사 (B) hear와 (D) heard는 답이 될 수 없고, 빈칸 앞의 hope의 목적어가 와야 할 자리인데 hope는 목적어로 to부정사를 취하는 동사이다. 다라서 정답은 (A) to hear이다.

어휘 hope *v.* 바라다 | in the near future 가까운 시일 내에

4. **Emerson은 자사의 모든 직원들이 정직과 공정성을 가지고 거래에 임할 것을 기대한다.**

해설 expect라는 동사는 5형식 동사로 목적격 보어 자리에 to부정사를 취한다. 빈칸은 목적격 보어 자리이므로 정답은 (A) to conduct이다.

어휘 expect A to B A가 B할 것을 기대하다 | dealing *n.* 거래 (행위) | honesty *n.* 정직성, 솔직함 | fairness *n.* 공정성

Practice

1. (A)	2. (D)	3. (A)	4. (B)	5. (B)
6. (A)	7. (C)	8. (D)	9. (C)	10. (C)
11. (A)	12. (D)	13. (A)	14. (A)	15. (A)
16. (A)	17. (A)	18. (D)	19. (A)	20. (B)

기본 완성 훈련

1. Because the weather is unusually cold, Matton Hotels are currently offering discount coupons to attract customers.
2. Due to the low sales figures, we made a decision to discontinue the Bluestone Bicycle line.
3. The Human Resources Department asked employees to submit ideas to improve workplace performance.
4. The President of JBK Company has decided to offer university students internships this summer.
5. The employees are happy to discuss ways to improve customer services.
6. The company is committed to increasing its domestic sales.
7. Requirements for the editor position include a journalism degree.
8. The restaurant is planning a special menu to celebrate its fifth anniversary.
9. To get to the Roseblossom Café, use the elevator on the south side of the lobby.
10. The city council organized the town hall meeting to be held on May 20.

1. **날씨가 이례적으로 춥기 때문에 Matton 호텔들은 고객들을 끌어들이기 위해 현재 할인 쿠폰을 제공하고 있다.**

해설 주절에는 이미 3형식의 완전한 문장이 왔으므로, 빈칸은 필요 없는 수식어구이다. 문장 맨 마지막에 오는 수식어구는 보통 부사이다. to부정사는 '~하기 위해서'라는 의미로 부사 기능을 하므로 정답은 (A) to attract이다.

어휘 weather *n.* 날씨 | unusually *adv.* 이례적으로 | attract *v.* 끌어들이다

2. **낮은 매출액 때문에 우리는 Bluestone 자전거 제품군을 단종 시키기로 결정했다.**

해설 주절은 3형식 문장으로 완전하므로 빈칸은 필요 없는 수식어구이다. decision이라는 명사는 to부정사의 수식을 받는 어휘이므로 정답은 (D) to discontinue이다.

어휘 low *adj.* 낮은 | sales figures 매출액

3. **인사부는 직원들에게 업무 성과를 향상시키기 위한 아이디어를 제출하라고 요청했다.**

해설 ask는 5형식 동사로 목적격 보어 자리에 to부정사가 들어간다. 목적어는 employees이고 빈칸이 목적격 보어 자리이므로 정답은 (A) to submit이다.

어휘 human resources department 인사부 | submit *v.* 제출하다

4. **JBK 회사의 사장은 올 여름 대학생들에게 인턴직을 제공하기로 결정했다.**

해설 빈칸은 동사 자리이다. (A)는 명사이고, to부정사와 -ing 형태는 동사가 될 수 없으니 정답은 (B) has decided이다.

어휘 internship *n.* 인턴직, 인턴사원 근무 (기간)

5. **직원들은 고객 서비스를 향상시키기 위한 방법에 관해 토론하게 되어 기쁘다.**

해설 이미 2형식의 완전한 문장이므로 빈칸부터는 수식어구가 와야 하며, 문맥상 그 수식어구는 happy라는 형용사를 꾸며야 한다. 보기 중에 형용사를 꾸미는 부사 기능을 할 수 있는 것은 to부정사 밖에 없으므로 정답은 (B) to discuss이다.

어휘 way *n.* 방법, 방식 | discuss *v.* 토론하다

6. **그 회사는 국내 판매를 증진시키는 것에 전념한다.**

해설 「be committed to」에서 to는 to부정사가 아닌 전치사 to이다. 따라서 to 다음에는 동사원형이 아니라, 명사나 동명사가 나와야 한다. 이 문장에서는 빈칸 뒤에 명사가 나오므로 빈칸에는 동명사가 와야 한다. 빈칸 뒤에 나오는 명사는 동명사의 목적어라 할 수 있다. 따라서 정답은 (A) increasing이다.

어휘 commit *v.* 헌신하다, 전념하다 | domestic *adj.* 국내의

7. **편집자 자리를 위한 요건들에는 저널리즘 학위를 포함한다.**

해설 빈칸은 주어 자리이므로 명사가 와야 한다. 보기에서 명사 역할을 할 수 있는 것은 (A), (B), (C)이지만 동명사 Requiring과 to부정사 To require는 동사의 성질을 가지기 때문에 목적어가 따라와야 하므로 정답은 (C) Requirements이다.

어휘 requirement *n.* 요건, 요구 | editor *n.* 편집자 | position *n.* 자리, 직책 | journalism *n.* 저널리즘, 언론계 | degree *n.* 학위

8. **Okoms Global 은행은 외국어를 배우는 것에 강한 흥미가 있는 직원들을 고용하길 원한다.**

해설 빈칸은 전치사 다음에 있다. 전치사 다음에는 명사나 동명사가 올 수 있고, to부정사는 올 수 없다. 따라서 (A)는 탈락이고, 동사인 (B)와 (C)도 탈락이다. 따라서 정답은 (D) learning이다.

어휘 interest *n.* 관심, 흥미 | learn *v.* 배우다

PART 5·6·7 UNIT 09

9. 무더위는 월말까지 계속될 것으로 보인다.

해설 「be likely + to부정사」이므로 정답은 (C) to last이다.

어휘 heat wave 무더위, 장기간의 혹서 | likely *adj.* ~할 것 같은 | through *prep.* ~동안, 쭉 내내

10. 이 자리에 지원하기 위해, 회사 웹사이트를 방문하세요.

해설 「------- + 전명구, 명령문」구조이므로 빈칸은 부사구를 이끌어야 하므로 부사적으로 쓰일 수 있는 to부정사 (C) To apply 가 정답이다.

어휘 apply for ~에 지원하다

11. 경매에서 팔릴 모든 물건들은 사전에 조사되어야 한다.

해설 주어 All items와 동사 must be inspected 사이에 수식어구가 필요한 자리이다. 주어와 동사 사이에 오는 수식어구는 보통 주어(명사)를 수식하므로 형용사 기능을 하는 것이 와야 한다. (B)와 (C)는 동사이므로 탈락이고, to부정사는 형용사 기능을 하므로 가능하다. 이 문장에서 sell의 목적어가 없으므로 to부정사를 수동태 형태로 써야 하기 때문에 정답은 (A) to be sold이다.

어휘 sell *v.* 팔다 | beforehand *adv.* 미리, 사전에

12. 소유주들은 더 많은 고객을 끌어들이기 위해 식당을 개조하려고 계획하고 있다.

해설 빈칸에는 동사 plan의 목적어가 필요한데, 동명사를 목적어로 취하지 않기 때문에 (A)는 정답이 될 수 없고, 과거분사 (B)는 빈칸 뒤에 목적어 the restaurant가 있기 때문에 사용할 수 없다. plan은 to 부정사를 목적어로 사용하는데, 빈칸 뒤에 목적어가 있기 때문에 능동태인 (D) to remodel이 정답이다.

어휘 attract *v.* 끌어들이다 | remodel *v.* 개조하다

13. 구독을 갱신하기 위해서는 온라인 설문조사를 먼저 작성해야 한다.

해설 「in order to + 동사원형」이므로 정답은 (A) renew이다.

어휘 subscription *n.* 구독 | renew *v.* 갱신하다

14. 인사부는 IT 분야에서 경력이 있는 직원들을 더 고용하고자 한다.

해설 hope은 to부정사만을 목적어로 취하는 동사이므로 정답은 (A) to hire이다.

어휘 hope *v.* 희망하다 | hire *v.* 고용하다

15. 그 레스토랑은 5주년을 기념하기 위해 특별 메뉴를 계획하고 있다.

해설 이미 3형식의 완전한 문장이므로 빈칸부터는 수식어구가 나와야 한다. (A)의 to부정사는 수식어구 기능을 한다. (D)의 전치사구 역시 수식어구 기능을 하지만 빈칸 뒤에 명사, 즉 to부정사의 목적어가 있으므로 정답은 (A) to celebrate이다. 여기서 to부정사는 '~하기 위해서'라는 의미의 부사 역할로 쓰였다.

어휘 celebrate *v.* 기념하다, 축하하다 | anniversary *n.* 기념일

16. Roseblossom 카페에 도착하기 위해서, 로비의 남쪽 끝에 있는 엘리베이터를 이용하세요.

해설 콤마 앞은 수식어구이고, 빈칸부터 문장이 시작되는데 동사가 없다. 따라서 빈칸에는 동사가 와야 하며, 동사부터 시작하는 문장은 명령문이다. 명령문은 동사원형으로 시작하므로 정답은 (A) use이다.

어휘 get to ~에 도착하다

17. 우리가 고객들로부터의 피드백을 주의 깊게 분석하는 것은 필수적이다.

해설 「It(가주어) ~ for 진주어 ~ to부정사」 구문으로 정답은 (A) for이다.

어휘 essential *adj.* 필수적인 | analyze *v.* 분석하다

18. Drytech 사의 회장인 Mr. Park은 3월에 은퇴할 의사를 발표했다.

해설 소유격 뒤의 빈칸이므로 명사가 들어가야 한다. 정답은 (D) intention이다.

어휘 announce *v.* 발표하다 | retire *v.* 은퇴하다 | intention *n.* 의사, 의도

19. 노동자들은 새 안전 기준에 더 익숙해질 필요가 있다.

해설 2형식 동사 become 뒤에는 보어 역할을 하는 형용사가 따라와야 한다. more는 부사이므로 빈칸에는 형용사가 와야 하므로 정답은 (A) familiar이다.

어휘 familiar *adj.* 익숙한 | safety standard 안전 기준

20. 시의회는 5월 20일에 개최되는 시청 회의를 준비했다.

해설 to hold일 경우 hold의 목적어가 나와야 하는데, 빈칸 뒤에 목적어가 없으므로 수동태를 써야 한다. be동사는 이미 있으므로 p.p. 형태인 (B) held가 정답이다.

어휘 organize *v.* 준비하다, 조직하다

UNIT 09+. PART 7 광고

Practice

1. (B) 2. (B) 3. (D) 4. (A) 5. (C)

[1-2] 다음 광고에 관한 문제입니다.

1 KJA National

멋진 휴가를 갈 준비가 되셨습니까? KJA National가 도와드리겠습니다!

1 여러분은 3월 8일에서 7월 27일까지 동행자 요금을 최대 150달러까지 절약할 수 있습니다.

- 미국 내 1 비행편에만 유효합니다.
- 한 명의 동행자 요금에만 적용됩니다.
- 2 2월 11일까지 예약해야만 합니다.

여러분의 차와 호텔도 예약하려면 www.kjanational.com을 방문하세요. 게다가, 막바지 할인 및 추후 모든 할인행사와 같은 유용한 정보를 받을 수 있도록 로열티 클럽에 가입하세요.

1. 무엇이 할인되고 있는가?
(A) 호텔 패키지
(B) 비행기 티켓
(C) 자동차 렌트
(D) 로열티 클럽의 연회비

해설 지문에서 키워드 discount가 언급된 부분을 확인해본다. '동행자 요금을 최대 150달러까지 절약할 수 있고 이는 미국 내 비행편에만 적용된다'고 했으므로 정답은 (B) Airplane tickets이다.

2. KJA에 관하여 알 수 있는 것은 무엇인가?
(A) 최근에 설립되었다.
(B) 미국 내에 사업 기반을 두고 있다.
(C) 휴가 기간에만 할인을 제공한다.
(D) 로열티 클럽을 막 도입했다.

해설 최근에 설립되었다는 말은 언급되지 않았으므로 (A)는 소거한다. 3월 8일부터 7월 27일까지 할인된다고 했지, 휴가 기간에만 할인을 제공한다는 것이 아니므로 (C)도 소거한다. 로열티 클럽에 대해 도입된 시기를 밝히지 않았으므로 (D)도 소거한다. 'Valid only for flights within USA'를 통해 미국 내에서만 항공 서비스를 제공한다는 것을 알 수 있으므로 정답은 (B) It is based in the USA.이다.

[3-5] 다음 광고에 관한 문제입니다.

Bagan 피트니스 레크리에이션 센터

3 Bagan 피트니스 레크리에이션 센터는 지난달에 개장했으며, Belmont County에 굉장한 새로운 운동 시설을 가져왔습니다. 큰 언덕 꼭대기에 위치한 이 8천 제곱피트의 센터는 모든 사람들을 위한 다양한 운동 선택권을 제공합니다. 올림픽 규모의 10레인 실내 수영장부터 4개의 실내 농구장까지, 이곳은 모든 운동시설을 갖추고 있습니다!

4 또한 Bagan 피트니스 레크리에이션 센터에는 보육·놀이센터가 있습니다. 그러므로 운동하러 방문한 부모님들은 어린 자녀들을 능숙하고 잘 보살피는 직원들에게 맡기실 수 있습니다. 그리고 아이들도 많은 운동을 할 것입니다! 놀이센터에는 아이들이 정말 좋아하는 볼풀이 있습니다. 또한 정글짐, 푹신한 암벽등반 인공벽, 장애물 코스가 있습니다.

Bagan 피트니스 레크리에이션 센터에 대한 전반적인 정보를 보시려면, 저희 웹사이트 www.bagancenter.com을 방문해 주십시오. 5 가격 정책이나 길 안내를 받으시려면, 저희 안내 데스크에 800-718-1000으로 연락 하십시오.

3. Bagan 피트니스 레크리에이션 센터에 관하여 언급된 것은 무엇인가?
(A) 곧 문을 열 것이다.
(B) 수영 강습을 제공한다.
(C) 운동 경기를 주최할 것이다.
(D) Belmont County에 위치해 있다.

해설 광고의 앞 부분에서 피트니스 레크리에이션 센터는 지난 달에 개장했으며, Belmont County에 굉장한 새로운 운동 시설을 가져왔다는 것을 알 수 있으므로 정답은 (D) It is located in Belmont County.이다.

4. Bagan 피트니스 레크리에이션 센터에서 무엇을 이용할 수 있는가?
(A) 보육
(B) 농구 강습
(C) 테니스 코트
(D) 무료 주차

해설 광고의 중간 부분에서 Bagan 피트니스 레크리에이션 센터는 보육/놀이센터가 있다고 했으므로 정답은 (A) Child care임을 알 수 있다.

5. 이 광고에 의하면, 요금에 관한 정보를 어떻게 받을 수 있는가?
(A) 웹사이트에 방문함으로써
(B) 임원에게 이메일을 보냄으로써
(C) 안내 데스크에 전화함으로써
(D) 소책자를 읽음으로써

해설 광고의 마지막 부분에서 가격 정책이나 길 안내를 받으려면, 안내 데스크에 800-718-1000으로 전화 달라고 했으므로 정답은 (C) By calling a front desk임을 알 수 있다.

UNIT 10. 동명사

+ check 1. (C) 2. (D) 3. (C) 4. (B)

1. 출장 요리 서비스를 예약하기 전에 당신의 행사 담당자에게 특별한 식사 요청 사항들을 알려 주세요.

해설 품사 어형 문제이다. 전치사 before 뒤에는 명사나 동명사가 올 수 있다. 그런데 복합 명사를 제외하고는 명사 두 개를 열거해서 쓸 수 없기 때문에 빈칸에 명사를 쓰면, 빈칸 뒤에도 명사가 있으므로 답이 될 수 없다. 즉, 빈칸에 동명사를 넣어서 a catering service를 동명사의 목적어(명사)로 봐야 한다. 따라서 정답은 (C) booking이다.

어휘 catering service 출장 요리 서비스, 음식 제공 서비스

2. 경비 부서는 Westland 호텔의 손님들과 직원들을 위한 안전 규칙과 지침을 마련하는 것을 책임진다.

해설 전치사 뒤에 명사(safety regulations)가 와 있으므로 빈칸에는 형용사도 가능하고, 전치사 뒤에 동명사를 넣어서 safety regulations를 동명사의 목적어로 볼 수도 있다. 그런데 문맥상 안전 규칙을 수립하는 것에 책임이 있다는 뜻이므로 정답은 동명사인 (D) establishing이다.

어휘 be responsible for ~을 책임지다 I safety regulation 안전 규칙 I guideline *n.* 지침

3. 당신이 바라던 책을 찾기 위해, 도서관에 새로 업데이트된 전자 데이터베이스 활용을 적극 권장합니다.

해설 recommend 뒤에는 목적어(명사)가 필요하다. 즉, 명사인 (A)와 명사 역할을 할 수 있는 (B), (C)가 가능한데, 명사 (A)를 넣으면 빈칸 뒤에 정관사를 낀 명사가 있어서 답이 될 수 없다. 복합명사를 제외하고는, 명사 두 개를 열거해서 쓸 수 없기 때문이다. to부정사와 동명사는 동사의 성질 때문에 목적어 the library's newly updated electronic database를 취할 수 있는데, (B)와 (C) 중에 서 recommend는 동명사만을 목적어로 취하는 특별한 동사이므로 정답은 (C) utilizing이다. 동명사를 목적어로 취하는 동사를 따로 암기해 두자.

어휘 desired *adj.* 바랐던, 희망했던 I recommend *v.* 권장하다

4. PS 컨설팅은 사람들이 직장에서 더 효과적으로 일할 수 있게 해주는 기술을 제공하는 데 전념하고 있다.

해설 be committed to에서 to는 전치사이다. 따라서 동명사 (B)나 명사 (C)를 취해야 한다. 그런데 빈칸 뒤에 명사가 또 있다는 것은 동명사의 목적어가 연결되어 있다는 의미이므로 정답은 (B) providing 이다.

어휘 be committed to -ing ~하는 데 전념하다

Practice

1. (B)	2. (A)	3. (D)	4. (B)	5. (A)
6. (C)	7. (A)	8. (B)	9. (A)	10. (A)
11. (C)	12. (D)	13. (C)	14. (C)	15. (A)
16. (B)	17. (C)	18. (C)	19. (C)	20. (D)

기본 완성 훈련

1. (Hiring additional engineers) for the project will be our first priority.
2. Lulpite Corporation discontinued (producing home appliances).
3. All the information about (interviewing applicants) is kept in the HR office.
4. The theater owner prevented the audience from (recording the performance).
5. By (updating the assembly line process), production numbers can be increased.
6. Bostex, Inc., a global consumer appliance supplier, works to meet the demand for steam irons.
7. After carefully (reviewing the seating chart), let me know what changes should be made.
8. A good way of (attracting customers) is to give them a money-back guarantee.
9. Customers will receive free movie tickets, for (participating in the survey).
10. The person in charge of (dealing with urgent requests) is Mr. Morales.

1. 공사 현장에 오는 방문자들은 안전모와 보안경을 써야 한다.

해설 빈칸은 주어 자리이므로 명사나 동명사가 들어가야 한다. 동명사는 동사의 성질 때문에 동명사의 목적어가 나와야 하는데 빈칸 뒤에는 아무것도 없으므로 '방문자들'을 뜻하는 (B) Visitors가 정답이다.

어휘 protective *adj.* 보호하는, 보호용의

2. 프로젝트를 맡을 추가적인 엔지니어들을 고용하는 것은 우리의 최우선 사항이 될 것이다.

해설 동사 will be가 있으므로 동사 (B)와 (C)는 탈락이다. (D)는 과거 동사일 경우에는 탈락이고, 과거분사 형용사가 되는 경우에도 빈칸에 형용사가 들어가면 결국 주어는 engineers로 복수이다. 그러면 보어가 단수 명사 our first priority이므로 탈락이다. 동명사가 주어가 되는 것이 적절하므로 (A) Hiring이 정답이다. 여기서 additional engineers는 동명사의 목적어이다.

어휘 additional *adj.* 추가적인 I priority *n.* 우선 사항

3. 이 공고는 운전자들에게 주차 건물에서 너무 큰 차량들에 대한 규제를 알리기 위해 의도된 것이다.

해설 inform은 「inform + 사람 of 사물: ~에게 ...을 알리다」의 구조를 취하는 동사이므로 빈칸은 명사 자리이며, 빈칸 뒤에 전명구가 연결되어 있으므로 목적어를 동반하는 동명사도 들어갈 수 없다. 따라서 정답은 (D) restrictions이다.

어휘 notice *n.* 공고(문) I intend *v.* 의도하다 I oversized *adj.* 너무 큰, 특대의 I vehicle *n.* 차량 I parking garage 주차장 (건물)

4. Lulpite 사는 가정용 기기를 생산하는 것을 중단했다.

해설 discontinue는 목적어 자리에 동명사만을 취하며, home appliances는 동명사의 목적어이다. 빈칸에 일반 명사인 (C)를 넣으면 그 뒤에 명사를 동반하지 않아야 하므로 정답은 (B) producing 이다.

어휘 discontinue *v.* 중단하다 I home appliance 가정용 (전자) 기기 I produce *v.* 생산하다

5. 지원자들을 인터뷰하는 것에 대한 모든 정보는 인사부 사무실에 보관되어 있다.

해설 전치사 뒤에 동명사 -ing가 나왔으므로 빈칸은 동명사의 목적어로 명사 자리이다. (A)와 (B) 중에 '지원서를 인터뷰하는 것'이 아니고 '지원자들을 인터뷰하는 것'이므로 정답은 (A) applicants이다.

어휘 applicant *n.* 지원자 I application *n.* 지원서

6. Kitchen-Pro 스토브의 쟁반들은 수월한 청소를 위해 뺄 수 있다.

해설 빈칸은 형용사 easy의 수식을 받는 명사 자리이며, 수월한 청소를 위해 쟁반을 뺄 수 있다는 의미가 적절하므로 '청소'를 뜻하는 -ing형 명사인 (C) cleaning이 정답이다. (B) cleaners도 명사이지만 의미상 맞지 않다.

어휘 tray *n.* 쟁반 I remove *v.* 제거하다, 빼다 I cleaner *n.* 청소부; 청소기 I cleaning *n.* 청소

7. 극장 소유주는 관객이 공연을 녹화하지 못하도록 했다.

해설 「prevent A from -ing 'A가 ~하지 못하게 하다'」이므로 정답은 (A) recording이다.

어휘 prevent *v.* 막다, 예방하다, 방지하다 I audience *n.* 청중, 관객 I record *v.* 기록하다, 녹음[녹화]하다

8. **조립 라인 공정을 업데이트 함으로써, 생산량이 늘어날 수 있다.**

해설 전치사 By 뒤에는 명사나 동명사가 와야 하는데, 빈칸 뒤에 목적어가 나와 있으므로 동명사 (B) updating이 정답이다.

어휘 assembly *n.* 조립 I process *n.* 공정, 과정

9. **세계적인 가전제품 공급자인 Bostex 사는 증기 다리미에 대한 수요를 충족시키기 위해서 노력한다.**

해설 부정관사 a 뒤에는 단수 명사가 와야 한다. global은 형용사이므로 빈칸은 명사 자리이다. 명사는 (A)와 (B)인데, 동명사는 동사의 성질 때문에 동명사의 목적어를 수반하여야 한다. 빈칸 뒤에는 목적어가 없으므로 정답은 (A) supplier이다.

어휘 global *adj.* 세계적인 I meet *v.* 충족시키다, 만나다 I demand *v.* 요구하다 *n.* 수요, 요구 I supplier *n.* 공급자, 공급 회사

10. **신중하게 좌석 배치도를 검토한 후에, 어떤 변화가 이뤄져야 하는지를 나에게 알려 주세요.**

해설 전치사 After 다음에 동명사 -ing가 왔고, 동명사의 목적어(the seating chart)도 나왔다. 따라서 빈칸은 필요 없는 자리이다. 필요 없는 자리이면서 동명사 앞의 빈칸이므로 동명사를 수식할 수 있는 부사가 정답이다. 따라서 정답은 (A) carefully이다.

어휘 carefully *adv.* 신중하게, 주의하여 I review *v.* 재검토하다 *n.* 재검토 I seating chart 좌석 배치도

11. **승진을 수락한 후, Mr. Jang은 조수 한명을 찾기 시작했다.**

해설 전치사 After 다음에는 명사나 동명사가 와야 한다. 그런데 빈칸 뒤에 명사가 나왔고 이는 동명사의 목적어로 볼 수 있기 때문에 정답은 동명사 (C) accepting이다.

어휘 promotion *n.* 승진

12. **다음 주 수요일은 KJ 은행의 개업 3주년을 기념한다.**

해설 's는 '~의'라는 의미의 소유격이므로 빈칸에는 명사가 나와야 한다. 명사는 (B)와 (D)이다. (B) openness는 '솔직함, 마음이 열려 있음'이라는 뜻으로 문맥상 적합하지 않다. 따라서 '개업'이라는 뜻의 (D) opening이 정답이다.

어휘 mark *v.* 기념하다, 표시하다, 나타내다 I anniversary *n.* 기념일

13. **웹사이트에서 영화 티켓을 구매하는 데 단지 몇 분만 걸린다.**

해설 빈칸은 동사 자리이다. 주어가 동명사(Purchasing a movie ticket)로 단수 취급하므로 정답은 (C) takes이다.

어휘 purchase *v.* 구매하다

14. **고객들을 끌어들이는 좋은 방법 중 하나는 그들에게 환불을 보장해 주는 것이다.**

해설 전치사 of 뒤에는 명사나 동명사가 와야 한다. 또한 빈칸 뒤에 명사가 또 있다는 것은 동명사의 목적어가 나왔다는 의미이므로 정답은 동명사 (C) attracting이다.

어휘 way *n.* 방법 I money-back guarantee 환불 보장

15. **오늘 오후 늦게 도착할 주문 번호 9734 제품의 수령을 꼭 확인해 주세요.**

해설 빈칸은 confirm의 목적어 자리, 즉 명사 자리이다. 명사는 (A)와 (D)인데, 동명사는 동사의 성질 때문에 동명사의 목적어가 또 나와야 한다. 그런데 빈칸 뒤에는 명사가 없으므로 정답은 (A) receipt이다.

어휘 make sure 반드시 ~하도록 하다, ~을 확실히 하다 I confirm *v.* 확정하다, 확인하다 I order *n.* 주문, 주문품 I receipt *n.* 수령, 영수증

16. **학생들은 교과서의 보충 자료로서 권장 도서 목록이 부과된다.**

해설 빈칸은 관사 뒤 명사 자리이며, 권장 도서 목록이 보충물로 부과된다는 의미가 적절하므로 '보충(물)'이라는 뜻의 (B) supplement가 정답이다.

어휘 assign *v.* 부과하다; 배정하다 I reading list 도서 목록 I textbook *n.* 교과서 I supplement *n.* 보충(물) *v.* 보충하다 I supplementary *adj.* 보충의

17. **BRT 스포츠 시계는 기능 손상 없이 물에서 착용 가능하다.**

해설 전치사 without 뒤에 동명사 losing이 연결되어 있으므로 그 뒤에는 동명사의 목적어 역할을 하는 명사가 와야 한다. 따라서 정답은 (C) functionality이다.

어휘 lose *v.* 잃다 I functional *adj.* 기능 위주의, 실용적인 I functionality *n.* (상품의) 기능

18. **고객들이 설문 조사에 참가해서 무료 영화 티켓을 받을 것이다.**

해설 전치사 for 다음에는 명사나 동명사가 나와야 한다. 보기에 나온 명사는 (C) 뿐이다. 또한 participate는 1형식 동사로 동명사의 목적어가 나올 필요가 없다. 따라서 정답은 동명사 (C) participating이다.

어휘 receive *v.* 받다 I survey *n.* 설문 조사

19. **축제 참가자들은 세계의 진품 요리들을 먹어볼 수 있습니다.**

해설 빈칸은 주어 자리로 명사가 와야 한다. (A), (C), (D)가 명사인데, 동명사 (A)는 동명사의 목적어가 나와야 하므로 답이 될 수 없다. (C)와 (D) 중에 문맥상, '축제의 참석이 먹어볼 수 있는 것'이 아니고 '축제의 참석자들이 먹어볼 수 있는 것'이므로 정답은 (C) Attendees이다.

어휘 attendee *n.* 참석자 I attendance *n.* 참석, 참석자 수, 출석(률)

20. **긴급 요청의 처리 담당자는 Mr. Morales이다.**

해설 전치사 of 다음에는 명사나 동명사가 와야 하는데 dealing이라는 동명사가 나왔다. 따라서 동명사의 목적어인 명사가 나와야 하는데, urgent가 형용사이므로 빈칸에는 명사가 들어가야 한다. 명사는 (A), (B), (D)인데, 동명사 (B)는 동명사의 목적어로 빈칸 뒤에 명사가 나와야 하므로 탈락이다. request는 가산 명사이므로 a request 또는 requests로 써야 하므로 정답은 (D) requests이다.

어휘 in charge of ~을 맡아서, ~을 담당하는 I urgent *adj.* 긴급한, 시급한 I request *v.* 요청하다 *n.* 요청

UNIT 10+. PART 7 기사

Practice

1. (A)　2. (D)　3. (D)　4. (B)

[1-2] 다음 기사에 관한 문제입니다.

1 Anglers' Wharf 부근의 Maritime Way에 위치한 Neptune's Bounty가 10년 전에 문을 열어 포틀랜드의 최고급 해산물 레스토랑으로 빠르게 자리 잡았습니다. Neptune's Bounty는 신선한 해산물로 준비된 다양한 요리를 선보이고 있으며, 그것들 중 많은 것들이 이 지역에서 잡아 올린 것입니다. 2 가장 신선한 재료만을 고집하고 있기 때문에, 메뉴는 계절에 맞는 해산물 종류에 따라 바뀌고 있습니다. 레스토랑은 지난 두 달 동안 수리를 위해 휴업했으나, 지난주에 다시 문을 열었습니다. 현재 내부는 오래된 목조 범선 내부처럼 보입니다. 또한 살아 있는 가재와 물고기, 다른 해산물이 들어 있는 수족관을 선보입니다. 그들의 재오픈 기념으로, Neptune's Bounty는 모든 손님들에게 무료로 전체 요리를 제공할 것입니다.

1. 이 기사의 목적은 무엇인가?
(A) 사업체를 광고하기 위해
(B) 요리 수업을 홍보하기 위해
(C) 다른 레스토랑들을 비교하기 위해
(D) 관광 명소를 설명하기 위해

해설 기사의 도입부에서 포틀랜드에서 자리 잡은 지 10년이 된 레스토랑을 소개하고 있다. 따라서 이 기사의 목적으로 가장 적절한 답은 (A) To advertise a business이다.

2. Neptune's Bounty에 관해 언급되지 않은 것은 무엇인가?
(A) 지난주에 다시 문을 열었다.
(B) 내부를 새롭게 꾸몄다.
(C) 메뉴가 일년 내내 바뀐다.
(D) 새로운 장소로 옮겼다.

해설 기사의 내용과 선택지의 내용을 비교 또는 대조하여 기사의 내용과 일치하지 않는 정보를 찾는 문제이다. 먼저 문장 'but it reopened last week'를 통해 (A)는 지문의 내용과 일치하는 정보임을 알 수 있다. 문장은 두 달간의 수리 후에 현재 내부가 오래된 목조 범선 내부와 같다라고 했으므로 (B)는 지문의 내용과 일치할 수 있다. 마지막으로 문장에서 (C) 역시 사실임을 확인할 수 있다. 그런데 레스토랑을 이전했다는 정보는 기사 어디에서도 찾을 수 없으므로 정답은 (D) It has moved to a new location.이다.

[3-4] 다음 기사에 관한 문제입니다.

〈Economy Now〉

최신 뉴스:

7월 2일, Los Angeles – 패션 디자이너이자 Life 의류 브랜드 소유주인 Ji Young Lee는 향후 6개월간 이 회사에 큰 변화가 있을 것이라고 발표했다. "우리는 시장조사를 통해 우리 고객의 대부분이 소득계층 상위 1/3에 속하는 것을 발견했습니다."라고 Ms. Lee는 말했다. "이것은 놀라운 결과였습니다. 우리 브랜드가 모든 사람들에게 이용 가능하다고 항상 생각했기 때문입니다."

이러한 새로운 정보로 인해, Life 의류 점포 몇 군데가 문을 닫을 것이며, 다른 곳에서 문을 열 것이다. "우리는 우리 고객들이 있는 곳으로 이전해야 합니다. 3 조사 결과 대부분의 우리 고객들이 도시 지역의 부유한 전문가들임을 알게 되었습니다. 따라서 우리는 교외 지역에 위치한 점포 몇 곳을 폐점할 것입니다. 4 우리는 뉴욕, 워싱턴, 로스앤젤레스, 시카고, 보스턴에 점포를 열 계획입니다. 버지니아주의 버크시, 켄터키주의 렉싱턴시, 캘리포니아주의 오클랜드시, 워싱턴주의 버넷시 등에 위치한 점포는 곧 폐점할 것입니다."라고 Ms. Lee는 설명했다.

"우리는 이러한 큰 변화를 추진하게 되어 기쁩니다. 이는 우리 수입에 큰 차이를 가져올 것이라 확신합니다. 그리고 Life 의류 브랜드가 지속적으로 성공하게 해 줄 것이라 확신합니다"라고 Ms. Lee는 논평했다.

3. Life 의류 브랜드에 대해서 암시된 것은 무엇인가?
(A) 의류 브랜드로 출발하지 않았다.
(B) 다양한 아동화를 제공한다.
(C) 일부 점포의 재고를 검토하고 있다.
(D) 도시 거주자들에게 가장 인기가 있다.

해설 기사의 중간 부분에서 조사 결과 대부분의 우리 고객들이 도시 지역의 부유한 전문가들임을 알게 되었다고 했으므로 정답은 (D) It is most popular with city residents.임을 알 수 있다.

4. Life 의류 점포는 현재 어디에 위치해 있는가?
(A) 뉴욕에
(B) 버크에
(C) 워싱턴에
(D) 보스턴에

해설 기사의 중간 부분에서 뉴욕, 워싱턴, 로스앤젤레스, 시카고, 보스턴에 점포를 열 계획이고 버지니아주의 버크시, 켄터키주의 렉싱턴시, 캘리포니아주의 오클랜드시, 워싱턴주의 버넷시 등에 위치한 점포는 곧 폐점할 것이라고 했으므로 정답은 (B) In Burke 임을 알 수 있다.

UNIT 11. 분사

+ check　1. (A)　2. (B)　3. (B)　4. (C)

1. **비행기가 정시에 이륙하기 위해 승객들은 오전 9시까지 배정된 좌석에 있어야 한다.**

해설 품사 어형 문제로 빈칸이 소유격과 명사(seats) 사이에 위치해 있다. 소유격과 명사 사이에는 형용사가 들어갈 수 있으므로 정답 후보를 assigned와 assigning으로 좁힐 수 있는데, 과거분사 assigned는 수동의 의미(배정된), 현재분사 assigning은 능동의 의미(배정하는)

로, 배정된 좌석이 문맥상 적절하므로 정답은 (A) assigned이다.

어휘 passenger *n.* 승객 I take off 이륙하다 I on time 정시에

2. Tungston 제조사는 직원들에게 직장 안전에 중점을 둔 다양한 교육 프로그램들을 제공하고자 한다.

해설 빈칸 앞에 이미 완벽한 문장이 와 있으므로 빈칸은 문장에서 필요 없는 수식어구 자리이다. (A), (C), (D)는 모두 동사인데, 문장에 동사 intend가 이미 있으므로 더 이상 동사는 필요 없다. 따라서 정답은 빈칸 앞의 명사 training programs를 수식할 수 있는 분사 형용사 (B) focusing이다.

어휘 intend *v.* ~할 의도이다 I safety *n.* 안전 I focus on ~에 초점을 맞추다

3. Tory 자동차가 5년 만에 전기 자동차 산업에서 선두가 되었다는 것은 상당히 놀랍다.

해설 「it ~ that」 가주어 진주어 구문이다. 빈칸은 주격 보어로서 형용사가 필요한 자리이므로 (B)와 (C)가 답이 될 수 있다. It은 가주어이며, 진주어는 that 이하의 "Tory 자동차가 단 5년 만에 전기 자동차 산업에서 리더가 된 것"이다. 주격 보어와 진주어의 관계를 살펴봤을 때, 5년 만에 리더가 된 것이 놀라움을 받는 것이 아니라 놀라움을 주는 것이므로 정답은 현재분사 능동인 (B) amazing이다.

어휘 leader *n.* 선두, 선도자 I industry *n.* 산업, ~업 I just *adv.* 바로, 막 I amaze *v.* 놀라게 하다 I amazing *adj.* 놀라운

4. Mr. Doan은 연례 성과 평가 일정을 잡기 일주일 전에 직원들에게 통지할 것이다.

해설 빈칸이 접속사(when)와 명사구(annual performance reviews) 사이에 위치해 있으며 주어가 없는 상태에서 빈칸에 알맞은 동사 형태를 고르라는 문제이므로, when절의 주어가 주절의 주어와 동일하여 생략되고 동사가 분사 형태로 바뀐 분사구문이 와야 하는 문장으로 판단할 수 있다. 빈칸 뒤에 목적어가 연결되어 있다는 점에서 빈칸은 현재분사 능동이 필요한 자리이다. 따라서 정답은 (C) scheduling이다.

어휘 annual *adj.* 연례의 I performance review 성과 평가

Practice

1. (A)	2. (A)	3. (B)	4. (A)	5. (D)
6. (D)	7. (A)	8. (B)	9. (A)	10. (C)
11. (A)	12. (B)	13. (A)	14. (B)	15. (C)
16. (B)	17. (D)	18. (B)	19. (A)	20. (D)

기본 완성 훈련

1. WBC Health manufactures disposable medical equipment for use in hospitals and clinics.
2. New workers must attend the assigned training sessions taking place this week.
3. The redesigned logo for *Beauty Tips Magazine* has won several awards.
4. The recently released report shows that fourth quarter sales increased.
5. Customers purchasing items in bulk may be eligible for volume discounts.
6. Extensive repairs are needed before the bridge over Sunflower Creek can reopen.
7. Newly hired employees are required to attend a very demanding three-week training course.
8. Despite the convenience of online shopping malls, consumers are still hesitant to buy clothes they cannot try on first.
9. All boxes left behind the loading dock will be discarded this weekend
10. Our company will hold interviews for experienced programmers next month.

1. WBC 보건은 병·의원용 일회용 의료 장비를 제조한다.

해설 복합 명사 medical equipment 앞에 빈칸이 있으므로 형용사가 와야 한다. (A)는 일반 형용사이고, (B)와 (C)는 분사 형용사이다. 보기에 일반 형용사가 있으면 분사 형용사보다 유력한 답이 된다. 따라서 정답은 (A) disposable이다.

어휘 manufacture *v.* 제조하다 I medical *adj.* 의학의, 내과의 I disposable *adj.* 일회용의

2. 신입 직원들은 이번 주에 있을 지정된 교육에 참석해야 한다.

해설 관사 the와 명사 training sessions 사이에 빈칸이 있으므로 형용사가 정답이다. 분사 형용사 (A)와 (D) 중에 '지정하는 교육'이 아니고 '지정된 교육'이므로 정답은 (A) assigned이다.

어휘 attend *v.* 참석하다 I training session 교육

3. 〈Jenny's Adventures〉는 다가오는 연휴 기간의 가장 기대되는 영화들 중 하나이다.

해설 명사 movies 앞에 빈칸이 있으므로 형용사가 들어가야 한다. 분사 형용사 (B)와 (C) 중에 '기대하는 영화'가 아니고 '기대되는 영화'이므로 정답은 (B) anticipated이다.

어휘 anticipate *v.* 기대하다, 예상하다

4. 증가하는 인구 때문에 주택 건설 업체에 대한 수요가 높다.

해설 정관사 the와 명사 population 사이에 빈칸이 있으므로 형용사가 와야 한다. 분사 형용사 (A)와 (C) 중에 grow는 1형식 자동사이므로 현재분사인 (A) growing이 정답이다.

어휘 population *n.* 인구 | home builder 주택 건설업체 | be in high demand 수요가 많다

5. **새로 디자인된 〈Beauty Tips Magazine〉의 로고는 몇 회의 상을 받았다.**

해설 관사와 명사 사이에 빈칸이 있으므로 형용사가 와야 한다. 형용사는 (C)와 (D)가 가능한데, '다시 디자인하는 로고'가 아니고 '다시 디자인된 로고'이므로 정답은 (D) redesigned이다.

어휘 redesign *v.* 다시 디자인하다

6. **그 자리에 지원하는 데 관심 있는 지원자들은 인사부에 연락해야 한다.**

해설 interest는 '~의 관심을 끌다'는 의미의 감정동사로, 감정동사가 사람을 수식/서술할 때는 과거분사를, 사물을 수식하거나 서술할 때는 현재분사를 쓰는 데 수식을 받는 명사가 사람(Candidates)이므로 정답은 과거분사 형태의 형용사 (D) interested이다.

어휘 candidate *n.* 지원자, 후보자 | apply for ~에 지원하다 | position *n.* 자리, 직책

7. **최근 발표된 보고서는 4분기 판매량이 증가했음을 보여준다.**

해설 빈칸 뒤의 명사 report를 수식할 형용사가 필요하다. 형용사는 (A)와 (B)가 가능한데, '발표하는' 보고서가 아니고 '발표된' 보고서이므로 정답은 (A) released이다.

어휘 release *v.* 발표하다

8. **상품을 대량으로 구매하는 고객들은 대량 구매 할인 자격을 얻을 수 있다.**

해설 문장에 동사 may be가 이미 있기 때문에 빈칸에 동사인 (A)와 (D)는 들어갈 수 없고, 분사인 (B)와 (C)가 가능한데, '구매되는' 고객이 아니고 '구매하는' 고객이므로 정답은 (B)이다. 또한 분사가 앞의 명사를 뒤에서 수식할 때 목적어를 동반하면 현재분사이고 목적어를 동반하지 않으면 과거분사이다. 이 문장에서는 목적어 items가 있으므로 정답은 (B) purchasing이다.

어휘 in bulk 대량으로 | discount *n.* 할인

9. **Sunflower Creek을 가로지르는 다리를 재개통하기 전에 광범위한 수리가 요구된다.**

해설 명사 repairs 앞에 빈칸이 있으므로 형용사가 정답이다. 일반 형용사 (A)와 분사 형용사 (D)가 될 수 있는데, 일반 형용사가 보기에 나오면 분사 형용사보다 유력한 답이 되므로 정답은 (A) Extensive이다.

어휘 repair *v.* 수리하다 | n. 수리, 수선

10. **새로 고용된 직원들은 매우 힘든 3주 훈련 코스에 참석하도록 요구된다.**

해설 부사 very와 명사 three-week training course 사이에 빈칸이 있으므로 형용사를 찾아야 한다. 형용사는 (B)와 (C)가 될 수 있지만, demanding이라는 형용사가 '힘든'이라는 의미로 문맥상 적합하다. 따라서 정답은 (C) demanding이다.

어휘 newly *adv.* 새롭게 | hire *v.* 고용하다 | demanding *adj.* 부담이 큰, 힘든, 요구가 많은

11. **J&J 기술에 의해서 만들어진 그 웹사이트는 4월에 업계의 상을 받았다.**

해설 이미 3형식의 완벽한 문장으로 빈칸에는 수식어구가 들어가야 한다. (D)는 명사로 수식할 수 없고, (C) 부사는 수식은 가능하나 문맥상 적합하지 않다. (A)와 (B)는 형용사로 명사 the website를 수식한다. '만든 웹사이트'가 아니라 '만들어진 웹사이트'이므로 정답은 (A)이다. 또한 앞의 명사를 꾸미고 있는데 빈칸 뒤에 목적어가 따라 나오지 않았으므로 정답은 과거분사인 (A) created이다.

어휘 create *v.* 만들다, 창조하다

12. **준비위원들은 회사 야유회가 흥미진진하고 재미있기를 바란다.**

해설 be동사 뒤 빈칸에 상태를 설명하는 보어로 형용사가 들어가야 한다. (B)와 (D) 중 선택해야 하는데, 야유회가 '흥분시키는' 것이므로 능동의 의미가 있는 현재분사 (B) exciting이 정답이다.

어휘 organizer *n.* 주최자, 준비자 | enjoyable *adj.* 즐거운

13. **고위 경영진은 사용자 설명서가 혼란스러워 다시 쓸 필요가 있을지 몰라 우려한다.**

해설 2형식 동사 is 뒤에 빈칸이 있으므로 주격 보어 자리, 즉 상태 설명 형용사가 와야 한다. 형용사는 (A)와 (D)인데, 주격 보어이므로 주어와의 관계를 확인한다. 그 설명서가 '혼란을 받고 느낀 것'이 아니고, '혼란을 주고 일으키는 것'이므로 정답은 (A) confusing이다.

어휘 confusing *adj.* (무엇이) 혼란스러운 | confused *adj.* 혼란스러워하는

14. **그 호텔의 업데이트된 웹사이트는 고객들이 온라인으로 예약할 수 있도록 해줄 것이다.**

해설 소유격 's와 명사 website 사이에 빈칸이 있으므로, 빈칸에는 형용사가 들어가야 한다. 형용사는 (A)와 (B)가 가능한데, '업데이트하는' 웹사이트가 아니라 '업데이트된' 웹사이트이므로 정답은 (B) updated이다.

어휘 book *v.* 예약하다

15. **Camera Servicing Group으로도 알려져 있는 CSG는 매달 전문가들을 위한 수업을 주최한다.**

해설 문장에 이미 동사 hosts가 있고 쉼표 사이의 삽입 구문이므로 빈칸에는 동사가 들어가선 안 된다. 분사인 (A)와 (C) 중 선택해야 하는데, 빈칸 뒤에 목적어가 없으므로 과거분사 (C) known이 정답이다.

어휘 host *v.* 주최하다 | professional *n.* 전문가

16. **제품이 광고에 나온 대로 작동하지 않았기 때문에 많은 고객들이 실망했다.**

해설 2형식 동사 were 다음에 빈칸이 있으므로 주격 보어 자리, 즉 상태 설명 형용사가 와야 한다. 보기 중 형용사는 (A)와 (B)인데, 주격 보어이므로 주어와의 관계를 본다. '고객들이 실망을 주고 일으킨 것'이 아니고, '고객들이 실망을 받고 느낀 것'이므로 정답은 (B) disappointed이다.

어휘 disappointing *adj.* 실망스러운 | disappointed *adj.* 실망한, 낙담한

17. **온라인 쇼핑몰의 편리함에도 불구하고, 소비자들은 여전히 먼저 입어 볼 수 없는 옷을 사는 것에 주저한다.**

해설 be동사 are 뒤에 빈칸이 있으므로 주격 보어 자리, 즉 상태 설명 형용사가 와야 한다. 보기 중 형용사는 분사 형용사인 (A)와 일반 형용사 (D)가 있다. 정답은 (D) hesitant이다.

어휘 consumer *n.* 소비자 | convenience *n.* 편리함, 편의성 | still *adv.* 여전히 | hesitant *adj.* 주저하는, 망설이는, 머뭇거리는

18. **직원들에게 가장 최근의 프로젝트 진행 상황을 알게 하기 위해서, 우리는 회사 웹사이트를 매일 업데이트한다.**

해설 keep은 5형식 동사로 목적어와 목적격 보어를 이끈다. 이 문장에서 목적어는 employees이고 빈칸은 목적격 보어 자리이다. keep은 목적격 보어 자리에 상태 설명 형용사가 들어가므로 정답은 (B)와 (C)가 가능하다. 목적어와의 관계를 봤을 때, 직원들이 '알려주는 쪽'이 아니고 '알림을 받는 쪽'이므로 정답은 (B) informed이다.

어휘 inform *v.* 알리다 | daily *adv.* 하루, 매일

19. **하역장 뒤에 남겨진 모든 상자들은 이번 주말에 폐기될 예정이다.**

해설 문장에 이미 will be discarded라는 동사가 있기 때문에 동사인 (B)와 (D)는 정답이 될 수 없고, 분사인 (A)와 (C) 중 선택해야 한다. 상자가 '남겨지는' 것이며, 빈칸 뒤에 목적어도 없으므로 과거분사인 (A) left가 정답이다.

어휘 loading dock 하역장 | discard *v.* 버리다

20. **우리 회사는 다음 달 경력직 프로그래머들의 면접을 주최한다.**

해설 전치사 for와 명사 programmers 사이에 빈칸이 있으므로 형용사가 와야 한다. 따라서 정답은 (D) experienced이다.

어휘 experienced *adj.* 경험 있는, 경력 있는, 능숙한

UNIT 11+. PART 7 이중 지문

Practice

1. (D) 2. (A) 3. (B) 4. (C) 5. (D)

[1-5] 다음 두 이메일에 관한 문제입니다.

수신: IT부 ⟨itdepartment@vfb.com⟩
발신: Nadia G. Pellins ⟨ngpellins@vfb.com⟩
날짜: 7월 20일, 오전 11시 55분
제목: 온라인 계좌 시스템과 관련된 문제들

---

1 5 저는 대출부에서 일하며, 제가 오늘 오전 내내 저희 온라인 계좌 시스템에 접속할 수가 없어서 이렇게 이메일을 보냅니다. 지난 주 금요일에는 문제가 없었지만, 오늘 제가 비밀번호를 입력할 때마다 "접속 거부" 메시지가 뜹니다. 회사 내에서 이러한 문제를 겪는 사람이 또 있나요, 아니면 이 문제를 가진 사람은 저 2 뿐인가요? 3 어쨌든 제가 오늘 오후 6시 전에 다섯 개의 새 대출 신청에 대한 계좌 정보를 시스템에 입력해야 합니다. 제가 이 문제를 해결할 수 있도록 도와주세요.

수신: Nadia G. Pellins ⟨ngpellins@vfb.com⟩
발신: IT부 ⟨itdepartment@vfb.com⟩
날짜: 7월 20일, 오후 12시 30분
제목: 회신: 온라인 계좌 시스템과 관련된 문제들
첨부: 사용 설명서

안녕하세요 Nadia,

불편함을 드려 사과 드립니다. 저희가 토요일 아침 일찍 온라인 계좌 시스템을 업데이트하기 시작했고 오늘 아침 5시에 그 일을 완료했습니다. 오늘 주간 근무가 시작할 때 시스템 접속을 확실히 하기 위해 주말 동안 업데이트가 의도적으로 이루어졌습니다. 안타깝게도, 오늘 아침에 많은 직원들이 이 "접근 거부" 오류 메시지를 받았습니다. 우리는 그 문제를 해결하는 중에 있으며, 3 시스템은 앞으로 수 시간 안에 완전히 작동하게 될 것이니, 당신의 고객들을 위해 대출 신청서 제출을 위한 충분한 시간을 가질 것입니다.

몇몇 직원들은 그들의 비밀번호를 재설정함으로써 시스템에 접속할 수 있었다고 말했으니, 당신이 이를 시도해봐도 좋을 것 같습니다. 4 당신의 비밀번호를 재설정하기 위한 설명을 이 이메일에 첨부된 시스템 사용 설명서 2절에서 찾을 수 있습니다. 5 만약 그렇게 했는데도 시스템에 접속할 수 없다면, 당신의 부서가 겪을 수도 있는 기술적 문제들을 처리할 Kyoshiro Maruoka에게 연락해 주세요.

당신의 인내에 감사 드립니다.

Simone Dilbert
IT 매니저

1. Ms. Pellins는 누구이겠는가?
(A) 채용 컨설턴트
(B) 시스템 기술자
(C) 대출 신청자
(D) 은행원

해설 '저는 대출부에서 일하며, 제가 오늘 오전 내내 저희 온라인 계좌 시스템에 접속할 수가 없어서 이렇게 이메일을 보냅니다.'를 통해 Ms. Pellins의 직업을 유추할 수 있으므로 (D) A bank clerk가 정답이다.

2. 첫 번째 이메일, 네 번째 줄의 단어 "just"와 의미상 가장 가까운 것은
(A) ~뿐인
(B) 꽤
(C) 상당히
(D) 또한

해설 '회사 내에서 이러한 문제를 겪는 사람이 또 있나요, 아니면 이 문제를 가진 사람은 저뿐인가요?'라는 의미이므로 just와 의미상 가장 가까운 것은 (A) only 이다.

3. Ms. Dilbert의 따르면, Ms. Pellins는 언제 온라인 계좌 시스템에 다시 접속할 수 있겠는가?
(A) 월요일 오전 5시쯤
(B) 월요일 저녁 6시 이전
(C) 금요일 오후쯤
(D) 주말에

해설 첫 이메일에서 '제가 오늘 오후 6시 전에 다섯 개의 새 대출 신청에 대한 계좌 정보를 시스템에 입력해야 합니다.'라고 했는데, 답장에서 '시스템은 앞으로 수 시간 안에 완전히 작동하게 될 것이니, 당신의 고객들을 위해 대출 신청서 제출을 위한 충분한 시간을 가질 것입니다.'라고 설명하고 있으므로 정답은 (B) Before 6:00 Monday evening이다.

---

4. Ms. Pellins는 왜 시스템 사용 설명서를 조회하겠는가?
(A) Mr. Maruoka의 연락처를 찾기 위해
(B) 파일에 접속하기 위한 회사 정책을 확인하기 위해
(C) 그녀의 비밀번호 변경 방법을 알기 위해
(D) 신청서 제출에 대한 지시문을 읽기 위해

해설 두 번째 이메일에서 '당신의 비밀번호를 재설정하기 위한 설명을 시스템 사용 설명서 2절에서 찾을 수 있습니다.'라고 했으므로 (C) To learn how to change her password가 정답이다.

---

5. Mr. Maruoka에 관하여 사실인 것은 무엇인가?
(A) "접속 거부" 오류 메시지를 받았다.
(B) IT부서 매니저로서 Mr. Dillbert를 대신할 것이다.
(C) 그는 Ms. Pellins의 오랜 고객이다.
(D) 그는 주택 담보 대출 부서를 위한 기술 지원을 제공할 것이다.

해설 두 번째 이메일 마지막 문장이 '만약 그렇게 했는데도 시스템에 접속할 수 없다면, 당신의 부서가 겪을 수도 있는 기술적 문제들을 처리할 Kyoshiro Maruoka에게 연락해 주세요.'인데, 첫 번째 이메일에서 Ms. Pellins가 I work in the Mortgage Department(저는 대출부에서 일하며)라고 소속을 밝혔으므로 (D) He will provide technical support for the Mortgage Department.가 정답이다.

UNIT 12. PART 6 문장 삽입 및 실전 연습

실전 연습 01

1. (B)	2. (A)	3. (B)	4. (B)
5. (A)	6. (A)	7. (A)	8. (D)
9. (B)	10. (A)	11. (D)	12. (B)
13. (C)	14. (D)	15. (C)	16. (A)

[1-4] 다음 설명서에 관한 문제입니다.

유지 보수 설명서

1 최대의 효과를 내려면 이 설명들을 따라주십시오. 마른 천으로 테이블을 2 닦아 주십시오. 남아 있는 어떠한 얼룩이든 젖은 천으로 지울 수 있습니다. 표면이 깨끗해졌을 때, 왁스를 발라 주는 것이 좋습니다. 이것은 테이블을 3 반짝거리게 만들어 줄 것입니다. 이 과정을 서너 번 4 반복해 주시기 바랍니다.

1. (A) 귀하께서는 이 방법을 절대 한 번 이상 사용할 필요가 없을 것입니다.
(B) 최대의 효과를 내려면 이 설명들을 따라 주십시오.
(C) 이 방법은 얼룩을 제거하는 데 효과적이지 않습니다.
(D) 당신이 사용하는 천은 반드시 축축해야 합니다.

해설 지문의 첫 문장을 삽입하는 문제로, (A)와 (C)는 this method가 어떤 방법인지에 대한 설명이 전혀 없이 this method가 나왔으므로 첫 문장으로 올 수 없다. (D)는 빈칸 다음 문장에 마른 천으로 닦으라고 나오는 것과는 반대되는 내용이며, 첫 문장으로도 어울리지 않으므로 탈락이다. 제목 자체가 유지 보수 설명서이고 뒤에 설명들이 따라 나오고 있으므로 Follow these instructions ~.(설명들을 따라 주십시오.)가 오는 것이 가장 자연스럽다. 따라서 정답은 (B) Follow these instructions for maximum performance이다.

---

2. **해설** Please가 나오면 명령문이라는 힌트이다. 명령문은 주어 없이 동사원형으로 시작하므로 정답은 (A) wipe이다.

---

3. **해설** make는 5형식 동사로 the table이 목적어이고, 빈칸은 목적격 보어 자리이다. make는 목적격 보어 자리에 형용사나 명사를 쓴다. 목적격 보어와 목적어와의 관계가 동격이 아닌 상태를 설명하므로 형용사가 빈칸에 들어가야 한다. 따라서 정답은 (B) shiny이다.

---

4. **해설** 맨 마지막에 'three to four times'가 나와 있으므로 문맥상 서너 번 '반복하다'라는 동사가 필요하다. 따라서 정답은 (B) repeat이다.

[5-8] 다음 이메일에 관한 문제입니다.

수신: Sue77@mymail.net
발신: JayJang@pinkinc.com
날짜: 4월 8일

Ms. Song에게,

저희는 마케팅 부서의 공석과 관련해 귀하의 이력서를 최근에 검토했습니다. 비록 귀하께서는 업무 경험을 5 가지고 있지 않지만, 귀하의 탄탄한 학업 성적과 자기소개서는 매우 인상적 6 입니다. 이러한 이유로, 저희 매니저인 David Kim과 저는 귀하와 전화로 이야기를 나눠보고자 합니다. 7 이것이 저희 모두에게 가장 편할 것 같습니다. 통화하기 편한 시간이 언제인지 8 확인해 주시기 바랍니다.

귀하의 답변을 기다리겠습니다.

감사합니다.

Jay Jang
채용 담당 이사, Pink 사

5. **해설** do라는 조동사가 나와 있으므로 빈칸에는 동사원형이 나와야 한다. 따라서 정답은 (A) have이다.

6. **해설** 빈칸은 동사 자리이다. 동사가 아닌 (C)와 (D)는 탈락이다. 주어가 두 개 언급되어 복수이므로 정답은 (A) are이다.

7. **(A) 이것이 저희 모두에게 가장 편할 것 같습니다.**
(B) 지난주에 전화로 당신과 이야기할 수 있어서 매우 좋았습니다.
(C) 그런 방식으로 우리는 당신과 대면 면접을 할 수 있습니다.
(D) Mr. Kim이 조만간 당신과 점심 식사를 하기를 기대하고 있습니다.

해설 (B)에는 was라는 과거 시제가 나왔는데, 지문에서는 과거에 이미 전화 인터뷰를 한 것이 아닌, 앞으로 하고 싶다고 말하고 있으므로 (B)는 탈락이다. (C)에서 in person은 직접 대면해서 면접을 본다는 의미인데, 앞 문장에서 전화로 이야기하고 싶다고 하였으므로 탈락이다. (D)는 전화로 인터뷰를 하고 싶은 것이지 점심을 먹자는 내용은 없었으므로 탈락이다. 빈칸 앞의 문장이 '탄탄한 학업 성적과 자기소개서가 매우 인상적이어서 당신과 전화로 이야기하고 싶다'는 내용이므로 '이러한 방식(=전화 인터뷰)이 모두에게 가장 편리할 것'이라는 내용이 이어지는 것이 가장 자연스럽다. 따라서 정답은 (A) We think this will be most convenient for all of us.이다.

8. **해설** Please가 나오면 명령문이라는 힌트이다. 명령문은 주어 없이 동사원형으로 시작하므로 정답은 (D) confirm이다.

[9-12] 다음 기사에 관한 문제입니다.

연례 Red Apple 박람회가 10월 25일 남부 Newtown에서 **9** 하게 되었다. 이 인기 있는 지역 박람회는 Newtown 공원에서 지난 10년 동안 **10** 열려왔지만, 올해는 박람회 주최측이 박람회를 시내에서 가장 큰 공원으로 옮기기로 결정했다. 그 결정은 옳은 결정이었다. 왜냐하면 기록적인 수치의 많은 **11** 방문자들이 맛있는 음식을 맛보고 그 지역 음악가들의 공연을 보기 위해서 왔기 때문이다. **12** 박람회의 참가자들은 또한 새로운 장소에 대해서도 호의적으로 이야기했다.

9. **해설** 빈칸은 동사 자리이다. 주어가 단수이다. 그런데, (A), (C), 그리고 (D)는 모두 복수 동사이므로 주어와 동사의 수 일치가 맞지 않아 탈락이다. (B)는 과거 시제로 수 일치를 필요로 하지 않는다. 따라서 정답은 (B) came이다.

10. **해설** 빈칸은 동사 자리이다. 'for the last 10 years'라는 문구가 나오면 현재 완료 시제의 힌트이다. 따라서 정답은 (A) has been held이다.

11. **해설** 빈칸은 주어 자리로 명사 자리이다. (A)와 (D)가 명사인데, 기록적으로 많은 수치의 방문자들이 왔다는 의미가 되어야 하므로 복수 명사를 써야 한다. 따라서 정답은 (D) visitors이다. a number of = many(많은) 이라는 뜻으로 뒤에 복수 명사가 나옴에 유의하자.

12. (A) 조직 위원들은 올해의 박람회와 관련한 모든 일이 잘되길 희망한다.
(B) 박람회 참가자들은 또한 새로운 장소에 대해서도 호의적으로 이야기했다.
(C) 박람회에 참여한 인원이 작년 수치보다 약간 더 적었다.
(D) 올해 박람회에는 이전 박람회들이 선보였던 라이브 공연이 없었다.

해설 빈칸 바로 앞 문장에서 박람회 장소를 넓은 장소로 옮긴 것은 옳은 결정이었다고 하면서, 그렇게 판단하는 이유는 많은 방문자들이 왔기 때문이라고 언급했다. 따라서 빈칸에는 박람회 장소를 넓은 장소로 옮긴 것이 옳은 판단이 될 수 있는 근거를 찾아야 하므로 정답은 (B) Attendees at the fair also commented favorably on the new venue.이다. (A), (C), (D)는 글의 내용과 맞지 않는다.

[13-16] 다음 공지에 관한 문제입니다.

〈Beauty Magazine〉은 독자님들이 보내주시는 편지를 환영합니다. 지면 공간이 **13** 제한되어 있기 때문에, 제출된 글들이 모두 게재될 수 없습니다. **14** 사실, 저희는 저희가 받은 글의 아주 일부분만을 게재합니다. 아름다움이라는 주제에 대한 독창적인 아이디어를 담은 편지들에게 우선권이 주어질 것입니다. 또한, 편지는 특정 요구 조건을 만족시켜야 합니다. 예를 들어, 편지는 400자를 초과해서는 안 됩니다. 저희는 최대 400자보다 **15** 더 긴 글들은 편집할 예정입니다. 귀하의 글이 게재되기로 **16** 선정되었는지를 알려 드릴 수 있도록 귀하의 성함과 연락처를 포함시켜 주실 것을 요청드립니다.

13. **해설** is라는 동사가 있으므로 빈칸에 또 동사가 나올 수 없다. 따라서 (B)와 (D)는 탈락이다. 문맥상 지면 공간이 제한되어 있다는 뜻이고 타동사인 limit의 목적어도 보이지 않으므로 수동태가 적절하다. be동사는 이미 제시되어 있으므로 빈칸에는 과거분사만 들어가면 된다. 따라서 정답은 (C) limited이다.

14. (A) 저희는 독자들에게 그들이 보고 싶은 편지를 고를 수 있게 합니다.
(B) 만일 저희에게 편지를 주신다면, 저희 잡지에 여러분의 편지를 게재해 드릴 것을 약속 드립니다.
(C) 여러분의 개인 경험에 관한 편지들이 게재될 가능성이 가장 높습니다.
(D) 사실, 저희는 저희가 받은 글의 아주 일부분만을 게재합니다.

해설 빈칸 앞의 문장에서 '제출된 글이 모두 (잡지에) 게재될 수 없다'고 했고, 빈칸 뒤의 문장에서는 '아름다움이라는 주제에 대한 독창적인 아이디어를 담은 글들에게 우선권이 주어진다'고 하고 있으므로 빈칸 앞뒤 문맥상 그 사이에 들어가기에 가장 자연스러운 내용은 '받은 글의 일부분만을 게재한다'이다. 따라서 정답은 (D) In fact, we only print a small portion of the letters we receive.이다.

15. **해설** 글자 수가 400자를 초과해서는 안 된다고 하고 있으므로, 최대 글자 수보다 긴 글을 다듬을 것이라는 내용이 적절하다. 따라서 정답은 (C) longer이다.

16. **해설** 글을 제출한 사람의 이름과 연락처를 포함시키라는 것은 글이 잡지에 실리기로 선정되었는지 여부를 통보하기 위한 것이므로 정답은 (A) selected이다.

실전 연습 02

17. (D)	18. (D)	19. (C)	20. (B)
21. (A)	22. (D)	23. (C)	24. (B)
25. (D)	26. (A)	27. (D)	28. (C)
29. (A)	30. (B)	31. (C)	32. (D)

[17-20] 다음 공지에 관한 문제입니다.

MRT 호텔에 머물러 주셔서 감사합니다. **17** 저희는 고객님께서 이곳에서 즐거운 시간을 보내시기를 희망합니다. 캐비닛 안에 샴푸 한 통, 비누 하나, 로션 한 통이 있을 것입니다. 고객님은 **18** 그것들을 추가 비용 없이 사용하셔도 됩니다. 또한, 귀하께서는 저희 Green 호텔 프로그램에 관한 정보를 보게 될 것입니다. 고객님의 프로그램 **19** 참여는 저희 지역 공동체가 물과 에너지 소비를 줄이는 것을 가능하게 해 줍니다. 만약 그 프로그램에 참여하길 원하시면, 고객님의 침대 옆 테이블 위 **20** 눈에 띄는 장소에 메모를 놓아두시기만 하면 됩니다.

17. (A) 저희는 이 도시에서 가장 빠르게 성장하는 여행사 중의 하나입니다.
(B) 비누와 샴푸 같은 물품들은 로비에서 판매 중입니다.
(C) 안타깝게도, 이 방의 샤워기가 작동하지 않습니다.
(D) 저희는 고객님께서 이곳에서 즐거운 시간을 보내시기를 희망합니다.

해설 이 글은 호텔에 대한 글이므로 여행사(travel agency)에 대해 언급한 (A)는 문맥상 맞지 않다. (B) 빈칸 뒤의 문장에서 캐비닛 안에 비누와 샴푸가 있을 것이라고 했으므로 문맥상 맞지 않다. (C)는 지문 다음 문장에서 캐비닛 안에 있는 샴푸, 비누 등을 추가 비용 없이 사용할 수 있다고 말하면서 샤워기가 고장 났다고 하는 것은 앞뒤가 맞지 않다. 지문의 첫 문장은 주로 인사치레이다. 'MRT 호텔을 이용해 주어서 감사하고, 이곳에서 즐거운 시간을 보내길 바란다'라는 내용이 가장 자연스럽다. 따라서 정답은 (D) We hope that you enjoy your time here.이다.

18. **해설** 빈칸은 use의 목적어 자리이므로 대명사의 목적격을 찾아야 한다. 샴푸, 비누, 로션 세 가지를 언급하고 있으므로 (C)와 (D) 중 복수형 대명사 (D) them이 정답이다.

19. **해설** 빈칸은 주어에 해당하는 명사 customer를 수식하는 분사 자리이거나 customer와 복합명사를 이루는 명사 자리인데, customer는 '고객'을 뜻하는 가산 명사이므로 문제에서처럼 단수로 쓸 때는 관사나 소유격 등의 한정사 없이는 쓸 수 없다. 따라서, customer 단독으로는 주어로 쓸 수 없으며, 불가산 명사나 participation과 함께 '고객 참여' 라는 의미의 복합명사 형태가 적절하므로 정답은 (C) participation이다.

20. **해설** 빈칸이 부정관사 a와 명사 location 사이에 있으므로 형용사가 와야 하는 자리이다. 따라서 정답은 (B) noticeable이다.

[21-24] 다음 이메일에 관한 문제입니다.

수신: Hong@dotmail.com
발신: Lee1234@CandMagency.com
날짜: 4월 1일
제목: 저희가 어땠는지 말씀해 주세요.
첨부 파일: cmta.doc

고객님에게,

C&M 여행사로 예약해 주신 것에 대해 감사드립니다. 저희는 고객님의 최근 3월 15일자 캘리포니아 **21** 에서 미시간으로의 여행이 어땠는지 듣고 싶습니다. 고객님께서 저희 회사와 함께한 고객님의 경험에 대해 간단한 설문 조사를 완성해 주시면 감사하겠습니다. **22** 이것은 대략 고객님의 시간 중 5분밖에 안 걸릴 것입니다. 첨부된 파일을 완성해서 그것을 저희에게 보내 주시기 바랍니다. **23** 저희가 4월 8일까지 그것을 받는다면 고객님께 무료 선물을 보내드리겠습니다. 고객님의 피드백은 **24** 저희가 저희 서비스를 개선하는 데 도움이 될 것입니다.

다시 한번 저희 회사와 거래해 주셔서 감사합니다.

이호준, 최고경영자
C&M 여행사

21. **해설** 「from A to B」는 'A에서(부터) B로'라는 뜻이다. 따라서 정답은 (A) from이다.

22. **해설** (A) Both는 2개를 가리키는데, 빈칸 주변에는 2개가 언급된 것이 없다. (B) Every는 형용사로만 쓰이므로 주어(명사) 자리인 빈칸에 들어갈 수 없다. (C) They는 복수를 의미하는데, 빈칸 주변에 복수 명사가 나온 것이 없다. (D) This는 단수로, 단수 명사 'a short survey'를 가리키므로 정답은 (D) This이다.

23. (A) 고객님의 답변이 저희에게 아주 큰 도움이 되었습니다.
(B) 반드시 다음 주까지 새로운 예약을 하셔야 합니다.
(C) 저희가 4월 8일까지 그것을 받는다면, 고객님께 무료 선물을 보내드리겠습니다.
(D) 그것을 작성하시는 데 한 시간이 걸릴 것입니다.

해설 빈칸 앞에는 설문 조사가 5분밖에 걸리지 않으니 설문 조사를 부탁한다는 내용이 나왔다. (A)는 과거 시제를 써서 이미 '당신의 대답들이 도움이 되었다'라고 말하므로 탈락이다. (B)는 설문 조사를 부탁하는 문장 다음에 나오기에는 문맥상 맞지 않다. (D)는 빈칸 앞의 문장에서 대략 5분이 걸린다고 했는데, 다시 1시간이 걸린다는 것은 앞뒤가 맞지 않는 말이다. (C) 설문 조사를 부탁하면서 '4월 8일까지 그것(설문 조사 응답)을 보내 주면 무료 선물을 보내 준다.'라고 말하면서 설문에 응해 줄 것을 부탁하는 것이 적절하다. 따라서 (C) If we receive it by April 8, we will mail you a free gift.가 정답이다.

24. **해설** 빈칸은 help의 목적어 자리이다. (A)는 소유격으로 명사 앞에 써야 한다. (C)는 '우리의 것'을 돕는 것이 아니므로 탈락이다. (D)는 여행사 입장에서 '우리'를 돕는 것이므로 '그들'이 나오는 것은 맞지 않으며 소유격이 아닌 목적격 자리이다. 따라서 목적어 자리이므로 목적격인 (B) us가 정답이다.

[25-28] 다음 공지에 관한 문제입니다.

Owen 연구 도서관은 4월 2일부터 10월 말까지 보수가 이루어질 예정입니다. 이 수리는 점점 불어나는 저희의 소장 도서들을 수용할 보관 공간을 25 늘려줄 것입니다. 도서관은 보수 작업을 하는 동안에도 여전히 문을 열 예정입니다. 그럼에도 불구하고, 도서관의 일부 섹션들은 일시적으로 현장의 연구원들에게 26 이용 불가할 것입니다. 이 27 접근 불가능한 섹션들의 목록은 저희 웹사이트 www.owenresearch.org에 게시될 것입니다. 연구원들은 방문 전에 그 목록을 확인하거나 도서관에 연락해 보시길 권고드립니다. 28 귀하가 겪게 될 불편에 대해 미리 사과의 말씀 드립니다.

25. **해설** 빈칸은 동사 자리이다. 따라서 (A)와 (C)는 탈락이다. (B)와 (D) 중에서 문맥상 도서관 보수 공사를 통해 보관 공간을 넓힐 예정이므로 정답은 미래 시제 (D) will increase이다.

26. **해설** 빈칸은 be동사 뒤의 보어 자리이므로 상태를 설명하는 형용사가 필요하다. 따라서 정답은 (A) unavailable이다.

27. **해설** 빈칸이 명사 sections 앞에 있으므로 빈칸에는 형용사가 와야 한다. 따라서 정답은 (D) inaccessible이다.

28. (A) 10월까지 모든 이용자들에게 도서관 접근이 제한될 것입니다.
(B) 도서관의 특정 파트가 언제 폐쇄될 것인지를 예측하는 것은 불가능합니다.
(C) 귀하가 겪게 될 불편에 대해 미리 사과의 말씀 드립니다.
(D) 그 목록에 접근하는 법을 배우려면 사서에게 말씀하십시오.

해설 (A) 앞에서 일부만 접근이 제한된다고 하였으므로 문맥상 맞지 않다. (B)는 마지막 문장에 넣기에 문맥상 맞지 않다. (D) '그 목록에 접근하는 법을 배우려면 사서에게 말씀하세요.'는 목록 확인을 위한 웹사이트 주소를 앞에서 이미 알려 주었으므로 문맥상 맞지 않다. 맨 마지막에 들어갈 문장으로는 '이러한 불편을 끼쳐서 사과드린다'라는 내용이 가장 적절하다. 따라서 정답은 (C) We apologize in advance for any inconvenience you may experience.이다.

[29-32] 다음 회람에 관한 문제입니다.

발신: Hyo-Ju Kim, 건물 매니저
수신: 모든 직원들
날짜: 목요일, 3월 2일
회신: 건설 공사

아시다시피, 우리 사무실 건물의 수리가 3월 15일 수요일부터 시작해서, 3월 20일 월요일 저녁까지 계속될 것입니다. 따라서 여러분은 몇 가지 29 불편을 겪게 될 수도 있습니다. 남쪽에 있는 엘리베이터는 일주일 내내 작동하지 않을 것입니다. 30 그 기간 동안 그것은 수리되고 점검될 필요가 있습니다. 저는 여러분들 대부분이 이 엘리베이터를 31 정기적으로 사용한다는 것을 알고 있습니다. 안타깝게도, 여러분은 계단을 이용해야 합니다. 32 게다가, 그 건물의 남서쪽에 있는 출입구도 목요일에 폐쇄될 것입니다. 그 건물의 다른 모든 출입구들은 이 기간 동안 평상시대로 개방될 것입니다.

29. **해설** 수리가 시작되면 고객들이 불편을 겪게 될 수 있으므로 정답은 (A) inconvenience이다.

30. (A) 다행히, 사람들이 거의 엘리베이터를 타지 않습니다.
(B) 그 기간 동안 그것(= 엘리베이터)은 수리되고 점검될 필요가 있습니다.
(C) 3일 후면 엘리베이터가 다시 정상 가동할 것입니다.
(D) 이 엘리베이터는 건물 수리에 의해 영향을 받지 않을 것입니다.

해설 빈칸 바로 앞의 문장이 엘리베이터가 작동을 안 할 것이라는 내용이고, 빈칸 뒤의 문장은 여러분이 정기적으로 이용하나 계단을 대신 이용하라는 내용이므로 (A) '다행히, 사람들이 거의 엘리베이터를 타지 않는다.'는 문맥상 맞지 않다. 빈칸 앞의 문장이 '엘리베이터가 일주일 내내 작동하지 않을 것이다'이므로 3일 후면 작동할 것이라는 (C)는 문맥상 맞지 않다. (D)는 엘리베이터가 일주일 내내 작동하지 않는 것은 건물 수리의 영향을 받는 것이므로 지문의 내용과 맞지 않아 답이 될 수 없다. 그것(= 엘리베이터)은 일주일 내내 작동이 안 되고, (B) '그 기간 동안 엘리베이터는 수리되고 점검되는 것'이므로 정답은 (B) It needs to be repaired and inspected during that time.이다.

31. **해설** 이미 3형식의 완전한 문장이므로 빈칸은 수식어가 올 자리이다. 동사 앞에 온 빈칸이므로 부사가 와야 한다. 따라서 정답은 (C) regularly이다.

32. **해설** 빈칸 앞의 문장을 보면, 계단을 이용하라고 나오는데 이것은 빌딩 수리로 인한 불편함이다. 그런데, 빈칸 뒤 문장에도 출입구가 닫힐 거라는 불편함이 또 언급 되어 있다. 따라서 '게다가'라는 뜻의 접속부사가 문맥상 적절하다. 정답은 (D) Moreover이다.

UNIT 12+. PART 7 삼중 지문

Practice

1. (B) 2. (D) 3. (C) 4. (C) 5. (D)

[1-5] 다음 기사, 이메일, 그리고 공지에 관한 문제입니다.

아! 이런 직장도 있을까!

당신은 하루 종일 가장 맛있는 음식을 먹고 그것에 대한 봉급을 받는다면 어떻겠습니까? 그것은 바로 Kevin Stevens가 가지고 있는 업무의 유형입니다.

Kevin Stevens는 전문적인 음식 맛 감별사입니다. 그는 Toronto에 있는 최고의 식음료 제공업체인 Glencore Foods에서 일합니다. 평균적으로 그의 회사는 하루에 500인분의 음식을 만들고, Mr. Stevens은 품질이 높은 수준을 유지하도록 하기 위해, 모든 것을 맛봅니다.

이 직업은 많은 지식을 요구하기 때문에, 보이는 것처럼 간단하지 않습니다. Mr. Stevens은 호주 시드니에서 학부생으로 영양을 공부했고, 그리고 나서 그는 미국 로스앤젤레스에 있는 요리 학교를 다녔습니다. 2 졸업 직후, 그는 즉시 이탈리아 밀라노와 스페인 바르셀로나에서 2 총 8년간 요리사로 일했습니다. 그는 2년 전 캐나다로 돌아오자마자 Glencore 식품에서 일을 하기 시작했고, 1 자신의 직업에 대해 '꿈이 현실이 된 거 같아요'라고 말합니다.

〈Cooking Life〉 잡지

수신: Kevin Stevens 〈kevins@glencorefoods.com〉
발신: Amanda Hampton 〈a_hampton@pomodoros.com〉
제목: Cooking Life 잡지 기사
날짜: 4월 30일

Kevin에게,

저는 〈Cooking Life〉에 실린 당신에 대한 최근 기사를 읽었어요. 저는 밀라노 이후에 당신이 잘 지내고 있는지 궁금했어요. 3 저는 당신과 거기서 일했던 것과 당신이 만들었던 음식을 즐겼던 것을 기억하고 있어요. 좋은 시간이었어요. 그건 그렇고, 4 당신은 5월에 열리는 곧 있을 음식 맛 감별사들을 위한 대회에 참석할 예정인가요? 그곳은 저의 고향이어서 저는 그곳에 제 부모님을 찾아뵐 예정입니다. 만약 당신이 그곳에 있다면 만날 수도 있을 거 같아요.

진심으로,

Amanda Hampton

곧 열리는 음식 맛 감별사 대회

북미 음식 맛 감별사(FTNA)는 제 4회 연례 5 음식 맛 감별사 대회가 5월 15일부터 17일까지 열릴 것이라는 점을 알리게 되어 자랑스럽습니다. 이전 세 번의 대회는 테네시 녹스빌에서 열렸었지만, 일정이 겹치는 바람에, 4 올해의 행사는 미주리 세인트루이스에서 열릴 것입니다. 5 표는 1인당 100달러입니다. 유명 요리사인 Walter Scott이 기조 연설자가 될 것입니다. 저명한 Kathy Kline과 David Hurst도 참석할 예정입니다.

1. Mr. Stevens에 대해서 암시된 것은 무엇인가?
(A) Glencore Foods에서 높은 급여를 받는다.
(B) 그의 일을 즐긴다.
(C) 유럽에서 사는 것을 선호한다.
(D) 여러 상을 받았다.

해설 Mr. Stevens가 키워드이므로 첫 번째 지문에서 그에 대한 언급이 있는 부분과 선택지를 대조하며 정답을 찾아본다. (A) Glencore Foods에서 일한다고 했을뿐 높은 급여를 받는다는 언급은 없었다. (C) 호주와 유럽에서 공부하거나 일했지만 유럽을 선호한다는 내용은 없었다. (D) 그가 하는 일이 중요한 일이고 전문적인 일이긴 하지만 상을 받았는지 알 수 없다. 자신의 직장에 대해 '꿈이 현실이 된 것 같다'라고 말하고 있으므로 정답은 (B) He enjoys his job.이다.

2. Mr. Stevens은 언제 요리 학교를 졸업했는가?
(A) 2년 전
(B) 6년 전
(C) 8년 전
(D) 10년 전

해설 요리 학교 졸업 시점을 묻고 있다. 기사의 세 번째 단락에서, 그는 요리 학교를 다녔고 졸업하자마자 8년간 요리사로 일했다고 했다. 그리고 2년 전에 Glencore Foods에 새로 직장을 얻었다는 말이 나오므로 졸업한 시기는 지금으로부터 10년 전이다. 따라서 정답은 (D) 10 years ago이다.

3. Ms. Hampton는 Mr. Stevens와 알고 지낼 때, 무엇을 했었는가?
(A) 대학에서 공부하고 있었다.
(B) 맛 감별사로 일하고 있었다.
(C) 레스토랑에서 일을 하고 있었다.
(D) 요리사가 되기 위해 배우고 있었다.

해설 이메일과 관련된 문제이다. Ms. Hampton이 보낸 이메일에서, '당신(Mr. Stevens)과 일했던 기억이 있고, 당신(Mr. Stevens)이 만들었던 음식을 즐겼다'는 이야기가 나오므로, Mr. Stevens이 요리사로 일했던 레스토랑에서 함께 일을 했던 것이다. 따라서 정답은 (C) She was working at a restaurant.이다.

4. Ms. Hampton의 고향은 어디인가?
(A) 녹스빌에서
(B) 밀라노에서
(C) 세인트루이스에서
(D) 토론토에서

해설 두 번째 지문과 세 번째 지문을 연계해서 읽어야 답할 수 있는 문제이다. 이메일에서는 대회가 Ms. Hampton의 고향에서 열릴 것이라고 하고 있고, 공지에서는 올해의 대회가 St. Louis, Missouri에서 열린다고 하였으므로 정답은 (C) In St. Louis이다.

---

5. '음식 맛 감별사 대회'에 대해서 언급되지 않은 것은 무엇인가?

(A) 참석하는 데 드는 비용이 얼마인지

(B) 언제 시작 하는지

(C) 누가 올 것인지

(D) 어떤 행사들이 열릴 것인지

해설 Food Tasters Convention에 관한 내용은 세 번째 지문에 소개되었으므로 공지의 내용을 선택지와 대조하며 오답을 소거한다. (A)는 표 값이 1인당 100달러라고 언급되어 있으므로 탈락이다. (B)는 행사가 5월 15일에서 17일까지 열릴 것이라고 언급되어 있으므로 탈락이다. (C)는 지문 끝부분 Noted individuals가 있는 부분에서 참석할 사람들이 언급되었으므로 역시 탈락이다. 이 대회에서 어떤 행사가 열릴 것인지 구체적으로 언급된 곳이 없으므로 정답은 (D) What events will be held이다.

토익 기초 입문서
기본
완성